Schriftenreihe

# *Schriften zum Betrieblichen Rechnungswesen und Controlling*

Band 12

ISSN 1435-6236

In der Schriftenreihe
***Schriften zum Betrieblichen Rechnungswesen und Controlling***
werden neue wissenschaftliche Werke aus dem Bereich des Betrieblichen Rechnungswesen und Controlling veröffentlicht.

Verlag Dr. Kovač

Angelika Brecht

# Die erfolgswirtschaftliche Analyse von US-GAAP-Abschlüssen

Verlag Dr. Kovač

VERLAG DR. KOVAČ

Arnoldstraße 49 · 22763 Hamburg · Tel. 040 - 39 88 80-0 · Fax 040 - 39 88 80-55

E-mail vdk@debitel.net · Internet www.verlagdrkovac.de



Die Deutsche Bibliothek - CIP-Einheitsaufnahme

**Brecht, Angelika:**
Die erfolgswirtschaftliche Analyse von US-GAAP-Abschlüssen /
Angelika Brecht. – Hamburg : Kovač, 2002
(Schriften zum betrieblichen Rechnungswesen und Controlling ; Bd. 12)
Zugl.: Augsburg, Univ., Diss., 2002

ISSN 1435-6236
ISBN 3-8300-0750-7



Printed in Germany


Gedruckt auf holz-, chlor- und säurefreiem Papier Alster Digital. Alster Digital ist alterungsbeständig und erfüllt die Normen für Archivbeständigkeit ANSI 3948 und ISO 9706.

**Vorwort**

Angestoßen durch die Globalisierung der Wirtschaft und den daraus resultierenden Kapitalbedarf, den viele Unternehmen seither nicht mehr allein aus nationalen Ressourcen decken können, hat seit Beginn der 90er Jahre die internationale Rechnungslegung und damit auch die US-amerikanischen Rechnungslegungsstandards Einzug in Deutschland gehalten. Aufgrund des in Deutschland stetig fortschreitenden Übergangs – weg vom Jahres- und Konzernabschluss nach HGB und hin zu internationalen Abschlüssen – kommt der Analyse solcher nach internationalen Grundsätzen erstellten Abschlüssen immer mehr Bedeutung zu. Besonders aus Investorensicht ist die Analyse von Jahresabschlüssen, die nach internationalen Rechnungslegungsstandards erstellt worden sind, eine unabdingbare Voraussetzung jeder Investition. Dass hier der erfolgswirtschaftlichen Analyse eine herausragende Bedeutung zukommt, liegt auf der Hand. Angesichts dieser Bedeutung der erfolgswirtschaftlichen Jahresabschlussanalyse für deutsche Unternehmen und Investoren wird mit der Dissertation die Zielsetzung verfolgt, konzeptionelle Voraussetzungen für eine erfolgswirtschaftliche Analyse von US-GAAP-Abschlüssen zu erarbeiten. Dabei werden insbesondere auch die Grenzen der Analysemöglichkeiten von US-GAAP-Abschlüssen aufgezeigt.

Die Arbeit entstand während meiner Tätigkeit als wissenschaftliche Mitarbeiterin am Lehrstuhl für Betriebswirtschaftslehre mit dem Schwerpunkt Wirtschaftsprüfung und Controlling von Prof. Dr. Dr. h.c. A. G. Coenenberg. Sie wurde im Wintersemester 2001/2002 von der Wirtschaftswissenschaftlichen Fakultät der Universität Augsburg als Dissertation angenommen.

Für den gewährten wissenschaftlichen Freiraum sowie die Übernahme des Erstgutachtens danke ich Herrn Prof. Dr. Dr. h.c. A. G. Coenenberg. Weiterhin gilt mein Dank Herrn Prof. Dr. Michael Heinhold für die Anfertigung des Zweitgutachtens und Herrn Prof. Dr. Axel Tuma für die freundliche Übernahme des Vorsitzes in der mündlichen Prüfung.

Der Arthur Andersen-Stiftung danke ich für ihre finanzielle Zuwendung zur Unterstützung meines Forschungsaufenthalts an der Columbia University,

School of Business, New York. Herrn Prof. Trevor Harris danke ich für seine wissenschaftliche Unterstützung aber auch die Gastfreundschaft, die ich während des Aufenthalts erfahren durfte.

Zahlreiche Kolleginnen und Kollegen am Lehrstuhl in Augsburg haben durch ihre Diskussionsbereitschaft und die stets freundliche Atmosphäre wesentlich zum Entstehen dieser Arbeit beigetragen. Mein Dank gilt deshalb Dipl.-Kfm. Manuel Alvarez von Zerboni di Sposetti, Dipl.-Kfm. Johannes Biberacher, Monika Deiniger, Dr. Christian Federspieler, Dr. Susanne Gröner, Dr. Stephan Jakoby, Dipl.-Math.oec. Kalina Keller, Dr. Georg Klein, Erika Kovermann, Dipl.-Kfm. Gerhard Mattner MBA, Dipl.-Kfm. Martin Meyer, Dipl.-Kfm. Egon J. Morper, Dr. Walter Ohms, Beate Rafiy-Tari, Dr. Wolfgang Schultze MA, Dipl.-Kfm. Tobias Schwinger, Udo Specht MBA sowie Dr. Jürgen Wagner. Aus dem großen Kreis der studentischen Hilfskräfte, die meine Arbeit während der Lehrstuhlzeit in vielerlei Hinsicht begleitet haben seit stellvertretend gedankt: Herrn Dipl.-Kfm. Robert Fischer und Herrn Dipl.-Kfm. Ralf Jörg.

Besonderer Dank gebührt meinem Mann, von dem ich sowohl in persönlicher als auch in fachlicher Hinsicht unerschöpfliche Unterstützung erfuhr. Meinen Eltern danke ich für die stete Begleitung auf meinem Ausbildungsweg.

München, im Juni 2002

**Inhaltsverzeichnis**

Seite

Vorwort ........................................................................................ V

Inhaltsverzeichnis ........................................................................................ VII

Abbildungsverzeichnis ........................................................................................ XV

Abkürzungsverzeichnis ........................................................................................ XIX

1. Einleitung ........................................................................................ 1

1.1 Problemstellung und Motivation ........................................................................................ 1

1.2 Eingrenzung der Untersuchung ........................................................................................ 2

1.3 Aufbau der Arbeit ........................................................................................ 3

**2. Grundlagen und Ziele der Jahresabschlussanalyse ........................................................................................ 7**

2.1 Begriff der Jahresabschlussanalyse ........................................................................................ 7

2.2 Erkenntnisziele und Interessenten einer Jahresabschlussanalyse ......... 8

2.3 Ansätze der Jahresabschlussanalyse ........................................................................................ 18

2.3.1 Die traditionelle Jahresabschlussanalyse ........................................................................................ 18

2.3.2 Neuere Ansätze der Jahresabschlussanalyse ........................................................................................ 18

2.3.2.1 Entwicklung neuer Ansätze ........................................................................................ 18

2.3.2.2 Die Diskriminanzanalyse ........................................................................................ 20

2.3.2.3 Künstliche Neuronale Netze ........................................................................................ 22

2.3.2.4 Qualitative Jahresabschlussanalyse ........................................................................................ 22

2.4 Ablauf einer Jahresabschlussanalyse ........................................................................................ 24

2.4.1 Überblick ........................................................................................ 24

2.4.2 Aufbereitung der Daten ........................................................................................ 25

2.4.3 Bildung von Kennzahlen ........................................................................................ 28

2.4.4 Auswertung der gewonnen Daten ........................................................................................ 33

2.5 Abgrenzung der Ertragslage von der Vermögens- und Finanzlage ..... 37

2.6 Die Analyse der Ertragslage als Bestandteil der Jahresabschlussanalyse ..... 43

2.6.1 Die Aufgliederung der Jahresabschlussanalyse hinsichtlich ihrer Erkenntnisziele finanzielle Stabilität und Ertragskraft ..... 43

2.6.2 Die Aufgliederung der erfolgswirtschaftlichen Jahresabschlussanalyse ..... 47

**3. Grundlagen der Rechnungslegung nach US-GAAP ..... 53**

3.1 Übersicht ..... 53

3.2 Wesentliche Einflussfaktoren bei der Entwicklung der US-amerikanischen Rechnungslegung ..... 53

3.2.1 Das *Common Law* als rechtssystematische Grundlage der USA 53

3.2.2 Bundes- und Staatenrecht in den USA ..... 56

3.2.3 Die Bedeutung des US-amerikanischen Kapitalmarkts ..... 57

3.3 Institutionen und Organisationen mit Einfluss auf die US-amerikanische Rechnungslegung ..... 60

3.3.1 Übersicht ..... 60

3.3.2 Regulierung des Kapitalmarkts durch die *Securities and Exchange Commission* ..... 60

3.3.3 Das *American Institute of Certified Public Accountants* ..... 64

3.3.4 Das *Financial Accounting Standards Board* ..... 67

3.4 Die *Generally Accepted Accounting Principles* ..... 71

3.5 Das *Conceptual Framework* des FASB ..... 77

3.5.1 Entwicklung und grundsätzliche Bedeutung des *Conceptual Framework* ..... 77

3.5.2 Zielsetzung und Adressaten der US-amerikanischen Rechnungslegung ..... 80

3.5.3 Basisgrundsätze der US-amerikanischen Rechnungslegung ..... 84

3.5.3.1 Qualitative Anforderungen an die Rechnungslegung .. 84

3.5.3.2 Bestandteile des US-amerikanischen Jahresabschlusses ..... 86

3.5.4 Grundlegende Konzepte zu Ansatz und Bewertung ..... 88

3.5.4.1 Einschränkende Bedingungen ..... 88

3.5.4.2 Grundlegende Annahmen ..... 90

3.5.4.3 Grundlegende Rechnungslegungsprinzipien ..... 91

3.5.4.3.1 Übersicht ..... 91

3.5.4.3.2 Das *Historical Cost Principle* ..... 92

3.5.4.3.3 Das *Accrual Principle* mit den Ausprägungen *Revenue Recognition Principle* und *Matching Principle* ..... 93

3.5.4.3.4 Das *Full Disclosure Principle* ..... 94

3.6 Zusammenfassung der Grundlagen der Rechnungslegung nach US-GAAP ..... 95

**4. Datenbasis zur Analyse der Erfolgslage in der US-amerikanischen Rechnungslegung ..... 99**

4.1 Übersicht ..... 99

4.2 Bestandteile des *Financial Reporting* nach US-GAAP ..... 99

4.3 Grundsätze zu Ausweis und Offenlegung in der US-amerikanischen Rechnungslegung ..... 101

4.4 Informationsbereitstellung im US-amerikanischen Jahresabschluss ... 102

4.4.1 Vorschriften zu Gliederung und Ausweis in den *Statements of Income and Comprehensive Income* ..... 102

4.4.2 Vorschriften zu Inhalt und Ausweis der *Earnings per Share* .... 114

4.4.3 Vorschriften zu Gliederung und Ausweis in der Bilanz ..... 119

4.4.4 Vorschriften zu Inhalt und Ausweis der Kapitalflussrechnung.. 126

4.4.4.1 Übersicht ... 126

4.4.4.2 Der Finanzmittelfonds ... 128

4.4.4.3 Inhalt und Ausweis in den einzelnen Aktivitätsbereichen ... 130

4.4.4.3.1 Ausweisgrundsätze ... 130

4.4.4.3.2 Inhalt und Ausweis im operativen Bereich .. 131

4.4.4.3.3 *Cash Flow* aus der Investitionstätigkeit ... 134

4.4.4.3.4 *Cash Flow* aus der Finanzierungstätigkeit ... 135

4.4.4.4 Ausweis spezieller Posten und Ergänzungsangaben ... 136

4.4.5 Vorschriften zu Inhalt und Ausweis des *Statement of Changes in Equity* und des *Statement of Retained Earnings* ... 138

4.4.6 Vorschriften zu Inhalt und Offenlegung in den *Notes* ... 141

4.4.7 Inhalt und Ausweis in der MD&A ... 146

**5 Bilanzpolitisches Gestaltungspotenzial in US-GAAP-Abschlüssen ... 151**

5.1 Die Begriffe Bilanzpolitik und *Earnings Management* ... 151

5.2 Ziele der Bilanzpolitik und ihre Verbindung zur Bilanzanalyse ... 154

5.3 Instrumente der Bilanzpolitik ... 156

5.4 Auswirkungen des bilanzpolitischen Gestaltungspotenzials auf die erfolgswirtschaftliche Analyse ... 159

5.5 Möglichkeiten der Sachverhaltsabbildung in der US-amerikanischen Rechnungslegung ... 161

5.5.1 Ermessensspielräume in der US-amerikanischen Rechnungslegung ... 161

5.5.1.1 Ermessensspielräume hinsichtlich des Ansatzes ... 161

5.5.1.1.1 Bilanzielle Behandlung von Kosten zur Entwicklung von Software ... 161

5.5.1.1.2 Bilanzierung von *Loss Contingencies* ... 165

5.5.1.2 Ermessensspielräume hinsichtlich der Bewertung sowie der Aufwands- und Ertragsbemessung .............. 167

5.5.1.2.1 Bewertung von Tauschgeschäften ............... 167

5.5.1.2.2 Bewertung von Wertpapieren ...................... 167

5.5.1.2.3 Bewertung von selbsterstellten *Assets* ......... 168

5.5.1.2.4 Bewertung aktiver latenter Steuern.............. 169

5.5.1.2.5 Bilanzierung langfristiger Fertigungsaufträge ........................................................... 170

5.5.1.2.6 Bilanzierung von Altersversorgungsverpflichtungen ........................................... 172

5.5.1.2.7 Bilanzierung von Ratenverkäufen mit unsicherem Eingang der Gegenleistung ...... 182

5.5.2 Wahlrechte in der US-amerikanischen Rechnungslegung ......... 184

5.5.2.1 Ansatzwahlrecht ......................................................... 184

5.5.2.2 Bewertungswahlrechte sowie Wahlrechte zur Aufwands- und Ertragsbemessung.............................. 190

5.5.2.2.1 Verfahren zur planmäßigen Abschreibung auf Anlagevermögen .................................. 190

5.5.2.2.2 Erstmalige Bewertung von selbsterstelltem Anlagevermögen .......................................... 191

5.5.2.2.3 Vorratsbewertung ........................................... 192

5.5.2.2.4 Bewertung von derivativen Finanzinstrumenten ................................................ 193

5.5.2.2.5 Bilanzierung von Erkundungskosten im Rahmen der Öl- und Gasförderung............. 198

5.5.2.2.6 Bilanzierung von Altersversorgungsverpflichtungen ........................................... 199

5.5.2.2.7 Bewertung von Rückstellungen für Umweltschutzmaßnahmen .......................... 201

5.5.2.2.8 Bilanzierung von kompensatorischen Aktienoptionsprogrammen ........ 202

5.5.2.3 Formelle Wahlrechte ........ 203

5.5.2.3.1 Überblick ........ 203

5.5.2.3.2 Ausweiswahlrechte ........ 204

5.5.2.3.3 Gliederungswahlrechte ........ 205

5.5.2.3.4 Erläuterungswahlrechte ........ 206

5.5.3 Besonderheiten in Konzern ........ 206

5.5.3.1 Überblick ........ 206

5.5.3.2 Bilanzpolitischer Spielraum bei der Aufstellung der Handelsbilanz II ........ 207

5.5.3.3 Bilanzpolitische Spielräume im Rahmen der Konsolidierung ........ 211

5.5.3.3.1 Einbeziehungswahlrecht ........ 211

5.5.3.3.2 Ermessensspielräume im Rahmen der Kapitalkonsolidierung ........ 212

5.5.3.3.3 Wahlrecht aus den übrigen Konsolidierungsmaßnahmen ........ 219

5.5.3.4 Wahlrecht auf der Ebene des Konzernabschlusses ........ 219

**6. Aufbereitung der Daten der *Financial Statements* ........ 221**

6.1 Überblick ........ 221

6.2 Allgemeine Aufbereitungsmaßnahmen ........ 222

6.2.1 Aufbereitungsmaßnahmen auf der Aktivseite ........ 222

6.2.2 Aufbereitungsmaßnahmen auf der Passivseite ........ 226

6.2.3 Zusätzliche Aufbereitungsmaßnahmen im Konzern ........ 228

6.3 Aufbereitungsmaßnahmen als Konsequenz des identifizierten bilanzpolitischen Gestaltungspotenzials ........ 230

6.3.1 Kriterien zur Vornahme von Aufbereitungsmaßnahmen ........ 230

6.3.2 Aufbereitungsmaßnahmen hinsichtlich des Ansatzes auf der Aktivseite ..... 231

6.3.3 Aufbereitungsmaßnahmen hinsichtlich des Ansatzes auf der Passivseite ..... 235

6.3.4 Aufbereitungsmaßnahmen hinsichtlich der Bewertung von Aktiva ..... 236

6.3.5 Aufbereitungsmaßnahmen hinsichtlich der Bewertung von Passiva ..... 246

6.3.6 Aufbereitungsmaßnahmen hinsichtlich der Aufwands- und Ertragsbemessung ..... 253

6.3.7 Zusätzliche Aufbereitungsmaßnahmen im Konzern ..... 255

6.4 Jahresabschlussanalytisches Vermögen, Eigen- und Fremdkapital sowie Periodenergebnis ..... 262

**7. Auswirkungen der US-amerikanischen Rechnungslegungsgrundsätze auf die erfolgswirtschaftliche Analyse ..... 267**

7.1 Ergebnisanalyse ..... 267

7.1.1 Überblick ..... 267

7.1.2 Betragsmäßige Ergebnisanalyse ..... 269

7.1.2.1 Überblick ..... 269

7.1.2.2 Auswertung der *Notes* ..... 272

7.1.2.3 Vergleich von Börsen- und Bilanzwert und *Price-(Market)-to-Book Ratio* ..... 274

7.1.2.4 Das (*Other*) *Comprehensive Income* als Indikator der Ertragskraft ..... 276

7.1.2.5 *Cash flow* als Indikator der Ertragskraft und Konzept der Qualität des *Net Income* ..... 280

7.1.2.6 Ergebnis nach DVFA/SG als Indikator der Ertragskraft ..... 287

7.1.3 Strukturelle Ergebnisanalyse ..... 295

7.1.3.1 Überblick ..... 295

7.1.3.2 Ergebnisquellenanalyse: Die Ergebnisspaltung ........... 295

7.1.3.2.1 Überblick ........... 295

7.1.3.2.2 Das ordentliche Betriebsergebnis ........... 298

7.1.3.2.3 Das ordentliche betriebsfremde Ergebnis .... 302

7.1.3.2.4 Das außerordentliche Ergebnis ........... 305

7.1.3.3 Analyse der Aufwands- und Ertragsstruktur ........... 308

7.2 Rentabilitätsanalyse ........... 317

7.2.1 Überblick ........... 317

7.2.2 Eigenkapitalrentabilität (*Return on Equity*) ........... 319

7.2.3 Aktienrentabilität ........... 323

7.2.3.1 Überblick ........... 323

7.2.3.2 *Earnings per Share* und Ergebnis je Aktie nach DVFA/SG ........... 323

7.2.3.3 Kurs-Gewinn-Verhältnis (*Price-to-Earnings Ratio*).... 329

7.2.3.4 Dividende je Aktie (*Dividend per Share*), *Payout Ratio* bzw. Dividendendeckungsgrad (*Dividend Cover*) und Dividendenrentabilität (*Dividend Yield*) ... 332

7.2.3.5 Gesamte Aktienrentabilität (*Total Shareholder Return*) ........... 336

7.2.4 Gesamtkapitalrentabilität (*Return on Assets* bzw. *Return on Investment*) ........... 337

7.2.5 Betriebsrentabilität (*Return on Capital Employed* bzw. *Return on Net Assets*) ........... 344

7.2.6 Umsatzrentabilität (*Return on Sales* bzw. *Profit Margin on Sales*) ........... 346

**8. Schlussbetrachtung ........... 349**

Verzeichnis der Gesetze und Rechnungslegungsnormen ........... XXV

Verzeichnis der Internetquellen ........... XXVII

Literaturverzeichnis ........... XXIX

**Abbildungsverzeichnis**


| | | Seite |
|---|---|---|
| Abbildung 2.1 | Interessenten der Jahresabschlussanalyse | 10 |
| Abbildung 2.2 | Interessenten, Umfang verfügbarer Daten und Zielsetzungen der Jahresabschlussanalyse | 17 |
| Abbildung 2.3 | Ablauf einer Jahresabschlussanalyse | 25 |
| Abbildung 2.4 | Aufbereitungsmaßnahmen im Rahmen einer Jahresabschlussanalyse | 27 |
| Abbildung 2.5 | Kennzahlenarten | 32 |
| Abbildung 2.6 | Wahl der Vergleichsbetriebe bzw. –unternehmen für Betriebs-/Unternehmensvergleiche | 36 |
| Abbildung 2.7 | Zusammenhang zwischen den betriebswirtschaftlichen Zielen und dem Analyseziel „Beurteilung der wirtschaftlichen Lage" | 39 |
| Abbildung 2.8 | Teilgebiete der erfolgswirtschaftlichen Jahresabschlussanalyse | 48 |
| Abbildung 3.1 | *House of GAAP* | 74 |
| Abbildung 3.2 | Aufbau des *Conceptual Framework* | 79 |
| Abbildung 4.1 | Mindestgliederungsvorschriften für die Gewinn- und Verlustrechnung nach Reg. S-X, Rule 5-03 | 109 |
| Abbildung 4.2 | Beispiel eines *Combined Statement of Income and Comprehensive Income* | 111 |
| Abbildung 4.3 | Beispiel eines eigenständigen *Statement of Comprehensive Income* | 112 |
| Abbildung 4.4 | Beispiel für den Ausweis des *Comprehensive Income* innerhalb des *Statement of Changes in Equity* | 113 |
| Abbildung 4.5 | Beispiel für den Ausweis des unverwässerten Ergebnisses je Aktie | 117 |
| Abbildung 4.6 | Beispiel für den Ausweis des verwässerten Ergebnisses je Aktie | 118 |

Abbildung 4.7 Mindestgliederungsvorschriften für die Bilanz nach Reg. S-X, Rule 5-02 ... 125

Abbildung 4.8 Ausweis des Finanzmittelfonds ... 129

Abbildung 4.9 Mindestgliederung im operativen Bereich bei Anwendung der direkten Darstellung ... 133

Abbildung 4.10 Beispielhafte Gliederung eines *Statement of Retained Earnings* ... 141

Abbildung 4.11 Angabepflichten für börsennotierte und nicht börsennotierte Unternehmen in den *Notes* ... 143

Abbildung 4.12 Beispielhafte Darstellung einer MD&A ... 150

Abbildung 5.1 Kategorisierung des bilanzpolitischen Instrumentariums ... 157

Abbildung 5.2 Bilanzielle Behandlung der Produktionskosten selbsterstellter Software nach SFAS 86 ... 163

Abbildung 5.3 Angenommene Gehaltssteigerungen im Rahmen der Bilanzierung von Altersversorgungsleistungen ... 175

Abbildung 5.4 Angenommene Zinssätze im Rahmen der Bilanzierung von Altersversorgungsleistungen ... 176

Abbildung 5.5 Grundlegende Regelungen zur Bilanzierung von immateriellen Werten nach SFAS 142 ... 187

Abbildung 5.6 *Goodwill-Impairment Test* nach SFAS 142 ... 217

Abbildung 6.1 Ermittlung des jahresabschlussanalytischen Anlagevermögens ... 262

Abbildung 6.2 Ermittlung des jahresabschlussanalytischen Umlaufvermögens ... 263

Abbildung 6.3 Ermittlung des jahresabschlussanalytischen Eigenkapitals ... 264

Abbildung 6.4 Ermittlung des jahresabschlussanalytischen Fremdkapitals ... 265

Abbildung 6.5 Ermittlung des jahresabschlussanalytischen bzw. bereinigten *Net Income* ... 266

Abbildung 7.1 Auswertung der *Notes* im Rahmen der betragsmäßigen Ergebnisanalyse ... 273

Abbildung 7.2 Ermittlung des vereinfachten *Cash Flows* ............ 282

Abbildung 7.3 Ermittlung des EBITDA ............ 283

Abbildung 7.4 Arbeitsschema zur Ermittlung des Ergebnisses nach DVFA/SG je Aktie ............ 292

Abbildung 7.5 Ausweis des ordentlichen Betriebsergebnisses ............ 299

Abbildung 7.6 Ausgewiesenes ordentliches betriebsfremdes Ergebnis ............ 303

Abbildung 7.7 Ermittlung des ordentlichen betriebsfremden Ergebnisses ............ 305

Abbildung 7.8 Ermittlung des außerordentlichen Ergebnisses ............ 307

Abbildung 7.9 Zusammenhang zwischen betriebswirtschaftlicher Ergebnisspaltung und dem Ergebnisspaltunskonzept nach US-GAAP ............ 308

Abbildung 7.10 Implikationen aus der Kombination unterschiedlicher Ausprägungen der *Price-to-Book Ratio* und der *Price-Earnings-Ratio* ............ 331

Abbildung 7.11 Zusammenhang zwischen Periodenergebnis, Gewinn je Aktie und Dividende je Aktie ............ 333

Abbildung 7.12 Grundkonzept des dynamischen CFROI ............ 342

Abbildung 7.13 Ermittlung der Bruttoinvestitionsbasis ............ 343

Abbildung 7.14 Näherungsweise Ermittlung des betriebsnotwendigen Vermögens ............ 345

## Abkürzungsverzeichnis

| | |
|---|---|
| a. A. | anderer Ansicht |
| Abb. | Abbildung |
| Abs. | Absatz |
| Abschn. | Abschnitt |
| Abt. | Abteilung |
| AcSEC | Accounting Standards Executive Committee |
| a. F. | alte Fassung |
| AG | Aktiengesellschaft, auch die Zeitschrift »Die Aktiengesellschaft« |
| AIA | American Institute of Accountants |
| AICPA | American Institute of Certified Public Accountants |
| AktG | Aktiengesetz |
| Anm. | Anmerkung |
| Anm. d. Verf. | Anmerkung des Verfassers |
| APB | Accounting Principles Board |
| ARB | Accounting Research Bulletin |
| Art. | Artikel |
| ASR | Accounting Series Releases |
| Aufl. | Auflage |
| AV | Anlagevermögen |
| BB | Betriebsberater (Zeitschrift) |
| BBl. | Betriebswirtschaftliche Blätter |
| Bd. | Band |
| bearb. | bearbeitet |
| BFuP | Betriebswirtschaftliche Forschung und Praxis |
| BGBl. | Bundesgesetzblatt |
| BiB | Bruttoinvestitionsbasis |
| BIFOA | Betriebswirtschaftliches Institut für Organisation und Automation |
| BiRiLiG | Bilanzrichtlinien-Gesetz (vom 19. 12. 1985) |
| bspw. | beispielsweise |
| CAP | Committee on Accounting Procedures |
| CAPM | Capital Asset Pricing Model |

| | |
|---|---|
| CFRoI | Cash Flow Return on Investment |
| Ch. | Chapter |
| CON | Conceptual Framework des FASB |
| CPA | Certified Public Accountant |
| DB | Der Betrieb (Zeitschrift) |
| DBW | Die Betriebswirtschaft (Zeitschrift) |
| Diss. | Dissertation |
| DRS | Deutscher Rechnungslegungs Standard(s) |
| DRSC | Deutsches Rechnungslegungs Standards Committee e. V. |
| DSR | Deutscher Standardisierungsrat |
| DStR | Deutsches Steuerrecht |
| DSWR | Datenverarbeitung, Steuer, Wirtschaft, Recht (Zeitschrift) |
| DVFA/SG | Deutsche Vereinigung für Finanzanalyse und Anlageberatung e.V./Schmalenbach-Gesellschaft |
| ED | Exposure Draft |
| EAR | European Accounting Review |
| EBIT | Earnings before Interest and Tax |
| EBITDA | Earnings before Interest, Tax, Depreciation and Amortization |
| EDV | Elektronische Datenverarbeitung |
| EG | Europäische Gemeinschaft |
| EITF | Emerging Issues Task Force |
| EK | Eigenkapital |
| EPS | Earnings per Share |
| ESTG | Einkommensteuergesetz |
| et al. | et alii |
| EU | Europäische Union |
| EUR | Euro |
| FAF | Financial Accounting Foundation |
| FASAC | Financial Accounting Standards Advisory Council |
| FASB | Financial Accounting Standards Board |
| FAZ | Frankfurter Allgemeine Zeitung |
| f. | folgende Seite |
| ff. | folgende Seiten |
| FIN | FASB Interpretations |
| FK | Fremdkapital |

| | |
|---|---|
| FRR | Financial Reporting Releases |
| GAAP | Generally Accepted Accounting Principles |
| GASB | Governmental Accounting Standards Board |
| GASC | German Accounting Standards Committee |
| GEFIU | Gesellschaft der Finanzwirtschaft in der Unternehmensführung e. V. |
| gem. | gemäß |
| ggf. | gegebenenfalls |
| GKV | Gesamtkostenverfahren |
| GmbH | Gesellschaft mit beschränkter Haftung |
| GmbHR | GmbH-Rundschau (Zeitschrift) |
| GoB | Grundsätze ordnungsmäßiger Buchführung |
| GuV | Gewinn- und Verlustrechnung |
| HBR | Harvard Business Review (Zeitschrift) |
| h. c. | honoris causa |
| HGB | Handelsgesetzbuch |
| h. M. | herrschende Meinung |
| hrsg. | herausgegeben |
| Hrsg. | Herausgeber |
| i. A. | im Allgemeinen |
| IAS | International Accounting Standard(s) |
| IASC | International Accounting Standards Committee |
| i. d. R. | in der Regel |
| IFAC | International Federation of Accountants |
| IFRS | International Financial Reporting Standards |
| INF | Die Information über Steuer und Wirtschaft (Zeitschrift) |
| insbes. | insbesondere |
| IOSCO | International Organisation of Securities Commissions |
| i. V. m. | in Verbindung mit |
| JAR | Journal of Accounting Research (Zeitschrift) |
| JoA | Journal of Accountancy (Zeitschrift) |
| JoAR | Journal of Accounting Research (Zeitschrift) |
| JWG | Financial Instruments Joint Working Group of standard setters |
| KapAEG | Kapitalaufnahmeerleichterungsgesetz |

| | |
|---|---|
| KapCoRiLiG | Kapitalgesellschaften&Co-Richtliniegesetz |
| KFR | Kapitalflussrechnung |
| KG | Kommanditgesellschaft |
| KGaA | Kommanditgesellschaft auf Aktien |
| KPMG | Klynveld, Peat, Marwick, Goerdeler |
| KonTraG | Gesetz zur Kontrolle und Transparenz im Unternehmensbereich |
| KoR | Kapitalmarktorientierte Rechnungslegung (Zeitschrift) |
| krp | Kostenrechnungspraxis (Zeitschrift) |
| MAWI | Materialwirtschaft |
| m. E. | meines Erachtens |
| m. w. N. | mit weiteren Nachweisen |
| MD&A | Management‘s Discussion and Analysis |
| Mrd. | Milliarden |
| Neubearb. | Neubearbeitung |
| n. F. | neue Fassung |
| No. | number |
| Nr. | Nummer |
| NYSE | New York Stock Exchange |
| OHG | Offene Handelsgesellschaft |
| p. a. | per annum |
| PER | Price Earnings Ratio |
| Pos. | Position |
| Prof. | Professor |
| PublG | Gesetz über die Rechnungslegung von bestimmten Unternehmen und Konzernen (Publizitätsgesetz) vom 15. 8. 1969 |
| Reg. | Regulation |
| resp. | respektive |
| RFH | Reichsfinanzhof |
| RIW | Recht der internationalen Wirtschaft (Zeitschrift) |
| RoCE | Return on Capital Employed |
| RoI | Return on Investment |
| RoNA | Return on Net Assets |
| RStBL. | Reichssteuerblatt |
| RTA | Research and Technical Activities Staff |

| | |
|---|---|
| Rz. | Randziffer |
| S. | Seite |
| s. | siehe |
| s. a. | siehe auch |
| SA | Securities Act |
| SAB | Staff Accounting Bulletins |
| SABI | Sonderausschuss Bilanzrichtlinien-Gesetz |
| SEA | Securities Exchange Act |
| SEC | Securities and Exchange Commission |
| Sect. | Section |
| SFAC | Standards of Financial Accounting Concepts |
| SFAS | Statements of Financial Accounting Standards |
| SIC | Standing Interpretations Committee |
| s. o. | siehe oben |
| sog. | so genannt |
| SOP | Statement of Position, Statement of Principles |
| SoPoR | Sonderposten mit Rücklageanteil |
| soz. | sozusagen |
| Sp. | Spalte |
| StB | Der Steuerberater (Zeitschrift) |
| s. u. | siehe unten |
| SteuerStud | Steuer und Studium (Zeitschrift) |
| TQW | Totaler Wertschöpfungsquotient |
| Tz. | Textziffer |
| u. a. | unter anderem |
| UKV | Umsatzkostenverfahren |
| usw. | und so weiter |
| US | United States |
| US-GAAP | United States-Generally Accepted Accounting Principles |
| usw. | und so weiter |
| UV | Umlaufvermögen |
| v. a. | vor allem |
| vgl. | vergleiche |
| WACC | Weighted Average Cost of Capital |
| WiSt | Wirtschaftswissenschaftliches Studium (Zeitschrift) |

| | |
|---|---|
| WISU | Das Wirtschaftsstudium (Zeitschrift für Studium und Examen) |
| WPg | Die Wirtschaftsprüfung (Zeitschrift) |
| z. B. | zum Beispiel |
| ZBB | Zeitschrift für Bankrecht und Bankwirtschaft (Zeitschrift) |
| ZfB | Zeitschrift für Betriebswirtschaft (Zeitschrift) |
| zfbf | Zeitschrift für betriebswirtschaftliche Forschung (Zeitschrift) |

# 1 Einleitung

## 1.1 Problemstellung und Motivation

In den letzten Jahren unterliegt die Rechnungslegung deutscher Konzerne einem starken Wandel, der nicht zuletzt auf deren gestiegenen Kapitalbedarf im Zuge der Globalisierung der Wirtschaft zurückzuführen ist.[1] In den Blickpunkt der Öffentlichkeit geriet diese Entwicklung insb. durch die 1993 erfolgte Zulassung der Daimler Benz AG an der New York Stock Exchange.[2] Die hierfür erforderliche Anwendung von US-amerikanischen Rechnungslegungsvorschriften verdeutlicht die hohe Bedeutung der US-GAAP für Unternehmen, die die Erschließung des wichtigsten Kapitalmarkts der Welt anstreben.[3] Diese Entwicklung spiegelt sich auch in der deutschen Gesetzgebung wider; so wurde mit dem KapAEG der § 292a HGB eingefügt, der es börsennotierten Mutterunternehmen ermöglicht, ihren Konzernabschluss unter bestimmten Voraussetzungen befreiend nach international anerkannten Rechnungslegungsstandards aufzustellen. Als solche gelten ausschließlich die US-GAAP und die IAS.[4]

Obwohl diese Befreiungsvorschrift bis Ende 2004 befristet ist und sich die Finanzminister der EU auf die Verpflichtung börsennotierter Unternehmen der EU ab dem Geschäftsjahr 2005 für den Konzernabschluss die IAS anzuwenden, geeinigt haben,[5] stellen die US-GAAP momentan die bedeutendsten Rechnungslegungsvorschriften dar. Dies ist erstens damit zu begründen, dass weder nach IAS noch nach den Vorschriften des DSR erstellte Abschlüsse ohne Anpassung für die Zulassung zum US-amerikanischen Kapitalmarkt ausreichen. Zweitens üben die US-GAAP einen erheblichen Einfluss auf die Entwicklung der IAS[6] sowie der DRS aus und drittens werden die US-GAAP in der Praxis häufig zur Beantwortung der bei Anwendung der IAS entstehenden Interpretationsfragen

---

1 Vgl. ZAß, M. (1997), S. 192; SEELIGER, R./KAATZ, S. (1998), S. 125; FÖRSCHLE, G./GLAUM, M./MANDLER, U. (1998), S. 2281; SCHEFFLER, E. (1999), S. 1285; WÖHE, G. (1999), S. 87; PEEMÖLLER, V. H./FISCHER, J. M. (2001), S. 142.

2 Vgl. GRAMMER, P. A. (1998), S. 310; GÖBEL, S. (1999), S. 293.

3 Vgl. BEINE, F./PORSTMANN, M. (1998), S. 995; GRAMMER, P. A. (1998), S. 310.

4 Vgl. DRS 1.10-1.13. Vgl. auch BALLWIESER, W. (1999), S. 434; NIEHUS, R. J./THYLL, A. (2000), S. 545. Die künftig vom IASB verabschiedeten Standards werden als IFRS bezeichnet. Die bisherigen IAS behalten – soweit nicht durch nachfolgende Standards ersetzt – weiterhin ihre Gültigkeit. Vgl. im Internet: IASB (2001).

5 Vgl. im Internet: O. V. (2001a); im Internet: O. V. (2001b); im Internet: PAOLI, N. de/GRASS, D. (2001). Allerdings soll es bis 2007 eine diesbezügliche Befreiungsvorschrift geben. Vgl. ebenda.

6 Bzw. künftig auf die Entwicklung der IFRS.

herangezogen. Letzteres ist darauf zurückzuführen, dass die US-GAAP einerseits sehr detaillierte und andererseits auf bestimmte Branchen zugeschnittene Normen enthalten.

Ausgehend von dieser zentralen Bedeutung der US-GAAP für die Konzernrechnungslegung in Deutschland stellt sich die Frage nach den Auswertungsmöglichkeiten von nach US-GAAP erstellten Konzernabschlüssen. Denn eine Reihe unterschiedlicher Interessenten bzw. Interessentengruppen streben eine detailliertere Analyse von Abschlüssen an,[7] ist doch die Jahresabschlussanalyse „ein zentrales Instrument zur Beurteilung von Unternehmen."[8] Motivation für die Erstellung dieser Arbeit ist das Fehlen eines umfassenden und systematischen Konzepts zu einer solchen Analyse von in Deutschland erstellten US-GAAP-Abschlüssen, zumal sich auch die bestehenden angloamerikanischen Ansätze zur Jahresabschlussanalyse kaum mit Ergebnisanalysen beschäftigen und sie außerdem gänzlich die Aufarbeitung des in der US-amerikanischen Rechnungslegung vorhandenen jahresabschlusspolitischen Gestaltungspotenzials und die sich daraus ergebenden Aufbereitungsmaßnahmen vernachlässigen. Ziel dieser Untersuchung ist es folglich, die konzeptionellen Voraussetzungen für eine erfolgswirtschaftliche Analyse zu schaffen. Dabei gilt es festzustellen, inwieweit sich US-GAAP-Abschlüsse überhaupt zur erfolgswirtschaftlichen Analyse eignen.

## 1.2 Eingrenzung der Untersuchung

Mit Jahresabschlussanalysen werden regelmäßig zwei zentrale Zielsetzungen verfolgt: Einerseits sollen Aussagen über die Erfolgslage bzw. die Ertragskraft des untersuchten Unternehmens gewonnen werden, andererseits gilt es, die finanzielle Stabilität des Unternehmens zu beurteilen. Zur zielgerichteten und umfassenden Behandlung des Themas beschränkt sich diese Arbeit auf die Einschätzung der Erfolgslage bzw. der Ertragskraft und somit auf die erfolgswirtschaftliche Analyse von Jahresabschlüssen. Daneben konzentrieren sich die Ausführungen zur kennzahlengestützten Analyse auf Einzelanalysen von Kennzahlen. Eine Gesamtanalyse aller untersuchten Kennzahlen, wie dies bspw. im

[7] Eine Darstellung der Interessenten einer Jahresabschlussanalyse findet sich in Abschnitt 2.2.

[8] BURGER, A./SCHELLBERG, B. (1995), S. 2433. Vgl. dazu auch BURGER, A./SCHELLBERG, B. (1994), S. 406.

Rahmen von Kennzahlensystemen der Fall ist, soll dagegen nicht vorgenommen werden.

In die Untersuchung der erfolgswirtschaftlichen Jahresabschlussanalyse werden sowohl Einzel- als auch Konzernabschlüsse einbezogen. Dies bietet sich insofern an, als in der US-amerikanischen Rechnungslegung prinzipiell nicht zwischen Einzel- und Konzernabschlüssen unterschieden wird, sondern mit ihr vielmehr ein allgemeinverbindliches Konzept verfolgt wird.[9] Gegenstand der Betrachtung sind dabei solche Abschlüsse, die in Einklang mit den US-GAAP erstellt wurden, allerdings unter der Vernachlässigung von Branchenbesonderheiten.[10] Grundsätzlich nicht berücksichtigt werden spezielle Berichtspflichten, wie sie bspw. gegenüber der US-amerikanischen Börsenaufsichtsbehörde *Securities and Exchange Commission* (SEC) bestehen können, es sei denn es bestehen Regelungslücken innerhalb der US-GAAP oder diese Berichtspflichten haben sich im Laufe der letzten Jahre in der Weise etabliert, als sie von einem größeren Kreis bilanzierender Unternehmen (freiwillig) eingehalten werden.

Da die Normierung der US-amerikanischen Rechnungslegung einen fortlaufenden Prozess darstellt, ist es nicht möglich, auf ein endgültiges Normensystem zurückzugreifen. In dieser Arbeit findet deshalb eine Eingrenzung auf alle unter die US-GAAP zu subsumierenden Verlautbarungen statt, die bis zum 1. November 2001 veröffentlicht wurden.

## 1.3 Aufbau der Arbeit

Im Anschluss an die Einleitung erfolgt die Erläuterung der Grundlagen und Ziele der Jahresabschlussanalyse. Ausgehend von den allgemeinen Erkenntniszielen einer Jahresabschlussanalyse, nämlich der Beurteilung der Vermögens-, Finanz- und Ertragslage, werden die konkreten Erkenntnisziele der unterschiedlichen Interessenten von Jahresabschlussanalysen dargestellt. Gewonnen werden diese Erkenntnis im Rahmen eines mehrstufigen Prozesses, der anschließend beschrieben wird. Dieser Jahresabschlussanalyseprozess beginnt mit der Aufbereitung der vorhandenen Daten, setzt sich fort mit der Kennzahlenbildung und

---

9 Vgl. PELLENS, B. (2001), S. 170.

10 Ausnahmsweise wird ein in der öl- und gasfördernden Industrie bestehendes Wahlrecht untersucht, da dieses Wahlrecht als besonders gewichtig erscheint.

endet schließlich mit der Auswertung der gewonnenen Daten. Da sich diese Arbeit mit der erfolgswirtschaftlichen Jahresabschlussanalyse beschäftigt, wird eine klare Abgrenzung der beiden Teilbereiche der Jahresabschlussanalyse – der erfolgs- und der finanzwirtschaftlichen Analyse – vorgenommen.

Im dritten Kapitel werden zunächst die Grundlagen der US-amerikanischen Rechnungslegung erläutert, da sich der Analyst mit dem Normensystem vertraut machen sollte, das dem untersuchten Abschluss zugrunde liegt. Dabei werden zunächst die wesentlichen Einflussfaktoren bei der Entwicklung der US-amerikanischen Rechnungslegung sowie die Institutionen und Organisationen, die Einfluss auf die US-amerikanische Rechnungslegung nehmen bzw. genommen haben, beschrieben. Anschließend gilt es, den Begriff der US-GAAP zu definieren, da es sowohl an einer Legaldefinition als auch an einer einheitlichen und eindeutigen Begriffsbestimmung der US-GAAP mangelt.[11] Zuletzt ist im dritten Kapitel das theoretische Rahmenwerk – das sog. „*Conceptual Framework*" –, das die Grundlage für die Entwicklung von Rechnungslegungsvorschriften bilden soll,[12] Gegenstand der Ausführungen. Dieses Rahmenwerk umfasst die Formulierung der Zielsetzung und der Adressaten ebenso wie die Erläuterung der Basisgrundsätze sowie der grundlegenden Konzepte zu Ansatz und Bewertung der US-amerikanischen Rechnungslegung.

Die Darstellung der dem Analysten eines US-GAAP-Abschlusses zur Verfügung stehenden Datenbasis erfolgt im vierten Kapitel. Diese umfasst die Gewinn- und Verlustrechnung, das *comprehensive income*, die *earnings per share*, die Bilanz, die Kapitalflussrechnung, das *statement of changes in equity*, das *statement of retained earnings* sowie die *notes*. Da viele Unternehmen eine MD&A veröffentlichen,[13] wird auch deren Inhalt erläutert.

Die Erstellung der zu analysierenden Datenbasis durch den Bilanzierenden erfolgt allerdings nicht zwangsläufig willkürfrei. Dies verdeutlichen die Ausführungen im fünften Kapitel, in dem das bilanzpolitische Gestaltungspotenzial im Rahmen der US-amerikanischen Rechnungslegung identifiziert wird. Dabei

---

[11] Vgl. PELLENS, B. (2001), S. 116.
[12] Vgl. SONNEMANN, E. (Hrsg.) (1989), S. 41.
[13] Nach den Vorschriften der SEC besteht diesbezüglich eine Ausweispflicht. Vgl. Reg. S-K, Item 303 (a).

werden die wesentlichen sachverhaltsabbildenden bilanzpolitischen Maßnahmen – bestehend aus Ermessensspielräumen und Wahlrechten –, die der Bilanzierende anwenden kann, dargestellt.

Aus diesem Gestaltungspotenzial werden im sechsten Kapitel – soweit dies die Publizitätspflichten erlauben – Aufbereitungsmaßnahmen abgeleitet, die zu einer weitgehenden Eliminierung von unterschiedlich ausgenutzten Ermessensspielräumen und Wahlrechten führen. Insbesondere werden Aufbereitungsschemata erarbeitet, die der Ermittlung des jahresabschlussanalytischen Anlage- und Umlaufvermögens, des jahresabschlussanalytischen Eigen- und Fremdkapitals sowie des bereinigten Periodenergebnisses dienen.

Im anschließenden siebten Kapitel erfolgt die Darstellung der Methoden zur kennzahlengestützten Analyse der aufbereiteten Daten um damit die Erfolgslage und die Ertragskraft zu beurteilen. Gegenstand der Untersuchung sind zunächst die Möglichkeiten einer Ergebnisanalyse. Aufgrund der eingeschränkten Aussagekraft des in der Gewinn- und Verlustrechnung ausgewiesenen Periodenergebnisses,[14] wird zunächst erläutert, inwieweit die *notes* sowie ein Vergleich von Börsen- und Buchwert dazu beitragen, im Rahmen einer betragsmäßigen Ergebnisanalyse die Abschätzung stiller Reserven zu ermöglichen. Weiterhin wird die Eignung des (*other*) *comprehensive income*, des *cash flows* sowie des Ergebnisses nach DVFA/SG als Indikator für die Ertragskraft analysiert.

Im Anschluss an die Ausführungen zur betragsmäßigen Ergebnisanalyse rückt die Erläuterung der strukturellen Ergebnisanalyse in den Vordergrund. Dabei wird einerseits das Periodenergebnis in seine Bestandteile aufgegliedert, um diese auf ihre Entstehungsursachen hin zu untersuchen. Mit Hilfe einer solchen Ergebnisquellenanalyse wird die Beurteilung der Nachhaltigkeit des Ergebnisses ermöglicht. Andererseits werden im Rahmen der Aufwands- und Ertragsanalyse Vorgehensweisen dargestellt, die es dem Analysten gestatten, Aufschluss über die Struktur bzw. die Entwicklung der einzelnen Ergebnisbestandteile zu gewinnen. Zuletzt erfolgt die Darstelllung der Rentabilitätsanalyse. Dabei werden die aus Investorensicht besonders relevanten Kennzahlen zur Eigenkapital- und Aktienrentabilität hinsichtlich ihrer Ermittlung und ihrer Aussagekraft näher

[14] Einschränkende Faktoren werden unter Abschnitt 7.1.1 erläutert.

beleuchtet. Weiterhin wird erklärt, wie sich Gesamt- und Betriebsrentabilitäten bilden lassen und welcher Erkenntnisgewinn daraus resultiert. Schließlich erfolgt die Erläuterung der Ermittlungsmöglichkeiten und der Aussagekraft der Umsatzrentabilität.

Zum Abschluss der Arbeit erfolgt eine Zusammenfassung und kritische Würdigung der wesentlichen aus der Untersuchung gewonnenen Erkenntnisse.

# 2 Grundlagen und Ziele der Jahresabschlussanalyse

## 2.1 Begriff der Jahresabschlussanalyse

Unter Jahresabschlussanalyse ist ein Verfahren zu verstehen, das geeignet ist, „aus Jahresabschlüssen Informationen abzuleiten, die diesen direkt nicht zu entnehmen sind.“[1] Im Rahmen einer Jahresabschlussanalyse findet dabei zunächst eine Zerlegung der in einem Jahresabschluss enthaltenen Daten statt bevor diese anschließend nach betriebswirtschaftlichen Ordnungskriterien neu geordnet werden[2] mit der Zielsetzung, weitere Erkenntnisse über die wirtschaftliche Lage, d. h. die Vermögens-, Finanz- und Ertragslage eines Unternehmens zu gewinnen.[3] Diese Neuordnung kann bspw. durch „Verdichtung, Ergänzung, Umgliederung, Aufspaltung, Saldierung und Umbewertung [...] [und] der Bildung von Kennzahlen“[4] erfolgen. Als Datenbasis einer Jahresabschlussanalyse werden i. d. R. Komponenten des Jahresabschlusses[5] und des Lageberichts bzw. der MD&A herangezogen und – soweit verfügbar – zusätzliches Datenmaterial.[6]

Durch die Beschränkung auf externe Informationsquellen[7] kann die (externe) Jahresabschlussanalyse abgegrenzt werden von der (strategischen) Betriebs- oder Unternehmensanalyse, bei der ein Analyst auch auf unternehmensinterne Daten (z. B. interner Abschluss, Kostenrechnung, Finanzplanung, Auftragsbestand, Umsatzstatistik, Kreditlinien) zurückgreifen kann.[8] Interne Analysen

---

1 LEFFSON, U. (1984), S. VIII.
2 Vgl. SCHNEIDER, D. (1989), S. 634; REHKUGLER, H./PODDIG, T. (1998), S. 4.
3 Vgl. SCHULT, E. (1999), S. 5; COENENBERG, A. G. (2001), S. 873; KÜTING, K./WEBER, C.-P. (2001), S. 3.
4 GRÄFER, H. (1997), S. 15.
5 Es wird zunächst von den gängigen Jahresabschlussbestandteilen ausgegangen; diese sind in der Rechnungslegung nach US-GAAP die Bilanz (*balance sheet*), die Gewinn- und Verlustrechnung (*income statement*), die Kapitalflussrechnung (*cash flow statement*), die Eigenkapitalveränderungsrechnung (*statement of owners` equity*) sowie der Anhang (*notes*). Weitere Ausführungen dazu finden sich im dritten Kapitel.
6 Vgl. COENENBERG, M. (2000), S. 7. Liegt bspw. ein Geschäftsbericht vor, so sind diesem weitere Daten zu entnehmen. Vgl. BARTRAM, W. (1981), S. 228. Weitere, der Allgemeinheit zugängliche Informationsquellen können Zwischenberichte, Ansprachen oder Presseveröffentlichungen sein. Vgl. BIEG, H. (1993b), S. 378. Falls erhältlich, sind auch Prüfungsberichte, Verträge, Planungsrechnungen und Inventarlisten dazu geeignet, die Datenbasis zu erweitern. Vgl. BALLWIESER, W. (1989), S. 24.
7 VOGLER/MATTES sprechen dabei von einem unterschiedlichen „Standort“ der internen und externen Analytiker. Vgl. VOGLER, G./MATTES, H. (1976), S. 4.
8 Vgl. DOBLER, T. (1998), S. 17 f.; COENENBERG, A. G. (2001), S. 873.

werden i. d. R. von Betriebsangehörigen, dem Abschlussprüfer oder sonstigen Personen durchgeführt und sind aufgrund der breiteren Datenbasis zuverlässiger und umfassender als externe.[9] Im Folgenden werden zunächst die Interessenten und die Erkenntnisziele der externen Jahresabschlussanalyse behandelt.

## 2.2 Erkenntnisziele und Interessenten einer Jahresabschlussanalyse

Die Erkenntnisziele der Jahresabschlussanalyse hängen unmittelbar mit den Bilanzierungszwecken zusammen. Der handelsrechtliche Jahresabschluss von Kapitalgesellschaften hat gemäß der in § 264 Abs. 2 Satz 1 bzw. § 297 Abs. 2 Satz 2 HGB verankerten Generalnorm "unter Beachtung der Grundsätze ordnungsmäßiger Buchführung ein den tatsächlichen Verhältnissen entsprechendes Bild der Vermögens-, Finanz- und Ertragslage"[10] zu vermitteln, die Generalnorm der US-amerikanischen Rechnungslegung (auch *overriding principle* genannt) stellt die Forderung nach einer *fair presentation* der Unternehmenssituation.[11] Entsprechend sind in einem Abschluss nach US-GAAP entscheidungsrelevante und zuverlässige Informationen über die wirtschaftliche Lage, d. h. die Vermögens-, Finanz- und Ertragslage (*financial position* bzw. *performance*) zu vermitteln.[12] Aufgrund der starken Interdependenz der Vermögens- und Finanzanlage werden diese im Rahmen der Jahresabschlussanalyse zu einem Ziel zusammengefasst. Somit sind zwei Erkenntnisziele zu identifizieren: Innerhalb der finanzwirtschaftlichen Jahresabschlussanalyse ist die finanzielle Stabilität, innerhalb der erfolgswirtschaftlichen Jahresabschlussanalyse die Ertragskraft wesentlicher Untersuchungsgegenstand.[13]

Ausgehend von den genannten Erkenntniszielen stellt sich die Frage, welche Personen bzw. Personengruppen überhaupt Interesse an der Gewinnung dieser Erkenntnisse haben. Auch hier kann wiederum eine enge Verknüpfung zwischen

---

[9] Vgl. MAYER, L./MAYER, L. (1970), S. 17.

[10] § 264 Abs. 2 Satz 1 und § 297 Abs. 2 Satz 2 HGB.

[11] Vgl. BAETGE, J./ROß, H.-P. (2000), S. 34. Weitere Ausführungen zur *fair presentation* im Rahmen der US-amerikanischen Rechnungslegung finden sich im dritten Kapitel.

[12] Vgl. ebenda. Vgl. auch HALLER, A. (1994), S. 256.

[13] Vgl. BAETGE, J. (1998a), S. 2; COENENBERG, A. G. (2001), S. 875. Eine detailliertere Abgrenzung von erfolgs- und finanzwirtschaftlicher Analyse erfolgt unter Abschnitt 2.5.

den Interessenten[14] eines Jahresabschlusses und denen einer Jahresabschlussanalyse beobachtet werden. Von den in der Vergangenheit entwickelten Theorien zu den Interessenten eines Jahresabschlusses sind derzeit die Stockholder- und die Stakeholder-Theorie die beiden dominierenden Theorien. Gemäß der Stockholder-Theorie ist der Stock- bzw. Shareholder primärer Interessent eines Jahresabschlusses, nach der Stakeholder-Theorie sind dagegen verschiedenste Interessenten vorhanden,[15] deren Interessen es zu befriedigen gilt. Dabei handelt es sich um Personen und Personenkreise, die an der sog. Koalition[16] Unternehmung beteiligt sind.[17] Mitglieder einer solchen Koalition sind „Manager, Arbeiter, Aktionäre, Lieferanten, Kunden, Rechtsanwälte, Finanzbehörden, Aufsichtsbehörden usw.“[18], wobei zwischen den aktuellen und den potenziellen Koalitionsmitgliedern unterschieden werden kann. Weiterhin ist auch die Öffentlichkeit Interessent eines Jahresabschlusses,[19] ebenso interessieren sich Konkurrenzunternehmen für einen solchen.[20] In Abb. 2.1 werden die Interessenten der Jahresabschlussanalyse, gegliedert nach internen und externen Interessenten, in einer Übersicht dargestellt. Dabei haben externe Interessenten lediglich Zugriff auf publizierte Unternehmensinformationen (i. d. R. auf den Jahresabschluss und den Lagebericht/MD&A), interne Interessenten können dagegen über weitere Informationsquellen verfügen, wie z. B. über Informationen aus dem internen Rechnungswesen.[21] Auf die Aufzählung der internen Interessenten wird nicht verzichtet, da auch sie in vielen Fällen Jahresabschlussanalysen durchführen und bisweilen sogar lediglich auf (externe) Jahresabschlussanalysen zurückgreifen und keine weiteren internen Analysen anstellen.[22]

---

14 Häufig findet man für den Begriff „Interessenten“ in diesem Zusammenhang auch die Bezeichnungen „Adressaten“ bzw. „Zielträger“.

15 Nach FREEMAN ist jede Person oder Personengruppe Stakeholder, die entweder die Zielerreichung der Unternehmung beeinflussen kann oder durch die Erreichung der Unternehmensziele betroffen ist. Vgl. FREEMAN, R. E. (1984), S. 25, Fußnote zu Abb. 1.5.

16 Der Begriff der Koalition der Organisation bzw. Unternehmung wurde durch CYERT/MARCH geprägt. Vgl. CYERT, R. M./MARCH, J. G. (1963), S. 27.

17 Vgl. COENENBERG, A. G. (2001), S. 1070.

18 CYERT, R. M./MARCH, J. G. (1995), S. 29.

19 Vgl. GRÄFER, H. (2001), S. 25.

20 Vgl. HAMEL, W. (1982), S. 19 ff.; KÜTING, K./WEBER, C.-P. (2001), S. 12.

21 Vgl. BAETGE, J. (1998a), S. 7 f.

22 Beispielsweise ist die Jahresabschlussanalyse gem. EYMÜLLER „als Informationsquelle für die Unternehmensleitungen heute unentbehrlich geworden.“ EYMÜLLER, T. (1976), S. 399.

| Externe Interessenten der Jahresabschlussanalyse | Interne Interessenten der Jahresabschlussanalyse |
|---|---|
| Anteilseigner<br>Gläubiger<br>Rating-Agenturen<br>Finanzanalysten<br>Arbeitnehmer/Arbeitnehmervertreter<br>Lieferanten<br>Kunden<br>Konkurrenzunternehmen<br>Öffentlichkeit | Unternehmensleitung<br>Sonstige Führungsebenen<br>Kontrollorgane<br>Großaktionäre<br>Großfremdkapitalgeber<br>Finanzverwaltung |

Abb. 2.1: Interessenten der Jahresabschlussanalyse
(in Anlehnung an: BAETGE, J. (1998a), S. 7; KÜTING, K./WEBER, C.-P. (2001), S. 11)

Da sich die Informationsbedürfnisse dieser Interessenten i. d. R. voneinander unterscheiden,[23] können für die verschiedenen Interessenten unterschiedliche Informationsschwerpunkte festgestellt werden.[24] Zunächst werden die Schwerpunkte für die externen Interessenten und anschließend für die internen Interessenten herausgearbeitet.

Die aktuellen und potenziellen Anteilseigner möchten darüber informiert werden, ob und wie erfolgreich das Management gewirtschaftet hat und wie viel Jahresüberschuss im abgelaufenen Geschäftsjahr im Unternehmen generiert wurde,[25] denn sie müssen entscheiden, ob und wann sie Anteile des zu analysierenden Unternehmens kaufen, verkaufen oder halten möchten.[26,27] Auch Berater von Anteilseignern, bspw. Investmentbanken und Finanzanalysten haben solche Entscheidungen zu treffen. Sie richten deshalb ihren Blick in erster Linie sowohl

[23] Vgl. HELFERT, E. A. (2000), S. 82 f.; KÜTING, K./WEBER, C.-P. (2000), S. 506.
[24] Vgl. LEFFSON, U. (1984), S. 25; FOSTER, G. (1986), S. 2 ff.; COENENBERG, M. (2000), S. 17.
[25] Vgl. REHKUGLER, H./PODDIG, T. (1998), S. 1.
[26] Vgl. SAMUELS, J. M./BRAYSHAW, R. E./CRANER, J. M. (1995), S. 5.
[27] Üblicherweise erwarten Anteilseigner steigende Erträge und Dividenden, die zu einer Wertsteigerung ihres Beteiligungs-Engagements beitragen. Vgl. HELFERT, E. A. (2000), S. 83 und S. 101.

auf die Verzinsung des im Unternehmen investierten Kapitals als auch auf mögliche Wertsteigerungen von erworbenen oder noch zu erwerbenden Anteilen.[28] Um darüber Aussagen machen zu können, ist es notwendig, den zeitlichen und betragsmäßigen Anfall von künftigen *cash flows* zu schätzen.[29] Eine solche Schätzung kann auf Basis einer erfolgswirtschaftlichen Jahresabschlussanalyse erfolgen.[30] Aufgrund des verhältnismäßig großen Risikos, das Anteilseigner eingehen, stellen sie meist die dringlichsten und umfangreichsten Informationsanforderungen.[31]

Die Gruppe der Gläubiger besteht zumeist aus Kreditinstituten, anderen Fremdkapitalgebern und Leasinggesellschaften,[32] häufig zählen aber auch Lieferanten dazu, die Lieferungen und Leistungen erbringen, die nicht sofort beglichen werden.[33] Gläubiger verfolgen v. a. das Ziel, Informationen über das Kreditrisiko zu erhalten.[34] Sie benötigen Informationen darüber, ob das Unternehmen seine Verbindlichkeiten (bspw. in Form von Zins- und Tilgungszahlungen) termingerecht begleichen kann, insbesondere wenn es bei Banken um die Vergabe von Neukrediten, die Verlängerung oder die Erhöhung bereits gewährter Kredite geht.[35] Den Schwerpunkt der Analyse bildet daher die Ermittlung und Beurteilung der Kapitalstruktur, der Vermögensstruktur und der Liquiditätslage des Unternehmens um damit insgesamt die finanzielle Stabilität beurteilen zu können.[36] Aber auch die erfolgswirtschaftliche Betrachtung kann für den Gläubiger aufschlussreich sein, da er dabei u. U. absehen kann, ob sich eine Veränderung der Ertragslage im Vergleich zum Jahresabschluss vorangegangener Perioden positiv bzw. negativ auf die Risikosituation und die Liquidität des

---

28 Vgl. WÖHE, G. (1997), S. 291.
29 Vgl. FOSTER, G. (1986), S. 2.
30 Zur ausführlichen Definition der erfolgswirtschaftlichen Jahresabschlussanalyse vgl. die Ausführungen unter Abschnitt 2.6.
31 Vgl. BERNSTEIN, L. A./WILD, J. J. (2000), S. 62.
32 Vgl. BAETGE, J. (1998a), S. 8.
33 Vgl. GRÄFER, H. (2001), S. 24; KÜTING, K./WEBER, C.-P. (2001), S. 11.
34 Vgl. PRASCH, E. (1989), S. 109; HELFERT, E. A. (2000), S. 111 f. Nach § 18 KWG sind Kreditinstitute sogar gesetzlich dazu verpflichtet, sich vor der Kreditvergabe von mehr als 250.000,- Euro die wirtschaftlichen Verhältnisse des Unternehmens, bspw. durch Vorlage des letzten Jahresabschlusses, offen legen zu lassen.
35 Vgl. LEFFSON, U. (1984), S. 27; BIEG, H. (1993b), S. 378; SAMUELS, J. M./BRAYSHAW, R. E./CRANER, J. M. (1995), S. 5 f.; BONSE, A./LINNHOFF, U./PELLENS, B. (2000), S. 277; KÜTING, K./WEBER, C.-P. (2001), S. 11 f.
36 Die genaue Definition der finanzwirtschaftlichen Jahresabschlussanalyse kann Abschnitt 2.6.1 entnommen werden.

Unternehmens auswirken wird.[37] Auch Rating-Agenturen, die eine Beratungsfunktion für Fremdkapitalgeber übernehmen, verfolgen das Ziel, die finanzielle Stabilität, d. h. die Bonität von Unternehmen zu ermitteln.[38] Diese Beurteilung gelingt wiederum nur dann, wenn sich die Rating-Agentur ein Bild über die gesamte wirtschaftliche Lage des Unternehmens macht und daneben auch nichtbilanzielle Gegebenheiten einbezieht, wie z. B. das Branchenrisiko, den Grad der Diversifikation und den Marktanteil.[39]

Arbeitnehmer und deren Vertreter[40] können aus unterschiedlichen Gründen Interesse an einer Jahresabschlussanalyse haben; sie versuchen Erkenntnisse bezüglich der Arbeitsplatzsicherheit und der Sicherheit – sowohl in zeitlicher als auch in betragsgemäßer Hinsicht – ihrer Löhne und Gehälter bzw. ihrer Sozialleistungen zu gewinnen, deshalb ist die Beurteilung der finanziellen Stabilität notwendig.[41] Aber auch Aussagen über die künftige Entwicklung der Entlohnung, die in jüngster Zeit neben dem fixen Lohn und Gehalt vermehrt in Form von Gewinnbeteiligungen erfolgt, sind wesentlich. Aus diesem Grund werden sich die Analyseinteressen der Arbeitnehmer den Interessen der Anteilseigner annähern,[42] sie werden folglich ihr Interesse auch auf die Ertragslage richten, „an der sie auch die Möglichkeit zur übertariflichen Entlohnung oder der Erhöhung der Tariflöhne messen"[43], bzw. von der die Höhe der Gewinnbeteiligung i. d. R. abhängt. Um eine Beurteilung der Arbeitsplatzsicherheit vornehmen zu können, müssen Informationen über die Bestandskraft des Unternehmens gewonnen werden,[44] die wiederum eine Untersuchung der aktuellen Erfolgslage und der künftigen Ertragskraft bedingt.

Kunden verfolgen im Allgemeinen das Ziel, mit Hilfe einer Jahresabschlussanalyse zu beurteilen, ob und in welchem Umfang der Geschäftspartner seinen Leistungsverpflichtungen in Zukunft nachkommen kann. Bei diesen Leistungs-

---

37 Vgl. WÖHE, G. (1997), S. 302.
38 Vgl. BERBLINGER, J. (1996), S. 63 f.
39 Vgl. BAETGE, J. (1998a), S. 9.
40 Wie z. B. Betriebsrat und Gewerkschaften.
41 Vgl. SAMUELS, J. M./BRAYSHAW, R. E./CRANER, J. M. (1995), S. 7; COENENBERG, M. (2000), S. 18.
42 Vgl. BONSE, A./LINNHOFF, U./PELLENS, B. (2000), S. 277 f.
43 KÜTING, K./WEBER, C.-P. (2001), S. 13. Vgl. auch BERNSTEIN, L. A./WILD, J. J. (2000), S. 69.
44 Vgl. BAETGE, J. (1998a), S. 10.

verpflichtungen kann es sich bspw. um Garantieverpflichtungen oder noch einzulösende Gutschriften handeln. Weiterhin ist es v. a. beim Erwerb von langlebigen Gütern notwendig, dass die Lieferung von Ersatzteilen gewährleistet ist ebenso wie die Wartung durch den Geschäftspartner gewährleistet sein sollte. Im Mittelpunkt der Analyse steht deshalb die Untersuchung und Beurteilung der aktuellen und der zukünftigen finanziellen Stabilität.[45]

Ziel der Konkurrenzunternehmen ist es regelmäßig, die Kennzahlen,[46] die aus der Jahresabschlussanalyse des eigenen Unternehmens hervorgehen mit denen des Konkurrenzunternehmens zu vergleichen. Grundsätzlich sind dabei alle Analysebereiche von Interesse, insbesondere aber die Ertragslage sowie die Kapitalstruktur. Dadurch gelingt u. U. eine Messung der eigenen Leistungsfähigkeit.[47] Außerdem sind Informationen über die Ertragskraft und die finanzielle Stärke der wesentlichen Konkurrenten notwendig, um eigene fundierte Unternehmensstrategien generieren zu können.[48]

Ein allgemeingültiger Analyseschwerpunkt der interessierten Öffentlichkeit, die z. B. „durch die Presse, die Industrie- und Handelskammern, Wirtschaftsforschungsinstitute, Verbände aller Art und nicht zuletzt auch durch staatliche Institutionen wie Ministerien und Aufsichtsbehörden“[49] repräsentiert wird, kann aufgrund der Vielschichtigkeit der Interessenten nicht ausgemacht werden.

Die Unternehmensführung, die aus der obersten Ebene, d. h. Vorstand oder Geschäftsführung, aber auch allen weiteren Führungsebenen im Unternehmen besteht,[50] möchte mit einer Jahresabschlussanalyse „globale Informationen über die wirtschaftliche Lage des gesamten Unternehmens [...] erhalten. Besonders in vielen kleinen und mittleren Unternehmen fehlt es der Unternehmensleitung nämlich an anderen Informationsquellen neben der gesetzlich vorgeschriebenen Finanzbuchführung, so daß die Analyse des Jahresabschlusses Ausgangspunkt

---

45 Vgl. FOSTER, G. (1986), S. 7 f.; BONSE, A./LINNHOFF, U./PELLENS, B. (2000), S. 277.
46 Zum Begriff der Kennzahlen und der Bildung von Kennzahlen vgl. die Ausführungen unter Abschnitt 2.3 und 2.4.
47 Vgl. KÜTING, K./WEBER, C.-P. (2001), S. 12.
48 Vgl. COENENBERG, A. G. (Hrsg.) (1990a), S. 13.
49 GRÄFER, H. (2001), S. 25.
50 Vgl. KÜTING, K./WEBER, C.-P. (2001), S. 15.

für die Unternehmensführung ist.“[51] In den letzten Jahren ist auch bei größeren Unternehmen ein Trend zur Vereinheitlichung von internem und externem Rechnungswesen zu beobachten,[52] sodass generell die Jahresabschlussanalyse als ein Instrument der Unternehmenssteuerung zu bezeichnen ist.[53] Zugleich kann eine Jahresabschlussanalyse für das Management als Beurteilungsgrundlage und damit als Instrument der Selbstkontrolle dienen. Die Unternehmensführung ist bspw. für die aktuelle und künftige Profitabilität sowie die Liquidität des Unternehmens verantwortlich.[54] Ob sie dieser Verantwortung tatsächlich nachgekommen ist, kann mit Hilfe einer Jahresabschlussanalyse beurteilt werden. Außerdem ist es gerade beim Top-Management üblich geworden, die bereits bei den Ausführungen zur Interessentengruppe „Arbeitnehmer“ beschriebenen erfolgsabhängigen Gehaltsbestandteile zu gewähren.[55] Da die Unternehmensführung ständigen und – handelt es sich um die oberste Führungsebene – unbeschränkten Zugriff auf Daten des Rechnungswesens und andere relevante Daten hat, kann eine kontinuierliche und umfangreiche Analyse durchgeführt werden.[56]

Zur Interessentengruppe der Kontrollorgane gehören bei einer Aktiengesellschaft sowie bei einer GmbH der Aufsichtsrat bzw. bei anderen Unternehmensformen der Beirat oder der Verwaltungsrat.[57] Der Aufsichtsrat einer Aktiengesellschaft ist nach § 111 Abs. 1 AktG verpflichtet, die Geschäftsführung zu überwachen. Diese Überwachungspflicht umfasst u. a. die Überwachung der „Rentabilität der Gesellschaft, insbesondere die Rentabilität des Eigenkapitals [...] [und] der Geschäfte, die für die Rentabilität oder Liquidität der Gesellschaft von erheblicher Bedeutung sein können [...] [sowie] sonstige wichtige Anlässe, [...] die auf die Lage der Gesellschaft von erheblichem Einfluß sein können.“[58] Insgesamt muss sich folglich der Aufsichtsrat schon

[51] BAETGE, J. (1998a), S. 11. Vgl. auch REHKUGLER, H./PODDIG, T. (1998), S. 3.
[52] In der Bundesrepublik hat dabei die Siemens AG eine Vorreiterrolle eingenommen, die bereits im Geschäftsjahr 1992/93 eine Annäherung des internen Rechnungswesens an das auf handelsrechtlichen Vorschriften basierende externe Rechnungswesen vornahm. Vgl. ZIEGLER, H. (1994), S. 175. Weitere Ausführungen zur Konvergenz von internem und externem Rechnungswesen vgl. z. B. COENENBERG, A. G. (1995), S. 2077-2083; KLEIN, G. A. (1999), S. 2 ff.
[53] Vgl. KUßMAUL, H. (1999), S. 1580.
[54] Vgl. HELFERT, E. A. (2000), S. 82 f.
[55] Vgl. SAMUELS, J. M./BRAYSHAW, R. E./CRANER, J. M. (1995), S. 6.
[56] Vgl. BERNSTEIN, L. A./WILD, J. J. (2000), S. 66.
[57] Vgl. KRÜGER, R. (1983), S. 269.
[58] EMDE, R. (1999), S. 1486.

allein aufgrund seiner gesetzlichen Verpflichtung über die gesamte wirtschaftliche Lage des Unternehmens ein Bild machen.

Auch der Jahresabschlussprüfer als weiteres Kontrollorgan hat genau genommen bei prüfungspflichtigen Unternehmen[59] eine gesetzliche Verpflichtung, die Lage des zu prüfenden Unternehmens zu analysieren, muss er doch gemäß § 317 Abs. 1 Satz 3 HGB die Abschlussprüfung so anlegen, „daß Unrichtigkeiten und Verstöße [...] die sich auf die Darstellung des sich nach § 264 Abs. 2 Satz 1 bzw. bzw. § 297 Abs. 2 Satz 2 HGB ergebenden Bildes der Vermögens-, Finanz- und Ertragslage des Unternehmens wesentlich auswirken, bei gewissenhafter Berufsausübung erkannt werden.“[60] Voraussetzung dafür ist zweifellos die Kenntnis der Vermögens-, Finanz- und Ertragslage des Unternehmens. Die Formulierung des § 317 Abs. 1 Satz 3 HGB wurde im Zuge des Gesetzes zur Kontrolle und Transparenz im Unternehmensbereich (KonTraG) abgeändert und aufgrund dieser Neufassung erfährt die Analyse des Jahresabschlusses durch den Abschlussprüfer eine größere Bedeutung als zuvor.[61] Als Resultat muss der Abschlussprüfer laut § 322 Abs. 1 Satz 3 HGB im Bestätigungsvermerk testieren, ob der „Jahres- oder Konzernabschluss [...] unter Beachtung der Grundsätze ordnungsmäßiger Buchführung ein den tatsächlichen Verhältnissen entsprechendes Bild der Vermögens-, Finanz- und Ertragslage [...] vermittelt.“[62] Da der Abschlussprüfer nach dem ebenfalls neu gefassten § 317 Abs. 2 HGB zu untersuchen hat, ob im Lagebericht eine zutreffende Vorstellung der Lage des Unternehmens bzw. des Konzerns vermittelt wird, ist auch im Bestätigungsvermerk eine Aussage diesbezüglich zu treffen.[63]

Aufgrund der genannten Pflichten muss der Abschlussprüfer geeignete Prüfungshandlungen ergreifen, die es ihm ermöglichen, sich ein Bild von der

---

[59] Laut § 316 Abs. 1 Satz 1 HGB sind nach den Größenkriterien des § 267 Abs. 1 HGB als mittlere und große Kapitalgesellschaften zu klassifizierende Unternehmen prüfungspflichtig, ebenso sind aufgrund des am 9.3.2000 in Kraft getretenen KapCoRiLiG Kommanditgesellschaften i. S. d. § 264a HGB, die nach § 267 Abs. 1 HGB keine kleinen Kommanditgesesellschaften darstellen, prüfungspflichtig. Vgl. ERNST, C. (1999), S. 904; STROBEL, W. (1999), S. 586; WIECHMANN, J. (1999), S. 925; FARR, W.-M. (2000), S. 549.

[60] § 317 Abs. 1 Satz 3 HGB.

[61] Vgl. LUDEWIG, R./OLBRICH, T. (1999), S. 381.

[62] § 322 Abs. 1 Satz 3 HGB.

[63] Vgl. § 322 Abs. 3 Satz 1 HGB.

wirtschaftlichen Lage des Unternehmens zu machen.[64] Seit Verabschiedung des KonTraG muss der Abschlussprüfer zudem im Prüfungsbericht angeben, ob die Risiken der künftigen Entwicklung im Lagebericht zutreffend dargestellt sind.[65] Um die künftige Entwicklung überhaupt abschätzen zu können, ist es sinnvoll, jahreabschlussanalytische Kennzahlen des Geschäftsjahres mit den Vorjahreskennzahlen zu vergleichen.[66] LUDEWIG/OLBRICH empfehlen darüber hinaus die Anwendung eines Bilanz-Rating-Systems.[67]

Da Großaktionäre (bspw. institutionelle Anleger, Vertreter eines beherrschenden Mutterunternehmens) und Großfremdkapitalgeber oft Aufsichtsratsmitglied des entsprechenden Unternehmens sind oder aufgrund ihrer rechtlichen oder wirtschaftlichen Position einen über den Jahresabschluss hinausgehenden Einblick in das Unternehmensgeschehen erhalten, gehören sie i. d. R. zu den internen Interessenten einer Jahresabschlussanalyse.[68]

Zusammenfassend kann ein Großteil der Interessenten je nach Schwerpunktsetzung in zwei Gruppen eingeteilt werden: Die erste Gruppe ist vorrangig an Informationen bezüglich der finanziellen Stabilität des Unternehmens interessiert, die zweite Gruppe richtet ihr Hauptaugenmerk auf die Erfolgslage bzw. die Ertragskraft. Zur ersten Gruppe zählen alle Personen und Personengruppen, die in einem Schuldner-Gläubiger-Verhältnis zum Unternehmen stehen, wie z. B. Banken, Kunden, Lieferanten und Arbeitnehmer. Der zweiten Gruppe gehören bspw. Anteilseigner, Gewerkschaften, Unternehmensleitung sowie Konkurrenzunternehmen an.[69] Die folgende Abbildung fasst die Interessenten und Interessentengruppen einer Jahresabschlussanalyse sowie deren jeweilige Zugriffsmöglichkeit auf Daten und die von ihnen verfolgten typisierten Analyseziele zusammen.

---

[64] Vgl. BAETGE, J. (1998a), S. 12.

[65] Vgl. § 322 Abs. 3 Satz 2 HGB.

[66] Vgl. CLEMM, H. (1989b), S. 69. Eine genaue Beschreibung von Zeitvergleichen ist in Gliederungspunkt 2.4.4 enthalten.

[67] Vgl. LUDEWIG, R./OLBRICH, T. (1999), S. 387 f. Ausführungen zu Bilanz-Rating-Systemen finden sich unter Abschnitt 2.3.2.

[68] Vgl. BAETGE, J. (1998a), S. 7, Übersicht 1-4 und S. 14 f.

[69] Vgl. COENENBERG, A. G. (2001), S. 875 f.

| **Interessent/Interessentengruppe einer Jahresabschlussanalyse** | **Umfang der verfügbaren Daten** | **Analyseziele** |
|---|---|---|
| Anteilseigner | Publizierte Informationen | Entscheidungsgrundlage für Beteiligungsentscheidungen |
| Gläubiger | Publizierte Informationen | Entscheidungsgrundlage für die Kreditvergabe |
| Rating-Agenturen | Publizierte Informationen und fallweise unternehmensinterne Informationen | Entscheidungsgrundlage zur Beurteilung der Bonität |
| Finanzanalysten | Publizierte Informationen und fallweise unternehmensinterne Informationen | Entscheidungsgrundlage für Empfehlungen zu Beteiligungsentscheidungen |
| Arbeitnehmer/Arbeitnehmervertreter | Publizierte Informationen und je nach Hierarchieebene und Funktion des Arbeitnehmers unternehmensinterne Informationen | Entscheidungsgrundlage für die Beurteilung der Arbeitsplatzsicherheit und der Attraktivität der künftigen Entlohnung |
| Lieferanten | Publizierte Informationen | Ermittlung der Liquidität und der finanziellen Stabilität |
| Kunden | Publizierte Informationen | Entscheidungsgrundlage zur Beurteilung der aktuellen und der zukünftigen finanziellen Stabilität |
| Konkurrenzunternehmen | Publizierte Informationen | Messung der eigenen Leistungsfähigkeit anhand eines Vergleichs, Generierung eigener Unternehmensstrategien |
| Öffentlichkeit | Publizierte Informationen | Diverse |
| Unternehmensleitung | Gesamtheit der vorhandenen Informationen | Grundlage zur Unternehmenssteuerung |
| Sonstige Führungsebenen | Publizierte Informationen und je nach Hierarchieebene und Funktion der Führungskraft unternehmensinterne Informationen | Grundlage zur (Teil-) Unternehmenssteuerung; Entscheidungsgrundlage für die Beurteilung der Arbeitsplatzsicherheit und der Attraktivität der künftigen Entlohnung |
| Kontrollorgane | Alle Unterlagen, die der Abschlussprüfung dienen | Durchführung des Prüfungsauftrags |
| Großaktionäre/ Großfremdkapitalgeber | Publizierte Informationen und je nach wirtschaftlicher bzw. rechtlicher Position auch zusätzliche unternehmensinterne Informationen | Entscheidungsgrundlage für Beteiligungsentscheidungen und für Kreditvergabe |
| Finanzverwaltung | Unternehmensinterne Informationen, soweit für Steuereinschätzung notwendig | Überprüfung der Richtigkeit der Selbsteinschätzung des steuerpflichtigen Unternehmens |

Abb. 2.2: Interessenten, Umfang verfügbarer Daten und Zielsetzungen der Jahresabschlussanalyse
(in Anlehnung an: HELBLING, C. (1997), S. 14)

## 2.3 Ansätze der Jahresabschlussanalyse

### 2.3.1 Die traditionelle Jahresabschlussanalyse

Bei Jahresabschlussanalysen werden zumeist Kennzahlen[70] gebildet um anschließend Kennzahlenvergleiche durchzuführen, weshalb die Jahresabschlussanalyse häufig als Kennzahlenrechnung bezeichnet wird; man spricht dabei auch von der traditionellen oder der klassischen Jahresabschlussanalyse.[71] Bei Kennzahlen handelt es sich um verdichtete Maßgrößen, die dazu dienen sollen, die immensen Datenmengen eines Jahresabschlusses, evt. um zusätzliche Informationen erweitert, zu einigen wenigen, aber dennoch – oder gerade deswegen – aussagefähigen Größen zu verdichten.[72] Der Ablauf einer Jahresabschlussanalyse auf der Grundlage von Kennzahlen wird unter Abschnitt 2.4 beschrieben.

### 2.3.2 Neuere Ansätze der Jahresabschlussanalyse

#### 2.3.2.1 Entwicklung neuer Ansätze

Verschiedenartige Gründe haben zu einer Weiterentwicklung im Bereich der Jahresabschlussanalyse geführt:[73]

- Kritik an der traditionellen Jahresabschlussanalyse, die eine Fülle an Kennzahlen produziert, die aber häufig zusammenhangslos sind und oft nicht zu einem Gesamturteil führen.[74]
- Entwicklung von statistischen Verfahren, mit deren Hilfe Unterschiede zwischen zwei Stichproben systematisch identifiziert werden können, Unterschiede vergleichbar und somit bewertbar gemacht werden können, um letztendlich die Ergebnisse beurteilen zu können.

---

70 Anstelle des Begriffs „Kennzahl" sind in der Literatur auch die Begriffe Kennziffer, Kennquote, Kontrollzahl, Kontrollziffer, Messzahl, Messziffer, Schlüsselgröße, Schlüsselzahl oder Richtzahl vorzufinden. Vgl. ANTOINE, H. (1958). S. 21; STAEHLE, W. H. (1969), S. 50; MEYER, C. (1976), S. 9.

71 Vgl. KAPPLER, E. (1974), S. 901; RÖSLER, J. (1986), S. 9; BAETGE, J./NIEHAUS, H.-J. (1989), S. 144 ff.; KÜTING, K. (1996a), S. 936; ZDROWOMYSLAW, N./KASCH, R./PUCHINGER, T. (1999), S. 81; LITTKEMANN, J./KREHL, H. (2000), S. 19; KÜTING, K./WEBER, C.-P. (2001), S. 16.

72 Vgl. KÜTING, K. (1986), Gliederungspunkt 1.2; BAETGE, J. (1998a), S. 77; GRÄFER, H. (2001), S. 40 f.; KÜTING, K./WEBER, C.-P. (2001), S. 16.

73 Vgl. im Folgenden KUHN, U. (1991), S. 1504; HAUSCHILDT, J. (2000a), S. 119; KÜTING, K./WEBER, C.-P. (2001), S. 17 f.

74 Weitere Kritikpunkte an der klassischen Jahresabschlussanalyse führt KUHN an in: KUHN, U. (1991), S. 1504.

- Hohe Anzahl von Insolvenzen und der dadurch entstandene Bedarf, Prognose-Tools zur Beurteilung der Bestandsgefährdung zu entwickeln.[75]
- Das Versagen traditioneller Analysemethoden bei der Beurteilung junger Wachstumsunternehmen der *new economy.*
- Einsatzmöglichkeit von Computern in der Jahresabschlussanalyse, die es erlauben, auch umfangreiches Datenmaterial systematisch zu verarbeiten.
- Die Einbeziehung von rein qualitativen Informationen der publizierten Unternehmensdaten in die Jahresabschlussanalyse.

Bei den neu entwickelten Ansätzen der Jahresabschlussanalyse handelt es sich v. a. um mathematisch orientierte Verfahren, die mit Hilfe empirischer Datenanalysen versuchen, Trennwerte zu ermitteln um damit Jahresabschlüsse zu klassifizieren.[76] Grundlage dieser Verfahren sind ebenfalls die entsprechenden publizierten Unternehmensdaten und die daraus berechneten Kennzahlen, die Vorgehensweise bei der Auswertung dieser Datenbasis stellt die eigentliche Weiterentwicklung dar. Die Vorgehensweise kann dabei grundsätzlich wie folgt charakterisiert werden:[77]

Schritt 1: Bestimmung des Kriteriums für die Gruppenbildung: Zunächst ist zu bestimmen, durch welches Kriterium die Unternehmen in „gute" und „schlechte" eingeteilt werden sollen.[78]

Schritt 2: Aufteilung in Gruppen: Anhand des im ersten Schritt festgelegten Kriteriums sind die Unternehmen in zwei Gruppen, nämlich in die Gruppe der „guten" und in die Gruppe der „schlechten" Unternehmen aufzuteilen.

Schritt 3: Anwendung des entsprechenden Verfahrens auf Stichprobengruppen: Aus den beiden Gruppen werden Stichproben gezogen, auf die dann das mathematisch-statistische Verfahren angewandt wird.

---

75 Vgl. auch BAETGE, J. (1998c), S. 751.

76 Vgl. REHKUGLER, H./PODDIG, T. (1998), S. 245; COENENBERG, A. G. (2001), S. 896.

77 Vgl. im Folgenden HAUSCHILDT, J. (2000a), S. 120 ff.; COENENBERG, A. G. (2001), S. 896.

78 Da die neueren Ansätze in der Praxis oft zur Krisendiagnose bzw. Insolvenzprognose angewendet werden, erfolgt in diesen Fällen eine Einteilung in „solvente" und „insolvenzgefährdete" Unternehmen. Vgl. KUHN, U. (1991), S. 1505; BIEG, H. (1993b), S. 458; BAETGE, J. (1998a), S. 560; REHKUGLER, H./PODDIG, T. (1998), S. 245; BAETGE, J./ BAETGE, K./KRUSE, A. (1999), S. 1371 f.

Schritt 4: Prüfung der Ergebnisse: Die im dritten Schritt gewonnenen Ergebnisse werden an einer Vergleichsgruppe überprüft.

Schritt 5: Bildung eines Gesamturteils: Zuletzt wird mit Hilfe von gewichteten Kennzahlen ein Gesamturteil gebildet, das eine Prognose über den Eintritt zukünftiger Insolvenzen unterstützt.

Bei den im dritten Schritt zu verwendenden mathematisch-statistischen Verfahren handelt es sich entweder um die Diskriminanzanalyse oder um Verfahren der künstlichen Intelligenz, d. h. den Einsatz so genannter neuronaler Netze.

Neben den mathematisch orientierten Ansätzen gewinnt die qualitative Jahresabschlussanalyse, die unter 2.3.2.4 erläutert wird, zunehmend an Bedeutung. „Die qualitative Bilanzanalyse will durch die verstärkte Auswertung des Anhangs neue Wege der Unternehmensbeurteilung erschließen.“[79]

### 2.3.2.2 Die Diskriminanzanalyse

Im Rahmen der traditionellen Jahresabschlussanalyse besteht i. d. R. die Schwierigkeit, eine Gesamtbeurteilung eines Unternehmens, bspw. bezüglich der Kreditwürdigkeit zu fällen. Der Analyst ist darauf angewiesen, die ermittelten Kennzahlen individuell zu interpretieren. Bei der Diskriminanzanalyse versucht man, diese Subjektivität zu eliminieren, indem aus Teilbereichen der Analyse, z. B. der Kapitalstruktur, Rückschlüsse auf einen übergeordneten Bereich, z. B. Insolvenzgefahr, gezogen werden. Dabei teilt man Unternehmen anhand einer Diskriminanzfunktion, die aus einer oder mehreren Kennzahlen gewonnen wird, bspw. in solvente und insolvenzgefährdete Unternehmen auf.[80] Werden mehrere Kennzahlen gleichzeitig bei dieser Aufteilung berücksichtigt, so handelt es sich um eine multivariate Diskriminanzanalyse, wird dagegen nur eine Kennzahl zur Aufteilung herangezogen, spricht man von einer univariaten Diskriminanzanalyse.[81, 82]

---

79 KÜTING, K. (1992), S. 691.

80 Vgl. BIEG, H. (1993b), S. 458.

81 Vgl. BIEG, H. (1993b), S. 458; BAETGE, J. (1998a), S. 560; COENENBERG, A. G. (2001), S. 896 ff.

82 Die univariate Diskriminanzanalyse wird in der Literatur auch als dichotomischer Klassifikationstest bezeichnet. Vgl. BAETGE, J. (1980), S. 655; KUHN, U. (1991), S. 1505; HAUSCHILDT, J. (2000a), S. 121.

Bei der univariaten Diskriminanzanalyse, die bereits im Jahre 1966 von BEAVER angewandt wurde,[83] untersucht man jede Kennzahl auf ihre Trennfähigkeit der beiden Gruppen „gute" und „schlechte" Unternehmen. Die Klassifikation der Unternehmen erfolgt mit derjenigen Kennzahl, die zum besten Trennergebnis führt.[84] Ergeben die Klassifikationsergebnisse einzelner Kennzahlen unterschiedliche Resultate, entsteht die Problematik der Zusammenfassung dieser zu einem schlüssigen Gesamturteil.[85]

Die multivariate Diskriminanzanalyse,[86] die ALTMAN 1967 erstmals zur Insolvenzprognose einsetzte,[87] löst dieses Problem, indem mehrere, d. h. mindestens zwei, Kennzahlen zu einem Trennwert verknüpft werden. Zunächst werden dabei aus einer Reihe denkbarer Kennzahlen diejenigen ausgewählt, die gemeinsam dazu geeignet sind, eine optimale Trennung von solventen und insolvenzgefährdeten Unternehmen herbeizuführen.[88] Zur Vornahme dieser Trennung wird anschließend eine Diskriminanzfunktion gebildet.[89]

Mit Hilfe der multivariaten Diskriminanzanalyse ist es möglich, zu einem widerspruchsfreien Gesamturteil über die Vermögens-, Finanz- und Ertragslage des analysierten Unternehmens zu gelangen. Dies ist allerdings wiederum auch als problematisch einzustufen, denn eine solche pauschale Beurteilung kann nicht in ausreichendem Maße die Ursachen für eine möglicherweise drohende Unternehmenskrise aufzeigen.[90]

---

[83] Vgl. BEAVER, W. H. (1966), S. 71-127.

[84] Vgl. BAETGE, J./HUß, M./NIEHAUS, H.-J. (1986), S. 607; KUHN, U. (1991), S. 1506; COENENBERG, A. G. (2001), S. 896 f.; KÜTING, K./WEBER, C.-P. (2001), S. 352.

[85] Vgl. mit entsprechendem Beispiel BAETGE, J. (1989), S. 797; KUHN, U. (1991), S. 1506. Zur Beschreibung weiterer Mängel der univariaten Diskriminanzanalyse vgl. KUHN, U. (1991), S. 1506; KÜTING, K./WEBER, C.-P. (2001), S. 353.

[86] Zu den verschiedenen Verfahren der multivariaten Diskriminanzanalyse vgl. FEIDICKER, M. (1992), S. 133 ff.; KÜTING, K./WEBER, C.-P. (2001), S. 357 ff.

[87] Vgl. ALTMAN, E. I. (1968), S. 589-609.

[88] Vgl. BAETGE, J./BEUTER, H./FEIDICKER, M. (1992), S. 750. Vgl. auch BAETGE, J. (1989), S. 795.

[89] Vgl. BAETGE, J./HUß, M./NIEHAUS, H.-J. (1986), S. 608; BAETGE, J./BAETGE, K./KRUSE, A. (1999), S. 1373. Zur Gewinnung einer solchen Diskriminanzfunktion vgl. HAUSCHILDT, J./LEKER, J. (1995), S. 260 f.

[90] Vgl. COENENBERG, A. G. (2001), S. 901.

### 2.3.2.3 Künstliche Neuronale Netze

Die jüngste Weiterentwicklung der modernen Analysemethoden ist der Einsatz von Künstlichen Neuronalen Netzen.[91] Der Begriff Künstliche Neuronale Netze ist ein Sammelbegriff für eine bestimmte Kategorie von Verfahren auf dem Gebiet der Künstlichen Intelligenz.[92]

Mit diesen Verfahren wird der Versuch einer Simulation der Informationsaufnahme und -speicherung von biologischen neuronalen Systemen (d. h. Nervensystemen) unternommen.[93] Künstliche Neuronale Netze sind lernfähige Systeme und können dadurch die vorherrschenden Strukturen eines Gefüges unter Verwendung von Beispieldaten feststellen. Angewandt auf die Klassifikation von Jahresabschlüssen anhand von Kennzahlen kann das Künstliche Neuronale Netz lernen, welche Wechselbeziehung zwischen den Ausprägungen der Kennzahlen und der Klassenzugehörigkeit der entsprechenden Unternehmen zu den „solventen“ bzw. „insolvenzgefährdeten“ Unternehmen besteht.[94] Zusammenfassend ist festzustellen, dass Künstliche Neuronale Netze die Klassifikationsleistung von multivariaten Diskriminanzanalysen übersteigen und somit vielseitiger einsetzbar sind als diese. Problematisch ist aber auch hier wiederum die fehlende Transparenz hinsichtlich der Entscheidungsfindung.[95]

### 2.3.2.4 Qualitative Jahresabschlussanalyse

Im Gegensatz zu den bereits beschriebenen Ansätzen der Jahresabschlussanalyse, ist die Grundlage der qualitativen Jahresabschlussanalyse die Auswertung rein qualitativer Daten und zwar im Wesentlichen der Daten des Anhangs bzw. der *notes* und des Lageberichts bzw. der MD&A. Da diese ein beträchtliches Analysepotenzial in sich bergen, sollte auf ihre Analyse nicht

---

[91] Vgl. BAETGE, J. (1994), S. 1 f.; BAETGE, J. (1998b), S. 607; REHKUGLER, H./PODDIG, T. (1998), S. 333.

[92] Vgl. REHKUGLER, H./PODDIG, T. (1998), S. 333. Zur Theorie der Künstlichen Neuronalen Netze vgl. ROJAS, R. (1996). Zur Jahresabschlussanalyse werden meist so genannte Multi Layer Perceptron-Netzwerke verwendet. Vgl. ANDERS, U./SZCZESNY, A. (1998), S. 896. Ein Neuronales Netz ist z. B. die „Kohonen-Feature Map“, die zu den selbstorganisierenden Netzen gehört. Dieses Netz und seine Einsatzmöglichkeiten im Rahmen der Jahresabschlussanalyse haben OESTREICHER/PIOTROWSKI-ALLERT untersucht. Vgl. dazu OESTREICHER, A./PIOTROWSKI-ALLERT, S. (1996), S. 335-371.

[93] Vgl. BAETGE, J./SCHMEDT, U./HÜLS, D./KRAUSE, C./UTHOFF, C. (1994), S. 337.

[94] Vgl. REHKUGLER, H./PODDIG, T. (1998), S. 336.

[95] Vgl. COENENBERG, A. G. (2001), S. 902.

verzichtet werden.[96] Die qualitative Jahresabschlussanalyse kann in zwei Teilbereiche untergliedert werden: die Analyse des jahresabschlusspolitischen Instrumentariums und die semiotische Jahresabschlussanalyse.[97]

Jahresabschlusspolitik ist „die bewußte und im Hinblick auf die Unternehmensziele zweckorientierte Beeinflussung"[98] der im Jahresabschluss, der MD&A und den *notes* publizierten Daten. Das nach US-GAAP vorhandene jahresabschlusspolitische Instrumentarium wird im fünften Kapitel ausführlich beschrieben. Die dem Bilanzierenden eingeräumten Wahlrechte und Ermessensspielräume bei der Erstellung des Jahresabschlusses schränkt die Aussagekraft einer Jahresabschlussanalyse ein; erhält der Analyst allerdings Informationen über die Möglichkeiten und die tatsächliche Ausnutzung der jahresabschlusspolitischen Instrumente, so wird die Einschränkung der Aussagekraft gemindert.[99] Folglich sollte eine Jahresabschlussanalyse stets eine Analyse der Jahresabschlusspolitik beinhalten.[100] Ziel der Analyse des jahresabschlusspolitischen Instrumentariums ist es, zu ermitteln, ob die vorgenommenen jahresabschlusspolitischen Maßnahmen zu einer tendenziell verbesserten oder verschlechterten Darstellung der tatsächlichen wirtschaftlichen Lage des Unternehmens geführt haben.[101]

Ein weiterer Zweig der qualitativen Jahresabschlussanalyse ist die semiotische Analyse. Bei der Semiotik handelt es sich um die Lehre der sprachlichen Zeichen und somit auch der menschlichen Sprache. In Bezug auf die Jahresabschlussanalyse versteht man unter semiotischer Analyse die Untersuchung der „Form der verbalen Berichterstattung."[102] Dabei wird zwischen der syntaktischen, der pragmatischen und der semantischen Ebene unterschieden. Auf der syntaktischen Ebene wird erforscht, ob aus dem Präzisionsgrad der Unternehmensberichterstattung zusätzliche Informationen gewonnen werden können, während auf der pragmatischen Ebene der Grad der freiwilligen Berichterstattung Untersuchungsgegenstand ist. Ob aus der präferierten Wortwahl weitere

---

96 Vgl. auch WERNER, U. (1990), S. 370.
97 Vgl. BIEG, H. (1993b), S. 459; KÜTING, K./WEBER, C.-P. (2001), S. 19.
98 PFLEGER, G. (1991), S. 21.
99 Vgl. KÜTING, K. (1992), S. 693; GRÄFER, H. (2001), S. 38; SCHULT, E. (1999), S. 11.
100 Vgl. WERNER, U. (1990), S. 373; KÜTING, K. (1992), S. 693.
101 Vgl. BIEG, H. (1993b), S. 459.
102 KÜTING, K. (1992), S. 730.

Rückschlüsse gezogen werden können, wird auf der semantischen Ebene untersucht.[103]

Stellt das Analyseziel einer Jahresabschlussanalyse das Fällen eines Gesamturteils über die wirtschaftliche Lage dar, so hat der Analyst eine erfolgs- und finanzwirtschaftliche Analyse vorzunehmen, unterstützt durch die qualitative Jahresabschlussanalyse und unter Zuhilfenahme von Informationen über die wirtschaftlichen und rechtlichen Rahmenbedingungen.[104]

## 2.4 Ablauf einer Jahresabschlussanalyse

### 2.4.1 Überblick

Eine Jahresabschlussanalyse ist ein Prozess, der in mehreren Schritten vollzogen wird.[105] In einem ersten Schritt ist das vorhandene Datenmaterial zu prüfen und aufzubereiten; bei dieser Aufbereitung werden diverse Jahresabschlusspositionen umgegliedert und umbewertet, um eine Strukturbilanz und eine Struktur-Gewinn- und Verlustrechnung zu erhalten.[106] Auf Basis der Strukturbilanz und Struktur-Gewinn- und Verlustrechnung werden im zweiten Schritt Kennzahlen gebildet, die wiederum als Grundlage für die Beurteilung der wirtschaftlichen Lage des analysierten Unternehmens dienen.

[103] Vgl. BIEG, H. (1993b), S. 460; KÜTING, K. (1992), S. 730.

[104] Vgl. BAETGE, J. (1998a), S. 51 f.

[105] Je nach Grad der Detaillierung der einzelnen Phasen wird dieser Prozess in der Literatur in drei bis sechs Phasen unterteilt. COENENBERG und REHKUGLER/PODDIG führen jeweils drei Phasen an: (1) Aufbereitung bzw. Vorbereitung, (2) Kennzahlenbildung bzw. Auswertung, (3) Beurteilung bzw. Interpretation. Vgl. COENENBERG, M. (2000), S. 8 ff.; REHKUGLER, H./PODDIG, T. (1998), S. 10 ff. HELBLING definiert vier Phasen, nämlich (1) Gliederung, (2) Bereinigung, (3) Beurteilung und (4) Auswertung. Vgl. HELBLING, C. (1997), S. 23. Nach BAETGE existieren gar sechs Phasen: (1) Sammlung von Daten, (2) Aufbereitung, (3) kreative Kennzahlenbildung nebst Hypothesenbildung, (4) Auswahl und Gewichtung von Kennzahlen, (5) Kennzahlenvergleiche und letztendlich (6) Interpretation und Gewinnung eines Gesamturteils. Vgl. BAETGE, J. (1998a), S. 16 f. Da die Unterteilung in drei Phasen alle Hauptschritte beinhaltet und weitere Schritte unter den Hauptschritten subsumiert werden können, wird in dieser Arbeit von einer Dreiteilung des Analyseprozesses ausgegangen.

[106] Weitere Ausführungen zur grundsätzlichen Vorgehensweise bei der Erstellung von Strukturbilanz und Struktur-Gewinn- und Verlustrechnung finden sich im folgenden Abschnitt.

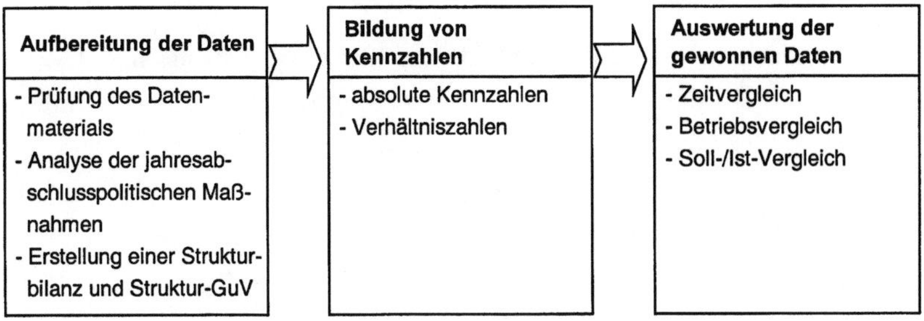


Abb. 2.3: Ablauf einer Jahresabschlussanalyse
(Quelle: eigene Darstellung)

### 2.4.2 Aufbereitung der Daten

Im Rahmen der Aufbereitungsarbeiten ist zunächst das verfügbare Datenmaterial zu prüfen. Liegt ein Jahresabschluss vor, der nicht von einem Wirtschaftsprüfer geprüft ist bzw. für den kein Bestätigungsvermerk erteilt wurde, so ist die Form und der Aufbau des Jahresabschlusses hinsichtlich klarer und richtiger Postenbezeichnung zu überprüfen. Weiterhin muss kontrolliert werden, ob die vorgeschriebenen Angaben für die *notes* vollständig publiziert wurden.[107]

Weiterhin werden mit den Aufbereitungsmaßnahmen nachstehende Zielsetzungen verfolgt:[108]

- Durch die Jahresabschlussanalyse sollen verschiedene Unternehmen/Betriebe miteinander vergleichbar gemacht werden um Branchenvergleiche durchführen zu können.[109] Aufgrund dessen ist es notwendig, rechtsformspezifische Unterschiede zu beachten und Einflüsse durch die unterschiedliche Nutzung von bilanziellen Ansatz- und Bewertungswahlrechten, Ermessensspielräumen und zielgerichteten Sachverhaltsgestaltungen zu eliminieren.[110] Werden bspw. zwei Unternehmen miteinander verglichen, die ein Wahlrecht jeweils unterschiedlich ausgeübt haben, so muss versucht werden, die unterschiedliche Vorgehensweise bei Bilanzerstellung durch die Aufbereitungsmaßnahmen zu eliminieren, um Unternehmen mit verschie-

[107] Vgl. COENENBERG, A. G. (2001), S. 880.
[108] Vgl. im Folgenden GRÄFER, H. (1997), S. 61.
[109] Zum Betriebsvergleich innerhalb einer Branche vgl. die Ausführungen unter Abschnitt 2.4.4.
[110] Vgl. auch BAETGE, J. (1998a), S. 22 ff.

denen Bilanzierungsstrategien miteinander vergleichbar zu machen. Dazu ist es erforderlich, die angewandten bilanzpolitischen und sachverhaltsgestaltenden Maßnahmen zu analysieren und durch Umgliederungs- und Umbewertungsmaßnahmen eine analysegerechte Bilanz und Gewinn- und Verlustrechnung zu erstellen.

- Stille Reserven und stille Lasten sollten möglichst aufgedeckt werden.[111] Für die Bilanz ist demnach das korrigierte Eigenkapital, das so genannte jahresabschlussanalytische Eigenkapital zu ermitteln, das bei der Berechnung etlicher Kennzahlen herangezogen wird. Ist auch die Gewinn- und Verlustrechnung von der Aufdeckung stiller Reserven und Lasten betroffen, muss auch das Ergebnis korrigiert werden, das dann soweit wie möglich frei von Ansatz- und Bewertungseinflüssen ist; man spricht dabei vom bereinigten Unternehmensergebnis.
- Um eine einheitliche und übersichtliche Struktur herzustellen, auf deren Grundlagen man vergleichbare und aussagefähige Größen bilden kann, muss das umfangreiche Datenmaterial durch Umgliederungsmaßnahmen verdichtet werden.[112]

Eine auf diese Weise erstellte und aufbereitete Bilanz (Gewinn- und Verlustrechnung) wird als Strukturbilanz (Struktur-Gewinn- und Verlustrechnung) bezeichnet.[113]

Die o. g. Umgliederungsmaßnahmen können bezogen auf die Aufbereitung der Bilanz weiter in Umgruppierung, Neubildung, Aufspaltung, Saldierung und Erweiterung unterschieden werden:[114]

1) Im Rahmen einer Umgruppierung erfolgt die Zuordnung eines bereits existierenden Postens zu einem anderen bestehenden Posten der gleichen Bilanzseite.

---

[111] In der Praxis ist es meist nur sehr eingeschränkt oder überhaupt nicht möglich, stille Reserven aufzudecken. Diese Meinung vertritt bspw. auch LEFFSON: „Der Bilanzanalytiker kann die Bildung stiller Rücklagen i. d. R. nicht, ihre Auflösung nur teilweise erkennen und gelangt dadurch zu Fehlurteilen." LEFFSON, U. (1984), S. 21.

[112] Vgl. auch COENENBERG, A. G. (2001), S. 880; KÜTING, K./WEBER, C.-P. (2001), S. 55.

[113] Vgl. BIEG, H. (1993b), S 379; GRÄFER, H. (1997), S. 61; REHKUGLER, H./PODDIG, T. (1998), S. 30; KÜTING, K./WEBER, C.-P. (2001), S. 55.

[114] Vgl. im Folgenden KÜTING, K./WEBER, C.-P. (2001), S. 56.

2) Werden bestehende Posten einer neu zu schöpfenden Kategorie der gleichen Bilanzseite zugeordnet, handelt es sich um eine Neubildung.

3) Bei einer Aufspaltung wird ein existierender Posten mehr als einer Abschlusskategorie zugeordnet.

4) Im Rahmen einer Saldierung wird ein bestehender Posten mit einer Kategorie der anderen Bilanzseite ganz oder teilweise verrechnet.

5) Im Gegensatz zur Saldierung wird bei einer Erweiterung ein saldierter Posten aufgeschlüsselt und auf die andere Bilanzseite übertragen.

Bei den Umgliederungsmaßnahmen 1) bis 3) erfolgt in der Strukturbilanz lediglich eine veränderte Anordnung von Bilanzpositionen im Vergleich zur Originalbilanz. Dagegen ändert sich bei den Maßnahmen der Saldierung und Erweiterung jeweils die Bilanzsumme.

Durch die bereits erwähnten Umbewertungsmaßnahmen erhalten einzelne Positionen neue Wertansätze, wodurch sich entsprechend auch die Bilanzsumme sowie das Unternehmensergebnis ändert. Einen Überblick über die beschriebenen Aufbereitungsmaßnahmen gewährt Abb. 2.4.

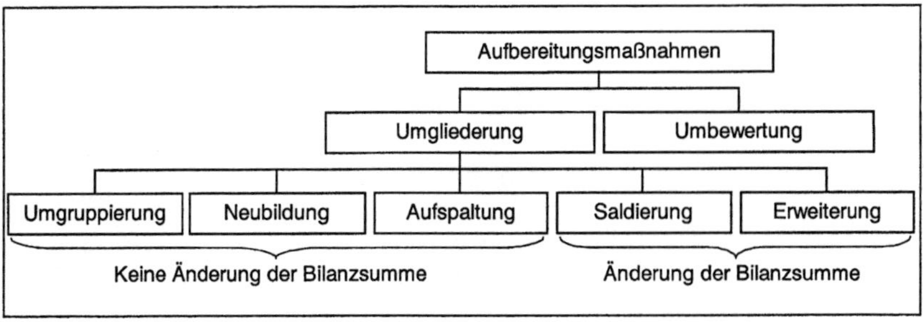


Abb. 2.4: Aufbereitungsmaßnahmen im Rahmen einer Jahresabschlussanalyse (in Anlehnung an: KÜTING, K./WEBER, C. (2001), S. 56)

### 2.4.3 Bildung von Kennzahlen

Kennzahlen fungieren als Auswertungsinstrumentarium von in Jahresabschlüssen gesammelten Daten.[115] Sie fassen operationalisierbare betriebliche Sachverhalte zusammen und geben diese als betriebswirtschaftlich relevante Zahlen wider. Durch Kennzahlen sollen Tatbestände erkennbar gemacht werden, die ansonsten nicht wahrnehmbar wären, außerdem ermöglichen sie es, diese Tatbestände verdichtet in Form einer einzigen Zahl darzustellen und führen darüber hinaus zu einer Steigerung der Transparenz bspw. bei der Durchführung von Betriebsvergleichen.[116]

In einfachster Form werden Daten als absolute Kennzahlen[117] herangezogen, z. B. als Einzelzahlen, Summen, Differenzen oder Mittelwerte.[118] Berücksichtigt man den zeitlichen Aspekt, kann weiter zwischen Bestands- und Bewegungszahlen unterschieden werden. Da die Aussagekraft dieser Zahlen meist sehr gering ist,[119] setzt man absolute Zahlen zu einander ins Verhältnis und erhält somit einen ersten Vergleich dieser Zahlen, der die Aussagekraft erhöht. Bei diesen zueinander in Beziehung gesetzten betriebswirtschaftlich relevanten Größen spricht man von relativen Kennzahlen, Relativzahlen oder Verhältnis-

---

[115] Vgl. LITTKEMANN, J./KREHL, H. (2000), S. 19.

[116] Vgl. BIFOA-FORSCHUNGSGRUPPE MAWI (1980), S. 14 f.; GRÄFER, H. (2001), S. 40. Was unter einem Betriebsvergleich zu verstehen ist, wird unter Abschnitt 2.4.4 beschrieben.

[117] Absolute Kennzahlen werden auch als Grundzahlen bezeichnet. Vgl. VOGLER, G./MATTES, H. (1976), S. 46; HOFMANN, R. (1977), S. 209; COENENBERG, A. G. (2001), S. 893; GRÄFER, H. (2001), S. 41. Absolute Zahlen sind nur bei Verwendung des weiter gefassten Kennzahlenbegriffs auch tatsächlich als Kennzahlen zu betrachten; der enger gefasste Begriff umfasst lediglich die im Folgenden beschriebenen Verhältniszahlen. Der englische Begriff *ratio* entspricht dem enger gefassten Begriff. In der deutschsprachigen Literatur ist der weiter gefasste Kennzahlenbegriff zu finden bei SCHENK, H. (1939), S. 2 f.; BOUFFIER, W. (1952), S. 28; NOWAK, P. (1966), S. 704; MEYER, C. (1976), S. 11; REICHMANN, T./LACHNIT, L. (1976), S. 706; LACHNIT, L. (1979), S. 17 f.; BIFOA-FORSCHUNGSGRUPPE MAWI (1980), S. 17; KÜTING, K. (1996a), S. 937; KÖBRICH, M./SCHÖFFEL, H. R. (1999), S. 8; ZDROWOMYSLAW, N./KASCH, R./PUCHINGER, T. (1999), S. 83; KÜTING, K./WEBER, C.-P. (2001), S. 24 m. w. N. Den enger gefassten Kennzahlenbegriff verwenden WISSENBACH, H. (1967), S. 33 f.; STAEHLE, W. H. (1969), S. 49; BAETGE, J./KÖSTER, H. (1991), S. 389; RIEBELL, C. (1996), S. 480; COENENBERG, A. G. (2001), S. 893.

[118] Vgl. MEYER, C. (1976), S. 12; BIFOA-FORSCHUNGSGRUPPE MAWI (1980), S. 17; BIEG, H. (1993b), S. 415; GRÄFER, H. (2001), S. 41; KÜTING, K./WEBER, C.-P. (2001), S. 24.

[119] Vgl. HOFMANN, R. (1977), S. 207; BIEG, H. (1993b), S. 415; COENENBERG, A. G. (2001), S. 893; GRÄFER, H. (2001), S. 41. Erfahrungsgemäß machen allenfalls Zeit- und Soll-Ist-Vergleiche einen Sinn.

zahlen.[120] Dabei wird die zu messende Größe (= Beobachtungszahl) im Zähler, die als Maß dienende Größe (= Bezugszahl) im Nenner erfasst:[121]

$$\text{Verhältniszahl} = \frac{\text{Beobachtungszahl}}{\text{Bezugszahl}}$$

Verhältniszahlen können weiter untergliedert werden in Gliederungs-, Beziehungs- und Indexzahlen.[122]

Stellt man eine Teilgröße der entsprechenden Gesamtgröße, bezogen auf den gleichen Zeitraum oder Zeitpunkt, gegenüber, so erhält man eine Gliederungszahl.[123] Diese zeigt das relative Gewicht der Teilgröße im Verhältnis zum Ganzen[124] und eignet sich zur Analyse der Strukturen von Gesamtmengen.[125] Die Eigenkapitalquote beschreibt bspw. das Verhältnis des Eigenkapitals (= Teilgröße) zum Gesamtkapital (= Gesamtgröße). Bei der Interpretation von Gliederungszahlen ist darauf zu achten, dass z. B. die prozentuale Veränderung einer Teilgröße – im Beispiel das Eigenkapital – im Zeitablauf nicht nur durch ihre wertmäßige Höhe, sondern auch durch die Veränderung der Gesamtgröße – im Beispiel das Gesamtkapital – beeinflusst wird. Dadurch können sich z. B. bei einer Teilgröße prozentuale Veränderungen ergeben, obgleich sich die absolute Höhe nicht verändert hat.[126]

---

[120] Vgl. STAEHLE, W. H. (1969), S. 52; BIEG, H. (1993b), S. 415; RIEBELL, C. (1996), S. 480; GRÄFER, H. (2001), S. 41; KÜTING, K./WEBER, C.-P. (2001), S. 25 f.

[121] Vgl. WINKLER, W. (1923), S. 89 f.; WISSENBACH, H. (1967), S. 75; VOGLER, G./MATTES, H. (1976), S. 50.

[122] Vgl. ANTOINE, H. (1958), S. 23 f.; STAEHLE, W. H. (1969), S. 52; MEYER, C. (1976), S. 12; BIFOA-FORSCHUNGSGRUPPE MAWI (1980), S. 18; BIEG, H. (1993b), S. 415; BAETGE, J. (1998a), S. 27 f.; COENENBERG, A. G. (2001), S. 894 f.; GRÄFER, H. (2001), S. 41 f.; KÜTING, K./WEBER, C.-P. (2001), S. 25 f. HOFMANN nennt darüber hinaus noch Richtzahlen, die er als branchentypische Durchschnittszahlen definiert. Vgl. HOFMANN, R. (1977), S. 212. Richtzahlen sind aber m. E. lediglich Sollwerte, die im Rahmen eines Soll-Ist-Vergleichs herangezogen werden können (zur Beschreibung von Soll-Ist-Vergleichen vgl. die folgenden Ausführungen). Sie können ihrerseits absolute Zahlen, aber auch Gliederungs-, Beziehungs- und Indexzahlen verkörpern und sind somit nicht als eigenständige Unterart der Verhältniszahlen zu sehen.

[123] Vgl. MEYER, C. (1976), S. 37; VOGLER, G./MATTES, H. (1976), S. 45; HOFMANN, R. (1977), S. 210; BIEG, H. (1993b), S. 415; BAETGE, J. (1998a), S. 27; COENENBERG, A. G. (2001), S. 894; GRÄFER, H. (2001), S. 42; KÜTING, K./WEBER, C.-P. (2001), S. 25.

[124] Gliederungszahlen werden daher auch meist in Form von Prozentzahlen angegeben. Vgl. GRÄFER, H. (2001), S. 42; KÜTING, K./WEBER, C.-P. (2001), S. 25.

[125] Vgl. BIEG, H. (1993b), S. 415; GRÄFER, H. (2001), S. 42.

[126] Vgl. HOFMANN, R. (1977), S. 210 f.

Folgendes Beispiel soll die Notwendigkeit der zusätzlichen Betrachtung der zugrundeliegenden absoluten Werte verdeutlichen:[127]

| | 2000 | 2001 | 2000 | 2001 |
|---|---|---|---|---|
| | absolut in Mio. EUR | | in % des Gesamtkapitals | |
| Eigenkapital | 120 | 160 | 60 | 64 |
| Fremdkapital | 80 | 90 | 40 | 36 |
| Gesamtkapital | 200 | 250 | 100 | 100 |

Im Beispiel könnte ein unbewanderter Bilanzleser anhand der Verhältniszahlen die Vermutung hegen, dass lediglich das Eigenkapital zugenommen hat, nicht aber das Fremdkapital. Um einem solchen Trugschluss zu entgehen, sollten, soweit vorhanden, auch die absoluten Zahlen bei der Analyse mitberücksichtigt werden.[128]

Im Gegensatz zu den absoluten Kennzahlen machen Gliederungszahlen neben Zeitvergleichen und Soll-Ist-Vergleichen auch Vergleiche von Betrieben bzw. Unternehmen unterschiedlicher Größe möglich.[129]

Um Beziehungszahlen zu bilden, sind verschiedenartige Gesamtheiten, die in einem sachlogischen Zusammenhang stehen, z. B. einer Mittel-Zweck-Relation, oder zwischen denen kausale Beziehungen existieren, aufeinander zu beziehen.[130] Je nach Form der inhaltlichen Verknüpfung können Beziehungszahlen weiter untergliedert werden in Beziehungszahlen, zwischen deren Zähler und Nenner eine konstruierte Zuordnung besteht (Entsprechungszahlen) und Beziehungszahlen, die einen vermuteten Ursache-Wirkungs-Zusammenhang (Verursachungszahlen) beschreiben.[131] Entsprechungszahlen liegt ein Bindungs-

[127] Das folgende Beispiel bezieht sich auf die Analyse der Kapitalstruktur. Ein Beispiel, das die Notwendigkeit der zusätzlichen Betrachtung der zugrundeliegenden absoluten Werte bei einer Analyse der Vermögensstruktur verdeutlicht, findet sich bei KÜTING, K./WEBER, C.-P. (2001), S. 26.

[128] Vgl. HOFMANN, R. (1977), S. 210 f.; COENENBERG, A. G. (2001), S. 894; KÜTING, K./WEBER, C.-P. (2001), S. 26.

[129] Vgl. COENENBERG, A. G. (2001), S. 894.

[130] Vgl. HAUSCHILDT, J. (1971), S. 340 ff.; VOGLER, G./MATTES, H. (1976), S. 46; BAETGE, J. (1998a), S. 27; COENENBERG, A. G. (2001), S. 894; GRÄFER, H. (2001), S. 42.

[131] Vgl. WISSENBACH, H. (1967), S. 49; HAUSCHILDT, J. (1971), S. 341; VOGLER, G./MATTES, H. (1976), S. 46 f.; HOFMANN, R. (1977), S. 211. Zu den Begriffen „Entsprechungszahlen" und „Verursachungszahlen" vgl. BANSE, K. (1929), S. 174 f.; LORENZ, C. (1960), S. 73.

gedanke zugrunde: Es werden zwei Größen aufgrund von zeitlichen oder qualitativen Kriterien einander zugeordnet. Alle Liquiditätskennzahlen sind z. B. solche Entsprechungszahlen, durch sie kann nachvollzogen werden, inwieweit der Bilanzersteller dem Bindungsgedanken folgt.[132] Verursachungszahlen weisen im Zähler die Wirkung, die (vermutlich) durch die im Nenner stehende Größe verursacht wird, aus.[133] Meist liegen aber keine tatsächlich nachprüfbaren Ursache-Wirkungs-Beziehungen vor,[134] sondern man vermutet lediglich eine solche. Zudem sind zumeist Änderungen einer Kennzahlengröße nicht nur durch eine Ursache begründet.[135] Betrachtet man bspw. die Gesamtkapitalrentabilität[136], so kann ein Anstieg dieser Kennzahl auf eine Gewinnsteigerung bei konstantem Gesamtkapitaleinsatz zurückzuführen sein oder auf einem Rückgang des Gesamtkapitals bei gleichbleibendem Gewinn beruhen oder durch einen relativ stärkeren Anstieg bzw. ein relativ schwächeres Absinken des Gewinns im Vergleich zum Gesamtkapital begründet sein.[137] Zur Ergründung der Veränderungsursachen existiert in der Praxis eine Vielzahl von Kennzahlensystemen, die einem hierarchischen Aufbau folgen. Mit ihrer Hilfe versucht man, die Ursachen für eine Veränderung einer bestimmten Spitzenkennzahl durch untergeordnete Kennzahlen zu deuten, die in einem Ursache-Wirkungs-Verhältnis zur jeweils übergeordneten Kennzahl stehen.[138]

Anhand von Indexzahlen[139] als dritte Unterart der Verhältniszahlen können Veränderungen von Werten wie bspw. Abschlussposten der Bilanz deutlich gemacht werden.[140] Dabei setzt man den Anfangs-, Mittel- oder Endwert einer Zahlenreihe derselben Gesamtgröße als Basiswert gleich 100 und rechnet die

---

[132] Vgl. HAUSCHILDT, J. (1971), S. 341; HOFMANN, R. (1977), S. 211.

[133] Vgl. HAUSCHILDT, J. (1971), S. 341.

[134] Vgl. HAUSCHILDT, J. (1971), S. 341. Zur nicht nachprüfbaren Ursache-Wirkungs-Beziehung bei der goldenen Bilanzregel (langfristig gebundenes Vermögen soll nach dieser Regel mit langfristigem Kapital, kurzfristig gebundenes Vermögen mit kurzfristigem Kapital finanziert werden) als Liquiditätsnorm vgl. HÄRLE, D. (1961), 130 f.

[135] Vgl. COENENBERG, M. (2000), S. 12; GRÄFER, H. (2001), S. 42.

[136] Ausführungen zur Gesamtkapitalrentabilität finden sich unter Abschnitt 7.2.4.

[137] Vgl. COENENBERG, A. G. (2001), S. 894 f.

[138] Vgl. REICHMANN, T./LACHNIT, L. (1976), S. 706 f.; KÜTING, K. (1986), Gliederungspunkt 1.2.2; BIEG, H. (1993b), S. 415; HAUSCHILDT, J./LEKER, J. (1995), S. 253; BAETGE, J. (1998a), S. 37 f.; COENENBERG, A. G. (2001), S. 894 f.

[139] Indexzahlen werden in der Literatur auch als Messzahlen bezeichnet. Vgl. HOFMANN, R. (1977), S. 212; KÜTING, K. (1986), Gliederungspunkt 1.2.1; GRÄFER, H. (2001), S. 42.

[140] Vgl. HOFMANN, R. (1977), S. 212; LEFFSON, U. (1984), S. 112.

restlichen Werte im Verhältnis zum Basiswert um.[141] Die Wahl des Basiswerts kann die Aussagekraft von Indexreihen in starkem Maße beeinflussen, deshalb muss berücksichtigt werden, dass der Basiswert nicht etwa durch konjunkturelle, saisonale oder sonstige Störfaktoren beeinträchtigt ist.[142] Weiterhin kann die Aussagekraft von Indexzahlen stark eingeschränkt sein, wenn Posten schwanken, die in ihrer absoluten Höhe einen geringen Wert haben, d. h. wenn die Basis relativ klein ist. Folgendes Beispiel soll diese Problematik verdeutlichen:[143]

| | 2000 EUR | 2001 EUR | Differenz in EUR | Indexzahl, wenn 2000 = 100 |
|---|---|---|---|---|
| Immaterielle Vermögensgegenstände | 10 | 30 | 20 | 300 |
| Sachanlagen | 200 | 300 | 100 | 150 |

Eine zusammenfassende Übersicht der Kennzahlenarten ist in der folgenden Abbildung dargestellt.

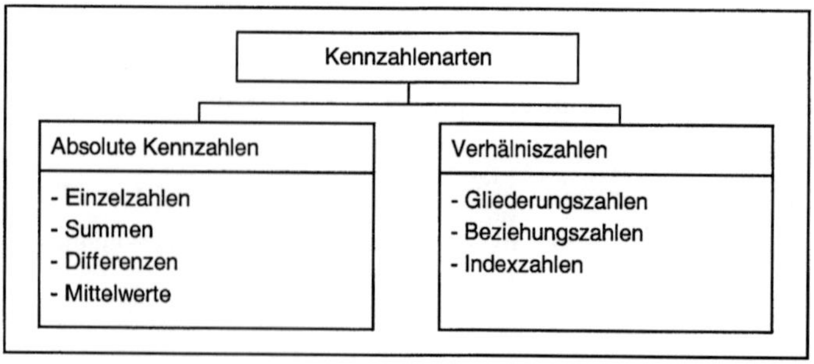


Abb. 2.5: Kennzahlenarten
(in Anlehnung an: KÜTING, K./WEBER, C. (2001), S. 24)

[141] Vgl. KÜTING, K. (1986), Gliederungspunkt 1.2.1; KÜTING, K./WEBER, C.-P. (2001), S. 26.
[142] Vgl. HOFMANN, R. (1977), S. 212.
[143] Weitere Beispiele sind zu finden bei LEFFSON, U. (1984), S. 113; KÜTING, K./WEBER, C.-P. (2001), S. 26.

### 2.4.4 Auswertung der gewonnen Daten

Um die gewonnen Kennzahlen beurteilen zu können, werden Vergleichsmaßstäbe benötigt. Diese „können aus Daten früherer Perioden, anderer Betriebe oder aus Soll-Normen gewonnen werden. Dementsprechend kann zwischen dem Zeitvergleich, dem Betriebsvergleich und dem Soll-Ist-Vergleich unterschieden werden.“[144]

Im Rahmen eines Zeitvergleichs werden aufeinanderfolgende Jahresabschlüsse eines Unternehmens und die daraus berechneten Kennzahlen miteinander verglichen.[145] Ziel ist es, Abweichungen im Zeitablauf sowie deren Ursachen zu identifizieren. Weiterhin wird bei einem Zeitvergleich i. d. R. der Versuch unternommen, die vergangene Entwicklung der Kennzahlen in die Zukunft zu projizieren.[146] Zeitvergleiche sind von großer Bedeutung, da nur mit ihrer Hilfe eine Beurteilung der bisherigen Entwicklung einer Unternehmung möglich ist.[147] Außerdem kann durch Zeitvergleiche die vom analysierten Unternehmen praktizierte Bilanzpolitik[148] relativiert werden, da bilanzpolitische Maßnahmen i. d. R. lediglich eine zeitliche Verschiebung von Aufwendungen und Erträgen bedingen, die bei langfristiger Betrachtung zu einer Umkehrung der bilanzpolitischen Effekte führt.[149] Um einen Zeitvergleich durchführen zu können, müssen die folgenden Voraussetzungen erfüllt sein:[150]

- Die Aufbereitung der Daten aus den verschiedenen Zeiträumen muss nach den gleichen Grundsätzen erfolgen, um anschließend eine Kennzahlenbildung vorzunehmen, weil nur dann die Vergleichbarkeit gegeben ist.
- Für die verschiedenen Zeitpunkte müssen die aus den Jahresabschlüssen gewonnenen Daten auch inhaltlich vergleichbar sein.

---

[144] COENENBERG, A. G. (2001), S. 892 f. Vgl. auch STAEHLE, W. H. (1969), S. 60 f.; FOSTER, G. (1986), S. 60 ff. zu Betriebsvergleichen, S. 70 ff. zu Zeitvergleichen; BAETGE, J. (1998a), S. 42; ZDROWOMYSLAW, N./KASCH, R./PUCHINGER, T. (1999), S. 83; LITTKEMANN, J./KREHL, H. (2000), S. 19 f.

[145] Vgl. LEV, B. (1974), S. 35; LEFFSON, U. (1984), S. 103; GIBSON, C. H. (1995), S. 177.

[146] Vgl. LEV, B. (1974), S. 36; BIEG, H. (1993b), S. 415 f.

[147] Vgl. RÖSLER, J. (1986), S. 10; BAETGE, J. (1998a), S. 44; GRÄFER, H. (2001), S. 45; KÜTING, K./WEBER, C.-P. (2001), S. 43.

[148] Zur Definition des Begriffs Bilanzpolitik sowie den bilanzpolitischen Möglichkeiten im Rahmen der US-amerikanischen Rechnungslegung vgl. die Ausführungen im fünften Kapitel.

[149] Vgl. RÖSLER, J. (1986), S. 10; COENENBERG, A. G. (2001), S. 893.

[150] Vgl. im Folgenden GRÄFER, H. (2001), S. 45 f.

- Die Änderung von Rechnungslegungsstandards bzw. von gesetzlichen Vorschriften können Änderungen der Daten bedingen und somit die Aussagekraft eines Zeitvergleichs beeinträchtigen. Die Daten sind soweit wie möglich um diese Verzerrungen zu bereinigen.

Bei einem Betriebsvergleich werden Kennzahlen des gleichen Betrachtungszeitraums verschiedener Betriebe verglichen. Bei den miteinander zu vergleichenden Unternehmen soll es sich vorzugsweise um möglichst ähnliche Betriebe handeln, damit Erkenntnisse über die ungleiche Leistung der beiden Betriebsleitungen gewonnen werden können.[151] Sind vergleichbare Unternehmen identifiziert, kann ein Betriebsvergleich bestimmte auffallende Entwicklungstendenzen im analysierten Betrieb aufzeigen, erklären und eine Separierung von saisonalen oder konjunkturellen Schwankungen ermöglichen.[152] In der Praxis gestaltet es sich allerdings als problematisch, einen geeigneten Vergleichsbetrieb auszumachen, da unterschiedliche Märkte, Standorte, Rechtsformen etc. einen Vergleich stören.[153] HAUSCHILDT/LEKER konstatieren gar, „daß der Betriebsvergleich vielfach bei der Suche nach einem möglichst ähnlichen Vergleichspartner endet."[154]

Neben dem wohl nur selten möglichen Vergleich mit ähnlichen Betrieben oder Unternehmen, können generell Vergleiche mit Betrieben bzw. Unternehmen derselben oder anderer Branchen oder Vergleiche mit Betrieben des gleichen Unternehmens oder mit Betrieben fremder Unternehmen angestrengt werden.[155] Dabei dienen sowohl Kennzahlen einzelner Betriebe bzw. Unternehmen als auch Durchschnittswerte (z. B. einer Branche) als Vergleichswerte.[156] Im angloamerikanischen Sprachraum spricht man bei einem Branchenvergleich, bei dem z. B. die Branchenmittel oder der Median der Branche als Vergleichswert

---

[151] Vgl. HAUSCHILDT, J./LEKER, J. (1995), S. 254. LEV führt zunächst auch an, dass Unternehmen der gleichen Branche angehören sollten, eine ähnliche Größe einnehmen sollten, ähnliche Rechnungslegungsmethoden anwenden sollten und sich in der selben Region befinden sollten. Allerdings kommt er dann aber zu dem Schluss, dass es unbelegt ist, ob bzw. inwieweit ein Vergleich mit Unternehmen, die nicht ähnlich sind, eine ernsthafte Analyse ausschließen. Vgl. LEV, B. (1974), S. 38.

[152] Vgl. GRÄFER, H. (2001), S. 46.

[153] Weitere „Störquellen für einen Betriebsvergleich" finden sich bei SCHNETTLER, A. (1961), S. 31-46; BAETGE, J. (1998a), S. 43.

[154] HAUSCHILDT, J./LEKER, J. (1995), S. 254.

[155] Vgl. KÜTING, K./WEBER, C.-P. (2001), S. 45. Vgl. auch GIBSON, C. H. (1995), S. 179.

[156] Vgl. BIEG, H. (1993b), S. 416; BAETGE, J. (1998a), S. 43 f.

herangezogen werden, von der sog. *standard ratios technique.*[157] Anhand solcher Vergleiche soll die Stellung des eigenen Betriebs bzw. Unternehmens im Vergleich zu anderen Betrieben bzw. Unternehmen identifiziert werden um bspw. Anhaltspunkte für die Beseitigung von Schwachstellen zu erkennen.[158] Im Rahmen eines Betriebsvergleichs innerhalb einer Branche ist insbesondere ein Vergleich mit dem Branchenbesten besonders aussagekräftig.[159]

Die Auswahl von Vergleichsbetrieben/-unternehmen sollte im Rahmen eines Prozesses stattfinden, der aus vier Schritten besteht. In einem ersten Schritt ist das Kerngeschäft des betrachteten Unternehmens zu identifizieren. Anschließend sind im zweiten Schritt die in Frage kommenden Wettbewerber zu einer Datenbasis zusammenzutragen. Im folgenden dritten Schritt ist zu überprüfen, ob die vom Wettbewerber veröffentlichten Daten nach ähnlichen Rechnungslegungsvorschriften erstellt wurden und diese insofern kompatibel mit den Daten des betrachteten Unternehmens sind. Ist dies der Fall, gilt es im vierten Schritt herauszufinden, ob die verbliebenen Wettbewerber vorwiegend auf ähnlichen Produktmärkten operieren. Trifft dies zu, sollten die Wettbewerber in den Vergleich einbezogen werden.[160] Der Auswahlprozess wird in Abb. 2.6 veranschaulicht.

[157] Vgl. LEV, B. (1974), S. 37.
[158] Vgl. MERKLE, E. (1982), S. 329; KÜTING, K./WEBER, C.-P. (2001), S. 45.
[159] Vgl. COENENBERG, A. G. (2001), S. 894.
[160] Vgl. ELLIS, J./WILLIAMS, D. (1993), S. 207 f.

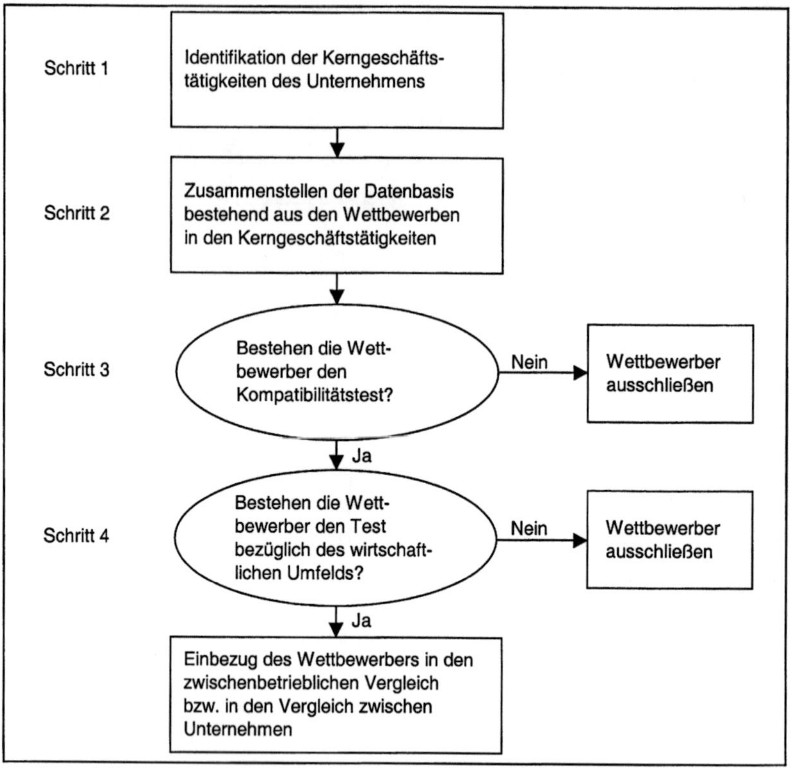


Abb. 2.6 Wahl der Vergleichsbetriebe bzw. –unternehmen für Betriebs-/Unternehmensvergleiche
(in Anlehnung an: ELLIS, J./WILLIAMS, D. (1993), S. 206)

Bei Soll-Ist-Vergleichen[161] werden Ist-Kennzahlen bestimmten Soll-Kennzahlen gegenübergestellt. Dabei können zwei Arten von Soll-Kennzahlen zum Einsatz gelangen: Zum einen die sog. Richtwerte, die sich an der Vergangenheit orientieren wie z. B. Branchendurchschnittswerte unterschiedlicher Perioden und zum anderen Planwerte, die sich durch Zukunftsgerichtetheit auszeichnen; bei Planwerten handelt es sich bspw. um budgetierte Kennzahlen, die zur Kontrolle der

161 Oft werden auch die Begriffe „Normvergleich", „Normenvergleich", „Normativvergleich" oder „Standardvergleich" verwendet. Vgl. VIEL, J. (1958), S. 9; HAUSCHILDT, J./LEKER, J. (1995), S. 255; GRÄFER, H. (2001), S. 47.

Zielerreichung beitragen sollen.[162] Zur Durchführung von Soll-Ist-Vergleichen sind plausible Soll-Daten erforderlich; da solche i. d. R. fehlen,[163] werden Soll-Ist-Vergleiche selten durchgeführt.[164]

Die genannten Vergleichsmaßstäbe sind nicht als Alternativen zu verstehen, vielmehr sollte der Analyst möglichst unterschiedliche Vergleichsmaßstäbe heranziehen und in seinem Gesamturteil berücksichtigen. Abhängig vom Analyseziel kann es bspw. sinnvoll sein, einen Zeitvergleich mit einem Branchenvergleich zu kombinieren. Dabei sollte dem Zeitvergleich ein längerer Beobachtungszeitraum als Grundlage dienen.[165]

## 2.5 Abgrenzung der Ertragslage von der Vermögens- und Finanzlage

Die Analyseziele der verschiedenen Interessenten einer Jahresabschlussanalyse unterscheiden sich, wie bereits unter Abschnitt 2.2 dargestellt, stark. Allen Interessenten der Jahresabschlussanalyse ist jedoch gemein, dass ihre finanziellen Ansprüche nur dann befriedigt werden können, wenn die Leistungsfähigkeit nachhaltig gesichert ist. Sie ist dann gewährleistet, wenn das Unternehmen den gegenwärtigen und künftigen Aufgaben nachkommen und die gesteckten Ziele erreichen kann, was sich in der wirtschaftlichen Lage, d. h. der Vermögens-, Finanz- und Ertragslage widerspiegelt.[166] Die wirtschaftliche Lage eines Unternehmens ist stark verzahnt mit dessen betriebswirtschaftlichen Zielen, da die wirtschaftliche Lage im Grunde ein Abbild des Zielerreichungsgrades darstellt.[167] Die betriebswirtschaftlichen Ziele setzen sich aus drei interdependenten Teilzielen zusammen: der Liquidität, d. h. Aufrechterhaltung der Zahlungsfähigkeit des Unternehmens, dem periodenbezogenen Erfolg und der Generierung von Erfolgspotenzialen.[168]

---

[162] Vgl. STAEHLE, W. H. (1969), S. 61; HOFMANN, R. (1977), S. 212; KÜTING, K./WEBER, C.-P. (2001), S. 45.

[163] Vgl. BAETGE, J./NIEHAUS, H.-J. (1989), S. 145 f.; COENENBERG, A. G. (2001), S. 893.

[164] Vgl. HAUSCHILDT, J./LEKER, J. (1995), S. 256; COENENBERG, A. G. (2001), S. 892 f.

[165] Eine ausführliche Analyse, die das Fundament für wichtige Entscheidungen darstellt, sollte über einen Zeitraum von fünf Jahren erfolgen. Vgl. GRÄFER, H. (2001), S. 48.

[166] Vgl. SIEBEN, G. (1987), S. 931; MAYER, A. (1989), S. 9 f.

[167] Bezüglich der erfolgswirtschaftlichen Lage stellt COENENBERG bspw. fest: „Erfolg ist nichts anderes als ein Grad der Zielerreichung." COENENBERG, A. G. (2001), S. 34.

[168] Vgl. COENENBERG, A. G. (Hrsg.) (1990b), S. 18 f.

Ein jedes Unternehmen verfolgt im Rahmen der finanzwirtschaftlichen Unternehmenssteuerung das Liquiditätsziel, unabhängig davon, ob es sich um ein gewinnorientiertes Unternehmen handelt oder nicht. Kann die Liquidität nicht aufrechterhalten werden, wird ein Unternehmen insolvent. Um dies zu vermeiden ist eine ständige Steuerung der Ein- und Auszahlungen unumgänglich.[169]

Weiterhin sind periodisierte Erträge und Aufwendungen, deren Saldo den Erfolg ergibt, anhand der operativen Steuerung zu messen, um bei Fehlentwicklungen rechtzeitig eingreifen zu können. Die Ziele Liquidität und Erfolg sind dadurch miteinander verknüpft, dass der Erfolg als Vorsteuergröße für die Liquidität fungiert. Nur wenn Erfolg eintritt, kann die Zahlungsfähigkeit aufrecht erhalten werden; dabei handelt es sich lediglich um eine notwendige, nicht aber um eine hinreichende Voraussetzung.[170] Die beiden Ziele „Liquidität" und „Erfolg" bedürfen einer kurz- bis mittelfristigen Betrachtung. Das dritte betriebswirtschaftliche Teilziel, der Aufbau von Erfolgspotenzial, unterliegt einer langfristigen Perspektive, es ist daher als Ziel der strategischen Unternehmenssteuerung einzustufen. Das Erfolgspotenzial dient wiederum als Vorsteuergröße für den Erfolg und damit mittelbar auch für die Liquidität.[171]

[169] Vgl. BUCHNER, R. (1981), S. 158 f.
[170] Vgl. auch SCHENK, H. (1939), S. 4.
[171] Vgl. COENENBERG, A. G. (2000), S. 5 ff.

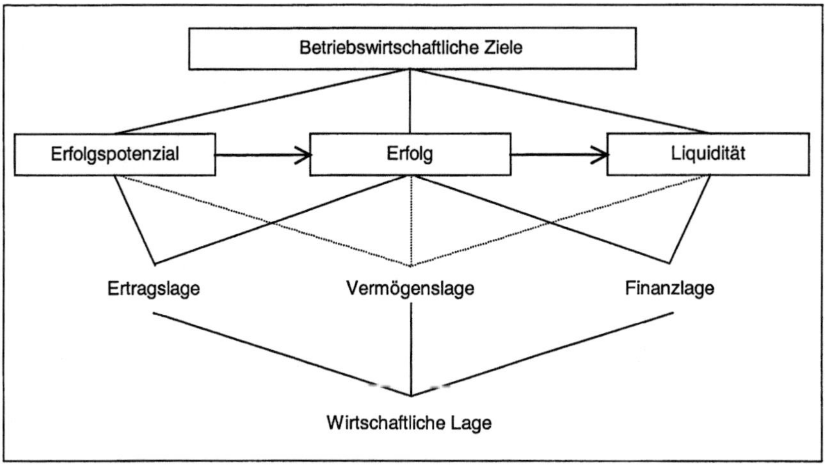


Abb. 2.7: Zusammenhang zwischen den betriebswirtschaftlichen Zielen und dem Analyseziel „Beurteilung der wirtschaftlichen Lage" (in Anlehnung an: COENENBERG, A. G. (Hrsg.) (1990), S. 19)

Aufgabe der Jahresabschlussanalyse ist es nun gerade, das entsprechende Unternehmen hinsichtlich der Größen Erfolg und Liquidität zu untersuchen, d. h. zu überprüfen, ob die betriebswirtschaftlichen Ziele bezüglich Liquidität, Erfolg und Erfolgspotenzial erreicht wurden, indem eine Analyse der im Jahresabschluss dargestellten wirtschaftlichen Lage durchgeführt wird. Im handelsrechtlichen Jahresabschluss einer Kapitalgesellschaft muss gemäß § 264 Abs. 2 Satz 1 bzw. bzw. § 297 Abs. 2 Satz 2 HGB das True-and-fair-view-Gebot beachtet werden, d. h. die Vermögens-, Finanz- und Ertragslage muss – allerdings unter der Einschränkung, dass gleichzeitig die Grundsätze ordnungsmäßiger Buchführung zu beachten sind – den tatsächlichen Verhältnissen entsprechend abgebildet werden. Auch in der US-amerikanischen Rechnungslegung ist die Darstellung der wirtschaftlichen Lage eine der zentralen Zielsetzungen, ein „umfassendes Bild der totalen wirtschaftlichen Lage des Unternehmens gibt ein Jahresabschluß [aber] nicht, vielmehr wird die wirtschaftliche Lage nur partiell ausgewiesen."[172] Nach beiden Normsystemen ist nun zwar die wirtschaftliche Lage des Unternehmens darzulegen, es ist aber anzunehmen,

[172] BAETGE, J. (1994), S. 1; BAETGE trifft diese Aussage ganz allgemein für Jahresabschlüsse, sie trifft auch für Abschlüsse nach US-GAAP zu.

dass Abschlüsse nach US-GAAP eher die Realität widerspiegeln, da hier nicht die einschränkende Bedingung „unter Beachtung der Grundsätze ordnungsmäßiger Buchführung“[173] gilt.

Einen Teilaspekt der wirtschaftlichen Lage stellt die Vermögenslage dar. Die Darstellung der Vermögenslage umfasst die Abbildung von Höhe, Struktur und Veränderung des Vermögens im Verständnis der Aktivseite der Bilanz, aber auch die auf der Passivseite ausgewiesenen Eigen- und Fremdmittel sind der Vermögenslage zuzuordnen.[174,175] Das Bruttovermögen beinhaltet alle insgesamt verfügbaren Güter des Unternehmens, das Nettovermögen dagegen lediglich die „Güter, die dem Kaufmann gehören“[176], d. h. alle eigenfinanzierten Güter. Die Darstellung der Vermögenslage im Jahresabschluss zielt auf das Bruttovermögen ab, unter Angabe des Fremdkapitals kann damit auch das Netto- bzw. Reinvermögen berechnet werden;[177] von den Jahresabschlusselementen dient folglich insbesondere die Bilanz zur Darstellung der Vermögenslage.[178] Das bilanzielle Vermögen ist nicht zu verwechseln mit dem Effektivvermögen, das bei einer Unternehmensbewertung mittels der Ertragsbewertung errechnet wird.[179,180] Die Interessenten des Jahresabschlusses würden sich wohl eher für dieses Effektivvermögen als wirkliches Vermögen im Sinne eines potenziellen Marktpreises des Unternehmens interessieren. Allerdings ergeben sich aufgrund der Ansatz- und Bewertungsvorschriften für *assets* Abweichungen zwischen den tatsächlichen und den im Jahresabschluss dargestellten Vermögensverhält-

---

173 § 264 Abs. 2 Satz 1 bzw. bzw. § 297 Abs. 2 Satz 2 HGB.

174 Vgl. ADLER, H./DÜRING, W./SCHMALTZ, K. (1995), § 264 HGB, Tz. 64 ff.; SELCHERT, F. W. (1993), S. 754.

175 Im HGB-Abschluss sind hinsichtlich des Vermögens auch die unter dem Bilanzstrich angegebenen Rechte und Verpflichtungen einzubeziehen bzw. die Anhangsangaben zu beachten. Vgl. auch VAN HULLE, K. (1995), S. 319. Dasselbe gilt für in den *notes* offen gelegte Angaben im US-GAAP-Abschluss.

176 MOXTER, A. (1986b), S. 346.

177 Vgl. SELCHERT, F. W. (1993), S. 754 f.; BAETGE, J./FEIDICKER, M. (1992), Sp. 2092 f.

178 Vgl. RÜCKLE, D. (1986), S. 171.

179 Vgl. MOXTER, A. (1986b), S. 346. Dies liegt bspw. daran, dass ein originärer Geschäfts- oder Firmenwert nicht im bilanziellen Vermögen (d. h. auf der Aktivseite der Bilanz) eines Unternehmens erscheint, obwohl er voraussichtlich künftig zur Generierung von Erträgen beitragen wird und somit bei einer Ertragsbewertung Berücksichtigung findet, ebenso steht z. B. das in vielen Bewertungsfragen greifende *historical cost principle* im Weg.

180 Man spricht dann auch von substanzwertorientierter vs. ertragswertorientierter Interpretation des Vermögensbegriffs. Vgl. BIEG, H. (1993b), S. 416.

nissen.[181] Die wirkliche Vermögenslage ist jedoch nur in Verbindung mit dem Erfolgspotenzial ermittelbar: Der potenzielle Marktpreis eines Unternehmens wird anhand von Erwartungen bezüglich künftiger Erträge bestimmt.[182] Zusammengefasst gibt die Vermögenslage als teilweise Darstellung des Zielerreichungsgrades der betriebwirtschaftlichen Ziele Liquidität, Erfolg und Erfolgspotenzial Aufschluss darüber, inwieweit das analysierte Unternehmen über die erforderlichen Güter zur Leistungserstellung verfügt, ob die Struktur des Vermögens den Bedürfnissen der Branche entspricht, ob das Unternehmen befähigt ist, seine Substanz zu erhalten und ob Kapitalbindung und –nutzung mit dem Betriebszweck abgestimmt sind.[183]

Die Finanzlage ist die globale Darstellung der Verfassung, in der sich die Finanzwirtschaft des entsprechenden Unternehmens befindet.[184] Primär umfasst sie die Finanzierung der Unternehmung und insbesondere die Liquidität.[185] Die Analyse der Finanzierung ermittelt die wertmäßigen Veränderungen des Kapitals bezogen auf Struktur und Fristigkeit,[186] woran man erkennen kann, dass die Finanzlage eng mit der Vermögenslage verknüpft ist.[187] Die Liquidität besteht aus zwei Komponenten: Einerseits bezeichnet die bestandsgrößenorientierte Liquidität „die mehr oder weniger ausgeprägte Eigenschaft von Vermögensgegenständen, in Zahlungsmittel umgewandelt oder an Zahlungsstatt verwendet werden zu können“[188], andererseits gibt die stromgrößenorientierte Liquidität die Zahlungsfähigkeit wider, d. h. das Verhältnis von verfügbaren liquiden Mitteln zu fälligen Verbindlichkeiten.[189] Nach der stromgrößenorientierten Definition bedeutet Liquidität demnach die Fähigkeit des Unternehmens, jederzeit seine

---

[181] Vgl. auch NIEHAUS, H.-J. (1987), S. 26, der diese Feststellung für Abschlüsse nach HGB trifft, die aber ebenso auf Abschlüsse, die nach US-amerikanischen Normen erstellt werden, zutrifft.

[182] Vgl. MOXTER, A. (1986a), S. 65.

[183] Vgl. PEEMÖLLER, V. H./HÜTTCHE, T. (1993), S. 1308.

[184] Vgl. LACHNIT, L. (1979), S. 247.

[185] „Die Betriebswirtschaft versteht [unter Finanzlage] [...] die Gesamtheit aller Aspekte, die sich auf die Finanzierung einer Gesellschaft beziehen, wie etwa Finanzstruktur, Deckungsverhältnisse, Fristigkeiten, Finanzierungsspielräume, Investitionsvorhaben, schwebende Bestellungen und Kreditlinien.“ SABI (1986), S. 670.

[186] Vgl. PEEMÖLLER, V. H./HÜTTCHE, T. (1993), S. 1308.

[187] Die Verknüpfung geht so weit, dass sich die beiden Teillagen „Erfolgslage“ und „Finanzlage“ nicht ohne die Berücksichtigung der Vermögenslage darstellen lassen. Vgl. BARTRAM, W. (1989), S. 2389.

[188] RÜCKLE, D. (1986), S. 177.

[189] Vgl. ebenda; PEEMÖLLER, V. H./HÜTTCHE, T. (1993), S. 1308.

Zahlungsverpflichtungen erfüllen zu können.[190] An dieser Stelle kann wiederum eine Verbindung zur Ertragslage hergestellt werden, da nur bei ausreichendem Erfolg die Liquidität sichergestellt werden kann.[191] Zusammenfassend kann festgestellt werden, dass die Darstellung der Finanzlage eines Unternehmens Informationen über die Liquidität und über das finanzielle Gleichgewicht beinhalten.[192]

Die Ertragslage ist verbunden mit der Vermögenslage, da sich der Ertrag i. S. v. (Netto-)Erfolg aus der Änderung der Vermögenslage ergibt.[193] Auch die Ertragslage kann in zwei Komponenten zerlegt werden: die Erfolgslage und die Ertragskraft.[194] Einen Einblick in die Realisierung des Erfolgsziels im betrachteten Berichtszeitraum gewährt die Erfolgslage, wohingegen die Ertragskraft auf die in der Berichtsperiode verfügbaren Erfolgspotenziale abstellt, von denen erwartet wird, dass sie künftigen Erfolg nach sich zieht.[195] Somit ist die Erfolgslage durch Vergangenheitsorientierung, die Ertragskraft durch ihre Zukunftsorientierung gekennzeichnet.[196]

Die Erfolgslage setzt sich zusammen aus den Aufwendungen und Erträgen des Betrachtungszeitraums. Hier lässt sich wieder eine Verknüpfung zur Vermögenslage herstellen: zumindest ein Teil der Aufwendungen kann aus dem Einsatz und der Bewertung des Vermögens abgeleitet werden. Im Detail ist das Augenmerk auf die Höhe und die Herkunft der Aufwendungen, aber auch auf das unabwendbare Entstehen von Aufwendungen, wie es bspw. bei planmäßigen Abschreibungen der Fall ist, zu richten. Auch die Erträge als Bestandteil der Erfolgslage sind möglicherweise – zumindest teilweise – Konsequenzen, die aus dem Vermögen herrühren, da Umsatzerlöse aus dem Vermögenseinsatz zur

190 Vgl. PEEMÖLLER, V. H./HÜTTCHE, T. (1993), S. 1308. Vgl. auch LEFFSON, U. (1984), S. 30 ff.

191 Vgl. LACHNIT, L. (1979), S. 196; COENENBERG, A. G. (1986), S. 157. Dabei ist allerdings zu beachten, dass eine positive Ertragslage nicht zwingend eine positive Finanzlage mit sich bringt. Vgl. BARTRAM, W. (1989), S. 2389.

192 Vgl. BARTRAM, W. (1981), S. 228.

193 Vgl. BALLWIESER, W. (1988), S. 317.

194 Die Erfolgslage kann auch als statische Interpretation, die Ertragskraft als dynamische Interpretation der Ertragslage bezeichnet werden. Vgl. COENENBERG, A. G. /GÜNTHER, E. (1992), Sp. 477.

195 Vgl. COENENBERG, A. G. (1986), S. 158 und S. 160; PEEMÖLLER, V. H./HÜTTCHE, T. (1993), S. 1308.

196 Vgl. PEEMÖLLER, V. H./HÜTTCHE, T. (1993), S. 1308.

Leistungserstellung resultieren können und auch sonstige betriebliche Erträge bzw. *gains*, *other revenues*, durch den Verkauf oder die Aufwertung von nicht betriebsnotwendigem Vermögen bzw. der Auflösung von Rückstellungen generierbar sind.[197]

Beim Einblick in die Erfolgslage interessiert zweifellos auch die Höhe des angefallenen Gewinnes bzw. Verlustes, d. h. der Saldo aus Aufwendungen und Erträgen. Aber auch die Rentabilität,[198] die anzeigt, welcher Erfolg im Verhältnis zu einem gegebenen Mitteleinsatz erreicht werden konnte[199] und die Verwendung des Erfolges bilden wesentliche Bestandteile der Erfolgslage.[200]

Um die Ertragskraft, verstanden als die Fähigkeit, künftige Erfolge zu erwirtschaften, messen zu können, sind zukunftsgerichtete Informationen von Nöten. Da der Jahresabschluss – abgesehen von Teilen des Lageberichts bzw. der MD&A, die allerdings auch nicht zum Jahresabschluss zählen – durch Vergangenheitsorientierung gekennzeichnet ist, stellen die darin enthaltenen Berichtsinstrumentarien selbst kaum Informationen die Zukunft betreffend zur Verfügung. Es ist daher unerlässlich, von der Erfolgsentwicklung in der Vergangenheit auf die Zukunft zu schließen.[201] Insgesamt kann festgehalten werden, dass die Darstellung der Ertragslage Aussagen zu Struktur und Entwicklung der Aufwendungen und Erträge enthält,[202] ebenso wie Informationen, die eine Beurteilung der Ertragskraft zulassen.

## 2.6 Die Analyse der Ertragslage als Bestandteil der Jahresabschlussanalyse

### 2.6.1 Die Aufgliederung der Jahresabschlussanalyse hinsichtlich ihrer Erkenntnisziele finanzielle Stabilität und Ertragskraft

Im Rahmen der Jahresabschlussanalyse ist die im Jahresabschluss dargestellte wirtschaftliche Lage zu untersuchen. Zwar setzen Analysten je nach Analyseziel

[197] Vgl. SELCHERT, F. W. (1993), S. 757.
[198] Detaillierte Ausführungen zum Rentabilitätsbegriff sind unter Abschnitt 7.2.1 nachzulesen.
[199] Vgl. HAHN, O. (1990), S. 58 f.; BAETGE, J./JERSCHENSKY, A. (1997), S. 413.
[200] Vgl. BARTRAM, W. (1981), S. 228.
[201] Vgl. COENENBERG, A. G. (Hrsg.) (1990b), S. 26.
[202] Vgl. FRICKE, F. (1984), S. 542.

wie bereits unter Abschnitt 2.2 beschrieben unterschiedliche Schwerpunkte,[203] dennoch gelingt eine Beurteilung des Unternehmens nur, sei es aus Sicht eines Kapitalgebers, eines Abschlussprüfers oder eines Arbeitnehmers etc., wenn die wirtschaftliche Lage umfassend analysiert wird. Dies liegt in erster Linie an der Interdependenz der unterschiedlichen Erkenntnisziele der Interessenten. Ist ein Analyst bspw. an der finanziellen Stabilität interessiert, so kann diese nur dauerhaft gesichert sein, wenn hinreichende Erträge existieren.[204] Folglich werden in einer Jahresabschlussanalyse die im Jahresabschluss dargelegten Teillagen, d. h. die Vermögens-, Finanz- und Ertragslage, untersucht.[205]

Die unter Abschnitt 2.2 herausgearbeiteten Erkenntnisziele der Jahresabschlussanalyse diverser Interessenten können zusammengefasst werden in die beiden folgenden Kategorien:

- Erkenntnisse über die finanzielle Stabilität und
- Erkenntnisse über die Ertragslage des Unternehmens.[206]

Auf der Grundlage dieser Erkenntnisziele kann eine Systematisierung der Jahresabschlussanalyse vorgenommen werden. Das Erkenntnisziel hinsichtlich der Ertragslage zielt auf die Analyse der im Jahresabschluss dargestellten Ertragslage ab. Erkenntnisse über die finanzielle Stabilität sind mit Hilfe der Analyse der Vermögens- und Finanzlage zu gewinnen, wobei die Vermögenslage auch als Bindeglied zwischen Finanz- und Ertragslage fungiert.[207] Stellt die Analyse auf die finanzielle Stabilität ab, so spricht man von der finanzwirtschaftlichen Jahresabschlussanalyse, wird das Erkenntnisziel der Beurteilung der

---

[203] Vgl. dazu auch KÜTING, K. (1996a), S. 934; BONSE, A./LINNHOFF, U./PELLENS, B. (2000), S. 277.

[204] Vgl. COENENBERG, A. G. (2001), S. 876.

[205] Durch die unterschiedlichen Interessensschwerpunkte der Interessenten wird sich jeweils eine etwas abgewandelte Vorgehensweise im Rahmen der Jahresabschlussanalyse ergeben. Vgl. BONSE, A./LINNHOFF, U./PELLENS, B. (2000), S. 278. In dieser Arbeit wird ein Interesse an der Analyse der gesamten wirtschaftlichen Lage unterstellt, wie es i. d. R. bei Eigentümern vorzufinden ist.

[206] BIEG bezeichnet diese beiden Erkenntnisziele als Partialziele, wobei das übergeordnete Oberziel die Gesamtbeurteilung der wirtschaftlichen Lage des Unternehmens darstellt. Vgl. BIEG, H. (1993b), S. 379.

[207] Vgl. COENENBERG, M. (2000), S. 24. Zu den Interdependenzen zwischen den Teillagen vgl. auch die Ausführungen unter Abschnitt 2.5.

Ertragslage verfolgt, handelt es sich um die erfolgswirtschaftliche Jahresabschlussanalyse.[208]

In dieser Arbeit wird die erfolgswirtschaftliche Analysefähigkeit von Abschlüssen, die nach den US-amerikanischen Rechnungslegungsvorschriften erstellt wurden, dargestellt. Die Tatsache, dass, wie unter Abschnitt 2.5 dieses Kapitels beschrieben, die im Jahresabschluss dargestellten Teillagen miteinander verwoben sind, darf allerdings bei der Analyse nicht völlig außer Acht gelassen werden. So werden an einigen Stellen dieser Arbeit Verbindungen zwischen finanz- und erfolgswirtschaftlicher Jahresabschlussanalyse aufgezeigt werden.[209]

Die finanzwirtschaftlichen Jahresabschlussanalyse kann in die drei Bereiche Liquiditäts-, Finanzierungs- und Investitionsanalyse aufgeteilt werden. Zentrales Anliegen der Liquiditätsanalyse ist die Untersuchung, ob das Unternehmen jederzeit seinen Zahlungsverpflichtungen nachkommen kann.[210] Dabei ist zwischen der statischen und der dynamischen Liquiditätsanalyse[211] zu unterscheiden. Die statische Liquiditätsanalyse nimmt Bezug auf die aktiven und passiven Bestandsgrößen der Bilanz und sucht zu ermitteln, ob zwischen Überlassungs- und Bindungsfristen ein adäquates Verhältnis besteht. Zur Prognose der künftigen Liquidität wird der Versuch unternommen, von derzeitigen Beständen auf künftige Zahlungsströme zu schließen. Die dynamische Liquiditätsanalyse orientiert sich zusätzlich an Stromgrößen der betrachteten Periode (unter Zuhilfenahme der Kapitalflussrechnung) in Form des *cash flow* aus laufender Geschäftstätigkeit (*cash flow from operating activities*) und analysiert dessen Verhältnis zu Investition und Finanzierung.[212] Insgesamt soll mit Hilfe

---

208 Vgl. BIEG, H. (1993b), S. 379.

209 Z. B.wird der *cash flow*, der eher eine finanzwirtschaftliche Kennzahl darstellt, zur Schätzung der Ertragskraft herangezogen. Vgl. dazu die Ausführungen unter Abschnitt 7.1.2.5.

210 Vgl. bspw. COENENBERG, A. G. (Hrsg.) (1990b), S. 20 und 25; BIEG, H. (1993b), S. 379; COENENBERG, A. G. (2001), S. 922; GRÄFER, H. (2001), S. 119.

211 Die dynamische Liquiditätsanalyse wird in der Literatur auch Analyse der Finanzkraft genannt. Vgl. REHKUGLER, H./PODDIG, T. (1998), S. 193.

212 Vgl. bspw. COENENBERG, A. G. (Hrsg.) (1990b), S. 25; GRÄFER, H. (2001), S. 129 ff. und S. 150 ff.; REHKUGLER, H./PODDIG, T. (1998), S. 193 ff.; COENENBERG, A. G. (2001), S. 923; KÜTING, K./WEBER, C.-P. (2001), S. 78. Vgl. auch BAETGE, J. (1998a), S. 238 ff., wobei BAETGE anstatt der Begriffe statische und dynamische Liquiditätsanalyse die Bezeichnungen horizontale Bilanzstrukturanalyse und Kapitalflussrechnung als Instrument der Bilanzanalyse verwendet.

der dynamischen Liquiditätsanalyse die finanzielle Anspannung beurteilt und die Fähigkeit zur Rückzahlung von Schulden offenbart werden.[213]

Gegenstand der Finanzierungsanalyse ist die Untersuchung der Kapitalstruktur, die auf der Passivseite der Bilanz ausgewiesen wird.[214] Bei der Untersuchung werden die Quellen sowie die Zusammensetzung des Kapitals hinsichtlich Art, Fristigkeit und Sicherheit aufgedeckt um letztendlich Finanzierungsrisiken abschätzen zu können.[215]

Als Investitionsanalyse[216] wird die Untersuchung der im Jahresabschluss dargestellten Vermögenslage bezeichnet, bei der das Vermögen durchleuchtet wird, das auf der Aktivseite der Bilanz ausgewiesen ist. Im Rahmen einer Investitionsanalyse gilt es, Erkenntnisse über „Art, Zusammensetzung und Veränderung des Vermögens sowie die Dauer der Vermögensbindung“[217] zu gewinnen.[218] Durch die Bildung von Intensitätskennzahlen hinsichtlich des Anlage- und Umlaufvermögens kann ein erster Einblick in die Vermögensstruktur eines Unternehmens gelingen. Eine Analyse des betragsmäßigen Umfangs von Anlage- bzw. Umlaufvermögen im Zeitablauf gibt Auskunft über Vermögensänderungen. Insgesamt sollen mit Hilfe der Investitionsanalyse Risiken aufgezeigt werden und Schlüsse über die Wachstumsdynamik des Unternehmens gezogen werden, die wiederum als Grundlage für die Ableitung von Erfolgspotenzialen dienen.[219] Neben den Bilanzdaten werden dabei auch Angaben aus dem Anhang bzw. den *notes* und der Gewinn- und Verlustrechnung herangezogen.[220]

---

[213] Vgl. RÜCKLE, D. (1986), S. 178.
[214] Vgl. GRÄFER, H. (2001), S. 121.
[215] Vgl. COENENBERG, A. G. (2001), S. 914.
[216] In der Literatur wird auch von Vermögensanalyse oder Analyse der Vermögensstruktur gesprochen. Vgl. bspw. KÜTING, K. (1986), Gliederungspunkt 3.1; BIEG, H. (1993b), S. 416; REHKUGLER, H./PODDIG, T. (1998), S. 170.
[217] COENENBERG, A. G. (Hrsg.) (1990b), S. 20.
[218] Vgl. ebenda; GRÄFER, H. (2001), S. 144; COENENBERG, A. G. (2001), S. 908.
[219] Vgl. REHKUGLER, H./PODDIG, T. (1998), S. 170.
[220] Vgl. BIEG, H. (1993b), S. 416.

### 2.6.2 Die Aufgliederung der erfolgswirtschaftlichen Jahresabschlussanalyse

Im Rahmen der erfolgswirtschaftlichen Jahresabschlussanalyse gilt es, die Ertragslage des Unternehmens zu analysieren. Dabei wird zunächst die aktuelle, im Jahresabschluss dargestellte (vergangenheitsorientierte) Erfolgslage untersucht, um anschließend Rückschlüsse auf die (zukunftsgerichtete) Ertragskraft zu ziehen.[221] Der erfolgswirtschaftlichen Jahresabschlussanalyse kommen entsprechend die folgenden beiden Funktionen zu: erstens die Ermittlungsfunktion, denn es sind die in der vergangenen Periode tatsächlich erzielten Erfolge zu ermitteln und zweitens die Erklärungsfunktion, nach der die Ursachen für das Entstehen der erwirtschafteten Erfolge und die Über- bzw. Untererfüllung gesetzter Ziele hinsichtlich des Erfolgs ergründet werden.[222] Um die Erfüllung dieser Funktionen zu gewährleisten, ist es im Rahmen einer erfolgswirtschaftlichen Jahresabschlussanalyse notwendig, betragsmäßige und strukturelle Ergebnisanalysen sowie Rentabilitätsanalysen durchzuführen. Ergänzend können auch Wertschöpfungs- und Break-even-Analysen vorgenommen werden. In der nachfolgenden Abbildung wird die Untergliederung der erfolgswirtschaftlichen Jahresabschlussanalyse veranschaulicht.

[221] Zur Unterscheidung von Erfolgslage und Ertragskraft vgl. die Ausführungen unter Abschnitt 2.5.
[222] Vgl. COENENBERG, A. G. (2001), S. 950.

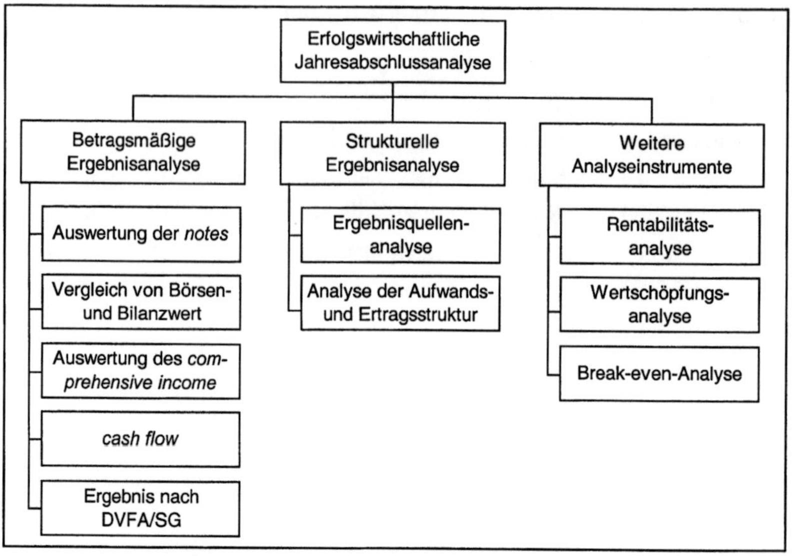


Abb. 2.8: Teilgebiete der erfolgswirtschaftlichen Jahresabschlussanalyse (in Anlehnung an: COENENBERG, A. G. (2001), S. 950)

Ansatzpunkt der Ergebnisanalyse[223] ist die Gewinn- und Verlustrechnung, da in dieser das Ergebnis der Unternehmenstätigkeit sowohl betragsmäßig als auch in seiner Zusammensetzung ausgewiesen wird.[224] Ergebnisanalysen sind überhaupt nur deshalb notwendig, da das in der Gewinn- und Verlustrechnung ausgewiesene Ergebnis nur sehr eingeschränkt als Indikator der Ertragskraft eingesetzt werden kann; so ist das ausgewiesene Ergebnis möglicherweise durch die Bildung oder Auflösung von stillen Reserven in seiner Höhe verzerrt.[225] Folglich ist es notwendig, eine betragsmäßige Ergebnisanalyse durchzuführen, bei der der Analyst versucht, den Umfang der durch Jahresabschlusspolitik gelegten stillen Reserven so genau wie möglich abzuschätzen.[226] Dazu kann auf die in den *notes* veröffentlichten Angaben zurückgegriffen werden, es kann der Börsenwert des Unternehmens mit dessen Bilanzwert verglichen werden, das

223 Häufig findet auch der Begriff „Erfolgsanalyse" anstelle des Begriffs „Ergebnisanalyse" Verwendung. Vgl. bspw. KÜTING, K./WEBER, C.-P. (2001), S. 188.
224 Vgl. ADAMS, C. (1993), S. 137; COENENBERG, A. G. (2001), S. 951.
225 Weitere Punkte, die die Eignung des Periodenergebnisses als Indikator der Ertragskraft einschränken werden unter Abschnitt 7.1.1. erläutert.
226 Vgl. ADAMS, C. (1993), S. 139.

(*other*) *comprehensive income*[227] kann analysiert werden und zuletzt kann auch der *cash flow* sowie das Ergebnis nach DVFA/SG zur Abschätzung der stillen Reserven bzw. der Ertragskraft herangezogen werden. Die genannten Möglichkeiten der betragsmäßigen Ergebnisanalyse sind Gegenstand der Ausführungen in Abschnitt 7.1.2.

Die strukturelle Ergebnisanalyse kann in zwei Bereiche untergliedert werden. Einerseits ist im Rahmen der Ergebnisquellenanalyse zu untersuchen, wie sich das Periodenergebnis in seine Bestandteile untergegliedert, um damit die Ergebnisanteile auf ihre Ursachen hin zu untersuchen. Andererseits soll die Analyse der Aufwands- und Ertragsstruktur Aufschluss über die Struktur bzw. die Entwicklung der einzelnen Ergebnisbestandteile geben.[228] Beide Bereiche werden in Abschnitt 7.1.3 erläutert.

Setzt man eine Ergebnisgröße zu einer dieses Ergebnis vermutlich maßgeblich bestimmenden Einflussgröße ins Verhältnis, so erhält man eine Rentabilitätskennzahl.[229] Zieht man dabei als Einflussgröße das zur Ergebniserzielung eingesetzte Kapital oder Vermögen heran,[230] so zeigt die Rentabilität die Höhe der Verzinsung des eingesetzten Kapitals oder Vermögens in der Betrachtungsperiode an.[231] Folglich können Eigenkapital-, Aktien-, Gesamtkapital- sowie Betriebsrentabilität ermittelt und anschließend interpretiert werden. Setzt man dagegen als Einflussgröße den das Ergebnis beeinflussenden Umsatz an, erhält man die Umsatzrentabilität. Eine Darstellung der Ermittlungsmöglichkeiten dieser Kennzahlen auf der Basis von US-GAAP-Abschlüssen sowie deren Interpretationsmöglichkeiten erfolgt in Abschnitt 7.2.

Die bisher genannten Konzepte zur erfolgswirtschaftlichen Jahresabschlussanalyse haben überwiegend die Gewinn- und Verlustrechnung zum Untersuchungsgegenstand. In einer Gewinn- und Verlustrechnung werden Aufwendungen und Erträge einander gegenüber gestellt, um letztlich ein Periodenergeb-

---

[227] Zusammensetzung und Ausweis des *comprehensive income* sowie des *other comprehensive income* werden in Abschnitt 4.4.1 dargestellt.
[228] Vgl. COENENBERG, A. G. (2001), S. 976.
[229] Vgl. BARTRAM, W. (1996), S. 394; BAETGE, J./JERSCHENSKY, A. (1997), S. 413 f.; COENENBERG, A. G. (2001), S. 1005; GRÄFER, H. (2001), S. 91.
[230] Vgl. BARTRAM, W. (1996), S. 394; COENENBERG, A. G. (2001), S. 1005.
[231] Vgl. BRAUN, G. (1990), S. 998.

nis festzustellen, das den Anteilseignern zuzuordnen ist. Allerdings sind neben den Anteilseignern weitere Personen und Personengruppen am Unternehmen soz. beteiligt.[232] So erzielen Arbeitnehmer durch ihre Leistungen Arbeitserträge, Fremdkapitalgeber Zinserträge und auch der Staat ist am Unternehmen in der Form beteiligt, als er Steuerzahlungen fordert und/oder Zuschüsse und Subventionen gewährt.[233] Aus diesem Blickwinkel heraus lohnt es sich, die Wertschöpfungsrechnung, die der Volkswirtschaftlichen Gesamtrechnung entstammt, näher zu betrachten. Als Wertschöpfung bezeichnet man dabei „den Erfolg eines Unternehmens bzw. einer anderen Wirtschaftseinheit, der aus dessen originärer wirtschaftlichen Aktivität resultiert und auf dem Einsatz von Produktionsfaktoren beruht."[234] Diese Erfolgsgröße ist umfassender als der investororientierte Erfolg aus der Gewinn- und Verlustrechnung,[235] denn es werden die „Erträge" aller Stakeholder aufaddiert.[236] Da empirische Nachweise darüber vorliegen, dass die mit Hilfe von Wertschöpfungskennzahlen definierte Produktivität ein bedeutender Treiber der Ertragskraft von Unternehmen ist,[237] stellt die Wertschöpfungsanalyse, die auf der Wertschöpfungsrechnung basiert, auch aus Investorensicht ein bedeutendes ergänzendes Instrument der erfolgswirtschaftlichen Jahresabschlussanalyse dar.[238]

Die Wertschöpfung kann sowohl von ihrer Entstehung als auch von ihrer Verteilung her betrachtet werden.[239] Im Rahmen der Entstehungsrechnung ergibt sich mit Hilfe der Subtraktionsmethode die Wertschöpfung als Differenz zwischen Produktionswert und Vorleistungen.[240] Dagegen wird die Wert-

---

232 Vgl. BAETGE, J. (1998a), S. 495. Ausführungen über Stakeholder von Unternehmen, die grundsätzlich auch Interessenten des Jahresabschlusses bzw. der Jahresabschlussanalyse sind, finden sich in Abschnitt 2.2.

233 Vgl. ebenda.

234 HALLER, A. (1998), S. 261.

235 Vgl. CHMIELEWICZ, K. (1972), S. 76 ff.; SCHMIDT, R.-B. (1977), S. 117 ff.

236 Vgl. BAETGE, J. (1998a), S. 495; HALLER, A. (1998), S. 261.

237 Vgl. DEGER, R. (1995), S. 1 ff.

238 Vgl. COENENBERG, A. G. (2001), S. 1028.

239 Vgl. ARBEITSKREIS „DAS UNTERNEHMEN IN DER GESELLSCHAFT" IM BETRIEBSWIRTSCHAFTLICHEN AUSSCHUß DES VERBANDES DER CHEMISCHEN INDUSTRIE E. V. (1975), S. 163.

240 Vgl. POHMER, D./KROENLEIN, G. (1970), Sp. 1916; KELLER, M. (1973), S. 289; BAETGE, J. (1998a), S. 496. Zur grundsätzlichen Vorgehensweise bei der Ermittlung des Produktionswerts und der Vorleistungen vgl. WEILAND, H. (1996), S. 57 f.

schöpfung in der Verteilungsrechnung mit Hilfe der Additionsmethode durch Addition der Arbeits-, Gemein- und Kapitalerträge ermittelt.[241]

Die Problematik der Ableitung der Entstehungsrechnung sowie der Verteilungsrechnung aus einem US-GAAP-Abschluss besteht darin, dass die US-amerikanische Gewinn- und Verlustrechnung zwingend nach dem Umsatzkostenverfahren zu erstellen ist und daneben kein zusätzlicher Ausweis der beiden Aufwandsarten Material- und Personalaufwand vorgeschrieben wird. Da zur Ableitung der Entstehungsrechnung auf den Materialaufwand zurückgegriffen werden muss und zur Ableitung der Verteilungsrechnung die Angabe des Personalaufwands unerlässlich ist, ist im „Rahmen der Analyse eines US-GAAP-Abschlusses [...] die Wertschöpfungsanalyse im Regelfall nicht anwendbar."[242] Insofern wird auf eine weitere Erläuterung der Wertschöpfungsrechnung und deren Analyse verzichtet.

Neben der Wertschöpfungsanalyse kann auch die Break-even-Analyse als ein die erfolgswirtschaftliche Jahresabschlussanalyse ergänzendes Analyseinstrument eingesetzt werden. Als Break-even-Analyse[243] bezeichnet man die Gegenüberstellung von Erlösen und Kosten in Abhängigkeit von der Beschäftigung.[244] Aus unternehmensinterner Sicht ist das Ziel der Break-even-Analyse die Quantifizierung des sog. „*operating leverage*"-Risikos, das im Rahmen der Leistungserstellung aus dem Verhältnis fixer und variabler Kosten resultiert.[245] Der externe Betrachter zieht die Break-even-Analyse dagegen zur Abschätzung der Ertragskraft eines Unternehmens heran. Im Mittelpunkt steht dabei die Ermittlung desjenigen Beschäftigungsgrads, zu dem die Umsatzerlöse aller Erzeugnisse den gesamten Periodenkosten entsprechen. Dieser sog. *break even point* zeigt die kritische Absatzmenge an, die ein Unternehmen mindestens erreichen

[241] Vgl. POHMER, D./KROENLEIN, G. (1970), Sp. 1916; KELLER, M. (1973), S. 289; WEILAND, H. (1996), S. 57. Zur grundsätzlichen Vorgehensweise bei der Ermittlung der Arbeits-, Gemein- und Kapitalerträge vgl. WEILAND, H. (1996), S. 58.

[242] Vgl. COENENBERG, A. G. (2001), S. 1036.

[243] Die Break-Even-Analyse wird auch als Deckungspunkt- oder Gewinnschwellenanalyse, als Gewinnpunktrechnung bzw. im angloamerikanischen Sprachraum als *cost-volume-profit-analysis* bezeichnet. Vgl. ausführlich zur Break-Even-Analyse COENENBERG, A. G. (1999), S. 274 ff.

[244] Vgl. ebenda.

[245] Vgl. COENENBERG, A. G. (2001), S. 1040. Vgl. auch REINHART, A. (1999), S. 215.

muss, um bei gegebenen Marktpreisen und konstanten Grenzkosten in die Gewinnzone zu gelangen.[246]

Allerdings lässt sich auch die Break-even-Analyse für einen US-GAAP-Abschluss nicht durchführen, da diese die Angabe des Materialaufwands erfordert.[247] Folglich unterbleibt eine weitergehende Beschreibung der Break-even-Analyse in dieser Arbeit.

[246] Vgl. REICHMANN, T. (1997), S. 122.
[247] Vgl. COENENBERG, A. G. (2001), S. 1045.

# 3 Grundlagen der Rechnungslegung nach US-GAAP

## 3.1 Übersicht

Die Grundlage einer Jahresabschlussanalyse bildet die Sammlung verfügbarer Daten; in erster Linie werden dabei Jahresabschlussdaten verwendet.[1] Die gesammelten Daten sind anschließend auf ihre Ordnungsmäßigkeit hin zu überprüfen, wozu der Analyst mit den konzeptionellen Grundlagen der verwendeten Rechnungslegungsnormen vertraut sein muss. Soll ein Jahresabschluss, der nach den US-GAAP erstellt wurde, analysiert werden, so ist es notwendig, sich die Rechnungslegungskonzeption der US-GAAP – insbesondere die Besonderheiten im Vergleich zum deutschen Handelsrecht – zu vergegenwärtigen.[2] Um ein Verständnis für die US-amerikanischen Rechnungslegungsvorschriften zu entwickeln, ist „eine Besinnung auf ihre historischen Grundlagen"[3] aber auch auf das sozioökonomische Umfeld zweckmäßig.

Deshalb erfolgt in diesem Kapitel zunächst eine Beschreibung der wesentlichen historischen, rechtlichen, sozioökonomischen und kapitalmarktinduzierten Einflussfaktoren bei der Entwicklung der US-GAAP sowie eine Erläuterung der rechtlichen und institutionellen Rahmenbedingungen bei einer Rechnungslegung nach US-amerikanischen Grundsätzen, bevor im Anschluss daran eine Darstellung der konzeptionellen Grundlagen und der elementaren Normen der Rechnungslegung nach US-GAAP sowie ein Vergleich mit der deutschen handelsrechtlichen Rechnungslegungskonzeption bzw. den entsprechenden fundamentalen Regelungen stattfindet.

## 3.2 Wesentliche Einflussfaktoren bei der Entwicklung der US-amerikanischen Rechnungslegung

### 3.2.1 Das *Common Law* als rechtssystematische Grundlage der USA

Bei der historischen Entwicklung des heute vorherrschenden Systems der US-amerikanischen Rechnungslegung sind zwei Einflussfaktoren von außerordent-

[1] Weitere Ausführungen zur Datenbasis befinden sich im vierten Kapitel.
[2] Vgl. auch LACHNIT, L./AMMAN, H./MÜLLER, S./WULF, I. (1998), S. 2177.
[3] ZWEIGERT, K./KÖTZ, H. (1971), S. 228. Vgl. auch ZWEIGERT, K./KÖTZ, H. (1998), S. 181.

licher Relevanz: das Rechtssystem des *common law*[4] sowie die bedeutende Stellung des (Eigen-)Kapitalmarktes bei der Unternehmensfinanzierung.[5] Daneben spielt auch die Unabhängigkeit der einzelnen Staaten des föderalen US-amerikanischen Systems sowie die Begrenzung der Einflussnahme des Staates auf den Privatbereich eine wichtige Rolle.[6] Im Folgenden wird zunächst das Rechtssystem der Vereinigten Staaten beschrieben, wobei auch die Aspekte der Bedeutung der persönlichen Entfaltungsfreiheit und des US-amerikanischen Föderalismus mitberücksichtigt werden. Anschließend wird die Bedeutung des Kapitalmarktes für die Entwicklung der US-amerikanischen Rechnungslegung erörtert.

Das Rechtssystem der USA, dessen Bestandteil letztendlich auch die Vorschriften zur Rechnungslegung darstellen, unterscheidet sich in hohem Maße von der kontinentaleuropäischen Grundhaltung.[7] Seine Gestalt haben ihm im Wesentlichen die Engländer, die einen Großteil der ersten Siedler der Vereinigten Staaten ausmachten, verliehen.[8] Somit wurde in den USA das Rechtssystem des *common law* aus England dem Grunde nach übernommen,[9] das geprägt ist durch weitgehende Vertragsfreiheit mit wenigen einschränkenden Gesetzesvorschriften, die für eine Vertragsdurchsetzung sorgen sollen und von der Rechtsprechung für Einzelfälle (*cases*) ausgelegt werden.[10] Damit in einem konkreten Rechtsfall eine Entscheidung gefällt werden kann, sind bereits entschiedene Fälle, denen ein identischer oder vergleichbarer Sachverhalt zugrunde liegt (sog.

---

[4] In der Literatur spricht man auch von *case law*, da die Methodik des Fallrechts die charakteristische Verfahrensart des *common law* ist. Vgl. bspw. CORLEY, R. N./ROBERT, W. J. (1978), S. 4 f.; HOWELL, R./ALLISON, J./HENLEY, N. (1987), S. 15; CORLEY, R. N./SHEDD, P. J. (1989), S. 2; SCHÖN, M. (1997), S. 11.

[5] Vgl. HALLER, A. (2000), S. 5.

[6] Vgl. MEEK, G. K. (2000), S. 155.

[7] Vgl. MEYER, C./SPREITER, F. (1999), S. 509.

[8] Vgl. DAVID, R./GRASMANN G. (1966), S. 413; ZWEIGERT, K./KÖTZ, H. (1971), S. 293. Eine ausführliche Beschreibung der historischen Entwicklung des US-amerikanischen Rechtssystems ist zu finden bei DAVID, R./GRASMANN G. (1966), S. 413 ff.; ZWEIGERT, K./KÖTZ, H. (1998), S. 238 ff. m. w. N.

[9] Bei einer verallgemeinernden Betrachtung ist erkennbar, dass das Recht der USA eine dem englischen *common law* verwandte Struktur aufweist. Bei genauerer Untersuchung können allerdings etliche strukturelle Unterschiede aufgezeigt werden; bspw. ist die in den Vereinigten Staaten vorgenommene Unterscheidung zwischen Bundes- und Staatenrecht (vgl. dazu auch Punkt 3.2.2) im englischen Recht unbekannt. Vgl. DAVID, R./GRASMANN G. (1966), S. 422 f.

[10] Vgl. PELLENS, B. (2001), S. 24 und S. 37.

„*precedents*") als Entscheidungsgrundlage heranzuziehen.[11] Durch das Prinzip der *precedents* bzw. des „*stare decisis*" wird die Rechtssicherheit gewährleistet, indem die in der Urteilsbegründung (*opinion*) geäußerte Rechtsmeinung bindende Kraft innehat. In den Vereinigten Staaten wird dieses Prinzip in der Weise angewendet, dass die unteren Gerichte an die Rechtsmeinungen der übergeordneten Gerichte gebunden sind.[12]

Insgesamt kann festgehalten werden, dass im US-amerikanischen Rechtssystem die von der Judikativen ausgedrückten Rechtsmeinungen (= *common law*) gegenüber den von der Legislativen erlassenen Gesetzen (= *statuatory law*) dominieren, die deshalb lediglich als sekundäre Rechtsquelle betrachtet werden können.[13] Für die externe Rechnungslegung bedeutet dies, dass es „keine einheitliche, das Gebiet der Rechnungslegung betreffende kodifizierte Rechtsquelle in den USA gibt."[14]

Die heutige US-amerikanische Rechtsauffassung wurde außerdem geprägt durch die dort gewachsene gesellschaftliche Weltanschauung. Die Mehrzahl der Einwanderer Amerikas hatte deshalb Europa verlassen, weil sie mit der immer stärker werdenden Macht der Staatsgewalt oder der sozialen Oberschicht in ihrem europäischen Herkunftsland nicht mehr klar kamen oder unter den dort vorherrschenden Beschränkungen der persönlichen Freiheit litten. Es ist deshalb nicht verwunderlich, dass die Einwanderer in ihrer neuen Heimat darauf drängten, der persönlichen Entfaltungsfreiheit oberste Priorität einzuräumen und eine weitgehende Begrenzung der Einflussnahme des Staates auf den Privatbereich zu erwirken. Ein Eingriff durch den Staat sollte demnach nur insoweit erfolgen, als dies für das Gemeinwohl unverzichtbar war. Diese Denkhaltung wirkte sich sowohl auf die Verfassung des Bundes als auch auf die Verfassungen der einzelnen Staaten aus.[15]

---

[11] Vgl. CORLEY, R. N./ROBERT, W. J. (1978), S. 7; MEINERS, R. E./RINGLEB, A. H. (1985), S. 18.

[12] Vgl. HERZOG, P. (1989), S. 197 mit weiteren Ausführungen zum in den USA angewandten *common law*.

[13] Vgl. BLUMENWITZ, D. (1998), S. 45; EISOLT, D. (1992), S. 24; HALLER, A. (1994), S. 15.

[14] HALLER, A. (1994), S. 19.

[15] Vgl. HALLER, A. (1990b), S. 751 f.; HALLER, A. (1994), S. 12 f.

### 3.2.2 Bundes- und Staatenrecht in den USA

Weiterhin wird das US-amerikanische Recht durch die föderale Ordnung geprägt; gemäß der amerikanischen Verfassung fallen die Zuständigkeiten, die nicht explizit auf den Bund übertragen sind, in den Kompetenzbereich der einzelnen Bundesstaaten bzw. sind dem Volk als Souverän vorbehalten.[16] Abgesehen von dem Bund zugewiesenen Rechtsgebieten gemäß Artikel I, § 8 der Bundesverfassung wie z. B. das Staatsangehörigkeitsrecht,[17] innerhalb derer die Vorschriften des Bundes Vorrang vor den Regelungen der Einzelstaaten genießen (sog. „*supremacy clause*"), ist somit jeder der 50 Bundesstaaten souverän und besitzt sämtliche Hoheitsbefugnisse. Dementsprechend fällt das gesamte bürgerliche Recht und ein Großteil des Handelsrechts in den Zuständigkeitsbereich der 50 Einzelstaaten.[18] Um diesen Aufgaben nachzukommen besitzt jeder Bundesstaat seine eigene Verfassung und seine eigenen Gesetze sowie seinen eigenen „*body of case law*", entwickelt durch das eigene Gerichtssystem.[19] Allerdings haben sich die Rechtsordnungen der einzelnen Bundesstaaten oft gegenseitig beeinflusst. Denn es existiert zwar kein Zwang, sich an einen *precedent* eines anderen Bundesstaates zu halten, falls es an einem solchen im eigenen Staat fehlt; in der Vergangenheit haben sich dennoch häufig Gerichte freiwillig auf *precedents* anderer Bundesstaaten berufen.[20]

Eine Einschränkung der Gesetzgebungsfreiheit der einzelnen Bundesstaaten existiert insofern, als die von einem Bundesstaat erlassenen Gesetze nicht der Verfassung der Vereinigten Staaten (*federal constitution*), einem Bundesgesetz oder der Verfassung des eigenen Bundesstaates entgegen stehen dürfen.[21] In Ausnahmefällen hat nach dem Wortlaut der Verfassung das Bundesrecht

---

16 Vgl. LOEWENSTEIN, K. (1959), S. 11 mit Verweis auf die U.S. Constitution, Amendment X. Vgl. dazu auch WIEMANN, H.-U. (1987), S. 32.

17 Weiterhin ist der US-amerikanische Bund für folgende Gebiete zuständig: gewerblichen Rechtsschutz, Urheberrecht, Konkursrecht, Seerecht, Regelung des Handelsverkehrs mit dem Ausland sowie zwischen den Einzelstaaten, Währungs-, Geld- und Münzwesen, Recht zur Erhebung von Steuern und Zöllen, auswärtige Angelegenheiten und Landesverteidigung. Vgl. ZWEIGERT, K./KÖTZ, H. (1971), S. 304; HAY, P. (1995), S. 27; ZWEIGERT, K./KÖTZ, H. (1998), S. 250.

18 Vgl. ZWEIGERT, K./KÖTZ, H. (1971), S. 304; ZWEIGERT, K./KÖTZ, H. (1998), S. 250.

19 Vgl. CORLEY, R. N./ROBERT, W. J. (1978), S. 9; DONNELL, J. D./BARNES, A. J./METZGER, M. B. (1980), S. 12 ff.; HOWELL, R. A./ALLISON, J. R./HENLEY, N. T. (1987), S. 17 f.; HALLER, A. (1994), S. 17; KPMG (Hrsg.) (1999), S. 1.

20 Vgl. CORLEY, R. N./ROBERT, W. J. (1978), S. 12; HALLER, A. (1994), S. 17.

21 Vgl. CORLEY, R. N./SHEDD, P. J. (1989), S. 4; HALLER, A. (1994), S. 17; KPMG (Hrsg.) (1999), S. 1.

Vorrang.[22] Bestehen für einzelne Rechtsbereiche sowohl bundes- als auch staatenrechtliche Regelungen, so sind die Vorschriften beider Autoritäten zu befolgen.[23] Als zweifach geregeltes Rechtsgebiet gilt bspw. das amerikanische Wertpapier- und Börsenrecht, wo neben die zuvor verabschiedeten Gesetze der Bundesstaaten (*securities acts*) später außerdem die Wertpapiergesetze des Bundes von 1933 (*securities act*) und 1934 (*securities exchange act*) traten.[24] Inhalt dieser beiden Bundesgesetze ist in beträchtlichem Umfang das „*accounting*", dessen Relevanz der Gesetzgeber für den ursprünglichen Gesetzeszweck der Offenlegung erkannt hatte. Der Gesetzgeber verzichtete auf noch umfassendere Vorschriften und versah statt dessen eine Bundesbehörde mit weitreichenden Ermächtigungen.[25] Zunächst betrafen diese Ermächtigungen die damals bereits existierende *Federal Trade Commission* (FTC),[26] bevor die neu gegründete *Securities and Exchange Commission* (SEC) die entsprechenden Aufgaben übernahm.[27] Der Aufbau sowie die Funktionen der SEC werden unter Abschnitt 3.3.2 beschrieben.

### 3.2.3 Die Bedeutung des US-amerikanischen Kapitalmarkts

Neben der Bedeutung des Rechtssystems in den Vereinigten Staaten für die dortige Rechnungslegung nahm und nimmt auch der Kapitalmarkt einen erheblichen Einfluss auf die diesbezüglichen Vorschriften.

Im Gegensatz zur Entwicklung in Kontinentaleuropa, wo sich zu Beginn des 19. Jahrhunderts nach der Aufhebung des kanonischen Zinsverbots beginnend in Oberitalien eine Bankenwirtschaft etablierte, formierte sich in England bereits rund 150 Jahre früher das Aktienwesen. Angetrieben wurde diese Entwicklung in England nicht durch die Banken, sondern durch wagemutige Unternehmer, die Kapital zur Finanzierung ihrer zeitintensiven und risikoreichen Handelsfahrten nach Ost- und Westindien benötigten. Teilweise vergleichbare Verhält-

---

22 Vgl. HALLER, A. (1994), S. 17; KPMG (Hrsg.) (1999), S. 1.

23 Vgl. CORLEY, R. N./ROBERT, W. J. (1978), S. 7; HALLER, A. (1994), S. 18; KPMG (Hrsg.) (1999), S. 1.

24 Vgl. EISOLT, D. (1992), S. 24 f.

25 Vgl. RAPPAPORT, L. H. (1972), S. 2-1 f.; SIEBERT, H. (1996), S. 9.

26 Die FTC wurde in Folge des 1914 erlassenen *Federal Trade Commission Act* eingesetzt, um gegen „unfaire Wettbewerbsmethoden" („unfair methods of competition") und „unfaires oder irreführendes Verhalten im Wirtschaftsverkehr" („unfair or deceptive acts or practices in or affecting commerce") vorzugehen." MARKERT, K. (1987), S. 13.

27 Vgl. DAVIDSON, S./ANDERSON, G. D. (1987), S. 114; SIEBERT, H. (1996), S. 9.

nisse herrschten in den Vereinigten Staaten im 19. Jahrhundert.[28] Die fortschreitende Industrialisierung verschlang hohe Summen an Kapital, das nicht ausreichend im Inland aufgebracht werden konnte und so wurde es notwendig, einen Teil des benötigten Kapitals im Ausland zu beschaffen. Der überwiegende Teil des ausländischen Kapitals kam aus Großbritannien. Viele dieser britischen Investoren bestanden darauf, „*accountants*" aus England und Schottland zur Prüfung und Testierung der Ergebnisse der Unternehmungen in die Vereinigten Staaten zu senden. Der Zustrom an britischen *accountants* war insofern ein weiterer Grund für die vielen Parallelen, die zwischen dem britischen und dem US-amerikanischen Rechnungslegungssystem bestehen.[29] Da zu diesem Zeitpunkt in den Vereinigten Staaten kein flächendeckendes Bankennetz existierte, stammte auch ein Großteil des im Inland beschafften Kapitals nicht von Banken sondern von Investoren.[30] Diese Umstände waren die Basis für die Entwicklung des US-amerikanischen Kapitalmarktes.

Verstärkt wurde und wird diese Entwicklung dadurch, dass die *agency costs* in den Vereinigten Staaten verhältnismäßig hoch ausfallen. Sowohl das Trennbankensystem[31] als auch die im Kreditgewerbe vorherrschende hohe Wettbewerbsintensität haben zur Folge, dass Unternehmen häufig ihr Kreditinstitut wechseln.[32] Dementsprechend entstehen den US-amerikanischen Banken höhere Überwachungskosten und sie sind häufiger gezwungen, auf Kreditsicherheit zurückzugreifen als dies in der Bundesrepublik Deutschland für gewöhnlich der Fall ist.[33] Insgesamt kann festgehalten werden, dass wegen der diversen genannten Gründe nach wie vor zum einen die öffentlichen Kapitalmärkte gegenüber institutionellen (Fremd-)Kapitalgebern in den Vereinigten Staaten dominieren und zum anderen der Eigenfinanzierung eine bedeutende Rolle zukommt.

---

28 Vgl. GROßFELD, B. (1994), S. 797; THIELE, K. (1999), S. 97 f.

29 Vgl. DAVIDSON, S./ANDERSON, G. D. (1987), S. 110 f.

30 Vgl. GROßFELD, B. (1994), S. 797; THIELE, K. (1999), S. 98.

31 Eingeführt wurde das Trennbankensystem mit der Verabschiedung des *Glass-Steagall*-Gesetzes im Jahre 1933, wodurch eine Trennung von Wertpapier- und Kreditgeschäft vorgeschrieben wird. Vgl. GLAUM, M./MANDLER U. (1997), S. 100; THIELE, K. (1999), S. 98.

32 Das Prinzip der Hausbanken, wie dies durch das Universalbankensystem bspw. in Deutschland entstanden ist, konnte sich in den Vereinigten Staaten nicht etablieren. Vgl. SCHÖN, M. (1997), S. 20.

33 Vgl. ANDERSON, G. H. (1991), S. 3; MANDLER, U. (1995), S. 719.

Die große Bedeutung der Eigenfinanzierung in den Vereinigten Staaten ist auch bereits empirisch bestätigt. FRANCFORT/RUDOLPH stellen in einer Untersuchung bspw. eine durchschnittliche Eigenkapitalquote[34] von 43,74 % bei den US-amerikanischen Unternehmen ihrer Stichprobe fest, dagegen liegt die Quote bei den untersuchten deutschen Unternehmen lediglich bei 28,17 %.[35] Die Bedeutung der öffentlichen Kapitalmärkte für die Unternehmensfinanzierung ist Gegenstand einer Analyse von HEINTGES, der feststellt, dass die in seiner Studie einbezogenen US-amerikanischen Unternehmen zwischen 55 und 60 % ihres Eigen- und Fremdkapitals über den öffentlichen Kapitalmarkt aufnehmen. Zum Vergleich dazu bedienen sich lediglich 30 % der untersuchten deutschen Unternehmen zur Finanzierung am öffentlichen Kapitalmarkt.[36]

Seine auf globaler Ebene führende Rolle erlangte der US-amerikanische Kapitalmarkt in der Zeit nach dem Zweiten Weltkrieg, als es darum ging, den Wiederaufbau Europas zu finanzieren. Gegenwärtig ist der US-amerikanische Aktienmarkt noch immer der größte der Welt.[37]

Herrscht in einem Land die Unternehmensfinanzierung über den öffentlichen Kapitalmarkt vor, wie dies in den Vereinigten Staaten der Fall ist, lässt sich vermuten, dass ein Kapitalmarktrecht zur Regulierung der erforderlichen Publizität existiert. Diese Vermutung trifft auf die Vereinigten Staaten voll und ganz zu: Es besteht ein engmaschiges Kapitalmarktrecht und die bereits erwähnte SEC verfügt als Wächterin des US-amerikanischen Anleger- und Kapitalmarktschutzes über eine mehr als 60jährige Erfahrung;[38] ihre Rechtsverordnungen sind von enormer kapitalmarktrechtlicher Bedeutung.[39] Konsequenterweise ist die US-amerikanische Rechnungslegung zugeschnitten auf die Anforderungen einer starken Kapitalmarktfinanzierung, sie rückt die Informationsinteressen des

---

[34] Eigenkapital auf Basis der Buchwerte im Verhältnis zur Bilanzsumme.

[35] Die Untersuchung bezieht sich auf den Zeitraum vom 1.1. bis zum 31.12.1988 und schließt 158 westdeutsche sowie 181 US-amerikanische Unternehmen, allesamt Publikumsaktiengesellschaften, ein. Vgl. FRANCFORT, A. J./RUDOLPH, B. (1992), S. 1065 ff. Vgl. dazu auch MANDLER, U. (1995), S. 719.

[36] Zu dieser Analyse werden jeweils die Konzernabschlüsse der 30 umsatzstärksten Unternehmen der beiden Länder herangezogen, die aus der Aufstellung Fortune Global 500 und Fortune Global Service 500 für 1993 ermittelt werden. Vgl. HEINTGES, S. (1997), S. 48 ff. m. w. N.

[37] Vgl. MANDLER, U. (1995), S. 719.

[38] Vgl. PELLENS, B./FÜLBIER, R. U./GASSEN, J. (1999), S. 546.

[39] Vgl. WIEMANN, H.-U. (1987), S. 29.

Investors in den Vordergrund, der in der deutschen Rechnungslegung dominierende Gläubigerschutz tritt dabei in den Hintergrund.[40]

## 3.3 Institutionen und Organisationen mit Einfluss auf die US-amerikanische Rechnungslegung

### 3.3.1 Übersicht

Die US-amerikanische Rechnungslegung ist durch die oben beschriebenen rechtlichen Rahmenbedingungen und die Stellung des Kapitalmarktes geprägt. Dies äußert sich v. a. darin, dass die Rechnungslegung kaum durch Staats- oder Bundesgesetze, sondern vielmehr durch vom Staat autorisierte Institutionen wie z. B. die SEC reglementiert wird.[41] Diese Institutionen werden nun beginnend mit der SEC hinsichtlich ihrer Entstehungsgeschichte, Organisation, Aufgabenstellungen und Bedeutung dargestellt.

### 3.3.2 Regulierung des Kapitalmarkts durch die *Securities and Exchange Commission*

Da die US-amerikanische Wertpapier- und Börsenaufsichtsbehörde SEC vor dem Hintergrund ihrer Entstehungsgeschichte zu betrachten ist, wird diese zunächst dargestellt.

Als Reaktion auf den Börsencrash im Jahre 1929 und den Zusammenbruch der Wirtschaft in den 30er Jahren erließ die US-amerikanische Bundesregierung im Rahmen der *new deal*-Gesetzgebung Bundesgesetze zur Regelung des Wertpapierhandels sowie zum Schutz der Investoren, die im Laufe der vergangenen Jahrzehnte um weitere Gesetze ergänzt wurden. Somit wird das heutige US-amerikanische Kapitalmarktrecht durch die folgenden acht Bundesgesetze, die *federal securities laws*, geregelt:[42]

(1) *Securities Act* (SA) (1933),

(2) *Securities Exchange Act* (SEA) (1934),

(3) *Public Utility Holding Act* (1935),

---

[40] Vgl. auch MANDLER, U. (1995), S. 722.

[41] Vgl. HALLER, A. (1994), S. 19; KPMG (Hrsg.) (1999), S. 1.

[42] Vgl. auch für die folgende Aufzählung KÜTING, K./HAYN, S. (1993), S. 402; HALLER, A. (1994), S. 20; THIELE, K. (1999), S. 101.

(4) *Trust Indenture Act* (1939),

(5) *Investment Company Act* (1940),

(6) *Investment Advisor Act* (1940),

(7) *Securities Investor Protection Act* (1970),

(8) *Foreign Corrupt Practices Act* (1977).

Von diesen *federal securities laws* sind für die US-amerikanische Rechnungslegung die beiden erstgenannten von großer Relevanz.[43] Im 1933 verabschiedeten SA ist die Emission von Wertpapieren geregelt sowie die Registrierung von öffentlichen Zeichnungsofferten mit der SEC normiert.[44] Mit dem SA wurden hauptsächlich zwei Intentionen verfolgt: Einerseits sollten (potenzielle) Investoren mit finanzwirtschaftlichen und weiteren Informationen bzgl. öffentlich gehandelter Wertpapiere versorgt werden, andererseits sollten falsche Angaben und betrügerische Vorgehensweisen beim öffentlichen Handel mit Wertpapieren (*securities*) verhindert werden.[45] Dabei bezieht sich das Gesetz auf die Erstverteilung von Wertpapieren, Zweit- und Drittverkäufe sind nicht Gegenstand des SA, es sei denn, sie können als sog. „*initial offerings*" qualifiziert werden oder der Verkäufer der Wertpapiere ist einem Emittenten (*issuer*) gleichgestellt.[46] Um die gesetzten Ziele erreichen zu können, verlangt der SA, dass jedes Unternehmen, das eine Emission am Bundeswertpapiermarkt anstrebt, ein „*registration statement*" einreichen muss, um überhaupt registriert werden zu können. Die Registrierung ist wiederum für die Zulassung der Wertpapiere zum Handel notwendig.[47] Im Gegensatz zum SA beziehen sich die Vorschriften des SEA auf Bereiche unterschiedlichster Art, angefangen von Publizitätsregelungen für bereits ausgegebene Wertpapiere über Registrierungspflichten für Börsen (*national security exchanges*) und Börsenmakler bis hin zu Vorschriften bezüglich zivil- und strafrechtlicher Sanktionen.[48]

---

43 Eine Erläuterung der *federal securities laws* (3) bis (7) vgl. RAPPAPORT, L. H. (1972), S. 1-8 ff.

44 Vgl. ALTENDORFER, C. (1995), S. 9; MEYER, C./SPREITER, F. (1999), S. 510.

45 Vgl. HALLER, A. (1994), S. 22.; ALTENDORFER, C. (1995), S. 9.

46 Vgl. LÖW, C. (1973), S. 185.

47 Vgl. SKOUSEN, K. F. (1991), S. 22 ff.

48 Vgl. ALTENDORFER, C. (1995), S.10. Vgl. auch LÖW, C. (1973), S. 187 ff.; RAPPAPORT, L. H. (1972), S. 1-6 f.

Auch die einzelnen Bundesstaaten erließen, teilweise mehr als 20 Jahre bevor die Bundesgesetze verabschiedet wurden, Gesetze zur Regulierung des Wertpapierhandels innerhalb des eigenen Staates.[49] Diese Gesetze werden als „*blue sky laws*“[50] bezeichnet, ihre Zielsetzung ist es, Anleger vor unlauterem Wertpapierhandel zu schützen. Sie gelten neben den *federal securities laws*, allerdings hat ihre praktische Bedeutung nach Verabschiedung des SA und des SEA abgenommen.[51]

Die Überwachung der Einhaltung der *federal securities laws* wurde 1934 auf die Wertpapier- und Börsenaufsichtsbehörde SEC übertragen,[52] die eigens dazu vom Kongress durch den SEA gegründet wurde.[53] Daher ist die zentrale Zielsetzung der SEC der kapitalmarktrechtliche Anlegerschutz indem sie darauf zu achten hat, dass die Kapitalmarktteilnehmer zeitnah mit wahrheitsgetreuen Informationen versorgt werden und sie unlautere Vorgänge im Rahmen des Wertpapierhandels unterbindet.[54]

In der Umsetzung hat dies zur Folge, dass sie gemäß ihrer exekutiven Funktion die Auslegung und Durchsetzung der bundesstaatlichen Regelungen zum Kapitalmarktrecht sowie die Überwachung des Wertpapierhandels zur Aufgabe hat. Daneben ist sie mit „quasi-legislativer“ Kompetenz ausgestattet, da sie eigene Ausführungsbestimmungen (*rules* und *regulations*) erlassen darf. Selbst judikative Funktionen, wenn auch nur in einem bestimmten Umfang, fallen der SEC zu; die SEC kann bei Auseinandersetzungen den eigenen Aufgabenbereich betreffend selbständig Entscheidungen fällen.[55]

Die SEC steht als unabhängige Verwaltungsstelle („*independent regulatory agency*“) grundsätzlich nicht unter der Aufsicht des US-amerikanischen Präsidenten, sondern unterliegt lediglich der Überwachung und Kontrolle durch den

[49] Vgl. HALLER, A. (1994), S. 21.
[50] Der Begriff „*blue sky laws*“ bürgerte sich in Anlehnung an eine Entscheidung des *Supreme Court*, in der die Verfassungsmäßigkeit dieser Gesetze bestätigt wurde, ein. In dieser Entscheidung wurde nämlich festgestellt, dass die Gesetze den Anleger schützen sollten vor „*schemes which have no more basis as so many feet of the blue sky*“, LONG, J. (1985), S. 1-1.
[51] Vgl. EISOLT, D. (1992), S. 32.
[52] Vgl. DAVIDSON, S./ANDERSON, G. D. (1987), S.114; SIEBERT, H. (1996), S. 9.
[53] Vgl. SONNEMANN, E. (Hrsg.) (1989), S. 20.
[54] Vgl. PELLENS, B. (2001), S. 78.
[55] Vgl. LÖW, C. (1973), S. 191 f.; SONNEMANN, E. (Hrsg.) (1989), S. 20.

Kongress.[56] Der SEC stehen fünf *commissioners* vor, die vom US-amerikanischen Präsidenten mit Zustimmung des Senats für eine Amtszeit von fünf Jahren bestellt werden.[57] Organisatorisch ist die SEC, die derzeit einen Mitarbeiterstab von über 2.600 Beschäftigten umfasst,[58] in die vier Abteilungen (*divisions*) *corporation finance*, *market regulation*, *investment management* sowie *enforcement* und in sechzehn Dienststellen (*offices*) unterteilt.[59]

Die *division of corporation finance* ist eine der größten und bedeutendsten Abteilungen. Ihre Aufgabe ist es, die Einhaltung der Publizitätsvorschriften zu gewährleisten. Infolgedessen ist sie für die Interpretation der Publizitätsbestimmungen zuständig und muss für die betreffenden Unternehmen als Ansprechpartner fungieren.[60] Weiterhin ist die *division of enforcement* von Bedeutung für die Rechnungslegung, da sie „als Überwachungs- und Disziplinarinstanz bezüglich der Einhaltung der gesamten von der SEC zu beaufsichtigenden kapitalmarktrechtlichen Vorschriften fungiert."[61] Entsteht ein Verdacht auf Verletzung dieser Vorschriften, stellt sie die erforderlichen Ermittlungen an und schlägt im Bedarfsfall den *commissioners* Sanktionsmaßnahmen vor.[62]

Von den Dienststellen ist das *office of the chief accountant* als besonders relevant einzustufen. In allen Fragen der Rechnungslegung wird diese Dienststelle von den *commissioners* hinzugezogen, außerdem besteht eine permanente Verbindung zu den Vertretern Berufsstandes der *Accountants* sowie zum *Financial Accounting Standards Board*,[63] das Gegenstand der Ausführungen unter Abschnitt 3.3.4 sein wird.

[56] Vgl. LOEWENSTEIN, K. (1959), S. 245 ff. Vgl. dazu auch WIEMANN, H.-U. (1987), S. 29.
[57] Vgl. SKOUSEN, K. F. (1991), S. 12. Vgl. dazu auch EISOLT, D. (1992), S. 50; PELLENS, B. (2001), S. 77.
[58] Vgl. MEEK, G. K. (2000), S. 157.
[59] Vgl. ALTENDORFER, C. (1995), S. 21. Vgl. auch FITZGERALD, J./CARNALL, W. (1999), S. 979.
[60] Vgl. POINTER, L. G./SCHROEDER, R. G. (1986), S. 15 f.; ALTENDORFER, C. (1995), S. 21; PELLENS, B. (2001), S. 77. Im Erfahrungsbericht von FITZGERALD/CARNALL bezüglich der Registrierung bei der SEC bringen diese zum Ausdruck, dass fast ausschließlich Mitarbeiter der *division corporate finance* als Unternehmensansprechpartner auftreten. Vgl. FITZGERALD, J./CARNALL, W. (1999), S. 979.
[61] PELLENS, B. (2001), S. 78.
[62] Vgl. ALTENDORFER, C. (1995), S. 22; PELLENS, B. (2001), S. 78.
[63] Vgl. SKOUSEN, K. F. (1991), S. 16; PELLENS, B. (2001), S. 78.

Aufgrund ihrer bereits genannten „quasi-legislativen" Kompetenz erlässt die SEC von Zeit zu Zeit Verordnungen, die in folgende drei Kategorien eingeteilt werden können:[64]

- Verfahrensvorschriften,
- Vorschriften mit Definitionscharakter sowie
- materiell-rechtliche Vorschriften.

Zu den wichtigsten Verordnungen der SEC gehören die *Regulations* S-X und S-K, die *Accounting Series Releases* (ASR; seit 1982 *Financial Reporting Releases* (FRR) genannt)[65] sowie diverse *forms*.[66] Die *Regulation* S-X enthält Vorschriften bezüglich Form, Inhalt und Prüfung der bei der SEC einreichenden Jahresabschlüsse sowie die Fristen zur Offenlegung.[67] Vorschriften, inwieweit verbale bzw. qualitative Informationen zu publizieren sind, die über die (eher zahlenmäßigen) Informationen des *financial statements* hinausgehen, können der *Regulation* S-K entnommen werden, genauso wie branchenspezifische Publizitätspflichten.[68] Die *forms* umfassen Bestimmungen und z. T. vorgegebene Schemata zum Inhalt und Aufbau der einzureichenden Berichte, *form* S-1 bezieht sich z. B. auf den Registrierungsbericht, *form* 10-K auf den Jahresbericht und *form* 10-Q auf den Quartalsbericht.[69]

### 3.3.3 Das *American Institute of Certified Public Accountants*

Die Ausgestaltung und Konkretisierung der Rechnungslegungsnormen übertrug die SEC schon sehr früh, nämlich im Jahre 1938, dem Berufsstand der US-amerikanischen Wirtschaftsprüfer und damit deren bundesweiter Berufsorganisation, dem „*American Institute of Certified Public Accountants*" (AICPA)[70,71] und verlagerte den eigenen Tätigkeitsschwerpunkt auf die Regulierung des

---

[64] Vgl. auch für die folgende Aufzählung WIEMANN, H.-U. (1987), S. 29 m. w. N.; KÜTING, K./HAYN, S. (1993), S. 403; ALTENDORFER, C. (1995), S. 23.

[65] Vgl. KIESO, D. E./WEYGANDT, J. J./WARFIELD, T. D. (2001), S. 7.

[66] Vgl. SONNEMANN, E. (Hrsg.) (1989), S. 21; HALLER, A. (1994), S. 35.

[67] Vgl. POINTER, L. G./SCHROEDER, R. G. (1986), S. 85; SONNEMANN, E. (Hrsg.) (1989), S. 21; HALLER, A. (1994), S. 35.

[68] Vgl. POINTER, L. G./SCHROEDER, R. G. (1986), S. 90; HALLER, A. (1994), S. 35.

[69] Vgl. HALLER, A. (1994), S. 35.

[70] Vgl. HALLER, A. (1990b), S. 760; KÜTING, K./HAYN, S. (1993), S. 403; KUHLEWIND, A.-M. (1997), S. 19 f.; GRAMMER, P. A. (1998), S. 312; HAYN, S./ZÜNDORF, H. (1999), S. 484.

[71] Bis 1957 nannte sich diese Organisation „*American Institute of Accountants*" (AIA). Vgl. HALLER, A. (1994), S. 37.

Wertpapiermarktes.[72] Dabei hat die SEC allerdings lediglich die Verantwortung für das *standard setting* delegiert, nicht aber die Autorität, die sich nach wie vor bei ihr befindet.[73] Innerhalb des AICPA bestand zur Bewältigung dieser Aufgabe ein spezielles Gremium, das *Committee on Accounting Procedure* (CAP)[74,75], welches in den Jahren von 1939 bis 1959 insgesamt 51 *Accounting Research Bulletins* (ARB) erließ.[76] Die Mitglieder des CAP nahmen ihre dortige Aufgabe lediglich ehrenamtlich wahr, während sie im Hauptberuf Wirtschaftsprüfer, *Certified Public Accountants* (CPA) waren.[77] Zwar war sich das CAP der Notwendigkeit einer grundlegenden Abfassung wesentlicher Rechnungslegungsgrundsätze, d. h. eines „*Conceptual Framework*", bewusst, schob diese Aufgabe jedoch zugunsten dringlicher Einzelprobleme stets auf.[78] Dies hatte zur Folge, dass kein konsistentes System von Rechnungslegungsgrundsätzen erarbeitet wurde, sondern lediglich einzelne Verlautbarungen ohne wechselseitigen Bezug nebeneinander existierten.[79]

Im Jahre 1959 wurde schließlich das CAP durch den ebenfalls dem AICPA untergeordneten *Accounting Principles Board* (APB)[80] ersetzt.[81,82] Die wesentlichen Zielsetzungen des APB waren:[83]

(1) Eine schriftliche Fassung von Rechnungslegungsgrundsätzen voranzutreiben.

---

72 Vgl. HALLER, A. (1990b), S. 760.

73 Vgl. SPICELAND, J. D./SEPE, J. F./TOMASSINI, L. A. (2000), S. 9.

74 Das CAP entstammte dem sechs Jahre zuvor gegründeten *Special Committee in the Development of Accounting Procedures*, das vom AIA in Zusammenarbeit mit der New York Stock Exchange (NYSE) eingesetzt worden war. Vgl. HAYN, S./ZÜNDORF, H. (1999), S. 484 f.

75 Dem CAP gehörten zunächst sieben, später 21 Mitwirkende an. Vgl. SONNEMANN, E. (Hrsg.) (1989), S. 24.

76 Vgl. MOST, K. S. (1968), S. 379; BAKER, C. R./RAPACCIOLI, D./SOLOMON, M. B. (1995), S. 2967; KIESO, D. E./WEYGANDT, J. J./WARFIELD, T. D. (2001), S. 8.

77 Vgl. PELLENS, B. (2001), S. 102.

78 Vgl. SONNEMANN, E. (Hrsg.) (1989), S. 24.

79 Vgl. MOST, K. S. (1968), S. 378 f.; DAVIDSON, S./ANDERSON, G. D. (1987), S. 116; HALLER, A. (1994), S. 38.

80 Anfangs bestand das APB aus 18, nachher aus 21 Personen. Vgl. DAVIDSON, S./ANDERSON, G. D. (1987), S. 117; SONNEMANN, E. (Hrsg.) (1989), S. 25; KIESO, D. E./WEYGANDT, J. J./WARFIELD, T. D. (2001), S. 8 f.

81 Vgl. MOST, K. S. (1968), S. 380; SONNEMANN, E. (Hrsg.) (1989), S. 24; VAN RIPER, R. (1994), S. 7; SPICELAND, J. D./SEPE, J. F./TOMASSINI, L. A. (2000), S. 10.

82 Dieser Austausch wurde aufgrund der wachsenden Kritik der Vertreter des Berufsstandes der Wirtschaftsprüfer am CAP notwendig. Vgl. DAVIDSON, S./ANDERSON, G. D. (1987), S. 116 f. mit weiteren Hintergrundinformationen; HAYN, S./ZÜNDORF, H. (1999), S. 485.

83 Vgl. für die folgende Aufzählung KIESO, D. E./WEYGANDT, J. J./WARFIELD, T. D. (2001), S. 8.

(2) Geeignete Rechnungslegungspraktiken festzulegen.

(3) Die Bereiche unterschiedlicher und inkonsistenter Rechnungslegungspraktiken zu begrenzen.

Das APB erließ während seines Bestehens insgesamt 31 offizielle Verlautbarungen, die sog. APB *Opinions*, weiterhin hat es vier APB *statements* herausgegeben, die aber lediglich als Diskussionsvorschläge ohne verbindlichen Charakter einzuordnen sind.[84] Allerdings geriet auch das APB frühzeitig unter Beschuss, ihm wurde fehlende Produktivität und Versagen bei der rechtzeitigen Bekämpfung von Verstößen gegen die Rechnungslegungsvorschriften vorgeworfen.[85] Gegen Ende der 60er Jahre verlor das APB immer mehr das Vertrauen der Wirtschaftsprüfer und anderer Rechnungslegungspraktiker sowie der SEC, weshalb das AICPA 1971 zwei „*committees*" einberief.[86] Die Aufgabe des nach seinem Vorsitzenden bezeichneten „*Trueblood Committee*"[87] war es, die zentralen Ziele des Jahresabschlusses zu ermitteln, um auf diesen ein theoretisches Konzept zur Entwicklung von Rechnungslegungsvorschriften aufzubauen. Das ebenfalls nach seinem Vorsitzenden bezeichnete „*Wheat Committee*" sollte sich dagegen mit der „Ausarbeitung eines Verfahrens und Prozederes zur Entwicklung offiziell verlautbarter GAAP"[88] auseinander setzen.[89] Die Untersuchungen des *Wheat Committee* ergab, dass es die beste Lösung wäre, die Aufgabe der Entwicklung von Normen auf eine vom AICPA unabhängige, privatrechtlich organisierte Institution zu übertragen. Dieser Institution sollten hauptberuflich sowohl Wirtschaftsprüfer als auch andere Rechnungslegungspraktiker angehören, außerdem sollte sie sowohl mit Personal als auch mit Sachmitteln besser ausgestattet sein als das APB.[90]

Insgesamt resultierte aus den Empfehlungen des *Wheat Committee* 1973 die Auflösung des APB und die Einrichtung einer neuen Struktur (die im Übrigen

84 Vgl. SONNEMANN, E. (Hrsg.) (1989), S. 25.

85 Vgl. KIESO, D. E./WEYGANDT, J. J./WARFIELD, T. D. (2001), S. 9.

86 Vgl. DAVIDSON, S./ANDERSON, G. D. (1987), S. 122; HALLER, A. (1994), S. 39 f.

87 Eine Untersuchung des Berichts des Trueblood Committee sowie der Umsetzung seiner Empfehlungen vgl. MOST, K. S./WINTERS, A. L. (1977), S. 67-75.

88 HALLER, A. (1994), S. 40.

89 Vgl. LÜCK, W./HOLZER, H. P. (1976), S. 294; EDWARDS, J./MIRANTI, P. Jr. (1987), S. 26; DANOS, P./IMHOFF, E. A. (1986), S. 10; HALLER, A. (1994), S. 40.

90 Vgl. AICPA (1972), S. 3. Vgl. dazu auch: HALLER, A. (1994), S. 40; KUHLEWIND, A.-M. (1997), S 21.

soll sie zur Entlastung des FASB beitragen, indem sie Lösungen für Probleme erarbeitet, die wegen ihrer geringen allgemeinen Relevanz keinen eigenen Rechnungslegungsstandard erfordern.[107] Geben mindestens 11 der 13 EITF-Mitglieder ihre Zustimmung zu einer Problemlösung, so bezeichnet man dies als „*consensus*".[108] Die SEC erkennt einen solchen EITF *consensus* an, indem sie ihm *substantial authoritative support* zuspricht.[109] Unterbleibt ein *consensus* zu einem Rechnungslegungsproblem, kann dies ein Indiz dafür sein, dass es von größerer allgemeiner Bedeutung ist und sich deshalb das FASB damit auseinander setzen sollte.[110]

Die bedeutendsten Verlautbarungen des FASB sind die „*Statements of Financial Accounting Standards*" (SFAS), die als dessen endgültige Meinungsäußerung zu Fragen der Rechnungslegung gelten und dementsprechend fallbezogene Anwendungen von Rechnungslegungsgrundsätzen verkörpern.[111] Alle verabschiedeten SFAS stellen GAAP[112] dar. Bis Ende 2001 hat das FASB zu verschiedenen Rechnungslegungsthemen 144 SFAS erlassen.[113] Eine weitere fundamentale Kategorie von Verlautbarungen des FASB sind die sieben *Statements of Financial Accounting Standards* (SFAC), die die Elemente des *Conceptual Framework* verkörpern.[114] Das *Conceptual Framework* enthält die wesentlichen „Grundsätze und Anforderungen an Rechnungslegungsinformationen [...] und [stellt] einen quasi-theoretischen, konzeptionellen Rahmen der Rechnungslegung und der GAAP-Entwicklung dar [...]."[115]

Zur Auslegung der einzelnen SFAS und der von ihrer Vorgängerorganisation erlassenen und noch gültigen APB *Opinions* veröffentlicht das FASB *Interpretations* (FIN). Daneben gibt es kurzfristig Stellungnahmen zu einzelnen dringlichen Problemen heraus, die sog. *technical bulletins*.[116] Diese dürfen jedoch nur

[107] Vgl. UPTON, W. S./SCOTT, D. K. (1988), S. 58.
[108] Vgl. WISHON, K. (1986), S. 100; UPTON, W. S./SCOTT, D. K. (1988), S. 60.
[109] Vgl. SAUTER, D. (1991), S. 31.
[110] Vgl. REITHER, C. L. (1997), S. 95.
[111] Vgl. GINGELE, R. (1989), S. 30.
[112] Eine Erläuterung, was genau unter die Definition der „GAAP" fällt wird im nächsten Abschnitt gegeben.
[113] Zum aktuellen Stand der erlassenen SFAS vgl. http://www.fasb.org.
[114] Dabei zählen die SFAC nicht zu den GAAP. Vgl. GIBSON, C. H. (1995), S. 4.
[115] MEEK, G. K. (2000), S. 162.
[116] Vgl. PELLENS, B. (2001), S. 111 f.

erlassen werden, wenn erstens dadurch keine wesentliche Änderung der Rechnungslegungspraxis für eine große Anzahl von Unternehmen erwartet wird, wenn zusätzlich zweitens die Kosten der Umsetzung gering sind und wenn drittens die im *technical bulletin* gegebene Anweisung keinem fundamentalen Rechnungslegungsgrundsatz entgegensteht.[117]

Die Verlautbarungen des FASB entstehen nach einem standardisierten Verfahren, dem *due process*, der im Wesentlichen auf den *Federald Administrative Procedure Act* von 1946 zurückgeht.[118] Dieser *due process* wurde etabliert, um die Berücksichtigung der Bedürfnisse sämtlicher Rechnungslegungsinteressenten bei der Normentstehung zu gewährleisten, indem diese zu jedem Zeitpunkt vor der endgültigen Verabschiedung der Rechnungslegungsvorschrift auf das *standard setting* durch Meinungsäußerung einwirken können.[119]

Eine Vielzahl von Gründen können dazu führen, dass sich das FASB mit einem bestimmten Rechnungslegungsthema beschäftigt. Der *due process* kann entsprechend auch von verschiedenen Personen bzw. Gruppierungen in Gang gesetzt werden, wie z. B. durch die EITF, das FASAC, die SEC, das *Accounting Standards Executive Committe* (AcSEC) des AICPA, sonstige Organisationen und Einzelpersonen, die Presse usw.[120] Typischerweise läuft der *due process* in folgenden Schritten ab:[121]

1. Eine Problemstellung zur Rechnungslegung wird an das FASB durch die EITF, das FASC, die SEC usw. herangetragen.

2. Das FASB bezieht die Problemstellung in seine Tagesordnung (*agenda*) ein und wägt nach den folgenden Kriterien ab, ob die Lösung des Problems weiter zu verfolgen ist: Wie schwerwiegend ist das Problem? Handelt es sich

[117] Vgl. FTB79-1(R), S. 1172; KIESO, D. E./WEYGANDT, J. J./WARFIELD, T. D. (2001), S. 11.
[118] Vgl. GORE, P. (1992), S. 150 f. m. w. N.; SIEBERT, H. (1996), S. 48; PELLENS, B. (2001), S. 108.
[119] Vgl. HALLER, A. (1994), S. 46; MILLER, P. B. W./REDDING, R. J./BAHNSON, P. R. (1998), S. 59 f. und S. 68 ff.; FASB (1999a), S. 3; PELLENS, B. (2001), S. 109.
[120] Vgl. SIEBERT, H. (1996), S. 48; REITHER, C. L. (1997), S. 94.
[121] Vgl. für die folgenden Schritte des *due process* HALLER, A. (1994), S. 47; KIESO, D. E./WEYGANDT, J. J./WARFIELD, T. D. (2001), S. 9; FASB (1999a), S. 3 f.; MEYER, C./SPREITER, F. (1999), S. 513. Eine ausführlichere Beschreibung des *due process* ist zu finden bei REITHER, C. L. (1997), S. 91-104; MILLER, P. B. W./REDDING, R. J./BAHNSON, P. R. (1998), S. 67-81.

um ein dauerhaftes Problem? Wie viele alternative Lösungsmöglichkeiten existieren? Ist eine Lösung des Problems fachlich und politisch ausführbar?

3. Beratung mit dem FASAC und anschließend Entscheidung über die Dringlichkeit der Problemstellung.
4. Bildung einer *task force*, zusammengesetzt aus Experten verschiedener Bereiche und Interessengruppen.
5. Das FASB und die *task force* erstellen ein *discussion memorandum*, d. h. sie arbeiten das Rechnungslegungsproblem unter wissenschaftlichen und praktischen Gesichtspunkten grundlegend auf. Dieses *discussion memorandum* dient als zentrale Grundlage für die weitere Problemlösung.[122]
6. Der FASB-Vorsitzende regt, nach einer Abstimmung entweder mit dem FASAC oder mit der *task force*, ein *research program* an.
7. Es erfolgt ein *public hearing* (schon vorher ist die Einreichung sog. *position papers* möglich).
8. Das *board* untersucht und bewertet die im Rahmen des *public hearing* eingegangenen Reaktionen der Öffentlichkeit.
9. Kann eine Majorität für eine bestimmte Problemlösung erreicht werden, wird ein *Exposure Draft* erlassen.
10. Ein erneutes *public hearing* findet statt, wieder mit der Möglichkeit, bereits vorher *position papers* einzureichen.
11. Erneute Beratung innerhalb des *board*.
12. Kommt eine Mehrheit zugunsten der Verlautbarung des Standards zustande, wird dieser erlassen. Unterbleibt eine Einigung, beginnt der *due process* erneut mit dem 1. Schritt.

## 3.4 Die *Generally Accepted Accounting Principles*

Die unter Abschnitt 3.2 beschriebenen Einflussfaktoren auf die Regelung der externen US-amerikanischen Rechnungslegung haben letztendlich ein intaktes Regelungssystem diesbezüglich hervorgebracht. Dieses Regelungssystem wird als ursächliche Voraussetzung dafür erachtet, dass Jahresabschlüsse ihrer

---

[122] Vgl. dazu insb. HALLER, A./EIERLE, B. (1998), S. 736.

zentralen Zielsetzung nachkommen können, nämlich eine *fair presentation* der wirtschaftlichen Lage des Unternehmens abzugeben und damit aktuellen und potenziellen Investoren relevante Informationen zur Entscheidungsfindung bei Investitionen an die Hand zu geben. „Die Gesamtheit der dieses Regelungssystem konstituierenden Normen und Grundsätze stellen die „generally accepted accounting principles", kurz GAAP, dar."[123] Eine Legaldefinition dieser GAAP existiert allerdings nicht, genauso wenig wie eine einheitliche und eindeutige Begriffsbestimmung.[124] Demzufolge liegt hier ein unbestimmter Rechtsbegriff vor, unter dem i. A. „Verfahrensweisen, Praktiken, Methoden etc. verstanden [werden], die die Rechnungslegungspraxis zu einer bestimmten Zeit widerspiegeln."[125] Auf diesem Verständnis aufbauend stellen GAAP aus der Praxis induktiv abgeleitete Normen dar. Wie im Rechtssystem des *common law* üblich, entstehen sie in erster Linie durch die allgemeine Anwendung von Einzelfallentscheidungen. Problematisch ist dabei v. a. die Gefahr von Inkonsistenzen zwischen den einzelnen Normen.[126]

Weiterhin sind die GAAP gekennzeichnet durch den *substantial authoritative support* der SEC, wobei auch hier nicht endgültig geklärt ist, wann ein Rechnungslegungsverfahren diesen genießt.[127] Zwar kam und kommt es durch das *standard setting* des FASB und seiner Vorgängerinstitutionen zur schriftlichen Fixierung eines Großteils dieser Rechnungslegungsverfahren und -methoden, die allesamt mit der notwendigen Autorität ausgestattet sind, es existieren aber auch solche Verfahren bzw. Methoden, die nicht in offiziellen Standards niedergeschrieben sind.[128] Rechnungslegungsverfahren und –methoden, die von einer autorisierten Institution verlautbart wurden, bezeichnet man als *promulgated* GAAP. Zu ihnen zählen in erster Linie die vom FASB erlassenen SFAS und *Interpretations*, daneben die APB *Opinions* sowie die ARB.[129,130] Keine GAAP

---

[123] HALLER, A. (1990b), S. 752 f. Vgl. dazu auch SFAC No. 1, Abs. 3.
[124] Vgl. PELLENS, B. (2001), S. 116.
[125] MEEK, G. K. (2000), S. 166.
[126] Vgl. PELLENS, B. (2001), S. 117. Eine Aufzählung diverser Inkonsistenzen innerhalb der US-GAAP findet sich bei SCHILDBACH, T. (2000b), S. 196.
[127] Vgl. WEBER, C.-P. (1990), S. 153; PELLENS, B. (2001), S. 117.
[128] Vgl. MEEK, G. K. (2000), S. 166.
[129] APB *Opinions* und ARB behalten solange ihre Gültigkeit, bis sie aufgehoben, geändert oder ersetzt werden. Vgl. PELLENS, B. (2001), S. 120.
[130] Vgl. HALLER, A. (1994), S. 69; KIESO, D. E./WEYGANDT, J. J./WARFIELD, T. D. (2001), S. 14.

stellen dagegen Gesetze und Verlautbarungen staatlicher Institutionen, wie bspw. der SEC, dar, „da sie bereits aufgrund ihres Rechtscharakters konkrete gesetzliche Normen sind.“[131] Ein mittelbarer Einfluss des SA, des SEA und der SEC-Verlautbarungen auf die Rechnungslegungspraxis kann aber dennoch nicht verleugnet werden, v. a. weil sie die Begründung für viele der im Folgenden beschriebenen *non promulgated* GAAP darstellen.[132]

Verfahren, die sich in der Praxis etabliert haben und den *substantial authoritative support* besitzen, aber noch nicht Gegenstand einer offiziellen Verlautbarung sind, werden *non promulgated* GAAP genannt.[133] Ein nicht schriftlich verlautbartes Rechnungslegungsverfahren gilt dann als „*generally accepted*“, wenn mehrere Wirtschaftsprüfer bei verschiedenen zu prüfenden Unternehmen ein solches Verfahren billigen; entsprechend groß ist die Bedeutung der Wirtschaftsprüfer für die Entwicklung von *non promulgated* GAAP.[134]

Neben der Unterscheidung von *promulgated* und *non promulgated* GAAP können die GAAP nach dem Grad ihrer Verbindlichkeit eingeordnet werden.[135] In der Literatur existiert eine Vielzahl solcher GAAP-Hierarchien, davon hat sich die als „*the house of GAAP*“ bezeichnete Version von RUBIN durchgesetzt.[136] Bei diesem Systematisierungsversuch werden die einzelnen GAAP unterschiedlicher Quellen[137] gemäß dem Grad ihrer Verbindlichkeit, wie es im *Statement on Auditing Standards No.* 69 festgelegt ist,[138] einzelnen Stockwerken zugeteilt.[139] In den folgenden Ausführungen bzw. in Abb. 3.1 wird in Anlehnung

[131] HALLER, A. (1994), S. 69. PELLENS stellt dies allerdings in Frage. Vgl. mit ausführlicher Begründung PELLENS, B. (2001), S. 120 f.
[132] Vgl. HALLER, A. (1994), S. 70.
[133] Vgl. HALLER, A. (1990b), S. 763.
[134] Vgl. HALLER, A. (1990b), S. 763 f.; FRANKENBERG, P. (1993), S. 31 f.; PELLENS, B. (2001), S. 121 f.
[135] Vgl. PELLENS, B. (2001), S. 122.
[136] Vgl. RUBIN, S. (1984), S. 122-129. Vgl. dazu auch SIEBERT, H. (1996), S. 71; PELLENS, B. (2001), S. 122.
[137] Eine Auflistung sämtlicher GAAP-Quellen und ihre Hierarchie befindet sich im AICPA *Statement of Auditing Standards* Nr. 69. Vgl. AICPA (1999a), AU § 411.05.
[138] Vgl. AICPA (1999a), AU § 411.05.
[139] Vgl. HEINTGES, S. (1997), S. 124.

an PELLENS[140] eine Modifikation des *house of* GAAP vorgestellt, bei der zwar die einzelnen GAAP unterschiedlichen Stockwerken zugeordnet werden, die Inhalte der einzelnen Stockwerke jedoch geringfügig von denen RUBINS abweichen.

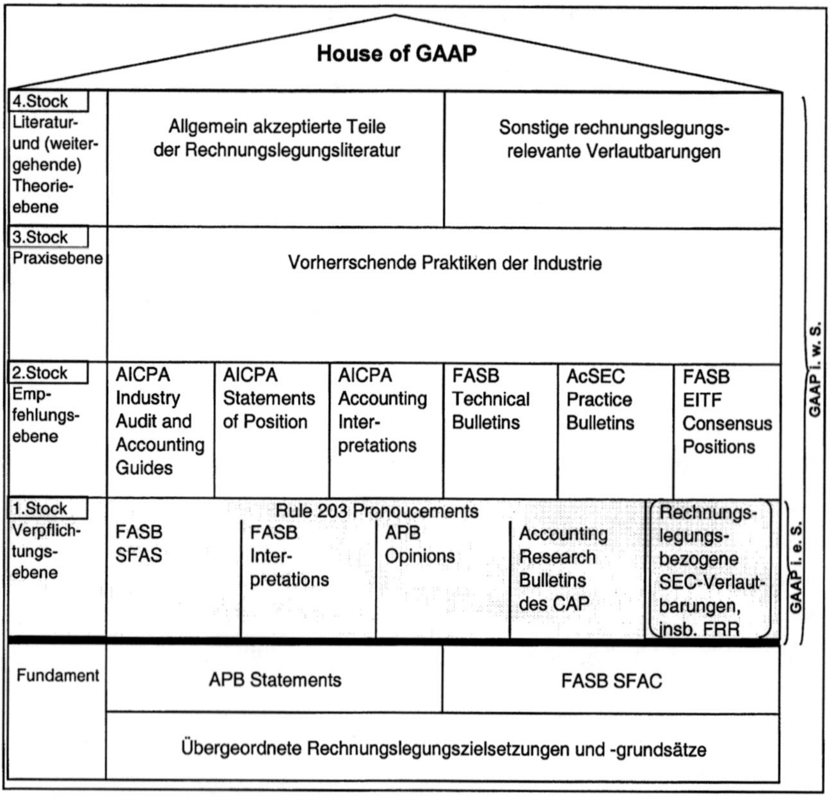


Abb. 3.1: *House of GAAP*
(in Anlehnung an PELLENS, B. (2001), S. 123).

Das Fundament dieses Hauses besteht aus den übergeordneten Rechnungslegungszielsetzungen und –grundsätzen (*basic concepts and broad principles of*

[140] Vgl. dazu PELLENS, B. (2001), S. 122 ff. Vgl. auch SAUTER, D. (1991), S. 30-37; MILLER, P. B. W./REDDING, R. J./BAHNSON, P. R. (1998), S. 60 ff. Stärker an RUBIN angelehnte Hierarchien sind bspw. bei KIESO, D. E./WEYGANDT, J. J./WARFIELD, T. D. (2001), S 14; SONNEMANN, E. (Hrsg.) (1989), S. 37-39 vorzufinden.

*financial reporting*), wie z. B. „going concern assumption, substance over form, neutrality, the accrual basis, conservatism and materiality."[141] Allerdings werden diese nicht zu den GAAP an sich gezählt.[142] Das erste Stockwerk besteht aus den *promulgated* GAAP, d. h. den SFAS, den FASB *Interpretations*, den APB *Opinions* sowie den AICPA *Accounting Research Bulletins* und wird häufig auch als Verpflichtungsebene oder als GAAP i. e. S. bezeichnet, da diese Vorschriften die höchste Verbindlichkeitsstufe bzw. den höchsten Konkretisierungsgrad besitzen und für sämtliche börsennotierte Unternehmen verpflichtend sind.[143]

Alle weiteren GAAP, d. h. die GAAP i. w. S. kommen zur Anwendung, wenn Problemstellungen zur Rechnungslegung nicht mehr durch GAAP i. e. S. gelöst werden können.[144] Die GAAP i. w. S. setzen sich zusammen aus den GAAP i. e. S. (Stockwerk 1) und den weiteren Stockwerken (Stockwerk 2 bis 4) des *house of* GAAP. Können die GAAP i. e. S. nicht zur Lösung eines Rechnungslegungsproblems beitragen, sind zunächst die Vorschriften des zweiten Stockwerks des *house of* GAAP heranzuziehen. Zu diesem zweiten Stockwerk, auch Empfehlungsebene genannt, zählen Verlautbarungen, zu deren Verabschiedung ein bestimmter formaler Ablauf, ähnlich dem *due process*, notwendig war;[145] bei diesen Verlautbarungen handelt es sich um die AICPA *Industry Audit and Accounting Guides*, die AICPA *Statements of Position*, die AICPA *Interpretations* zu APB *Opinions*, die FASB *Technical Bulletins*, die AcSEC *Practice Bulletins* sowie die EITF *Consensus Positions*.[146] Kann damit noch immer keine eindeutige Beurteilung einer Rechnungslegungsfragestellung vorgenommen werden, muss auf das dritte Stockwerk, die sog. Praxisebene, zurückgegriffen werden. Dabei findet eine Orientierung an verschiedenen weitverbreiteten Rechnungslegungspraktiken in der entsprechenden Branche statt, die man als

[141] RUBIN, S. (1984), S. 122. Allerdings stellen diese nach h. M. und nach Ansicht des FASB keine GAAP dar, sondern fungieren als Basis für die Entwicklung von GAAP. Vgl. MEEK, G. K. (2000), S. 167; DELANEY, P. R. et al. (2000), S. 14; HITZ, J.-M./KUHNER, C. (2000), S. 890.

[142] Vgl. MILLER, P. B. W./REDDING, R. J./BAHNSON, P. R. (1998), S. 64 f.; SCHILDBACH bezeichnet das *Conceptual Framework* gar als völlig unverbindlich. Vgl. SCHILDBACH, T. (2000a), S. 63.

[143] Vgl. RUBIN, S. (1984), S. 122; SONNEMANN, E. (Hrsg.) (1989), S. 37; MEYER, C./SPREITER, F. (1999), S. 514; PELLENS, B. (2001), S. 122. Vgl. ferner SAUTER, D. (1991), S. 34.

[144] Vgl. KIESO, D. E./WEYGANDT, J. J./WARFIELD, T. D. (2001), S. 14; MEYER, C./SPREITER, F. (1999), S. 514; PELLENS, B. (2001), S. 122 f..

[145] Vgl. SONNEMANN, E. (Hrsg.) (1989), S. 38; MEYER, C./SPREITER, F. (1999), S. 514.

[146] Vgl. PELLENS, B. (2001), S. 123.

*Prevalent Industry Practices* bezeichnet. Abschließend ist das letzte Stockwerk, die Theorieebene, maßgeblich, die aus den APB *Statements*, den AICPA *Issue Papers*, den *Other Professional Pronouncements* sowie *Textbooks and Articles* besteht.[147]

Im Gegensatz zu den deutschen handelsrechtlichen Regelungen können sich weder die offiziell verlautbarten noch die nicht verlautbarten GAAP auf die Autorität ihrer Gesetzeskraft berufen.[148] Ihre faktische Verbindlichkeit resultiert daraus, dass die Erteilung eines Testats (*qualified opinion*) durch einen Wirtschaftsprüfer an die Einhaltung der GAAP gebunden ist,[149] denn die Berufsgrundsätze des AICPA, diesbezüglich fixiert in der *rule of conduct* 203, lassen es nicht zu, dass ein uneingeschränkter Bestätigungsvermerk erteilt wird, wenn ein Jahresabschluss in irgendeiner Form von den GAAP abweicht und diese Abweichung eine wesentliche Auswirkung auf die Gesamtheit des Abschlusses mit sich bringt.[150] Ein weiterer Grund für die Bedeutung der GAAP ist, dass die *New York Stock Exchange* und die SEC die Einreichung von Bestätigungsvermerken fordern, welche konkret Aussagen über die Einhaltung der GAAP beinhalten.[151] „Insofern sind vor allem börsennotierte Gesellschaften zur Einhaltung der GAAP verpflichtet."[152] Aber auch nicht börsennotierte Unternehmen, die ihren Jahresabschluss freiwillig oder bspw. auf Druck ihrer Kreditgeber durch einen Abschlussprüfer prüfen und testieren lassen, sind an die Einhaltung der GAAP gebunden.[153]

Stellt man nun einen Vergleich zwischen den US-amerikanischen GAAP und den deutschen GoB an, so lassen sich einige Unterschiede ausmachen. Zwar handelt es sich in beiden Fällen um unbestimmte Rechtsbegriffe und sowohl die US-GAAP als auch die GoB werden aus der Praxis abgeleitet. Dennoch existieren Unterschiede hinsichtlich des Geltungsbereichs, ihrer konkreten Entstehung

---

[147] Vgl. SONNEMANN, E. (Hrsg.) (1989), S. 38 f. SONNEMANN zählt zur Theorieebene außerdem die SFAC des FASB hinzu, die aber nach der hier vorgenommenen Hierarchiebildung bereits zum Fundament des *house of* GAAP gehören.

[148] Vgl. GINGELE, R. (1989), S. 36; MERKT, H. (1991), Rz. 202.

[149] Vgl. HERTING (1970), S. 34; PELLENS, B. (2001), S. 124.

[150] Vgl. AICPA (1999b), ET 203.01. Vgl. dazu auch KUBIN, K. W. (1989), S. 97; WÜSTEMANN, J. (1999), S. 6 f.

[151] Vgl. KUBIN, K. W. (1989), S. 97.

[152] PELLENS, B. (2001), S. 124.

[153] Vgl. MEEK, G. K. (2000), S. 166; PELLENS, B. (2001), S. 125.

und ihrer rechtlichen Verbindlichkeit.[154] Gelten die GoB nach § 243 HGB i. V. m. § 242 HGB für alle Kaufleute, unabhängig von Rechtsform und Größe,[155] so sind die GAAP wie gerade beschrieben grundsätzlich nur für Unternehmen verbindlich, die ihren Jahresabschluss durch einen Wirtschaftsprüfer testieren lassen. Außerdem erfolgt die Ableitung der GoB vorwiegend deduktiv aus den Zielen des Jahresabschlusses,[156] während die GAAP wie oben erläutert in erster Linie induktiv ermittelt werden.[157] Ein weiterer bedeutender Unterschied liegt in der Verquickung mit der steuerlichen Rechnungslegung. So enthält § 5 Abs. 1 Satz 1 EStG das Maßgeblichkeitsprinzip, wonach die handelsrechtlichen GoB einen großen Einfluss auf die steuerliche Rechnungslegung innehaben; dagegen „ist der Einfluß der GAAP auf das „tax accounting" sehr gering".[158,159]

Bevor nun auf die Ansatz-, Bewertungs- und Ausweisgrundsätze der US-amerikanischen Rechnungslegung näher erläutert werden, steht zunächst die Frage nach deren Zielsetzung im Mittelpunkt der Betrachtung.

## 3.5 Das *Conceptual Framework* des FASB

### 3.5.1 Entwicklung und grundsätzliche Bedeutung des *Conceptual Framework*

Unmittelbar nach seiner Errichtung im Jahre 1973 startete das FASB ein Projekt, dessen Zielsetzung es war, ein theoretisches Rahmenwerk, ein sog. „*Conceptual Framework*" als Grundlage für die Entwicklung von Rechnungslegungsvorschriften zu schaffen.[160] Nach Ansicht des FASB sollte das zu verfassende *Conceptual Framework* ein wohlstrukturiertes System von miteinander verbundenen Zielsetzungen und Grundprinzipien darstellen, aus dem konsistente Standards hervorgehen können und das das Wesen, die Funktion und die Grenzen

[154] Vgl. HALLER, A. (1990b), S. 774.
[155] Vgl. BAETGE, J. (1986), S. 2; LANG, J. (1986), S. 223. Vgl. dazu auch HALLER, A. (1990b), S. 774.
[156] Vgl. BAETGE, J. (1986), S. 3 ff.; LANG, J. (1986), S. 236.
[157] Vgl. auch WÜSTEMANN, J. (1999), S. 35.
[158] HALLER, A. (1990b), S. 774. Zum Verhältnis der US-GAAP zur steuerlichen Rechnungslegung in den USA vgl. HALLER, A. (1988), S. 723-733.
[159] Zu einer detaillierteren Darstellung der Unterschiede zwischen den deutschen GoB und den US-GAAP vgl. bspw. HALLER, A. (1990b), S. 774-776; SCHREIBER, U. (2000), S. 49-98, hier insb. S. 65 ff.
[160] Vgl. SONNEMANN, E. (Hrsg.) (1989), S. 41.

der Rechnungslegung und der Jahresabschlüsse beschreibt. Genau genommen sollte damit zwei Zielsetzungen nachgegangen werden: Zum einen ging es um die Bündelung bereits bestehender Rechnungslegungsgrundsätze und –praktiken und zum anderen um eine Deduktionsbasis für in der Zukunft vom FASB zu erlassenden Standards.[161]

Vor dem Hintergrund dieser Zielsetzung veröffentlichte das FASB 1976 das erste *discussion memorandum* hinsichtlich des zu schaffenden *Conceptual Framework* und nach Beurteilung der eingegangenen Kommentare und der anschließenden Diskussion wurde beschlossen, das Projekt in sechs Phasen aufzuteilen.[162] In den darauf folgenden Jahren verabschiedete das FASB mehrere SFAC und schloss das Projekt, aus dem insgesamt sechs SFAC hervorgehen, die zusammen das *Conceptual Framework* bilden, vorerst im Jahre 1986 ab.[163] Allerdings wird das *Conceptual Framework* selbst nie endgültig abgeschlossen sein, da die Normierung der Rechnungslegung ein fortlaufender Prozess (*ongoing process*) ist, und das FASB jederzeit – falls dies notwendig erscheint – eine Fortentwicklung des *Conceptual Framework* betreiben kann.[164] Diese Notwendigkeit sah das FASB relativ kurze Zeit nach dem vermeintlichen Abschluss des *Framework*-Projekts gegeben. Denn es wurde festgestellt, dass in einigen Rechnungslegungsstandards von Barwerten Gebrauch gemacht wurde, die Methodik aber im Einzelfall teilweise unterschiedlich war.[165] So wurde im Oktober 1988 ein Projekt zum Thema „Barwertermittlung" ins Leben gerufen, aus dem im Juni 1997 ein *Exposure Draft* sowie im März 1999 ein *Revised Exposure Draft* hervorgingen.[166] Abgeschlossen wurde das Projekt im Februar 2000 mit der Verabschiedung des SFAC 7 „*Using Cash Flow Information and Present Value in Accounting Measurements*".

[161] Vgl. HALLER, A. (2000), S. 7. Das FASB formuliert dies folgendermaßen: „The conceptual framework is a coherent system of interrelated objecitves and fundamentals that is expected to lead to consistent standards [...]. Establishment of objectives and identification of fundamental concepts will not directly solve financial accounting and reporting problems. Rather, objectives give direction and concepts are tools for solving problems." SFAC 4, Objectives of Financial Reporting by Nonbusiness Organizations.

[162] Vgl. BAKER, C. R./RAPACCIOLI, D./SOLOMON, M. B. (1995), S. 2978.

[163] Vgl. MOZES, H. A. (1998), S. 141.

[164] Vgl. MEEK, G. K. (2000), S. 172.

[165] Vgl. SFAC 7.2, 7.16 sowie Appendix B.

[166] Vgl. HITZ, J.-M./KUHNER, C. (2000), S. 891.

Da sich SFAC 4 mit nicht erwerbswirtschaftlichen Unternehmen (*Nonbusiness Organizations*) beschäftigt und SFAC 3 durch den später erlassenen SFAC 6 ersetzt wurde,[167] können diese bei den folgenden Ausführungen vernachlässigt werden. Die fünf für erwerbswirtschaftliche Unternehmen geltenden SFAC stehen in einem engen Zusammenhang, was im Schrifttum als visuelle Darstellung in Form einer dreistöckigen Pyramide ausgedrückt wird.[168]

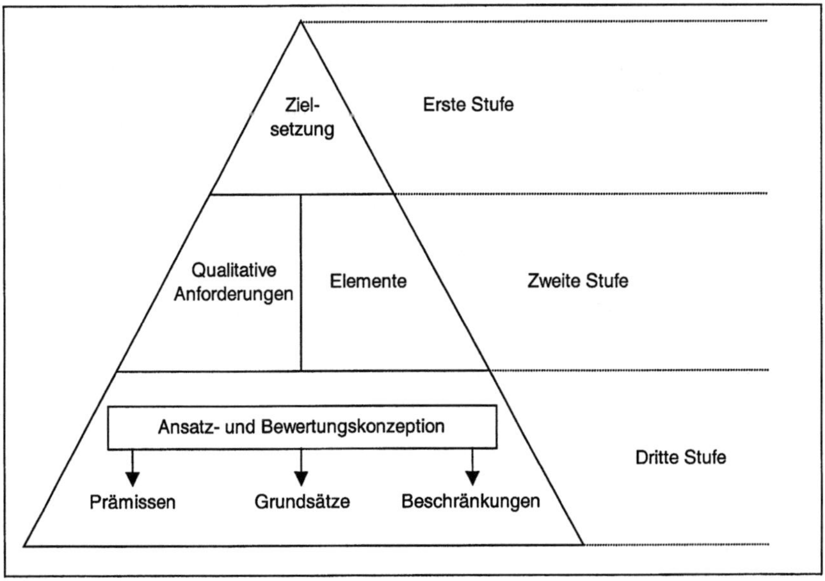


Abb. 3.2: Aufbau des *Conceptual Framework*
(in Anlehnung an KIESO, D. E./WEYGANDT, J. J./WARFIELD, T. D. (2001), S. 36).

Auf der obersten Stufe der Pyramide befinden sich die in SFAC 1 formulierten Zielsetzungen des *financial reporting*.[169] Aus diesen Zielsetzungen abgeleitet können die qualitativen Anforderungen und Elemente der Rechnungslegung der

---

[167] Vgl. SPICELAND, J. D./SEPE, J. F./TOMASSINI, L. A. (2000), S. 16.

[168] Vgl. COENENBERG, A. G. (2001), S. 86; KIESO, D. E./WEYGANDT, J. J./WARFIELD, T. D. (2001), S. 36 und 51; PELLENS, B. (2001), S. 132.

[169] Das *financial reporting* bezieht sich dabei nicht allein auf den Jahresabschluss, sondern umfasst sämtliche Formen der Informationsvermittlung an externe Interessenten. Vgl. SFAC 1.5 ff.; PACTER, P. A. (1985), S. 88; DAVIDSON, S./ANDERSON, G. D. (1987), S. 123. Vgl. dazu auch HALLER, A. (2000), S. 9 sowie die Ausführungen unter Abschnitt 3.5.2.

zweiten Stufe zugeordnet werden. Eine noch weitergehende Konkretisierung der Rechnungslegungsziele erfolgt auf der dritten Stufe, die die Ansatz- und Bewertungskonzeption zum Inhalt hat.[170] Beginnend mit der ersten Stufe wird der Aufbau der Pyramide im Folgenden erläutert.

### 3.5.2 Zielsetzung und Adressaten der US-amerikanischen Rechnungslegung

Die Zielsetzung der Rechnungslegung erwerbswirtschaftlicher Unternehmen ist in SFAC 1 unter dem Titel „*Objectives of Financial Reporting by Business Enterprises*" schriftlich fixiert. Schon aus dem Titel geht hervor, dass sich das FASB mit der Festlegung der Zielsetzung nicht allein auf *financial statements* beschränkt, sondern die Zielsetzung ausweitet auf alle weiteren Formen der Übermittlung von Informationen, die mittelbar oder unmittelbar aus dem Rechnungswesen (*accounting system*) eines Unternehmens stammen.[171]

Die Formulierung der Zielsetzung des *financial reporting* geschah unter Berücksichtigung der vorherrschenden wirtschaftlichen, politischen, rechtlichen und sozialen Rahmenbedinungen in den Vereinigten Staaten.[172] In Folge dessen zeichnet sich die US-amerikanische Rechnungslegung durch ihre Umweltbezogenheit (*environmental context of objectives*) aus, die in SFAC 1 mit dem Wortlaut ausgedrückt ist, dass „Financial Reporting [...] not an end in itself [darstellt]."[173] *Financial reporting* dient vielmehr als Hilfsmittel für wirtschaftliche Entscheidungen unterschiedlicher Entscheidungsträger,[174] denn „Financial Reporting [...] is intended to provide information that is useful in making business and economic decisions [...]"[175] Diese zentrale Zielsetzung wird auch als „*decision usefulness*" bezeichnet.[176] Durch die Weitergabe von Unternehmensinformationen soll die Effizienz der Märkte, v. a. des Kapitalmarkts gestärkt werden, um damit letztendlich auch einen positiven Effekt auf die Ressourcenallokation zu erzielen.[177]

[170] Vgl. PELLENS, B. (2001), S. 132.
[171] Vgl. SFAC 1.5; SIEBERT, H. (1996), S. 127 f.
[172] Vgl. SPICELAND, J. D./SEPE, J. F./TOMASSINI, L. A. (2000), S. 17.
[173] SFAC 1.9.
[174] Vgl. SIEBERT, H. (1996), S. 128.
[175] SFAC 1.9.
[176] Vgl. HALLER, A. (2000), S. 9.
[177] Vgl. MEEK, G. K. (2000), S. 172 f.; PELLENS, B. (2001), S. 133.

Als potenzielle Interessenten des *financial reporting* identifiziert das FASB[178]

- Anteilseigner,
- Kreditgeber,
- Lieferanten,
- Mitarbeiter,
- die Unternehmensleitung,
- Kunden,
- Finanzanalysten,
- Steuerbehörden,
- die Öffentlichkeit, usw.

In SFAC 1.27 nimmt das FASB eine Unterteilung in externe und interne Interessenten des *financial reporting* vor, analog zur im 2. Kapitel dieser Arbeit vorgenommenen Unterscheidung der Interessenten der Jahresabschlussanalyse.[179] Aufgrund der Vielschichtigkeit der Interessen greift das FASB zwei Interessentengruppen heraus, deren Informationsbedürfnisse im Vordergrund stehen sollen und die deshalb als Adressaten gelten: die Eigen- und Fremdkapitalgeber.[180] Insbesondere Kapitalgeber mit geringen Möglichkeiten der Einflussnahme sind nach Ansicht des FASB zu berücksichtigen, da sie zum einen selbst nicht über genug wirtschaftliche Macht verfügen, um die für ihre wirtschaftlichen Entscheidungen notwendigen Informationen von den jeweiligen Unternehmen zu verlangen und da sie zum anderen von großer Bedeutung für die Funktionsfähigkeit des US-amerikanischen Kapitalmarktes sind.[181] Einen weiteren Grund für die Fokusierung des *financial reporting* auf Kapitalgeber ist die Auffassung des FASB, dass solche Informationen, die Kapitalgebern nützlich sind, auch für alle anderen von Nutzen sind.[182]

[178] Vgl. für die folgende Aufzählung SFAC 1.24.
[179] Vgl. dazu die Ausführungen unter Abschnitt 2.2.
[180] Vgl. SFAC 1.30; PACTER, P. A. (1985), S. 88; PELLENS, B. (2001), S. 133.
[181] Vgl. DOPUCH, N./SUNDER, S. (1985), S. 98; HALLER, A. (1994), S. 205; HALLER, A. (2000), S. 9; PELLENS, B. (2001), S. 133 f.
[182] Vgl. SFAC 1.30 ff.; MEEK, G. K. (2000), S. 173.

Vor dem Hintergrund der Adressaten des *financial reporting* kann zusammenfassend auf folgende Zielsetzungen des Jahresabschlusses hingewiesen werden:[183]

(1) Es sind Informationen zur Verfügung zu stellen, die aktuellen und potenziellen Kapitalgebern sowie anderen Adressaten bei ihren Investitions-, Kredit und ähnlichen Entscheidungen von Nutzen sind (*decision usefulness*).[184]

(2) Die bereitgestellten Informationen sollen die Kapitalgeber bzw. weitere Adressaten bei der Schätzung der Höhe, des zeitlichen Anfalls sowie des Risikos zukünftiger Netto-*cash flows*, bspw. in Form von Dividenden und Zinsen, unterstützen.[185]

(3) Im Rahmen des *financial reporting* sollen Informationen gewährt werden, die erstens einen Einblick in den Bestand wirtschaftlicher Ressourcen gewähren, aus denen zweitens ersichtlich ist, welche Ansprüche hinsichtlich dieser Ressourcen bestehen und aufgrund derer man drittens die Auswirkungen von möglicherweise in der Zukunft eintretenden Ereignissen auf die Ressourcen abschätzen kann.[186]

Eine Schätzung zukünftiger Netto-*cash flows*, wie in (2) genannt, gelingt nach Ansicht des FASB am besten auf Basis aktueller periodisierter Zahlungsströme (*accrual accounting*), da diese eine geeignetere Vorsteuergröße für künftige Netto-*cash flows* darstellen als reine Zahlungsgrößen. Aufgrund dessen sind die Unternehmen verpflichtet, über ihre *performance* (vergleichbar mit der unter Abschnitt 2.5 beschriebenen Ertragslage) bzw. ihre *earnings* zu berichten.[187]

Das *financial reporting* hat weiterhin Informationen darüber bereitzustellen, inwieweit die Unternehmensleitung die von den Kapitalgebern zur Verfügung gestellten Mittel effektiv und effizient eingesetzt hat (man bezeichnet die

[183] Vgl. für die folgende Aufzählung SPICELAND, J. D./SEPE, J. F./TOMASSINI, L. A. (2000), S. 18; MEEK, G. K. (2000), S. 173; KIESO, D. E./WEYGANDT, J. J./WARFIELD, T. D. (2001), S. 36.
[184] Vgl. dazu auch SFAC 1.34-1.36; SIEBERT, H. (1996), S. 136.
[185] Vgl. dazu auch SFAC 1.37-1.39; PELLENS, B. (2001), S. 134; DELANEY, P. R. et al. (2000), S. 21; SCHMIDT, M. (2000), S. 124.
[186] Vgl. dazu auch SFAC 1.40.
[187] Vgl. SFAC 1.42-48; HALLER, A. (2000), S. 10; MEEK, G. K. (2000), S. 173.

entsprechende Verantwortung des Managements auch als *stewardship responsibility)*.[188]

Um all diese Zielsetzungen erreichen zu können, soll der Jahresabschluss eine *fair presentation* der wirtschaftlichen Lage des Unternehmens abgeben, d. h. er sollte einen Einblick in die tatsächliche Vermögens-, Finanz- und Ertragslage gewähren.[189] Wie unter Abschnitt 2.5 beschrieben, ist ein solcher Einblick eine notwendige Voraussetzung zur Durchführung einer Jahresabschlussanalyse. Insgesamt kann festgehalten werden, dass die Informationsvermittlung die zentrale Aufgabe des *financial reporting* und damit auch des Jahresabschlusses darstellt.[190] Insofern kann an dieser Stelle ein bedeutender Unterschied zur deutschen handelsrechtlichen Rechnungslegung identifiziert werden. Zwar übernimmt auch der handelsrechtliche Einzelabschluss eine Informationsfunktion, weiterhin nehmen aber auch die Einkommensbemessungs- und die Dokumentationsfunktion eine wesentliche Stellung ein, wobei der Einkommensbemessungsfunktion in der Literatur zumeist eine Dominanz zugesprochen wird.[191] Allein im handelsrechtlichen Konzernabschluss spielt die Informationsfunktion eine ähnliche zentrale Rolle wie nach US-amerikanischer Rechnungslegung.[192] Kann man bei der Dokumentationsfunktion noch eine Analogie zwischen deutscher handelsrechtlicher und US-amerikanischer Rechnungslegung feststellen,[193] so kommt der Einkommensbemessungsfunktion in der US-GAAP-Welt eine ganz unbedeutende Rolle zu.[194] Denn weder für die Besteuerung noch für die Verteilung des Ergebnisses stellt der US-amerikanische Jahresabschluss üblicherweise die Grundlage dar, wie dies im deutschen Handelsrecht der Fall ist. So erfolgt die steuerliche Ermittlung des Gewinns grundsätzlich losgelöst von

---

[188] Vgl. SIEBERT, H. (1996), S. 137; MEEK, G. K. (2000), S. 173.

[189] Vgl. MEEK, G. K. (2000), S. 173.

[190] Vgl. PELLENS, B. (2001), S. 134.

[191] Vgl. COENENBERG, A. G. (2001), S. 40 f.; PELLENS, B. (2001), S. 134.

[192] Vgl. WÜSTEMANN, J. (1996), S. 431; BUSSE VON COLBE, W./ORDELHEIDE, D. (1993), S. 19 ff.; PELLENS, B. (2001), S. 134.

[193] Der deutsche handelsrechtliche Jahresabschluss übernimmt die Dokumentationsfunktion indem er bspw. zur Beweissicherung bei Auseinandersetzungen, im Insolvenzsfall und für die Besteuerung dient. Vgl. PELLENS, B. (2001), S. 135 f. Zur Dokumentationsfunktion in der US-amerikanischen Rechnungslegung vgl. die obigen Ausführungen zur *stewardship responsibility*.

[194] In der Literatur findet sich überwiegend die Meinung, dass der US-GAAP-Abschluss in den Vereinigten Staaten keine Einkommensbemessungsfunktion übernimmt. Vgl. PELLENS, B. (2001), S. 134 ff.; HALLER, A. (2000), S. 10. Dagegen äußert WÜSTEMANN, dass „eine Bedeutung der generally accepted accounting principles für den verteilbaren Gewinn [...] immerhin doch mittelbar zu konstatieren" ist. WÜSTEMANN, J. (1996), S. 430.

der Gewinnermittlung im US-GAAP-Abschluss, ein Maßgeblichkeitsprinzip wie in Deutschland existiert in den USA nicht.[195] Zwar ist es prinzipiell möglich, einen US-GAAP-konformen Jahresabschluss auch zu Zwecken der Steuerbemessung heranzuziehen, das *taxable income* weist aber allenfalls – im Gegensatz zu den Regelungen des deutschen Steuerrechts – eine nur sehr schwach ausgeprägte Bindung an die US-GAAP auf; zudem existiert eine Vielzahl von divergierenden Vorschriften zwischen dem Steuerrecht einerseits und den GAAP andererseits.[196]

Auch zur Bestimmung des maximal an die Anteilseigner ausschüttbaren Gewinns ist der US-GAAP-Abschluss nicht maßgebglich,[197] da nach US-amerikanischem Gesellschaftsrecht keine rechtliche Beziehung zwischen ausgeschütteter Dividende und Bilanzgewinn des entsprechenden Jahres besteht.[198] Über die Höhe einer auszuschüttenden Dividende entscheidet allein das „*board of directors*",[199] wobei an die Stelle gesetzlicher Regulierungen Markt- und Vertragsmechanismen treten, die den Schutz der Aktionäre gewährleisten sollen.[200]

### 3.5.3 Basisgrundsätze der US-amerikanischen Rechnungslegung

#### 3.5.3.1 Qualitative Anforderungen an die Rechnungslegung

Zur Konkretisierung des Zielsystems der *decision usefulness* hat das FASB in SFAC 2 „*Qualitative Characteristics of Accounting Information*" hierarchisch gegliederte Rechnungslegungsgrundsätze definiert. Zusammen mit den unter Abschnitt 3.5.3.2 beschriebenen *basic elements* bilden sie die zweite Stufe der

---

[195] Abgesehen von einigen wenigen Ausnahmen. Vgl. HALLER, A. (1988), S. 725; HAUEISEN, B. (1990), S. 177. Vgl. dazu auch RAPPAPORT, L. H. (1972), S. 3-23. Die strikte Trennung von steuerrechtlicher Gewinnermittlung und *financial accounting* erfolgt aufgrund der unterschiedlichen Zielsetzungen, bekanntermaßen der Steuerbemessung, die zudem häufig wirtschaftspolitischen Lenkungszielen unterworfen ist, und der Informationsvermittlung. Vgl. GLAUM, M./MANDLER U. (1997), S. 110; SCHREIBER, U. (2000), S. 89.

[196] Vgl. SCHREIBER, U. (2000), S. 61 ff.

[197] Mit Ausnahme des Bundesstaates Kalifornien, in dem bestimmte Verbindungen bestehen. Vgl. SCHILDBACH, T. (1998a), S. 9.

[198] Vgl. WESNER, P. (1984), S. 14 f. Eine dem deutschen Aktiengesetz vergleichbare Ausschüttungssperre existiert in den USA nicht. Vielmehr ist es in einigen US-amerikanischen Bundesstaaten, wie z. B. in Delaware und Kalifornien, aufgrund der dortigen gesellschaftsrechtlichen Vorschriften möglich, Dividenden auszuschütten, auch wenn dadurch das Nominalkapital aufgebraucht wird. Vgl. GLAUM, M./MANDLER U. (1997), S. 108.

[199] Vgl. HALLER, A. (2000), S. 10.

[200] Vgl. PELLENS, B. (2001), S. 135 f.

dreistöckigen Pyramide des *Conceptual Framework.* Diese sog. *accounting qualities* stellen Qualitätsanforderungen dar, denen die Informationen des Jahresabschlusses gerecht werden müssen, um als entscheidungsnützlich zu gelten.[201] Sie setzen sich zusammen aus den *primary*, den *secondary* sowie den *interactive accounting qualities*.

Als primäre Qualitätsanforderungen nennt das FASB in SFAC 2.33 die Entscheidungserheblichkeit (*relevance*) und die Verlässlichkeit (*reliability*), die einerseits als qualitative Mindestanforderungen zu verstehen sind, andererseits aber auch durch ihre Gegensätzlichkeit gekennzeichnet sind und bei der Lösung von Rechnungslegungsproblemen kompromisshaft zu beachten sind.[202] Durch die Qualitätsanforderung *relevance* soll für den Rechnungslegungsadressaten, indem wesentliche Daten rechtzeitig zur Verfügung gestellt werden, die Grundlage zur Entscheidungsbildung geschaffen werden.[203] Um Informationen als *relevant* einzustufen, müssen sie Aussagen über die Zukunft zulassen, d. h. einen *predictive value* besitzen oder aber vergangene Annahmen verifizieren oder korrigieren, also über einen *feedback value* verfügen; dabei müssen die Informationen zeitnah zur Verfügung stehen, indem sie das Kriterium der *timeliness* erfüllen.[204] Der Qualitätsanforderung *reliability* ist dann entsprochen, wenn die entsprechende Information intersubjektiv nachprüfbar und damit in ausreichendem Maße objektiv ist (*verifiability*), daneben müssen die Eigenschaften Neutralität (*neutrality*) und Abbildungstreue (*representational faithfulness*) vorliegen.[205]

Häufig werden die beiden Qualitätsanforderungen *relevance* und *reliability* zusammengefasst zum zentralen Prinzip der „*fair presentation*". Dieses Gebot der wahrheitsgetreuen Abbildung der wirtschaftlichen Lage eines Unternehmens

---

201 Vgl. SFAC 2.32. Vgl. dazu auch PACTER, P. A. (1985), S. 89; BAETGE, J./ROß, H.-J. (2000), S. 33; KIESO, D. E./WEYGANDT, J. J./WARFIELD, T. D. (2001), S. 37.

202 Vgl. SFAC 2.90; SONNEMANN, E. (Hrsg.) (1989), S. 46; KUHLEWIND, A.-M. (1997), S. 61; PELLENS, B. (2001), S. 139 f.

203 Vgl. SFAC 2.47; GRÄFER, H. (1992), S. 104; SCHÖN, M. (1997), S. 56; DELANEY, P. R. et al. (2000), S. 23.

204 Vgl. SFAC 2.33; KPMG (Hrsg.) (1999), S. 14; MEEK, G. K. (2000), S. 175; SPICELAND, J. D./SEPE, J. F./TOMASSINI, L. A. (2000), S. 19. Zu Auswirkungen des immer schneller fortschreitenden Wandels und der kürzer werdenden Produktlebenszyklen bspw. in der IT- und Telekommunikationsbranche auf das Kriterium der *timeliness* vgl. RIMERMAN, T. W. (1990), S. 82.

205 Vgl. SFAC 2.33; REIL, V./SEIDEL, U. M. (1999), S. 173; DELANEY, P. R. et al. (2000), S. 23 f.; COENENBERG, A. G. (2001), S. 87 f.

im Rahmen seines *financial reporting* stellt die Generalnorm der US-amerikanischen Rechnungslegung dar, und ist vergleichbar mit der Forderung im deutschen Handelsrecht gemäß § 264 Abs. 2 Satz 1 bzw. § 297 Abs. 2 Satz 2 HGB nach einem den tatsächlichen Verhältnissen entsprechenden Bild der Vermögens-, Finanz- und Ertragslage.[206] Wesentlicher Unterschied zwischen diesen beiden Generalnormen ist, dass in der US-amerikanischen Rechnungslegung im Zweifel einer Darstellung des Jahresabschlusses im Sinne der *fair presentation* eine übergeordnete Bedeutung zukommt und diese demnach als oberster Leitsatz (*overriding principle*) zu werten ist. Dagegen haben im deutschen Handelsrecht immer Einzelvorschriften Vorrang.[207]

Als sekundäre Qualitätsanforderungen nennt das FASB in SFAC 2 die Vergleichbarkeit in zweifacher Hinsicht, nämlich einerseits temporal (*consistency*) und andererseits zwischenbetrieblich (*comparability*).[208] Durch die Anforderung der *consistency* soll ein stetiges Bilanzierungsverhalten erreicht werden, damit im Zeitablauf gleiche Sachverhalte vom gleichen Unternehmen nach gleichen Rechnungslegungsmethoden bilanziert werden.[209] Die Forderung nach der Stetigkeit ist daher in der US-amerikanischen Rechnungslegung weitergefasst als nach deutschem Handelsrecht, denn sie umfasst neben den Ausweis- und Bewertungsfragen auch die des Ansatzes.[210]

Die folgenden Ausführungen verdeutlichen, welche einzelnen Bestandteile des Jahresabschlusses das FASB im *Conceptual Framework* identifiziert.

### 3.5.3.2 Bestandteile des US-amerikanischen Jahresabschlusses

Wie bereits der Titel „*Elements of Financial Statements*" von SFAC 6, in dem die Bestandteile des US-amerikanischen Jahresabschlusses beschrieben sind, verrät, beschränkt sich dieser allein auf den Jahresabschluss (*financial statements*) und nicht, wie die bereits beschriebenen SFAC 1 und 2, auf das gesamte

[206] Vgl. HALLER, A. (1994), S. 256; REIL, V./SEIDEL, U. M. (1999), S. 173; COENENBERG, A. G. (2001), S. 88.
[207] Vgl. PELLENS, B. (2001), S. 160 ff.
[208] Vgl. SFAC 2.111 ff. und SFAC 2.120 ff. Vgl. auch SONNEMANN, E. (Hrsg.) (1989), S. 46 f.; MEEK, G. K. (2000), S. 176.
[209] Vgl. SFAC 2.120-122; BAETGE, J./ROß, H.-J. (2000), S. 34.
[210] Vgl. HALLER, A. (1994), S. 255; COENENBERG, A. G. (2001), S. 88.

*financial reporting.*[211] Dabei geht es darum, die einzelnen Bestandteile der verschiedenen Rechnungslegungsinstrumente (*basic elements*) definitorisch abzugrenzen; diese Definitionen setzen den Grundstein für eine Rechnungslegungssprache.[212]

Folgende *basic elements* werden in SFAC 6 beschrieben:[213]

- *Assets* stellen Ressourcen dar, über die das Unternehmen aufgrund eines vergangenen Ereignisses verfügt und aus deren Einsatz ein zukünftiger wirtschaftlicher Nutzen erwartet wird.[214] Sie sind vergleichbar mit den Vermögensgegenständen im deutschen Handelsrecht, wenn auch nicht inhaltlich deckungsgleich.
- *Liabilities* sind künftige Belastungen des Unternehmens, die auf bestehende Verpflichtungen zurückzuführen sind.[215]
- *Equity*, auch als *net assets* bezeichnet, besteht aus der Differenz zwischen den *assets* und *liabilities* des Unternehmens und drückt den Residualanspruch der Anteilseigner dem Unternehmen gegenüber aus.[216]
- *Investments by owners* verkörpern erfolgsneutrale Veränderungen des Eigenkapitals durch Einlagen von Anteilseignern.[217]
- Als *distributions to owners* werden erfolgsneutrale Veränderungen des Eigenkapitals durch Entnahmen der Anteilseigner bezeichnet.[218]
- Das *comprehensive income* besteht aus der Veränderung des Eigenkapitals in der betrachteten Rechnungslegungsperiode, verursacht durch Transaktionen und sonstige Ereignisse, die keine Einlagen oder Entnahmen darstellen.[219]

---

[211] Vgl. HALLER, A. (1994), S. 210. Ursprünglich wurden die Bestandteile des US-amerikanischen Jahresabschlusses in SFAC 3 „*Elements of Financial Statements of Business Enterprises*" erläutert, der 1985 durch SFAC 6 ersetzt wurde.

[212] Vgl. KIESO, D. E./WEYGANDT, J. J./WARFIELD, T. D. (2001), S. 40.

[213] Vgl. für die folgende Aufzählung SFAC 6.25, 6.35, 6.49, 6.66, 6.67, 6.70, 6.78, 6.80, 6.82, 6.83; DELANEY, P. R. et al. (2000), S. 26 f.; KIESO, D. E./WEYGANDT, J. J./WARFIELD, T. D. (2001), S. 40 f.

[214] Vgl. auch KPMG (Hrsg.) (1999), S. 18.

[215] Vgl. auch PELLENS, B. (2001), S. 145.

[216] Vgl. auch PELLENS, B. (2001), S. 146.

[217] Vgl. auch SPICELAND, J. D./SEPE, J. F./TOMASSINI, L. A. (2000), S. 23; COENENBERG, A. G. (2001), S. 88.

[218] Vgl. auch SPICELAND, J. D./SEPE, J. F./TOMASSINI, L. A. (2000), S. 23; COENENBERG, A. G. (2001), S. 88.

[219] Vgl. auch HALLER, A. (1994), S. 212; SIEBERT, H. (1996), S. 177.

- *Revenues* stellen die Zunahme des wirtschaftlichen Nutzens in der betrachteten Periode dar. Diese Zunahme kann entweder als direkter Zufluss, als Zunahme des Wertes von *assets* oder als Abnahme des Wertes von *liabilities* stattfinden.[220]
- Unter *expenses* ist die Abnahme wirtschaftlichen Nutzens während der Rechnungslegungsperiode zu verstehen, hervorgerufen durch einen direkten Abfluss oder durch die Abnahme des Werts von *assets* oder durch die Erhöhung des Werts von *liabilities*.[221]
- Als *gains* bezeichnet das FASB Eigenkapitalerhöhungen „from peripheral or incidental transactions of an entity and from all other transactions and other events and circumstances affecting the entity except those that result from revenues or investments by owners."[222]
- *Losses* sind spiegelbildlich zu den *gains* die Verminderungen des Eigenkapitals.

„Die Zuordnung zu den *revenues/gains* bzw. *expenses/losses* [...] hängt entscheidend von der betrieblichen Tätigkeit und der Branchenzugehörigkeit der Unternehmung ab."[223] Die dadurch erzielte Trennung von betrieblichen und außerbetrieblichen Aufwendungen und Erträgen ist von großer Bedeutung für die erfolgswirtschaftliche Jahresabschlussanalyse, insbesondere für die unter Abschnitt 7.1.3.2 dargestellte Analyse der Erfolgsquellen, da zur Abschätzung des zukünftigen Ertrags- und *cash flow*-Potenzials die Erfolge der betrieblichen Tätigkeit in der abgelaufenen Periode herangezogen werden.[224]

### 3.5.4 Grundlegende Konzepte zu Ansatz und Bewertung

#### 3.5.4.1 Einschränkende Bedingungen

Auf der dritten Stufe der in Abb. 3.2 dargestellten Pyramide befinden sich die grundlegenden Konzepte zu Ansatz und Bewertung des US-amerikanischen Jahresabschlusses. Diese können weiter untergliedert werden in einschränkende Bedingungen (*constraints*), grundlegende Annahmen (*basic assumptions*) und

---

[220] Vgl. auch KPMG (Hrsg.) (1999), S. 19.
[221] Vgl. auch KPMG (Hrsg.) (1999), S. 19.
[222] SFAC 6. Vgl. auch SIEBERT, H. (1996), S. 179.
[223] GRÄFER, H. (1992), S. 69.
[224] Vgl. PELLENS, B. (2001), S. 148.

grundlegende Rechnungslegungsprinzipien (*basic principles of accounting*). Zunächst werden die einschränkenden Bedingungen beschrieben.

Die Bereitstellung von Informationen für die Adressaten unter Berücksichtigung der in Abschnitt 3.5.3.1 dargestellten Qualitätsanforderungen erfährt v. a. durch den Grundsatz der Wesentlichkeit (*materiality*) in Form eines sog. *recognition threshold* sowie durch den Wirtschaftlichkeitsgedanken (*benefits > costs*), auch als *cost effecitveness constraint* bezeichnet, Einschränkungen.[225] Ein Geschäftsvorfall wird dann als wesentlich (*material*) eingestuft, wenn er mit Ereignissen zusammenhängt, die für einen durchschnittlich vorsichtigen Investor von Relevanz sind.[226] Bei der Beurteilung, ob ein Geschäftsvorgang als wesentlich zu klassifizieren ist, kommt den Wirtschaftsprüfern eine zentrale Rolle zu. Dem Grundsatz nach gilt, dass eine zu fällende Entscheidung vom Einzelfall abhängig ist und nur unternehmensindividuell zu treffen ist.[227] Durch die Beachtung des Wirtschaftlichkeitsgedankens soll vermieden werden, dass eine Flut an Informationen die Datenqualität eher schmälert als erhöht, und dass die Kosten zur Bereitstellung von Informationen nicht unverhältnismäßig hoch ausfallen und den mit den Informationen verbundenen Nutzen übersteigen.[228]

Weiterhin wirken zwei weniger dominante Grundsätze einschränkend auf die Qualitätsanforderungen: das Prinzip des *conservatism*[229] sowie die Berücksichtigung von sog. *industry practices*. *Conservatism* bedeutet i. S. des *Conceptual Framework*: „when in doubt choose the solution that will be least likely to overstate assets and income."[230] Aus dem Prinzip des *conservatism* wird das Niederstwertprinzip abgeleitet.[231] Im Gegensatz zum handelsrechtlichen Vorsichtsprinzip ist das Prinzip des *conservatism* nur schwach ausgeprägt,[232] denn eine vorsichtige Bilanzierung vor dem Hintergrund einer deutschen Betrachtungsweise unter der Prämisse des Gläubigerschutzes widerspricht der Forderung nach einer *fair presentation* und der damit verbundenen Bereit-

---

[225] Vgl. SFAC 2.123-132 und SFAC 2.133-144. Vgl. mit weiteren Erläuterungen auch SPICELAND, J. D./SEPE, J. F./TOMASSINI, L. A. (2000), S. 21.
[226] Vgl. HAYN, S./WALDERSEE, G. Graf (2000), S. 38 ff.
[227] Vgl. HALLER, A. (1990b), S. 773 f.
[228] Vgl. NIEHUS, R. J./THYLL, A. (2000), S. 12; PELLENS, B. (2001), S. 142 f.
[229] Vgl. SFAC 2.91-2.97.
[230] KIESO, D. E./WEYGANDT, J. J./WARFIELD, T. D. (2001), S. 50 f.
[231] Vgl. REIL, V./SEIDEL, U. M. (1999), S. 174; PELLENS, B. (2001), S. 167.
[232] Vgl. KPMG (Hrsg.) (1999), S. 20 f.; PELLENS, B. (2001), S. 167.

stellung entscheidungsrelevanter Informationen.[233] Damit wird in erster Linie verhindert, dass stille Reserven mit dem Verweis auf das Vorsichtsprinzip gebildet werden. Auch das dem deutschen handelsrechtlichen Jahresabschluss zugrunde liegende Imparitätsprinzip existiert implizit als Ausfluss des *conservatism* in der US-amerikanischen Rechnungslegung.[234] Allerdings wird es hier wiederum enger ausgelegt, denn zur Verlustantizipation sind die am Bilanzstichtag vorherrschenden Bedingungen maßgeblich und nicht mögliche negative Entwicklungen in den Folgeperioden.[235]

Durch die einschränkende Bedingung der Beachtung von *industry practices* kann es in Ausnahmefällen nach US-amerikanischer Rechnungslegung notwendig sein, von den grundlegenden Konzepten abzuweichen, nämlich dann, wenn dies das spezielle Wesen der Branche, der das betrachtete Unternehmen angehört, verlangt. Entdeckt man in einem Jahresabschluss eine Verletzung der Basisgrundsätze der US-amerikanischen Rechnungslegung, so sollte man prüfen, „whether it is explained by some peculiar feature of the type of business involved before we criticize the procedures followed."[236]

### 3.5.4.2 Grundlegende Annahmen

Im Rahmen des *financial reporting* hat das berichtende Unternehmen von vier grundlegenden Annahmen (*basic assumptions*) auszugehen: von der Annahme der Unternehmenseinheit (*economic entity assumption*), von der Prämisse der Unternehmensfortführung (*going concern assumption*), von der Prämisse einer periodischen Berichterstattung (*periodicity assumption*) und von der Annahme der Bilanzierung in Geldeinheiten (*monetary unit assumption* bzw. *unit-of-measure assumption*). Diese vier grundlegenden Annahmen finden zwar keine explizite Berücksichtigung im *Conceptual Framework*, lassen sich jedoch implizit aus den in SFAC 5 erläuterten Kriterien zu Ansatz und Bewertung ableiten.[237]

[233] Vgl. HALLER, A. (1990b), S. 771 f.
[234] Vgl. COENENBERG, A. G. (2001), S. 90.
[235] Vgl. PELLENS, B. (2001), S. 167 f.
[236] KIESO, D. E./WEYGANDT, J. J./WARFIELD, T. D. (2001), S. 50.
[237] Vgl. MEEK, G. K. (2000), S. 174.

Aufgrund der *economic entity assumption* hat die ökonomische Einheit zu bilanzieren. Daraus ergibt sich, dass der Adressat des *financial reporting* die Unternehmensaktivitäten einerseits von den Aktivitäten der Anteilseigner und andererseits von den Aktivitäten anderer Unternehmen trennen kann.[238] Nach der Prämisse des *going concern* muss der Jahresabschlussersteller bei Ansatz und Bewertung davon ausgehen, dass das Unternehmen in absehbarer Zukunft fortbestehen wird, es sei denn, es liegen konkrete entgegengesetzte Anhaltspunkte vor.[239] Da die Adressaten der Rechnungslegung zeitnahe Informationen über die Unternehmensrentabilität und den wirtschaftlichen Status eines Unternehmens fordern, muss gemäß der Prämisse der *periodicity* die Berichterstattung periodisch erfolgen. Die Dauer der Berichtszeiträume kann von Fall zu Fall variieren, häufig findet eine monatliche, vierteljährliche oder jährliche Berichterstattung statt.[240] Bei der vierten Annahme, der Annahme der *monetary unit*, unterstellt man, dass monetäre Größen am besten die wirtschaftlichen Aktivitäten eines Unternehmens zu messen vermögen. Für die USA zieht dies die Implikation nach sich, dass die monetäre Einheit, und damit der US-Dollar, im Zeitablauf stabil bleibt.[241] Genau wie nach deutscher handelsrechtlicher Rechnungslegung finden auch hier inflationäre Tendenzen keine Beachtung.[242]

#### 3.5.4.3 Grundlegende Rechnungslegungsprinzipien

##### 3.5.4.3.1 Übersicht

Untermauert werden die beschriebenen Qualitätsanforderungen nach SFAC 2 durch die *basic principles*, deren hierarchische Gliederung in der Literatur divergiert.[243] Nachfolgend werden die wesentlichen Rahmengrundsätze, und

---

[238] Vgl. KUHLEWIND, A.-M. (1997), S. 64; KIESO, D. E./WEYGANDT, J. J./WARFIELD, T. D. (2001), S. 42; MEEK, G. K. (2000), S. 174; SPICELAND, J. D./SEPE, J. F./TOMASSINI, L. A. (2000), S. 25.

[239] Vgl. HALLER, A. (1990b), S. 771; KPMG (Hrsg.) (1999), S. 20; MEEK, G. K. (2000), S. 174; SPICELAND, J. D./SEPE, J. F./TOMASSINI, L. A. (2000), S. 26; KIESO, D. E./WEYGANDT, J. J./WARFIELD, T. D. (2001), S. 42.

[240] Vgl. KIESO, D. E./WEYGANDT, J. J./WARFIELD, T. D. (2001), S. 43.

[241] Vgl. KIESO, D. E./WEYGANDT, J. J./WARFIELD, T. D. (2001), S. 42 f.; MEEK, G. K. (2000), S. 174; SPICELAND, J. D./SEPE, J. F./TOMASSINI, L. A. (2000), S. 26.

[242] Vgl. GRÄFER, H. (1992), S. 106. Dies trifft allerdings nicht auf die Währungsumrechnung von Abschlüssen in ausländischer Währung zu. Vgl. SFAS 52.11.

[243] Für die unterschiedliche Hierarchienbildung vgl. bspw. DANOS, P./IMHOFF, E. A. (1986), S. 22-43; KUHLEWIND, A.-M. (1997), S. 64-82; NIEHUS, R. J./THYLL, A. (2000), S. 14-16.

zwar das *historical cost principle*, das *revenue recoginition principle*, das *matching principle* sowie das *full disclosure principle* beschrieben.[244]

#### 3.5.4.3.2 Das *Historical Cost Principle*

In SFAC 5 hat das FASB beschrieben, nach welchen Maßstäben die einzelnen Bestandteile des Jahresabschlusses zu bewerten sind. Grundsätzlich sind *assets* und *liabilities* in Höhe ihres ursprünglichen Transaktionswertes, ihrer sog. *historical costs* anzusetzen.[245] Für *assets* bedeutet dies, dass sie zum Erwerbszeitpunkt zu dem Betrag angesetzt werden, der den aufgewendeten liquiden Mitteln oder dem *fair value* eines anderweitigen hingegebenen Äquivalents entspricht. Die *historical costs* von *assets* sind damit ihre Anschaffungs- und Herstellungskosten.[246] Hinsichtlich der Bewertung von *assets* nach dem *historical cost principle* ist zu bemängeln, dass dabei in vielen Fällen nicht die wirklich relevante Information über das entsprechende *asset* berichtet wird, da die *historical cost* zumeist nicht den tatsächlichen wirtschaftlichen Wert des *assets* widerspiegeln. Andererseits handelt es sich bei dem *historical cost principle* um ein äußerst praktikables Konzept, da die *historical cost* objektiv feststellbar und einfach zu überprüfen sind.[247] Als *historical costs* von *liabilities* gilt entweder der Betrag, den der Jahresabschlussersteller für die Übernahme einer Verpflichtung erhalten hat oder derjenige, der unter der Annahme eines normalen Geschäftsverlaufs zu entrichten ist.[248]

Das *historical cost principle* hat in den letzten Jahren stark an Bedeutung eingebüßt, da in den neueren Standards zumeist der *fair value* als Bewertungskategorie zur Anwendung kommt.[249] Wie bereits erwähnt, hat das FASB dieser Entwicklung Rechnung getragen, indem es 1988 das Projekt zum Thema Barwertermittlung ins Leben gerufen hat, das mit der Verlautbarung von SFAC 7 abgeschlossen wurde. Ein gem. SFAC 7 ermittelter *fair value* ist: „The

---

244 Vgl. SPICELAND, J. D./SEPE, J. F./TOMASSINI, L. A. (2000), S. 27; KIESO, D. E./WEYGANDT, J. J./WARFIELD, T. D. (2001), S. 44.
245 Vgl. SPICELAND, J. D./SEPE, J. F./TOMASSINI, L. A. (2000), S. 27.
246 Vgl. SFAC 5.67a. Vgl. auch KPMG (Hrsg.) (1999), S. 23.
247 Vgl. DANOS, P./IMHOFF, E. A. (1986), S. 40 f.
248 Vgl. SFAC 5.67a. Vgl. auch KPMG (Hrsg.) (1999), S. 23.
249 Der *fair value* wird z. B. verwendet in den Standards zur Bilanzierung von Finanzinstrumenten SFAS 115 und 133 sowie in SFAS 144 „*Accounting for the Impairment or Disposal of Long-Lived Assets*". Vgl. HITZ, J.-M./KUHNER, C. (2000), S. 891. Vgl. auch SIEGEL, S. (1997), S. 86.

amount at which that asset (or liability) could be bought (or incurred) or sold (or settled) in a current transaction between willing parties, that is, other than in a forced or liquidation sale."[250]

### 3.5.4.3.3 Das *Accrual Principle* mit den Ausprägungen *Revenue Recognition Principle* und *Matching Principle*

Für die Erfolgsermittlung am bedeutendsten ist das *accrual principle*, welches in vielerlei Hinsicht dem handelsrechtlichen Grundsatz der periodengerechten Erfolgsermittlung entspricht.[251] Danach wird der Erfolg nicht auf der Basis von Einnahmen und Ausgaben, sondern von Erträgen und Aufwendungen ermittelt.[252] Entsprechend setzt sich das *accrual principle* aus zwei Unterprinzipien zusammen: Das *revenue recognition principle* (bzw. *realization principle*) einerseits normiert die Erfassung von Erträgen in der Buchhaltung, das *matching principle* andererseits regelt den Zeitpunkt der erfolgswirksamen Verbuchung von Ausgaben.[253]

Einnahmen dürfen nach dem *revenue recognition principle* erst dann als Ertrag (*revenue* bzw. *gain*) verbucht werden, wenn sie als realisiert oder realisierbar (*realized or realizable*) gelten.[254] Ist dies gegeben, so muss vor der Verbuchung als Ertrag weiterhin überprüft werden, ob diese Einnahmen auch als „*earned*" betrachtet werden können.[255] „Das 'earned'-Kriterium umschreibt rechtliche und wirtschaftliche Bedingungen der Leistungserbringung, die dem Anspruch oder der wahrscheinlichen Erlangung einer Gegenleistung vorausgehen."[256] Üblicherweise wird demnach das *earned*-Kriterium zum Zeitpunkt des Verkaufs (*point-of-sale*) erfüllt,[257] in Ausnahmefällen, wie bspw. bei der langfristigen Ferti-

---

[250] SFAC 7, Glossary of terms. Vgl. HITZ, J.-M./KUHNER, C. (2000), S. 892 f.
[251] Vgl. HALLER, A. (1994), S. 256; COENENBERG, A. G. (2001), S. 89.Vgl. auch SFAC 1.42-48.
[252] Dem Grundsatz nach findet man diese Vorgehensweise im US-amerikanischen wie auch im deutschen handelsrechtlichen Jahresabschluss. Vgl. JUNG, W./ISELE, H./GROß, C. (1989), S. 60.
[253] Vgl. HALLER, A. (1994), S. 256 f.
[254] Vgl. SFAC 5.83a; COENENBERG, A. G. (2001), S. 89; KIESO, D. E./WEYGANDT, J. J./WARFIELD, T. D. (2001), S. 44 f.; PELLENS, B. (2001), S. 163.
[255] Vgl. SFAC 5.83b; KPMG (Hrsg.) (1999), S. 20; SPICELAND, J. D./SEPE, J. F./TOMASSINI, L. A. (2000), S. 27 f.; KIESO, D. E./WEYGANDT, J. J./WARFIELD, T. D. (2001), S. 44.
[256] KUHLEWIND, A.-M. (1997), S. 113 f..
[257] Vgl. SPICELAND, J. D./SEPE, J. F./TOMASSINI, L. A. (2000), S. 27 f.

gung[258], gelten Erträge bereits vor dem Verkaufszeitpunkt als *earned.*[259] So können bei langfristigen Fertigungsaufträgen nach der sog. *percentage-of-completion*-Methode Erträge entsprechend dem Grad der Fertigstellung bereits realisiert, d. h. erfolgswirksam verbucht werden, obwohl die Gesamtleistung noch nicht erbracht ist.[260] Zusammenfassend kann festgestellt werden, dass das *revenue recognition principle* vielmehr wirtschaftlich als rechtlich interpretiert wird.[261]

Das mit dem *revenue recognition principle* korrespondierende *matching principle* regelt die periodengerechte Gegenüberstellung von Aufwendungen und Erträgen; ihm zu Folge müssen alle Aufwendungen, die bei der Leistungserstellung entstanden sind, der Periode zugerechnet werden, in der der sachlich zuordenbare Ertrag erzielt wird.[262] Stehen Aufwendungen nicht in einem sachlichen Zusammenhang mit entsprechenden Erträgen, so sind sie in der Periode ihres Anfalls erfolgswirksam zu erfassen. Aufwendungen, die sich auf einen Zeitraum beziehen, müssen zeitproportional den einzelnen Perioden, die sie betreffen, zugewiesen werden (bspw. planmäßige Abschreibungen auf abnutzbares Anlagevermögen).[263]

#### 3.5.4.3.4 Das *Full Disclosure Principle*

Mit dem Grundsatz der vollständigen Offenlegung (*full disclosure principle*) wird die Zielsetzung verfolgt, den Adressaten mit allen zur Entscheidungsfindung erforderlichen Informationen zu versorgen.[264] Nach dem *full disclosure principle* ist einerseits darauf zu achten, dass Informationen so detailiert offen

---

[258] Weitere Ausführungen zur Bilanzierung bei langfristiger Fertigung befinden sich unter Abschnitt 5.5.1.2.5.

[259] Daneben können auch Geschäftsvorfälle vorliegen, bei denen das *earned*-Kriterium erst nach dem Verkaufszeitpunkt greift. Vgl. SFAC 84a-g; KUHLEWIND, A.-M. (1997), S. 113-145; KIESO, D. E./WEYGANDT, J. J./WARFIELD, T. D. (2001), S. 45 f. mit weiteren Beispielen, in denen die Erfüllung des *earned*-Kriteriums abweichend vom Verkaufszeitpunkt statt findet.

[260] Vgl. SFAC 5.84c; KPMG (Hrsg.) (1999), S. 20; PELLENS, B. (2001), S. 164.

[261] Vgl. MEEK, G. K. (2000), S. 186.

[262] Vgl. SFAC 6.146. Das *matching principle* „dictates that efforts (expenses) be matched with accomplishment (revenues) whenever it is reasonable and practicable to do so." KIESO, D. E./WEYGANDT, J. J./WARFIELD, T. D. (2001), S. 46.

[263] Vgl. SFAC 5.85 und 5.86; STROBL, E. (1994), S. 411; KIESO, D. E./WEYGANDT, J. J./WARFIELD, T. D. (2001), S. 46 f.; PELLENS, B. (2001), S. 165.

[264] Vgl. GRÄFER, H. (1992), S. 107; KUHLEWIND, A.-M. (1997), S. 222; SPICELAND, J. D./SEPE, J. F./TOMASSINI, L. A. (2000), S. 29; KIESO, D. E./WEYGANDT, J. J./WARFIELD, T. D. (2001), S. 47.

gelegt werden, wie sie die Entscheidungsfindung gerade noch beeinflussen. Diese Informationen sollten aber andererseits derart zusammengefasst sein, dass sie für den Adressaten verständlich und nachvollziehbar sind. Selbstverständlich sind dabei auch Kosten-Nutzen-Abwägungen anzustellen.[265] In der Literatur kennt man unterschiedlich weit gefasste Begriffsdefinitionen des *full disclosure*: Der engste Begriff umfasst ergänzende Informationen zu den Daten der *financial statements*. Die mittlere Interpretation entspricht dem Begriff des *financial reporting* und enthält neben den Bestandteilen der engen Definition freiwillige qualitative und quantitative Angaben.[266] Die weite Fassung umspannt zusätzlich die über die *financial statements* und das *financial reporting* im Sinne des FASB hinausgehenden Informationen, die aufgrund von Angabepflichten zur Zulassung der Wertpapiere des Unternehmens an US-amerikanischen Börsen notwendig sind.[267]

Abschließend werden die Grundlagen der US-amerikanischen Rechnungslegung zusammengefasst dargestellt.

## 3.6 Zusammenfassung der Grundlagen der Rechnungslegung nach US-GAAP

Die US-amerikanische Rechnungslegung ist gekennzeichnet durch das *common law* als rechtssystematische Basis, ihre Normierung findet durch den privaten Sektor statt. Durch die daraus entstandene Einzelfall- und Praxisbezogenheit ist das Normensystem der US-GAAP einerseits relativ flexibel,[268] andererseits aber durch die Quantität der Einzelfallregelungen auch unübersichtlich und aufgrund ständiger Änderungen z. T. auch unpraktikabel.[269] Daneben kann aufgrund der Tatsache, dass eine Vielzahl von Institutionen an der Normierung der US-GAAP mitwirken bzw. mitgewirkt haben, eine gewisse Rechtsunsicherheit hinsichtlich der Frage, welche Regelungen noch in Kraft sind oder mittlerweile ergänzt oder ersetzt wurden, nie ganz ausgeschlossen werden.[270] SCHILDBACH spricht auch

---

[265] Vgl. KIESO, D. E./WEYGANDT, J. J./WARFIELD, T. D. (2001), S. 47.

[266] Vgl. SFAC 1.6, 1.7 sowie 1.22. Vgl. auch die Abbildung in SFAC 5, S. 1089; KUHLEWIND, A.-M. (1997), S. 222.

[267] Vgl. SEC Reg. S-X, Rule 1-01, Ziffer 4b; BROWN, V. H. (1982), S. 3; KUHLEWIND, A.-M. (1997), S. 222.

[268] Insbesondere im Vergleich zur deutschen handelsrechtlichen Rechnungslegung.

[269] Vgl. HALLER, A. (1990b), S. 777.

[270] Vgl. SELCHERT, F. W./ERHARDT, M. (1998), S. 39.

von einem „*patchwork*"-Charakter der US-amerikanischen Rechnungslegungsvorschriften, „wonach viele Sachverhalte mehr oder weniger akribisch durch entsprechende Standards und Interpretations geregelt werden, andere aber ungeregelt bleiben."[271]

Weiterhin ist die US-amerikanische Rechnungslegung stark geprägt durch die herausragende Bedeutung des öffentlichen Kapitalmarkts und den hohen Anteil der Eigenfinanzierung an der gesamten Finanzierung privatwirtschaftlicher Unternehmen. Daraus resultierend orientiert sich die US-amerikanische Rechnungslegung weitgehend an den Anforderungen einer ausgeprägten Kapitalmarktfinanzierung, ihre primäre Zielsetzung ist die Vermittlung entscheidungsrelevanter Informationen (*decision usefulness*), wobei die Investoren im Mittelpunkt stehen.

Die zur Konkretisierung der Zielsetzung der *decision usefulness* notwendigen *qualitative characteristics* bedingen ihrerseits wiederum die Erfüllung der beiden primären Qualitätsanforderungen *relevance* und *reliability*, die zum zentralen Prinzip der *fair presentation* zusammengefasst werden. Demnach ist eine den tatsächlichen Verhältnissen entsprechende Darstellung der Vermögens-, Finanz- und Ertragslage – wie sie im Übrigen auch nach deutschen handelsrechtlichen Vorschriften zu erfolgen hat – vorzunehmen. Dabei hat die *fair presentation* allerdings die Bedeutung eines *overriding principle*, wogegen im Handelsrecht stets Einzelvorschriften vorrangig angewendet werden.[272]

Bei Betrachtung der grundlegenden Konzepten zu Ansatz und Bewertung fällt insb. auf, dass auch die US-amerikanische Rechnungslegung eine Vorsichtsprinzip – *conservatism* – kennt, allerdings ist diese Prinzip wesentlich schwächer ausgeprägt als dies bspw. im deutschen Handelsrecht der Fall ist.[273] Innerhalb der *basic principle of accounting* kommt dem *accrual principle* eine anderweitige Bedeutung zu als dem handelsrechtlichen Grundsatz der periodengerechten Erfolgsermittlung, indem das *revenue recognition principle*, das einen Teil des *accrual principle* darstellt, eher wirtschaftlich als rechtlich interpretiert

---

[271] SCHILDBACH, T. (2000b), S. 197.
[272] Vgl. Abschnitt 3.5.3.1; PELLENS, B. (2001), S. 160 f.
[273] Vgl. Kapitel 3.5.4.1; GRÄFER, H. (1992), S. 108; REIL, V./SEIDEL, U. M. (1999), S. 174; COENENBERG, A. G. (2001), S. 90; PELLENS, B. (2001), S. 167 f.

wird und sich somit vom handelsrechtlichen Realisationsprinzip unterschei-det.[274]

[274] Vgl. Kapitel 3.5.4.3.3; MEEK, G. K. (2000), S. 186.

# 4 Datenbasis zur Analyse der Erfolgslage in der US-amerikanischen Rechnungslegung

## 4.1 Übersicht

Am Beginn einer traditionellen Jahresabschlussanalyse steht, wie bereits unter Abschnitt 2.4 erläutert, die Sichtung und Prüfung des zur Verfügung stehenden Datenmaterials. Deshalb ist es für den externen Analysten zweckmäßig, die Bestandteile eines US-GAAP-Abschlusses zu kennen und zu wissen, nach welchen Grundsätzen sich die Offenlegung vollzieht. Aus diesen Gründen wird zunächst ein Überblick über die zu veröffentlichenden Bestandteile eines US-GAAP-Abschlusses gegeben, um anschließend die dabei zu berücksichtigenden Offenlegungsgrundsätze für die einzelnen Bestandteile zu beschreiben. Die Untersuchung der Datenbasis konzentriert sich in dieser Arbeit auf die laufende Berichterstattung und dabei auf den jährlich zu erstellenden Abschluss.[1]

## 4.2 Bestandteile des *Financial Reporting* nach US-GAAP

Zunächst ist es notwendig, sich nochmals das unter Abschnitt 3.5.4.3.4 beschriebene *full disclosure principle* vor Augen zu führen, aus dem drei unterschiedlich weit gefasste Begriffsdefinitionen des *full disclosure* abgeleitet werden können. In Anlehnung an diese Begriffsdefinitionen lassen sich die Bestandteile der drei Veröffentlichungsstufen identifizieren. Als Kernbereich der Veröffentlichung gelten die Daten der *financial statements*, erweitert um ergänzende Informationen; dieser Kernbereich entspricht dem engsten Begriff des *full disclosure*. Um die oberste Zielsetzung der US-amerikanischen Rechnungslegung, die *fair presentation*,[2] zu erfüllen, müssen folgende *basic financial statements* offengelegt werden:[3]

- *Income statement* (Gewinn- und Verlustrechnung);[4]
- *Balance sheet* (Bilanz);

---

1 Zur laufenden unterjährigen Berichterstattung nach US-GAAP vgl. ALVAREZ, M./WOTSCHOFSKY, S. (2000), S. 23-43; COENENBERG, A. G. (2001), S. 846-867. Zur Ad hoc-Publizität vgl. COENENBERG, A. G. (2001), S. 867-868.

2 Vgl. dazu die Ausführungen unter Abschnitt 3.5.3.1.

3 Vgl. auch für die folgende Aufzählung REIL, V./SEIDEL, U. M. (1999), S. 174; HALLER, A. (2000), S. 18 f.; MEEK, G. K. (2000), S. 179. Vgl. dazu auch SFAC 1.6 und 5.13.

4 Als weitere Bezeichnungen werden auch die Begriffe „*statement of earnings*“, „*statement of income*“ und „*profit an loss account*“ verwendet.

- *Cash flow statement* (Kapitalflussrechnung);
- *Statement of changes in equity* (Eigenkapitalveränderungsrechnung).

Hinzu kommen die *notes to the financial statements* (Anhang),[5] die erläuternde Angaben zu den vier genannten Bestandteilen enthalten. Daneben sind innerhalb dieser Bestandteile weitere Informationen und Rechnungen offen zu legen, die damit als integrale Bestandteile des Jahresabschlusses gelten. Im Rahmen der *notes* ist insbesondere die zu veröffentlichende Segmentberichterstattung[6] erwähnenswert, von Bedeutung sind aber auch die Offenlegungspflichten hinsichtlich der Beziehungen mit *related parties.*[7] Weiterhin sind die notwendigen Angaben zu den *earnings per share*[8] von Interesse, die unterhalb der Gewinn- und Verlustrechnung vorzunehmen sind.[9] Neben den *basic financial statements* sind fallweise noch zusätzliche Informationen offen zu legen, wenn z. B. das rechnungslegende Unternehmen in der öl- und gasfördernden Industrie tätig ist und unter die Regelungen von SFAS 69 fällt.[10]

Die mittlere Definition des *full disclosure* stimmt mit dem Begriff des *financial reporting* überein und enthält neben den Bestandteilen der engen Definition freiwillige qualitative und quantitative Angaben.[11] Bei den über die erste Veröffentlichungsstufe hinausgehenden Angaben handelt es sich insbesondere um die *management's discussion and analysis of results of operations and financial conditions* (MD&A),[12] deren Veröffentlichung zwar grundsätzlich auf freiwilliger Basis erfolgt, bei börsennotierten Unternehmen aber Pflichtbestandteil der Berichterstattung ist.[13] Daneben können auch Anschreiben der Unternehmens-

---

[5] Die *notes* sind als integraler Bestandteil der *financial statements* zu betrachten. Vgl. HALLER, A. (2000), S. 17; KIESO, D. E./WEYGANDT, J. J./WARFIELD, T. D. (2001), S. 1384.

[6] Vorschriften zur Segmentberichterstattung finden sich in SFAS 131 „*Disclosures about Segments of an Enterprise and Related Information*".

[7] Vgl. KPMG (Hrsg.) (1999), S. 169 f.

[8] Geregelt sind die Angaben zu den *earnings per share* in SFAS 128 „*Earnings per Share*". Innerhalb dieser Arbeit finden sich weitere Ausführungen zum Ausweis der *earnings per share* unter Abschnitt 4.4.2.

[9] Vgl. MEEK, G. K. (2000), S. 180.

[10] Das FASB bezeichnet diese als *supplementary information.* Vgl. SFAC 5, S. 1089.

[11] Vgl. die Ausführungen und Literaturhinweise in Abschnitt 3.5.4.3.4.

[12] Die MD&A ist dem Lagebericht ähnlich. Eine ausführliche Beschreibung ihres Inhalts erfolgt unter Abschnitt 4.4.7.

[13] Vgl. SEC Reg. S-K, Rule 303; Form 20-F, Item 9. Vgl. auch KPMG (Hrsg.) (1999), S. 178; HAYN, S./WALDERSEE, G. Graf (2000), S. 16.

leitung an ihre Aktionäre (*letters to stockholders*) dieser zweiten Veröffentlichungsstufe hinzugerechnet werden.[14]

Entsprechend der weiten Fassung des *full disclosure* umspannt die dritte Veröffentlichungsstufe sämtliche Informationen, die geeignet sind, Entscheidungen von Eigen- und Fremdkapitalgebern oder ähnliche Entscheidungen zu beeinflussen. Insofern zählen zu dieser dritten Stufe bspw. relevante Nachrichtenartikel über das Unternehmen, Berichte von Analysten, aber auch die *disussion of competition and order backlog*, die SEC-berichtspflichtige Unternehmen bei dieser einreichen müssen.[15]

## 4.3 Grundsätze zu Ausweis und Offenlegung in der US-amerikanischen Rechnungslegung

Die Ausgestaltung des *financial reporting*, aber auch die der *financial statements* ist durch verlautbarte GAAP kaum reglementiert. So enthält keine Verlautbarung des APB und des FASB auch nur eine Vorschrift zur Form des *income statement* oder eines weiteren *financial statments*. In vielen Fällen hat der Bilanzierende die Wahl hinsichtlich des Ausweises von zusätzlichen Informationen zu Daten der *financial statements*; d. h. er kann diese in dem betreffenden *financial statement* selbst ausweisen, aber auch eine Veröffentlichung in den *notes* wählen.[16] Folglich hat der Jahresabschlussersteller auch hinsichtlich der Gliederung der einzelnen *financial statements* nur die Generalnorm der *fair presentation* sowie die zentralen Grundsätze, wie den Grundsatz der Klarheit und Übersichtlichkeit der Darstellung, den Grundsatz der Stetigkeit der Darstellung und der Vergleichbarkeit, den Grundsatz der *substance over form*[17] sowie den Grundsatz der Wesentlichkeit, zu beachten.[18] Allerdings existieren seitens der SEC Vorschriften zur Form einzelner *financial statements*, so z. B. für die Gliederung der Bilanz. An diese Formvorschriften der SEC halten sich in der Praxis auch Unternehmen, die nicht bei der SEC registriert sind. In Folge

[14] Vgl. SFAC 5, S. 1089; KIESO, D. E./WEYGANDT, J. J./WARFIELD, T. D. (2001), S. 1383.

[15] Vgl. ebenda.

[16] Vgl. HALLER, A. (1994), S. 266 f.

[17] Nach dem Prinzip der *substance over form*, das man auch als Prinzip der *economic substance over legal form* bezeichnet, ist für die Beurteilung eines Sachverhalts dessen wirtschaftlicher Gehalt ausschlaggebend für die Berücksichtigung in der Rechnungslegung und nicht die rechtliche Gestaltung. Vgl. COENENBERG, A. G. (2001), S. 102.

[18] Vgl. HALLER, A. (1994), S. 267; HAYN, S./WALDERSEE, G. Graf (2000), S. 18 ff.

dieser allgemeinen Übung gelten die entsprechenden SEC-Vorschriften als *non promulgated* GAAP.[19]

Aus den zentralen Grundsätzen der US-amerikanischen Rechnungslegung lassen sich verschiedene Wahlmöglichkeiten bzw. Angabepflichten ableiten:[20]

- Angabepflicht von Vergleichsdaten,
- Wahlrecht zur Zusammenfassung einzelner Positionen,
- Wahlrecht zur detaillierteren Untergliederung,
- Wahlrecht zur Umbenennung,
- Wahlrecht zur Streichung von Leerposten.

Die Vorschriften zu Ausweis und Gliederung innerhalb der verschiedenen *financial statements* sind Gegenstand der folgenden Ausführungen.

## 4.4 Informationsbereitstellung im US-amerikanischen Jahresabschluss

### 4.4.1 Vorschriften zu Gliederung und Ausweis in den *Statements of Income and Comprehensive Income*

Die bereits unter Abschnitt 3.5.3.2 dargestellten Einkommens- und Erfolgsbegriffe des *conceptual framework* gehen zurück auf unterschiedliche Konzepte der Erfolgsmessung. Nach dem *current operating performance concept*[21] werden die *earnings* ermittelt, die dem Verantwortungsbereich der Unternehmensleitung in der betrachteten Periode zuzurechnen sind.[22] Entsprechend sind die gewöhnlichen, regelmäßig vorkommenden und betrieblich bedingten Geschäftsvorfälle in der Gewinn- und Verlustrechnung (*income statement*) zu

[19] Die Bilanzgliederung ist der SEC Reg. S-X, Rule 5-02 zu entnehmen. Vgl. dazu auch HALLER, A. (1994), S. 267.

[20] Vgl. auch für die folgende Aufzählung HAYN, S./WALDERSEE, G. Graf (2000), S. 20.

[21] Dieses Prinzip wird auch *dirty surplus concept* genannt, da nicht alle *gains* und *losses* in der Gewinn- und Verlustrechnung erfasst werden, sondern teilweise direkt im Eigenkapital verbucht werden. Vgl. SFAS 130.2; LUECKE, R. W./MEETING, D. T. (1998), S. 45; HOLZER, H. P./ERNST, C. E. (1999), S. 356.

[22] Vgl. HENDRIKSEN, E. S./BREDA, M. F. (1992), S. 325; KUHLEWIND, A.-M. (2000), S. 287.

erfassen.[23] Die Ermittlung des *comprehensive income*[24] resultiert dagegen aus der Anwendung des *all-inclusive income concepts*[25], wonach alle Geschäftsvorfälle, auch diejenigen, die von außergewöhnlicher und nicht wiederkehrender Natur sind, im *income statement* zu erfassen sind. In der Vergangenheit schrieb das FASB die Anwendung des *all-inclusive concepts* vor, gewährte dabei allerdings einige Ausnahmen, indem Veränderungen bei bestimmten *assets* und *liabilities* nicht in der Gewinn- und Verlustrechnung sondern als gesonderter Bestandteil des *equity* auszuweisen waren.[26] Mit der Verabschiedung des SFAS 130 im Jahre 1997 näherte sich das FASB stärker dem *all-inclusive concept* an,[27] sodass seither alle Geschäftsvorfälle, die der Definition des *comprehensive income* entsprechen, in der Periode, in der sie erfasst werden, auch ausgewiesen werden müssen.[28] Das *comprehensive income* setzt sich insgesamt zusammen aus dem *net income*, das in der Gewinn- und Verlustrechnung ermittelt wird und dem *other comprehensive income*, in das seinerseits nicht in der Gewinn- und Verlustrechnung erfasste Wertänderungen bzw. Bewertungsgewinne oder –verluste eingehen. Weil diese Ergebnisbestandteile zwar bilanziell als Eigenkapital verbucht werden, nicht aber im *net income* der Gewinn- und Verlustrechnung enthalten sind, bezeichnet man diese Vorgehensweise auch als *income statement bypass*.[29] Im Einzelnen besteht das *other comprehensive income* aus Anpassungen in Folge von Fremdwährungsdifferenzen, aus unreali-

---

[23] Vgl. CHASTEEN, L. G./FLAHERTY, R. E./O'CONNOR, M. C. (1998), S. 173; KPMG (Hrsg.) (1999), S. 134; KUHLEWIND, A.-M. (2000), S. 287; COENENBERG, A. G. (2001), S. 421.

[24] Als *comprehensive income* werden die Veränderungen des Eigenkapitals in der betrachteten Periode bezeichnet, die durch Transaktionen und sonstige Ereignisse veranlasst wurden, die weder Einlagen noch Entnahmen darstellen. Vgl. SFAC 6.70.

[25] Da nach dem *all-inclusive income concept* sämtliche Geschäftsvorfälle in der Gewinn- und Verlustrechnung erfasst werden, spricht man deshalb auch von einem *clean surplus concept*. Vgl. SFAS 130.2, LUECKE, R. W./MEETING, D. T. (1998), S. 45; HOLZER, H. P./ERNST, C. E. (1999), S. 355.

[26] Ausnahmen wurden gewährt in SFAS 52 „*Foreign Currency Translations*", SFAS 80 „*Accounting for Futures Contracts*", SFAS 87 „*Employers' Accounting for Pensions*" sowie SFAS 115 „*Accounting for Certain Investments in Debt and Equity Securities*". Vgl. SFAS 130.3; BERESFORD, D. R./JOHNSON, L. T./REITHER, C. L. (1996), S. 69; LUECKE, R. W./MEETING, D. T. (1998), S. 46.

[27] Vgl. CHASTEEN, L. G./FLAHERTY, R. E./O'CONNOR, M. C. (1998), S. 173; LUECKE, R. W./MEETING, D. T. (1998), S. 46; COENENBERG, A. G. (2001), S. 421. Die o. g. Ausnahmen von der grundsätzlichen Erfassung als *income* wurden durch SFAS 130 beseitigt, sodass die ergebnisunwirksamen Geschäftsvorfälle offengelegt werden müssen.

[28] Vgl. SFAS 130.14; LUECKE, R. W./MEETING, D. T. (1998), S. 46; HOLZER, H. P./ERNST, C. E. (1999), S. 357; COENENBERG, A. G. (2001), S. 421.

[29] Vgl. SFAS 130.39; JOHNSON, L. T./REITHER, C. L./SWIERINGA, R. J. (1995), S. 131 und S. 133; HOLZER, H. P./ERNST, C. E. (1999), S. 360.

sierten Veränderungen des *fair value* von *available-for-sale*-Wertpapieren, aus unrealisierten Erfolgen bestimmter Sicherungsgeschäfte und aus Anpassungen an die Mindesthöhe der auszuweisenden Pensionsverpflichtungen (*minimum pension liability adjustments*).[30,31] Dabei kann das *comprehensive income* und seine einzelnen Bestandteile wahlweise entweder in einem oder zwei *statement(s) of financial performance*[32] oder im *statement of changes in equity* offengelegt werden.[33] Unabhängig von der gewählten Darstellung des *comprehensive income* ist das Grundgerüst der Gewinn- und Verlustrechnung stets gleich. Zunächst werden nun die Vorschriften für die Gewinn- und Verlustrechnung dargestellt.

Eine den US-amerikanischen Rechnungslegungsgrundsätzen entsprechende Gewinn- und Verlustrechnung ist nach dem Umsatzkostenverfahren zu erstellen. Für börsennotierte Unternehmen schreibt dies Reg. S-X, Rule 5-03 zwingend vor, bei nicht börsennotierten Gesellschaften ergibt sich die unbedingte Anwendung des Umsatzkostenverfahren aus dem *matching principle*[34].[35] Zur formalen Gliederung der Gewinn- und Verlustrechnung existieren, abgesehen von Reg. S-X, Rule 5-03, keine Vorschriften.[36] Abhängig vom Detaillierungsgrad der Untergliederung von Aufwendungen und Erträge ist zwischen zwei Formaten zur Aufstellung der Gewinn- und Verlustrechnung zu unterscheiden.[37] Erfolgt der Ausweis der Erfolgsgröße in einem Schritt und zwar indem die Differenz zwischen Erträgen und Aufwendungen ermittelt wird, so handelt es sich um das *single-step format*. Bei der Anwendung des mehrstufigen Formats (*multi-step format*) erfolgt eine Differenzierung in betriebsgewöhnliche und betriebsfremde Geschäfte (*operating* bzw. *non-operating activities*) sowie ansatzweise in

---

30 Vgl. LUECKE, R. W./MEETING, D. T. (1998), S.46; CARLSON, R./MOONEY, K./SCHWIEGER, B. (1999), S. 50 f.; DELANEY, P. R. et al. (2000), S. 62.

31 Weitere Ausführungen zur Fremdwährungsumrechnung vgl. Abschnitt 5.5.3.2, zu *available-for-sale*-Wertpapieren vgl. Abschnitt 5.5.1.2.2, zu Sicherungsgeschäften vgl. Abschnitt 5.5.2.2.4 und zu den *minimum pension liability adjustments* vgl. Abschnitt 5.5.1.2.6 sowie Abschnitt 5.5.2.2.6.

32 D. h. in Form eines *combined statement of income and comprehensive income* oder als eigenständiges *statement of comprehensive income*. Vgl. DELANEY, P. R. et al. (2000), S. 69.

33 Vgl. SFAS 130.65; WILSON, A. C./WATERS, G. (1998), S. 46; MAINES, L. A./MCDANIEL, L. S. (2000), S. 180.

34 Zur Erläuterung des *matching principle* vgl. Abschnitt 3.5.4.3.3.

35 Vgl. HALLER, A. (1994), S. 273; COENENBERG, A. G. (2001), S. 427.

36 Vgl. KUHLEWIND, A.-M. (2000), S. 293.

37 Vgl. DEMMING, C. (1994), S. 274; SELCHERT, F. W./ERHARDT, M. (1998), S. 206; KUHLEWIND, A.-M. (2000), S. 294; NIKOLAI, L. A./BAZLEY, J. D. (2000), S. 115; KIESO, D. E./WEYGANDT, J. J./WARFIELD, T. D. (2001), S. 134 f.

Betriebs- und Finanzergebnis.[38] Üblicherweise führt diese Auspaltung zu den drei Zwischenergebnissen Bruttoergebnis vom Umsatz (*gross margin* bzw. *gross profit on sales*), Betriebsergebnis (*income from operations*)[39] und dem Ergebnis der gewöhnlichen Geschäftstätigkeit (*income from continuing operations*).[40] Für die unter Abschnitt 7.1.3.2 dargestellte Ergebnisquellenanalyse ist eine Gewinn- und Verlustrechnung im *multi-step format* wesentliche Voraussetzung.[41]

Das Bruttoergebnis vom Umsatz setzt sich dabei zusammen aus *sales or service revenues* (Umsatzerlöse aus Verkauf von Gegenständen oder aus Dienstleistungen) abzüglich der *cost of goods sold* (Herstellungskosten des Umsatzes).[42] Bei der Ermittlung des *operating income*, das in etwa dem ordentlichen Betriebsergebnis entspricht, werden weiterhin die *operating expenses* (sonstige betriebliche Aufwendungen) subtrahiert, zu denen man i. d. R. die *selling expenses* (Vertriebskosten), die *general and administrative expenses* (nicht herstellungsbezogene Allgemein- und Verwaltungskosten) sowie die *research and development expenses* (Forschungs- und Entwicklungskosten) zählt.[43] Um zum *income or loss from continuing operations* (Ergebnis der gewöhnlichen Geschäftstätigkeit) zu gelangen, müssen außerdem folgende Komponenten berücksichtigt werden:

- *gains and losses*: darunter werden Gewinne und Verluste verstanden, die sich nicht aus der gewöhnlichen Geschäftstätigkeit ergeben, wie z. B. Gewinne und Verluste aus der Veräußerung von Gegenständen des Sachanlagevermögens;[44]

---

38 Vgl. SELCHERT, F. W./ERHARDT, M. (1998), S. 206; KUHLEWIND, A.-M. (2000), S. 294; COENENBERG, A. G. (2001), S. 426 und 437; KIESO, D. E./WEYGANDT, J. J./WARFIELD, T. D. (2001), S. 134 ff.

39 Es ist zu beachten, dass das hier als Betriebsergebnis bezeichnete *income from operations* nicht mit dem Betriebsergebnis i. S. d. HGB gleichgesetzt werden kann, da dieses umfassender definiert wird. Vgl. FRANKENBERG, P. (1993), S. 136.

40 Vgl. SFAC 6.77; DELANEY, P. R. et al. (2000), S. 72 f. Vgl. auch DEMMING, C. (1994), S. 274; HALLER, A. (1994), S. 274 f.

41 Vgl. dazu auch KIESO, D. E./WEYGANDT, J. J./WARFIELD, T. D. (2001), S. 134 ff.

42 Vgl. DEMMING, C. (1994), S. 276; HALLER, A. (1994), S. 276; DELANEY, P. R. et al. (2000), S. 72.

43 Vgl. HALLER, A. (1994), S. 276; KPMG (Hrsg.) (1999), S. 136.

44 Vgl. KPMG (Hrsg.) (1999), S. 136 f.; DELANEY, P. R. et al. (2000), S. 75.

- *other revenues and expenses*: hierbei handelt es sich um andere Einnahmen und Ausgaben, die nicht mit der eigentlichen Geschäftstätigkeit des Rechnungslegenden zusammenhängen, z. B. Zinsaufwendungen oder –erträge;[45]
- *unusual or infrequent items*: Geschäftsvorfälle die entweder ungewöhnlich in ihrer Art sind oder unregelmäßig auftreten.[46]
- *income tax expenses*: Ertragsteuern, die aus Aktivitäten im Rahmen der gewöhnlichen Geschäftstätigkeit resultierten.[47]

Dem *income from continuing operations* schließen sich, soweit vorhanden, die *results from discontinued operations* an. Dabei werden nach APB *Opinion* 30.8 solche Geschäftsbereiche (*segments of a business*) als *discontinued operations* betrachtet, die bereits verkauft oder aufgegeben wurden oder deren Verkauf oder Aufgabe in Zukunft stattfinden wird.[48] Als Geschäftsbereich kommen Unternehmensteile in Betracht, deren Aktivitäten entweder einen eigenständigen größeren Geschäftszweig oder eine entsprechende Kundengruppe repräsentieren. Es kann sich dabei z. B. um Tochterunternehmen oder Abteilungen handeln.[49] Die Berichterstattung über *discontinued operations* hat in der Periode zu erfolgen, in der sich die Unternehmensleitung verpflichtet hat, einen formellen Plan zum Verkauf oder zur Aufgabe eines Geschäftsbereichs umzusetzen. Das APB bezeichnet diesen Tag als *measurement date*.[50] Ergibt sich eine Berichterstattungspflicht über *discontinued operations*, so müssen diesbezüglich mindestens die folgenden beiden Zeilen in der Gewinn- und Verlustrechnung ausgewiesen werden:[51]

---

45 Vgl. KPMG (Hrsg.) (1999), S. 137; DELANEY, P. R. et al. (2000), S. 75.

46 Vgl. KPMG (Hrsg.) (1999), S. 137; DELANEY, P. R. et al. (2000), S. 75. Falls ein Geschäftsvorfall sowohl ungewöhnlich in seiner Art ist als auch selten auftritt, ist er unter den unten beschriebenen *extraordinary items* auszuweisen. Vgl. APB *Opinion* 30.20; DEMMING, C. (1994), S. 277; KPMG (Hrsg.) (1999), S. 137.

47 Vgl. SIEBERT, H. (1996), S. 86; HAYN, S./WALDERSEE, G. Graf (2000), S. 20; DELANEY, P. R. et al. (2000), S. 75.

48 Vgl. dazu auch KPMG (Hrsg.) (1999), S. 137.

49 Vgl. APB *Opinion* 30.13. Vgl. dazu auch KPMG (Hrsg.) (1999), S. 137.

50 Vgl. APB *Opinion* 30.14. Vgl. dazu auch KPMG (Hrsg.) (1999), S. 137; NIEHUS, R. J./THYLL, A. (2000), S. 374.

51 Für die folgende Aufzählung vgl. APB *Opinion* 30.8; CHASTEEN, L. G./FLAHERTY, R. E./O`CONNOR, M. C. (1998), S. 174 f.; NIEHUS, R. J./THYLL, A. (2000), S. 375; SPICELAND, J. D./SEPE, J. F./TOMASSINI, L. A. (2000), S. 116 mit weiteren detaillierten Ausführungen.

- *income/loss from operations of a discontinued segment of a business*: d. h. separater Ausweis des Ergebnisses der gewöhnlichen Geschäftstätigkeit des verkauften oder aufgegebenen Geschäftsbereichs in der Periode zwischen Beginn des Geschäftsjahrs und *measurement date.*
- *gain or loss on disposal of the discontinued segment of a business*: Ausweis des Gewinns bzw. Verlusts aus dem Verkauf oder der Aufgabe des betroffenen Geschäftsbereichs.

Fallen in einem Unternehmen weiterhin Aufwendungen und Erträge an, die sowohl ihrer Art nach ungewöhnlich (*unusual in nature*) als auch selten (*infrequency of occurrence*) sind, so handelt es sich dabei um *extraordinary items*,[52] über die in der Gewinn- und Verlustrechnung gesonderte Angaben zu machen sind.[53]

Als dritte Position nach dem Ergebnis aus gewöhnlicher Geschäftstätigkeit ist über den *cumulative effect of a change in accounting principle*, d. h. über den kumulierten Effekt aus Wechseln von Rechnungslegungsmethoden zu berichten.[54]

Der Saldo am Ende der Gewinn- und Verlustrechnung wird, abhängig davon, ob es sich um ein positives oder negatives Ergebnis handelt, als *net income* oder *net loss* bezeichnet.[55]

Nach Reg. S-X Rule 5-03 ist die Gewinn- und Verlustrechnung in der Staffelform zu erstellen, die Gliederung richtet sich nach „Verantwortungsbereichen bzw. [erfolgt, Anm. d. Verf.] entsprechend der Umsatzbezogenheit innerhalb dieser Kostenarten."[56] Die Mindestgliederungstiefe ist allerdings nicht vergleichbar mit dem genau vorgeschriebenen Gliederungsschema in der deut-

---

52 Vgl. APB *Opinion* 30.20.

53 Vgl. APB *Opinion* 30.10. Bestimmte Sonderfälle sind grundsätzlich als *extraordinary items* zu klassifizieren; eine Aufzählung dieser Sonderfälle findet sich bei NIEHUS, R. J./THYLL, A. (2000), S. 376 sowie bei DELANEY, P. R. et al. (2000), S. 82.

54 Vgl. APB *Opinion* 20.18 ff. Vgl. auch HALLER, A. (1994), S. 280; DELANEY, P. R. et al. (2000), S. 83; KUHLEWIND, A.-M. (2000), S. 306 ff.; SPICELAND, J. D./SEPE, J. F./TOMASSINI, L. A. (2000), S. 122.

55 Vgl. FRANKENBERG, P. (1993), S. 140.

56 JUNG, W./ISELE, H./GROß, C. (1989), S. 86. Vgl. auch KUHLEWIND, A.-M. (2000), S. 293; KIESO, D. E./WEYGANDT, J. J./WARFIELD, T. D. (2001), S. 137.

schen handelsrechtlichen Rechnungslegung, in der die Gliederung bei Anwendung des Umsatzkostenverfahren in § 275 Abs. 3 HGB geregelt ist. Es erfolgt vielmehr eine Vorgabe, welche Posten grundsätzlich in der Gewinn- und Verlustrechnung separat offen zu legen sind. Angaben (*disclosures*), die darüber hinaus zu erfolgen haben, können zumeist wahlweise auch in Form von ergänzenden Tabellen (*schedules*) oder in den *notes* ausgewiesen werden.[57] Der nachfolgenden Abbildung können die Mindestgliederungsvorschriften der Gewinn- und Verlustrechnung nach Reg. S-X, Rule 5-03 entnommen werden.

[57] Vgl. COENENBERG, A. G. (2001), S. 432 f.

**Operating Section (Betriebstätigkeit)**
Net sales and gross revenues (Umsatzerlöse)
Costs and expenses applicable to sales and revenues (Herstellungskosten des Umsatzes)
Other operating costs and expenses (sonstige betriebsbedingte Aufwendungen)
Selling, general and administrative expenses (Vertriebs- und allgemeine Verwaltungsaufwendungen)
Provision for doubtful accounts and notes (Aufwendugen für zweifelhafte Forderungen)
Other general expenses (Sonstige Gemeinkosten)
**Non-Operating Section (Betriebsfremde Tätigkeit)**
Non-operating income (Sonstige (nicht-)betriebliche Erträge)
Interest and amortization of debt discount and expense (Zinserträge und -aufwendungen)
Non-operating expenses (Sonstige (nicht-)betriebliche Aufwendungen)
**Income or loss before income tax expenses and appropriate items below (Ergebnis vor Steuern und anderen abzugrenzenden Positionen)**
Income tax expense (Ertragsteuern)
Minority interest in income of consolidated subsidiaries (Anteil der Minderheitsgesellschafter am Ergebnis)
Equity in earnings of unconsolidated subsidiaries and 50 % or less owned persons (Anteil nicht konsolidierter Tochterunternehmen am Ergebnis)
**Income or loss from continuing operations (Ergebnis der gewöhnlichen Geschäftstätigkeit)**
Discontinued operations (Ergebnis aus der Aufgabe von Geschäftsbereichen)
**Income or loss before extraordinary items and cumulative effects of changes in accounting principles (Ergebnis vor außerordentlichen Einflüssen und Auswirkungen durch den Wechsel von Bewertungsmethoden)**
Extraordinary items, less applicable tax (Außerordentliches Ergebnis, abzüglich der gesondert auszuweisenden Ertragsteuern)
Cumulative effects of changes in accounting principles (Gesamtauswirkung durch den Wechsel der Bewertungsmethoden)
**Net income or loss (Ergebnis der Periode)**
Earnings per share (Ergebnis je Aktie)

Abb. 4.1: Mindestgliederungsvorschriften für die Gewinn- und Verlustrechnung nach Reg. S-X, Rule 5-03
(in Anlehnung an: COENENBERG, A. G. (2001), S. 433)

Neben dieser Mindestgliederung sind weitere Angaben die Gewinn- und Verlustrechnung betreffend obligatorisch. Allerdings müssen diese Angaben nicht unbedingt innerhalb der Gewinn- und Verlustrechnung veröffentlicht werden, sie können auch in anderen *financial statements* offengelegt werden. Dabei handelt es sich im Wesentlichen um folgende Angaben:[58]

- Höhe der *amortization* von *intangible assets* (Abschreibung immaterieller *assets*) (SFAS 142.42);[59]
- Art der außerordentlichen Geschäftsvorfälle und Bestandteile des außerordentlichen Ergebnisses;
- anteiliger Gewinn infolge einer Anwendung der *equity*-Methode;
- Zinsaufwendungen und innerhalb der Vorräte aktivierter Zinsaufwand (SFAS 34.21);
- Innerhalb des publizierten Aufwands enthaltene Forschungs- und Entwicklungsaufwendungen (SFAS 2.13);
- Währungskursgewinne und –verluste (SFAS 52.30);
- Art und Effekt von wesentlichen ungewöhnlichen oder nicht wiederkehrenden Ereignissen und Transaktionen (APB *Opinion* 30.26).

Entscheidet sich der Bilanzierende für ein *combined statement of income and comprehensive income*, so werden im Anschluss an den Ausweis der einzelnen Positionen des *net income* im selben *statement* die Positionen des *other comprehensive income* offen gelegt. Man spricht bei dieser zusammengefassten Darstellung von *net income* und *other comprehensive income* auch vom *one-statement approach.*[60] Ein Beispiel für ein solches *combined statement of income and comprehensive income* ist in Abb. 4.2 dargestellt.

[58] Vgl. auch für die folgende Aufzählung KPMG (Hrsg.) (1999), S. 140.

[59] Diese Position ist allerdings zwingend innerhalb der Gewinn- und Verlustrechnung auszuweisen. Vgl. SFAS 142.42.

[60] Vgl. SFAS 130 App. B, Format A; LUECKE, R. W./MEETING, D. T. (1998), S.49; CARLSON, R./MOONEY, K./SCHWIEGER, B. (1999), S. 51; HOLZER, H. P./ERNST, C. E. (1999), S. 365; KUHLEWIND, A.-M. (2000), S. 299.

| **Statement of Income and Comprehensive Income** | | |
|---|---|---|
| | | Angaben in TEUR |
| Revenues (Umsatzerlöse) | | 278.000 |
| Expenses (betriebsbedingte Aufwendungen) | | -94.000 |
| Other gains and losses (sonstige (nicht-)betriebliche Erträge und Aufwendungen) | | 3.000 |
| Gain on sale of securities (Erträge aus der Veräußerung von Wertpapieren) | | 2.000 |
| Income from operations before tax (Betriebsergebnis vor Steuern) | | 189.000 |
| Income tax expense (Ertragsteuern) | | -58.000 |
| Income before extraordinary item and cumulative effect of accounting change (Ergebnis vor außerordentlichen Einflüssen und Auswirkungen durch den Wechsel von Bewertungsmethoden) | | 131.000 |
| Extraordinary item, net of tax (Außerordentliches Ergebnis vor Steuern) | | -12.300 |
| Income before cumulative effect of accounting change (Ergebnis vor Gesamt-auswirkungen durch den Wechsel von Bewertungsmethoden) | | 118.700 |
| Cumulative effect of accounting change, net of tax (Gesamtauswirkungen durch den Wechsel von Bewertungsmethoden vor Steuern) | | -4.000 |
| **Net income (Ergebnis der Periode)** | | **114.700** |
| Other comprehensive income, net of tax: (Erfolgsneutral erfasstes Ergebnis, vor Steuern) | | |
| Foreign currency translation adjustments (Anpassungen aufgrund von Fremdwährungsdifferenzen) | | 12.000 |
| Unrealized gains on securities (Unrealisierte Wertpapiererträge): | | |
| Unrealized holding gains arising during period (Unrealisierte Wertpapier-erträge der laufenden Periode) | 3.900 | |
| Less: reclassification adjustment for gains included in net income (Ab-züglich: Anpassung aufgrund einer Umgliederung von im net income enthaltenen Erträgen) | -700 | 3.200 |
| Minimum pension liability adjustment (Anpassungen an die Mindesthöhe der auszuweisenden Pensionsverpflichtungen) | | -4.000 |
| Other comprehensive income (Erfolgsneutrales Ergebnis) | | 11.200 |
| **Comprehensive income (Gesamtergebnis der Periode)** | | **125.900** |

Abb. 4.2: Beispiel eines *Combined Statement of Income and Comprehensive Income*
(in Anlehnung an SFAS 130, App. B, Format A)

Bei der Anwendung des sog. *Two-Statement Approach* erfolgt einerseits die Darstellung der Gewinn- und Verlustrechnung wie in Abb. 4.1 illustriert, andererseits wird ein separates *statement of comprehensive income* erstellt. Abb. 4.3 zeigt ein Beispiel für ein solches *statement.*

| **Statement of Comprehensive Income** | | |
|---|---|---|
| | | Angaben in TEUR |
| **Net income (Ergebnis der Periode)** | | **114.700** |
| Other comprehensive income, net of tax: (Erfolgsneutral erfasstes Ergebnis, vor Steuern) | | |
| Foreign currency translation adjustments (Anpassungen aufgrund von Fremdwährungsdifferenzen) | | 12.000 |
| Unrealized gains on securities (Unrealisierte Wertpapiererträge): | | |
| Unrealized holding gains arising during period (Unrealisierte Wertpapiererträge der laufenden Periode) | 3.900 | |
| Less: reclassification adjustment for gains included in net income (Abzüglich: Anpassung aufgrund einer Umgliederung von im net income enthaltenen Erträgen) | -700 | 3.200 |
| Minimum pension liability adjustment (Anpassungen an die Mindesthöhe der auszuweisenden Pensionsverpflichtungen) | | -4.000 |
| Other comprehensive income (Erfolgsneutral erfasstes Ergebnis) | | 11.200 |
| **Comprehensive income (Gesamtergebnis der Periode)** | | **125.900** |

Abb. 4.3: Beispiel eines eigenständigen *Statement of Comprehensive Income* (in Anlehnung an SFAS 130, App. B, Format B, unterer Teil)

Die dritte Möglichkeit der Darstellung des *comprehensive income* ist die innerhalb des *statement of changes in equity*. Bei diesem sog. *Statement-of-Changes-in-Equity Approach* muss in diesem das *net income*, das *other comprehensive income* und die Summe des *comprehensive income* ausgewiesen werden. Das FASB rät allerdings von diesem Konzept ab, da, wie auch aus Abb. 4.4 ersichtlich, das *comprehensive income* inmitten des *statement of changes in equity* „versteckt" werden kann.[61] Außerdem darf diese Darstellung nur dann gewählt werden, wenn das *statement of changes in equity* als eigenständiges *statement* und nicht als Bestandteil der *notes* publiziert wird.[62]

---

[61] Vgl. LUECKE, R. W./MEETING, D. T. (1998), S. 50; HOLZER, H. P./ERNST, C. E. (1999), S. 365. Vgl. auch SFAS 130.67.

[62] Vgl. SFAS 130.65.

| **Statement of Changes in Equity** | | Angaben in TEUR |
|---|---|---|
| Retained earnings (Gewinnrücklagen) | | |
| Balance at January 1 (Stand zu Beginn der Rechnungslegungsperiode) | 125.700 | |
| **Net income (Ergebnis der Periode)** | 114.700 | **114.700** |
| Dividends declared on common stock (zur Ausschüttung vorgeschlagene Dividende auf Stammaktien) | -12.000 | |
| Balance at December 31 (Stand am Ende der Rechnungslegungsperiode) | 228.400 | |
| Accumulated other comprehensive income (Kumuliertes erfolgsneutral erfasstes Ergebnis) | | |
| Balance at January 1 (Stand zu Beginn der Rechnungslegungsperiode) | 27.000 | |
| Unrealized gains on securities, net of reclassification adjustment (Unrealisierte Wertpapiererträge, abzüglich der Anpassung aufgrund einer Umgliederung) | | 3.200 |
| Foreign currency translation adjustments (Anpassungen aufgrund von Fremdwährungsdifferenzen) | | 12.000 |
| Minimum pension liability adjustment (Anpassungen an die Mindesthöhe der auszuweisenden Pensionsverpflichtungen) | | -4.000 |
| Other comprehensive income (Erfolgsneutral erfasstes Ergebnis) | 11.200 | 11.200 |
| **Comprehensive income (Gesamtergebnis der Periode)** | | **125.900** |
| Balance at December 31 (Stand am Ende der Rechnungslegungsperiode) | 38.200 | |
| Common stock (Gezeichnetes Kapital, bezogen auf Stammaktien) | | |
| Balance at January 1 (Stand zu Beginn der Rechnungslegungsperiode) | 200.000 | |
| Shares issued (Ausgegebene Aktien) | 50.000 | |
| Balance at December 31 (Stand am Ende der Rechnungslegungsperiode) | 250.000 | |
| Paid-in capital (Eingezahltes Kapital) | | |
| Balance at January 1 (Stand zu Beginn der Rechnungslegungsperiode) | 260.000 | |
| Common stock issued (Ausgegebene Stammaktien) | 100.000 | |
| Balance at December 31 (Stand am Ende der Rechnungslegungsperiode) | 360.000 | |
| Total equity (Summe des Eigenkapitals) | 876.600 | |

Abb. 4.4: Beispiel für den Ausweis des *Comprehensive Income* innerhalb des *Statement of Changes in Equity*
(in Anlehnung an: SFAS 130, App. B, Format C (Alternative 1))

### 4.4.2 Vorschriften zu Inhalt und Ausweis der *Earnings per Share*

Unternehmen, deren Stammaktien oder potenzielle Stammaktien[63] öffentlich gehandelt werden oder die die Ausgabe von solchen Wertpapieren an einer Wertpapierbörse veranlasst haben, sind verpflichtet, ihr Ergebnis je Aktie (*earnings per share*, EPS) auszuweisen sowie hinsichtlich der diesbezüglichen Berechnung ausführliche Angaben zu machen.[64] Gibt ein Unternehmen freiwillig das Ergebnis je Aktie an, so hat dies in Einklang mit den Vorschriften des SFAS 128 zu geschehen.[65] Die Angabe der Kennzahl „Ergebnis je Aktie" dient dazu, die Jahresabschlussadressaten „über den erwirtschafteten Erfolg je Anteilseinheit [zu] informieren."[66] Sie ist nach dem Gliederungsschema der SEC zur Gewinn- und Verlustrechnung an deren Ende aufzuführen,[67] und auch SFAS 128.36 schreibt den Ausweis der EPS als letzte Position der Gewinn- und Verlustrechnung vor. Allerdings dürfen Auswirkungen, die auf *discontinued operations*, außerordentliche Posten oder den kumulierten Effekt aus einem Wechsel von Rechnungslegungsmethoden zurückgehen, wahlweise in den *notes* dargestellt werden.[68] Abhängig von der Kapitalstruktur des bilanzierenden Unternehmens sind unterschiedlich umfangreiche Angaben zu veröffentlichen. Wird ein Unternehmen i. S. v. SFAS 128.36 als ein Unternehmen mit einer einfachen Kapitalstruktur (*simple capital structure*) klassifiziert,[69] so muss lediglich das unverwässerte Ergebnis je Aktie (*basic earnings per share*) angegeben werden. Hat ein Unternehmen dagegen auch potenzielle Stammaktien ausgegeben und damit eine komplexe Kapitalstruktur (*complex capital*

---

[63] Unter potenziellen Stammaktien versteht man Wertpapiere, die dem Inhaber ein Anrecht auf Stammaktien verbriefen, wie z. B. Optionen (*options*), Bezugsrechte (*warrants*), umwandelbare Wertpapiere (*convertible securities*) oder periodenbezogene Aktienvereinbarungen (*contingent stock agreements*). Vgl. SFAS 128.6; DELANEY, P. R. et al. (2000), S. 791.

[64] Lediglich 100%ige Tochterunternehmen, nicht börsennotierte Gesellschaften sowie sog. *investment companies* sind von dieser Verpflichtung befreit. Vgl. SFAS 128.6; THOMPSON, J. H. (1997), S. 36; HAYN, S./WALDERSEE, G. Graf (2000), S. 240.

[65] Vgl. SFAS 128.6; THOMPSON, J. H. (1997), S. 36; HAYN, S./WALDERSEE, G. Graf (2000), S. 240.

[66] KUHLEWIND, A.-M. (2000), S. 317.

[67] Vgl. Reg. S-X, Rule 5-03. Vgl. auch Abb. 4.1.

[68] Vgl. SFAS 128.37; THOMPSON, J. H. (1997), S. 45; HAYN, S./WALDERSEE, G. Graf (2000), S. 240.

[69] Das ist dann der Fall, wenn lediglich Stammaktien und keine potenziellen Stammaktien ausgegeben wurden.

*structure*), ist neben dem unverwässerten Ergebnis auch das verwässerte Ergebnis je Aktie (*diluted earnings per share*) auszuweisen.[70]

Das unverwässerte Ergebnis je Aktie ergibt sich aus dem den Stammaktionären zustehenden Periodenergebnis, dem sog. unverwässerten Ergebnis, bezogen auf die gewichtete Anzahl der während der Periode ausstehenden Stammaktien, der sog. unverwässerten Aktienzahl:[71]

Unverwässertes Ergebnis je Aktie =

$$\frac{\text{Periodenergebnis nach Steuern - Vorzugsdividenden}}{\text{Gewichtete Anzahl ausstehender Stammaktien}}$$

Das unverwässerte Ergebnis ist dabei definiert als Periodenergebnis abzüglich der Vorzugsdividenden und der kumulierten Dividenden für die kumulativen Vorzugsaktien.[72] Als Periodenergebnis ist einmal das *net income* und einmal das operative Ergebnis (*income from continuing operations*) heranzuziehen, die ermittelten Kennzahlen sind beide in der Gewinn- und Verlustrechnung zu veröffentlichen.[73] Zur Ermittlung der unverwässerten Aktienzahl ist der zeitanteilig gewichtete Durchschnitt der Anzahl der während der Rechnungslegungsperiode im Umlauf befindlichen Stammaktien zu verwenden.[74] Durch Gratisaktien und Aktiensplitts erhöht sich die Anzahl der Aktien, woraufhin auch die Angaben der Vorperioden anzupassen sind.[75] Außerdem sind rückerworbene eigene Aktien (*treasury stock*) bei der Ermittlung einzubeziehen.[76]

Bei der Ermittlung des verwässerten Ergebnisses je Aktie sind sämtliche Verwässerungseffekte aufgrund von künftigen Ausgaben potenzieller Stamm-

---

70 Vgl. SFAS 128.36; THOMPSON, J. H. (1997), S. 45; KPMG (Hrsg.) (1999), S. 141; DELANEY, P. R. et al. (2000), S. 795; GALLUN, R. A./NICHOLS, L. M. (2000), S. 48; KUHLEWIND, A.-M. (2000), S. 317; PELLENS, B. (2001), S. 347 f.

71 Vgl. SFAS 128.8; BLASCH, D. M./KELLIHER, J./READ, W. J. (1996), S. 44 und S. 47; DELANEY, P. R. et al. (2000), S. 791 ff.; HAYN, S./WALDERSEE, G. Graf (2000), S. 240.

72 Vgl. SFAS 128.9; HAYN, S./WALDERSEE, G. Graf (2000), S. 240.

73 Vgl. SFAS 128.9 und 128.36; KPMG (Hrsg.) (1999), S. 141 f.; WAGENHOFER, A. (1999), S. 404 f.; MEEK, G. K. (2000), S. 180 f.; PELLENS, B. (2001), S. 346.

74 Vgl. SFAS 128.8; HAYN, S./WALDERSEE, G. Graf (2000), S. 240.

75 Vgl. SFAS 128.54 und 128.133; DELANEY, P. R. et al. (2000), S. 792; HAYN, S./WALDERSEE, G. Graf (2000), S. 242; NIEHUS, R. J./THYLL, A. (2000), S. 411.

76 Vgl. THOMPSON, J. H. (1997), S. 37; NIEHUS, R. J./THYLL, A. (2000), S. 411.

aktien zu berücksichtigen.[77] Somit wird „der potentiell niedrigste Ergebniswert je Aktie ermittelt."[78] Im Zähler der Formel, der das verwässerte Ergebnis abbildet, werden deshalb zum Periodenergebnis sämtliche ergebnismindernden Aufwendungen für potenzielle Stammaktien, die ihrerseits im Nenner berücksichtigt werden, hinzugefügt.[79] Dabei sind auch die Dividenden auf wandelbare Vorzugsaktien zu berücksichtigen sowie der realisierte Zinsaufwand nach Steuern, der in einem Zusammenhang mit in Stammaktien konvertierbaren Verbindlichkeiten steht.[80] Die verwässerte Aktienzahl, die im Nenner der Kennzahl steht, wird aus der unverwässerten Aktienzahl, vermehrt um die gewichtete Anzahl derjenigen Stammaktien, die sich bei einer Konvertierung aller verwässernden potenziellen Stammaktien in Stammaktien ergeben würden, berechnet.[81]

Wie das unverwässerte Ergebnis je Aktie ist auch das verwässerte Ergebnis je Aktie sowohl bezogen auf das *net income* als auch bezogen auf das operative Ergebnis auszuweisen.[82] Für beide Kennzahlen ist weiterhin die Ermittlung des jeweiligen Zählers und Nenners offenzulegen.[83] Daneben ist eine Überleitungsrechnung (*reconciliation*) des Zählers und des Nenners des unverwässerten Ergebnisses je Aktie auf Zähler und Nenner des verwässerten Ergebnisses je Aktie anzufertigen und zu publizieren.[84] In Abb. 4.5 und 4.6 wird dargestellt, wie der Ausweis des unverwässerten bzw. verwässerten Ergebnisses je Aktie in einem Jahresabschluss nach den Vorstellungen des FASB aussehen könnte.

---

[77] Vgl. KPMG (Hrsg.) (1999), S. 141; HAYN, S./WALDERSEE, G. Graf (2000), S. 242.
[78] KUHLEWIND, A.-M. (2000), S. 318.
[79] Vgl. HAYN, S./WALDERSEE, G. Graf (2000), S. 242.
[80] Vgl. SFAS 128.11; THOMPSON, J. H. (1997), S. 37; KPMG (Hrsg.) (1999), S. 141.
[81] Vgl. SFAS 128.11; THOMPSON, J. H. (1997), S. 37; HAYN, S./WALDERSEE, G. Graf (2000), S. 244.
[82] Vgl. SFAS 128.36; KPMG (Hrsg.) (1999), S. 142.
[83] Vgl. KPMG (Hrsg.) (1999), S. 142.
[84] Vgl. SFAS 128.40a; NIEHUS, R. J./THYLL, A. (2000), S. 418.

**Basic Earnings per Share Computation**

| | | | Angaben in TEUR |
|---|---|---|---|
| Income before extraordinary item and accounting change (Ergebnis vor außerordentlichen Einflüssen und Auswirkungen durch den Wechsel von Rechnunslegungsmethoden) | | | 7.500.000 |
| Less: Preferred stock dividends (Abzüglich: Dividenden auf Vorzugsaktien) | | | -45.000 |
| **Income available to common stockholders (Auf Stammaktionäre entfallendes Ergebnis)** | | | 7.455.000 |
| Extraordinary item (Außerordentliches Ergebnis) | | | -2.000.000 |
| Accounting change (Wechsel von Bewertungsmethoden) | | | 4.250.000 |
| **Net income available to common stockholders (Auf Stammaktionäre entfallendes net income)** | | | 9.705.000 |
| **Zeitpunkt** | **Anzahl ausstehender Aktien** | **Zeitanteil** | **Gewichteter Durchschnitt an Aktien** |
| January 1 - February 28 | 3.300.000 | 2/12 | 550.000 |
| *Issuance of common stock on March 1 (Ausgabe von Stammaktien am 1.3.)* | 100.000 | | |
| March 1 - March 31 | 3.400.000 | 1/12 | 283.333 |
| *Conversion of 4% debenture on April 1 (Umwandlung einer 4%igen Anleihe am 1.4.)* | 200.000 | | |
| April 1 - May 31 | 3.600.000 | 2/12 | 600.000 |
| *Conversion of preferred stock on June 1 (Umwandlung von Vorzugsaktien am 1.6.)* | 500.000 | | |
| June 1 - August 31 | 4.100.000 | 3/12 | 1.025.000 |
| *Exercise of warrants on September 1 (Ausübung von Bezugsrechten am 1.9.)* | 500.000 | | |
| September 1 - December 31 | 4.600.000 | 4/12 | 1.533.333 |
| **Weighted-average shares (Gewichteter Durchschnitt an Aktien)** | | | 3.991.666 |

| **Basic EPS (Unverwässertes Ergebnis je Aktie)** | EUR |
|---|---|
| Income before extraordinary item and accounting change (Ergebnis vor außerordentlichen Einflüssen und Auswirkungen durch den Wechsel von Rechnungslegungsmethoden) | 1,87 |
| Extraordinary item (Außerordentliches Ergebnis) | -0,50 |
| Accounting change (Wechsel von Rechnungslegungsmethoden) | 1,06 |
| Net income | 2,43 |

The equation for this computing basic EPS is (Formel zur Ermittlung des unverwässerten Ergebnis je Aktie):

$$\frac{\text{Income available to common stockholders (Auf Stammaktionäre entfallendes Ergebnis)}}{\text{Weighted-average shares (Gewichteter Durchschnitt an Aktien)}}$$

Abb. 4.5: Beispiel für den Ausweis des unverwässerten Ergebnisses je Aktie (in Anlehnung an SFAS 128, App. C, Illustration 1, S. 1980)

| **Diluted EPS Computation** | | Angaben in TEUR |
|---|---|---|
| **Income available to common stockholders (Auf Stammaktionäre entfallendes Ergebnis)** | | 7.455.000 |
| Plus: Income impact of assumed conversions (Zuzüglich: Ergebnisänderung aufgrund angenommener Umwandlungen) | | |
| Preferred stock dividends (Dividenden auf Vorzugsaktien) | 45.000 | |
| Interest on 4% convertible debentures (Zinsen auf umwandelbare 4%ige Anleihen) | 60.000 | |
| **Effect of assumed conversions (Auswirkung der angenommen Umwandlungen)** | | 105.000 |
| Income available to common stockholders + assumed conversions (Auf Stammaktionäre und angenommene Umwandlungen entfallendes Ergebnis) | | 7.560.000 |
| Extraordinary item (Außerordentliches Ergebnis) | | -2.000.000 |
| Accounting change (Wechsel von Rechnungslegungsmethoden) | | 4.250.000 |
| Net income available to common stockholders + assumed conversions (Auf Stammaktionäre und angenommene Umwandlungen entfallendes net income) | | 9.810.000 |
| **Weighted-average shares (Gewichteter Durchschnitt an Aktien)** | | 3.991.666 |
| Plus: Incremental shares from assumed conversions (Zuzüglich: zusätzliche Aktien aufgrund angenommener Umwandlungen) | | |
| Warrants (Bezugsrechte) | 30.768 | |
| Convertible preferred stock (Umwandelbare Vorzugsaktien) | 308.333 | |
| 4% convertible debentures (Umwandelbare 4%ige Anleihe) | 50.000 | |
| **Dilutive potential common share (Verwässernde potentielle Stammaktien)** | | 389.101 |
| **Adjusted weighted-average shares (Angepasste gewichtete Anzahl an Aktien)** | | 4.380.767 |
| **Diluted EPS (Verwässertes Ergebnis je Aktie)** | EUR | |
| Income before extraordinary item and accounting change (Ergebnis vor außerordentlichen Einflüssen und Auswirkungen durch den Wechsel von Rechnungslegungsmethoden) | 1,73 | |
| Extraordinary item (Außerordentliches Ergebnis) | -0,46 | |
| Accounting change (Wechsel von Rechnungslegungsmethoden) | 0,97 | |
| Net income | 2,24 | |

The equation for this computing diluted EPS is (Formel zur Ermittlung des verwässerten Ergebnis je Aktie):

$$\frac{\text{Income available to common stockholders + Effect of assumed conversions (Auf Stammaktionäre entfallendes Ergebnis + Auswirkungen der angenommenen Umwandlungen)}}{\text{Weighted-average shares + Dilutive potential common shares (Gewichteter Durchschnitt an Aktien + verwässernde potentielle Stammaktien)}}$$

Abb. 4.6: Beispiel für den Ausweis des verwässerten Ergebnisses je Aktie (in Anlehnung an SFAS 128, App. C, Illustration 1, S. 1981)

### 4.4.3 Vorschriften zu Gliederung und Ausweis in der Bilanz

Die Bilanz zeigt die *assets*, *liabilities* sowie das Eigenkapital[85] des betreffenden Unternehmens zu einem bestimmten Stichtag an[86] und übernimmt somit „die Funktion eines Zahlenspeichers."[87] Wie bei der Gewinn- und Verlustrechnung bereits festgestellt, ist auch für die Erstellung der Bilanz grundsätzlich kein festes Gliederungsschema vorgeschrieben. Die Darstellung erfolgt gewöhnlich entweder in Kontoform (*account form*) oder in Staffelform (*report form*); allerdings sind auch andere Darstellungsweisen denkbar, die aber in der Praxis kaum Anwendung finden und somit nicht üblich sind.[88]

Unabhängig von der gewählten Darstellungsform folgt die Gliederung der Bilanz dem Liquiditätsprinzip. Demnach werden die Aktiva gemäß ihrer Umwandelbarkeit in liquide Mittel, die Passiva nach zunehmender Restlaufzeit in der Bilanz von oben nach unten angeordnet.[89] Somit wird im Gegensatz zu einer nach HGB aufgestellten Bilanz auf der Aktivseite das Umlaufvermögen (*current assets*) vor dem Anlagevermögen (*non-current assets*) ausgewiesen, auf der Passivseite erfolgt der Ausweis der kurzfristigen *liabilities* vor den langfristigen und vor dem Eigenkapital. Es ist zu beachten, dass die *current assets* dem Umlaufvermögen bzw. die *non-current assets* dem Anlagevermögen i. S. d. HGB in weiten Teilen entsprechen, sie aber nicht vollständig identisch sind.[90]

Als *current assets* werden grundsätzlich Barmittel klassifiziert sowie solche *assets*, die innerhalb eines Jahres oder eines Geschäftszyklus (*operating cycle*) entweder in Barmittel umgewandelt werden, verkauft oder verbraucht werden.[91] Der Geschäftszyklus entspricht dabei der durchschnittlichen Zeit, die zwischen Materialbeschaffung und Erzielung von Barmitteln durch den Verkauf der

---

[85] Zur Definition der Elemente einer Bilanz vgl. Abschnitt 3.5.3.2.

[86] Vgl. BERNSTEIN, L. A./WILD, J. J. (2000), S. 18; KIESO, D. E./WEYGANDT, J. J./WARFIELD, T. D. (2001), S. 188.

[87] KUHLEWIND, A.-M. (1997), S. 153.

[88] Vgl. DELANEY, P. R. et al. (2000), S. 40; KIESO, D. E./WEYGANDT, J. J./WARFIELD, T. D. (2001), S. 200.

[89] Vgl. GRÄFER, H. (1992), S. 18; COENENBERG, A. G. (2001), S. 146.

[90] Vgl. GRÄFER, H. (1992), S. 24; FRANKENBERG, P. (1993), S. 73 ff.

[91] Vgl. ARB 43, Ch. 3, Sect. A.4; DELANEY, P. R. et al. (2000), S. 41; SPICELAND, J. D./SEPE, J. F./TOMASSINI, L. A. (2000), S. 207; STICKNEY, C. P./WEIL, R. L. (2000), S. 49; KIESO, D. E./WEYGANDT, J. J./WARFIELD, T. D. (2001), S. 191.

Produkte, die aus den beschafften Materialien hervorgehen, vergeht. Relevant sind allerdings nur Geschäftszyklen, die länger als ein Jahr dauern, denn falls sich mehrere Geschäftszyklen innerhalb eines Jahres ergeben, wird ein Zeitraum von einem Jahr herangezogen.[92] Bei den Positionen der *current assets* handelt es sich im Wesentlichen um die folgenden:[93]

- Barmittel (*cash*),
- „Kurzfristige" Wertpapiere (*short-term investments*),[94]
- Forderungen (*receivables*),
- Vorräte (*inventories*),
- Aktive transitorische Rechnungsabgrenzungsposten (*prepaid expenses*).

Im Anschluss an die *current assets* erfolgt der Ausweis derjenigen *assets*, die nicht als *current assets* klassifiziert werden konnten. Die erste Position dieser *non-current assets* sind regelmäßig die „langfristigen Investitionen" (*long-term investments*), die sich i. d. R. folgendermaßen zusammensetzen:[95]

- Investitionen in Eigenkapital- und Gläubigerwertpapiere (*debt and equity securities*),[96]

---

[92] Vgl. KIESO, D. E./WEYGANDT, J. J./WARFIELD, T. D. (2001), S. 191.

[93] Für die folgende Aufzählung vgl. auch HALLER, A. (1994), S. 301 f.; DELANEY, P. R. et al. (2000), S. 41 ff.; SPICELAND, J. D./SEPE, J. F./TOMASSINI, L. A. (2000), S. 208 ff.; STICKNEY, C. P./WEIL, R. L. (2000), S. 881; KIESO, D. E./WEYGANDT, J. J./WARFIELD, T. D. (2001), S. 191 f. Vgl. auch ARB 43, Ch. 3, Sect. A.4.

[94] Wertpapiere werden nach SFAS 115.6 in drei Kategorien eingeteilt: *held-to-maturity securities*, *trading securities* und *available-for-sale securities*. Als *trading securities* klassifizierte Wertpapiere sind regelmäßig innerhalb des Umlaufvermögens auszuweisen, da sie zur kurzfristigen Anlage dienen; Gläubigerpapiere die das Unternehmen bis zur Fälligkeit hält, sog. *held-to-maturity securities*, werden zunächst als „langfristige Investitionen" (*long-term investments*) im Anlagevermögen ausgewiesen und in der Rechnungslegungsperiode vor ihrer Fälligkeit dem Umlaufvermögen zugeordnet. Wertpapiere, die weder den *trading securities* noch den *held-to-maturity securities* zugerechnet werden können, sind als *available-for-sale securities* auszuweisen; ob dieser Ausweis im Umlauf- oder im Anlagevermögen vorzunehmen ist, ist abhängig von der verfolgten Strategie des Unternehmens. Vgl. PELLENS, B. (2001), S. 184 f. Vgl. auch SFAS 115.17.

[95] Für die folgende Aufzählung vgl. DELANEY, P. R. et al. (2000), S. 43; KIESO, D. E./WEYGANDT, J. J./WARFIELD, T. D. (2001), S. 195.

[96] Zur Klassifizierung von langfristigen Wertpapieren vgl. die Ausführungen in der vorletzten Fußnote.

- Investitionen in materielle dauerhafte *assets*, die derzeit im Rahmen des Geschäftsbetriebs nicht zum Einsatz kommen, wie z. B. zur Spekulation gehaltene Grundstücke;
- Investitionen, die in speziellen Fonds zur Seite gelegt wurden, wie z. B. Pensionsfonds oder Betriebserweiterungsfonds;
- Investitionen in nicht konsolidierte Tochterunternehmen oder angeschlossene Unternehmen.

Die Position *property, plant, and equipment*, die in etwa dem handelsrechtlichen Sachanlagevermögen entspricht, folgt den *long-term investments*. In ihr sind alle *assets* enthalten, die dem bilanzierenden Unternehmen zur Herstellung von Gütern bzw. der Erbringung von Dienstleistungen dienen und deren wirtschaftliche Nutzungsdauer den betriebsgewöhnlichen Geschäftszyklus bzw. ein Jahr überschreitet. Dabei sind lediglich die betriebsnotwendigen *assets* dem Sachanlagevermögen zuzuordnen, nicht betriebsnotwendiges Sachanlagevermögen ist dagegen innerhalb der im Folgenden beschriebenen *other assets* auszuweisen.[97] Das Sachanlagevermögen kann folgendermaßen untergliedert werden:[98]

- Grund und Boden (*land*),
- Gebäude (*buildings*),
- Technische Anlagen und Maschinen (*machinery and equipment*),
- Mietereinbauten (*leasehold improvements*),
- Anlagen im Bau (*construction in progress*).

Anschließend werden die immateriellen (*intangible*) *assets* ausgewiesen, die durch fehlende physikalische Greifbarkeit gekennzeichnet sind und deren künf-

---

[97] Vgl. KPMG (Hrsg.) (1999), S. 82.

[98] Vgl. für die folgende Aufzählung FRANKENBERG, P. (1993), S. 86; HALLER, A. (1994), S. 303; KPMG (Hrsg.) (1999), S. 82; SPICELAND, J. D./SEPE, J. F./TOMASSINI, L. A. (2000), S. 210; STICKNEY, C. P./WEIL, R. L. (2000), S. 50; KIESO, D. E./WEYGANDT, J. J./WARFIELD, T. D. (2001), S. 196.

tiger Nutzen nur unter großer Unsicherheit abschätzbar ist. Dazu gehören bspw. die folgenden *assets*:[99]

- Patente (*patents*),
- Urheberrechte (*copyrights*),
- Handelsmarken oder –namen (*trademarks, trade names*),
- (Derivativer) Geschäfts- oder Firmenwert (*goodwill*),
- Geheime Formeln und Fertigungsverfahren (*secret processes*).

Den Abschluss der Aktivseite einer US-GAAP-Bilanz bildet i. d. R. die Position *other assets*, die eigentlich außerordentlichen Posten vorbehalten sein sollte,[100] aber in der Praxis zum Auffangbecken für unterschiedlichste Posten, die sich nicht zweifelfrei den übrigen Positionen zuordnen lassen, geworden ist. So finden sich darin z. B. dauerhafte aktive Rechnungsabgrenzungsposten (*long-term prepaid expenses*),[101] aktive latente Steuern (*deferred taxes*) und langfristige Forderungen (*noncurrent receivables*).[102]

Auf der nach Fristigkeitskriterien gegliederten Passivseite kommen zunächst die kurzfristigen[103] Verbindlichkeiten (*current liabilities*) zum Ausweis, wobei zu den *liabilities* auch die Rückstellungen gerechnet werden und somit kein eigenständiger Ausweis dieser erfolgt, dagegen aber eine Unterscheidung der Sachverhalte in *current* und *non-current* stattfindet.[104] Unter den *current liabilities* sind die folgenden *liabilities* zu subsumieren:[105]

---

[99] Vgl. auch für die folgende Aufzählung GRÄFER, H. (1992), S. 26; DELANEY, P. R. et al. (2000), S. 44; KPMG (Hrsg.) (1999), S. 74 f.; KIESO, D. E./WEYGANDT, J. J./WARFIELD, T. D. (2001), S. 196.

[100] Vgl. KIESO, D. E./WEYGANDT, J. J./WARFIELD, T. D. (2001), S. 197.

[101] Die kurzfristigen bzw. nicht dauerhaften aktiven Rechnungsabgrenzungsposten sind den *current asstes* zuzuordnen. Vgl. auch die obigen Ausführungen hierüber.

[102] Vgl. HALLER, A. (1994), S. 303; DELANEY, P. R. et al. (2000), S. 44; SPICELAND, J. D./SEPE, J. F./TOMASSINI, L. A. (2000), S. 210 f.; KIESO, D. E./WEYGANDT, J. J./WARFIELD, T. D. (2001), S. 196.

[103] Als kurzfristig werden hierbei diejenigen Verbindlichkeiten betrachtet, deren Fälligkeit ein Jahr bzw. die Dauer des gewöhnlichen *operating cycle* unterschreitet. Vgl. GRÄFER, H. (1992), S. 26 f.; DELANEY, P. R. et al. (2000), S. 44; STICKNEY, C. P./WEIL, R. L. (2000), S. 53.

[104] Vgl. HALLER, A. (1994), S. 304.

[105] Vgl. auch für die folgende Aufzählung ARB 43, Ch. 3, Sect. A.7; NIEHUS, R. J./THYLL, A. (2000), S. 326 f.; DELANEY, P. R. et al. (2000), S. 44 f.; KIESO, D. E./WEYGANDT, J. J./WARFIELD, T. D. (2001), S. 197.

- *payables from operations*: diese bestehen v. a. aus Verbindlichkeiten aus Lieferungen und Leistungen sowie Rückstellungen für Lohnverbindlichkeiten;
- *collections received in advance*: darunter versteht man erhaltene Vorauszahlungen auf Leistungen, die noch zu erbringen sind, wie bspw. aus Wartungsverträgen;
- *other liabilities*: hierunter befinden sich weitere kurzfristige Verbindlichkeiten, wie z. B. erhaltene Anzahlungen, passive Rechnungsabgrenzungsposten, langfristige Verbindlichkeiten, deren Restlaufzeit ein Jahr bzw. einen entsprechend längeren *operating cycle* unterschreitet oder voraussichtlich in naher Zukunft fällige Rückstellungen.[106]

Die im Anschluss auszuweisenden *long-term liabilities*, Verbindlichkeiten also, deren Fälligkeitstermin ein Jahr bzw. einen längeren *operating cycle* übersteigt, lassen sich in drei Kategorien einteilen:[107]

- Verpflichtungen im Rahmen bestimmter Finanzierungsaktivitäten (*obligations arising from specific financing situations*), wie z. B. aus der Begebung von Anleihen;
- Verpflichtungen, die im Rahmen der gewöhnlichen Geschäftstätigkeit entstanden sind (*obligations arising from the ordinary operations of the enterprise*), wie z. B. Pensionsverpflichtungen;
- Verpflichtungen, die abhängig sind vom Auftreten eines oder mehrer zukünftiger Ereignisse, um damit entweder den zu zahlenden Betrag, den Zahlungsempfänger oder -termin zu bestätigen, wie dies z. B. bei Garantierückstellungen der Fall ist.

Als letzte Position auf der Passivseite ist das Eigenkapital (*stockholders' equity*), das gewöhnlich in drei Bereiche untergliedert wird, auszuweisen. Zunächst ist dabei der *capital stock* zu nennen, der dem handelsrechtlichen gezeichneten Kapital entspricht und die Summe der Nennbeträge der ausgegebenen Aktien abbildet.[108] Beträge, die von den Anteilseignern über den Nennwert hinaus

---

[106] Vgl. HALLER, A. (1994), S. 305.
[107] Für die folgende Aufzählung vgl. KIESO, D. E./WEYGANDT, J. J./WARFIELD, T. D. (2001), S. 198.
[108] Vgl. HALLER, A. (1994), S. 306.

bezahlt wurden, sind innerhalb des *additional paid-in capital*, das den handelsrechtlichen Kapitalrücklagen entspricht, auszuweisen. Zuletzt sind die thesaurierten Gewinne in dem Posten *retained earnings*, den Gewinnrücklagen, anzugeben.[109]

Die Gliederung der Bilanz nach Liquiditätskriterien lässt erkennen, dass diese innerhalb des US-GAAP-Abschlusses nicht als reine Vermögensaufstellung zu verstehen ist, sondern dass sie im Sinne der primären Zielsetzung der *decision usefulness* Anhaltspunkte über die Liquidität, die langfristige Solvenz und finanzielle Flexibilität sowie die mögliche Entwicklung künftiger *cash flows* des Unternehmens liefern soll.[110]

Für börsennotierte Unternehmen halten die SEC-Vorschriften wieder ein Gliederungsschema bereit, das auch von den meisten anderen Gesellschaften auf freiwilliger Basis eingehalten wird, wobei die SEC eine Reihe von Wahlrechten hinsichtlich des Ausweises in der Bilanz oder in den *notes* gewährt.[111] Das in Reg. S-X, Rule 5-02 vorgeschriebene Mindestgliederungsschema ist Abb. 4.7 zu entnehmen.

[109] Vgl. mit detaillierten Ausführungen GRÄFER, H. (1992), S. 29 f.; COENENBERG, A. G. (2001), S. 280 f., S. 290 und S. 299 ff.; KIESO, D. E./WEYGANDT, J. J./WARFIELD, T. D. (2001), S. 199 f.

[110] Vgl. HALLER, A. (1994), S. 298; SELCHERT, F. W./ERHARDT, M. (1998), S. 55; SPICELAND, J. D./SEPE, J. F./TOMASSINI, L. A. (2000), S. 206; COENENBERG, A. G. (2001), S. 146.

[111] Vgl. ebenda.

**Balance Sheet**

**ASSETS (Vermögen)**

**Current assets (Kurzfristiges Vermögen)**

Cash and cash items (Liquide Mittel)

Marketable securities (Wertpapiere des Umlaufvermögens)

Accounts and notes receivable (Forderungen und Besitzwechsel)

Less: Allowances for doubtful accounts and notes receivable (Abzüglich: Wertberichtigungen auf zweifelhafte Forderungen und Besitzwechsel)

Unearned income (Unrealisiertes Ergebnis)

Inventories (Vorräte)

Prepaid expenses (Aktive transitorische Rechnungsabgrenzungsposten)

Other current assets (Sonstige Gegenstände des Umlaufvermögens)

**Non-current assets (Langfristiges Vermögen)**

Securities of related parties (Wertpapiere an verbundenen Unternehmen)

Indebtedness of related parties (Beteiligungen an verbundenen Unternehmen)

Property, plant and equipment (Sachanlagevermögen)

Less: Accumulated depreciation, depletion and amortization of property, plant and equipment (Abzüglich: Kumulierter Betrag der Abschreibungsaufwendungen der Anlagegegenstände)

Intangible assets (Immaterielles Anlagevermögen)

Less: Accumulated depreciation and amortization of intangible assets (Abzüglich: Kumulierter Betrag der Abschreibungsaufwendungen der immateriellen Anlagegegenstände)

Other assets (Sonstige langfristige Posten)

**LIABILITIES & STOCKHOLDERS' EQUITY (Schulden & Eigenkapital)**

**Current liabilities (Kurzfristige Schulden)**

Accounts and notes payable (Kurzfristige Verbindlichkeiten)

Other current liabilities (Andere kurzfristige Verbindlichkeiten)

**Long-term debt (Langfristige Schulden)**

Bonds, mortages and other long-term debt, including capitalized leases (Langfristige Darlehen einschließlich aktivierter Leasinggegenstände)

Indebtedness to related parties - noncurrent (Langfristige Verbindlichkeiten gegenüber verbundenen Unternehmen oder Personen)

Other liabilities (Sonstige langfristige Verbindlichkeiten)

Commitments and contingent liabilities (Ungewisse Verpflichtungen)

Deferred credit (Rückstellungen mit längerfristigem Charakter)

**Minority Interests (Anteile von Minderheitsgesellschafter)**

Minority interests in consolidated subsidiaries (Anteile von Minderheitsgesellschaftern)

**Equity (Eigenkapital)**

Preferred stocks - redeemable (Mit Kündigungsrecht ausgestattete Vorzugsaktien)

Preferred stocks - non-redeemable (Vorzugsaktien ohne Kündigungsrecht)

Common stocks (Stammaktien)

Other stockholders´ equity (Sonstiges Eigenkapital)

Abb. 4.7 Mindestgliederungsvorschriften für die Bilanz nach Reg. S-X, Rule 5-02
(in Anlehnung an: COENENBERG, A. G. (2001), S. 147)

### 4.4.4 Vorschriften zu Inhalt und Ausweis der Kapitalflussrechnung

#### 4.4.4.1 Übersicht

Kapitalflussrechnungen dienen in erster Linie dazu, einen verbesserten Einblick in die Finanzlage eines Unternehmens zu gewähren,[112] besonders wenn sie zusammen mit den herkömmlichen Rechenwerken (Bilanzen und Gewinn- und Verlustrechnungen) zur Beurteilung der wirtschaftlichen Lage einer Gesellschaft verwendet werden. Da in Kapitalflussrechnungen Zahlungsströme abgebildet werden, spielen sie v. a. im Rahmen der finanzwirtschaftlichen Jahresabschlussanalyse eine große Rolle, da dabei, wie unter Abschnitt 2.5 beschrieben, einerseits die Kapitalstruktur und andererseits insb. die Zahlungsströme von Interesse sind.[113] Die Kapitalflussrechnung kann aber durchaus auch zu Zwecken der erfolgswirtschaftlichen Jahresabschlussanalyse herangezogen werden, insbesondere wird der *cash flow* als Indikator zur Projektion der künftigen Ertragskraft angewendet.[114] Deshalb erfolgt im Weiteren eine eingehende Betrachtung der Kapitalflussrechnung.

Die Kapitalflussrechnung ist seit 1971 Pflichtbestandteil im Rahmen des *set of basic financial statements*. Zunächst wurde sie vorgeschrieben durch APB *Opinion* 19, die 1987 durch SFAS 95[115] ersetzt wurde.[116] Grundsätzlich sind nach SFAS 95.3 alle Unternehmen, die ihren Jahresabschluss nach US-GAAP erstellen, verpflichtet, eine Kapitalflussrechnung vorzulegen. Bestimmte Pensionskassen (*defined benefit pension plans and certain other employee benefit plans*) sowie Investmentgesellschaften sind von der Aufstellungspflicht

---

[112] Vgl. DELLMANN, K./AMEN, M. (2000), Vorbemerkung.

[113] Vgl. COENENBERG, A. G. (2001), S. 678.

[114] Vgl. GIACOMINO, D. E./MIELKE, D. E. (1988), S. 54; CARSLAW, C. A./MILLS, J. R. (1991), S. 70; LEE, T. (1992), S. 35; BANDLER, J. (1995), S. 55 ff. Im angloamerikanischen Raum ist auch das *concept of earnings quality* bzw. *income quality* geläufig, in dessen Rahmen man zur Beurteilung der „Qualität" der berichteten periodisierten Zahlungsströme (*earnings*) den *cash flow* heranzieht. Als Qualitätskriterien gelten dabei u. a. die vorsichtige Ermittlung der *earnings* und die Stabilität der *earnings*, deren Erfüllung durch die Überleitung der *earnings* bzw. des *net income* überprüft wird. Vgl. MIELKE, D. E./GIACOMINO, D. E. (1988), S. 10; CARSLAW, C. A./MILLS, J. R. (1991), S. 67 f.; CORNELL, D. W./APOSTOLOU, B. (1992), S. 12; GREEN, J. P. (1999), S. 387. Zu den Auswertungsmöglichkeiten der Kapitalflussrechnung in der erfolgswirtschaftlichen Jahresabschlussanalyse vgl. auch Abschnitt 7.1.2.5 dieser Arbeit.

[115] Die später erlassenen SFAS 102 und 104 ändern die in SFAS 95 enthaltenen Vorschriften geringfügig ab. Vgl. DELANEY, P. R. et al. (2000), S. 97.

[116] Vgl. HALLER, A. (1994), S. 351 f.; GLIEDER, H. (1999), S. 91 f.; PELLENS, B. (2001), S. 323 f.; DELLMANN, K./AMEN, M. (2000), Rn. 16; PILHOFER, J. (2000), S. 298; COENENBERG, A. G. (2001), S. 725.

befreit.[117] Außerdem bestehen für *banks, savings institutions* und *credit unions* gewisse Ausweiserleichterungen.[118]

Zentrale Aufgabe einer Kapitalflussrechnung nach US-GAAP ist es, entscheidungsrelevante Informationen über die Zahlungsströme der abgelaufenen Periode bereitzustellen, die zusammen mit den weiteren *financial statements* die Adressaten informieren:[119]

a) über die Fähigkeit des Unternehmens, künftig Zahlungsüberschüsse zu erwirtschaften,

b) über die Fähigkeit des Unternehmens, seinen finanziellen Verpflichtungen fristgerecht nachzukommen und Dividenden zu zahlen sowie über die Höhe des Außenfinanzierungsbedarfs,

c) welche Ursachen für Unterschiede zwischen dem *net income* und dem *cash flow* aus laufender Geschäftstätigkeit verantwortlich sind und

d) wie sich zahlungswirksame und –unwirksame Investitions- und Finanzierungsvorgänge auf die Finanzlage des Unternehmens in der abgelaufenen Periode ausgewirkt haben.

Vor dem Hintergrund dieser Aufgabenstellung ergibt sich konsequenterweise, dass zum einen die Darstellung der Zahlungsströme getrennt nach den drei Aktivitätsbereichen *operating activities* (laufendes Geschäft), *investing activities* (Investition) und *financing acitivities* (Finanzierung)[120] und zum anderen die Angabe der Zahlungsmittelbestände und ihrer Veränderung innerhalb der Berichtsperiode zu erfolgen hat.[121]

---

[117] Vgl. SFAS 102.5 und 102.6.

[118] Vgl. SFAS 95.147 ff. i. V. m. SFAS 102.30 ff.

[119] Vgl. auch für die folgende Aufzählung SFAS 95.5; SIEBERT, H. (1996), S. 190 f.; WYSOCKI, K. v. (2000), S. 412; COENENBERG, A. G. (2001), S. 728; PELLENS, B. (2001), S. 324 f.

[120] Man spricht dabei von einer Ursachenrechnung. Vgl. DELLMANN, K./AMEN, M. (2000), Rn. 100.

[121] Vgl. SFAS 95.6; SIEBERT, H. (1996), S. 191; HAYN, S./WALDERSEE, G. Graf (2000), S. 244 ff; SPICELAND, J. D./SEPE, J. F./TOMASSINI, L. A. (2000), S. 132 f.; COENENBERG, A. G. (2001), S. 730.

### 4.4.4.2 Der Finanzmittelfonds

Um die Zahlungsmittelbestände und ihre Veränderung im Zeitablauf messen zu können, ist es notwendig zu definieren, aus welchen liquiden Mitteln der Finanzmittelfonds besteht. Nach SFAS 95.7 ff. sind ausschließlich Zahlungsmittel und Zahlungsmitteläquivalente (*cash and cash equivalents*) mögliche Bestandteile des Finanzmittelfonds, wobei hinsichtlich der Fondsbestände nur geringfügige Wertänderungs- und Einlöserisiken bestehen dürfen.[122] Im Einzelnen handelt es sich bei *cash* nicht nur um Kassenbestände (*currency on hand*), sondern auch um Sichteinlagen (*demand deposits*) und anderweitige Arten von Guthaben bei Banken oder ähnlichen Institutionen mit Sichteinlagencharakter.[123] Der *cash equivalents*-Begriff umfasst kurzfristige und besonders liquide Investitionen, die zeitnah in bekannte Geldbeträge umgewandelt werden können und deren Endfälligkeit so kurz bevorsteht, dass Zinsschwankungen nur einen äußerst geringen Einfluss auf ihren Wert haben.[124] Dabei sind nur solche Investitionen als *cash equivalents* zu betrachten, deren Restlaufzeit bei Erwerb höchstens drei Monate beträgt.[125] Nicht alle Investitionen, die dieser Definition entsprechen, müssen als Zahlungsmitteläquivalente in den Finanzmittelfonds einbezogen werden, vielmehr liegt es im Ermessen des bilanzierenden Unternehmens, die Zuordnung zu den Zahlungsmitteläquivalenten entsprechend dem unternehmensindividuellen *cash management* vorzunehmen.[126] Um aber eine zwischenbetriebliche Vergleichbarkeit zu gewährleisten, ist der Jahresabschlussersteller dazu verpflichtet, die Zusammensetzung des Finanzmittelfonds als Bestandteil der „*accounting policy*" offenzulegen,[127] außerdem hat er bei der Zuordnung den Stetigkeitsgrundsatz zu beachten.[128] Nimmt der Bilanzierende dennoch eine Änderung der Zusammensetzung des Finanzmittelfonds vor, so ist dies als Änderung der Bilanzierungs- und Bewertungsmethoden (*change in*

---

[122] Vgl. SFAS 95.8; SERFLING, K./MARX, M. (1991), S. 346; SIEBERT, H. (1996), S. 191; COENENBERG, A. G. (2001), S. 731.

[123] Vgl. SFAS 95.7, Fußnote 1; SIEBERT, H. (1996), S. 191.

[124] Vgl. SFAS 95.8; SERFLING, K./MARX, M. (1991), S. 346; SIEBERT, H. (1996), S. 191. In SFAS 95.9 werden als Beispiele für Zahlungsmitteläquivalente *treasury bills*, *commercial papers*, *money market funds* und *federal funds* genannt.

[125] Vgl. SFAS 95.8; GRÄFER, H. (1992), S. 92 f.; JAKOBY, S./MAIER, J./SCHMECHEL, T. (1999), S. 227.

[126] Vgl. SFAS 95.10 und 95.56; SIEBERT, H. (1996), S. 191 f.; WYSOCKI, K. v. (2000), S. 415.

[127] Vgl. SFAS 95.10 und 95.56; NIEHUS, R. J./THYLL, A. (2000), S. 382; PILHOFER, J. (2000), S. 294; WYSOCKI, K. v. (2000), S. 415.

[128] Vgl. SFAS 95.10; HAYN, S./WALDERSEE, G. Graf (2000), S. 246.

*accounting principles*) zu klassifizieren und somit muss über die entsprechenden Auswirkungen berichtet werden.[129] Weiterhin ist stets eine Überleitungsrechnung der Fondsbestandteile auf die entsprechenden Bilanzpositionen offenzulegen.[130]

Zumeist erfolgt der Fondsausweis unterhalb der Ursachenrechnung,[131] wobei die zahlungswirksame Änderung des Finanzmittelfonds in Höhe der Summe der *cash flows* aus laufender Geschäfts-, Investitions- und Finanzierungstätigkeit, berichtigt um möglicherweise auftretende wechselkurs-, konsolidierungskreis- und bewertungsbedingte Änderungen des Wertes des Finanzmittelfonds, dem Anfangsbestand der Finanzmittel hinzugerechnet wird. Als Ergebnis der Fondsrechnung erhält man den Finanzmittelbestand am Ende der betrachteten Rechnungslegungsperiode.[132] Die nachfolgende Übersicht stellt die Gliederung dar:

| | |
|---|---|
| | Net in-/decrease in cash and cash equivalents (Zahlungswirksame Veränderungen des Finanzmittelfonds) |
| +/- | Effect of exchange rate changes on cash (Wechselkurs-, konsolidierungskreis- und bewertungsbedingte Änderungen des Finanzmittelfonds) |
| + | Cash and cash equivalents at beginning of period (Finanzmittelfonds am Anfang der Periode) |
| = | Cash and cash equivalents at end of period (Finanzmittelfonds am Ende der Periode) |

Abb. 4.8: Ausweis des Finanzmittelfonds
(in Anlehnung an: COENENBERG, A. G. (2001), S. 734)

Enthält der Finanzmittelfonds *cash* und *cash equivalents*, über die das Unternehmen (bzw. der Konzern) nicht frei verfügen kann, so ist eine Berichterstattung über die entsprechenden Bestände erforderlich.[133] In den folgenden Abschnitten erfolgt zunächst eine Darstellung der Aufstellungsgrundsätze zur Kapitalflussrechnung, bevor im Anschluss daran der Ausweis der einzelnen Positionen einer Kapitalflussrechnung näher erläutert wird.

---

[129] Vgl. SFAS 95.10; JAKOBY, S./MAIER, J./SCHMECHEL, T. (1999), S. 227.
[130] Vgl. SFAS 95.7 und 95.10; JAKOBY, S./MAIER, J./SCHMECHEL, T. (1999), S. 227; HAYN, S./WALDERSEE, G. Graf (2000), S. 246.
[131] Vgl. die beispielhafte Darstellung in SFAS 95.131.
[132] Vgl. COENENBERG, A. G. (2001), S. 734. Vgl. zur Darstellung auch Abb. 4.8.
[133] Vgl. Reg. S-X, Rule 5-02.1.

### 4.4.4.3 Inhalt und Ausweis in den einzelnen Aktivitätsbereichen

#### 4.4.4.3.1 Ausweisgrundsätze

Die Untergliederung erfolgt in der Kapitalflussrechnung nach betrieblichen Funktionsbereichen[134] in drei Tätigkeitsfelder, wodurch nach folgenden Stufen differenziert wird:

- *cash flows* aus der laufenden Geschäftstätigkeit *(cash flows from operating activities)*
- *cash flows* aus der Investitionstätigkeit *(cash flows from investing activities)*
- *cash flows* aus der Finanzierungstätigkeit *(cash flows from financing activities)*

In Summe entsprechen diese *cash flows* der zahlungswirksamen Veränderung des Finanzmittelfonds.[135] Hinsichtlich der konkreten Aufstellung einer Kapitalflussrechnung unterscheidet man zwischen der originären Ermittlung[136] aus den Kontenumsätzen der Liquiditätsbestände und der derivativen Ermittlung, bei der die Kapitalflussrechnung aus Bilanz und Gewinn- und Verlustrechnung abgeleitet wird.[137] SFAS 95 enthält diesbezüglich keine Vorschriften. Im Anschluss an die Erstellung der Kapitalflussrechnung stellt sich die Frage der Darstellung, die grundsätzlich entweder direkt oder indirekt vorgenommen werden kann. Wird die Kapitalflussrechnung in direkter Form dargestellt, so erfolgt ein unsaldierter Ausweis der Zahlungsströme in den drei Bereichen der Ursachenrechnung.[138] Eine indirekte Darstellung[139] ist nach SFAS 95.27 ff. allerdings nur für den operativen Bereich zulässig, die Ein- und Auszahlungen im Investitions- und Finanzierungsbereich sind nach der direkten Methode darzustellen. Die Darstellung der Zahlungsströme in einer Kapitalflussrechnung hat grundsätzlich

---

[134] Man bezeichnet diese Form der Kapitalflussrechnung als Aktivitätsformat (*activity format*). Vgl. SFAS 95.2; HOLZER, H. P./JUNG, U. (1990), S. 283; CHWALLEK, C. (1999), S. 48; GLIEDER, H. (1999), S. 94; WAGENHOFER, A. (1999), S. 379.

[135] Vgl. SFAS 95.26; EISOLT, D. (1992), S. 209; WYSOCKI, K. v. (2000), S. 419.

[136] Originär erstellte Kapitalflussrechnungen werden auch als Zahlungsstromrechnungen bezeichnet. Vgl. DELLMANN, K./AMEN, M. (2000), Rn. 7 f.

[137] Vgl. AMEN, M. (1994), S. 15; DELLMANN, K./AMEN, M. (2000), Rn. 7 f.; COENENBERG, A. G. (2001), S. 736.

[138] Vgl. SPICELAND, J. D./SEPE, J. F./TOMASSINI, L. A. (2000), S. 133; COENENBERG, A. G. (2001), S. 736.

[139] Die direkte Methode im operativen Bereich wird auch *income statement method* genannt. Vgl. KIESO, D. E./WEYGANDT, J. J./WARFIELD, T. D. (2001), S. 1315.

nach dem Bruttoprinzip zu erfolgen,[140] außerdem wird sie regelmäßig in Staffelform erstellt.[141]

Weiterhin enthält Appendix C des SFAS 95 detaillierte Beispielgliederungen, die dem Bilanzierenden Anhaltspunkte zur Gliederungsgestaltung der Kapitalflussrechnung geben.[142] Dabei hat die Gliederung im Zeitablauf stetig zu erfolgen und nach den Vorschriften der SEC sind die Vergleichszahlen für die beiden vorangegangenen Berichtsperioden anzugeben.[143]

#### 4.4.4.3.2 Inhalt und Ausweis im operativen Bereich

Sind Ein- und Auszahlungen nicht unmittelbar der Investitions- bzw. Finanzierungstätigkeit einer Gesellschaft zuzuordnen, so handelt es sich regelmäßig um Zahlungsströme aus operativer Tätigkeit.[144] Damit sind zumeist Zahlungen aus der Umsatztätigkeit des Unternehmens Hauptbestandteil des operativen *cash flows*. Zu Mittelzuflüssen aus der operativen Tätigkeit führen vornehmlich folgende Geschäftsvorfälle:[145]

- Einzahlungen aus dem Verkauf von Gütern oder Dienstleistungen, einschließlich dem Verkauf von Forderungen sowie aus der Aufnahme von kurz- oder langfristigen Wechselkrediten im Rahmen von Zielverkäufen an Kunden;
- Einzahlungen aus Zinsen und Dividenden;
- Einzahlungen aus dem Verkauf von Wertpapieren des Handelsbestands (*trading securities*);
- Alle weiteren Einzahlungen, die nicht aus der Investitions- oder Finanzierungstätigkeit stammen wie z. B. Einzahlungen aufgrund von Rechtsstreitig-

---

[140] Vgl. SFAS 95.11. In bestimmten Ausnahmefällen ist auch ein Nettoausweis erlaubt. Vgl. SFAS 95.12 und 95.13.

[141] Vgl. HALLER, A. (1994), S. 359; DELLMANN, K./AMEN, M. (2000), Rn. 112. Nach NIEHUS/THYLL ergibt sich sogar eine Pflicht zur Darstellung der Kapitalflussrechnung in Staffelform explizit aus den beispielhaften Gliederungen des App. C zu SFAS 95. Vgl. NIEHUS, R. J./THYLL, A. (2000), S. 387; ähnlich auch WYSOCKI, K. v. (Hrsg.) (1998), S. 9.

[142] Vgl. SFAS 130 ff.

[143] Vgl. ARB 43, Ch. 2a bzw. Reg. S-X, Rule 3-02 (a) und Reg. 14 A, Rule 14a-3 (b) (1).

[144] Vgl. SIEBERT, H. (1996), S. 192; WYSOCKI, K. v. (Hrsg.) (1998), S. 14; KPMG (Hrsg.) (1999), S. 161; HAYN, S./WALDERSEE, G. Graf (2000), S. 248.

[145] Vgl. auch für die folgende Aufzählung SFAS 95.22; WYSOCKI, K. v. (Hrsg.) (1998), S. 14 f.; GLIEDER, H. (1999), S. 94; KPMG (Hrsg.) (1999), S. 161.

keiten, Versicherungsentschädigungen oder Erstattungen seitens der Lieferanten.

Zahlungsmittelabflüsse, die aus den folgenden Geschäftsvorfällen resultieren, sind im operativen Bereich der Kapitalflussrechnung aufzunehmen:[146]

- Auszahlungen für Material- und Wareneinkäufe einschließlich Rückzahlungen von Lieferantenkrediten;
- Auszahlungen an sonstige Lieferanten (außerhalb von Umsatzkosten) und an Mitarbeiter;
- Auszahlungen für Zinsen sowie für Steuern, Zölle, Gebühren und Strafen;
- Auszahlungen für den Kauf von Wertpapieren des Handelsbestands;
- alle weiteren Auszahlungen, die nicht aus der Investitions- oder Finanzierungstätigkeit stammen wie z. B. Auszahlungen aufgrund von Rechtsstreitigkeiten, Spenden oder Rückerstattungen an Kunden.

Eine explizite Mindestgliederung schreibt SFAS 95 für den operativen Bereich nur bei Anwendung der direkten Darstellung vor.[147]

---

[146] Vgl. für die folgende Aufzählung SFAS 95.23; WYSOCKI, K. v. (Hrsg.) (1998), S. 15; GLIEDER, H. (1999), S. 94 f.; KPMG (Hrsg.) (1999), S. 161.

[147] Vgl. SFAS 95.27; SIEBERT, H. (1996), S. 194; DELLMANN, K./AMEN, M. (2000), Rn. 119.

| |
|---|
| Cash collected from customers, including lessees, licensees, and the like (Einzahlungen von Kunden, einschließlich Leasing- bzw. Lizenznehmern und ähnliche) |
| + Interest and dividends received (Einzahlungen aus Zinsen und Dividenden) |
| + Other operating cash receipts, if any (Sonstige Einzahlungen aus laufendem Geschäft) |
| - Cash paid to employees and other suppliers of goods or services, including suppliers of insurance, advertising, and the like (Auszahlungen an Beschäftigte und Lieferanten von Waren und Dienstleistungen, einschließlich Auszahlungen für Versicherungen, Werbung und ähnliches) |
| - Interest paid (Auszahlungen für Zinsen) |
| - Income taxes paid (Auszahlungen für Ertragsteuern) |
| - Other operating cash payments, if any (Sonstige Auszahlungen aus laufendem Geschäft) |
| = Cash flows from operating activities (Mittelzu-/abfluss aus laufender Geschäftstätigkeit) |

Abb. 4.9: Mindestgliederung im operativen Bereich bei Anwendung der direkten Darstellung
(in Anlehnung an: SFAS 95.27)

Erfolgt die Darstellung im operativen Bereich nach der direkten Methode, so wird ein Ausweis von Hauptposten der Überleitung (*all major classes of reconciling items*) in einer separaten Aufstellung notwendig.[148]

Wendet der Bilanzierende die indirekte Methode (Überleitungsrechnung bzw. *indirect or reconciliation method*) an, so bestimmt sich der operative *cash flow* durch Rückrechnung, ausgehend vom Periodenergebnis (*net income*).[149] Dabei müssen zumindest die Hauptgruppen der Positionen dieser Rückrechnung ausgewiesen werden.[150] In einem ersten Schritt ist das *net income* um Periodisierungsmaßnahmen (*deferrals and accruals*) zu berichtigen. Weiterhin müssen die Posten, die aus Ein- oder Auszahlungen aus Finanzierungs- oder Investitionstätigkeit resultieren in diese beiden Bereiche umgegliedert werden. Im Ergebnis muss der nach der indirekten Darstellung ausgewiesene Saldo des operativen Bereichs dem nach der direkten Darstellung entsprechen.[151] Obwohl das FASB

[148] Vgl. SFAS 95.29 und 95.30; GRÄFER, H. (1992), S. 97; DELLMANN, K./AMEN, M. (2000), Rn. 115; KIESO, D. E./WEYGANDT, J. J./WARFIELD, T. D. (2001), S. 1317.
[149] Die Schritte einer solchen Rückrechnung werden in SFAS 95.28 beschrieben.
[150] Vgl. SFAS 95.29; DELLMANN, K./AMEN, M. (2000), Rn. 122.
[151] Vgl. SFAS 95.28; NEEDLES, B. E./POWERS, M. (1998), S. 629 ff.

die direkte Darstellung nachdrücklich empfiehlt,[152] wenden die US-amerikanischen Bilanzierenden vorwiegend die indirekte Darstellungsmethode im operativen Bereich an.[153]

#### 4.4.4.3.3 *Cash Flow* aus der Investitionstätigkeit

Zum *cash flow* aus Investitionstätigkeit zählen Investitionen und Desinvestitionen in Darlehen (*loans*), in anderweitige Fremd- oder Eigenkapitalpapiere (*debt or equity instruments*), in das Sachanlagevermögen und in sonstige Produktionsgüter, die innerhalb des Umsatzprozesses bei dem entsprechenden Unternehmen zum Einsatz kommen.[154] Nicht zum Investitionsbereich zählen die Bestandsveränderungen von Vorräten.[155]

Unter dem *cash flow* aus Investitionstätigkeit sind Zahlungsströme im Zusammenhang mit Unternehmensressourcen, die dem Unternehmen langfristig zur Ertragserzielung dienen sollen zu subsumieren. In SFAS 95.16 werden die folgenden Geschäftsvorfälle als Mittelzuflüsse aus der Investitionstätigkeit klassifiziert:[156]

- Einzahlungen aus der Tilgung oder Abtretung von Darlehensforderungen und sonstigen Gläubigerpapieren, mit Ausnahme von Zahlungsmitteläquivalenten und Wertpapieren des Handelsbestands;
- Einzahlungen aus dem Verkauf oder aus Kapitalrückführungen von Beteiligungen und Wertpapieren;

---

[152] Vgl. SFAS 95.27; DELLMANN, K./AMEN, M. (2000), Rn. 115; HAYN, S./WALDERSEE, G. Graf (2000), S. 250.

[153] So ergab bspw. eine Untersuchung des AICPA im Jahre 1999, dass von 600 untersuchten US-amerikanischen Unternehmen lediglich 7 das *statement of cash flows* nach der direkten Methode aufstellten. Vgl. AICPA (2000), S. 523. Ein ähnliches Bild ergibt sich bei Betrachtung der Rechnungslegungspraxis in Deutschland. Im Jahre 1997 stellten 27 aller DAX-Unternehmen eine Kapitalflussrechnung auf, wovon lediglich ein Konzern die direkte Methode für den operativen Bereich wählte. Vgl. JAKOBY, S./MAIER, J./SCHMECHEL, T. (1999), S. 235. Zum Vergleich der Vorteilhaftigkeit der direkten Methoden gegenüber der indirekten vgl. z. B. TROUT, K. R./TANNER, M. M./NICHOLAS, L. (1993), S. 23-27; SMITH, G. R. J./FREEMAN, R. J. (1996), S. 17-21.

[154] Vgl. SFAS 95.15; WYSOCKI, K. v. (Hrsg.) (1998), S. 21 f.; HAYN, S./WALDERSEE, G. Graf (2000), S. 250.

[155] Vgl. SFAS 95.15; WYSOCKI, K. v. (Hrsg.) (1998), S. 22; KPMG (Hrsg.) (1999), S. 162.

[156] Vgl. für die Aufzählung auch WYSOCKI, K. v. (Hrsg.) (1998), S. 22; GLIEDER, H. (1999), S. 95; KPMG (Hrsg.) (1999), S. 162.

- Einzahlungen aus dem Verkauf von Sachanlagevermögen und sonstigen Gegenständen, die der Produktion dienen.

Als Mittelabflüsse aus der Investitionstätigkeit werden nach SFAS 95.17 ausdrücklich folgende Geschäftsvorfälle eingestuft:[157]

- Auszahlungen aus der Vergabe von Darlehen und dem Erwerb sonstiger Gläubigerpapiere, mit Ausnahme von Zahlungsmitteläquivalenten und Wertpapieren des Handelsbestands;
- Auszahlungen aus dem Erwerb von Beteiligungen und Wertpapieren;
- Auszahlungen aus dem Erwerb von Sachanlagevermögen und sonstigen Gegenständen, die der Produktion dienen, einschließlich Auszahlungen für aktivierte Anschaffungsnebenkosten und aktivierte Zinsen.

Eine Mindestgliederung für den Investitionsbereich existiert in der US-amerikanischen Rechnungslegung nicht; es muss lediglich eine separate Darstellung der Ein- und Auszahlungen erfolgen, beispielweise sind die Auszahlungen aus dem Erwerb von Sachanlagevermögen getrennt von den Einzahlungen aus dem Verkauf von Sachanlagevermögen darzustellen.[158] In der unverbindlichen Beispielgliederung des Appendix C zu SFAS 95 werden die Zahlungsströme nach Investitionsarten gegliedert.

#### 4.4.4.3.4 *Cash Flow* aus der Finanzierungstätigkeit

Als Finanzierungstätigkeiten gelten sämtliche zahlungswirksame Aktivitäten aufgrund von Transaktionen mit Eigen- und Fremdkapitalgebern.[159] Insbesondere die folgenden Geschäftsvorfälle führen zu Mittelzuflüssen aus der Finanzierungstätigkeit:[160]

- Einzahlungen aus Kapitalerhöhungen;

---

[157] Vgl. für die Aufzählung auch WYSOCKI, K. v. (Hrsg.) (1998), S. 22; GLIEDER, H. (1999), S. 95; KPMG (Hrsg.) (1999), S. 162.

[158] Vgl. SFAS 95.31.

[159] Vgl. KPMG (Hrsg.) (1999), S. 163; HAYN, S./WALDERSEE, G. Graf (2000), S. 250; COENENBERG, A. G. (2001), S. 754.

[160] Vgl. für die Aufzählung SFAS 95.19; WYSOCKI, K. v. (Hrsg.) (1998), S. 24; GLIEDER, H. (1999), S. 96; KPMG (Hrsg.) (1999), S. 163.

- Einzahlungen aus Kreditaufnahmen, z. B. in Form von Anleihen, Darlehen und Wechseln.

Den Mittelabflüssen aus Finanzierungstätigkeit sind die Zahlungsströme folgender Aktivitäten zuzuordnen:[161]

- Auszahlungen aus Dividenden oder sonstigen Vergütungen an Kapitaleigner, einschließlich der Auszahlungen aufgrund von Kapitalrückführungen;
- Auszahlungen zur Tilgung von aufgenommenen Krediten.

Zur Gliederung im Finanzierungsbereich schreibt SFAS 95.31 die getrennte Darstellung der Ein- und Auszahlungen vor und gibt beispielhaft die Untergliederung nach Einzahlungen aus der Fremdkapitalaufnahme, Auszahlungen für die Fremdkapitaltilgung, Einzahlungen aus der Beschaffung von Eigenkapital und Auszahlungen für den Anteilsrückkauf an.[162] In der exemplarischen Darstellung der Kapitalflussrechnung im Appendix C des SFAS 95 werden zunächst die Zahlungstransaktionen mit Fremdkapitalgebern und im Anschluss daran mit den Anteilseignern dargestellt. Wird diese Reihenfolge übernommen, ist die Bildung einer Zwischensumme nach den Ein- und Auszahlungen an die Fremdkapitalgeber möglich, die die Residualansprüche der Anteilseigner auf die verbliebenen überschüssigen Einzahlungen anzeigt.[163]

#### 4.4.4.4 Ausweis spezieller Posten und Ergänzungsangaben

Neben den beschriebenen Ausweisvorschriften existieren noch weitere Regelungen zum Ausweis bestimmter Zahlungsvorgänge, die im Folgenden beschrieben werden.

Werden Geschäftsvorfälle getätigt, die zu Ein- oder Auszahlungen in Fremdwährung führen, so werden die Zahlungsströme nach SFAS 95.25 zum historischen Kurs des entsprechenden Zahlungszeitpunkts umgerechnet. Falls die Umrechnung zu Durchschnittskursen im Wesentlichen zum gleichen Ergebnis führt, dürfen auch Durchschnittskurse herangezogen werden. Eine Veränderung

---

[161] Vgl. für die Aufzählung SFAS 95.20; WYSOCKI, K. v. (Hrsg.) (1998), S. 24; GLIEDER, H. (1999), S. 96; KPMG (Hrsg.) (1999), S. 163.

[162] Vgl. auch COENENBERG, A. G. (2001), S. 756.

[163] Vgl. GEBHARDT, G. (1999), Rz. 262; COENENBERG, A. G. (2001), S. 756.

der Zahlungsmittel oder der Zahlungsmitteläquivalente als Folge der Währungsumrechnung ist im Finanzmittelfonds auszuweisen.[164] Dabei ist eine solche Veränderung keinem der drei Aktivitätsbereiche in der Ursachenrechnung zuzuordnen, sondern in der Überleitungsrechnung der Zahlungsmittel und Zahlungsmitteläquivalente vom Beginn der Periode auf das Ende zu berücksichtigen.[165]

Zinseinzahlungen und nicht aktivierte Zinsauszahlungen sind stets dem operativen Bereich zuzuordnen. Der Ausweis allerdings hängt von der gewählten Darstellungsform im operativen Bereich ab. Entscheidet sich der Bilanzierende für die Darstellung nach der direkten Methode, sind die nicht aktivierten Zinsauszahlungen in einem Einzelposten darzustellen; die Zinseinzahlungen dürfen mit den erhaltenen Dividenden zu einem separaten Posten zusammengefasst werden.[166] Bei der Darstellung nach der indirekten Methode dürfen keine Zinszahlungen ausgewiesen werden, vielmehr sind die zahlungsunwirksamen Zinsaufwendungen und -erträge im operativen Bereich zu zeigen.[167] Außerdem sind die nicht aktivierten Zinszahlungen (*net of amounts capitalized*) in den *related disclosures* offenzulegen.[168]

Nach SFAS 95.20a sind Auszahlungen für Dividenden dem Finanzierungsbereich zuzuordnen. Sie müssen allerdings nicht zwingend gesondert ausgewiesen werden, lediglich in der unverbindlichen Beispielgliederung des App. C zu SFAS 95 wird eine solche Vorgehensweise gewählt. Wird die direkte Methode zur Darstellung im operativen Bereich gewählt, so dürfen wie bereits erwähnt, die erhaltenen Dividenden mit den Zinseinzahlungen zusammengefasst werden.[169] Bei Anwendung der indirekten Methode für den operativen Bereich müssen die Zinseinzahlungen weder separat in der Kapitalflussrechnung ausgewiesen noch in einer anderen Form offengelegt werden.[170]

---

[164] Vgl. SFAS 95.25; KPMG (Hrsg.) (1999), S. 164 f.

[165] Vgl. JAKOBY, S./MAIER, J./SCHMECHEL, T. (1999), S. 229; KPMG (Hrsg.) (1999), S. 165; HAYN, S./WALDERSEE, G. Graf (2000), S. 252.

[166] Vgl. SFAS 95.27 (e) und (b); COENENBERG, A. G. (2001), S. 757 f.

[167] Vgl. SFAS 95.28 Fn. 12; SFAS 95.132; COENENBERG, A. G. (2001), S. 758.

[168] Vgl. SFAS 95.29; KPMG (Hrsg.) (1999), S. 165.

[169] Vgl. SFAS 95.27 (b).

[170] Vgl. COENENBERG, A. G. (2001), S. 758.

Ertragsteuerzahlungen sind wie bereits erläutert zwingend dem operativen Bereich zuzuordnen. Wählt der Bilanzierende die direkte Darstellung, sind die gezahlten Ertragssteuern als gesonderter Posten auszuweisen.[171] Erfolgt die Darstellung dagegen nach der indirekten Methode, sind die gezahlten Ertragsteuern nicht im operativen Bereich, sondern in den *related disclosures* anzugeben.[172]

Zahlungsströme, die sich aus außerordentlichen Vorgängen ergeben müssen nicht gesondert ausgewiesen werden. Nimmt das bilanzierende Unternehmen dennoch eine gesonderte Abbildung in der Kapitalflussrechnung vor, muss in den Folgeperioden das Stetigkeitsgebot befolgt werden.[173] SFAS 95 verlangt zu bestimmten Sachverhalten, wie z. B. zu unbaren Transaktionen,[174] weitere Ergänzungsangaben, die i. d. R. in den *notes* bzw. in *related disclosures* offenzulegen sind. So müssen zu den unter Abschnitt 4.4.4.2 beschriebenen Pflichtangaben zum Finanzmittelfonds weiterhin bedeutsame unbare Transaktionen entweder verbal oder in Form einer Tabelle dargestellt werden.[175] Börsennotierte Unternehmen sind außerdem nach Reg. S-X, Rule 5-02.1 verpflichtet über Zahlungsmittel und Zahlungsmitteläquivalente zu berichten, die nur eingeschränkt zur Verfügung stehen.[176]

### 4.4.5 Vorschriften zu Inhalt und Ausweis des *Statement of Changes in Equity* und des *Statement of Retained Earnings*

In einem US-GAAP-Abschluss muss auch die Entwicklung der einzelnen Eigenkapitalpositionen der abgelaufenen Periode dargestellt werden.[177] Diese Darstellung kann entweder in einem eigenständigen *statement of changes in equity* (Eigenkapitalveränderungsrechnung) erfolgen oder aber innerhalb eines

---

171 Vgl. SFAS 95.27 (f); SIENER, F. (1998), S. 81; KPMG (Hrsg.) (1999), S. 165.

172 Vgl. SFAS 95.29; HAYN, S./WALDERSEE, G. Graf (2000), S. 252.

173 Vgl. SFAS 95.26 Fn. 10; DELLMANN, K./AMEN, M. (2000), Rn. 139.

174 Unbare Transaktionen sind bspw. der Erwerb von *assets* auf Kredit oder in Form von Finanzierungsleasing, der Erwerb von Unternehmen mittels Anteilsausgabe oder Umwandlung von Schulden in Eigenkapital. Vgl. SFAS 95.32; JAKOBY, S./MAIER, J./SCHMECHEL, T. (1999), S. 228; KPMG (Hrsg.) (1999), S. 166; DELANEY, P. R. et al. (2000), S. 99 f.

175 Vgl. SFAS 95.32; NIEHUS, R. J./THYLL, A. (2000), S. 392.

176 Vgl. auch SIENER, F. (1998), S. 81; WYSOCKI, K. v. (Hrsg.) (1998), S. 30; KPMG (Hrsg.) (1999), S. 166.

177 Vgl. SFAS 129.4.

anderen *statements*[178] bzw. in den *notes*.[179] Dabei ist für jede Position eine Überleitung des Anfangsbestands auf den Endbestand notwendig unter Angabe der wesentlichen Veränderungen; außerdem sind Angaben über die Entwicklung der Anzahl der Aktien erforderlich.[180] Im Einzelnen müssen, unabhängig vom gewählten Ausweisort, die Veränderungen des Nominalkapitals (*capital stock*) und der Kapitalrücklagen (*additional paid in capital*),[181] die Änderungen des Bestands an eigenen Aktien (*treasury stock*) sowie die Veränderungen der Gewinnrücklagen (*retained earnings*) angegeben werden.[182] Bei börsennotierten Unternehmen ist weiterhin die Dividende je Aktie getrennt nach den einzelnen Aktiengattungen anzugeben.[183] Wie bereits unter Abschnitt 4.4.1 beschrieben, kann auch das *other comprehensive income* im Rahmen einer Eigenkapitalveränderungsrechnung ausgewiesen werden. Ein verbindlich vorgeschriebenes Gliederungsformat existiert nicht,[184] eine beispielhafte Gliederung des *statement of changes in equity* ist in SFAS 130 App. B, Format D wie in Abb. 4.4 dieser Arbeit dargestellt, zu finden.

Weiterhin erfolgt auch wie in der deutschen handelsrechtlichen Rechnungslegung nach US-GAAP eine Trennung von Ergebnisermittlung und Ergebnisverwendung. So wird das Periodenergebnis wie bereits unter Abschnitt 4.4.1 erläutert, im *income statement* ermittelt, die Darstellung der Ergebnisverwendung dagegen findet entweder im Anschluss an das *income statement* unterhalb des *net income* statt[185] oder wird als separates *statement of retained earnings* (Gewinnrücklagenrechnung) in den Geschäftsbericht aufgenommen oder erfolgt innerhalb der Eigenkapitalveränderungsrechnung.[186] Da der im *statement of retained earnings* ausgewiesene Endbestand der Gewinnrücklagen dem in der

178 Üblicherweise in der Gewinn- und Verlustrechnung.

179 Vgl. APB *Opinion* 12.10; COENENBERG, A. G. (2001), S. 492; KIESO, D. E./WEYGANDT, J. J./WARFIELD, T. D. (2001), S. 829. Nach Reg. S-X, Rule 3-04 sollte das *statement of changes in equity* entweder als separates *statement* oder innerhalb der *notes* veröffentlicht werden.

180 Vgl. KPMG (Hrsg.) (1999), S. 168; COENENBERG, A. G. (2001), S. 492.

181 Herbeigeführt durch Kapitalerhöhungen oder –herabsetzungen oder durch Vergabe bzw. Ausübung von Optionsrechten.

182 Vgl. GRÄFER, H. (1992), S. 157; MEEK, G. K. (2000), S. 182.

183 Vgl. Reg. S-X, Rule 3-04; COENENBERG, A. G. (2001), S. 492.

184 Vgl. HAYN, S./WALDERSEE, G. Graf (2000), S. 26.

185 Vgl. DELANEY, P. R. et al. (2000), S. 87 f. mit der Darstellung eines kombinierten *statement of income and retained earnings*.

186 Vgl. GRÄFER, H. (1992), S. 88; HALLER, A. (1994), S. 347 f.; NIEHUS, R. J./THYLL, A. (2000), S. 378.

Bilanz gezeigten Bestand entsprechen muss und ebenfalls auf das *net income* der Gewinn- und Verlustrechnung zurückgegriffen wird, dient das *statement of retained earnings* als Bindeglied zwischen Gewinn- und Verlustrechnung und Bilanz.[187]

Üblicherweise wird am Anfang eines *statement of retained earnings* der Endbestand an Gewinnrücklagen der vorangegangenen Rechnungslegungsperiode gezeigt, der gleichzeitig den Anfangsbestand für das aktuelle Berichtsjahr bildet.[188] Diesem Gewinnrücklagenbestand wird das Jahresergebnis des laufenden Geschäftsjahres hinzugerechnet bzw. abgezogen, wodurch das Jahresergebnis in voller Höhe in die Gewinnrücklagenrechnung einfließt. Sind in den vorangegangenen Geschäftsjahren Fehler unterlaufen, die sich auf die Gewinnrücklagen auswirken, wie z. B. Berechnungsfehler, oder wurden Einkommensteuerersparnisse erzielt, die aus vor einem Unternehmenserwerb entstandenen Verlustvorträgen von konsolidierten Tochterunternehmen resultieren, so ist eine entsprechende Korrektur im Rahmen des *statement of retained earnings* vorzunehmen (*prior period adjustments*), die damit erfolgsneutral ist.[189] Von den Gewinnrücklagen wird weiterhin die bekanntgegebene und vom *board of directors* beschlossene Ausschüttung auf Stamm- und Vorzugsaktien abgezogen, da der Jahresabschluss, um in Worten der deutschen handelsrechtlichen Bilanzierung zu sprechen, nach vollständiger Gewinnverwendung erstellt wird.[190] Falls für einen Teil der Gewinnrücklagen eine Ausschüttungssperre zur Sicherung der Unternehmensliquidität besteht, ist diese ebenfalls im *statement of retained earnings* anzugeben. Der *board of directors* ist bspw. zur Sperrung von Gewinnrücklagen zur Ausschüttung verpflichtet, wenn ein Gesetz dies verlangt, entsprechende vertragliche Verpflichtungen vorliegen oder eine Notwendigkeit aufgrund der aktuellen Markt- und Unternehmenslage besteht. Zum Abschluss werden als Ergebnis regelmäßig die verfügbaren Gewinnrücklagen angezeigt.[191] Aufgrund eines fehlenden fixen Gliederungsschemas wird in Abb. 4.10 ein Beispiel zur Gliederung eines *statement of retained earnings* gegeben.

---

[187] Vgl. HALLER, A. (1994), S. 308 und 347; COENENBERG, A. G. (2001), S. 301.
[188] Vgl. GRÄFER, H. (1992), S. 88 f.
[189] Vgl. SFAS 16.11; HALLER, A. (1994), S. 347 f.; KUHLEWIND, A.-M. (2000), S. 316; SPICELAND, J. D./SEPE, J. F./TOMASSINI, L. A. (2000), S. 999; KIESO, D. E./WEYGANDT, J. J./WARFIELD, T. D. (2001), S. 149.
[190] Vgl. GRÄFER, H. (1992), S. 88 f.; KPMG (Hrsg.) (1999), S. 123.
[191] Vgl. GRÄFER, H. (1992), S. 89.

| Statement of Retained Earnings | | Angaben in TEUR |
|---|---|---|
| Retained earnings, January 1 (Gewinnrücklagen zu Beginn des Jahres) | 1.900 | |
| Net loss (Jahresfehlbetrag der Periode) | | -647 |
| Prior period adjustment: (Berücksichtigung von Bilanzierungsfehlern etc. der Vorperioden:) | | |
| Correction of depreciation error (less applicable income taxes of EUR 28) (Korrektur eines Fehlers bei Abschreibungen, abzüglich der darauf entfallenden Ertragsteuern von 28 EUR) | -42 | |
| Adjusted retained earnings, January 1 (Angepasste Gewinnrücklagen zu Beginn des Jahres) | | 1.858 |
| Deduct dividends: (Abzüglich Dividenden auf:) | | |
| Preferred stock (Vorzugsaktien) | -40 | |
| Common stock (Stammaktien) | -30 | -70 |
| Retained earnings, December 31 (Gewinnrücklagen am Ende des Jahres) | | 1.141 |

Abb. 4.10 Beispielhafte Gliederung eines *Statement of Retained Earnings* (in Anlehnung an: HALLER, A. (1994), S. 347; DELANEY, P. R. et al. (2000), S. 88)

### 4.4.6 Vorschriften zu Inhalt und Offenlegung in den *Notes*

Die im US-amerikanischen Jahresabschluss zu veröffentlichenden *notes* entsprechen bezüglich ihrer Funktion dem deutschen handelsrechtlichen Anhang. Allerdings ist ein stärkerer Fokus der *notes* auf die prinzipielle Zielsetzung der Rechnungslegung in den USA, nämlich der Bereitstellung entscheidungsrelevanter Informationen, festzustellen.[192] Dies äußerst sich darin, dass die berichterstattenden Unternehmen neben zusätzlichen Angaben zu den übrigen *financial statements* außerdem bspw. über besondere Geschäftsvorfälle und nach SFAS 57 über Beziehungen zu verbundenen Unternehmen bzw. zu nahestehenden Gesellschaftern innerhalb der *notes* berichten müssen.[193]

---

[192] Vgl. GRÄFER, H. (1992), S. 43; SELCHERT, F. W./ERHARDT, M. (1998), S. 262; MEEK, G. K. (2000), S. 183.

[193] Vgl. mit weiteren Beispielen GRÄFER, H. (1992), S. 43.

Zur Gliederung der *notes* existiert wiederum keine explizite Vorschrift, sie lassen sich gleichwohl in Teilbereiche untergliedern:[194]

- Erörterung der wesentlichen Bilanzierungs- und Bewertungsmethoden (*summary of significant accounting policies*); hierunter fallen bspw. Abschreibungsmethoden, Konsolidierungsmethoden, Methoden der Währungsumrechnung und der Bilanzierung langfristiger Fertigungsaufträge.
- Erläuternde Angaben zu einzelnen Positionen der übrigen *financial statements* (*explanatory notes*); z. B. über außerordentliche Aufwendungen und Erträge, über Gewinne und Verluste aus der Währungsumrechnung.
- Sonstige geforderte oder freiwillige Angaben (*supplementary information*).

Welche Angaben grundsätzlich zu veröffentlichen sind (*disclosures*) und welche davon speziell in den *notes*, regeln in der US-amerikanischen Rechnungslegung die einzelnen Standards. Darüber hinaus bestehen für börsennotierte Unternehmen weitere detailliertere Offenlegungsvorschriften seitens der SEC.[195] Welche Angaben in den *notes* bzw. fakultativ auch in einem anderen *financial statement* zu publizieren sind und in welcher Reihenfolge die Angaben innerhalb der *notes* gegliedert werden können, ist Abb. 4.11 zu entnehmen.

---

[194] Vgl. auch für die nachfolgende Aufzählung HALLER, A. (1994), S. 365 f.; COENENBERG, A. G. (2001), S. 811 und 821.

[195] Vgl. Reg. S-X, Rule 4-08 ff.; COENENBERG, A. G. (2001), S. 812.

| Angabepflichten in den Notes | | | | |
|---|---|---|---|---|
| Aufzunehmender Sachverhalt | Regelungsort | börsen-notierte Unter-nehmen | nicht börsen-notierte Unter-nehmen | Aus-weis wahl-weise in |
| **Bilanzierungs- und Bewertungs-methoden** | | | | |
| (1) Allgemeine Angaben | | | | |
| - Konsolidierungsgrundsätze und -methoden | APB 22.13; ARB 51.5; Reg. S-X 3A-03(a)/4-08(a) | X | X | - |
| - Konsolidierungskreisänderungen | APB 20.35 | X | X | - |
| - Währungsumrechnung | APB 22.13; SFAS 52.30 ff., 95.136; Reg.S-X 3-20(e) | X | X | - |
| (2) Einzelne Bilanzierungs- und Be-wertungsmethoden | | | | |
| - Abschreibungen des Anlagevermögens | APB 22.13 | X | X | - |
| - Vorratsbewertung | APB 22.13 | X | X | - |
| - Gewinnrealisierung bei langfristiger Fertigung | APB 22.13 | X | X | - |
| - Realisierung von Erträgen bei Fran-chising- und Leasinggeschäften | APB 22.13 | X | X | - |
| - Bilanzerung derivativer Finanz-instrumente | SFAS 133.44 f.; Reg. S-X 4-08(n) | X | X | - |
| - Bilanzierung von Aktienoptionsplänen für Mitarbeiter | SFAS 123.45 ff. | X | X | - |
| - Ertrags- und Aufwandsrealisierung | APB 22.12 | X | X | - |
| - Forschungs- und Entwicklungskosten | APB 22.13 | X | X | - |
| - Sonstige wesentliche Bilanzierungs- und Bewertungsmethoden | APB 22.8 | X | X | - |
| - Änderungen der Bilanzierungs- und Bewertungsmethoden | APB 20.17; 20.19 ff.; 20.24; 20.28; 20.38 | X | X | GuV |
| - Änderungen der Schätzungsannahmen | APB 20.33 | X | X | - |
| - Berichtigung von grundlegenden Fehlern | APB 20.37 | X | X | - |
| **Erläuternde Angaben zu den übrigen financial statements** | | | | |
| **Bilanz** | | | | |
| (1) Allgemeine Angaben | ARB 43 Ch. 3A.4 ff.; APB 16. 95 f.; SFAS 6.15, 78.5, 79.1; Reg. S-X 4-08 (g), 5-04, 12-04 | X | X | Bilanz |
| (2) Liquide Mittel | ARB 43 Ch. 3A.6/ Reg. S-X 5-0201 | X | X | Bilanz |

| Aufzunehmender Sachverhalt | Regelungsort | börsen-notierte Unter-nehmen | nicht börsen-notierte Unter-nehmen | Aus-weis wahl-weise in |
|---|---|---|---|---|
| (3) Wertpapiere des Umlaufvermögens | SFAS 115.19 ff./ Reg. S-X 5-0202 | X | X | Bilanz |
| (4) Forderungen | Reg. S-X 5-0203 | X | - | Bilanz |
| (5) Forderungen gegen nahestehende Unternehmen und Personen | SFAS 57.2 ff./ Reg. S-X 5-0203(a)/4-08(k) | X | X | Bilanz |
| (6) Wertberichtigungen auf Forderungen | Reg. S-X 5-0204 | X | - | Bilanz |
| (7) Sonstige kurzfristige Vermögenswerte | Reg. S-X 5-0205/5-0208 | X | - | Bilanz |
| (8) Vorräte | ARB 43 Ch. 3A.4/43 Ch. 3A.9/ 43 Ch. 4.6/43 Ch. 4.14 ff./45.15 f./SFAS 34.21/Reg. S-X 5-0206 | X | X | Bilanz |
| (9) Rechnungsabgrenzungsposten | Reg. S-X 5-0207 | X | - | Bilanz |
| (10) Anteile an verbundenen Unternehmen | Reg. S-X 5-0210/4-08(k) | X | - | Bilanz |
| (11) Ausleihungen an verbundene Unter-nehmen | Reg. S-X 5-0211 | X | - | Bilanz |
| (12) Equity-Beteiligungen und Joint Ventures | APB 18.19 f. | X | X | Bilanz |
| (13) Sonstige Finanzanlagen | SFAS 133.44 ff./ Reg. S-X 5-0212 | X | X | Bilanz |
| (14) Sachanlagen | APB 12.4 f./Reg. S-X 5-0213 | X | X | Bilanz |
| (15) Kumulierte Abschreibungen des Anlagevermögens | APB 12.4 f./Reg. S-X 5-0214 | X | X | Bilanz |
| (16) Immaterielle Vermögenswerte | APB 12.4 f./17.30 f./ Reg. S-X 5-0215 | X | X | Bilanz |
| (17) Kumulierte Abschreibungen der immateriellen Vermögenswerte | APB 12.4 f./17.30 f./ Reg. S-X 5-0216 | X | X | Bilanz |
| (18) Dinglich belastete Vermögenswerte | Reg. S-X 4-08(b) | X | - | Bilanz |
| (19) Leasinggeschäfte | SFAS 13.13/13.16/13.23/ 13.29/13.47/91.25/98.17 f. | X | X | Bilanz |
| (20) Sonstige langfristige Vermögenswerte | Reg. S-X 5-0217 | X | - | Bilanz |
| (21) Außerplanmäßige Abschreibungen des Anlagevermögens | SFAS 118.6/121.13 f./121.18 f. | X | X | Bilanz |
| (22) Kurzfristige Verbindlichkeiten | Reg. S-X 5-0219 | X | - | Bilanz |
| (23) Sonstige kurzfristige Schulden | Reg. S-X 5-0220 | X | - | Bilanz |
| (24) Langfristige Verbindlichkeiten (inkl. Leasingverbindlichkeiten) | Reg. S-X 5-0222/4-08(f) | X | - | Bilanz |
| (25) Verbindlichkeiten gegenüber nahesteh-enden Unternehmen und Personen | Reg. S-X 5-0223 | X | - | Bilanz |
| (26) Pensionsverpflichtungen | SFAS 132.5 f./132.8 f. | X | X | Bilanz |
| (27) Steuerschulden (inkl. Latente Steuern) | SFAS 109.41 ff. | X | X | Bilanz |

| Aufzunehmender Sachverhalt | Regelungsort | börsennotierte Unternehmen | nicht börsennotierte Unternehmen | Ausweis wahlweise in |
|---|---|---|---|---|
| (28) Sonstige langfristige Schulden | Reg. S-X 5-0224 | X | - | Bilanz |
| (29) Drohverlustrückstellungen | SFAS 5.9/47.9/ Reg. S-X 5-0225 | X | X | Bilanz |
| (30) Rechnungsabgrenzungsposten | Reg. S-X 5-0226 | X | - | Bilanz |
| (31) Minderheitenanteile | Reg. S-X 5-0227 | X | - | Bilanz |
| (32) Eigenkapital | SFAS 123.45 ff./129.4 f./Reg. S-K 2-01 f./Reg. S-X 4-08(d)/ 4-08(e)/4-08(i)/5-0228 ff. | X | X | Bilanz |
| **Gewinn- und Verlustrechnung** | | | | |
| (33) Forschungs- und Entwicklungskosten | SFAS 2.13/68.14 | X | X | GuV |
| (34) Betriebsfremde Erträge | Reg. S-X 5-0307 | X | - | GuV |
| (35) Betriebsfremde Aufwendungen | Reg. S-X 5-0309 | X | - | GuV |
| (36) Steuern | SFAS 109.45 ff./ Reg. S-X 4-08(h) | X | X | GuV |
| (37) Beteiligunsgerträge | Reg. S-X 5-0313 | X | - | GuV |
| (38) Ungewöhnliche oder seltene Ereignisse | APB 30.26 | X | X | GuV |
| (39) Aufgabe von Geschäftsbereichen | APB 30.8 f./30.18 | X | X | GuV |
| (40) Außerordentliches Ergebis | APB 30.11 | X | X | GuV |
| (41) Ergebnis pro Aktie | SFAS 128.40 f. | X | - | GuV |
| **(42) Eigenkapitalveränderungsrechnung** | APB 12.9 f./SFAS 52.13/80.5/ 87.37/115.13/129.8/130.25 f./ Reg. S-X 3-04/4-08 | X | X | EKV |
| **(43) Kapitalflussrechnung** | SFAS 95.6/95.25 ff./102.5 ff./ 115.18 | X | X | KFR |
| **Zusätzliche Angaben** | | | | |
| (1) Allgemeine Angaben | | | | |
| - Entwicklung der Geschäftstätigkeit | Reg. S-K 1-01(a)/1-01(c)/ 1-01(d) | X | - | - |
| - Angaben zu den Geschäftsbereichen | Reg. S-K 1-01(b)/1-01(c)/ 1-01(d) | X | - | - |
| - Angaben zu den Produktionsanlagen | Reg. S-K 1-02 | X | - | - |
| - Angaben zu bestehenden Rechtsstreitigkeiten | Reg. S-K 1-03 | X | - | - |
| (2) Eventualverbindlichkeiten und bilanzunwirksame Finanzinstrumente und finanzielle Informationen | SFAS 5.10 ff./5.12/13.16/ 13.23/47.7 f./98.17 f. | X | X | - |

| Aufzunehmender Sachverhalt | Regelungsort | börsen-notierte Unter-nehmen | nicht börsen-notierte Unter-nehmen | Aus-weis wahl-weise in |
|---|---|---|---|---|
| (3) Ereignisse nach dem Bilanzstichtag | SFAS 5.11/52.32/ SAS 1.123 f./AU 560 | X | X | - |
| (4) Segmentberichterstattung | SFAS 131.25 ff./ Reg. S-X 3-03(e) | X | - | - |
| (5) Auswirkungen von Preisänderungen | SFAS 89.3/Reg. S-X 3-20(c) | X | X | - |
| (6) Angaben über Beziehungen zu nahestehenden Unternehmen und Personen | SFAS 57.2 ff./109.286(s)/ Reg. S-K 4-04/Reg. S-X 4-08(k) | X | X | - |
| (7) Angabe ausgewählter Zahlen der letzten 5 Jahre (5-Jahresvergleich) | Reg. S-K 3-01 | X | - | - |
| (8) Angabe von Zwischenberichtsdaten | Reg. S-K 3-02(a) | X | - | - |
| (9) Wechsel des Abschlussprüfers bzw. bestehende Unstimmigkeiten mit dem Abschlussprüfer | Reg. S-K 3-04 | X | - | - |
| (10) Angaben zu quantitativen und qualitativen Marktrisiken | Reg. S-K 3-05 | X | - | - |
| (11) Angaben zu Personen der Geschäftsführung und des Aufsichtsrates | Reg. S-K 4-01/4-02/4-03 | X | - | - |
| (12) Übereinstimmung mit Section 16(a) des Exchange Act | Reg. S-K 4-05 | X | - | - |
| (13) Ad hoc-Meldungen im letzten Quartal des Geschäftsjahres | Form 10-K Part IV 14(b) | X | - | - |
| (14) Liste der Angaben mit Index | Reg. S-K 6-01 | X | - | - |

Abb. 4.11 Angabepflichten für börsennotierte und nicht börsennotierte Unternehmen in den *Notes*
(Quelle: COENENBERG, A. G. (2001), S. 835 ff.)

### 4.4.7 Inhalt und Ausweis in der MD&A

Von börsennotierten Unternehmen verlangt die SEC neben den üblichen Jahresabschlussbestandteilen eine „*Management's Discussion and Analysis of Financial Condition and Results of Operations*" (MD&A),[196] die in etwa die Funktion des Lageberichts nach handelsrechtlicher Rechnungslegung einnimmt,[197] allerdings einen wesentlich umfangreichen Inhalt erfordert. Folglich sind in einer

---

[196] Vgl. Reg. S-K, Item 303 (a). Bei börsennotierten Unternehmen unterliegt die MD&A einer Prüfungspflicht. Vgl. COENENBERG, A. G. (2001), S. 838.

[197] Eine Gegenüberstellung der Funktion der MD&A mit der des Lageberichts findet sich bei BROTTE, J. (1997), S. 211 ff.

solchen MD&A Einschätzungen zur wirtschaftlichen Lage des bilanzierenden Unternehmens und der Märkte, mit denen das Unternehmen in Verbindung steht, über einen Berichtszeitraum von drei Jahren[198] abzugeben.[199] Dem Adressaten soll damit die Abschätzung der Ertragskraft und die Qualität des Jahresergebnisses ermöglicht werden.[200] Dabei wird eine Einteilung der zu veröffentlichenden Informationen über wesentliche Vorgänge, vorteilhafte bzw. unvorteilhafte Trends und Ungewissheiten in folgenden drei Bereichen vorgenommen:[201]

- Liquidität (*liquidity*),
- Kapitalausstattung (*capital resources*),
- Ertragslage (*results of operations*).

Innerhalb der Berichterstattung über die Liquidität sind von der Unternehmensleitung sämtliche als wesentlich für die Liquiditätslage befundene Informationen – auch bezugnehmend auf Jahresabschlussangaben[202] – zu liefern.[203] Liquidität wird in diesem Zusammenhang als die Fähigkeit des Unternehmens verstanden, diejenigen Zahlungsmittel zu beschaffen, die zur Deckung des Zahlungsmittelbedarfs notwendig sind. Tritt dabei eine Lücke auf, so sind die bereits eingeleiteten oder geplanten Maßnahmen zur Eliminierung dieses Fehlbetrags anzugeben.[204] Im Einzelnen sind Angaben zu machen über:[205]

- bekannte Trends, Ansprüche, Verpflichtungen, Ereignisse oder Ungewissheiten, die sich sicher oder sehr wahrscheinlich wesentlich auf die Liquidität des Unternehmens auswirken werden;

---

198 Der Zeitraum von drei Jahren ist in *instruction* 1 zu S-K, Item 303 (a) angegeben. Bei Trendangaben kann unter bestimmten Umständen auch ein Zeitraum von fünf Jahren erforderlich sein. Vgl. SIEBERT, H. (1996), S. 91.

199 Vgl. KPMG (Hrsg.) (1999), S. 178; MEEK, G. K. (2000), S. 184. Eine MD&A enthält in erster Linie verbale Ausführungen. Vgl. BRYAN, S. H. (1997), S. 285.

200 Vgl. BROTTE, J. (1997), S. 210.

201 Vgl. auch für die folgende Aufzählung Reg. S-K, Item 303 (a); BRYAN, S. H. (1997), S. 286; NIEHUS, R. J./THYLL, A. (2000), S. 489 f.; MEEK, G. K. (2000), S. 184 f.; SPICELAND, J. D./SEPE, J. F./TOMASSINI, L. A. (2000), S. 218.

202 Dabei wird man sich insbesondere auf Daten aus der Bilanz, der Gewinn- und Verlustrechnung und der Kapitalflussrechnung berufen.

203 Vgl. COENENBERG, A. G. (2001), S. 845.

204 Vgl. HOOKS, K. L./MOON, J. E. (1993), S. 51; SIEBERT, H. (1996), S. 92; KPMG (Hrsg.) (1999), S. 178 f.; SELCHERT, F. W. (1999), S. 226.

205 Vgl. für die folgende Aufzählung Reg. S-K, Item 303 (a) (1); BROTTE, J. (1997), S. 222 f.; COENENBERG, A. G. (2001), S. 845.

- eingeleitete oder vorgesehene Maßnahmen zur Beseitigung eines Defizits an Zahlungsmitteln, falls ein solches identifiziert wurde;
- unternehmensinterne und –externe Liquiditätsquellen;
- wesentliche, bisher noch nicht in Anspruch genommene Liquiditätsreserven.

Aufgrund der engen Verzahnung darf die Berichterstattung über die Liquidität und Kapitalausstattung zusammengefasst werden. Dabei ermutigt die SEC die berichterstattenden Unternehmen, für beide Bereiche einen prospektiven Bericht abzugeben, der in eine Kurzfristbetrachtung für die kommenden zwölf Monate und eine Langfristbetrachtung für einen darüber hinausgehenden Zeitraum zu unterteilen ist.[206] Zur Kapitalausstattung, den Investitionen und Investitionsvorhaben besteht eine Angabepflicht über:[207]

- bis zum Ende des Geschäftsjahres eingegangene wesentliche Verpflichtungen, die sich auf die Kapitalausstattung auswirken; Gründe, die zum Eingehen dieser Verpflichtungen geführt haben und die zur Erfüllung der Verpflichtungen vorgesehenen Finanzierungsquellen;
- bekannte vorteilhafte und unvorteilhafte Entwicklungen der Kapitalausstattung des Unternehmens in wesentlichem Umfang; Veränderungen des Verhältnisses von Eigen- und Fremdkapital sowie über die relativen Kapitalkosten der Eigen- und Fremdfinanzierung unter Berücksichtigung bilanzunwirksamer Finanzierungsgeschäfte.

Obwohl Reg. S-K, Item 303 (a) (3) mit „Betriebsergebnis" (*results of operations*) überschrieben ist, sind dennoch Informationen über die gesamte Ertragslage, d. h. auch über den außerordentlichen Bereich, bereitzustellen.[208] Folgende Informationen sind hinsichtlich der Ertragslage bereitzustellen:[209]

---

[206] Vgl. SELCHERT, F. W. (1999), S. 228; COENENBERG, A. G. (2001), S. 845 f.

[207] Vgl. für die folgende Aufzählung Reg. S-K, Rule 303 (a) (2); HOOKS, K. L./MOON, J. E. (1993), S. 48 f.; SIEBERT, H. (1996), S. 92 f.; BROTTE, J. (1997), S. 222 f.; SELCHERT, F. W./ERHARDT, M. (1998), S. 268; COENENBERG, A. G. (2001), S. 845 f.

[208] Vgl. SELCHERT, F. W. (1999), S. 229.

[209] Vgl. für die folgende Aufzählung Reg. S-K, Rule 303 (a) (3); HOOKS, K. L./MOON, J. E. (1993), S. 53; SIEBERT, H. (1996), S. 92; BROTTE, J. (1997), S. 231 f.; KPMG (Hrsg.) (1999), S. 179; COENENBERG, A. G. (2001), S. 846.

- sämtliche ungewöhnliche oder seltene Ereignisse, Transaktionen oder wesentliche ökonomische Veränderungen, die das berichtete Ergebnis der gewöhnlichen Geschäftstätigkeit wesentlich beeinflusst haben sowie das Ausmaß dieser Beeinflussung; wesentliche Aufwands- oder Ertragspositionen, deren Erläuterung zum weiteren Verständnis des Ergebnisses der gewöhnlichen Geschäftstätigkeit beiträgt;
- bekannte Entwicklungen oder Ungewissheiten, die mit Sicherheit oder voraussichtlich einen vorteilhaften oder unvorteilhaften Einfluss auf die Umsatzerlöse oder auf das Ergebnis der gewöhnlichen Geschäftstätigkeit haben; wesentliche Veränderungen in der Aufwands- und Ertragsstruktur, bspw. hervorgerufen durch einen künftigen Anstieg der Personal- oder Materialkosten oder durch Abwertungen der Vorräte, falls diese dem bilanzierenden Unternehmen bekannt sind;
- falls Umsatzerlöse oder Erträge wesentlich gestiegen sind, verbale Beschreibung, inwiefern diese Steigerung auf Preise oder Menge der verkaufen Güter und Leistungen zurückzuführen ist bzw. Darstellung des Einflusses von Produkteinführungen in diesem Zusammenhang;
- Einfluss von Inflation und Preisniveauänderungen auf die Umsatzerlöse, die Erträge und das Ergebnis der gewöhnlichen Geschäftstätigkeit für die letzten drei Jahre.

Aufgrund der starken Zunahme des Einsatzes von originären und derivativen Finanzinstrumenten durch die berichterstattenden Unternehmen erlegt die SEC mit Reg. S-K, Item 305 den berichterstattenden Unternehmen erweiterte Angabepflichten über quantitative und qualitative Marktpreisrisiken in Finanzinstrumenten auf.[210] Betroffen sind von dieser Regel alle börsennotierten Unternehmen mit einer Börsenkapitalisierung, die 2,5 Mrd. US-Dollar übersteigt.[211] Als Marktpreisrisiko wird dabei das Verlustrisiko aufgrund von Schwankungen der Zinsen, der Währungskurse oder sonstiger Marktkurse bezeichnet.

---

[210] Vgl. KPMG (Hrsg.) (1999), S. 179.

[211] Vgl. Reg. S-K, Rule 305 (e).

Hinsichtlich der Form einer MD&A gibt es keine grundsätzlichen Vorschriften.[212] In Abb. 4.12 erfolgt eine beispielhafte Darstellung einer regelmäßig zu erstellenden MD&A.

**Management`s Discussion and Analysis**

**Liquidity, long and short term (Liquidität, lang- und kurzfristige)**

Each internal and external source of liquidity
(sämtliche unternehmensinternen und -externen Liquiditätsquellen)

Liquidity effects of balance sheet conditions
(Auswirkungen der bilanziellen Verhältnisse auf die Liquidität)

Liquidity effects of income-operations items
(Auswirkungen der ordentlichen Betriebstätigkeit auf die Liquidität)

Liquidity effects of investing-financing items
(Auswirkungen der Investitions-/Finanzierungstätigkeit auf die Liquidität)

**Results of Operations (Ertragslage)**

Significant components of revenues and expenses
(Wesentliche Bestandteile der Erträge und Aufwendungen)

Impact of inflation or changing prices for most recent year on net sales and revenues (Einfluss von Inflation oder veränderten Preisen auf den Nettoumsatz und die Erlöse im letzten Jahr)

Impact of inflation or changing prices for most recent year on income from continuing operations (Einfluss von Inflation oder veränderten Preisen auf das Ergebnis der gewöhnlichen Geschäftstätigkeit)

Abb. 4.12 Beispielhafte Darstellung einer MD&A
(in Anlehnung an: HOOKS, K. L./MOON, J. E. (1993), S. 45)

[212] Vielmehr soll jedes Unternehmen das für sich geeignete Format seiner MD&A finden. Vgl. BRYAN, S. H. (1997), S. 287.

# 5 Bilanzpolitisches Gestaltungspotenzial in US-GAAP-Abschlüssen

## 5.1 Die Begriffe Bilanzpolitik und *Earnings Management*

Nachdem im vorigen Kapitel beschrieben wurde auf welche Datenbasis ein Analyst von Jahresabschlüssen nach US-amerikanischen Vorschriften zurückgreifen kann, ist nun zu klären, inwieweit sich aus diesen Daten eindeutige Aussagen ableiten lassen. Konkret gilt es zu untersuchen, welche Möglichkeiten der Beeinflussung des Datenmaterials sich dem Ersteller eines US-GAAP-Abschlusses aufgrund von bilanzpolitischen Spielräumen bieten und wie der Analyst diese Beeinflussung erkennen und ggf. eliminieren kann. Letzteres wird im anschließenden sechsten Kapitel untersucht.

Betrachtet man die zentrale Zielsetzung der US-amerikanischen Rechnungslegung wie sie in SFAC 1 beschrieben ist, die *decision usefulness*, ist man geneigt anzunehmen, dass sich einem nach US-amerikanischen Vorschriften bilanzierenden Unternehmen keine bilanzpolitischen Spielräume eröffnen. Denn die offen gelegten Daten müssen, damit ein Abschluss als entscheidungsrelevant klassifiziert werden kann, u. a. der Qualitätsanforderung *reliability* nachkommen, die besagt, dass in den Jahresabschluss aufzunehmende Informationen intersubjektiv nachprüfbar und damit in ausreichendem Maße objektiv sein müssen.[1] Das Erfordernis der Objektivität und auch das der Neutralität schließt m. E. wesentliche Spielräume bei der Erstellung von Jahresabschlüssen aus. Allerdings kann die ebenfalls geltende Qualitätsanforderung der *relevance* die Verlässlichkeit einschränken. Daneben ist es grundsätzlich möglich, dass einzelne US-GAAP in Konflikt mit den Zielsetzungen der SFAC stehen,[2] und insgesamt ist festzuhalten, dass auch US-GAAP-Abschlüsse nicht frei von Spielräumen sind. „Jedermann ist folglich gut beraten, zwischen den werbewirksamen Zielvorstellungen des FASB und den Rechnungslegungsregeln streng zu unterscheiden, welche der FASB im Rahmen der US-GAAP tatsächlich vorgibt.“[3]

---

[1] Vgl. auch die Ausführungen unter Abschnitt 3.5.3.1.

[2] Vgl. die Vorworte der SFAC 1 bis 7; SCHILDBACH, T. (1999a), S. 361.

[3] SCHILDBACH, T. (1999a), S. 361.

Spielräume, die bei der Erstellung von Jahresabschlüssen offen stehen, ermöglichen es dem Bilanzierenden überhaupt erst, Bilanzpolitik zu betreiben. Denn als Bilanzpolitik bezeichnet man im deutschsprachigen Raum die bewusste und auf die Verfolgung der Unternehmensziele ausgerichtete Beeinflussung des Jahresabschlusses, des Lageberichts sowie zusätzlicher Informationsinstrumente innerhalb des durch die Rechtsordnung gesteckten Rahmens.[4] Da der Begriff Bilanzpolitik auf sämtliche Bestandteile der externen Rechnungslegung Bezug nimmt, finden sich in der Literatur stellvertretend auch die Begriffe Jahresabschlusspolitik und Rechnungslegungspolitik.[5]

Dem Begriff Bilanzpolitik i. S. dieser gängigen Definition steht kein gleichbedeutender Begriff im angloamerikanischen Sprachraum gegenüber. Unter dem dort verwendeten Begriff *accounting policy* ist vielmehr die Art und Weise, wie das FASB seine Rechnungslegungsstandards erlässt, zu verstehen und nicht das Bilanzierungsverhalten einzelner Unternehmen. Der etwas geläufigere Begriff *earnings management* harmonisiert schon eher mit dem Begriff der Bilanzpolitik;[6] allerdings ist keine einheitliche Definition des *earnings management* auszumachen.[7] So findet sich bei HEALY/WAHLEN folgende Definition: „Earnings management occurs when managers use judgement in financial reporting and in structuring transactions to alter financial reports to either mislead some stakeholders about the underlying economic performance of the company or to influence contractual outcomes that depend on reported accounting numbers“,[8] während Schipper unter *earnings management* „a purposeful intervention in the external financial reporting process, with the intent of obtaining some private gain“[9] versteht. Am weitesten wird der Begriff vom PANEL ON AUDIT EFFECTIVENESS gefasst, das als *earnings management* „a wide variety of legitimate and illegitimate actions by management that affect an entity`s earnings“[10] bezeichnet.

---

[4] Vgl. SCHULZE ZUR WIESCH, D. W. (1981), S. 61; PFLEGER, G. (1991), S. 21; SIEBEN, G./BARION, H.-J./MALTRY, H. (1991), Sp. 230; HEINHOLD, M. (1993), Sp. 525 f.; KÜTING, K. (1996b), S. 363; SIEBEN, G./COENENBERG, M. (1997), S. 1043; CLEMM, H. (1998), S. 117.

[5] Vgl. PFLEGER, G. (1991), S. 22; SIEBEN, G./COENENBERG, M. (1997), S. 1043.

[6] Vgl. HEINTGES, S. (1997), S. 5.

[7] Vgl. im Interntet: PANEL ON AUDIT EFFECTIVENESS (2001), S. 77.

[8] HEALY, P. M./WAHLEN, J. M. (1999), S. 368.

[9] SCHIPPER, K. (1989), S. 92.

[10] Im Internet: PANEL ON AUDIT EFFECTIVENESS (2001), S. 77.

Zusammenfassend kann festgestellt werden, dass die Definitionen regelmäßig darauf hinauslaufen, *earnings management* auch als missbräuchliches Verhalten des Managements bei der Erstellung des *financial reporting* zu verstehen. Ausgangspunkt ist dabei das Idealbild dessen, was *financial reporting* leisten sollte: Es sollte dem Adressaten bei seiner Entscheidungsfindung nützlich sein und letztendlich als Grundlage zur Separierung erfolgreicher von erfolglosen Unternehmen dienen. Um dies zu ermöglichen, müssen Rechnungslegungsstandards dem berichterstattenden Unternehmen dazu verhelfen, in seinem *financial reporting* ein glaubwürdiges Abbild der wirtschaftlichen Lage des Unternehmens abzugeben. Häufig kommt es dabei auf das Urteil des Managements an, bspw. ist es in einigen Fällen angehalten, Rechnungslegungsmethoden auszuwählen, die am besten die wirtschaftlichen Verhältnisse des Unternehmens und der Branche, in der es sich befindet, widerspiegeln. Wählt das Management in einem solchen Fall eine Rechnungslegungsmethode, die eher ungeeignet für die erwähnte Zielsetzung ist, so handelt es sich um *earnings management.*[11] Dabei werden nicht nur diejenigen missbräuchlichen Aktionen des Managements verstanden, die sich noch im Rahmen der US-GAAP befinden, sondern auch solche, die eindeutig gegen die geltenden US-GAAP verstoßen.[12] *Earnings management* ist entsprechend ein weiter gefasster Begriff als der der Bilanzpolitik.[13]

So bezieht sich auch die im September 1998 von Arthur Levitt, dem ehemaligen SEC-*Chairman*, angefachte Diskussion zum Thema *earnings management* eher auf missbräuchliches Verhalten.[14] Als Konsequenz dieser Diskussion hat die SEC drei SAB – SAB 99, 100 und 101 – erlassen, die zu einer Erhöhung der Transparenz der Rechnungslegung führen sollen. In diesen SAB werden zahl-

---

11 Vgl. HEALY, P. M./WAHLEN, J. M. (1999), S. 366.

12 Vgl. DECHOW, P. M./SKINNER, D. J. (2000), S. 238; GRANT, C. T./DEPREE, C. M. JR./GRANT, G. (2000), S. 42; PANEL ON AUDIT EFFECTIVENESS (2001), S. 77. Den Versuch, *earnings management* von *fraud* (Betrug) abzugrenzen unternehmen DECHOW/SKINNER. Vgl. DECHOW, P. M./SKINNER, D. J. (2000), S. 238-240.

13 Nach Auffassung von PACKMOHR ist es strittig, ob nicht auch „Maßnahmen, die im Gegensatz zu gesetzlichen Vorschriften stehen, Bilanzpolitik darstellen." PACKMOHR, A. (1984), S. 1 f. Nach derzeit h. M. werden allerdings lediglich solche Handlungen, die nicht gegen rechtliche Vorschriften verstoßen unter dem Begriff Bilanzpolitik subsumiert. Vgl. für viele SCHULZE ZUR WIESCH, D. W. (1981), S. 61; PFLEGER, G. (1991), S. 21 und S. 25; SIEBEN, G./BARION, H.-J./MALTRY, H. (1991), Sp. 230; BIEG, H. (1993a), S. 97; KÜTING, K. (1996a), S. 935.

14 Vgl. LEVITT, A. (1998), S. 2544-2547.

reiche Techniken beschrieben, die das Management in einigen Fällen zur Manipulation seiner *earnings* nutzt.[15]

Da in dieser Arbeit lediglich die Spielräume, die sich dem Bilanzersteller im Rahmen der US-GAAP bieten, untersucht werden sollen, wird auf den Begriff der Bilanzpolitik abgestellt.

## 5.2 Ziele der Bilanzpolitik und ihre Verbindung zur Bilanzanalyse

Die Bilanzpolitik kann als integraler Bestandteil der Unternehmenspolitik betrachtet werden;[16] sie verkörpert keine originäre sondern – in Bezug auf die globale Unternehmenspolitik – eine derivative Politik, da sie der Erfüllung vorrangiger Ziele dient.[17] Dabei können die Ziele der Bilanzpolitik in drei Teilbereiche untergliedert werden:[18]

- Finanzwirtschaftliche Ziele: Beeinflussung der finanzwirtschaftlichen Lage hinsichtlich Liquidität, Bonität, Ausschüttung, Steuerbelastung usw. mit Hilfe von bilanzpolitischen Instrumenten.
- Informationspolitische Ziele: Beeinflussung des Verhaltens der externen Jahresabschlussadressaten zugunsten des Unternehmens.
- Publizitätspolitische Ziele: Einflussnahme auf das Erscheinungsbild des Unternehmens in der Öffentlichkeit.[19,20]

Eine Unternehmung verfolgt i. d. R. ein ganzes Bündel an Zielen.[21] Ausgangspunkt für eine Differenzierung der verfolgten Ziele stellen die Funktionen des

---

15 Vgl. im Internet: MORRISSEY, J. (2000).

16 Vgl. PACKMOHR, A. (1984), S. 1; CLEMM, H. (1989a), S. 358; HEINHOLD, M. (1993), Sp. 526; HINZ, M. (1994), S. 25.

17 Vgl. MELLEROWICZ, K. (1978), S. 197; FREIDANK, C.-C. (1982), S. 337; STEIN, H.-G. (1993), S. 974 f.

18 Vgl. auch für die folgende Aufzählung HEINHOLD, M. (1993), Sp. 527.

19 In der betrieblichen Praxis wird die Bilanzpolitik deshalb auch häufig dem Unternehmensbereich *Public Relations* zugeordnet. Vgl. CLEMM, H. (1989a), S. 358.

20 Viele Autoren fassen die informations- und publizitätspolitischen Ziele zusammen, so z. B. FREIDANK, C.-C. (1982), S. 339; BIEG, H. (1993a), S. 98 ff.; SIEBEN, G./COENENBERG, M. (1997), S. 1045 ff. Eine Trennung zwischen der Zielsetzung, aktuelle und potenzielle Jahresabschlussadressaten zu beeinflussen und der Zielsetzung, ein bestimmtes Bild des Unternehmens in der Öffentlichkeit zu prägen, ist m. E. sinnvoll. Vgl. auch HEINHOLD, M. (1993), Sp. 530.

21 Vgl. auch WASCHBUSCH, G. (1993), S. 235.

Jahresabschlusses bzw. des *financial reporting* dar.[22] Unternehmen, die ihren Jahresabschluss nach US-GAAP erstellen, werden ihre Bilanzpolitik demnach insbesondere zugunsten informationspolitischer Ziele ausrichten, da, wie unter Abschnitt 3.5.2 erläutert, die Informationsfunktion im Vordergrund der Rechnungslegung nach US-amerikanischen Grundsätzen steht.[23] Das Management als Träger der Bilanzpolitik[24] wird demnach versuchen, mit Hilfe der Bilanzpolitik im Rahmen ihres *financial reporting* ein möglichst vorteilhaftes Abbild der tatsächlichen Vermögens-, Finanz- und Ertragslage mit besonderer Ausrichtung auf die Investoren als Hauptadressaten des *financial reporting* zu erzeugen.[25] Ein solches vorteilhaftes Abbild kann die Verfolgung von drei Zielsetzungen bedeuten:[26]

- erstens das Anstreben eines positiven Ergebnisausweises,
- zweitens die Verfolgung des Ziels, möglichst wieder mindestens das Ergebnis der letzten Periode zu erzielen[27] und
- drittens die Bestrebung, die Erwartungen der Finanzanalysten – insb. bezüglich der publizierten Ergebnisse – zu erfüllen.

Es liegen auch empirische Hinweise vor, die darauf hindeuten, dass Unternehmen zur Erreichung dieser drei Ziele auch tatsächlich Bilanzpolitik betreiben.[28] Insbesondere das Management ist an der Erreichung der genannten drei Zielsetzungen interessiert, da die Vergütung der Unternehmensleitung zunehmend mit dem Unternehmenserfolg verknüpft ist. Aber auch Wirtschaftsprüfungsgesellschaften, die das bilanzierende Unternehmen bei der Ermittlung

---

22 Vgl. FUCHS, M. (1997), S. 48; PELLENS, B./SÜRKEN, S. (1997), S. 198.

23 Vielfach werden Unternehmen auch finanzwirtschaftliche Zielsetzungen bei der Gestaltung ihrer Bilanzpolitik verfolgen, es ist aber anzunehmen, dass diese im Vergleich zu den informationspolitischen Zielsetzungen zumeist in den Hintergrund treten.

24 Zur Thematik „Träger der Bilanzpolitik" vgl. HINZ, M. (1994), S. 20 ff.; KÜTING, K. (1996b), S. 365.

25 Zum selben Ergebnis gelangt COENENBERG für die bilanzpolitische Ausrichtung im IAS-Abschluss. Vgl. COENENBERG, M. (2000), S. 118 f.

26 Vgl. für die folgende Aufzählung DEGEORGE, F./PATEL, J./ZECKHAUSER, R. (1999), S. 1 und S. 8.

27 Dies bezeichnet man auch als Ergebnisglättung bzw. im angloamerikanischen Sprachraum als *income smoothing*. Vgl. bspw. BASOGLU, B. (1979), S. 1; RONEN, J./SADAN, S. (1981), S. 1.

28 Zu diesem Ergebnis gelangen DEGEORGE/PATEL/ZECKHAUSER im Rahmen ihrer Untersuchung von Quartalsberichten von 5.387 Unternehmen über den Zeitraum von 1974 bis 1996. Vgl. DEGEORGE, F./PATEL, J./ZECKHAUSER, R. (1999), S. 29 f. Diese Untersuchung zeigt bspw., dass eine Vielzahl der von den Analysten prognostizierten Ergebnisse ganz genau dem tatsächlich publizierten Ergebnis entsprechen bzw. das Ergebnis um einen *cent* über der Prognose liegt.

des angestrebten Ergebnisses unterstützen, haben ein großes Interesses an der Zielerreichung, da sie im Erfolgsfall vermutlich mit weiteren Aufträgen rechnen können.[29] Die detaillierten Regelungen der US-amerikanischen Rechnungslegung erschweren es allerdings, sachverhaltsabbildende Bilanzpolitik zu betreiben, wodurch anzunehmen ist, dass Unternehmen deshalb vermehrt auf sachverhaltsgestaltende Maßnahmen ausweichen.[30]

Bilanzpolitik mit der Zielsetzung, das Verhalten der Jahresabschlussadressaten zugunsten des Unternehmens zu beeinflussen kann überhaupt nur dann wirksam sein, wenn der Adressat die durch die Bilanzpolitik ausgesendeten Signale wahrnehmen und nachvollziehen kann. „Die Bilanzpolitik ist damit an den Bilanzanalysten gerichtet."[31] Folglich ist die Bilanzpolitik zum einen umso wirksamer, je stärker der Bilanzanalyst in seinem Verhalten durch die Bilanzpolitik beeinflusst werden kann. Zum anderen aber erfährt die Bilanzpolitik ihre Grenzen durch die Bilanzanalyse dergestalt, dass der Bilanzanalyst mit Hilfe einer erfolgreichen Bilanzanalyse die Verhaltensbeeinflussung durch die Bilanzpolitik des bilanzierenden Unternehmens nicht zulässt.[32] Führt ein Bilanzanalyst eine in diesem Sinne erfolgreiche Bilanzanalyse durch, so verschafft er sich einen wahren Einblick in die Vermögens-, Finanz- und Ertragslage des analysierten Unternehmens indem er die vom bilanzierenden Unternehmen betriebene Bilanzpolitik soweit wie möglich rückgängig macht.[33]

Um die ausgeübte Bilanzpolitik eines Unternehmens beurteilen und ggf. rückgängig machen zu können, ist es notwendig, die dem Unternehmen zur Verfügung stehenden Instrumente, mit denen es Bilanzpolitik betreiben kann, zu kennen. Sie werden deshalb nachfolgend dargestellt.

## 5.3 Instrumente der Bilanzpolitik

Zur Erreichung der gesetzten bilanzpolitischen Zielsetzungen können unterschiedliche Instrumente eingesetzt werden. Das bilanzpolitische Instrumentarium kann in zeitlicher Hinsicht in Maßnahmen vor und nach dem Bilanzstich-

---

29 Vgl. COLLINGWOOD, H. (2001), S. 67.
30 Vgl. HEINTGES, S. (1997), S. 15 ff. und S. 33.
31 KÜTING, K. (1996a), S. 939 f.
32 Vgl. KÜTING, K. (1996a), S. 940.
33 Und somit „die Störfaktoren der Bilanzanalyse eliminier[t]". KÜTING, K. (1996a), S. 940.

tag kategorisiert werden.[34] Bilanzpolitische Maßnahmen die vor dem Bilanzstichtag ergriffen werden bezeichnet man als Sachverhaltsgestaltung oder auch als Bilanzpolitik i. w. S.; sachverhaltsabbildende Maßnahmen nach dem Bilanzstichtag stellen dagegen Bilanzpolitik i. e. S. dar.[35] Dabei bezieht sich die Sachverhaltsabbildung auf ein bereits gegebenes „Mengengerüst" von Aktiva und Passiva, wohingegen „die sachverhaltsgestaltende Bilanzpolitik gerade Einfluß auf das Mengengerüst" nimmt.[36] Die folgende Abbildung verdeutlicht die Kategorisierung des bilanzpolitischen Instrumentariums.

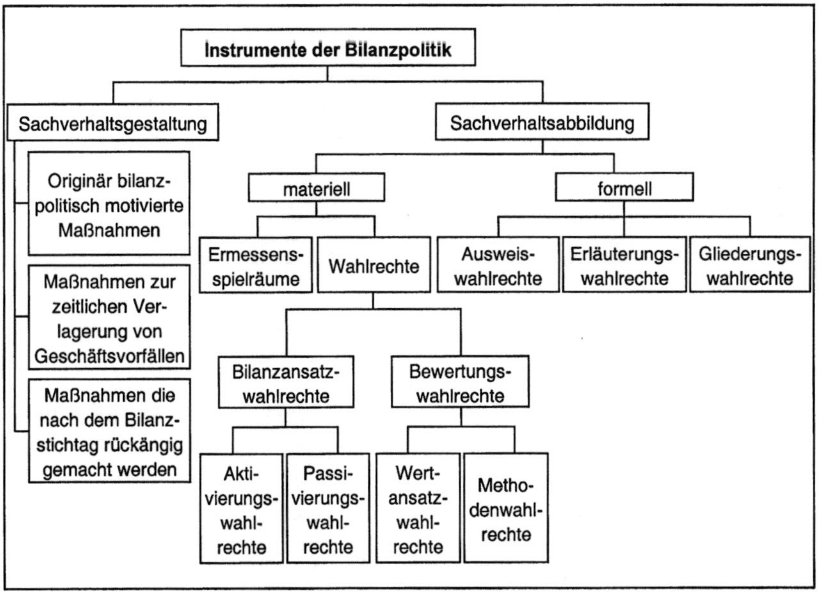


Abb. 5.1: Kategorisierung des bilanzpolitischen Instrumentariums
(in Anlehnung an: KÜTING, K. (1996b), S. 372)

Die sachverhaltsgestaltenden Maßnahmen können weiterhin in drei Arten unterteilt werden:[37]

---

[34] Vgl. KÜTING, K. (1996b), S. 371.
[35] Vgl. KUßMAUL, H./LUTZ, R. (1993a), S. 399.
[36] SCHULZE ZUR WIESCH, D. W. (1981), S. 61.
[37] Vgl. für die folgende Aufzählung KÜTING, K. (1996b), S. 373.

(1) Maßnahmen zur zeitlichen Verlagerung von Geschäftsvorfällen, die auch ohne bilanzpolitischen Eingriff getätigt worden wären, z. B. Reparaturen von *non-current assets* werden zur Entlastung des Ergebnisses der nachfolgenden Rechnungslegungsperiode vorgezogen.

(2) Originär bilanzpolitisch motivierte Maßnahmen, die sich nach dem Bilanzstichtag nicht wieder rückgängig machen lassen, bspw. Ausgliederung von Forschungsaktivitäten auf eine Tochtergesellschaft zur Umgehung eines Aktivierungsverbots von Forschungsaufwendungen.

(3) Originär bilanzpolitisch motivierte Maßnahmen, die nach dem Bilanzstichtag wieder rückgängig gemacht werden können, ein Beispiel hierfür ist die Rückzahlung von Bankkrediten kurz vor dem Bilanzstichtag, die in der folgenden Berichtsperiode wieder aufgenommen werden.[38] Solche Maßnahmen werden auch als Windowdressing bezeichnet.[39,40]

Den sachverhaltsabbildenden Maßnahmen sind durch Rechnungslegungsvorschriften engere Grenzen gesetzt als den Sachverhaltsgestaltungen. Sie können nach der logischen Abfolge der zu fällenden Bilanzierungsentscheidungen unterschieden werden in Maßnahmen hinsichtlich Ansatz, Bewertung, Ausweis, Gliederung und Erläuterung.[41] Bilanzpolitischer Spielraum entsteht dabei immer dann, wenn Ermessensspielräume existieren oder die Rechnungslegungsvorschriften Wahlrechte bereithalten.[42]

Ermessensspielräume sind dadurch gekennzeichnet, dass zwar grundsätzlich in Bezug auf den entsprechenden Geschäftsvorfall Regelungen zu Ansatz, Bewertung und Offenlegung/Ausweis bestehen, die erforderlichen Gegebenheiten, die über Ansatz oder Offenlegung bestimmen bzw. die jeweiligen Bewertungsmethoden oder –vorgehensweisen dagegen nicht eindeutig vorgeschrieben sind.[43] Weiterhin ist eine verfeinerte Untergliederung der Ermessensspielräume

---

[38] Vgl. auch HEINHOLD, M. (1984), S. 450.

[39] Vgl. SELCHERT, F. W. (1996), S. 1933 f.

[40] Häufig werden auch die unter (2) und (3) aufgeführten originär bilanzpolitisch motivierten Maßnahmen zusammengefasst. Vgl. bspw. PFLEGER, G. (1991), S. 32 f.; KÜTING, K./KAISER, T. (1994), S. 11; KÜTING, K. (1996a), S. 940 ff.; WEISE, I. (1999), S. 19.

[41] Vgl. KÜTING, K./KAISER, T. (1994), S. 12; KÜTING, K. (1996b), S. 374.

[42] Vgl. KÜTING, K./WEBER, C.-P. (1987), S. 22.

[43] Vgl. MARETTEK, A. (1976), S. 515; PFLEGER, G. (1991), S. 34 f.; COENENBERG, M. (2000), S. 120.

in Individual- und Verfahrensspielräume möglich.[44] Individualspielräume entstehen, wenn der Bilanzierende wegen unvollkommener Information oder vorhandener Ungewissheiten mit Hilfe von subjektiven Schätzungen oder Prognosen entweder über Ansatz, Bewertung oder Offenlegung Einzelentscheidungen zu treffen hat.[45] Von Verfahrensspielräumen spricht man dann, wenn von der Rechtsprechung oder der allgemeinen Bilanzierungspraxis unterschiedliche Verfahren zur Bilanzierung oder Bewertung für zulässig erachtet werden.[46]

Ein Wahlrecht liegt demgegenüber dann vor, „wenn an einen gegebenen Tatbestand mindestens zwei Rechtsfolgen anknüpfen, die sich gegenseitig ausschließen, und wenn der zur Rechnungslegung Verpflichtete entscheidet, welche von ihnen eintritt."[47] Wahlrechte können in Aktivierungs-, Passivierungs-, Bewertungs- und formelle Wahlrechte untergliedert werden.[48]

Ob und in welchem Umfang sachverhaltsgestaltende und –abbildende Maßnahmen der Bilanzpolitik die Bilanzanalyse beeinflussen, wird im Folgenden dargestellt.

## 5.4 Auswirkungen des bilanzpolitischen Gestaltungspotenzials auf die erfolgswirtschaftliche Analyse

Die Durchführung bilanzpolitischer Maßnahmen bringt, wie bereits auch unter Abschnitt 5.2 beschrieben, i. d. R. eine Verzerrung der zur Jahresabschlussanalyse vorliegenden Datenbasis mit sich. Das vorhandene bilanzpolitische Gestaltungspotenzial hat folglich auch einen Einfluss auf Kennzahlen der erfolgswirtschaftlichen Jahresabschlussanalyse. Bilanzpolitik erschwert oder vereitelt gar die Erstellung einer Strukturbilanz (bzw. –Gewinn- und Verlustrechnung) nach einheitlichen Standards, da eine genaue Analyse der in die Strukturbilanz bzw. –

---

[44] Vgl. PFLEGER, G. (1991), S. 34 f.

[45] Vgl. HINZ, M. (1990), S. 374; KUßMAUL, H./LUTZ, R. (1993), S. 401; COENENBERG, M. (2000), S. 120. CLEMM spricht dabei von „faktische[n] Wahlrechte[n] im Bereich von Schätzungen und Prognosen." Vgl. CLEMM, H. (1989a), S. 361. Ein solcher Individualspielraum besteht bspw. bei der Schätzung der Nutzungsdauer von *assets*.

[46] Vgl. PFLEGER, G. (1991), S. 34; KUßMAUL, H./LUTZ, R. (1993), S. 401. Vgl. auch HINZ, M. (1990), S. 374. Die dem Bilanzierenden überlassene Wahl der Abschreibungsmethode bei planmäßigen Abschreibungen ist als Beispiel für Verfahrensspielräume zu nennen.

[47] BAUER, S. (1981), S. 767. Vgl. auch SIEGEL, T. (1986), S. 417.

[48] Vgl. PACKMOHR, A. (1984), S. 2.

Gewinn- und Verlustrechnung eingehenden Daten oft nicht hinreichend möglich ist.[49] Da Ansatz, Bewertung und Ausweis in Abhängigkeit von der Zielsetzung des bilanzierenden Unternehmens erfolgen, gilt es, im Rahmen einer Jahresabschlussanalyse diese Zielsetzung zu ergründen, um zunächst die grundsätzliche Tendenz der angewandten Bilanzpolitik abschätzen zu können.[50] Anschließend ist die durch Bilanzpolitik erzielte Färbung des Jahresabschlusses so weit wie möglich zu neutralisieren.[51] Da die Auswirkungen etlicher bilanzpolitischer Maßnahmen nur schwer oder überhaupt nicht quantifizierbar sind, sind die Aussichten dieses Unterfangens eher kritisch zu beurteilen.[52]

Die bilanzpolitischen Instrumente können aus einer bilanzanalytischen Perspektive unterteilt werden in:[53]

(1) bilanzpolitische Aktionen, deren quantitative Auswirkungen auf die Vermögens-, Finanz- und Ertragslage des Unternehmens für den Bilanzanalysten feststellbar sind;

(2) bilanzpolitische Aktionen, die zwar dem Grunde nach, nicht aber hinsichtlich ihrer quantitativen Auswirkungen identifiziert werden können;

(3) bilanzpolitische Aktionen, die weder dem Grunde noch ihrer Höhe nach erkennbar sind.

Da ein externer Analyst kaum über die Möglichkeit verfügt, sachverhaltsgestaltende Bilanzpolitik zu erkennen,[54] werden im Folgenden die bilanzpolitischen Instrumente zur Sachverhaltsabbildung innerhalb von US-GAAP-Abschlüssen dargestellt. Allerdings können aufgrund der großen Anzahl nicht alle existierenden Wahlrechte und Ermessensspielräume dargestellt werden. Vielmehr sollen diejenigen Instrumente Beachtung finden, die voraussichtlich erhebliche Ergebnisauswirkungen nach sich ziehen.

---

49 Vgl. COENENBERG, M. (2000), S. 122.
50 Vgl. KÜTING, K. (1996a), S. 937.
51 Vgl. KÜTING, K./WEBER, C.-P. (2001), S. 415.
52 Vgl. BAETGE, J./BALLWIESER, W. (1978), S. 529.
53 Vgl. auch für die folgende Aufzählung KÜTING, K./WEBER, C.-P. (2001), S. 416.
54 Vgl. KÜTING, K./WEBER, C.-P. (2001), S. 417. KÜTING/WEBER bezeichnen die Sachverhaltsgestaltung deshalb auch als ein Instrument ‚erster Klasse'; sie zählt deshalb zu den wesentlichen Störfaktoren der Jahresabschlussanalyse. Vgl. ebenda.

## 5.5 Möglichkeiten der Sachverhaltsabbildung in der US-amerikanischen Rechnungslegung

### 5.5.1 Ermessensspielräume in der US-amerikanischen Rechnungslegung

#### 5.5.1.1 Ermessensspielräume hinsichtlich des Ansatzes

##### 5.5.1.1.1 Bilanzielle Behandlung von Kosten zur Entwicklung von Software

Während die US-amerikanischen Rechnungslegungsvorschriften kaum explizite Wahlrechte[55] bereithalten, existieren in einigen Bereichen Ermessensspielräume in erheblichem Umfang.[56] Zunächst werden die Ermessensspielräume hinsichtlich des Ansatzes, im Anschluss daran die Spielräume im Rahmen der Bewertung und des Ausweises dargestellt.

Ein bedeutender Ermessensspielraum im Rahmen der Bilanzansatzentscheidung besteht bezüglich bestimmter Kosten im Rahmen der Entwicklung von Software. Erstellt ein Unternehmen Computersoftware, die zum Verkauf, zur Vermietung oder zur anderweitigen Überlassung an Dritte entwickelt wird, so ist hinsichtlich der bilanziellen Behandlung der dabei angefallenen Kosten SFAS 86 anzuwenden.[57] Demnach sind alle Kosten, die bei der Entwicklung der Software entstehen, solange als Aufwendungen und damit erfolgswirksam zu verbuchen, bis die sog. *technological feasibility*, die technische Ausführbarkeit, erreicht wird.[58] Diese ist gegeben, wenn das Unternehmen alle Aktivitäten hinsichtlich Planung, Design, Kodierung sowie die Testphase abgeschlossen hat und damit die Produktreife erreicht wurde.[59] Bei der praktischen Überprüfung, ob die technische Ausführbarkeit vorhanden ist, sind zwei Fälle zu unterscheiden. Umfasst der Entwicklungsprozess der Computersoftware ein detailliertes Programmdesign, so liegt die technische Ausführbarkeit dann vor, wenn die folgenden drei Kriterien kumulativ erfüllt sind:[60]

---

[55] Mit Ausnahme der vielfältigen formellen Wahlrechte. Eine Darstellung der formellen Wahlrechte erfolgt unter Abschnitt 5.5.2.3.

[56] Vgl. GOEBEL, A. (1995), S. 2492.

[57] Vgl. SFAS 86.2. Ebenso verhält es sich mit den Kosten, die für erworbene Computersoftware, die zum Verkauf, zur Vermietung oder zur anderweitigen Überlassung an Dritte bestimmt ist, entstanden sind. Vgl. SFAS 86.7. Nicht anzuwenden ist SFAS 86 jedoch, falls die entwickelte Software zur unternehmensinternen Nutzung vorgesehen ist bzw. wenn sie für Dritte im Rahmen eines ausgearbeiteten Vertrags angefertigt wird.

[58] Vgl. SFAS 86.3.

[59] Vgl. SFAS 86.4.

[60] Vgl. auch für die folgende Aufzählung SFAS 86.4a.

(1) Das Produktdesign und das detaillierte Programmdesign wurden fertiggestellt und das Unternehmen hat die zur Herstellung des Produkts notwendigen Voraussetzungen, nämlich die Verfügbarkeit von Hardware und Softwaretechnologie, geschaffen.

(2) Die Vollständigkeit des detaillierten Programmdesigns und seine Verträglichkeit mit dem Produktdesign wurden bestätigt, indem das detaillierte Programmdesign dokumentiert und von den Produktspezifikationen hergeleitet wurde.

(3) Das detaillierte Programmdesign wurde auf hochriskante Entwicklungssachverhalte hin überprüft (bspw. auf neue, einzigartige, nicht erprobte Funktionen und Merkmale oder technologische Neuerungen) und jegliche Unsicherheiten hinsichtlich identifizierter hochriskanter Entwicklungssachverhalte wurden mit Hilfe von Kodierung und Tests beseitigt.

Beinhaltet der Entwicklungsprozess dagegen kein detailliertes Programmdesign, so tritt die technische Ausführbarkeit bei Erfüllung der beiden folgenden Kriterien ein:[61]

(1) Das Produktdesign sowie ein Arbeitsmodell des Softwareprodukts wurden fertiggestellt.

(2) Die Vollständigkeit des Arbeitsmodells und seine Verträglichkeit mit dem Produktdesign wurden durch Tests bestätigt.

Ab dem Zeitpunkt, an dem die technische Ausführbarkeit vorliegt, sind die anfallenden Kosten zu aktivieren. Bei den Kosten kann es sich bspw. um zusätzliche Produktentwicklungskosten und um Kosten zur Herstellung des Produktstammes handeln.[62] Ist jedoch das Produkt für die allgemeine Freigabe an die Kunden des Unternehmens verfügbar, so ist von der Aktivierung der Kosten abzusehen. Entsprechend sind Instandhaltungskosten und laufende Kosten des Kundendienstes erfolgswirksam in der Periode der Leistungserbringung zu erfassen.[63] Eine Übersicht zur Entscheidungsfindung

---

[61] Vgl. auch für die folgende Aufzählung SFAS 86.4b.
[62] Vgl. SFAS 86.5; DELANEY, P. R. ET AL. (2000), S. 935 f.
[63] Vgl. SFAS 86.6; DELANEY, P. R. ET AL. (2000), S. 936.

hinsichtlich der Bilanzierung von selbsterstellter Software ist Abb. 5.2 zu entnehmen.

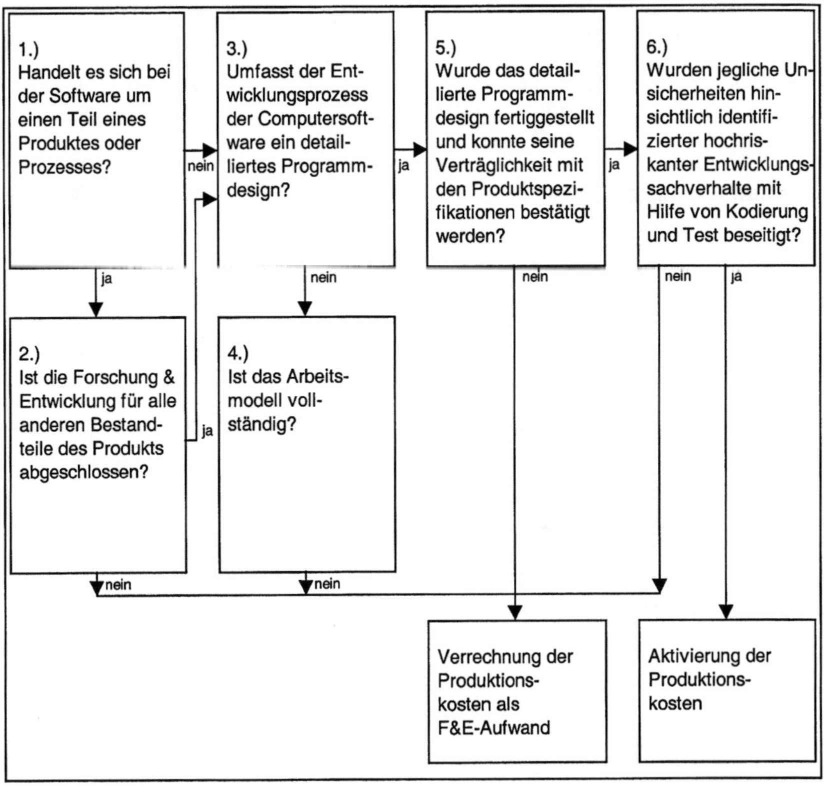


Abb. 5.2: Bilanzielle Behandlung der Produktionskosten selbsterstellter Software nach SFAS 86
(in Anlehnung an: ERICKSON, N./HERSKOVITS, D. H. (1985), S. 90)

In der Praxis ergeben sich jedoch für Softwareentwickler Schwierigkeiten, die o. g. Kriterien auf den einzelnen Sachverhalt anzuwenden.[64] Der genaue Zeitpunkt, zu dem die technische Ausführbarkeit gemäß SFAS 86 erreicht wird, ist

64 Vgl. ERICKSON, N./HERSKOVITS, D. H. (1985), S. 94; MUNTER, P. (1997), S. 20. Aus diesem Grund hat die Softwarebranche bereits das FASB gebeten, SFAS 86 zu überarbeiten. Vgl. MUNTER, P. (1997), S. 20.

unklar.[65] Die in SFAS 86 verwendete Wortwahl erscheint als zu dehnbar und lässt vielfältige Interpretationen der eher allgemein gehaltenen Ausdrücke zu;[66] daneben kann das Management auch mit Hilfe der Prozessgestaltung der Softwareentwicklung auf die bilanzielle Behandlung der Entwicklungskosten Einfluss nehmen. Insgesamt entsteht dadurch ein erheblicher Ermessensspielraum,[67] auf dessen Beseitigung das *Accounting Standards Executive Committee* (AcSEC) hinarbeitet.[68] BARKLEY drückt dies folgendermaßen aus: „Much of the basis for determining what can be capitalized, when capitalization starts, when it ends [...] are based on management judgment and estimates."[69]

Auch bei der bilanziellen Behandlung selbsterstellter Software, die zur unternehmensinternen Verwendung entwickelt wird, ist die Grenze zwischen Aktivierung und erfolgswirksamer Verbuchung der angefallenen Kosten undeutlich. Sind die Spezifikationen der betrachteten Software derart ausgestaltet, dass die unternehmensinternen Bedürfnisse dadurch erfüllt werden und bestehen weiterhin keine Pläne oder Absichten, die Software extern zu vertreiben,[70] so ist SOP 98-1 anzuwenden. Kosten, die in der ersten Entwicklungsphase[71] (*preliminary project stage*) anfallen, sind wie Forschungs- und Entwicklungskosten zu behandeln und somit als Aufwendungen der Periode zu verbuchen. Diese Kosten können auch nicht auf ein künftiges *asset* übertragen werden, falls sich die Softwareentwicklung als erfolgreich herausstellt. Ist die erste Entwicklungsphase abgeschlossen und die Phase der Anwendungsentwicklung[72] (*application development stage*) erreicht, so ist davon auszugehen, dass die aufgewendeten Mittel zukünftigen wirtschaftlichen Nutzen stiften und die Herstellungskosten[73]

---

65 Vgl. FOX, T. L./RAMSOWER, R. M. (1989), S. 95.

66 Vgl. FOX, T. L./RAMSOWER, R. M. (1989), S. 98.

67 „Alle diese Kriterien definieren nur scheinbar eine Trennlinie zwischen den sofort als Aufwand zu behandelnden und den zu aktivierenden Ausgaben der Softwareentwicklung. Dementsprechend laufen sie praktisch auf ein Ansatzwahlrecht hinaus." SCHILDBACH, T. (1999a), S. 411. Vgl. auch SCHILDBACH, T. (1998b), S. 60; SCHILDBACH, T. (2000b), S. 197.

68 Vgl. MUNTER, P. (1997), S. 20; SCHILDBACH, T. (1998b), S. 61.

69 BARKLEY, J. R. (1987), S. 30.

70 Ausführlich dazu vgl. NOLL, D. J. (1998), S. 95.

71 Diese Phase umfasst bspw. die Konzeption und die Beurteilung von möglichen Alternativen. Vgl. DELANEY, P. R. ET AL. (2000), S. 932; KIESO, D. E./WEYGANDT, J. J./WARFIELD, T. D. (2001), S. 624.

72 In dieser Phase findet z. B. die Kodierung oder die Hardwareinstallation statt. Vgl. KIESO, D. E./WEYGANDT, J. J./WARFIELD, T. D. (2001), S. 624.

73 Zur Bestimmung der zu aktivierenden Kosten vgl. MUNTER, P. (1999), S. 45.

in Form eines *long-lived asset* zum Bilanzansatz gelangen.[74] Während der anschließenden *post-implementation* bzw. *operation stage*, in der z. B. Schulungskosten anfallen können, findet erneut die sofortige Aufwandsverbuchung zum Zeitpunkt des Kostenanfalls statt.[75]

Eine eindeutige Zuordnung der aktuellen Entwicklungsphase eines Softwareprojekts zu den drei in SOP 98-1 aufgezeichneten Phasen ist in der Praxis nicht immer möglich. Somit bieten sich dem Bilanzierenden auch bei der Erfassung von Kosten zur Herstellung von Software zur unternehmensinternen Verwendung je nach Sachlage Ermessensspielräume.[76] Der Arbeitskreis „Immaterielle Werte im Rechnungswesen" der Schmalenbach-Gesellschaft für Betriebswirtschaft e. V. spricht generell bei der Bilanzierung von immateriellen Werten von „weichen Ansatzkriterien, die dem Bilanzierenden einen großen Auslegungs- und Gestaltungsspielraum einräumen."[77]

#### 5.5.1.1.2 Bilanzierung von *Loss Contingencies*

Ein weiterer Ermessensspielraum steht dem Bilanzierenden im Rahmen der bilanziellen Behandlung von *loss contingencies*, d. h. von unsicheren Verbindlichkeiten bzw. Rückstellungen zur Verfügung.[78] Zu den passivierungspflichtigen *contingent liabilities* zählen bspw. Rückstellungen für Kulanz- und Garantieleistungen, Rückstellungen für Prozesse oder Rückstellungen für drohende Verluste aus schwebenden Geschäften.[79] Die Notwendigkeit zum Ansatz von *loss contingencies* ergibt sich aus SFAS 5.1. Sind folgende Voraussetzungen kumulativ erfüllt, so besteht eine Passivierungspflicht:[80]

---

[74] Eine Beschreibung der Kriterien, die erfüllt sein müssen, um von der *application development stage* ausgehen zu können ist zu finden bei MUNTER, P. (1999), S. 45.

[75] Vgl. auch ARBEITSKREIS „EXTERNE RECHNUNGSLEGUNG" DER SCHMALENBACH GESELLSCHAFT (Hrsg.) (1999), S. 51.

[76] Vgl. SCHILDBACH, T. (2000b), S. 197. Ähnlich beurteilt dies auch DULANEY: „there are ways to leverage the statement's requirements to improve business performance." DULANEY, W. (2000), S. 34.

[77] ARBEITSKREIS „IMMATERIELLE WERTE IM RECHNUNGSWESEN" DER SCHMALENBACH GESELLSCHAFT FÜR BETRIEBSWIRTSCHAFT E. V. (2001), S. 989.

[78] Vgl. SCHILDBACH, T. (1998b), S. 61 f.; SCHILDBACH, T. (1999a), S. 412; SCHILDBACH, T. (2000b), S. 197.

[79] Vgl. HALLER, A. (1994), S. 294; DELANEY, P. R. ET AL. (2000), S. 523; KIESO, D. E./WEYGANDT, J. J./WARFIELD, T. D. (2001), S. 672 ff.

[80] Vgl. auch für die folgende Aufzählung SFAS 5.8; KPMG (Hrsg.) (1999), S. 118.

- Vor Veröffentlichung der *financial statements* sind Informationen verfügbar, die darauf hinweisen, dass bei einem *asset* eine Wertminderung eingetreten ist oder wahrscheinlich eine Verpflichtung entstanden ist; das Eintreten eines oder mehrerer künftiger Ereignisse, die das Bestehen der Verpflichtung bestätigen, ist wahrscheinlich;
- die Höhe der Verpflichtung kann zuverlässig geschätzt werden.

Der Grad der Wahrscheinlichkeit, mit der das oder die künftigen Ereignisse eintreten werden, die zu der Verpflichtung führen, wird vom FASB in die folgenden drei Bereiche aufgeteilt:[81]

- *probable*: der Eintritt des künftigen Ereignisses bzw. der künftigen Ereignisse ist wahrscheinlich, d. h. wird mit relativ großer Sicherheit eintreten; in diesem Fall ist die Bilanzierung einer *contingent liability* notwendig;
- *reasonably possible*: mit dem Eintreten des Verlustes ist zu rechnen; es besteht eine Angabepflicht im Anhang;
- *remote*: die Wahrscheinlichkeit des Eintretens des Verlusts ist gering; weder Bilanzierung noch Anhangsangabe ist notwendig.

Damit eine passivierungspflichtige *contingent liability* besteht, muss der Eintritt des Ereignisses, das zu dieser Verpflichtung führt also mindestens wahrscheinlich sein. Eine ausdrückliche Kategorisierung, ab welchem Zeitpunkt eine Eintrittswahrscheinlichkeit als *probable* oder auch als *reasonably possible* und *remote* anzusehen ist, existiert allerdings nicht.[82] Die Beurteilung der Eintrittswahrscheinlichkeit bzw. der Möglichkeit, die Höhe der Verpflichtung zuverlässig zu schätzen und damit auch die Bilanzierung des Sachverhalts steht somit in erster Linie im Ermessen des Bilanzierenden.[83]

---

[81] Vgl. auch für die folgende Aufzählung SFAS 5.3 und 5.9 ff.; WANGEMANN, B. (1997), S. 197 f.; KPMG (Hrsg.) (1999), S. 118 f.

[82] Vgl. HARRISON, K. E./TOMASSINI, L. A. (1989), S. 643; KINNEY, W. R./NELSON, M. W. (1996), S. 284; HAIN, T. (2000), S. 92; KUPSCH, P. (2000), S. 125. Empirische Untersuchungen haben gezeigt, dass zwischen 68 % und 72 % Eintrittswahrscheinlichkeit die Grenzziehung zwischen *reasonably possible* und *probable* stattfindet. Vgl. BÖCKING, H.-J. (1998), S. 39.

[83] Vgl. HALLER, A. (1994), S. 294, insb. Fußnote 22; FUCHS, M. (1997), S. 204 f.; BÖCKING, H.-J. (1998), S. 39; HAYN, S./PILHOFER, J. (1998), S. 1731; MÜLLER, S./WULF, I. (2001), S. 2207.

### 5.5.1.2 Ermessensspielräume hinsichtlich der Bewertung sowie der Aufwands- und Ertragsbemessung

#### 5.5.1.2.1 Bewertung von Tauschgeschäften

Auch im Rahmen der Bewertung existieren z. T. erhebliche Ermessensspielräume. So hängt die Bewertung von Tauschgeschäften nach US-GAAP davon ab, ob es sich bei dem hingegebenen und dem erhaltenen Gegenstand um ähnliche Gegenstände (*similar assets*) handelt. Ist dies der Fall, so hat eine Buchwertfortführung zu erfolgen, in der Periode, in die das Tauschgeschäft fällt, findet entsprechend eine erfolgsneutrale Abbildung des Geschäftsvorfalls statt. Beim Tausch unähnlicher Güter (*dissimilar assets*) erfolgt dagegen eine Erfolgsrealisierung, da das erhaltene *asset* zum *fair value* anzusetzen ist.[84] Bei der Beurteilung der Ähnlichkeit der getauschten Gegenstände entsteht dem Bilanzierenden ein Ermessensspielraum, der unterschiedliche Konsequenzen hinsichtlich der Bewertung zulässt.[85]

#### 5.5.1.2.2 Bewertung von Wertpapieren

Weiterer Ermessensspielraum besteht im Rahmen der Bilanzierung von Wertpapieren. Dabei hat der Bilanzierende zunächst eine Einteilung der Gläubigerpapiere in drei Kategorien bzw. der eigenkapitalverbriefenden Wertpapiere in zwei Kategorien vorzunehmen, von dieser Einteilung hängt dann die Bewertung der Wertpapiere ab.[86] Zwischen folgenden Kategorien ist zu unterscheiden, wobei die erste Kategorie nur für Gläubigerpapiere, die beiden anderen Kategorien auch für eigenkapitalverbriefende Wertpapiere relevant sind:

- *Held-to-maturity securities*: das bilanzierende Unternehmen hat sowohl die Absicht als auch die Fähigkeit, die Wertpapiere bis zur Fälligkeit zu halten.[87]
- *Trading securities*: Wertpapiere, die erworben und gehalten werden mit der Absicht, sie in der näheren Zukunft weiterzuveräußern und damit eine höchstmögliche Rendite zu erzielen.[88]

---

[84] Vgl. APB *Opinion* 29.18 und 29.21.
[85] Vgl. SCHILDBACH, T. (1998b), S. 60; SCHILDBACH, T. (1999a), S. 412.
[86] Vgl. MÜLLER, S./WULF, I. (2001), S. 2209.
[87] Vgl. SFAS 115.9.
[88] Vgl. SFAS 115.12a.

- *Available-for-sale securities*: Wertpapiere, die weder den *held-to-maturity securities* noch den *trading securities* zuzurechnen sind, werden in die Kategorie *available-for-sale securities* eingeteilt.[89]

Wertpapiere, die in der Kategorie *held-to-maturity* erfasst sind, werden in Höhe der fortgeführten Anschaffungskosten aktiviert.[90] *Trading securities* und *available-for-sale securities* dagegen sind mit ihrem *fair value* anzusetzen.[91] Nach SFAS 115.3 kommt als *fair value* nur ein repräsentativer Marktwert in Betracht. Unterliegt der *fair value* von *trading securities* Wertschwankungen, so sind diese unmittelbar in der laufenden Berichtsperiode erfolgswirksam in der Gewinn- und Verlustrechnung zu verbuchen.[92] Wertschwankungen bei *available-for-sale securities* dürfen dagegen nicht erfolgswirksam erfasst werden,[93] sondern sind in der Periode des Entstehens erfolgsneutral dem *other comprehensive income* zuzuführen und als eigenständige Komponente des Eigenkapitals auszuweisen.[94] Da die Einteilung der Wertpapiere in die o. g. Kategorien in der Praxis nicht stets eindeutig durchführbar ist, entscheidet letztendlich der Bilanzierende zumindest in unklaren Fällen durch die vorgenommene Einteilung über den Vermögens- und Erfolgsausweis.[95]

#### 5.5.1.2.3 Bewertung von selbsterstellten *Assets*

Ein weiterer Ermessensspielraum kann sich bei der Bewertung von selbsterstellten *assets* bieten. Diese sind grundsätzlich zu ihren *historical cost*, d. h. in diesem Fall den *cost of conversion* gemäß ARB 43 ch. 4[96] anzusetzen. Für gewöhnlich fallen darunter Material- und Fertigungseinzelkosten, aber auch sämtliche Material- und Fertigungsgemeinkosten auf der Grundlage einer normalen Kapazitätsauslastung inkl. anteiliger Abschreibungen.[97] Daneben müssen Verwaltungskosten angesetzt werden, wenn sie das Kriterium der

---

89 Vgl. SFAS 115.12b.

90 Vgl. SFAS 115.7.

91 Vgl. SFAS 115.12.

92 Vgl. SFAS 115.13.

93 Mit Ausnahme von außerplanmäßigen Abschreibungen.

94 Vgl. SFAS 115.13.

95 Vgl. SCHILDBACH, T. (1998b), S. 60; SCHILDBACH, T. (1999a), S. 411; SCHILDBACH, T. (2000b), S. 197.

96 Diese Norm ist grundsätzlich nur für das Vorratsvermögen heranzuziehen. Zu Modifikationen für selbsterstelltes Anlagevermögen vgl. Abschnitt 5.5.2.2.

97 Vgl. KPMG (Hrsg.) (1999), S. 27.

Herstellungsbezogenheit erfüllen.[98] Die Beurteilung der Herstellungsbezogenheit steht dabei im Ermessen des Bilanzierenden. HALLER stellt diesbezüglich fest: „In der Praxis werden sie [Verwaltungskosten, Anm. d. Verf.] häufig nicht aktiviert, da sie eher als ‚Periodenaufwendungen' und nicht als mit dem Produktionsprozeß in Verbindung stehende Kosten betrachtet werden."[99]

#### 5.5.1.2.4 Bewertung aktiver latenter Steuern

Auch die Bewertung aktiver latenter Steuern (*deferred tax assets*) ist nicht frei von Willkür. So sind die berechneten *deferred tax assets* auf ihre Werthaltigkeit hin zu untersuchen,[100] d. h. der Bilanzierende muss überprüfen, ob der zukünftige wirtschaftliche Nutzen in Form von geringeren Steuerzahlungen auch tatsächlich zutage treten wird.[101] Ist es wahrscheinlich, dass dieser Nutzen nicht eintreten wird, muss eine Wertberichtigung (*valuation allowance*) der *deferred tax assets* vorgenommen werden. Ob und in welcher Höhe ein wirtschaftlicher Nutzen erwartet werden kann, ist unter Berücksichtigung der individuellen Gegebenheiten des bilanzierenden Unternehmens zu beurteilen.[102] Als Schwelle bezüglich des Eintritts eines Nutzens ist von einer Eintrittswahrscheinlichkeit von über 50 % (*more likely than not*), wie sie auch bei der *asset*-Definition des Frameworks verwendet wird, auszugehen.[103] Die ggf. vorzunehmende erfolgswirksame Wertberichtigung kann zwischen 0 % und 100 % auf das *deferred tax asset* betragen.[104] Eine Überprüfung der Werthaltigkeit der *deferred tax assets* und die damit verbundene Wertberichtigung hat zu jedem Bilanzstichtag erneut zu erfolgen.[105] Abschließend kann festgehalten werden, dass hinsichtlich der Einschätzung, ob bei einem bestehenden *deferred tax asset* eine Wertberichtigung vorzunehmen ist sowie bezüglich der Höhe der Wertberichtigung ein nicht unerheblicher Ermessensspielraum seitens des Bilanzierenden

---

[98] Vgl. PELLENS, B. (2001), S. 218.
[99] HALLER, A. (1994), S. 314 m. w. N.
[100] Vgl. KPMG (Hrsg.) (1999), S. 98.
[101] Vgl. DUDZINSKY, R. J. (1993), S. 49; COENENBERG, A. G. (2001), S. 413 f.
[102] Vgl. PEAVEY, D. E./NURNBERG, H. (1993), S. 78; VISVANATHAN, G. (1998), S. 6; SCHÄFFELER, U. (2000), S. 73.
[103] Vgl. SFAS 109.17e.
[104] Vgl. COENENBERG, A. G. (2001), S. 414.
[105] Vgl. SCHILDBACH, T. (2000a), S. 170.

besteht. Selbst die Beurteilung über den Ansatz eines *deferred tax asset* scheint nicht gänzlich frei von Ermessen zu sein.[106]

### 5.5.1.2.5 Bilanzierung langfristiger Fertigungsaufträge

Auch die Bilanzierung von langfristigen Fertigungsaufträgen kann zur Steuerung des Periodenergebnisses eingesetzt werden. Eine Regelung erfährt die Thematik langfristiger Fertigungsaufträge in ARB 45 „*Long-Term Construction-Type Contracts*", ergänzt durch SOP 81-1 „*Accounting for Performance of Construction-Type and Certain Production-Type Contracts*". Grundsätzlich spricht man dann von langfristiger Auftragsfertigung, wenn Beginn und Beendigung eines spezifischen Auftrags in zwei unterschiedliche Rechnungslegungsperioden fallen.[107] Nach der Auffassung des AICPA können darunter bspw. Straßenbauaufträge, Konstruktionsaufträge, Verträge zum Schiffbau und Flugzeugbau fallen.[108] Nicht als langfristige Auftragsfertigung gelten jedoch z. B. Verkäufe von Standardgütern, selbst wenn diese nach Spezifikationen des Käufers hergestellt werden.[109]

Die Schwierigkeit der Bilanzierung langfristiger Fertigungsaufträge liegt in der Zurechnung der Erlöse und Aufwendungen zu den einzelnen Perioden.[110] So sind langfristige Aufträge je nach Sachverhalt entweder nach der *completed-contract* Methode oder der *percentage-of-completion* Methode zu bilanzieren. Die *percentage-of-completion* Methode ist dann zwingend anzuwenden, wenn der Fertigstellungsgrad, die Gesamtkosten und Gesamterlöse des Auftrags zuverlässig ermittelt werden können[111] und folgende Bedingungen erfüllt werden:[112]

---

[106] Vgl. DUDZINSKY, R. J. (1993), S. 49; SCHÄFFELER, U. (2000), S. 73; KIESO, D. E./WEYGANDT, J. J./WARFIELD, T. D. (2001), S. 1083. Vgl. dazu auch die Untersuchungen von BEHN, B. K./EATON, T. V./WILLIAMS, J. R. (1998), S. 63-77; MILLER, G. S./SKINNER, D. J. (1998), S. 213-232. VISVANATHAN kommt dagegen in einer empirischen Untersuchung zum Ergebnis, dass Wertberichtigungen von *deferred tax assets* nicht in einem erwähnenswerten Umfang zu Zwecken der Bilanzpolitik genutzt werden. Vgl. VISVANATHAN, G. (1998), S. 13 f.

[107] Vgl. HAYN, S./WALDERSEE, G. Graf (2000), S. 116; KPMG (Hrsg.) (1999), S. 42.

[108] Vgl. SOP 81-1.13.

[109] Vgl. SOP 81-1.14.

[110] Vgl. KPMG (Hrsg.) (1999), S. 42.

[111] Vgl. ARB 45.15.

[112] Für die Bedingungen vgl. SOP 81-1.23.

- Die zu liefernden Produkte oder Leistungen sowie die Zahlungsmodalitäten und die Art und Weise der Abwicklung des Geschäfts sind klar und eindeutig fixiert.
- Die Erfüllung der vertraglich vereinbarten Leistung durch den Käufer, i. d. R. die Bezahlung, ist wahrscheinlich.
- Die Erfüllung der vertraglich vereinbarten Leistung durch den Verkäufer ist wahrscheinlich.

Die Ermittlung des Fertigstellungsgrads kann dabei nach input- oder output-orientierten Methoden erfolgen,[113] am gebrauchlichsten sind die *accumulated-cost* Methode bzw. *cost-to-cost* Methode und die *efforts-expended* Methode.[114] Bei der *accumulated-cost* Methode bestimmt sich der Grad der Fertigstellung nach dem Verhältnis der bisher angefallenen Kosten zu den geschätzten Gesamtkosten des Auftrags, im Rahmen der *efforts-expended* Methode ergibt sich der Fertigstellungsgrad aus dem Verhältnis der bisher erbrachten Leistung zur geschätzten Gesamtleistung.[115] Zur Schätzung der Gesamtkosten und –erlöse stellt SOP 81-1.53 ff. explizite Anforderungen an die betriebliche Kostenrechnung.

Nach Auffassung des AICPA ist es dem Bilanzierenden üblicherweise möglich, die Gesamtkosten und –erlöse und damit auch den Fertigstellungsgrad eines Fertigungsauftrags zu ermitteln, woraus die Anwendung der *percentage-of-completion* Methode resultiert.[116] Ist lediglich eine wertmäßige Bandbreite der Gesamterlöse und/bzw. –kosten schätzbar, so ist nach wie vor die *percentage-of-completion* Methode anzuwenden, die geschätzten Größen müssen dabei auf dem mit größter Wahrscheinlichkeit eintretenden Wert basieren. Kann kein wahrscheinlichster Wert ausgemacht werden, so ist auf den geringst möglichen Gesamtgewinn aus dem Auftrag abzustellen.[117] Selbst wenn keine Abschätzung der Gesamterlöse und/bzw. –kosten möglich ist, aber man annehmen kann, dass

---

[113] Vgl. SOP 81-1.46.

[114] Zur Darstellung der *accumulated-cost* Methode bzw. *cost-to-cost* Methode mit Beispiel vgl. KIESO, D. E./WEYGANDT, J. J./WARFIELD, T. D. (2001), S. 1006 ff. Eine Beschreibung der *efforts-expended* Methode findet sich in SOP 81-1.48.

[115] Vgl. FÖRSCHLE, G./HOLLAND, B./KRONER, M. (2001), S. 88.

[116] Vgl. SOP 81-1.25a.

[117] Vgl. SOP 81-1.25b.

der Auftrag verlustfrei abgewickelt wird, ist die *percentage-of-completion* Methode auf Grundlage einer *zero-profit-marge* anzuwenden. Erst wenn die Schätzung verlässlicher Werte nicht mehr möglich ist oder aufgrund inhärenter Risiken eine Schätzung zweifelhaft ist, muss der Bilanzierende, auch wenn er grundsätzlich nach der *percentage-of-completion* Methode verfährt, für den betreffenden Auftrag die *completed-contract* Methode anwenden.[118]

Insgesamt kann festgestellt werden, dass die Wahl der Methode zur Bilanzierung langfristiger Fertigungsaufträge insbesondere gekoppelt ist an die Fähigkeit des bilanzierenden Unternehmens, den Fertigstellungsgrad zuverlässig zu ermitteln. Da es sich dabei um Schätzungen des Unternehmens handelt, eröffnet sich dem Bilanzierenden ein Ermessensspielraum, da wohl in vielen Fällen nicht „eindeutig belegt noch widerlegt werden kann",[119] ob die Fähigkeit zur zuverlässigen Ermittlung des Fertigstellungsgrads gegeben ist.[120] Weiterer Ermessensspielraum entsteht bei Anwendung der *percentage-of-completion* Methode, da die Erfolgsrealisierung wiederum abhängt vom Fertigstellungsgrad, der auf unternehmensinternen Schätzungen basiert und weiterhin unterschiedliche Methoden zu dessen Schätzung herangezogen werden können.[121]

#### 5.5.1.2.6 Bilanzierung von Altersversorgungsverpflichtungen

Auch im Rahmen der Bilanzierung von Altersversorgungsverpflichtungen sind Ermessensspielräume identifizierbar; da außerdem explizite Wahlrechte bestehen,[122] erfolgt an dieser Stelle zunächst eine Erläuterung der grundsätzlichen Bilanzierung von Altersversorgungsverpflichtungen, bevor die Ermessensspiel-

---

[118] Vgl. SOP 81-1.25c.

[119] SCHILDBACH, T. (1999a), S. 412.

[120] WENK äußert sich diesbezüglich dagegen folgendermaßen: Zwar ist die „Anwendung der „completed contract"-Methode in den USA als Wahlrecht weiterhin [...] zulässig; das ist formal richtig, materiell jedoch unbedeutend." WENK, R. (1997), S. 128, Fußnote 516.

[121] Vgl. SCHILDBACH, T. (1998b), S. 61 mit Verweis auf BRILOFF, A. J. (1972), S. 119. Vgl. auch HICKOK, R. S. (1982), S. 46.

[122] Entgegen dem gängigen Vorurteil, die US-amerikanischen Vorschriften enthielten kaum bzw. keine Wahlrechte, äußert sich WOLZ im Hinblick auf die Bilanzierung von Altersversorgungsverpflichtungen folgendermaßen: „Da auch die Wahlrechte und Spielräume im Rahmen der internationalen Rechnungslegungssysteme [insb. US-GAAP, Anm. d. Verf.] nicht als weniger weitreichend angesehen werden können, lassen sich im Hinblick auf die Bilanzierung von Pensionsverpflichtungen keine zwingenden Argumente für eine deutliche Prävalenz der internationalen Regelungen finden – eher im Gegenteil." WOLZ, M. (2000), S. 1384.

räume dargestellt werden. Unter Abschnitt 5.5.2.2.6 werden entsprechend die gewährten Wahlmöglichkeiten beschrieben.

Zu bilanzieren sind Altersversorgungsverpflichtungen nach den Regelungen des SFAS 87,[123] in dem zwischen leistungsorientierten Versorgungsplänen (*defined benefit plans*) und beitragsorientierten Versorgungsplänen (*defined contribution plans*) unterschieden wird.[124] Letztere sind durch die Verpflichtung des Unternehmens zur Zahlung von Beiträgen an einen Pensionsfonds oder eine Versicherungsgesellschaft gekennzeichnet. Da der nach US-GAAP zu erfassende Pensionsaufwand im Wesentlichen den geleisteten Beiträgen entspricht, erfolgt i. d. R. kein bilanzieller Ausweis.[125] Daher wird in den folgenden Ausführungen lediglich Bezug auf leistungsorientierte Versorgungspläne genommen, bei denen das bilanzierende Unternehmen und/oder ein Pensionsfonds dem Arbeitnehmer eine Betriebsrente zusagt.[126] Während der Dienstzeit des Arbeitnehmers sammelt das gewährende Unternehmen entsprechend hohe finanzielle Mittel an, die zur späteren Gewährung der Pensionsleistung genügen. Das Unternehmen kann die finanziellen Mittel entweder im Unternehmen ansammeln oder dies über einen rechtlich selbstständigen Pensionsfonds abwickeln.[127] Damit die Mittel als Fondsvermögen (*plan assets*)[128] gelten, müssen die Voraussetzungen des SFAS 87.19 erfüllt sein.

Im Vordergrund der Regelungen des SFAS 87 steht die periodengerechte Aufwandsverrechnung; bei Betrachtung des Bilanzausweises ist weiterhin erkennbar, dass zwischen der Bewertung der Pensionsverpflichtung zum Zweck der Aufwandsbemessung und der Bewertung der in der Bilanz auszuweisenden Verpflichtung zu unterscheiden ist.[129]

Zur Ermittlung der Pensionsverpflichtung ist zunächst eine *pension benefit formula* (Leistungsplan) zu erstellen, die die Berechnung der künftigen Pensio-

---

[123] Ergänzt wird SFAS 87 durch SFAS 88, in dem die Behandlung von einigen Sonderfällen wie z. B. Abfindungen geregelt ist.

[124] Vgl. SFAS 87.11 und 87.63.

[125] Vgl. THOMS-MEYER, D. (1996), S. 183; KPMG (Hrsg.) (1999), S. 107 f.

[126] Vgl. SFAS 87.11.

[127] Vgl. PELLENS, B. (2001), S. 235 f.

[128] *Plan assets* dienen bei *funded plans* zur Deckung der Pensionsverpflichtung. Vgl. SFAS 87.264, Stichwort „*Plan assets*", mit weiteren Erläuterungen.

[129] Vgl. RÖßLER, N./KAETHER, F./SCHMANDT, E. M. (1997), S. 1141 f.

nen enthält. Die auf dem Leistungsplan basierende Pensionsverpflichtung darf allein nach dem Anwartschaftsbarwertverfahren (*projected unit credit method*) berechnet werden.[130] Durch eine entsprechende Gestaltung der *pension benefit formula* ist es somit möglich, die Pensionsverpflichtung in früheren Jahren der Dienstzeit stärker bzw. weniger stark als in späteren Jahren ansteigen zu lassen (sog. *frontloading* bzw. *backloading*).[131] Allerdings wird ein extremes *backloading*[132] nicht anerkannt; in solchen Fällen ist der Dienstzeitaufwand entgegen der *pension benefit formula* gleichmäßig über die Perioden zu verteilen.[133]

Zur Abschätzung der künftigen Pensionszahlungen sind neben den üblichen versicherungsmathematischen Annahmen[134] auch Trendannahmen zu berücksichtigen.[135] Ist die Höhe einer in der *pension benefit formula* verzeichneten künftigen Pensionsleistung von Gehaltsbestandteilen abhängig, so ist die künftige Gehaltsentwicklung bei der Ermittlung der Pensionsverpflichtung zu berücksichtigen.[136] Daneben sind bspw. auch Anpassungen der späteren Rentenleistungen in die Berechnung einzubeziehen.[137] Die unterstellten Trendannahmen sind jährlich zu überprüfen, sie dürfen außerdem nicht pauschal in die Ermittlung der Pensionsverpflichtung einfließen, sondern es muss eine Einzelfaktorenbetrachtung erfolgen.[138] An dieser Stelle kann ein Ermessensspielraum identifiziert werden.[139] So werden sich künftige Gehaltssteigerungen meist nicht unwiderlegbar schätzen lassen, sodass sich dem Bilanzierenden eine Bandbreite,

---

[130] Vgl. SFAS 87.40. Vgl. auch BODE, K.-J./GRABNER, E. R. (1986), S. 2090; NIEHUS, R. J./THYLL, A. (2000), S. 292; WOLZ, M. (2000), S. 1373; PELLENS, B. (2001), S. 238.

[131] Vgl. SCHILDBACH, T. (1999b), S. 960. Beispiele zu Versorgungsplänen mit *frontloading* und *backloading* finden sich bei THOMS-MEYER, D. (1996), S. 189 f.

[132] Jedoch mangelt es an einer expliziten Grenze, ab der eine Anerkennung des *backloading* unterbleibt. Lediglich folgendes Beispiel kann als Anhaltspunkt dienen: Enthält ein Leistungsplan für die ersten 19 Dienstjahre keinerlei Versorgungsleistungen, aber für das 20. Jahr eine unverfallbare Versorgungsleistung über $ 10.000,-, so muss eine Verteilung von $ 500,- pro Jahr über die Dienstzeit von 20 Jahren angenommen werden. Vgl. SFAS 87.42.

[133] Vgl. SCHILDBACH, T. (1999b), S. 960; WOLZ, M. (2000), S. 1374.

[134] Dazu zählen demographische und biometrische Annahmen wie bspw. Sterblichkeitswahrscheinlichkeiten, Fluktuations- und Invalidisierungsraten; ebenso fallen finanzielle Annahmen bspw. bezüglich des Zinssatzes darunter. Vgl. WAGENHOFER, A. (1999), S. 239.

[135] Vgl. BODE, K.-J./GRABNER, E. R. (1986), S. 2090; KLEIN, H.-G./PETERS, H. (1987), S. 1798.

[136] Vgl. RÖßLER, N./DOETSCH, P. A./HEGER, H.-J. (1999), S. 2499.

[137] Vgl. SFAS 87.46.

[138] Vgl. HAYN, S. (1997), S. 433; WOLZ, M. (2000), S. 1375 f.

[139] WOLZ bemängelt dies mit folgenden Worten: „Dies [die Einzelfaktorenbetrachtung, Anm. d. Verf.] führt [...] zu einer erschwerten Nachprüfbarkeit sowie einer verminderten Vergleichbarkeit der in den Bilanzen ausgewiesenen Versorgungslasten." WOLZ, M. (2000), S. 1376.

wenngleich auch nur von geringem Umfang, an Zuschlagsätzen für die künftigen Entwicklungen bietet. Welche Gehaltssteigerungen die vom AICPA im Jahre 2000 untersuchten 600 Unternehmen im Rahmen ihrer Leistungspläne unterstellt haben, kann der folgenden Abbildung entnommen werden.

**Angenommene Gehaltssteigerungen**

| | 1999 | 1998 | 1997 | 1996 |
|---|---|---|---|---|
| 4,5 % oder niedriger | 244 | 256 | 219 | 201 |
| 5,0 % | 121 | 115 | 139 | 154 |
| 5,5 % | 23 | 22 | 32 | 46 |
| 6,0 % | 17 | 17 | 20 | 21 |
| 6,5 % | - | 2 | 2 | 3 |
| 7,0 % | - | 2 | 2 | 5 |
| 7,5 % | 3 | 1 | - | - |
| 8,0 % | 1 | 2 | 1 | 1 |
| 8,5 % | 2 | 1 | - | - |
| 9,0 % | 2 | - | - | - |
| 9,5 % | 2 | - | - | - |
| 10,0 % | - | - | - | - |
| 10,5 % | - | 1 | - | - |
| 11,0 % | 1 | - | - | - |
| 11,5 % oder höher | - | - | - | - |
| Keine Angabe | 22 | 39 | 35 | 29 |
| Summe Unternehmen* | 438 | 458 | 453 | 460 |

*Unternehmen, die leistungsbezogene Versorgungspläne veröffentlichen

Abb. 5.3: Angenommene Gehaltssteigerungen im Rahmen der Bilanzierung von Altersversorgungsleistungen (in Anlehnung an: AICPA (2000), S. 344)

Zur Barwertberechnung der Pensionsverbindlichkeit ist derjenige Zinssatz zu verwenden, auf dessen Basis eine effektive Abfindung der Pensionsverpflichtungen oder eine Übertragung derselben auf eine Versicherungsgesellschaft stattfinden könnte.[140] Dieser Zinssatz, der in jeder Periode aktualisiert werden muss,[141] wird als *settlement rate* bezeichnet. In der Praxis kann dieser

[140] Vgl. SFAS 87.44. Vgl. auch RÖßLER, N./KAETHER, F./SCHMANDT, E. M. (1997), S. 1142; KPMG (Hrsg.) (1999), S. 109.

[141] Vgl. SFAS 87.43. Vgl. auch AMOROSO, V./WIRTH, P. C. (1999), S. 32.12; WOLZ, M. (2000), S. 1376.

Zinssatz aus dem Ertrag hochqualitativer festverzinslicher Wertpapiere abgeleitet werden. Alternativ kann auch eine Abschätzung der *settlement rate* auf Basis des monatlich veröffentlichten Zinssatzes des amerikanischen Pensions-Sicherungs-Vereins vorgenommen werden.[142] Der *settlement rate* wird im Rahmen der Ermittlung der Pensionsverpflichtung große Bedeutung beigemessen; so kann eine Verminderung um nur einen Prozentpunkt zu einem Anstieg der Pensionsverpflichtung um bis zu 15 % führen.[143] In welchem Umfang dieser sich bietende Spielraum in den USA wahrgenommen wird, ist aus Abb. 5.4 ersichtlich.

**Angenommene Zinssätze**

| | 1999 | 1998 | 1997 | 1996 |
|---|---|---|---|---|
| 4,5 % oder niedriger | - | - | - | - |
| 5,0 % | 3 | 1 | 1 | - |
| 5,5 % | - | 4 | - | - |
| 6,0 % | 15 | 17 | 1 | 2 |
| 6,5 % | 30 | 194 | 10 | 5 |
| 7,0 % | 94 | 201 | 229 | 67 |
| 7,5 % | 203 | 27 | 159 | 256 |
| 8,0 % | 82 | 6 | 43 | 113 |
| 8,5 % | 4 | 1 | 7 | 10 |
| 9,0 % | - | - | - | - |
| 9,5 % | 1 | - | - | - |
| 10,0 % | 1 | - | - | - |
| 10,5 % | - | - | - | - |
| 11,0 % | - | - | - | - |
| 11,5 % oder höher | 1 | 1 | - | - |
| Keine Angabe | 4 | 6 | 3 | 7 |
| Summe Unternehmen* | 438 | 458 | 453 | 460 |

*Unternehmen, die leistungsbezogene Versorgungspläne veröffentlichen

Abb. 5.4: Angenommene Zinssätze im Rahmen der Bilanzierung von Altersversorgungsleistungen (in Anlehnung an: AICPA (2000), S. 343)

[142] Vgl. SFAS 87.44. Vgl. auch OHLUND, E. G./HAYN, S. (1998), S. 164.
[143] Vgl. KIESO, D. E./WEYGANDT, J. J./WARFIELD, T. D. (2001), S. 1124. Vgl. auch BERIN, B. N./GERBOTH, D./WHITE, F. I. (1987), S. 20; MUNSCHECK, K./BRAUN, M. (1998), S. 495.

Der insgesamt ermittelte Wert wird als *projected benefit obligation* (PBO) bezeichnet; er ist folglich der Barwert aller von aktiven und inaktiven Arbeitnehmern bzw. Leistungsempfängern zum Stichtag erdienten Pensionsansprüche unter Berücksichtigung dynamischer Rechnungsgrundlagen.[144] Wenngleich die PBO die tatsächliche Pensionsverpflichtung widerspiegelt, erfolgt nicht zwangsläufig eine Passivierung in Höhe der an der PBO gemessenen Unterdeckung der *plan assets*[145]. Auch im Falle einer Überdeckung, d. h. wenn die *plan assets* die PBO wertmäßig übersteigen, ist eine Aktivierung nicht unausweichlich.[146] Und obwohl die PBO als solche eine geeignete Annäherung an die wirtschaftliche Belastung darstellt, ist nach SFAS 132 an keiner Stelle des *financial reporting* ein Ausweis erforderlich.[147]

Vielmehr kommt in der Bilanz der kumulierte Unterschiedsbetrag zwischen der tatsächlich vorgenommenen Zuweisung zu den *plan assets* und dem in der Periode erfolgswirksam zu erfassenden Nettoversorgungsaufwand[148] zum Ansatz.[149] Übersteigt der Nettoversorgungsaufwand die Zuweisungen, so ist der überschüssige Aufwand als *unfunded accrued pension cost* zu passivieren; im umgekehrten Fall ist in Höhe des die Aufwendungen übersteigenden Betrags eine Aktivierung unter der Postenbezeichnung *prepaid pension cost* vorzunehmen.[150]

Um allerdings eine ggf. zu starke Unterdeckung der in der Bilanz gezeigten Pensionsverpflichtung zu vermeiden, ist unter bestimmten Voraussetzungen ein zusätzlicher Betrag zu passivieren. Dazu ist zunächst die *accumulated benefit obligation* (ABO) zu ermitteln, die den Barwert der erdienten Anwartschaften

---

144 Vgl. KPMG (Hrsg.) (1999), S. 108; WAGENHOFER, A. (1999), S. 234.

145 Als Unterdeckung wird in diesem Zusammenhang der Wert bezeichnet, um den die PBO den *fair value* der *plan assets* übersteigt. Vgl. KPMG (Hrsg.) (1999), S. 109.

146 Vgl. KPMG (Hrsg.) (1999), S. 109.

147 Vgl. STICKNEY, C. P./BROWN, P. R. (1999), S. 401. Nach SFAS 87.54c (2) ist zwar die Offenlegung der PBO erforderlich, allerdings wurde SFAS 87 bezüglich der Offenlegungsvorschriften durch SFAS 132 abgelöst und behält seine Gültigkeit nur in Bezug auf Ansatz und Bewertung. Vgl. SFAS 132.4. Vgl. auch SFAS 132.12.

148 Die Ermittlung des Nettoversorgungsaufwands wird im Folgenden näher beschrieben.

149 Vgl. SFAS 87.35; KLEIN, H.-G./PETERS, H. (1987), S. 1799; POSTERT, A./WOLZ, M. (1999), S. 2174.

150 Vgl. SFAS 87.35; BODE, K.-J./GRABNER, E. R. (1986), S. 2090; RÖßLER, N./KAETHER, F./SCHMANDT, E. M. (1997), S. 1143; PELLENS, B. (2001), S. 250 f.

ohne Berücksichtigung von Trendannahmen darstellt.[151] Anschließend ist zu prüfen, ob die ABO mindestens dem Marktwert der *plan assets* zuzüglich des möglicherweise entstandenen Postens *unfunded accrued pension cost* bzw. abzüglich des gegebenenfalls entstandenen Postens *prepaid pension cost*, entspricht. Wird eine Unterdeckung festgestellt, ist in dieser Höhe eine *additional minimum liability* zu passivieren,[152] die zusammen mit den *unfunded accrued pension cost* als *accrued pension cost* oder als *pension liability* ausgewiesen wird.[153] Bis zur Höhe der *unrecognized prior service cost* und der *initial unrecognized net obligation*[154] erfolgt der Ansatz eines *intangible assets* als Gegenbuchung;[155] übersteigende Beträge werden erfolgsneutral im *other comprehensive income* erfasst.[156]

Im Mittelpunkt der Regelungen des SFAS 87 steht allerdings die Ermittlung des periodengerechten Nettoversorgungsaufwands (*net periodic pension cost*),[157] der den Saldo folgender Bestandteile darstellt:[158]

a) *Service cost*: Dienstzeitaufwand, d. h. Barwert der im betrachteten Wirtschaftsjahr aufgrund des Leistungsplans hinzuverdienten Pensionsansprüche. Dieser entspricht gleichzeitig der erwarteten Differenz zwischen PBO zu Beginn und zum Ende des Wirtschaftsjahres, soweit die Veränderung auf die zusätzlich erdienten Ansprüche zurückzuführen ist;[159] in den *service cost* ist folglich auch die einjährige Verzinsung der zusätzlich erdienten Ansprüche enthalten.[160]

---

[151] Vgl. SFAS 87.18. Bei gehaltsunabhängigen Versorgungszusagen entspricht die PBO der ABO. Vgl. KPMG (Hrsg.) (1999), S. 111.

[152] Vgl. SFAS 87.36; HAYN, S. (1997), S. 432; OHLUND, E. G./HAYN, S. (1998), S. 166.

[153] Vgl. POSTERT, A./WOLZ, M. (1999), S. 2174; KIESO, D. E./WEYGANDT, J. J./WARFIELD, T. D. (2001), S. 1140.

[154] Die Ermittlung der *unrecognized prior service cost* und der *initial unrecognized net obligation* wird im Folgenden näher beschrieben.

[155] Vgl. SFAS 87.37; MILLER, P. W. (1987), S. 104; POSTERT, A./WOLZ, M. (1999), S. 2174; FISCHER, N./IANNACONI, T. E./LECHNER, H. W. (2001), S. 2946.

[156] Vgl. SFAS 87.37 i. V. m. SFAS 130.31a.

[157] Vgl. RÖßLER, N./KAETHER, F./SCHMANDT, E. M. (1997), S. 1141.

[158] Für die folgende Aufzählung vgl. SFAS 87.16 und 87.20 ff. Vgl. auch HAYN, S./WALDERSEE, G. Graf (2000), S. 142; SCHILDBACH, T. (2000a), S. 186 ff. mit ausführlichen Erläuterungen.

[159] Vgl. dazu auch SPICELAND, J. D./SEPE, J. F./TOMASSINI, L. A. (2000), S. 794; FISCHER, N./IANNACONI, T. E./LECHNER, H. W. (2001), S. 2944. Damit beinhalten die *service cost* auch Kostenbestandteile, die auf Trendannahmen bspw. bezüglich künftiger Gehaltsentwicklungen basieren. Vgl. WOLZ, M. (2000), S. 1379.

[160] Vgl. auch BODE, K.-J./GRABNER, E. R. (1986), S. 2090; KLEIN, H.-G./PETERS, H. (1987), S. 1799; OHLUND, E. G./HAYN, S. (1998), S. 165.

b) *Interest cost*: Zinsaufwand, der dem Produkt aus unterstelltem Zinssatz, der oben beschriebenen *settlement rate* und der PBO am Anfang der betrachteten Periode entspricht;

c) *Actual return on plan assets, if any*:[161] tatsächlicher Erfolg aus dem Planvermögen inklusive unrealisierter Kurssteigerungen;[162]

d) *Amortization of unrecognized prior service cost, if any*: anteilige Aufwendungen aufgrund nachträglicher bzw. veränderter Altersversorgungszusagen;[163]

e) *Gain or loss (including the effects of changes in assumptions) to the extent recognized*: der laufenden Periode zugerechnete Mehr- oder Minderbelastungen aus Altersversorgungsverpflichtungen. Dieser Bestandteil des Nettoversorgungsaufwands dient der Abwendung von Fehleinschätzungen, die ihrerseits in zwei Komponenten aufgespaltet werden können. So kann sich einerseits eine Differenz zwischen der erwarteten und der tatsächlichen Pensionsverpflichtung ergeben, die bspw. aus einer unerwarteten Gehaltsentwicklung oder aus Änderungen der Annahmen wie z. B. neue Sterbewahrscheinlichkeiten resultiert und die als *liability gain or loss* bezeichnet wird. Andererseits sind auch Fehleinschätzungen über die Höhe des Erfolgs aus dem Planvermögen möglich; die entsprechende Differenz zwischen erwartetem und tatsächlichem Erfolg stellt einen *asset gain or loss* dar.[164]

f) *Amortization of the unrecognized net obligation (and loss or cost) or unrecognized net asset (and gain) existing at the date of initial application of*

---

[161] Da bei *unfunded plans* regelmäßig keine *plan assets* angesammelt werden, entfällt bei ihnen dieser Bestandteil des Nettoversorgungsaufwands.

[162] Zur Berechnung vgl. AMOROSO, V./WIRTH, P. C. (1999), S. 32.12; SCHILDBACH, T. (2000a), S. 189 f. Neben dem *actual return on plan assets* ist auch der *expected return on plan assets* zu ermitteln, der gem. SFAS 132.5d separat auszuweisen ist. Vgl. dazu GODWIN, N. H. (1999), S. 77. Die Differenz zwischen beiden Werten wird als *asset gains and losses* bezeichnet und stellt den unerwarteten Erfolg aus dem Planvermögen dar. Vgl. SCHILDBACH, T. (2000a), S. 190. In der Literatur findet sich auch die Meinung, dass unter c) der Berechnung des Nettoversorungsaufwands der *expected return on plan assets* zu verwenden ist. Zur entsprechenden Vorgehensweise vgl. BODE, K.-J./GRABNER, E. R. (1986), S. 2090; KLEIN, H.-G./PETERS, H. (1987), S. 1799; THOMS-MEYER, D. (1996), S. 202; FISCHER, N./IANNACONI, T. E./LECHNER, H. W. (2001), S. 2944.

[163] Zur Berechnung vgl. SPICELAND, J. D./SEPE, J. F./TOMASSINI, L. A. (2000), S. 794 ff.

[164] Vgl. MUNSCHECK, K./BRAUN, M. (1998), S. 497; AMOROSO, V./WIRTH, P. C. (1999), S. 32.13; DYCKMAN, T. R./DAVIS, C. J./DUKES, R. E. (2001), S. 902; KIESO, D. E./WEYGANDT, J. J./WARFIELD, T. D. (2001), S. 1134 ff.

*this Statement*: anteilige Differenz aus der Umstellung von APB *Opinion* 8 auf SFAS 87.[165]

Diese Bestandteile werden miteinander saldiert, der daraus resultierende Betrag ist in der Gewinn- und Verlustrechnung zu erfassen.[166] Gemäß dem *delayed recognition*-Prinzip werden dabei bestimmte Posten nicht sofort erfolgswirksam verbucht, sondern in einer Art Nebenrechnung[167] außerhalb des Jahresabschlusses aufgezeichnet.[168]

Im Einzelnen handelt es sich erstens um die *prior service cost*, die entstehen, wenn ein Unternehmen seinen Mitarbeitern im Nachhinein auch für bereits erbrachte Leistungen Altersversorgungszusagen macht oder bestehende nachträglich anhebt. Laut SFAS 87.24 f. sind diese nachträglich entstandenen Verpflichtungen grundsätzlich gleichmäßig über die restliche durchschnittliche Beschäftigungsdauer der begünstigten aktiven Arbeitnehmer zu verteilen.[169] Entsprechend sind, wie auch aus Punkt d) der obigen Aufzählung erkennbar, nur die Anteile der *prior service cost*, die der betrachteten Periode zuzurechnen sind, bei der Ermittlung des Nettoversorgungsaufwands einzubeziehen.[170] Da die entsprechenden Mitarbeiter nach und nach den aktiven Status verlassen, ergibt sich regelmäßig eine degressive Verteilung der *prior service cost*.[171] Aus Vereinfachungsgründen darf alternativ auch eine Verteilung vorgenommen werden, die zu einer früheren Aufwandsverrechnung führt;[172] insbesondere darf eine lineare Verteilung über die durchschnittliche Restdienstzeit der betroffenen

[165] Zur Berechnung vgl. NIEHUS, R. J./THYLL, A. (2000), S. 289.

[166] Man bezeichnet dieses Prinzip auch als *net cost*-Prinzip. Vgl. SFAS 87.86. Vgl. auch MUNSCHECK, K./BRAUN, M. (1998), S. 495.

[167] KIESO/WEYGANDT/WARFIELD bezeichnen diese Nebenrechnung als *memo record*. Vgl. KIESO, D. E./WEYGANDT, J. J./WARFIELD, T. D. (2001), S. 1133. Vgl. auch MILLER, P. W. (1987), S. 86.

[168] Vgl. MUNSCHECK, K./BRAUN, M. (1998), S. 495. Vgl. auch BODE, K.-J./GRABNER, E. R. (1986), S. 2090.

[169] Diese Verteilungsmethode wird auch als *years-of-service amortization method* bezeichnet. Vgl. KIESO, D. E./WEYGANDT, J. J./WARFIELD, T. D. (2001), S. 1131.

[170] Vgl. auch KUPSCH, P. (2000), S. 133 f.; FISCHER, N./IANNACONI, T. E./LECHNER, H. W. (2001), S. 2944 f.

[171] Vgl. SFAS 87.164.

[172] Die gewählte Verteilungsmethode ist in den *notes* zu erläutern und nach dem Stetigkeitsprinzip für die Folgeperioden beizubehalten. Vgl. BODE, K.-J./GRABNER, E. R. (1986), S. 2090.

Arbeitnehmer erfolgen.[173] Bei rückwirkenden Veränderungen der Versorgungsleistungen, die nur oder fast ausschließlich Arbeitnehmer betreffen, die sich bereits im Ruhestand befinden, sind die *prior service cost* über deren restliche Lebenserwartung zu verteilen.[174]

Zweitens betrifft es die unter e) verzeichneten *gains or losses*. Dabei werden die in der Periode entstandenen *liability gains or losses* und die *asset gains or losses* sowohl gegeneinander als auch mit den verbliebenen Beträgen aus den Vorperioden, dem *unrecognized net gain or loss*, saldiert. Zu Beginn der jeweiligen Periode ist dann zu überprüfen, ob der im *unrecognized net gain or loss* aufgelaufene Betrag einen sog. Korridor übersteigt, dessen Höhe 10 % des höheren Wertes aus PBO und marktnahem Wert der *plan assets*[175] beträgt. Wird der Korridor überschritten, ist der übersteigende Betrag durch die durchschnittliche Restdienstzeit der begünstigten aktiven Arbeitnehmer zu dividieren und in eben dieser Höhe als *gain or loss to the extent recognized*, allerdings erst in der darauffolgenden Periode,[176] zu erfassen.[177] Wahlweise darf auch eine andere Verteilungsmethode verwendet werden, wenn dadurch ein mindestens gleich hoher Betrag erfasst wird, wenn sie stetig und sowohl für *gains* als auch für *losses* verwendet wird und die verwendete Methode offen gelegt wird.[178] Demnach ist es sogar möglich, den bis zu Beginn der betrachteten Periode aufgelaufenen *gain or loss* in dieser Periode in voller Höhe erfolgswirksam zu erfassen; grundsätzlich nicht zulässig ist dagegen eine sofortige erfolgswirksame Erfassung der in der Periode neu entstandenen *gains or losses*.[179] Befinden sich alle oder fast alle begünstigten Arbeitnehmer bereits im Ruhestand, sind die *gains or losses* auf die restliche Lebenserwartung der Rentner zu verteilen.[180]

---

[173] Vgl. SFAS 87.26. Vgl. dazu auch die Ausführungen unter Abschnitt 5.5.2.2.6. Eine Beschreibung der Verteilung nach der *years-of-service amortization method* sowie der linearen Verteilung anhand eines Beispiels ist zu finden bei KIESO, D. E./WEYGANDT, J. J./WARFIELD, T. D. (2001), S. 1131 f.

[174] Vgl. SFAS 87.25; BODE, K.-J./GRABNER, E. R. (1986), S. 2090; SCHILDBACH, T. (2000a), S. 194.

[175] Beim marktnahen Wert handelt es sich um den gemeinen Wert oder den Durchschnitt der gemeinen Werte der maximal vergangenen fünf Jahre. Vgl. KPMG (Hrsg.) (1999), S. 110.

[176] Vgl. HAYN, S. (1997), S. 434.

[177] Vgl. mit weiteren Ausführungen und Beispielrechnungen KIESO, D. E./WEYGANDT, J. J./WARFIELD, T. D. (2001), S. 1134 ff.

[178] Vgl. SFAS 87.33.

[179] Vgl. SCHILDBACH, T. (2000a), S. 193.

[180] Vgl. SFAS 87.32; SCHILDBACH, T. (2000a), S. 193.

Drittens ist die bei erstmaliger Anwendung von SFAS 87 bestehende Über- oder Unterdeckung der PBO über die durchschnittliche Restdienstzeit der begünstigten aktiven Arbeitnehmer zu verteilen. Beträgt die durchschnittliche Restdienstzeit weniger als 15 Jahre, kann alternativ auch eine Verteilung über 15 Jahre vorgenommen werden.[181]

Zur Behandlung von Pensionsverpflichtungen kann insgesamt festgehalten werden, dass Ermessensspielräume hinsichtlich der in die Berechnungen einbezogenen Trendannahmen sowie bezüglich der zur Anwendung heranzuziehenden *settlement rate* bestehen. Die Trendannahmen haben in ersten Linie eine wertmäßige Auswirkung auf die PBO. Vielfältiger sind die Auswirkungen der vom Unternehmen zu bestimmenden *settlement rate*: Sie beeinflusst den erfolgswirksamen Nettoversorgungsaufwand, indem sie bei Ermittlung der *service cost* in Form der einjährigen Verzinsung der zusätzlich erdienten Ansprüche zur Anwendung kommt und außerdem als Multiplikator in die Berechnung der *interest cost* einfließt. Weiterhin bestimmt sich durch sie sowohl die PBO als auch die ABO, wobei die Höhe der ABO eine entscheidende Rolle bei der möglicherweise notwendigen Bildung einer *additional minimum liability* spielt.

#### 5.5.1.2.7 Bilanzierung von Ratenverkäufen mit unsicherem Eingang der Gegenleistung

Unternehmen, die Ratenverkäufe mit unsicherem Eingang der Gegenleistung tätigen, bietet sich ein weiterer Ermessensspielraum. Zunächst ist zu vermerken, dass grundsätzlich der bei Ratenverkäufen entstehende Gewinn zum Zeitpunkt der Lieferung und Leistung realisiert wird.[182] Bestehen insofern Risiken, dass der Kunde die Raten nicht fristgerecht oder vollständig begleichen kann und auch die für diesen Fall vorsorglich vereinbarten Rechte die Verluste des Verkäufers nicht abwenden können, sind diese durch eine entsprechende Forderungsbewertung zu berücksichtigen.[183] Kann der Zufluss des Verkaufspreises

---

[181] Vgl. SFAS 87.77.

[182] Vgl. SFAC 5.84a; SCHILDBACH, T. (2000a), S. 106; KIESO, D. E./WEYGANDT, J. J./WARFIELD, T. D. (2001), S. 1003.

[183] Vgl. APB *Opinion* 10.12; SCHILDBACH, T. (2000a), S. 106; SPICELAND, J. D./SEPE, J. F./TOMASSINI, L. A. (2000), S. 167 f.

nicht vernünftig sichergestellt werden,[184] so ist die *installment method* anzuwenden. Nach dieser Methode sind Gewinne aus Ratenverkäufen, die mit Unsicherheiten hinsichtlich des Zahlungseingangs verbunden sind, mit zeitlicher Verzögerung zu erfassen. Entsprechend erfolgt die Gewinnrealisierung nicht zum Zeitpunkt der Lieferung und Leistung, sondern nach Anteilen des Gewinns am Umsatz zum jeweiligen Zeitpunkt des Zuflusses der Ratenzahlungen.[185] Existiert bei einem Ratenverkauf keine vernünftige Basis zur Schätzung des Grads der Einbringlichkeit,[186] darf neben der *installment method* auch wahlweise die *cost recovery method* angewendet werden.[187] Letztere Methode erlaubt eine Gewinnrealisierung erst dann, wenn die kumulierten Ratenzahlungen die Kosten, die für das verkaufte Gut entstanden sind, vollständig abdecken.[188] Explizit vorgeschrieben wird die Verwendung einer dieser beiden Methoden erstens für Grundstücksverkäufe, wenn der Zufluss des Verkaufspreises nicht vernünftig sichergestellt werden kann,[189] und zweitens für den Ratenverkauf von Franchise-Rechten, wenn keine vernünftige Basis zur Schätzung des Grads der Einbringlichkeit besteht.[190]

Letzten Endes steht die Beurteilung, ob bei einem Ratenverkauf der Zufluss des Verkaufspreises vernünftig sichergestellt ist oder nicht, im Ermessen des Bilanzierenden. Abgesehen von eindeutigen Fällen werden sich in der Praxis immer Konstellationen ergeben, die sowohl die eine als auch die andere Richtung glaubhaft begründen lassen. Kann der Bilanzierende belegen, dass der Grad der Einbringlichkeit der Ratenzahlungen nicht vernünftig zu schätzen ist, hat er die Wahl zwischen zwei Methoden, die in unterschiedlichen Perioden zur Gewinnrealisierung führen.

---

184 In ARB 43 ch. 1A.1 heißt es wörtlich: „that the collection of the sale price is not reasonably assured."

185 Vgl. SCHILDBACH, T. (2000a), S. 106. Eine ausführliche Beschreibung der *installment method* sowie eine Beschreibung der damit verbundenen buchhalterischen Vorgehensweise findet sich bei SPICELAND, J. D./SEPE, J. F./TOMASSINI, L. A. (2000), S. 168 ff.; KIESO, D. E./WEYGANDT, J. J./WARFIELD, T. D. (2001), S. 1014 ff.

186 Wörtlich lautet dies in APB *Opinion* 10.12, Fußnote 8 folgendermaßen: „there is no reasonable basis for estimating the degree of collectibility."

187 Vgl. APB *Opinion* 10.12, Fußnote 8.

188 Vgl. SCHILDBACH, T. (2000a), S. 106. Die *cost recovery method* wird erläutert und anhand eines Beispiels dargestellt bei KIESO, D. E./WEYGANDT, J. J./WARFIELD, T. D. (2001), S. 1023.

189 Vgl. SFAS 66.35.

190 Vgl. SFAS 45.6; SCHILDBACH, T. (2000a), S. 106 f.

### 5.5.2 Wahlrechte in der US-amerikanischen Rechnungslegung

#### 5.5.2.1 Ansatzwahlrecht

Neben den beschriebenen Ermessensspielräumen können auch Wahlrechte im Rahmen der Rechnungslegung nach US-GAAP identifiziert werden, wobei es sich eher um faktische als um explizite Wahlrechte, wie sie bspw. aus der deutschen handelsrechtlichen Rechnungslegung bekannt sind, handelt. Ein faktisches Ansatzwahlrecht besteht für selbsterstellte immaterielle (Anlage-)Werte.[191] Zentrale Vorschrift zur Bilanzierung von immateriellen Gütern war bis zur Verabschiedung von SFAS 142 im Juni 2001 die 1970 erlassene APB *Opinion* 17. Obwohl SFAS 142 die APB *Opinion* 17 ersetzt, bleiben die dort enthaltenen Vorschriften zur Bilanzierung selbsterstellter immaterieller Vermögenswerte weiterhin (teilweise) gültig.[192] Daneben hat das FASB verschiedene SFAS und FIN erlassen, die sich mit der Bilanzierung bestimmter immaterieller Güter befassen. So wurde 1974 SFAS 2 erlassen, das Regelungen zur Bilanzierung von Forschungs- und Entwicklungsaufwendungen enthält. Diese Vorschrift ist für die Bilanzierung von immateriellen Gütern deshalb von Bedeutung, da Forschungs- und Entwicklungsaufwendungen einerseits durch deren Einbezug in die Herstellungskosten immaterieller Güter und andererseits bis 1974 teilweise als separater Posten unter den *intangible assets* aktiviert wurden.[193] Eine Übersicht der weiteren geltenden Vorschriften zur Bilanzierung immaterieller Werte in der US-amerikanischen Rechnungslegung findet sich bei PELLENS/FÜLBIER/SELLHORN.[194] Die folgenden Ausführungen beschränken sich auf die allgemeingültigen Vorschriften des *Conceptual Framework* und des SFAS 142 bzw. der APB *Opinion* 17, die grundsätzlich für jene immateriellen Werte zur Anwendung gelangen, deren Ansatz nicht durch spezielle Vorschriften geregelt wird.[195]

Bereits im *Conceptual Framework* ist dargelegt, dass als *asset*[196] grundsätzlich nicht nur materielle Werte, sondern ebenso immaterielle Werte, selbst wenn

[191] Vgl. SCHÖN, M. (1997), S. 89.
[192] Vgl. SFAS 142.2.
[193] Vgl. WOLK, H. I./FRANCIS, J. R./TEARNEY, M. G. (1992), S. 307; KEITZ, I. von (1997), S. 107.
[194] Vgl. PELLENS, B./FÜLBIER, R. U./SELLHORN, T. (2001), S. 86.
[195] Vgl. auch FÜLBIER, R. U./HONOLD, D./KLAR, A. (2000), S. 835.
[196] Vgl. zur Definition von *assets* auch die Ausführungen unter Abschnitt 3.5.3.2.

diese unentgeltlich erworben wurden, in Frage kommen: „assets may be acquired without cost, they may be intangible [...].“[197] Über die Berücksichtigung von *assets* als Rechnungslegungselemente wird in einem zweistufigen Prozess entschieden. Dabei ist zunächst zu untersuchen, ob die in SFAC 6 fixierte *asset*-Definition erfüllt ist. In einem zweiten Schritt ist zu beurteilen, ob weiterhin die in SFAC 5 geforderten Ansatzkriterien (*recognition criteria*) gegeben sind. In SFAC 6.25 wird ein *asset* definiert als eine Ressource, durch die in der Zukunft ein wirtschaftlicher Nutzen erwartet wird und über die das Unternehmen in Folge vergangener Ereignisse verfügen kann. Konkretisiert wird diese Definition durch SFAC 6.26, wonach ein *asset* genau dann vorliegt, wenn

a) es einen wahrscheinlichen (*probable*) künftigen Nutzen verkörpert, der für sich allein oder mit anderen *assets* zusammen geeignet ist, direkt oder indirekt zu künftigen Netto-Einzahlungsströmen (*net cash inflows)* zu führen;

b) ein Unternehmen diesen Nutzen erwerben und über ihn verfügen kann;

c) die Transaktion bzw. das sonstige Ereignis, welche das Recht bzw. die Verfügungsgewalt begründet, bereits stattgefunden hat.

Die gem. a) notwendige künftige wirtschaftliche Nutzenstiftung kann entweder durch Verwertung am Absatzmarkt oder durch das entstandene Nutzungspotenzial[198] im Unternehmen erfolgen. Durch das Abstellen auf den künftigen wirtschaftlichen Nutzen wählte das FASB eine dynamische Definition des *asset*-Begriffs.[199] Die Nutzenstiftung ist ausreichend wahrscheinlich, wenn sie nach vernünftigem Ermessen erwartet werden kann.[200] Da ein künftiger Nutzen, der nur indirekt zu künftigen Netto-Einzahlungsströmen führt, den Anforderungen an ein *asset* genügt, kommt es somit nicht auf die Einzelveräußerbarkeit an. Die in b) geforderte Verfügungsmacht über den Nutzen kann auf rechtlichen Gegebenheiten basieren, allerdings ist dies keine notwendige Voraussetzung; viel-

---

197 SFAC 6.26.
198 Sog. *service potential*. Vgl. SFAC 6.28.
199 Vgl. HALLER, A. (1994), S. 211; SCHÖN, M. (1997), S. 57 f.
200 Vgl. SFAC 6.25, Fußnote 18.

mehr hat eine Beurteilung, ob Verfügungsmacht vorliegt, unter der wirtschaftlichen Betrachtungsweise stattzufinden.[201]

Handelt es sich nach dieser Definition um ein *asset*, ist in einem zweiten Schritt zu prüfen, ob ein zwingender Bilanzansatz (*recognition*) zu erfolgen hat; dazu müssen gem. SFAC 5.63 die folgenden Ansatzkriterien erfüllt sein:

- *measurability*,
- *relevance* und
- *reliability*.

Um das Kriterium der *measurability* zu erfüllen, müssen die Kosten bzw. der Wert eines *assets* mit ausreichender Zuverlässigkeit in Geldeinheiten quantifizierbar sein.[202] Der Ansatz eines *assets* ist dann als relevant einzustufen (*relevance*), wenn durch diese zusätzliche Information die Entscheidung eines Bilanzadressaten beeinflusst werden könnte;[203] *reliability* ist gegeben, wenn die Angaben bezüglich Existenz und Betrag eines *assets* verlässlich, d. h. vertrauenswürdig, nachprüfbar und neutral sind.[204] Demzufolge sind grundsätzlich alle Vermögenswerte, die der *asset*-Definition entsprechen und die Ansatzkriterien erfüllen, in der Bilanz zu aktivieren. Da die Regelungen des *Conceptual Framework* aber nicht zu den US-GAAP zählen,[205] stellen sie keinen direkten Lösungsansatz zu konkreten Fragestellungen der Bilanzierung dar; vielmehr sind die Einzelregelungen der US-GAAP vorrangig zu beachten, die den Umfang der zu aktivierenden Vermögenswerte weiter einschränken.[206]

So ist SFAS 142 speziell zur Bilanzierung von erworbenen immateriellen Werten anzuwenden;[207] bezüglich der Bilanzierung von selbsterstellten immateriellen Werten enthält SFAS 142 Regelungen, die wörtlich aus der APB

---

[201] Vgl. WESNER, P. (1984), S. 70; PELLENS, B. (2001), S. 144. Denkbar ist z. B. die Erlangung der Verfügungsmacht aufgrund von sozialen oder moralischen Zwängen. Vgl. DELANEY, P. R. ET AL. (2000), S. 35.
[202] Vgl. dazu ausführlich SFAC 5.65 ff.
[203] Vgl. SFAC 5.73.
[204] Vgl. SFAC 5.75 ff.
[205] Vgl. die Ausführungen unter Abschnitt 3.4.
[206] Vgl. SCHILDBACH, T. (2000a), S. 62.
[207] Vgl. SFAS 142.1.

*Opinion* 17 übernommen wurden.[208] Unklar ist, ob die aus APB *Opinion* 17 importierten Regelungen sowohl für *current* als auch für *non-current assets* gelten. Denn APB *Opinion* 17.2 beschränkte implizit den Geltungsbereich auf die Bilanzierung von *non-current assets*;[209] dieser Paragraph wurde aber nicht in den neuen SFAS 142 aufgenommen. Die grundlegenden Bilanzierungsregelungen des SFAS 142 für *intangible assets* sind Abb. 5.5 zu entnehmen.

| | individuell bestimmt, abgrenzbar, Einzelveräußerbarkeit<br><br>(identifiable)<br><br>- Konzessionen<br>- Patente, Rezepte, Geheimverfahren<br>- Warenzeichen, Marken<br>- Lizenzen<br>- Urheberrechte, Copyrights | unbestimmt, nicht klar abgrenzbar, natürlich mit einem lebenden Unternehmen als Ganzem verbunden, ohne genau eingrenzbare Lebensdauer<br><br>(unidentifiable)<br><br>- goodwill<br>- Ingangsetzungs-, Gründungskosten |
|---|---|---|
| einzeln entgeltlich erworben<br>(acquired individually) | *Ansatzpflicht* | |
| mit anderen entgeltlich erworben<br>(acquired with a group of other assets; but not those acquired in a business combination) | *Ansatzpflicht* | *Ansatzpflicht* |
| selbst erstellt<br>(internally developed, maintained or restored) | für die Nutzung im eigenen Unternehmen bestimmt faktisches *Ansatzwahlrecht*<br><br>für den Absatz bestimmt *Ansatzpflicht* | *Ansatzverbot*<br><br>(but deferred charges) |

Abb. 5.5: Grundlegende Regelungen zur Bilanzierung von immateriellen Werten nach SFAS 142 (in Anlehnung an: SCHILDBACH, T. (2000c), S. 102)

[208] Vgl. SFAS 142.2.
[209] Vgl. auch KEITZ, I. von (1997), S. 116.

Wie bereits aus obiger Abbildung ersichtlich, ist der Ansatz von immateriellen Werten vom Vorliegen der folgenden Kriterien abhängig:[210]

- Art des Erwerbs (*manner of acquisition*): wurde der immaterielle Wert isoliert oder zusammen mit anderen Vermögenswerten entgeltlich erworben oder wurde er im Unternehmen selbst erstellt;[211]
- Abgrenzbarkeit (*identifiability*): kann der immaterielle Wert eindeutig von anderen Vermögenswerten abgegrenzt werden;[212]
- erwartete Nutzungsdauer: ist die Nutzungsdauer zeitlich begrenzt oder unbegrenzt;[213]
- beabsichtigte Nutzung: ist der immaterielle Wert zur Nutzung im eigenen Unternehmen vorgesehen oder soll er an Dritte veräußert bzw. vermietet werden.

Wurde ein immaterieller Wert außerhalb einer *business combination* entgeltlich erworben, so besteht eine Ansatzpflicht, unabhängig davon, ob der Erwerb einzeln oder in Verbindung mit dem Erwerb anderer Vermögenswerte stattfand.[214] Als solche immateriellen Werte kommen z. B. Patente, Konzessionen, Urheberrechte und Warenzeichen in Betracht.[215]

Für selbsterstellte immaterielle Werte, die nicht einzeln identifizierbar sind, deren Nutzungsdauer unbestimmt ist oder die untrennbar mit dem laufenden Geschäftsbetrieb verbunden sind[216] besteht ein Aktivierungsverbot.[217] Bezüglich des Ansatzes selbsterstellter abgrenzbarer immaterieller Werte hat sich dagegen „eine uneinheitliche Rechnungslegungspraxis entwickelt.“[218] So aktivieren die einen Unternehmen Aufwendungen, die zur Erstellung identifizierbarer immaterieller Werte entstanden sind, während andere Unternehmen die Aufwendungen

---

[210] Vgl. für die folgende Aufzählung SCHILDBACH, T. (2000a), S. 70 f.; SCHILDBACH, T. (2000c), S. 103. Ähnlich auch DYCKMAN, T. R./DAVIS, C. J./DUKES, R. E. (2001), S. 591.
[211] Vgl. auch SFAS 142.1 und 142.2.
[212] Vgl. auch SFAS 142.5 mit Verweis auf APB *Opinion* 17.5 und 17.6.
[213] Vgl. auch SFAS 142.11.
[214] Vgl. SFAS 142.9.
[215] Vgl. SCHILDBACH, T. (2000c), S. 104.
[216] So z. B. der originäre *goodwill*.
[217] Vgl. SFAS 142.10 mit Verweis auf APB *Opinion* 17.24. Vgl. auch SELCHERT, F. W./ERHARDT, M. (1998), S. 69.
[218] SCHÖN, M. (1997), S. 89.

in der laufenden Periode verrechnen.[219] Auch die *Unofficial Accounting Interpretations* zu APB *Opinion* 17 haben diese uneinheitliche Vorgehensweise nicht beseitigt,[220] sodass faktisch von einem Aktivierungswahlrecht für selbsterstellte immaterielle Werte ausgegangen werden kann, wenn diese identifizierbar sind und vom Unternehmen selbst genutzt werden sollen.[221] Findet die Erstellung immaterieller Werte absatzorientiert statt und ist das immaterielle Gut aufgrund von Fristigkeitskriterien dem langfristigen Vermögen zuzuordnen, so besteht eine Aktivierungspflicht.[222] Das erwähnte faktische Ansatzwahlrecht wird in der US-amerikanischen Literatur allerdings nur selten solches eingeordnet.[223] So gehen bspw. KIESO/WEYGANDT/WARFIELD von einem grundsätzlichen Ansatzverbot für selbsterstellte immaterielle Werte aus, mit der Ausnahme derjenigen Kosten, die direkt zur Erlangung des immateriellen Werts aufgewendet wurden wie z. B. bei Rechtskosten der Fall ist.[224] Da sich das FASB im Rahmen seines Projekts „*Business Combinations and Acquired Intangible Assets*" nicht mit selbsterstellten immaterielle Werten auseinandergesetzt hat, besteht m. E. diesbezüglich weiterhin Unklarheit.

Abschließend ist festzuhalten, dass bei selbsterstellten, abgrenzbaren und einzeln veräußer- oder verwertbaren immateriellen Werten, für die keine speziellen Vorschriften zu Anwendung kommen aufgrund fehlender expliziter Vorschriften eine unterschiedliche Behandlung, im Einzelnen Aktivierung und Aufwandsverrechnung akzeptiert wird und sich dem bilanzierenden Unterneh-

---

[219] Vgl. SFAS 142.4 mit Verweis auf APB *Opinion* 17.5 und 17.6.

[220] Vgl. AIN-APB *Opinion* 17.1.

[221] Vgl. SCHÖN, M. (1997), S. 89; MÜLLER, S./WULF, I. (2001), S. 2206.

[222] Vgl. HAYN, S. (1996), S. 358 f.; SCHILDBACH, T. (2000a), S. 73; SCHILDBACH, T. (2000c), S. 104.

[223] So z. B. von DYCKMAN, T. R./DAVIS, C. J./DUKES, R. E. (2001), S. 592 f. In den folgenden Quellen wird dagegen pauschal von einem grundsätzlichen Ansatzverbot für selbsterstellte immaterielle Vermögenswerte ausgegangen: NEEDLES, B. E./POWERS, M. (1998), S. 463; KIESO, D. E./WEYGANDT, J. J./WARFIELD, T. D. (2001), S. 601. Dagegen geben STICKNEY/WEIL an, dass selbsterstellte immaterielle Werte, die mit ausreichendem künftigen Nutzen verbunden sind, zu aktivieren sind, während Aufwendungen für solche immateriellen Werte, die keinen ausreichenden künftigen Nutzen mit sich bringen in ihrer Entstehungsperiode erfolgswirksam verrechnet werden müssen. Vgl. STICKNEY, C. P./WEIL, R. L. (2000), S. 436.

[224] Vgl. KIESO, D. E./WEYGANDT, J. J./WARFIELD, T. D. (2001), S. 601.

men insofern ein faktisches Ansatzwahlrecht bietet.[225]

### 5.5.2.2 Bewertungswahlrechte sowie Wahlrechte zur Aufwands- und Ertragsbemessung

#### 5.5.2.2.1 Verfahren zur planmäßigen Abschreibung auf Anlagevermögen

Eine weitaus größere Anzahl an (faktischen) Wahlrechten bietet sich im Rahmen der Bewertung. So kann der Bilanzierende grundsätzlich zwischen mehreren Verfahren zur planmäßigen Abschreibung auf Anlagevermögen wählen. Jede Methode, die der wirtschaftlichen Abnutzung entspricht, gilt als konform mit den US-GAAP.[226] In der Praxis relevant sind insb. die lineare (*straight-line*), die degressive (*declining balance*), die digitale (*sum of the years` digits*) und die nutzungsabhängige (*units-of-production*) Abschreibung.[227] Erlaubt sind auch Mischungen daraus sowie die *annuity method*, eine progressive Methode.[228]

Bei unterjährigem Zugang des Sachanlagevermögens wird i. d. R. zeitanteilig abgeschrieben, aus Vereinfachungsgründen darf jedoch auch eine andere stetig angewandte Behandlung der unterjährigen Zugänge erfolgen.[229] Beobachtet werden können bspw. die Varianten, im Jahr des Zugangs die komplette und im letzten Jahr der wirtschaftlichen Nutzungsdauer keine Abschreibung zu verbuchen (oder umgekehrt) oder in den angesprochenen Jahren jeweils pauschal für ein halbes Jahr abzuschreiben (*half-year convention*).[230]

---

[225] Vgl. GLAUM, M./MANDLER U. (1997), S. 115; SCHILDBACH, T. (1998b), S. 58; SELCHERT, F. W./ERHARDT, M. (1998), S. 69; REIL, V./SEIDEL, U. M. (1999), S. 174. KEITZ spricht dagegen lediglich von einem Ermessensspielraum. Vgl. KEITZ, I. von (1997), S. 122. PELLENS geht gar von einer Aktivierungspflicht aus, für den Fall, dass die selbsterstellten immateriellen Anlagewerte eine begrenzte Nutzungsdauer haben, dagegen formuliert er ein Ansatzverbot für selbsterstellte immaterielle Anlagewerte mit unbegrenzter Nutzungsdauer. Vgl. PELLENS, B. (2001), S. 176. Die Aktivierungspflicht für selbsterstellte immaterielle Anlagewerte mit begrenzter Nutzungsdauer könnte aus dem Wortlaut der inzwischen nicht mehr gültigen APB *Opinion* 17.11, S. 3 abgeleitet worden sein: „Costs incurred to develop specifically identifiable intangible assets are often recorded as assets if the periods of expected future benefit are reasonably determinable."

[226] Vgl. DEMMING, C. (1994), S. 264; FÖRSCHLE, G./HOLLAND, B./KRONER, M. (2001), S. 13.

[227] Vgl. KPMG (Hrsg.) (1999), S. 83; WILLIAMS, J. R. (2001), S. 12.14.

[228] Vgl. SCHILDBACH, T. (1998b), S. 57.

[229] Vgl. KPMG (Hrsg.) (1999), S. 84; WILLIAMS, J. R. (2001), S. 12.13.

[230] Vgl. KIESO, D. E./WEYGANDT, J. J./WARFIELD, T. D. (2001), S. 559; WILLIAMS, J. R. (2001), S. 12.13.

#### 5.5.2.2.2 Erstmalige Bewertung von selbsterstelltem Anlagevermögen

Auch bei der erstmaligen Bewertung von selbsterstelltem Anlagevermögen kann von „einem in der Praxis entwickelten Wahlrecht“[231] ausgegangen werden. Zwar sind die Bestandteile der Herstellungskosten in ARB 43 ch. 4 festgelegt, allerdings ist diese Norm lediglich für das Vorratsvermögen einschlägig. In die Herstellungskosten des selbsterstellten Anlagevermögens (*cost of self-constructed assets*) fließen stets die direkten Aufwendungen für Arbeit und Material ein,[232] handelt es sich um „*qualifying assets*“,[233] sind darüber hinaus Fremdkapitalzinsen, die der Herstellung direkt zurechenbar sind, zu aktivieren.[234] Problematisch dagegen ist die Behandlung der Gemeinkosten (*overhead*), die bspw. für Energie, Versicherungsprämien, Grundsteuern, betriebliche Controllingaufgaben und Abschreibungen auf Produktionsanlagen anfallen. Diese Kosten können folgendermaßen in die Herstellungskosten einbezogen werden:[235]

- variable Bestandteile hiervon;
- Vorgehensweise wie beim Umlaufvermögen, d. h. Ansatz zu zurechenbaren Vollkosten (*full-cost approach*);[236]
- Ansatz derjenigen Gemeinkosten, die wegen Erstellung der entsprechenden Anlage nicht auf andere, ansonsten gefertigte Produkte umgelegt werden konnten (*incremental overhead inclusion*).[237]

Einige Autoren vertreten dagegen die Meinung, das Wahlrecht beschränke sich auf den *full-cost approach* und die *incremental overhead inclusion*.[238] In Teilen der Literatur findet man ebenfalls die Ansicht, dass lediglich der *full-cost*

---

[231] SCHILDBACH, T. (2000a), S. 91.

[232] Vgl. ARCADY, A. T./STONE, C. (1999), S. 16.5; KPMG (Hrsg.) (1999), S. 83; DELANEY, P. R. ET AL. (2000), S. 340; KIESO, D. E./WEYGANDT, J. J./WARFIELD, T. D. (2001), S. 559.

[233] Erstreckt sich das Versetzen in betriebsbereiten Zustand eines *assets* über einen längeren Zeitraum, so handelt es sich um ein *qualifying asset*. Vgl. KPMG (Hrsg.) (1999), S. 25; COENENBERG, A. G. (2001), S. 115. Vgl. auch die ausführliche Definition in SFAS 34.9.

[234] Vgl. SFAS 34.8.

[235] Vgl. auch für die folgende Aufzählung SCHILDBACH, T. (2000a), S. 91 f.; KIESO, D. E./WEYGANDT, J. J./WARFIELD, T. D. (2001), S. 502 f.

[236] Vgl. auch SPICELAND, J. D./SEPE, J. F./TOMASSINI, L. A. (2000), S. 444.

[237] Vgl. auch SPICELAND, J. D./SEPE, J. F./TOMASSINI, L. A. (2000), S. 444.

[238] Vgl. MOSICH, A. N./LARSEN, E. J. (1986), S. 555 f. Auch SPICELAND/SEPE/TOMASSINI beschreiben die beiden Möglichkeiten, bezeichnen aber lediglich den *full-cost approach* als „generally accepted method“. SPICELAND, J. D./SEPE, J. F./TOMASSINI, L. A. (2000), S. 444.

*approach* zulässig ist, die Herstellungskosten selbsterstellter Anlagen folglich genauso zu ermitteln sind wie die des Vorratsvermögens.[239] Auch KÜTING/HARTH schließen sich der zuletzt genannten Meinung an, mit der Modifizierung, dass von einer Einbeziehung der fixen Gemeinkosten in die Herstellungskosten abzusehen ist, wenn der sich daraus ergebende Wertansatz über demjenigen liegt, der bei Erwerb eines vergleichbaren *assets* zum Ansatz käme. Außerdem lehnen sie einen Ansatz von fixen Gemeinkosten ab, wenn die Herstellung des Anlagengegenstandes lediglich der effizienteren Auslastung der Produktionskapazitäten dienen soll.[240]

#### 5.5.2.2.3 Vorratsbewertung

Weitere Wahlmöglichkeiten können sich dem Bilanzierenden bei der Vorratsbewertung bieten. So können zur Vorratsbewertung unterschiedliche Sammelbewertungsverfahren verwendet werden; dabei sollte allerdings dasjenige gewählt werden, welches zu einem möglichst objektiven Ausweis des Periodenergebnisses führt.[241] Grundsätzlich kommen dafür auch alle nach deutschem Handelsrecht erlaubten Verbrauchsfolgeverfahren in Frage, insb. das LIFO-Verfahren. Dabei ist nach US-GAAP auch eine besondere Ausprägung des LIFO-Verfahrens, nämlich das sog. *dollar-value LIFO* anwendbar.[242] Bei diesem Verfahren werden unterschiedliche Vorratsgüter zu sog. *pools* zusammengefasst; im Extremfall kann ein *pool* das komplette Vorratsvermögen umfassen.[243] Durch dieses Zusammenfassen erfolgt auch bei Wechsel der Art der Vorratsgüter keine Auflösung stiller Reserven, die bei steigenden Preisen in den Vorräten gebundenen sind. Vielmehr lösen sich die stillen Reserven erst wenn der Gesamtwert des *pools* sinkt allmählich auf.[244]

---

[239] Vgl. SELCHERT, F. W./ERHARDT, M. (1998), S. 90; KPMG (Hrsg.) (1999), S. 83; HAYN, S./WALDERSEE, G. Graf (2000), S. 80 ff. Auch das AICPA empfiehlt diese Vorgehensweise, schreibt sie aber nicht ausdrücklich vor. Vgl. DELANEY, P. R. ET AL. (2000), S. 340.

[240] Vgl. KÜTING, K./HARTH, H.-J. (1999), S. 2347.

[241] Vgl. ARB 43 ch. 4.6; KPMG (Hrsg.) (1999), S. 42.

[242] Vgl. SCHILDBACH, T. (1998b), S. 57. Dabei handelt es sich um das am häufigsten verwendete LIFO-Verfahren in den Vereinigten Staaten. Vgl. KIESO, D. E./WEYGANDT, J. J./WARFIELD, T. D. (2001), S. 412 Fußnote 14 und S. 416.

[243] Vgl. CHASTEEN, L. G./FLAHERTY, R. E./O`CONNOR, M. C. (1998), S. 501; KIESO, D. E./WEYGANDT, J. J./WARFIELD, T. D. (2001), S. 412.

[244] Vgl. SCHILDBACH, T. (1998b), S. 57.

#### 5.5.2.2.4 Bewertung von derivativen Finanzinstrumenten

Erwirbt oder hält ein Unternehmen derivative Finanzinstrumente, so eröffnen sich dem Bilanzierenden unter bestimmten Umständen weitere bilanzpolitische Spielräume, die nachfolgend beschrieben werden. Bei derivativen Finanzinstrumente handelt es sich um solche Finanzinstrumente, deren Wert an ein sog. *underlying* (z. B. Aktien, Währungen, Indizes) gekoppelt ist,[245] als Beispiel können Optionen, Forwards, Futures und Swaps angeführt werden.[246] Geregelt wird die Bilanzierung derivativer Finanzinstrumente v. a. in SFAS 133, wonach sich Derivate durch die folgenden Eigenschaften charakterisieren lassen:[247]

1. Ihr Wert hängt von mindestens einem *underlying* und mindestens einem *notional amount*[248] oder einer genauen Zahlungsbedingung ab.
2. Bei Vertragsabschluss erfolgt keine oder nur eine im Vergleich zum direkten Erwerb des Zahlungsstroms über das Grundgeschäft geringe Auszahlung.
3. Anstelle der effektiven Lieferung des *underlyings* erlauben oder verlangen die Vertragsbedingungen einen Barausgleich. Eine evtl. physische Lieferung ist aufgrund eines vorhandenen Marktes sofort liquidierbar.

Im Anschluss an diese Definition werden in SFAS 133.10 Sachverhalte aufgezählt, die explizit nicht nach SFAS 133 zu bilanzieren sind. Neben den Regelungen zur Bilanzierung von reinen Derivaten enthält SFAS 133 außerdem Vorschriften zur Behandlung von derivativen Komponenten anderer Finanzinstrumente[249] (sog. *embedded derivatives*).[250]

---

[245] Vgl. PFEFFER, A. (1995), S. 411; STEINER, M./TEBROKE, H.-J./WALLMEIER, M. (1995), S. 533; BARCKOW, A./ROSE, S. (1997), S. 792.

[246] Vgl. ARBEITSKREIS „EXTERNE RECHNUNGSLEGUNG" DER SCHMALENBACH GESELLSCHAFT (1997), S. 637.

[247] Vgl. SFAS 133.6-133.9; KPMG (Hrsg.) (1999), S. 61 f.; LABUDE, M./WIENKEN, R. (2000), S. 13; SCHILDBACH, T. (2000a), S. 208.

[248] Eine *notional amount* ist dabei eine bestimmte Mengeneinheit, die durch eine (bspw. multiplikative) Verknüpfung mit dem *underlying* den Wert des Derivats bestimmt. Vgl. SFAS 133.7.

[249] Diese zusammengesetzten Finanzinstrumente werden als *compound instruments* oder als *hybrid instruments* bezeichnet. Vgl. BARCKOW, A./ROSE, S. (1997), S. 792; LABUDE, M./WIENKEN, R. (2000), S. 13; SCHARPF, P./LUZ, G. (2000), S. 653.

[250] Der Optionsschein einer Optionsanleihe ist z. B. ein solches *embedded derivative*. Vgl. BARCKOW, A./ROSE, S. (1997), S. 792; LABUDE, M./WIENKEN, R. (2000), S. 13.

Nach SFAS 133.3a bzw. 133.17 sind alle derivativen Finanzinstrumente als *asset* bzw. *liability* anzusetzen.[251] Ihre Bewertung erfolgt grundsätzlich sowohl beim erstmaligen Ansatz als auch in der Folge zum *fair value*.[252] Dieser entspricht dem Börsen- oder Marktpreis des Derivats bzw. muss, falls ein solcher nicht vorliegt, z. B. unter Berücksichtigung der Preise ähnlicher Instrumente oder mit Hilfe von DCF-Verfahren oder Optionspreismodellen geschätzt werden.[253] Veränderungen des *fair value* werden in Abhängigkeit vom Zweck, der mit dem Derivat verfolgt wird, erfasst. Dient das Derivat nicht zur Absicherung von Risiken aus Grundgeschäften, so sind Änderungen des *fair value* erfolgswirksam zu erfassen.[254] Bestehen jedoch Sicherungsgeschäfte, erfolgt die Bilanzierung je nach Absicherungszusammenhang unterschiedlich.[255] Zur Anerkennung als Absicherungsgeschäft müssen jedoch die folgenden Voraussetzungen gegeben sein:[256]

1. Der Absicherungszusammenhang und die Zielsetzung des Sicherungsgeschäfts sowie die Strategie des Risikomanagements sind zu Beginn des Sicherungsgeschäfts formal zu dokumentieren. Dies beinhaltet die Benennung des Grundgeschäfts, des zugehörigen Sicherungsinstruments und des abzusichernden Risikos sowie die Erläuterung der Art und Weise, wie die Effektivität der Absicherung gemessen werden soll.[257] Mit Hilfe dieser Anforderung will das FASB Bilanzpolitik durch eine von der Marktentwicklung abhängig gemachte rückwirkende Entscheidung zur Bilanzierung von Sicherungszusammenhängen (*hedge accounting*) vermeiden.[258]

2. Eine hochgradig effektive Kompensationswirkung des Sicherungsinstruments liegt vor, d. h. die Wertentwicklung von Sicherungsgeschäft und

---

[251] Vgl. dazu ausführlich ORDELHEIDE, D. (1998), S. 608 f.

[252] Vgl. SFAS 133.17.

[253] Vgl. SFAS 133.222 und 133.540; BARCKOW, A./ROSE, S. (1997), S. 791; STECKEL, R./KLAUSNER, R. (1997), S. 392 f.; KPMG (Hrsg.) (1999), S. 63; LABUDE, M./WIENKEN, R. (2000), S. 14; PELLENS, B. (2001), S. 192.

[254] Vgl. SFAS 133.18a.

[255] Vgl. WALDERSEE, G. Graf (1999), S. 251; SCHILDBACH, T. (2000a), S. 210.

[256] Vgl. auch für die folgende Aufzählung SFAS 133.20ff., 133 37 f. und 133.40. Allerdings beschränken sich die Ausführungen auf die wesentlichen Kriterien, die von KIESO/WEYGANDT/WARFIELD als *general criteria* identifiziert wurden. Vgl. KIESO, D. E./WEYGANDT, J. J./WARFIELD, T. D. (2001), S. 964. Vgl. auch LABUDE, M./WIENKEN, R. (2000), S. 14 ff.; SCHILDBACH, T. (2000a), S. 210 ff.

[257] Vgl. SFAS 133.20a, 133.28a, 133.37 f. sowie 133.40c.

[258] Vgl. SFAS 133.385. Vgl. auch LABUDE, M./WIENKEN, R. (2000), S. 17.

Grundgeschäft sind negativ korreliert.[259] Der Nachweis der Effektivität ist zu Beginn des Sicherungsgeschäfts sowie bei Veröffentlichung von Abschluss- und Erfolgszahlen zu erbringen und muss mindestens alle drei Monate wiederholt werden.[260] Die Angabe einer Bandbreite, in der sich der Korrelationskoeffizient befinden darf, damit eine hochgradig effektive Kompensationswirkung nachgewiesen werden kann, sucht man in SFAS 133 allerdings vergeblich. In der Literatur finden sich Bandbreiten von 90 % bis 110 %[261] und von 80 % bis 125 %.[262]

3. Das abzusichernde Grundgeschäft besitzt das Potenzial, den Erfolg im Jahresabschluss des Unternehmens zu beeinflussen.[263] *Hedge accounting* kommt allerdings nicht in Betracht, wenn Grundgeschäfte ohnehin erfolgswirksam zu ihrem *fair value* im Jahresabschluss anzusetzen sind.[264]

Werden diese Bedingungen erfüllt, muss die Bilanzierung je nach Absicherungszusammenhang gemäß den Vorschriften für *fair value hedges*, *cash flow hedges* oder *foreign currency hedges* erfolgen.[265] An dieser Stelle kann das (faktische) Bewertungswahlrecht identifiziert werden: Handelt es sich um einen tatsächlich vorliegenden Sicherungszusammenhang, so kann das Unternehmen wahlweise das Kriterium der Dokumentation erfüllen[266] und entsprechend *hedge accounting* vornehmen.[267] Unterbleibt dagegen die Dokumentation, werden Änderungen des *fair value* stets erfolgswirksam erfasst.

Soll durch das Derivat eine Absicherung des *fair values* von bilanzierten *assets* oder *liabilities* bzw. von vertraglich fixierten Verpflichtungen (*unrecognized firm commitments*)[268] erfolgen und sind weiterhin die oben genannten Voraussetzungen zur Anerkennung als Absicherungsgeschäft gegeben, so handelt es

---

[259] Vgl. SFAS 133.20b, 133.28b, 133.37 f. sowie 133.40c. Vgl. auch WALDERSEE, G. Graf (1999), S. 252; FISCHER, N./IANNACONI, T. E./LECHNER, H. W. (2001), S. 2958.

[260] Vgl. SFAS 133.20b, 133.28b, 133.37 f. sowie 133.40c.

[261] Vgl. KIESO, D. E./WEYGANDT, J. J./WARFIELD, T. D. (2001), S. 964.

[262] Vgl. ARBEITSKREIS „EXTERNE RECHNUNGSLEGUNG" DER SCHMALENBACH GESELLSCHAFT (Hrsg.) (1999), S. 118 mit Verweis auf IAS 39.146.

[263] Vgl. SFAS 133.21b, 133.29c, 133.37 f. sowie 133.40c.

[264] Vgl. SFAS 133.21c, 133.29d, 133.37 f., 133.40c.

[265] Vgl. SFAS 133.18.

[266] Vgl. STECKEL, R./KLAUSNER, R. (1997), S. 394.

[267] Vgl. BARCKOW, A./ROSE, S. (1997), S. 801; WALDERSEE, G. Graf (1999), S. 255.

[268] Dabei handelt es sich um noch nicht bilanzierte schwebende Geschäfte mit konzernfremden Unternehmen, die zur Erbringung einer bestimmten Leistung rechtlich verpflichten. Vgl. SFAS 133.440.

sich um einen *fair value hedge*.[269] Änderungen des *fair value* des entsprechenden Sicherungsgeschäfts werden dabei gemäß der oben beschriebenen grundsätzlichen Bilanzierung erfolgswirksam erfasst.[270] Gleichzeitig ist allerdings auch das Grundgeschäft erfolgswirksam zu seinem *fair value* anzusetzen, sofern die Wertänderung des Grundgeschäfts auf das durch das Derivat zu sichernde Risiko zurückzuführen ist.[271] Werden Positionen ohnehin zum *fair value* angesetzt, deren *fair value*-Änderungen üblicherweise aber erfolgsneutral innerhalb des *other comprehensive income* erfasst,[272] sind diese Änderungen bei Vorliegen eines *fair value hedges* folglich ebenso erfolgswirksam zu behandeln.[273]

Dient ein Derivat dagegen der Absicherung zukünftiger risikobehafteter Zahlungsströme, die aus *assets*, *liabilities* oder künftig geplanten Transaktionen resultieren und ist der Sicherungszusammenhang entsprechend obiger Ausführungen nachweisbar, so liegt ein *cash flow hedge* vor.[274] Auf diese Weise können z. B. Zinsänderungsrisiken aus variabel verzinslichen Anleihen abgesichert werden.[275] Aufgrund des vorliegenden Sicherungszusammenhangs ergibt sich keine Änderung der Bilanzierung des Grundgeschäfts. Entsteht eine *fair value*-Änderung des Derivats, so ist folgende Unterscheidung vorzunehmen: Der Teil der Wertänderung, der sich aufgrund des abzusichernden Risikos ergibt und die voraussichtliche Wertänderung des Grundgeschäfts nicht übersteigt, also der sog. effektive Teil, ist zunächst erfolgsneutral im *other comprehensive income* abzugrenzen; der ineffektive Teil ist dagegen sofort erfolgswirksam zu erfassen.[276] Der innerhalb des *other comprehensive income* angesammelte Betrag ist künftig anteilig in derjenigen Periode erfolgswirksam aufzulösen, in der sich die Wertänderung des gesicherten Grundgeschäfts erfolgswirksam auswirkt.[277]

[269] Vgl. SFAS 133.21.
[270] Vgl. SFAS 133.22a.
[271] Vgl. SFAS 133.22b. Vgl. auch WALDERSEE, G. Graf (1999), S. 251. Noch nicht bilanzierte schwebende Geschäfte sind dazu selbstverständlich zunächst einmal in die Bilanz aufzunehmen.
[272] Dies ist bspw. bei Wertpapieren der Kategorie *available-for-sale* der Fall.
[273] Vgl. SFAS 133.23. Für detaillierte Ausführungen vgl. LABUDE, M./WIENKEN, R. (2000), S. 17 f.; SCHILDBACH, T. (2000a), S. 216 f.
[274] Vgl. SFAS 133.28.
[275] Vgl. BARCKOW, A./ROSE, S. (1997), S. 797; WILSON, A. C./WATERS, G./BRYAN, B. J. (1998), S. 27.
[276] Vgl. SFAS 133.30.
[277] Vgl. SFAS 133.30. Vgl. auch BARCKOW, A./ROSE, S. (1997), S. 797; RASCH, R. H./WILSON, A. C. (1998), S. 34. Für detaillierte Ausführungen vgl. LABUDE, M./WIENKEN, R. (2000), S. 18; SCHILDBACH, T. (2000a), S. 217 f.

Um einen *foreign currency hedge* handelt es sich dann, wenn der bestehende Sicherungszusammenhang auf die Absicherung von Währungsrisiken abzielt. Die aus Währungskursänderungen resultierenden Wertänderungen von Transaktionen in fremder Währung werden üblicherweise erfolgswirksam erfasst.[278] Insofern bedarf es in diesen Fällen keiner speziellen Regelung zum *hedge accounting*, da sich die Kompensationswirkung wegen der grundsätzlich erfolgswirksamen Bewertung von Derivaten zwangsläufig ergibt.[279] Eine besondere bilanzielle Behandlung ist allerdings für die nachfolgend dargestellten Unterarten des *foreign currency hedge* vorgesehen. So wird mit der ersten Unterart, dem *foreign currency fair value hedge* eine Absicherung von *unrecognized firm commitments* und von Wertpapieren der Kategorie *available-for-sale* verfolgt.[280] Die Bilanzierung richtet sich in diesem Fall nach derjenigen für einen *fair value hedge*,[281] wie oben erläutert, wird die Kompensationswirkung dadurch erreicht, dass das Grundgeschäft erfolgswirksam zum *fair value* bewertet wird. Die nächste Unterart wird als *foreign currency cash flow hedge* bezeichnet, bei dem es sich um die Absicherung von zukünftigen Zahlungsströmen handelt, die nicht in der funktionalen Währung erfolgen.[282] Entsprechende Sachverhalte werden bilanziell wie der bereits oben erläuterte *cash flow hedge* behandelt.[283] Als letzte Unterart ist der *hedge of the foreign currency exposure of a net investment in a foreign operation* zu nennen. Dieser Typ dient der Absicherung von Währungsrisiken aus einer Auslandsbeteiligung.[284] Da Währungsgewinne und –verluste, die im Rahmen der Konsolidierung aufgrund von *translations*[285] entstehen, innerhalb des *other comprehensive income* ausgewiesen werden,[286] wird die Kompensationswirkung dadurch erzielt, dass der effektive Teil des Sicherungsgeschäfts ebenfalls dort zu erfassen

[278] Vgl. SFAS 52.15.
[279] Vgl. dazu die obigen Voraussetzungen für *hedge accounting*.
[280] Vgl. SFAS 133.37 f.
[281] Vgl. SFAS 133.39.
[282] Vgl. SFAS 133.40 i. V. m. 138.4m (1).
[283] Vgl. SFAS 133.41.
[284] Vgl. SFAS 133.42.
[285] Eine Abgrenzung von *translations* und *remeasurements* erfolgt unter Abschnitt 5.5.3.2.
[286] Vgl. SFAS 52.13 i. V. 130.29.

ist.[287] Der ineffektive Teil ist sofort erfolgswirksam innerhalb des Periodenergebnisses auszuweisen.[288]

Abschließend kann festgehalten werden, dass sich die bilanzielle Behandlung von Derivaten weitgehend durch ihren Einsatzzweck bzw. die Dokumentation hierüber ergibt.[289] „So ist die Designation eines Sicherungszusammenhangs und infolgedessen die Anwendung des Hedge Accounting möglich, aber nicht zwingend vorgeschrieben, [...] mit der Konsequenz, dass das aus der Dokumentationsanforderung entstehende faktische Wahlrecht zur Marktbewertung die Aussagefähigkeit eines Vergleichs der Jahresabschlüsse zwischen einzelnen Unternehmen und im Zeitablauf einschränkt."[290] Dabei ist nicht nur die wahlweise Dokumentation aus bilanzanalytischer Sicht problematisch, sondern auch die Möglichkeit, dass sich dem Bilanzierenden „durch schlichte Zuordnung eines Derivats zu einem originären Geschäft faktisch ein Bewertungswahlrecht"[291] bietet.

#### 5.5.2.2.5 Bilanzierung von Erkundungskosten im Rahmen der Öl- und Gasförderung

Unternehmen, denen Erkundungskosten (*exploration cost*) im Rahmen der Öl- und Gasförderung entstehen, können auf ein weiteres faktisches Wahlrecht zurückgreifen. Zunächst ist festzuhalten, dass Erkundungskosten in den meisten Fällen in der Periode ihres Entstehens erfolgswirksam in den Jahresabschluss einfließen. Lediglich wenn diese Kosten eine erhebliche Größenordnung erreichen und die Risiken, entsprechende Ressourcen auch tatsächlich aufzuspüren unkalkulierbar sind, wie dies bspw. in der Öl- und Gasindustrie der Fall ist, kann es zu einer Aktivierung bestimmter Kosten kommen.[292] Ausgeschlossen von der Aktivierung sind im Rahmen der Öl- und Gasförderung allerdings geologische und geophysikalische Suchkosten sowie Kosten zur Erhaltung von Rechten an

---

[287] Vgl. SFAS 133.42; WILSON, A. C./WATERS, G./BRYAN, B. J. (1998), S. 28; SCHILDBACH, T. (2000a), S. 220; LABUDE, M./WIENKEN, R. (2000), S. 19.
[288] Vgl. LABUDE, M./WIENKEN, R. (2000), S. 19; FISCHER, N./IANNACONI, T. E./LECHNER, H. W. (2001), S. 2959.
[289] Vgl. WILSON, A. C./WATERS, G./BRYAN, B. J. (1998), S. 25; LABUDE, M./WIENKEN, R. (2000), S. 20.
[290] LABUDE, M./WIENKEN, R. (2000), S. 22 m. w. N.
[291] BARCKOW, A./ROSE, S. (1997), S. 801.
[292] Vgl. KIESO, D. E./WEYGANDT, J. J./WARFIELD, T. D. (2001), S. 566.

potenziellen Öl- oder Gasvorkommen, die noch nicht erschlossen sind.[293] Entstehen dagegen Aufwendungen für Suchbohrungen, so sollen nach SFAS 19.19 diejenigen aktiviert werden, durch die nachweisbare Rohstoffvorkommen, die außerdem wirtschaftlich nutzbar sind,[294] erschlossen wurden; hat man bei den Suchbohrungen hingegen keine nachweisbaren wirtschaftlich ausbeutbaren Vorkommen entdeckt, so soll eine Aktivierung unterbleiben.[295] Diese auch als *successful efforts*-Methode bezeichnete Vorgehensweise wird vorwiegend von größeren Unternehmen der Öl- bzw. Gasindustrie angewandt.[296] Alternativ darf auch nach der sog. *full cost*-Methode verfahren werden, wonach die Kosten unabhängig vom Erfolg der Suchbohrung aktiviert werden.[297] Von dieser Methode machen in erster Linie kleinere Unternehmen Gebrauch.[298] Dieses in der Praxis akzeptierte Wahlrecht[299] kann je nach Inanspruchnahme zu erheblichen Unterschieden des *net income* führen. So schätzt man, dass sich die berichteten Ergebnisse des US-amerikanischen Unternehmens Texaco aufgrund der Anwendung der *full cost*-Methode in einem Zeitraum von 10 Jahren um 500 Millionen US-Dollar erhöht haben.[300]

#### 5.5.2.2.6 Bilanzierung von Altersversorgungsverpflichtungen

Wie unter Abschnitt 5.5.1.2.6 bereits erwähnt, können sich neben den dort dargestellten Ermessensspielräumen auch Wahlrechte bei der Bilanzierung von Pensionsverpflichtungen ergeben. „Gemessen am möglichen Volumen fällt das Wahlrecht bezüglich der Behandlung von außerordentlichen und periodenfremden Belastungen aus Pensionsverpflichtungen besonders ins Gewicht.“[301]

---

[293] Vgl. SFAS 19.18; SCHILDBACH, T. (2000a), S. 80.

[294] Vgl. dazu SFAS 19.31.

[295] Vgl. auch SCHILDBACH, T. (2000a), S. 80 f.

[296] Vgl. CHASTEEN, L. G./FLAHERTY, R. E./O'CONNOR, M. C. (1998), S. 634.

[297] Vgl. SCHILDBACH, T. (1998b), S. 58; KIESO, D. E./WEYGANDT, J. J./WARFIELD, T. D. (2001), S. 567 f.

[298] Vgl. CHASTEEN, L. G./FLAHERTY, R. E./O'CONNOR, M. C. (1998), S. 634.

[299] Das FASB beabsichtigte mit SFAS 19 lediglich die *successful efforts*-Methode zuzulassen. Allerdings entstanden diesbezüglich Streitigkeiten zwischen dem FASB und (aufgrund des Widerstands der Lobbyisten der Öl- und Gasindustrie) der SEC, sodass die betroffenen Unternehmen derzeit aufgrund der durch SFAS 25 (insb. Par. 4) herbeigeführten Aufhebung der Beschränkung auf die *successful efforts*-Methode zwischen beiden Methoden wählen können. Zur (historischen) Entwicklung der Kontroverse zwischen FASB und SEC vgl. KIESO, D. E./WEYGANDT, J. J./WARFIELD, T. D. (2001), S. 567 f.

[300] Vgl. KIESO, D. E./WEYGANDT, J. J./WARFIELD, T. D. (2001), S. 567 Fußnote 12.

[301] SCHILDBACH, T. (1998b), S. 58 f.

So sind die *prior service cost* zwar grundsätzlich gleichmäßig über die restliche durchschnittliche Beschäftigungsdauer der begünstigten aktiven Arbeitnehmer zu verteilen, aus Vereinfachungsgründen darf aber auch eine Verteilung erfolgen, die zu einer früheren Aufwandsverrechnung führt, insbesondere darf eine lineare Verteilung über die durchschnittliche restliche Dienstzeit der betroffenen Arbeitnehmer vorgenommen werden.[302]

Weiterhin müssen Be- und Entlastungen, die zurückzuführen sind auf[303]

- Änderungen von versicherungsmathematischen Annahmen (z. B. Verwendung neuer Sterbetafeln aufgrund gestiegener Lebenserwartung),
- unerwartete Gehaltsentwicklungen,
- Unterschiede zwischen versicherungsmathematischen Annahmen und tatsächlich eingetretener Entwicklung (z. B. außergewöhnlich viele Sterbefälle bei den Arbeitnehmern des Unternehmens),
- unerwartete Gewinne oder Verluste aus den *plan assets* bzw. aus der *liability*,
- eine Korrektur der *settlement rate*

nicht in der Periode, in der sie auftreten, vollständig erfasst werden. Sondern wie bereits beschrieben, sind diese Be- bzw. Entlastungen zu kumulieren und jeweils zu Beginn der Periode ist dann zu überprüfen, ob der im *unrecognized net gain or loss* aufgelaufene Betrag einen Korridor übersteigt, dessen Höhe 10 % des höheren Wertes aus PBO und marktnahem Wert der *plan assets* beträgt. Bei Überschreiten des Korridors ist der übersteigende Betrag durch die durchschnittliche Restdienstzeit der begünstigten aktiven Arbeitnehmer zu teilen und in dieser Höhe als *gain or loss to the extent recognized*, allerdings erst in der darauffolgenden Periode,[304] zu erfassen.[305] Alternativ darf auch eine andere Verteilungsmethode verwendet werden, wenn dadurch ein mindestens gleich hoher Betrag erfasst wird, wenn sie stetig und sowohl für *gains* als auch für *losses* verwendet wird und die verwendete Methode offen gelegt wird.[306] Somit

---

[302] Vgl. SFAS 87.26 bzw. die Ausführungen unter Abschnitt 5.5.1.2.6.
[303] Vgl. auch für die folgende Aufzählung SCHILDBACH, T. (1998b), S. 59.
[304] Vgl. HAYN, S. (1997), S. 434.
[305] Vgl. mit weiteren Ausführungen und Beispielrechnungen KIESO, D. E./WEYGANDT, J. J./WARFIELD, T. D. (2001), S. 1134 ff.
[306] Vgl. SFAS 87.33.

ist es letztendlich möglich, den bis zu Beginn der betrachteten Periode aufgelaufenen *gain or loss* in dieser Periode in voller Höhe erfolgswirksam zu erfassen; grundsätzlich nicht zulässig ist dagegen eine sofortige erfolgswirksame Erfassung der in der Periode neu entstandenen *gains or losses*.[307]

#### 5.5.2.2.7 Bewertung von Rückstellungen für Umweltschutzmaßnahmen

Ist der Bilanzierende zum Ansatz von Rückstellungen für Umweltschutzmaßnahmen verpflichtet (*contingent environmental remediation liabilities*), eröffnet sich u. U. ein weiterer Bewertungsspielraum. Damit ein entsprechender Ansatz überhaupt geboten ist, muss gem. SFAS 5.8 eine definitionsgemäße *liability*[308] vorliegen, deren betragsmäßige Höhe auf vernünftiger Basis schätzbar ist. Daneben muss der Grund, der zu der entsprechenden Umweltschutzrückstellung führt Ergebnis eines Vorfalls sein, der in der Vergangenheit stattgefunden hat und beim bilanzierenden Unternehmen wahrscheinlich zu einem unvorteilhaften Ergebnis (Verlust) führen.[309] Weiterhin enthält SOP 96-1 Vorschriften zum Ansatz von Umweltschutzrückstellungen, die zu beachten sind.[310] Kommt eine Umweltschutzrückstellung in Betracht, ist zu deren Bewertung wiederum SOP 96-1 heranzuziehen.[311] Im Anschluss an die Identifikation der zu passivierenden Kostenbestandteile tritt das Wahlrecht zu Tage: Gemäß SOP 96-1 ch. 6.132 darf die berechnete Verpflichtung bzw. Bestandteile dieser wahlweise abgezinst werden, unter der Voraussetzung, dass der Betrag der Verpflichtung bzw. des Bestandteils sowie der Zeitpunkt der Inanspruchnahme feststehen bzw. hinreichend sicher bestimmbar sind.[312] Unternehmen, die bei der SEC registriert sind, müssen dabei – sofern sie die Alternative der Diskontierung wählen – einen Diskontierungssatz in Übereinstimmung mit SAB 92 anwenden, der bei einer Übertragung der Verpflichtung auf einen Dritten herangezogen

---

307 Vgl. SCHILDBACH, T. (2000a), S. 193.

308 Vgl. dazu CON 6.35 ff.

309 Vgl. auch REINSTEIN, A./LANDER, G. H. (2000), S. 3 f.

310 Vgl. SOP 96-1 ch. 5. Vgl. dazu auch STEVENS, M. G. (1996), S. 47 ff.; REINSTEIN, A./LANDER, G. H. (2000), S. 3 ff. SOP 96-1 ist als Fortentwicklung des EITF 93-5 zu betrachten. Vgl. HERDMAN, R. K./MILAN, T. L./COULSON, E. (2001), Part G, G1-98.

311 Vgl. SOP 96-1 ch. 6. Vgl. dazu auch STEVENS, M. G. (1996), S. 50; REINSTEIN, A./LANDER, G. H. (2000), S. 5 f.

312 Vgl. dazu auch STEVENS, M. G. (1996), S. 50; KPMG (Hrsg.) (1999), S. 121; HAYN, S./WALDERSEE, G. Graf (2000), S. 146; REINSTEIN, A./LANDER, G. H. (2000), S. 3 ff.

würde. Allerdings darf der gewählte Zinssatz nicht über dem Zinssatz für beinahe risikolose Anlagen mit vergleichbaren Laufzeit liegen.[313]

#### 5.5.2.2.8 Bilanzierung von kompensatorischen Aktienoptionsprogrammen

Gewährt ein Unternehmen reale Aktienoptionen (*employee stock options*)[314] im Rahmen eines kompensatorischen Aktienoptionsprogramms (*compensatory stock option plan*),[315] entsteht dem Bilanzierenden ein weiteres Wahlrecht. So kann der bei der Bilanzierung von Aktienoptionen zu erfassende Personalaufwand wahlweise nach APB *Opinion* 25 in Höhe des inneren Werts (*intrinsic value*) oder nach SFAS 123 in Höhe des *fair value* der *stock options* verrechnet werden.[316]

Wählt der Bilanzierende die *intrinsic value method*, so bestimmt sich die Höhe des zu erfassenden Personalaufwands (sog. *compensation cost*) nach dem inneren Wert der Aktienoptionen (= Differenz zwischen Basispreis und Kurswert der Aktie) am *measurement date*.[317] Gemäß APB *Opinion* 25.10b kommt derjenige Zeitpunkt als *measurement date* in Betracht, zu dem sowohl der Basispreis als auch die Anzahl der gewährten Optionen endgültig feststehen.[318] Häufig sind in der Praxis Aktienoptionsprogramme so gestaltet, dass es zu keiner Aufwandsverbuchung kommt, da der Basispreis in Höhe des Aktienkurses zum Zeitpunkt der Zusage festgelegt wurde.[319]

---

[313] Vgl. SOP 96-1 ch 6.132. Vgl. auch KPMG (Hrsg.) (1999), S. 121.

[314] Als reale Aktienoptionen kommen *fixed awards* und *performance* bzw. *variable awards* in Betracht. Neben den realen existieren sog. virtuelle Aktienoptionen (*stock appreciation rights*), die eine weitere Form aktienkursgebundener Managementvergütung darstellen. Diese können allerdings von der Betrachtung ausgeschlossen werden, da sowohl die Bilanzierung nach APB *Opinion* 25 als auch nach SFAS 123 grundsätzlich zur Aufwandsverrechnung in gleicher Höhe führt. Vgl. dazu SCHILDBACH, T. (2000a), S. 239 f.

[315] ARB 25.7 beschreibt vier Merkmale, die einen *noncompensatory plan*, also ein Aktienoptionsprogramm ohne Entlohnungscharakter ausmachen. Ist eines dieser Kriterien nicht erfüllt, so ist der Aktienoptionsplan als kompensatorisch, d. h. als Aktienoptionsplan mit Entlohnungscharakter einzustufen. Vgl. OSER, P./VATER, H. (2001), S. 1261. Nach SFAS 123.23 werden nur noch sog. *employee stock purchase plans* als nicht kompensatorisch eingestuft. Vgl. auch PELLENS, B./CRASSELT, N. (1998), S. 219.

[316] Zwar sollte SFAS 123 die bereits 1972 verabschiedete APB *Opinion* 25 ersetzen, da dieser allerdings auf einigen Widerspruch gestoßen ist, entschied sich das FASB an dieser Stelle für ein Wahlrecht zwischen der Anwendung der älteren APB *Opinion* und der Anwendung des SFAS 123. Vgl. SFAS 123.5; KIESO, D. E./WEYGANDT, J. J./WARFIELD, T. D. (2001), S. 866.

[317] Vgl. APB *Opinion* No. 25.10.

[318] Vgl. auch OSER, P./VATER, H. (2001), S. 1263.

[319] Vgl. PELLENS, B./CRASSELT, N. (1998), S. 219.

Bei Anwendung der *fair value method* wird der Gesamtaufwand aus der Option grundsätzlich zum Zeitpunkt der Zusage (*grant date*) festgestellt,[320] es sei denn, er kann nicht verlässlich geschätzt werden. In diesem Fall wird der gesamte Optionswert zu dem Zeitpunkt bestimmt, zu dem er sich erstmals vernünftig schätzen lässt.[321] Er setzt sich dabei aus dem inneren Wert und dem Zeitwert der Option zusammen. Der Zeitwert drückt den Vorteil aus den Chancen aus, mit der eine Option aufgrund der zu erwartenden Volatilität des Aktienkurses und der Dauer der Optionsfrist behaftet ist, weil sie lediglich dazu berechtigt, hohe Kurse auszunutzen, nicht aber dazu verpflicht, auch bei gesunkenen Kursen zu einem höheren Referenzkurs zu erwerben.[322] Der Gesamtwert, d. h. der *fair value* der Option, ist mit Hilfe eines Optionspreismodells zu ermitteln.[323] Er ist auf die Zahl der auf Basis der tatsächlichen Fluktuation von den Mitarbeitern erworbenen Optionen anzugleichen.[324] Üben diese die Optionen nicht aus bzw. lassen sie verfallen, darf dagegen keine Korrektur des Gesamtaufwands erfolgen.[325]

### 5.5.2.3 Formelle Wahlrechte

#### 5.5.2.3.1 Überblick

Die formelle Gestaltung von US-amerikanischen Abschlüssen ist einerseits dadurch gekennzeichnet, dass insgesamt nur wenige Vorschriften zur formellen Gestaltung der *financial statements* existieren. So beschränken sich die Ausweis- und Gliederungsvorschriften lediglich auf Mindestangaben. Entsprechend stehen dem Bilanzierenden keine expliziten Wahlrechte sondern teilweise erhebliche Ermessensspielräume zur Verfügung. Andererseits erfordern die US-GAAP eine Fülle von Erläuterungs- und Angabepflichten zu materiellen Sachverhalten, die i. d. R. in vollem Umfang einzuhalten sind; der Bilanzierende kann allerdings in vielen Fällen den Ausweisort und/oder die Darstellungsweise wählen.[326] So hat der Bilanzierende häufig die Wahl bezüglich des Ausweises von zusätzlichen Informationen zu Daten der *financial statements*; d. h. er kann

320 Vgl. SFAS 123.18.
321 Vgl. SFAS 128.22.
322 Vgl. SCHILDBACH, T. (2000a), S. 236.
323 Vgl. SFAS 123.16 i. V. m. 123.19.
324 Vgl. SFAS 123.26.
325 Vgl. SFAS 123.29.
326 Ähnliche Aussagen zu formellen Wahlrechten im Rahmen einer Bilanzierung nach IAS finden sich bei COENENBERG, M. (2000), S. 147.

diese in dem betreffenden *financial statement* selbst ausweisen, sie aber auch innerhalb der *notes* ausweisen.[327] Im Folgenden werden die für die Analyse wesentlichen formellen Wahlrechte, unterteilt in Ausweis-, Gliederungs- und Erläuterungswahlrechte, beschrieben.

#### 5.5.2.3.2 Ausweiswahlrechte

Ein Ausweiswahlrecht besteht für das *comprehensive income* und seine einzelnen Bestandteile: Der Bilanzierende kann es wahlweise entweder in einem oder zwei *statement(s) of financial performance*[328] oder im *statement of changes in equity* offen legen.[329] Die letztere Möglichkeit darf nur dann gewählt werden, wenn das *statement of changes in equity* als eigenständiges *statement* und nicht als Bestandteil der *notes* publiziert wird.[330]

Für die Gewinn- und Verlustrechnung enthält Rule 5-03 Vorgaben, welche Posten darin grundsätzlich separat offen zu legen sind. Darüber hinausgehende Pflichtangaben können zumeist wahlweise anstatt in der Gewinn- und Verlustrechnung selbst auch in Form von ergänzenden Tabellen (*schedules*) oder in den *notes* ausgewiesen werden.[331] Beispielsweise kann die Angabe über die Höhe der innerhalb des publizierten Aufwands enthaltenen Forschungs- und Entwicklungsaufwendungen auch in anderen *financial statements* erfolgen.[332]

Die Darstellung der Entwicklung der einzelnen Eigenkapitalpositionen der abgelaufenen Periode kann entweder in einem eigenständigen *statement of changes in equity* (Eigenkapitalveränderungsrechnung) erfolgen oder aber innerhalb eines anderen *statement*[333] bzw. in den *notes*.[334] Die Darstellung der Ergebnisverwendung darf entweder im Anschluss an das *income statement*

---

[327] Vgl. HALLER, A. (1994), S. 266.

[328] D. h. in Form eines *combined statement of income and comprehensive income* oder als eigenständiges *statement of comprehensive income*. Vgl. DELANEY, P. R. ET AL. (2000), S. 69.

[329] Vgl. SFAS 130.65; WILSON, A. C./WATERS, G. (1998), S. 46; MAINES, L. A./MCDANIEL, L. S. (2000), S. 180.

[330] Vgl. SFAS 130.65.

[331] Vgl. COENENBERG, A. G. (2001), S. 432 f.

[332] Vgl. SFAS 2.13. Für eine Aufzählung weiterer Angaben, für die dieses Ausweiswahlrecht besteht vgl. Abschnitt 4.4.1.

[333] Üblicherweise in der Gewinn- und Verlustrechnung.

[334] Vgl. APB *Opinion* 12.10; COENENBERG, A. G. (2001), S. 492; KIESO, D. E./WEYGANDT, J. J./WARFIELD, T. D. (2001), S. 829. Nach Reg. S-X, Rule 3-04 sollte das *statement of changes in equity* entweder als separates *statement* oder innerhalb der *notes* veröffentlicht werden.

unterhalb des *net income* erfolgen[335], als separates *statement of retained earnings* (Gewinnrücklagenrechnung) in den Geschäftsbericht aufgenommen oder innerhalb der Eigenkapitalveränderungsrechnung berücksichtigt werden.[336]

Eine Übersicht, welche Angaben in den *notes* bzw. fakultativ auch in einem anderen *financial statement* zu publizieren sind, ist Abb. 4.11 in Abschnitt 4.4.6. zu entnehmen.

#### 5.5.2.3.3 Gliederungswahlrechte

Wie bereits unter Abschnitt 4.3 beschrieben, lassen sich aus den zentralen Grundsätzen der US-amerikanischen Rechnungslegung verschiedene Wahlmöglichkeiten ableiten, die unter den Gliederungswahlrechten zu subsumieren sind. So ist grundsätzlich und für alle *financial statements* von einem Wahlrecht zur Zusammenfassung einzelner Positionen, zur detaillierteren Untergliederung, zur Umbenennung und zur Streichung von Leerposten auszugehen.[337] Nachfolgend werden Gliederungswahlrechte für die einzelnen *statements* beschrieben.

Die Aufstellung der Gewinn- und Verlustrechnung kann nach dem *single-step format* oder gemäß dem *multi-step format* erfolgen.[338] Im Bereich des *income from continuing operations* kommt es dadurch zu formellen Unterschieden. Für die unter Abschnitt 7.1.3.2 dargestellte Ergebnisquellenanalyse ist eine Gewinn- und Verlustrechnung im *multi-step format* vorteilhaft.[339]

Da auch für die Erstellung der Bilanz grundsätzlich kein festes Gliederungsschema vorgeschrieben ist, kann die Darstellung entweder in Kontoform (*account form*) oder in Staffelform (*report form*) erfolgen; weiterhin sind auch andere Darstellungsweisen denkbar, aber in der Praxis nicht gebräuchlich.[340]

---

[335] Vgl. DELANEY, P. R. et al. (2000), S. 87 f. mit der Darstellung eines kombinierten *statement of income and retained earnings*.

[336] Vgl. GRÄFER, H. (1992), S. 88; HALLER, A. (1994), S. 347 f.; NIEHUS, R. J./THYLL, A. (2000), S. 378.

[337] Vgl. auch für die folgende Aufzählung HAYN, S./WALDERSEE, G. Graf (2000), S. 20.

[338] Vgl. dazu die Ausführungen unter Abschnitt 4.4.1.

[339] Vgl. dazu auch KIESO, D. E./WEYGANDT, J. J./WARFIELD, T. D. (2001), S. 134 ff.

[340] Vgl. DELANEY, P. R. ET AL. (2000), S. 40.

Auch bei der Darstellung der Kapitalflussrechnung steht dem Bilanzierenden ein Wahlrecht zur Verfügung, so kann diese grundsätzlich entweder direkt oder indirekt vorgenommen werden. Wird die Kapitalflussrechnung in direkter Form dargestellt, erfolgt ein unsaldierter Ausweis der Zahlungsströme in den drei Bereichen der Ursachenrechnung.[341] Eine direkte Darstellung[342] ist nach SFAS 95.27 ff. allerdings nur für den operativen Bereich zulässig, die Ein- und Auszahlungen im Investitions- und Finanzierungsbereich sind immer nach der indirekten Methode darzustellen.

#### 5.5.2.3.4 Erläuterungswahlrechte

Häufig steht es dem Bilanzierenden offen, zusätzliche Erläuterungen von Sachverhalten zu gewähren. So können beispielsweise in den folgenden Fällen zusätzliche Erläuterungen erfolgen:

- Hat die Änderung einer Bilanzierungsannahme (*change in accounting estimate*)[343] einen Ergebniseffekt, ist dieser anzugeben und zu erläutern. Bei regelmäßig wiederkehrenden Berichtigungen von Bilanzierungsannahmen kann die Angabe wahlweise erfolgen.[344]
- Hält ein Unternehmen derivative Finanzinstrumente, so wird es vom FASB dazu angehalten, nicht aber verpflichtet, die mit Einsatz derivativer Finanzinstrumente verfolgten Ziele und Strategien im Zusammenhang mit dem Risikoprofil des eigenen Unternehmens zu beschreiben.[345]

### 5.5.3 Besonderheiten in Konzern

#### 5.5.3.1 Überblick

Bei der Erstellung eines Konzernabschlusses stehen dem Bilanzierenden neben dem bilanzpolitischen Instrumentarium auf der Ebene der einzubeziehenden Einzelabschlüsse auf drei weiteren Ebenen bilanzpolitische Spielräume zur

---

[341] Vgl. SPICELAND, J. D./SEPE, J. F./TOMASSINI, L. A. (2000), S. 133; COENENBERG, A. G. (2001), S. 736; KIESO, D. E./WEYGANDT, J. J./WARFIELD, T. D. (2001), S. 200.

[342] Die direkte Methode im operativen Bereich wird auch *income statement method* genannt. Vgl. KIESO, D. E./WEYGANDT, J. J./WARFIELD, T. D. (2001), S. 1315.

[343] Bspw. die Änderung der geschätzten Nutzungsdauer von abnutzbaren *assets*. Vgl. APB *Opinion* 20.33.

[344] Vgl. APB *Opinion* 20.33. Vgl. auch KPMG (Hrsg.) (1999), S. 30 f.

[345] Vgl. SFAS 133.44. Vgl. auch KPMG (Hrsg.) (1999), S. 73.

Verfügung: bei der Aufstellung der Handelsbilanzen II, bei der Konsolidierung und in der Konzernbilanz selbst.[346]

### 5.5.3.2 Bilanzpolitischer Spielraum bei der Aufstellung der Handelsbilanz II

Nach den US-amerikanischen Vorschriften sind grundsätzlich die Einzelabschlüsse für die Handelsbilanz II maßgeblich. Abschlüsse von Konzernunternehmen, die in Einklang mit den US-GAAP erstellt wurden, können ohne weitere Angleichung in die Handelsbilanz II übernommen werden. Entsprechend ist es nicht erforderlich, die Rechnungslegungsgrundsätze mit denen des Mutterunternehmens zu vereinheitlichen.[347] Die oben beschriebenen Ermessensspielräume und Wahlrechte im Rahmen des Ansatzes und der Bewertung können folglich auch in der Handelsbilanz II in Anspruch genommen werden.

Da die Einzelabschlüsse ausländischer Konzernunternehmen regelmäßig in der jeweiligen Landeswährung vorliegen, ist die Umrechnung der Abschlüsse der einzubeziehenden ausländischen Unternehmen in die Währung des Mutterunternehmens erforderlich. Möglicherweise bieten sich dem Bilanzierenden dabei Ermessensspielräume. Geregelt ist die Währungsumrechnung in SFAS 52, in dessen Mittelpunkt sich das Konzept der funktionalen Währung (*functional currency concept*) befindet. Dieses Konzept schreibt vor, unter welchen Voraussetzungen welche Währungsumrechnungsmethode für den Abschluss des jeweiligen Tochterunternehmens zu verwenden ist.[348] Entscheidend für die Wahl der Umrechnungsmethode ist demnach die Klassifikation des Tochterunternehmens als *foreign entity* oder als *foreign operation.* Ist das Tochterunternehmen in seiner Geschäftstätigkeit weitgehend selbstständig, so ist seine funktionale Währung die des wirtschaftlichen Umfelds, in dem sich das Unternehmen vorrangig betätigt. Regelmäßig kommt dafür die betreffende Landeswährung in Betracht.[349] Die Währungsumrechnung eines solchen Tochterunternehmens, das auch als *foreign entity* bezeichnet wird, erfolgt entsprechend nach

[346] Vgl. SCHEREN, M. (1989), Rn. 105 ff.; COENENBERG, M. (2000), S. 153.
[347] Vgl. KPMG (Hrsg.) (1999), S. 143.
[348] Vgl. SCHERRER, G. (2000), S. 374.
[349] Vgl. SFAS 52.5; KPMG (Hrsg.) (1999), S. 145.

der modifizierten Stichtagskursmethode (*current rate method*).[350] Operiert ein Tochterunternehmen dagegen unselbstständig und tritt am Markt quasi als verlängerter Arm der Muttergesellschaft auf, so spricht man von einer *foreign operation*. Als funktionale Währung eines solchen Tochterunternehmens gilt regelmäßig die Währung des Mutterunternehmens;[351] Abschlüsse sind demnach gemäß der Zeitbezugsmethode (*temporal method*) umzurechnen.

Die Abgrenzung von *foreign entities* und *foreign operations* kann in der Praxis schwierig sein, da nicht nur das Kriterium der selbstständigen Tätigkeit genügt, sondern folgende sechs Indikatoren zu beachten sind:[352]

- *cash flows*: fließen *cash flows* des Tochterunternehmens überwiegend in der Währung des Mutterunternehmens resp. des Tochterunternehmens und berühren somit direkt die *cash flows* der Mutter resp. berühren sie diese nicht, ist dies ein Indikator für eine *foreign operation* resp. für eine *foreign entity*;
- *sales prices*: sind die Verkaufspreise besonders wechselkursabhängig resp. nur lokalen Einflüssen unterlegen, ist dies ein Indikator für eine *foreign operation* resp. für eine *foreign entity*;
- *sales markets*: macht das Heimatland der Mutter bzw. der lokale Markt der Tochter den größten Teil des Absatzmarktes aus, liegt ein Indikator für eine *foreign operation* bzw. für eine *foreign entity* vor;
- *expenses*: entstehen die Herstellungskosten für die Produkte oder die Kosten zur Erbringung einer Dienstleistung vorwiegend durch Kosten für Einkäufe im Heimatland des Mutterunternehmens bzw. in Währung des Tochterunternehmens, ist dies ein Indikator für eine *foreign operation* bzw. für eine *foreign entity*;
- *financing*: stellt das Mutterunternehmen die Finanzierung zur Verfügung oder erfolgt sie in US-Dollar[353] resp. in der Währung des Tochterunternehmens und reichen die Mittel, die das Tochterunternehmen generiert, nicht

---

[350] Vgl. SFAS 52.12; HAYN, S./WALDERSEE, G. Graf (2000), S. 178.
[351] Vgl. SFAS 52.6.
[352] Vgl. auch für die folgende Aufzählung SFAS 52.42; NIEHUS, R. J./THYLL, A. (2000), S. 166 f.
[353] Bzw. in der Währung des Mutterunternehmens.

zur Begleichung der Verbindlichkeiten aus resp. reichen sie aus, liegt ein Indikator für eine *foreign operation* resp. für eine *foreign entity* vor;

- *intercompany transactions*: besteht eine extensive Verbindung zwischen der Geschäftstätigkeit des Mutter- und Tochterunternehmens und finden zahlreiche Transaktionen zwischen den beiden Unternehmen statt, ist dies ein Indikator für eine *foreign operation*; ist die Verbindung zwischen Mutter und Tochter nur auf die Nutzung bestimmter Elemente wie z. B. Warenzeichen begrenzt und finden nur in einem geringen Umfang Transaktionen zwischen beiden statt, liegt ein Indikator für eine *foreign entity* vor.

Wird ein Tochterunternehmen als *foreign entity* klassifiziert und kommt entsprechend die modifizierte Stichtagskursmethode zur Anwendung, ist die Umrechnung ein reiner Transformationsvorgang, im amerikanischen als *translation* bezeichnet,[354] bei dem alle *assets* und *liabilities* mit dem Kurs des Bilanzstichtags umzurechnen sind. Die Umrechnung der Aufwendungen und Erträge erfolgt zum Umrechnungskurs der zugrunde liegenden Transaktion,[355] vereinfachend auch zum gewichteten Durchschnittskurs.[356] Eigenkapitalpositionen werden mit historischen Kursen umgerechnet, thesaurierte Gewinne werden zum entsprechenden umgerechneten Wert aus der Gewinn- und Verlustrechnung angesetzt.[357] Umrechnungsdifferenzen, die bspw. aus der Verwendung unterschiedlicher Kurse für die Umrechnung der Posten der Gewinn- und Verlustrechnung und der Bilanz entstehen, werden erfolgsneutral innerhalb des *other comprehensive income*[358] als *translation adjustment* erfasst[359] bzw. in der Bilanz unter der Position *translation adjustments* innerhalb des Eigenkapitals gezeigt.[360] Die Auswirkungen der *translation adjustments* werden in den Folgeperioden kumuliert, die jährlichen Bewegungen sind offenzulegen.[361]

---

[354] Vgl. JENSEN, D. L./COFFMAN, E. N./STEPHENS, R. G./BURNS, T. J. (1994), S. 577; SCHERRER, G. (2000), S. 375.

[355] Vgl. KPMG (Hrsg.) (1999), S. 145. Daneben existieren Sonderregelungen für *foreign entities*, die sich in Hochinflationsländern befinden. Vgl. SFAS 52.11.

[356] Vgl. SFAS 52.12.

[357] Vgl. SCHERRER, G. (2000), S. 375.

[358] Zum Ausweis des *other comprehensive income* vgl. die Ausführungen unter Abschnitt 4.4.1.

[359] Vgl. SFAS 52.13 i. V. m. SFAS 130.29.

[360] Vgl. LACHNIT, L./AMMANN, H. (1998), S. 760; MEEK, G. K. (2000), S. 196; FISCHER, N./IANNACONI, T. E./KLÖBLE, M./LECHNER, H. W. (2001), S. 3012.

[361] Vgl. DELANEY, P. R. ET AL. (2000), S. 861; SCHERRER, G. (2000), S. 375.

Jahresabschlüsse von Tochterunternehmen, die als *foreign operation* eingestuft werden, sind nach der Zeitbezugsmethode umzurechnen; diese Umrechnung geht über eine einfache Transformation hinaus, es handelt sich vielmehr um eine Umbewertung (*remeasurement*).[362] Demnach sind *nonmonetary assets* und *liabilities*, die zu historischen Kosten bewertet werden, mit dem historischen Kurs am Tag des Geschäftsvorfalls umzurechnen.[363] Alle anderen *asset-* und *liability-*Positionen[364] sind mit dem Kurs am Bilanzstichtag umzurechnen. Treten Wertänderungen bei *assets* ein, die zu historischen Kursen umgerechnet werden, sind auch die Wertänderungen zu historischen Kursen umzurechnen; ebenso erfolgt die Umrechnung des Materialaufwands zu historischen Kursen. Die restlichen Aufwendungen und Erträge sind zu den jeweiligen Transaktionskursen umzurechnen,[365] vereinfachend ist aber auch eine Umrechnung zum gewichteten Durchschnittskurs der Periode zulässig.[366] Die Umrechnung von Eigenkapitalpositionen erfolgt zu historischen Kursen, ein in die Rücklagen einzustellender Überschuss ist mit dem umgerechneten Betrag aus der Gewinn- und Verlustrechnung anzusetzen.[367] Entsteht aus der Umbewertung ein Gewinn oder ein Verlust, so ist dieser in der umgerechneten Gewinn- und Verlustrechnung der Tochter gesondert als *translation gain* bzw. *loss* vor dem *net income* auszuweisen.[368]

Folglich hängt die Höhe der Währungsumrechnungsdifferenzen sowie die Erfolgswirksamkeit dieser insbesondere von der Klassifikation des Tochterunternehmens entweder als *foreign entity* oder als *foreign operation* und der aufgrund dessen anzuwendenden Umrechnungsmethode ab.[369] Da die Klassifikation der Tochterunternehmen in der Praxis nach oben aufgeführten Indikatoren nicht immer eindeutig ist,[370] wird das Konzept der funktionalen

---

[362] Vgl. JENSEN, D. L./COFFMAN, E. N./STEPHENS, R. G./BURNS, T. J. (1994), S. 577; SCHERRER, G. (2000), S. 375.

[363] Vgl. DELANEY, P. R. ET AL. (2000), S. 866. Eine Liste von nicht-monetären Positionen, für die der historische Kurs zu verwenden ist, wird in SFAS 52.48 explizit vorgegeben. Vgl. dazu auch BENDER, D. E. (1982), S. 22 f.

[364] Diese umfassen folglich alle *monetary assets* und *liabilities* sowie alle nicht zu historischen Kosten bewertete *non-monetary assets* und *liabilities*.

[365] Vgl. HAYN, S./WALDERSEE, G. Graf (2000), S. 180.

[366] Vgl. SFAS 52.47 f.

[367] Vgl. SCHERRER, G. (2000), S. 376.

[368] Vgl. DELANEY, P. R. ET AL. (2000), S. 868; SCHERRER, G. (2000), S. 376.

[369] Vgl. auch diesbezügliche Beispiele bei LACHNIT, L./AMMANN, H. (1998), S. 760 ff.

[370] Vgl. SCHÖNBORN, N. (1993), S. 93 ff.

Währung in der US-amerikanischen Literatur zum Teil erheblich kritisiert.[371] Im Vordergrund der Kritik steht „vor allem die mehr oder weniger subjektive Bestimmbarkeit der funktionalen Währung und damit die Beeinflußbarkeit des Ergebnisses."[372] PAHLER/MORI belegen die willkürliche Bestimmung der funktionalen Währung mit dem Beispiel US-amerikanischer Mutterunternehmen, IBM und HP, die unter nahezu identischen Bedingungen als funktionale Währung zum einen die lokale Währung des Tochterunternehmens (IBM) und zum anderen die Währung des Mutterunternehmens (HP) herangezogen haben.[373]

### 5.5.3.3 Bilanzpolitische Spielräume im Rahmen der Konsolidierung

Im Rahmen der Erstellung der Konzernbilanz kann sich aus den Regelungen zur Abgrenzung des Konsolidierungskreises ein faktisches Wahlrecht ergeben. Daneben enthalten die Vorschriften zur Kapitalkonsolidierung, Zwischenerfolgseliminierung sowie zur Steuerabgrenzung Wahlrechte bzw. Ermessensspielräume.

#### 5.5.3.3.1 Einbeziehungswahlrecht

Ein explizites Einbeziehungswahlrecht findet sich in den US-amerikanischen Rechnungslegungsvorschriften nicht. Besteht seitens der Muttergesellschaft ein *controlling financial interest* an einem Tochterunternehmen, d. h. hält sie direkt oder indirekt mehr als 50 % der stimmberechtigten Anteile, so besteht grundsätzlich eine Einbeziehungspflicht.[374] Allerdings ist es zumindest theoretisch auch möglich, ein Tochterunternehmen in den Konzernabschluss einzubeziehen, an dem weniger als 50 % der Stimmrechte gehalten werden, effektiv aber dennoch „*control*" ausgeübt werden kann.[375] Von dieser faktischen Einbeziehungsmöglichkeit wird aber in der Praxis kaum Gebrauch gemacht.[376] Unternehmen, die bei der SEC registriert sind, steht dieses Wahlrecht nicht zur Ver-

---

[371] Vgl. HOYLE, J.B./SCHAEFER, T.F./DOUPNIK, T.S. (2001), S. 480.

[372] SCHERRER, G. (2000), S. 376.

[373] Vgl. PAHLER, A. J./MORI, J. E. (2000), S. 730 f. Vgl. auch SCHERRER, G. (2000), S. 376.

[374] Vgl. FAS 94.2 i. V. ARB 51.2. Vgl. auch KPMG (Hrsg.) (1999), S. 144. Zu Ausnahmen von der Einbeziehungspflicht trotz Vorliegen eines *controlling financial interest* vgl. bspw. FISCHER, P. M./TAYLOR, W. J./CHENG, R. H. (1999), S. 2-2; KPMG (Hrsg.) (1999), S. 144; FÖRSCHLE, G./HOLLAND, B./KRONER, M. (2001), S. 77.

[375] Vgl. NIEHUS, R. J./THYLL, A. (2000), S. 35.

[376] Vgl. ebenda.

fügung, vielmehr müssen diese sämtliche Tochterunternehmen in den Konsolidierungskreis einbeziehen, die sie faktisch kontrollieren können.[377] Es ist außerdem davon auszugehen, dass der *control*-Begriff künftig neu definiert wird, denn mit diesem beschäftigt sich das FASB in seinem *Consolidation Policy and Procedures*-Projekt.[378] Der im Rahmen des Projekts verabschiedete *Exposure Draft* enthält folgende *control*-Definition, die die oben genannte faktische Wahlmöglichkeit nicht mehr zulässt: „Control—the ability of an entity to direct the policies and management that guide the ongoing activities of another entity so as to increase its benefits and limit its losses from that other entity's activities."[379]

#### 5.5.3.3.2 Ermessensspielräume im Rahmen der Kapitalkonsolidierung

Grundsätzlich ist die Kapitalkonsolidierung nach der *purchase method* durchzuführen (Vollkonsolidierung). In Sonderfällen kann – im Rahmen von Teilkonsolidierungen – auch die Quotenkonsolidierung zur Anwendung gelangen, wenn *partnerships* oder *incorporated joint ventures* in solchen Branchen bestehen, in denen traditionell nach dieser Methode konsolidiert wird. Alternativ darf auch die *equity*-Methode herangezogen werden.[380] Da die Quotenkonsolidierung in der US-amerikanischen Rechnungslegungspraxis kaum vertreten ist,[381] und sich m. E. auch keine Ermessensspielräume ergeben, wird auf eine Beschreibung verzichtet.

Im Rahmen der Vollkonsolidierung entstehen dem Bilanzierenden etliche Ermessensspielräume. Um diese darzustellen, ist es erforderlich, die Behandlung von Unternehmenszusammenschlüssen zu erläutern. Im Vordergrund steht dabei der im Juni 2001 verabschiedete SFAS 141 „*Business Combinations*", der für sämtliche Unternehmenszusammenschlüsse, die mit Hilfe eines *asset* oder *share deal* abgewickelt werden, anzuwenden ist.[382] Dabei ist es notwendig, dass der Erwerber die Kontrolle über das akquirierte Unternehmen erhält, d. h. das

---

[377] Vgl. Reg. S-X, Rule 3A-02 (a). Vgl. auch KPMG (Hrsg.) (1999), S. 144.
[378] Eine Beschreibung des Projektverlaufs findet sich bei SÜRKEN, S. (1999), S. 142 ff.; PELLENS, B. (2001), S. 306 ff.
[379] FASB (1999b), Par. 6a.
[380] Vgl. FÖRSCHLE, G./HOLLAND, B./KRONER, M. (2001), S. 79.
[381] Vgl. NIEHUS, R. J./THYLL, A. (2000), S. 117.
[382] Vgl. SFAS 141.9. Vgl. auch PELLENS, B./SELLHORN, T. (2001b), S. 1681.

*control*-Kriterium muss erfüllt sein.[383] Daneben spielt der gleichzeitig mit SFAS 141 verabschiedete SFAS 142 „*Goodwill and Other Intangible Assets*" eine wesentliche Rolle.

Wesentliche Neuerung bei der bilanziellen Behandlung von Unternehmenszusammenschlüssen ist der Wegfall der *pooling-of-interests* Methode, die ehemals bei Unternehmenszusammenschlüssen, die die zwölf in APB *Opinion* 16.46-48 aufgeführten Kriterien erfüllten, pflichtgemäß anzuwenden war. Unternehmenszusammenschlüsse, die nach dem 30. Juni 2001 initiiert werden, müssen nun stets nach der *purchase*-Methode bilanziert werden.[384]

Entsteht im Rahmen einer Vollkonsolidierung bei Anwendung der *purchase*-Methode ein *goodwill* aufgrund eines Unternehmenserwerbs, so ist dieser zunächst in der Bilanz als *asset* zu aktivieren.[385] Seine betragsmäßige Höhe bestimmt sich zum Entstehungszeitpunkt aus der Differenz zwischen Anschaffungskosten der Beteiligung und dem anteiligen Eigenkapital nach Auflösung stiller Reserven und Lasten sowie der gesonderten Erfassung von bislang nicht bilanzierten immateriellen *assets*.[386] Dabei ist der Unterschiedsbetrag aus der Kapitalkonsolidierung nicht in einer Summe als *goodwill* zu aktivieren. Vielmehr sind zuerst sämtliche immateriellen *assets*, deren künftigen Nutzenzuflüsse auf vertraglicher oder gesetzlichen Basis abgesichert sind, separat zu aktivieren. Ebenso ist mit immateriellen *assets* zu verfahren, die entweder einzeln oder als Bewertungseinheit mit anderen Bilanzposten verkauft, übertragen, vermietet oder in einer anderen Form am Markt verwertet werden können.[387] An dieser Stelle entsteht dem Bilanzierenden m. E. ein bilanzpolitischer Spielraum, da eine willkürfreie Identifizierung der ansatzpflichtigen immateriellen *asset* kaum möglich sein dürfte. Verfügen die identifizierten immateriellen *assets* über eine begrenzte Nutzungsdauer[388], sind sie über diese abzuschreiben; imma-

---

[383] Vgl. PELLENS, B./SELLHORN, T. (2001b), S. 1681. Ausführungen zum *contol*-Kriterium finden sich unter Abschnitt 5.5.3.3.1.

[384] Vgl. SFAS 141 „*The Effective Date of This Statement*". Vgl. auch MOEHRLE, S. R./REYNOLDS-MOEHRLE, J. A. (2001), S. 32.

[385] Vgl. SFAS 141.43. An dieser Stelle wird auf die Erläuterung der bilanziellen Behandlung eines negativen Unterschiedsbetrags verzichtet, da bei seiner bilanziellen Behandlung m. E. kein Ermessensspielraum besteht.

[386] Vgl. PELLENS, B./SELLHORN, T. (2001b), S. 1681.

[387] Vgl. SFAS 141.39. Vgl. auch PELLENS, B./SELLHORN, T. (2001b), S. 1682.

[388] Zur Bestimmung der zugrunde zulegenden Nutzungsdauer vgl. SFAS 141.11, Kriterien a. – f.

terielle *assets*, die unbegrenzt nutzbar sind, dürfen dagegen nicht planmäßig abgeschrieben werden.[389] Hier besteht ein weiterer Ermessensspielraum, denn bislang existieren keine Regeln diesbezüglich, unter welchen Voraussetzungen immaterielle *assets* unbegrenzt nutzbar sind,[390] und der Bilanzierende kann entsprechend eine vergleichsweise willkürliche Zuordnung vornehmen. Somit kann der Bilanzierende den Erfolgsausweis „je nach Umfang und Verteilung des Unterschiedsbetrags aus der erstmaligen Kapitalkonsolidierung auf diese Größen [die immateriellen *assets*, Anm. d. Verf.]"[391] gestalten.

Da der verbleibende *goodwill* im Rahmen der neuen Konzeption als sog. *non-wasting asset* betrachtet wird,[392] entfällt eine planmäßige Abschreibung gänzlich.[393] Stattdessen ist der *goodwill* heruntergebrochen auf einzelne sog. *reporting units* mindestens jährlich[394] einem *impairment test* zu unterziehen. Als *reporting unit* gelten dabei die nach SFAS 131 identifizierten *operating segments* bzw. unter bestimmten Voraussetzungen die einem *operating segment* direkt untergeordnete Managementebene.[395] Die Abgrenzung der *reporting units* bietet dem Bilanzierenden einen weiteren Ermessensspielraum.[396] Der *goodwill* ist – und dabei ist auf das Erwerbsdatum abzustellen – danach auf diejenigen *reporting units* zu verteilen, die voraussichtlich von Synergien aus dem Unternehmenszusammenschluss profitieren. Dabei ist es unerheblich, ob weitere *assets* oder *liabilities* des erworbenen Unternehmens der entsprechenden *reporting unit* zugeordnet wurden.[397] Eine gänzlich willkürfreie Verteilung des *goodwill* auf einzelne *reporting units* dürfte m. E. kaum möglich sein,[398] im Gegenteil bereitet diese Vorgehensweise dem Bilanzierenden einen erheblichen Ermessensspielraum, dessen Ausnutzung in die eine oder andere Richtung wohl selten von Dritten nachvollzogen werden kann.

[389] Vgl. SFAS 142.11.
[390] Vgl. PELLENS, B./SELLHORN, T. (2001b), S. 1683.
[391] PELLENS, B./SELLHORN, T. (2001a), S. 718 f.
[392] Vgl. SFAS 142 „*Summary: Differences between This Statement and Opinion 17*". Vgl. auch KÜTING, K./WEBER, C.-P./WIRTH, J. (2001), S. 185.
[393] Vgl. SFAS 142.18.
[394] Bestehen Anzeichen für eine Wertminderung, so ist ein *impairment test* auch in kürzeren Zeitabständen erforderlich. Vgl. SFAS 142.28.
[395] Vgl. SFAS 142.30-31.
[396] Vgl. VATER, H. (2001), S. 1848.
[397] Vgl. SFAS 142.34.
[398] Ähnlich sehen das PELLENS/SELLHORN bereits bei der Verteilung des Vermögens bzw. der Kapitalressourcen. Vgl. PELLENS, B./SELLHORN, T. (2001b), S. 1683.

Im Rahmen des zweistufigen *impairment tests* macht sich nun dieser Ermessensspielraum bei der Zuordnung des *goodwill* bemerkbar. Ausgangsbasis für die Durchführung des Tests ist jeweils der *fair value* der entsprechenden *reporting unit*, der den wertmäßigen Betrag darstellt, zu dem die *reporting unit* im Rahmen einer aktuellen Transaktion ge- oder verkauft werden könnte.[399]

In der ersten Stufe des *impairment tests* wird nun dieser *fair value* mit den Buchwerten der *assets* – einschließlich des *goodwill* – und *liabilities* der *reporting unit* verglichen. Übersteigt der *fair value* die Buchwerte, ist keine außerplanmäßige Abschreibung erforderlich, der *impairment test* gilt als abgeschlossen.[400]

Das Resultat der ersten Stufe des *impairment test* hängt in großem Maße von der Verteilung des *goodwill* auf die *reporting units* ab, da eine „Vermischung von originärem und derivativem Goodwill und auch mit anderen in der Reporting Unit bestehenden stillen Reserven“[401] stattfindet. Denn die Werthaltigkeit des *goodwill* kann durch in der *reporting unit* befindliche stille Reserven bzw. durch einen von der *reporting unit* geschaffenen originären *goodwill* untermauert werden. Letztendlich resultiert daraus eine „Teilaktivierung eines originären Goodwills“[402]. Und gerade diese Teilaktivierung wird durch die Verteilung des *goodwill* auf die einzelnen *reporting units* beeinflusst. Ordnet man nämlich einen Teil des *goodwill* einer Einheit zu, die bereits einen werthaltigen originären Firmenwert geschaffen hat, so kommt es auch ohne Realisierung von Synergien nicht zu einer außerplanmäßigen Abschreibung, solange der originäre Firmenwert ausreicht, den *fair value* der *reporting unit* zu bestätigen. Überspitzt formuliert liegt hier ein faktisches Wahlrecht zur (teilweisen) Aktivierung des originären *goodwill* vor.

Sofern die Prüfung auf der ersten Stufe ergeben hat, dass eine Wertberichtigung wahrscheinlich ist, muss auf der zweiten Stufe die Höhe der Wertberichtigung

---

[399] Vgl. SFAS 142.23. Wie der *fair value* im Einzelnen zu ermitteln ist, wird in SFAS 142.23-25 beschrieben. Zu den Schwierigkeiten bei der Schätzung des *fair value* vgl. KÜTING, K./WEBER, C.-P./WIRTH, J. (2001), S. 189.

[400] Vgl. SFAS 142.19. Vgl. auch MOEHRLE, S. R./REYNOLDS-MOEHRLE, J. A. (2001), S. 34.

[401] KÜTING, K./WEBER, C.-P./WIRTH, J. (2001), S. 190.

[402] BUSSE VON COLBE, W. (2001), S. 877. Vgl. auch KÜTING, K./WEBER, C.-P./WIRTH, J. (2001), S. 190.

ermittelt werden.[403] Dabei ist der implizite *fair value* des *goodwills* seinem fortgeführten Buchwert gegenüberzustellen. Die Ermittlung des impliziten *fair value* erfolgt analog zur Vorgehensweise bei der erstmaligen Ermittlung eines *goodwill* wie oben beschrieben.[404] Entsprechend ist ein Neuerwerb der jeweiligen *reporting unit* zu fingieren und der *fair value*[405] dieser *reporting unit* mit ihrem *fair value*-basierten Eigenkapital[406] zu vergleichen. Der Betrag, um den der *fair value* das *fair value*-basierte Eigenkapital übersteigt, entspricht dem impliziten *fair value des goodwills*.[407] Letztendlich ist in dieser Höhe eine Abwertung vorzunehmen, um die der fortgeführte *goodwill* den impliziten *fair value* übersteigt.[408] Der Abwertungsaufwand ist im *income statement* innerhalb der *operating section* vor der Zwischensumme *income from continuing operations* auszuweisen.[409] Handelt es sich um eine Abwertung eines bereits vor Inkrafttreten des SFAS 142 bilanzierten *goodwill*, so ist die Abwertung als *effect of a change in accouting principle* zwischen den *extraordinary items* und dem *net income* auszuweisen.[410]

---

403 Vgl. SFAS 142.20.

404 Vgl. SFAS 142.21.

405 D. h. der fiktive Kaufpreis.

406 Dieses errechnet sich aus dem *fair value* der vorhandenen identifizierbaren immateriellen und materiellen *assets* abzüglich der Schulden.

407 Vgl. SFAS 142.21.

408 Vgl. SFAS 142.20.

409 Vgl. SFAS 142.43. Ausgenommen sind Abwertungen des *goodwill*, die im Zusammenhang mit einer *discontinued operation* stehen. In diesem Fall erfolgt der Ausweis innerhalb des Ergebnisses aus *discontinued operations*. Vgl. SFAS 142.43.

410 Vgl. SFAS 142.56.

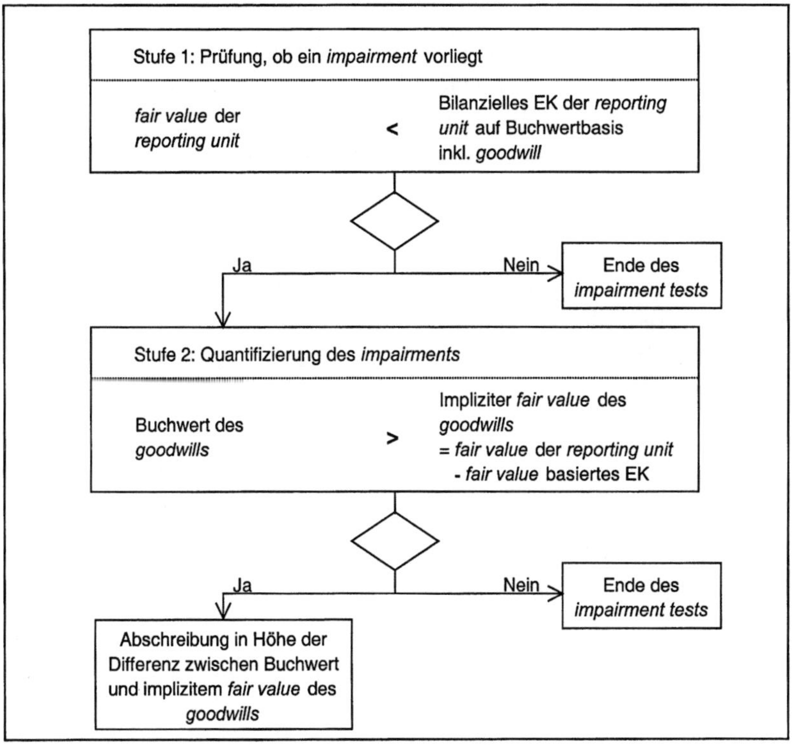


Abb. 5.6: *Goodwill-Impairment Test* nach SFAS 142
(in Anlehnung an: PELLENS, B./SELLHORN, T. (2001b), S. 1683)

Dadurch, dass der *goodwill* nach den neuen Vorschriften des FASB nicht mehr planmäßig sondern nur noch außerplanmäßig abgeschrieben wird, wird dem Unternehmen „ein ‚Quasiwahlrecht' an die Hand gegeben, den in der Bilanz ausgewiesenen Goodwill unangetastet in der Bilanz zu belassen und das Ergebnis nicht mit Goodwillabschreibungen zu belasten."[411] Zurückzuführen ist dies insbesondere auf die Vielzahl der vorzunehmenden Schätzungen, die kaum willkürfrei erfolgen können.[412] Daneben spielt auch die zugrunde gelegte Höhe der

[411] VATER, H. (2001), S. 1848. Vgl. PELLENS, B./SELLHORN, T. (2001a), S. 715.

[412] So sind die *fair values* der einzelnen *assets* und *liabilities* zu ermitteln, aber auch die *fair values* der jeweiligen *reporting units*. Zur Problematik der Ermittlung des letzteren Werts vgl. KÜTING, K./WEBER, C.-P./WIRTH, J. (2001), S. 189.

nicht bilanzierungsfähigen *intangible assets* bei der (erstmaligen) Ermittlung des tatsächlichen Eigenkapitals eine Rolle.[413]

Zusammenfassend seien die wesentlichen bilanzpolitischen Möglichkeiten und ihre Konsequenzen aufgeführt:

- Bei der im Rahmen eines Neuerwerbs und bei der erstmaligen Anwendung von SFAS 141 und 142 gebotenen separaten Aktivierung sämtlicher immaterieller *assets*, deren künftigen Nutzenzuflüsse auf vertraglicher oder gesetzlichen Basis abgesichert sind bzw. die entweder einzeln oder als Bewertungseinheit mit anderen Bilanzposten verkauft, übertragen, vermietet oder in einer anderen Form am Markt verwertet werden können, liegt es zumindest teilweise im Ermessen des Bilanzierenden, diese Aktivierung auch tatsächlich vorzunehmen. Je nach aktiviertem Umfang können bei späteren Wertminderungen im *fair value* der betreffenden *reporting unit* außerplanmäßige Abschreibungen des *goodwills* verhindert bzw. eingegrenzt werden.
- Die Klassifikation der identifizierten immateriellen *assets* als begrenzt oder unbegrenzt nutzbar kann – solange keine expliziten Regelungen diesbezüglich existieren – von der Willkür des Bilanzierenden geprägt sein. Werden die betreffenden *assets* als begrenzt nutzbar eingeordnet, sind sie planmäßig abzuschreiben; entsprechend belasten sie auf jeden Fall künftige Ergebnisse. Als unbegrenzt nutzbar klassifizierte *assets* dürfen dagegen nicht planmäßig abgeschrieben werden; folglich erfolgt eine Ergebnisbelastung in künftigen Perioden nur dann, wenn ein *impairment* vorzunehmen ist.
- Die Aufteilung des *goodwills* auf die einzelnen *reporting units* ist im Verhältnis der dort erwarteten Synergien vorzunehmen. Dabei handelt es sich um eine Schätzung des Managements. Allerdings ist es für außenstehende kaum ersichtlich, ob das Management seine tatsächliche Einschätzung der Synergieverteilung preisgibt oder diese durch geschickte Argumentation verschleiert und den *goodwill* bspw. vorzugsweise denjenigen *reporting units* zuordnet, die über einen hohen originären *goodwill* verfügen und somit die Wahrscheinlichkeit künftiger *impairments* gesenkt werden kann.

---

[413] Vgl. STAUBER, J./KETTERLE, T. (2001), S. 961 f.

#### 5.5.3.3.3 Wahlrecht aus den übrigen Konsolidierungsmaßnahmen

Da der Konzernabschluss nach US-GAAP die Vermögens-, Finanz- und Ertragslage eines einheitlichen Unternehmens abbilden soll, erfordert ARB 51 die Eliminierung sämtlicher Positionen, die aus Transaktionen zwischen einbezogenen Unternehmen resultieren. Folglich sind *unrealized intercompany profits* (Zwischenerfolge) grundsätzlich zu eliminieren.[414] Allerdings kann die Zwischenergebniseliminierung im Falle von bestehenden Minderheitenanteilen unter bestimmten Bedingungen auch proportional erfolgen.[415] Jedoch finden sich im Schrifttum Befürworter für eine generelle vollständige Eliminierung;[416] daneben wird teilweise eine Unterscheidung nach Liefer- bzw. Leistungsrichtung vorgenommen. Bei Lieferungen oder Leistungen vom Mutterunternehmen an das Tochterunternehmen (*downstream sales*) werden die Zwischenergebnisse vollständig eliminiert, im umgekehrten Fall (*upstream sales*) besteht dagegen ein Wahlrecht, die Zwischenergebnisse vollständig oder nur in Höhe des Anteils des Mutterunternehmens zu eliminieren.[417] Die abweichenden Positionen resultieren wohl daraus, dass die die Zwischenergebniseliminierung betreffenden Regelungen in den US-GAAP in dieser Stelle nicht eindeutig sind.[418] Bemerkenswert ist außerdem, dass zumindest in den analysierten Quellen die Befürworter einer generellen Eliminierung in voller Höhe aus der US-amerikanischen Literatur stammen.

### 5.5.3.4 Wahlrecht auf der Ebene des Konzernabschlusses

Als Stichtag der Erstkonsolidierung gilt nach US-GAAP grundsätzlich der Zeitpunkt des Erwerbs der Anteile am Tochterunternehmen. Aus Vereinfachungsgründen kann allerdings auch zwischen den Vertragsparteien vereinbart werden, den Erstkonsolidierungszeitpunkt auf das Ende der Periode zu legen, in der der Erwerb eingeleitet und abgeschlossen wurde.[419]

---

414 Vgl. ARB 51.6.

415 Vgl. ARB 51.14.

416 Vgl. PAHLER, A. J./MORI, J. E. (2000), S. 364 f.; BEAMS, F. A./BROZOVSKY, J. A./SHOULDERS, C. D. (1999), S. 166 f.; LARSEN, E. J. (2000), S. 356; WILLIAMS, J. R. (2001), S. 8.09 und S. 8.11.

417 Vgl. PELLENS, B. (2001), S. 305.

418 Dabei handelt es sich um ARB 51.6 und 51.14.

419 Vgl. APB *Opinion* 16.93; HAYN, S./WALDERSEE, G. Graf (2000), S. 190; SCHERRER, G. (2000), S. 354. TRÜTZSCHLER weist dagegen darauf hin, dass es nach US-GAAP kein Wahlrecht bezüglich des Erstkonsolidierungszeitpunktes geben würde. Vgl. TRÜTZSCHLER, K. (1999), S. 405.

# 6 Aufbereitung der Daten der *Financial Statements*

## 6.1 Überblick

Nachdem nun feststeht, auf welche Datenbasis ein Analyst von Jahresabschlüssen nach US-amerikanischen Vorschriften zurückgreifen kann und welches Gestaltungspotenzial vom Bilanzierenden bei deren Erstellung nutzbar ist, gilt es nun zu klären, wie der Analyst die Beeinflussung der Datenbasis erkennen und ggf. eliminieren kann. Da bei einer Jahresabschlussanalyse meist verschiedene Unternehmen bzw. Betriebe einander gegenüber gestellt werden, ist es erforderlich, Einflüsse durch die unterschiedliche Nutzung von Wahlrechten, Ermessensspielräumen und zielgerichteten Sachverhaltsgestaltungen zu neutralisieren.[1] Entsprechend ist zunächst die vom untersuchten Unternehmen verfolgte Bilanzpolitik zu analysieren bevor ein analysegerechter Jahresabschluss erstellt werden kann. Weiterhin sind die gelegten stillen Reserven und Lasten möglichst aufzudecken. Als Ergebnis dieser Maßnahmen erhält man eine Strukturbilanz bzw. eine Struktur-Gewinn- und Verlustrechnung.[2]

Bei deren Aufstellung ist zwischen materiellen und formellen Aufbereitungsmaßnahmen zu differenzieren. Materielle Aufbereitungsmaßnahmen wirken sich betragsmäßig auf das in der Strukturbilanz ausgewiesene Eigenkapital sowie auf den in der Struktur-Gewinn- und Verlustrechnung abgebildeten Erfolg aus.[3] Bei der Durchführung materieller Aufbereitungsmaßnahmen ist auf die Einhaltung des Grundsatzes der Erfolgskongruenz zwischen Struktur-Bilanz und -Gewinn- und Verlustrechnung zu achten. Denn nur wenn die Korrekturen sowohl in der Bilanz als auch – je nachdem welcher Bereich davon betroffen ist – in der Gewinn- und Verlustrechnung oder innerhalb des *other comprehensive income* vorgenommen werden, ist die Vergleichbarkeit zwischen Unternehmen, die bilanzpolitische Spielräume unterschiedlich ausgenutzt haben, gegeben.[4]

---

1 Vgl. auch BAETGE, J. (1998a), S. 22 ff. Ähnlich auch BERNSTEIN, L. A./WILD, J. J. (2000), S. 84 ff. Soll dagegen lediglich ein Zeitvergleich stattfinden, sind Bereinigungen i. d. R. nicht erforderlich. Vgl. WAGENHOFER, A. (2000), S. 235 f.

2 Zur Vorgehensweise vgl. die Ausführungen unter Abschnitt 2.4.2. Auch die Erstellung einer strukturierten Kapitalflussrechnung ist möglich. Vgl. LUTZ, R. (2000), S. 117.

3 Ebenso können sie die Höhe des *other comprehensive income* beeinflussen.

4 Vgl. LUTZ, R. (2000), S. 117 ff.

Formelle Aufbereitungsmaßnahmen wirken sich im Gegensatz zu den materiellen Aufbereitungen nicht auf die Höhe des jahresabschlussanalytischen Erfolgs und des aufbereiteten Eigenkapitals aus. Sie dienen vielmehr der Strukturierung der jeweiligen *financial statements*.[5]

Weiterhin wird in dieser Arbeit zwischen allgemeinen Aufbereitungsmaßnahmen und solchen Maßnahmen, die sich aufgrund des im fünften Kapitel identifizierten bilanzpolitischen Gestaltungsspielraums ergeben, unterschieden. Allgemeine Aufbereitungsmaßnahmen sind insb. zur Strukturierung von jahresabschlussanalytischer Bilanz und Gewinn- und Verlustrechnung notwendig – nicht immer erfolgt ein aus jahresabschlussanalytischer Sicht wünschenswerter Ausweis –, insofern handelt es sich dabei zumeist um formelle Aufbereitungsmaßnahmen. Die diesbezüglichen Ausführungen betrachten die Mindestgliederungen sowohl der Bilanz als auch der Gewinn- und Verlustrechnung nach den Vorschriften der SEC als Ausgangsbasis.[6] Unter Abschnitt 6.3 werden diejenigen Aufbereitungsmaßnahmen erläutert, die zur Korrektur der etwaigen angewandten Bilanzpolitik vorgeschlagen werden können. Da diese Maßnahmen aus der potenziellen unterschiedlichen Nutzung von Bilanzierungs- und Bewertungsmethoden resultieren, ziehen sie fast immer materielle Auswirkungen nach sich.

Zur erfolgswirtschaftlichen Analyse ist es notwendig, das jahresabschlussanalytische Anlage- und Umlaufvermögen, insb. aber das jahresabschlussanalytischen Eigenkapital und Fremdkapital sowie das bereinigte Unternehmensergebnis zu kennen. Wie man diese Größen bei ursprünglich nach US-amerikanischen Grundsätzen erstellten Abschlüssen erhält, wird im Folgenden beschrieben.

## 6.2 Allgemeine Aufbereitungsmaßnahmen

### 6.2.1 Aufbereitungsmaßnahmen auf der Aktivseite

Die Aktivseite der Bilanz, die den Leistungsbereich des Unternehmens abbildet, wird zu Zwecken der Jahresabschlussanalyse auf zwei Vermögensgruppen redu-

---

5 Vgl. LUTZ, R. (2000), S. 119 f.

6 Vgl. zur Gewinn- und Verlustrechnung die Erläuterungen in Abschnitt 4.4.1 und zur Bilanz die Ausführungen in Abschnitt 4.4.3.

ziert: das Anlage- und das Umlaufvermögen bzw. die *non-current* und die *current assets*.[7] Die Unterscheidung dieser beiden Vermögensgruppen spielt insb. im Rahmen der finanzwirtschaftlichen Jahresabschlussanalyse bei der Untersuchung der Kapitalbindung eine Rolle.[8]

In der US-amerikanischen Originalbilanz sind unter den *current assets* diejenigen *assets* auszuweisen, die entweder bereits in Form von Geldmitteln vorliegen oder die innerhalb des nächsten Jahres bzw. innerhalb eines längeren Geschäftszykluses in Geldmittel umgewandelt oder verbraucht werden.[9] Da diese Abgrenzung als analysegerecht bezeichnet werden kann, sind m. E. zunächst keine Aufbereitungsmaßnahmen erforderlich. Üblicherweise setzen sich die *current* und die *non-current assets* in der Originalbilanz folgendermaßen zusammen:[10]

**Umlaufvermögen (*current assets*)**

- Liquide Mittel (*cash and cash equivalents*)
- „Kurzfristige" Wertpapiere (*short-term investments*)
  - Gläubiger- und Eigenkapitalwertpapiere der Kategorien *trading securities* und *available-for-sale securities*
  - Derivative Finanzinstrumente (*derivative financial instruments*)
- Forderungen (*receivables*)
  - Warenforderungen und Wechsel (*trade receivables*)
  - Forderungen gegenüber verbundenen und assoziierten Unternehmen (*receivables from other members of the group*)
  - Anzahlungen (*prepayments*)
- Vorräte (*inventories*)
  - Handelswaren (*merchandise*)
  - Hilfs- und Betriebsstoffe (*production supplies*)
  - Rohstoffe (*raw materials*)
  - Unfertige Erzeugnisse und Leistungen (*work in progress*)
  - Fertigerzeugnisse (*finished goods*)
- Aktive transitorische Rechnungsabgrenzungsposten (*prepaid expenses*)
- Sonstiges Umlaufvermögen (*other assets*)

---

7 Vgl. LUTZ, R. (2000), S. 120 f.
8 Vgl. ebenda; ORDELHEIDE, D. (1988), S. 297 f.
9 Vgl. SPICELAND, J. D./SEPE, J. F./TOMASSINI, L. A. (2000), S. 79.
10 Allerdings erfolgt i. d. R. ein wesentlich weniger detaillierter Ausweis.

**Anlagevermögen (*non-current assets*)**

- Finanzinvestitionen (*long-term investments*)
  - Investitionen in Eigenkapital- und Gläubigerwertpapiere (*debt and equity securities*)
  - Investitionen in materielle dauerhafte *assets*, die derzeit im Rahmen des Geschäftsbetriebs nicht zum Einsatz kommen, wie z. B. zur Spekulation gehaltene Grundstücke
  - Investitionen, die in speziellen Fonds zur Seite gelegt wurden, wie z. B. Pensionsfonds oder Betriebserweiterungsfonds
  - Investitionen in nicht konsolidierte Tochterunternehmen oder angeschlossene Unternehmen
- Sachanlagevermögen (*property, plant and equipment*)
  - Grund und Boden (*land*)
  - Gebäude (*buildings*)
  - Technische Anlagen und Maschinen (*machinery and equipment*)
  - Mietereinbauten (*leasehold improvements*)
  - Anlagen im Bau (*construction in progress*)
- Immaterielles Anlagevermögen (*intangible assets*)
  - Patente (*patents*)
  - Urheberrechte (*copyrights*)
  - Handelsmarken oder –namen (*trademarks, trade names*)
  - (Derivativer) Geschäfts- oder Firmenwert (*goodwill*)
  - Geheime Formeln und Fertigungsverfahren (*secret processes*)
- Sonstiges Anlagevermögen (*other assets*)
  - dauerhafte aktive Rechnungsabgrenzungsposten (*long-term prepaid expenses*)
  - aktive latente Steuern (*deferred taxes*)
  - langfristige Forderungen (*non-current receivables*)

Bei der Aufbereitung der Aktivseite besteht bspw. bei HGB-Abschlüssen die Problematik der Zuordnung der aktiven Rechnungsabgrenzungsposten.[11] Nach US-GAAP sind aber aktive Rechnungsabgrenzungsposten – im Gegensatz bspw.

[11] Vgl. KÜTING, K./WEBER, C.-P. (2001), S. 65. Üblicherweise ordnet man im Rahmen der Analyse von HGB-Abschlüsssen die aktiven Rechnungsabgrenzungsposten vereinfachend dem Umlaufvermögen zu. Vgl. ebenda.

zum HGB-Abschluss – bereits nach ihrer Fristigkeit entweder innerhalb der *current assets* den *prepaid expenses* oder innerhalb der *non-current assets* den *long-term prepaid expenses* bzw. den *deferred charges*[12] zuzuordnen.[13] Diese Vorgehensweise kommt dem Analysten entgegen, es sind wiederum keine Aufbereitungsmaßnahmen vorzunehmen.

Da aktive latente Steuern keinen Zahlungsanspruch gegenüber Finanzbehörden verkörpern, sie außerdem auch nicht der Vermögensgegenstands-Definition des deutschen Bilanzrechts entsprechen,[14] findet sich in der Literatur der Vorschlag, sie zu Zwecken der Jahresabschlussanalyse mit dem Eigenkapital zu verrechnen.[15] Für eine solche Behandlung spricht bereits der in Abschnitt 5.5.1.2.4 beschriebene Ermessensspielraum hinsichtlich der Einschätzung, ob aktive latente Steuern zum Ansatz gelangen bzw. ob bei einer bestehenden Position eine Wertberichtigung vorzunehmen ist sowie der identifizierte Ermessensspielraum bei der Festlegung der Höhe einer Wertberichtigung.

Dennoch sollte die in der deutschsprachigen Literatur vorzufindende Empfehlung nicht ohne Weiteres auf nach US-GAAP erstellte Originalbilanzen übertragen werden. Vielmehr ist zu prüfen, ob eine Verrechnung der aktiven latenten Steuern unabhängig vom angewandten Rechnungslegungssystem bzw. insb. bei nach US-GAAP erstellten Jahresabschlüssen überhaupt sinnvoll ist. So ist zu beachten, dass das im HGB geltende Wahlrecht zur Aktivierung von aktiven latenten Steuern im Einzelabschluss[16] nach US-amerikanischen Vorschriften nicht besteht und insofern hier auch keine Korrektur zu Zwecken der Vereinheitlichung notwendig ist. Daneben erfüllen die nach US-GAAP zu aktivierenden latenten Steuern auch die *asset*-Kriterien, da sie eine Ressource darstellen, durch die in der Zukunft ein wirtschaftlicher Nutzen erwartet wird und über die das Unternehmen in Folge vergangener Ereignisse verfügen kann.[17] Damit überhaupt eine Aktivierung aktiver latenter Steuern erfolgt, müssen auch die in

---

12 Die *long-term prepaid expenses* bzw. die *deferred charges* fallen unter die *other assets* und werden grundsätzlich als Bestandteil nicht separat ausgewiesen. Vgl. FRANKENBERG, P. (1993), S. 281.

13 Vgl. KÜTING, K./EIDEL, U. (1996), S. 845.

14 Vgl. BALLWIESER, W. (1989), S. 36.

15 Vgl. GROLL, K.-H. (1994), S. 488; KÜTING, K./EIDEL, U. (1996), S. 851; KÜTING, K./WEBER, C.-P. (2001), S. 66. Allerdings erläutern auch KÜTING/WEBER Vor- und Nachteile dieser Vorgehensweise. Vgl. ebenda.

16 Vgl. § 274 Abs. 2 Satz 1 HGB.

17 Zur *asset*-Definition und den Ansatzkriterien vgl. die Erläuterungen in Abschnitt 5.5.2.1.

SFAC 5.63 aufgeführten Ansatzkriterien erfüllt sein. Da die *asset*-Kriterien eher auf die Sichtweise des Investoren abstellen als die Definition von Vermögensgegenständen, erscheint eine Beibehaltung der Aktivierung zu Zwecken der Jahresabschlussanalyse als sinnvoll. So wird auch in Abschnitt 6.3 bei den Überlegungen zur Aufbereitungsmaßnahmen aufgrund des bilanzpolitischen Gestaltungspotenzials auf die *asset*-Definition abgestellt. Weiterhin verstößt die Verrechnung der kompletten aktiven latenten Steuern mit dem Eigenkapital gegen den Grundsatzes der Erfolgskongruenz,[18] soweit die Bildung der aktiven latenten Steuer im Originaljahresabschluss erfolgswirksam verbucht wurde.

Zusammenfassend überwiegen m. E. diejenigen Kriterien, die die Beibehaltung der aktivierten latenten Steuern in der Strukturbilanz nach sich ziehen, sodass keine Aufbereitungsmaßnahmen durchzuführen sind.

Letztendlich können die in der Originalbilanz unter den *current assets* ausgewiesenen Positionen zusammengefasst als jahresabschlussanalytisches Umlaufvermögen verwendet werden. Ebenso verhält es sich mit den *non-current assets*, die in Summe aus der Originalbilanz in die Strukturbilanz auf die Position Anlagevermögen übertragen werden können.[19] Allerdings sind die unter Abschnitt 6.3 vorgeschlagenen Aufbereitungsmaßnahmen zu beachten.

### 6.2.2 Aufbereitungsmaßnahmen auf der Passivseite

Auch die Passivseite der Bilanz, die den Finanzbereich der Unternehmung abbildet, wird in zwei wesentliche Kapitalgruppen zusammengefasst: das Eigen- und das Fremdkapital bzw. *equity* und *liabilities*.[20] Diese Unterscheidung ist sowohl für die finanz- als auch für die erfolgswirtschaftliche Jahresabschlussanalyse von Bedeutung. Für die Ermittlung und Analyse der Eigenkapitalrentabilität[21] ist eine solche Unterscheidung z. B. notwendige Voraussetzung. Eine weitere Untergliederung der *liabilities* in *current* und *non-current liabilities* ist dagegen zu Zwecken der erfolgswirtschaftlichen Jahresabschlussanalyse nicht erforderlich. Das Eigenkapital setzt sich regelmäßig wie folgt zusammen:

---

[18] Der Grundsatz der Erfolgskongruenz wird in Abschnitt 6.1 beschrieben.
[19] Allerdings sind die unter Abschnitt 6.3 aufgeführten Aufbereitungsmaßnahmen zu berücksichtigen.
[20] Vgl. LUTZ, R. (2000), S. 121.
[21] Ausführungen zur Eigenkapitalrentabilität finden sich unter Abschnitt 7.2.2.

**Eigenkapital (*stockholders' equity*)**

- Gezeichnetes Kapital (*contributed capital*)
- Kapitalrücklage (*additional paid-in capital*)
- Gewinnrücklagen (*retained earnings*)
- Kumuliertes erfolgsneutrales Ergebnis (*accumulated other comprehensive income*)

Regelmäßig besteht das Fremdkapital aus den folgenden Bestandteilen:

**Fremdkapital (*liabilities*)**

Kurzfristiges Fremdkapital (*current liabilities*)

- Verbindlichkeiten aus Lieferungen und Leistungen sowie Rückstellungen für Lohnverbindlichkeiten u. ä. (*payables from operations*)
- Erhaltene Vorauszahlungen auf Leistungen, die noch zu erbringen sind (*collections received in advance*)
- Sonstiges kurzfristiges Fremdkapital (*other liabilities*)
  - erhaltene Anzahlungen
  - passive Rechnungsabgrenzungsposten
  - langfristige Verbindlichkeiten, deren Restlaufzeit ein Jahr bzw. einen entsprechend längeren *operating cycle* unterschreitet
  - voraussichtlich in naher Zukunft fällige Rückstellungen

Langfristiges Fremdkapital (*non-current liabilities*)

- Verpflichtungen im Rahmen bestimmter Finanzierungsaktivitäten (*obligations arising from specific financing situations*)
- Verpflichtungen, die im Rahmen der gewöhnlichen Geschäftstätigkeit entstanden sind (*obligations arising from the ordinary operations of the enterprise*)
- Verpflichtungen, die abhängig sind vom Auftreten eines oder mehrer zukünftiger Ereignisse, um damit entweder den zu zahlenden Betrag, den Zahlungsempfänger oder –termin zu bestätigen, wie dies z. B. bei Garantierückstellungen der Fall ist

Fraglich ist allerdings die Zuordnung der passiven latenten Steuern. In der deutschen Analyseliteratur wird – in Analogie zur vorgeschlagenen Behandlung der aktiven latenten Steuern – vorgeschlagen, die passiven latenten Steuern in das

Eigenkapital umzugliedern. Begründet wird diese Vorgehensweise damit, dass passive latente Steuern keinen Schuldcharakter besitzen.[22] Da allerdings bereits bei der jahresabschlussanalytischen Behandlung der aktiven latenten Steuern von der in der deutschen Literatur vorgeschlagenen Behandlung abgewichen wurde[23] und die passiven latenten Steuern nach den Definitions- und Ansatzkriterien als *liabilities* einzustufen sind und damit aus Investorensicht Fremdkapitalcharakter besitzen,[24] sollten sie zu Zwecken der Jahresabschlussanalyse im Fremdkapital belassen werden.

Bei der Erstellung der Passivseite der Strukturbilanz müssen letztendlich – abgesehen von den unter 6.3 vorgeschlagenen Aufbereitungsmaßnahmen – nur die *current* und die *non-current liabilities* aus der Originalbilanz zu den gesamten *liabilities* aufaddiert werden.

### 6.2.3 Zusätzliche Aufbereitungsmaßnahmen im Konzern

Neben den erläuterten Aufbereitungen stellen sich bei der Analyse von Konzernabschlüssen zusätzliche Fragen.

So bestehen für den Ausgleichsposten für Anteile anderer Gesellschafter (*minority* bzw. *noncontrolling interest*) drei Ausweisalternativen:[25]

- Ausweis innerhalb des Eigenkapitals gemäß dem *entity concept*[26,27];
- Ausweis innerhalb des Fremdkapitals gemäß dem *parent company concept*[28];
- Ausweis zwischen Eigen- und Fremdkapital.

---

[22] Vgl. KÜTING, K./EIDEL, U. (1996), S. 851; KÜTING, K./WEBER, C.-P. (2001), S. 66. Allerdings erläutern auch KÜTING/WEBER Vor- und Nachteile dieser Vorgehensweise. Vgl. ebenda.

[23] Vgl. die Ausführungen unter Abschnitt 6.2.1 mit entsprechender Begründung.

[24] Vgl. dazu auch die Ausführungen unter Abschnitt 6.3.1, in dem Kriterien zur Vornahme von Aufbereitungen erarbeitet werden.

[25] Vgl. auch für die folgende Aufzählung EISOLT, D. (1992), S. 273 f. Das FASB sieht allerdings im Rahmen seines Konsolidierungsprojekts vor, den separaten Ausweis von Minderheitenanteilen innerhalb des Eigenkapitals vorzuschreiben. Vgl. MÜHLBERGER, M. (2001), S. 1321.

[26] Anstelle des Begriffs *entity concept* wird häufig auch der Begriff *economic unit concept* verwendet. Vgl. für viele LARSEN, E. J. (2000), S. 248.

[27] Eine Erläuterung des *entity concept* findet sich bei LARSEN, E. J. (2000), S. 248 ff.; PELLENS, B. (2001), S. 281 ff.

[28] Eine Erläuterung des *parent company concept* findet sich bei LARSEN, E. J. (2000), S. 248 ff.; PELLENS, B. (2001), S. 281 ff.

Da die SEC den Ausweis des Ausgleichpostens für Anteile anderer Gesellschafter zwischen Eigen- und Fremdkapital vorschreibt,[29] wird diese Vorgehensweise zumeist auch in der US-amerikanischen Bilanzierungspraxis angewandt.[30] Bei einem Ausweis entweder zwischen Eigen- und Fremdkapital oder innerhalb des Fremdkapitals wird analog das auf die Anteile anderer Gesellschafter entfallende Ergebnis als Aufwand in der Gewinn- und Verlustrechnung erfasst. Erfolgt der Ausweis im Eigenkapital, ist das Ergebnis dagegen in Form eines eigenständigen Postens Bestandteil der Gewinn- und Verlustrechnung.[31]

Unterstellt man, dass ein am Mutterunternehmen beteiligter Aktionär die erfolgswirtschaftliche Jahresabschlussanalyse durchführt, so ist – wie auch aus dem *parent company concept* abgeleitet – der Ausgleichposten für Anteile anderer Gesellschafter dem Fremdkapital zuzurechnen und das darauf entfallende Ergebnis als Aufwand in der Gewinn- und Verlustrechnung zu erfassen. Da insb. Investoren als Interessenten der erfolgswirtschaftlichen Jahresabschlussanalyse auftreten, sollte dem *parent company concept* im Rahmen der Aufbereitungsmaßnahmen gefolgt werden.

Werden die Anteile anderer Gesellschafter in der Originalbilanz zwischen Eigen- und Fremdkapital ausgewiesen, ist m. E. zu Zwecken der Jahresabschlussanalyse eine Umgliederung dieser Position in das Fremdkapital vorzunehmen. Für die Gewinn- und Verlustrechnung ergeben sich keine Aufbereitungsmaßnahmen. Sind die Anteile anderer Gesellschafter in der Originalbilanz innerhalb des Eigenkapitals ausgewiesen, ist ebenfalls eine Umgliederung des Postens in das Fremdkapital durchzuführen. Darüber hinaus sind in diesem Fall auch Korrekturen in der Gewinn- und Verlustrechnung erforderlich: So ist das als Ergebnisbestandteil innerhalb der Gewinn- und Verlustrechnung ausgewiesene auf die Anteile anderer Gesellschafter entfallende Ergebnis nunmehr als Aufwand zu verbuchen.

---

[29] Vgl. SEC Reg. S-X, Rule 5-02.
[30] Vgl. KÜTING, K./EIDEL, U. (1996), S. 852.
[31] Vgl. LARSEN, E. J. (2000), S. 250.

## 6.3 Aufbereitungsmaßnahmen als Konsequenz des identifizierten bilanzpolitischen Gestaltungspotenzials

### 6.3.1 Kriterien zur Vornahme von Aufbereitungsmaßnahmen

Für die im vorangegangen Kapitel beschriebenen Ermessensspielräume und Wahlrechte wird im Folgenden erarbeitet, wie im jeweiligen Fall eine Vereinheitlichung umzusetzen ist und welche Auswirkungen sich dadurch auf das jahresabschlussanalytische Vermögen, das jahresabschlussanalytische Eigen- bzw. Fremdkapital und das bereinigte *net income* ergeben. Da sowohl gesetzliche Vorschriften als auch allgemein anerkannte Aufbereitungsregeln fehlen,[32] ist die dargestellte Vorgehensweise als Vorschlag zu betrachten. Dabei wird Folgendes unterstellt:

- Eine Aktivierung zu Zwecken der Jahresabschlussanalyse hat immer dann zu erfolgen, wenn eine Ressource vorliegt, die einen wahrscheinlichen künftigen Nutzen verkörpert, der für sich allein oder mit anderen *assets* zusammen geeignet ist, direkt oder indirekt zu künftigen Netto-Einzahlungsströmen zu führen, wenn ein Unternehmen diesen Nutzen erwerben und über ihn verfügen kann und wenn die Transaktion bzw. das sonstige Ereignis, welche das Recht bzw. die Verfügungsgewalt begründet, bereits stattgefunden hat.[33] Hat eine Aktivierung in der Originalbilanz stattgefunden, obwohl diese nach der genannten *asset*-Definition hätte unterbleiben müssen, ist die Aktivierung rückgängig zu machen. Ist dagegen eine Aktivierung trotz Vorliegen eines *assets* nach obigen Kriterien unterblieben, hat nachträglich eine Aktivierung stattzufinden.

- Eine Passivierung zu Zwecken der Jahresabschlussanalyse ist immer dann vorzunehmen, wenn eine Verpflichtung rechtlicher oder wirtschaftlicher Art gegenüber Dritten vorliegt, die auf eine wahrscheinliche künftige Übertragung von *assets*, von Nutzungsrechten an solchen oder auf die Erbringung von Dienstleistungen abstellt und zu einem bereits festgelegten Zeitpunkt, einem noch festzulegenden Zeitpunkt oder auf Verlangen zu erfüllen ist. Daneben dürfen maximal geringe Chancen bestehen, dieser Verpflichtung zu entgehen und die Transaktion oder das Ereignis, das zur Verpflichtung

[32] Vgl. KÜTING, K./WEBER, C.-P. (2001), S. 59.

[33] Diese Anforderungen sind der *asset*-Definition des SFAC 6.26 entnommen.

geführt hat, ist bereits eingetreten.[34] Hat eine Passivierung in der Originalbilanz (nicht) stattgefunden, obwohl diese nach der genannten *liability*-Definition hätte (erfolgen) unterbleiben müssen, ist die Passivierung (nachträglich vorzunehmen) rückgängig zu machen.

- Die Beachtung des Prinzips der periodengerechten Aufwands- und Ertragszurechnung dient einer sachgerechten Jahresabschlussanalyse; entsprechend sind Korrekturen unter Berücksichtigung dieses Prinzips vorzunehmen.
- Können die genannten Anforderungen nicht einheitlich bei allen Vergleichsunternehmen durch Korrektur erfüllt werden, ist aus Gründen der Vergleichbarkeit stets der kleinste gemeinsame Nenner zu suchen und durch Korrekturen herzustellen.

Daneben ist im Rahmen der Aufbereitung immer zu überprüfen, in welchem Verhältnis der Nutzen einer Aufbereitungsmaßnahme zu den dabei entstehenden Kosten steht; es sollte also auch an dieser Stelle das Wirtschaftlichkeitsprinzip eingehalten werden.[35] Zu beachten ist dabei letztendlich auch, dass sich die Effekte vieler Bilanzierungs- und Bewertungsmethoden im Zeitablauf ausgleichen.[36]

### 6.3.2 Aufbereitungsmaßnahmen hinsichtlich des Ansatzes auf der Aktivseite

Bezüglich des Ansatzes auf der Aktivseite steht dem Bilanzierenden ein Ermessensspielraum zur Behandlung von Kosten im Rahmen der Entwicklung von Software, die zum Verkauf, zur Vermietung oder zur anderweitigen Überlassung an Dritte bestimmt ist, zur Verfügung. Prüft man die unter Abschnitt 6.2.1 beschriebene *asset*-Definition, stellt man fest, dass bei selbsterstellter Software, die die Kriterien der *technological feasibility* erfüllt,[37] eine Aktivierung geboten ist. Denn falls die zur Aktivierung nach SFAS 86 geforderte *technological feasibility* gegeben ist, kann bspw. davon ausgegangen werden, dass die aktivierten Kosten zu künftigem Nutzenzufluss führen. Allerdings steht es zumindest in

---

[34] Diese Anforderungen sind der *liability*-Definition des SFAC 6.36 entnommen.

[35] Vgl. WAGENHOFER, A. (2000), S. 230.

[36] Vgl. WAGENHOFER, A. (2000), S. 236.

[37] Vgl. zu den Kriterien, die zur *technological feasibility* führen, die Ausführungen unter Abschnitt 5.5.1.1.1.

bestimmten Fällen im Ermessen des bilanzierenden Unternehmens, ob die zur Aktivierung notwendige *technological feasibility* besteht oder nicht und somit kann der externe Analyst nicht eindeutig feststellen, ob aus aktivierten Kosten zur Erstellung von Software tatsächlich ein künftiger Nutzenzufluss resultieren wird. Die Notwendigkeit zur Durchführung eines *recoverability test* an jedem Bilanzstichtag, bei dem die aktivierten Kosten mit dem *net realizable value* der Software verglichen werden,[38] entkräftet jedoch dieses Argument.

Hat ein Unternehmen dagegen seinen Ermessensspielraum dahingehend genutzt, Kosten zur Erstellung von Software erfolgswirksam zu verbuchen, obwohl bei objektiver Betrachtung eher von *technological feasibility* auszugehen wäre und somit eine Aktivierung zu erfolgen hätte, kann dies von einem externen Betrachter i. d. R. nicht mehr nachvollzogen werden.

Zusammenfassend ist festzustellen, dass zwar die Aktivierung der Kosten zur Entwicklung von Software zum Verkauf, zur Vermietung oder zur anderweitigen Überlassung an Dritte, soweit *technological feasibility* vorliegt, aus jahresabschlussanalytischer Perspektive grundsätzlich sinnvoll wäre. Aus Gründen der Objektivierung und Vereinheitlichung ist jedoch die Aufwandsverrechnung vorzuziehen; deshalb ist eine in der Originalbilanz ggf. erfolgte Aktivierung von Kosten wieder rückgängig zu machen.

Wurde in der betrachteten Periode eine Aktivierung vorgenommen, so

- verringert sich durch die Korrektur das jahresabschlussanalytische Umlaufvermögen und damit auch die Bilanzsumme in Höhe der ursprünglich aktivierten Kosten,[39]
- wohingegen die entsprechenden Forschungs- und Entwicklungsaufwendungen innerhalb der *other operating costs and expenses* in gleicher Höhe steigen und sich damit das *net income* verringert,
- wodurch das jahresabschlussanalytische Eigenkapital in gleicher Höhe sinkt.

---

[38] Vgl. SFAS 86.10.

[39] Aufgrund der in SFAS 86.11a und b vorgeschriebenen Ausweispflicht kann der Analyst diesen Betrag ermitteln.

- Dadurch ergibt sich in entsprechender Höhe ein latenter Steuerertrag, wodurch das Eigenkapital steigt bzw. die *deferred tax assets* ansteigen. Zur Ermittlung des latenten Steuerertrags ist die Höhe der zusätzlichen Forschungs- und Entwicklungsaufwendungen mit dem – wie auch nach SFAS 109.8 und 109.27 vorgeschrieben – aktuellen Steuersatz, bzw. falls Änderungen der Steuergesetze beschlossen und bekannt sind mit dem künftigen Steuersatz zu multiplizieren.[40]

Hat die Aktivierung in einer früheren Periode stattgefunden, ist

- zum einen der aktivierte Betrag gegen die *retained earnings* zu verbuchen, die dadurch abnehmen. Damit sinkt das jahresabschlussanalytische Eigenkapital.
- Zum anderen müssen die auf die laufende Periode entfallenden planmäßigen Abschreibungen (*amortization of capitalized software costs*)[41] bzw. die in der laufenden Periode erfassten außerplanmäßigen Abschreibungen (*evaluation of capitalized software costs*)[42] eliminiert werden, was zu einem Anstieg des *net income* führt und damit auch zu einer Erhöhung des jahresabschlussanalytischen Eigenkapitals. Daneben sind die darauf entfallenden latenten Steuern zu berücksichtigen.
- Daneben verringert sich durch die Korrektur das jahresabschlussanalytische Umlaufvermögen und damit auch die Bilanzsumme in Höhe der in der Originalbilanz aktivierten Kosten.

Ähnlich verhält es sich bei Kosten zur Entwicklung von Software zur unternehmensinternen Verwendung, denn auch hierbei bieten sich dem Bilanzierenden je nach Sachlage Ermessensspielräume.[43] Mit der selben Begründung wie oben ist auch hier eine Korrektur einer in der betrachteten Periode ggf. erfolgten Aktivierung vorzunehmen, wodurch entsprechend

- das Anlagevermögen abnimmt und gleichzeitig die Bilanzsumme sinkt,

---

[40] Vgl. zum nach SFAS 109.8 und 109.27 zu verwendenden Steuersatz auch die Ausführungen bei COENENBERG, A. G. (2001), S. 414.
[41] Vgl. dazu SFAS 86.8.
[42] Vgl. dazu SFAS 86.10.
[43] Vgl. die Ausführungen unter Abschnitt 5.5.1.1.1.

- die erfolgswirksam verbuchten Forschungs- und Entwicklungsaufwendungen steigen und sich folglich das *net income* vermindert,
- was zu einem in entsprechender Höhe verringerten jahresabschlussanalytischen Eigenkapital führt und
- ein latenter Steuerertrag entsteht, wodurch das Eigenkapital steigt bzw. die *deferred tax assets* ansteigen.

Wurden die Kosten in einer vorangegangenen Periode aktiviert,

- ist das Anlagevermögen zu kürzen bei gleichzeitiger Verringerung der Bilanzsumme,
- weiterhin sind die Kosten gegen die *retained earnings* zu verrechnen, wodurch sich das jahresabschlussanalytische Eigenkapital verringert;
- daneben sind die planmäßigen Abschreibungen sowie die außerplanmäßigen Abschreibungen, die sich aus einem *impairment test* ergeben haben, zu eliminieren. Dadurch erhöht sich das *net income* der laufenden Periode sowie das jahresabschlussanalytische Eigenkapital. Außerdem ist der diesbezügliche latenten Steuereffekt einzubeziehen.

Weiterhin ist zu überprüfen, inwiefern Korrekturen aufgrund des faktischen Ansatzwahlrechts für selbsterstellte immaterielle Anlagewerte, die der Nutzung im eigenen Unternehmen dienen und für die keine Sondervorschriften gelten,[44] vorzunehmen sind. Wiederum wäre nach betriebswirtschaftlicher Betrachtungsweise die Aktivierung der Kosten, die für selbsterstellte identifizierbare immaterielle Anlagewerte, die vom Unternehmen selbst genutzt werden sollen, entstanden sind und der *asset*-Definition genügen, sinnvoll. Nutzt aber ein Unternehmen das Wahlrecht dahingehend aus, die Kosten in der Entstehungsperiode erfolgswirksam zu verrechnen, kann der Analyst dies nicht nachvollziehen, da die Forschungs- und Entwicklungsaufwendungen lediglich im Gesamten anzugeben sind und somit nicht nachvollziehbar ist, welche Aufwendungen zu einem identifizierbaren immateriellen Anlagewert entsprechend der *asset*-Definition geführt haben. Da der Analyst aber auch keine Möglichkeit hat festzustellen, welcher Anteil der ausgewiesenen immateriellen Anlagewerte auf solche

[44] Vgl. SCHÖN, M. (1997), S. 89.

entfällt, die selbsterstellt wurden, können keine Korrekturvorschläge unterbreitet werden.

### 6.3.3 Aufbereitungsmaßnahmen hinsichtlich des Ansatzes auf der Passivseite

Betrachtet man den Ansatz auf der Passivseite der Bilanz, stellt sich die Frage, wie mit *contingent liabilities* im Rahmen der Aufbereitung zu Zwecken der Jahresabschlussanalyse zu verfahren ist. So sind *loss contingencies*, die als *probable* und vernünftig schätzbar eingestuft werden, ohnehin zu passivieren und für die Jahresabschlussanalyse beizubehalten. Sind *loss contingencies* dagegen zwar weiterhin *probable*, aber nicht verlässlich zu schätzen, so erfolgt lediglich eine Angabe in den *notes*, ebenso verhält es sich mit *loss contingencies*, deren Eintrittswahrscheinlichkeit als *reasonably probable* eingeschätzt wird. Aufgrund der Angabe können solche *loss contingencies* ohne weiteres zu Zwecken der Jahresabschlussanalyse gebildet werden. Da für den langfristig orientierten Investor diese Verpflichtungen u. U. relevant sein können, ist von dieser jahresabschlussanalytischen Korrektur Gebrauch zu machen, da außerdem die Grenze zwischen *probable* und *reasonably probable* bzw. zwischen *reasonably estimated* und *not reasonably estimated* fließend ist. Die Korrektur findet durch

- die Passivierung des in den *notes* unter den *loss contingencies* angegebenen Betrags statt. In diesem Ausmaß erhöhen sich die Fremdkapitalien zu Zwecken der Jahresabschlussanalyse,
- ebenso erhöhen sich die entsprechenden Aufwandspositionen in Höhe der Veränderung der in den *notes* angegebenen *loss contingencies* im Vergleich zur Vorjahresangabe,[45] was wiederum ein verringertes *net income* nach sich zieht.
- Das jahresabschlussanalytische Eigenkapital sinkt in Höhe der in den *notes* ausgewiesenen *loss contingencies*.
- Daneben ist der darauf entfallende latente Steuerertrag zu berücksichtigen, der zu einem erhöhten *net income* führt sowie ein erhöhtes jahresabschluss-

[45] Die Bildung der Differenz ist notwendig, da nach SFAS 5.10 lediglich die Angabe der gesamten nicht in der Bilanz ausgewiesenen *loss contingencies* erforderlich ist, nicht aber die in der Periode erfolgte Zuführung.

analytisches Eigenkapital und eine Erhöhung der *deferred tax assets* nach sich zieht.

Sind die *contingencies* dagegen *remote*, ist es unwahrscheinlich, dass sie den Investor tangieren werden. Da zusätzlich – es sei denn es handelt sich um Haftungsverhältnisse – auch keine Angaben in den *notes* erfolgen müssen, empfiehlt es sich ohnehin, diese *contingencies* für die Jahresabschlussanalyse zu vernachlässigen.

### 6.3.4 Aufbereitungsmaßnahmen hinsichtlich der Bewertung von Aktiva

Wurden vom analysierten Unternehmen Tauschgeschäfte getätigt, so sind auch an dieser Stelle Überlegungen zur Datenaufbereitung anzustellen, da sich dem Bilanzierenden u. U. die Gelegenheit bot, durch eine geschickte Klassifizierung des Tauschgeschäfts eine in der betrachteten Periode erfolgswirksame bzw. erfolgsneutrale Behandlung des Vorgangs herbeizuführen. Für eine gleichmäßige Behandlung von Tauschgeschäften über ähnliche und unähnlich *assets* spricht erstens, dass, würde man an Stelle des Tausches einen Verkauf mit anschließendem Kauf vornehmen, ein entsprechender Vorgang unabhängig von der Ähnlichkeit der Gegenstände stets erfolgswirksam zu behandeln wäre. Entsprechend sollten die erhaltenen Tauschgegenstände jeweils (erfolgswirksam) zum *fair value* angesetzt werden. Eine Gleichbehandlung gebietet zweitens der eröffnete Ermessensspielraum, der u. U. eine willkürliche Zuordnung zulässt, die außerdem vom Analysten nicht nachvollzogen werden kann. Um Einheitlichkeit zu erlangen, sollten folglich die aufgrund eines Tauschgeschäfts erhaltenen *assets* sowohl bei ähnlichen als auch bei unähnlichen erhaltenen Gegenständen zu ihrem *fair value* angesetzt werden, woraus Erfolgswirksamkeit in der Periode, in der der Tausch stattfindet, resultieren würde. Allerdings fehlt eine Vorschrift, die die Angabe des *fair value* von erhaltenen ähnlichen *assets* erfordert, sodass die vorgeschlagene Korrektur nicht durchführbar ist.[46]

Für eine Beibehaltung der unterschiedlichen Vorgehensweise im Rahmen der Aufbereitung spricht die Gegebenheit, dass das durch den Tausch erhaltene

[46] Finden Tauschgeschäfte statt, ist lediglich über die Eigenart der Transaktion, über die angewandten Bilanzierungsgrundlagen der transferierten *assets* und über die aufgrund der Transaktion realisierten *gains* und *losses* zu berichten. Vgl. APB Opinion 29.28.

ähnliche *asset* als Ersatz betrachtet werden kann. Hätte man nach wie vor den bisherigen Gegenstand genutzt, hätte auch keine Erfolgsrealisierung stattgefunden. Dieses Argument und die Unmöglichkeit, in beiden Fällen eine erfolgswirksame Abbildung darzustellen, lassen den Schluss zu, Korrekturen zu unterlassen.

Bei der Bewertung von derivativen Finanzinstrumenten besteht die Problematik aus Sicht des Jahresabschlussanalysten darin, dass die Bilanzierung stark vom Einsatzzweck bzw. der Dokumentation hierüber durch den Bilanzierenden abhängt; aus der Dokumentationsanforderung entsteht dem Bilanzierenden ein faktisches Wahlrecht zur (erfolgswirksamen) Marktbewertung des Derivats. Erschwerend kommt die Möglichkeit hinzu, durch die Zuordnung eines Derivats zu einem Grundgeschäft über die Bewertung des Grund- und Sicherungsgeschäfts zu entscheiden.[47] Betrachtet man die Bewertung von derivativen Finanzinstrumenten und den u. U. dazugehörigen Grundgeschäften, sind die Vorschriften zur teilweisen erfolgsneutralen Vereinnahmung von *fair value*-Änderungen in Abhängigkeit vom Sicherungszusammenhang unter dem Aspekt der periodengerechten Erfolgsermittlung durchaus sinnvoll. Da es allerdings möglich ist, einen in der Realität bestehenden Sicherungszusammenhang bspw. einfach nicht zu dokumentieren und dadurch die Bewertung des derivativen Finanzinstruments zum *fair value* und die erfolgswirksame Verbuchung von *fair value*-Änderungen herbeizuführen und dies weiterhin vom Analysten nicht nachvollziehbar ist, muss eine anderweitige gemeinsame Basis gefunden werden. Daher ist es m. E. aus Gründen der Vereinheitlichung sinnvoll, auch Derivate, die nachweislich zu Sicherungszwecken gehalten werden so zu bilanzieren, als wäre dies nicht der Fall. Dementsprechend sind bei Derivaten, die in der Originalbilanz nicht nach dem *hedge accounting* erfasst wurden, keine Korrekturen vorzunehmen.

Handelt es sich um einen *fair value hedge*, werden nach SFAS 133 Änderungen des *fair value* des entsprechenden Sicherungsgeschäfts ebenso erfolgswirksam erfasst; insofern erübrigt sich auch hier eine Korrektur zu Zwecken der Jahresabschlussanalyse. Gleichzeitig ist nach SFAS 133 allerdings auch das Grundgeschäft zu seinem *fair value* anzusetzen. Zugrunde liegen können dabei bilan-

[47] Vgl. die Ausführungen unter Abschnitt 5.5.2.2.4.

zierte *assets* oder *liabilities*, aber auch vertraglich fixierte Verpflichtungen. Der Ansatz zum *fair value* ist entsprechend zu Analysezwecken rückgängig zu machen, indem ein Wertansatz zu den üblichen *amortized cost* stattfindet, es sei denn es handelt sich um *assets*, die aufgrund anderweitiger Vorschriften ohnehin zum *fair value* anzusetzen sind. Allerdings existieren keine verbindlichen Ausweisvorschriften, die die Angabe der *amortized cost* vorschreiben,[48] sodass keine Korrektur möglich ist.

Wird ein derivatives Finanzinstrument bilanziell als *cash flow hedge* behandelt, so entsteht zumindest in Bezug auf die Bilanzierung des Basisgeschäfts kein Korrekturbedarf, da das Basisgeschäft so zu verbuchen ist, als wäre es ungesichert. Bei dem Derivat selbst ist zu unterscheiden zwischen dem effektiven und dem ineffektiven Teil: Nach SFAS 133 ist lediglich der ineffektive Teil der Wertänderung in der Entstehungsperiode erfolgswirksam zu erfassen. Der effektive Teil wird dagegen zunächst in das *other comprehensive income* verbucht. Zur Vereinheitlichung der *financial statements* unterschiedlicher Unternehmen zu Analysezwecken ist es jedoch angebracht, den effektiven Teil ebenfalls erfolgswirksam zu erfassen. Folgende Korrekturhandlungen sind vorzunehmen: Wurde in einem Abschluss eine Einstellung des effektiven Teils der *fair value*-Änderung in das *other comprehensive income* vorgenommen, so

- ist das *other comprehensive income* um eben diesen Betrag zu kürzen,
- während sich das *net income* entsprechend erhöht. Diese Korrektur kann aufgrund der separaten Ausweispflicht innerhalb des *other comprehensive income* gemäß SFAS 133.46 vorgenommen werden;
- diesbezüglich entsteht ein latenter Steueraufwand, der zur Verringerung des *net income* führt.[49]

Liegen *foreign currency cash flow hedges* vor, ist im Rahmen der Aufbereitungsmaßnahmen gemäß den Ausführungen zu *cash flow hedges* vorzugehen,

---

[48] Weder SFAS 133 bzw. SFAS 138 noch das im Januar 1997 herausgegebene FRR 48 „*Disclosure of Accounting Policies for Derivative Financial Instruments* [...]“ enthalten Vorschriften zum Ausweis der *amortized cost* des Grundgeschäfts.

[49] Da der Steuereffekt bereits im *other comprehensive income* bereits des Originalabschlusses erfasst wurde, ist das Eigenkapital nicht zu verändern, ebenso wenig die (ja bereits verbuchte) *deferred tax liability*.

bei *foreign currency fair value hedges* ist die Vorgehensweise analog der bei *fair value hedges* beschriebenen.

Weiterhin ist der Spielraum, der bei der Bewertung von Wertpapieren existiert, zu untersuchen. In der Originalbilanz nach US-amerikanischen Vorschriften sind Wertpapiere der Kategorie *held-to-maturity* in Höhe der fortgeführten Anschaffungskosten zu aktivieren,[50] *trading securities* und *available-for-sale securities* dagegen sind mit ihrem *fair value* (Marktwert) anzusetzen.[51] Unterliegt der *fair value* von *trading securities* Wertschwankungen, so sind diese unmittelbar in der laufenden Berichtsperiode erfolgswirksam in der Gewinn- und Verlustrechnung zu verbuchen.[52] Wertschwankungen bei *available-for-sale securities* dürfen dagegen nicht erfolgswirksam erfasst werden,[53] sondern sind in der Periode des Entstehens erfolgsneutral dem *other comprehensive income* zuzuführen und als eigenständige Komponente des Eigenkapitals auszuweisen.[54] Da die Zuordnung wie unter Abschnitt 5.5.1.2.2 beschrieben, zumindest in einigen Fällen willkürlich vorgenommen werden kann, ist die daraus folgende unterschiedliche Behandlung zu Zwecken der Jahresabschlussanalyse wieder rückgängig zu machen. Als einheitliche Basis kann der Ansatz zum *fair value* sowie die erfolgswirksame Erfassung von Wertschwankungen vorgeschlagen werden. Für diese Vorgehensweise spricht auch die in der internationalen Diskussion zur Rechnungslegung zu beobachtende Tendenz, *financial instruments* – womit auch bestimmte originäre gemeint sind – grundsätzlich zum *fair value* anzusetzen und Schwankungen des *fair value* erfolgswirksam innerhalb der Gewinn- und Verlustrechnung der laufenden Periode zu erfassen. Diesen Weg geht auch die *Joint Working Group* (JWG)[55] mit ihrem *Draft Standard „Financial Instruments and Similar Items“*.[56] Zielsetzung der JWG ist die Erarbeitung von Bilanzierungsregeln für Finanzinstrumente,[57] die künftig möglichst

---

50 Vgl. SFAS 115.7.
51 Vgl. SFAS 115.12.
52 Vgl. SFAS 115.13.
53 Mit Ausnahme von außerplanmäßigen Abschreibungen.
54 Vgl. SFAS 115.13.
55 Die *Financial Instruments Joint Working Group of standard setters* (JWG) setzt sich zusammen aus Vertretern des IASB, Vertretern von *standard settern* aus Deutschland, Frankreich, Großbritannien, der Nordischen Föderation, Australien, Neuseeland, Japan, Kanada und den USA. Vgl. BREKER, N./GEBHARDT, G./PAPE, J. (2000), S. 730.
56 Vgl. im Internet JOINT WORKING GROUP (2001), S. 1-70.
57 Als Finanzinstrumente gelten dabei bspw. auch Anteile am Eigenkapital eines anderen Unternehmens. Vgl. im Internet JOINT WORKING GROUP (2001), S. 17.

gleichlautend von allen beteiligten *standard settern* in Rechnungslegungsvorschriften umgesetzt werden sollen.[58]

Im Rahmen der jahresabschlussanalytischen Aufbereitung sind folglich auch die Wertpapiere der Kategorie *held-to-maturity* zum *fair value* anzusetzen, Wertschwankungen sind in der betreffenden Periode erfolgswirksam zu erfassen. Folgende Korrekturen müssen dazu vorgenommen werden:

- der Wertansatz der Wertpapiere der Kategorie *held-to-maturity*, i. d. R. unter den *non-current assets* ausgewiesen, erhöht sich um die Differenz zwischen *fair value* und fortgeführten Anschaffungskosten. Da beide Größen getrennt für jede Wertpapierart auszuweisen sind,[59] kann diese Korrektur problemlos vorgenommen werden.
- Soweit die Wertschwankungen auf die betrachtete Periode entfallen, verändern sich die *gains* und somit das *net income*. Wertschwankungen, die früheren Perioden zuzuordnen sind, beeinflussen die *retained earnings*. Da allerdings keine Angabe notwendig ist, welcher Teil der Differenz zwischen *fair value* und fortgeführten Anschaffungskosten auf die aktuelle Periode entfällt, muss eine praktikable Ermittlungsmethode gefunden werden. Wurden in der betrachteten Periode keine Wertpapiere der Kategorie *held-to-maturity* verkauft – eine Angabe zu den verkauften Wertpapieren ist nach SFAS 115.22 in den *notes* erforderlich – ergibt sich der der Periode zuzurechnende Betrag folgendermaßen: Es ist die Differenz zwischen fortgeführten Anschaffungskosten und *fair value* der *held-to-maturity*-Wertpapiere jeweils für das betrachtete Jahr sowie für das Vorjahr zu ermitteln. Die Differenz zwischen den beiden berechneten Größen stellt den in der Periode erfolgswirksam zu erfassenden Betrag dar, der Rest ist den Vorperioden zuzuordnen. Hat dagegen ein Wertpapierverkauf stattgefunden,[60] sind zunächst zwei Beträge zu ermitteln. Der erste Betrag ergibt sich aus der Differenz zwischen fortgeführten Anschaffungskosten und *fair value* der *held-to-maturity*-Wertpapiere im betrachteten Jahr zuzüglich dem aus dem Verkauf realisierten Erfolg, d. h. der Differenz zwischen fortgeführten

[58] Vgl. BREKER, N./GEBHARDT, G./PAPE, J. (2000), S. 730.

[59] Vgl. SFAS 115.19.

[60] Diesbezüglich sind Angaben über die Anschaffungskosten sowie den aus dem Verkauf erzielten Erfolg notwendig. Vgl. SFAS 115.22.

Anschaffungskosten und *fair value* der verkauften Wertpapiere. Der zweite Betrag entspricht der Differenz zwischen fortgeführten Anschaffungskosten und *fair value* der *held-to-maturity*-Wertpapiere des Vorjahres. Zieht man den ersten vom zweiten Betrag ab, erhält man den der Periode zuzurechnenden Erfolg. Die Restgröße ist wiederum den vorangegangenen Perioden zuzuordnen.

- Bezogen auf die *gains*, die der betrachteten Periode zuzurechnen sind, ergibt sich eine *deferred tax liability* bzw. ein latenter Steueraufwand, der zu einem reduzierten *net income* führt und damit zu einem geringeren Eigenkapital.
- Hat ein Verkauf von Wertpapieren der Kategorie *held-to-maturity* stattgefunden, ist der daraus entstandene und in der Original-Gewinn- und Verlustrechnung erfolgswirksam erfasste Erfolg zu eliminieren. Dadurch verringert sich sowohl das *net income* als auch das jahresabschlussanalytische Eigenkapital.
- Daraus folgt eine Erhöhung der *deferred tax assets* sowie ein latenter Steuerertrag, der zu einem höheren jahresabschlussanalytischen *net income* und einem gestiegenen jahresabschlussanalytischen Eigenkapital führt.

Da Wertpapiere der Kategorie *trading securities* bereits in der Originalbilanz mit ihrem *fair value* anzusetzen sind und die Wertschwankungen in der Entstehungsperiode erfolgswirksam erfasst werden, sind diesbezüglich keine Korrekturen erforderlich.

Dadurch dass auch Wertpapiere der Kategorie *available-for-sale securities* zu ihrem *fair value* anzusetzen sind, ergibt sich zunächst kein Aufbereitungsbedarf. Allerdings wird durch die erfolgsneutrale Erfassung von Wertschwankungen folgende Korrektur notwendig:

- Wertschwankungen, die in der betrachteten Periode stattgefunden haben, sind aus dem *other comprehensive income* auszubuchen und erfolgswirksam zu erfassen, wodurch sich das *net income* verändert. Sind Wertschwankungen früheren Berichtsperioden zuzuordnen, ändern sich in eben dieser Höhe die *retained earnings*. Der Analyst kann diese Korrekturen mit Hilfe der nach SFAS 115.19 notwendigen Angaben zu den gesamten unrealisierten Gewinnen und Verlusten und der Pflichtangabe gemäß SFAS 115.21d bezüglich des Saldos der auf die Berichtsperiode entfallenden unrealisierten Gewinne und Verluste aus *available-for-sale*-Wertpapieren vornehmen.

- Bezüglich der auf die Periode entfallende Erhöhung ergibt sich ein latenter Steueraufwand und entsprechend ein geringeres jahresabschlussanalytisches *net income*.
- Wurden Wertpapiere der Kategorie *available-for-sale* in der Betrachtungsperiode verkauft, ist der daraus entstandene und im Original-Jahresabschluss erfolgswirksam erfasste Erfolg[61] zu eliminieren. Dadurch verringert sich das *net income* wodurch auch das jahresabschlussanalytische Eigenkapital sinkt.
- Gleichzeitig ist die diesbezügliche Erhöhung der *deferred tax assets* sowie der entsprechende latente Steuerertrag zu berücksichtigen, der einen Anstieg des *net income* nach sich zieht und damit auch zu einem höheren Eigenkapital führt.

Der im Rahmen der Bewertung von selbsterstellten *assets* bestehende Ermessensspielraum hinsichtlich des Einbezugs fertigungsbezogener Verwaltungskosten stellt für den Analysten ein unüberwindbares Hindernis dar. Denn es ist so gut wie ausgeschlossen, fälschlicherweise nicht als herstellungsbezogen klassifizierte Verwaltungsaufwendungen auszumachen. Entsprechend können an dieser Stelle auch keine Korrekturen vorgenommen werden.

Weiterhin steht dem Bilanzierenden speziell bei der erstmaligen Bewertung von selbsterstelltem Anlagevermögen ein Wahlrecht im Hinblick auf die Behandlung der Fertigungsgemeinkosten bei der Ermittlung der Herstellungskosten zur Verfügung.[62] Auch hier sind keine Angabepflichten über die bei der Bilanzierung angewandte Behandlung vorgesehen, sodass der Analyst keine Aufbereitungsmaßnahmen durchführen kann.

Geht dem Bilanzierenden unterjährig Sachanlagevermögen zu, hat er die Möglichkeit, die planmäßige Abschreibung im Zugangsjahr zeitanteilig vorzunehmen oder eine andere stetig angewandte Behandlung zu wählen.[63] Geht man

[61] Dieser ist nach SFAS 115.21a auszuweisen.
[62] Vgl. dazu die Ausführungen unter Abschnitt 5.5.2.2.2.
[63] Vgl. dazu die Ausführungen unter Abschnitt 5.5.2.2.2.

davon aus, dass Unternehmen regelmäßig Sachanlagevermögen erwerben, werden sich die Effekte der unterschiedlichen Behandlung, insbesondere da eine stetige Vorgehensweise vorgeschrieben ist, aufheben. Insofern erübrigen sich Korrekturmaßnahmen.

Auch aufgrund des faktischen Wahlrechts, Aufwendungen für Suchbohrungen im Rahmen der Öl- und Gasförderung nach der *successful efforts*-Methode oder der *full cost*-Methode zu behandeln, ist es notwendig, Aufbereitungsmaßnahmen durchzuführen. Aus der Perspektive eines Jahresabschlussanalysten wäre die alleinige Anwendung der *successful efforts*-Methode wünschenswert, da nach SFAS 19.19 nur diejenigen Aufwendungen für Suchbohrungen aktiviert werden, durch die nachweisbare Rohstoffvorkommen, die außerdem wirtschaftlich nutzbar sind,[64] erschlossen wurden; konnten bei den Suchbohrungen hingegen keine nachweisbaren wirtschaftlich ausbeutbaren Vorkommen entdeckt werden, muss eine Aktivierung unterbleiben.[65] So ist bei einer nach SFAS 19.19 gebotenen Aktivierung davon auszugehen, dass die aktivierten Aufwendungen auch der unter Abschnitt 6.3.1 geforderten Erfüllung der *asset*-Definition entsprechen. So verfügt das bilanzierende Unternehmen aufgrund von erfolgreichen Suchbohrungen über Ressourcen, die einen wahrscheinlichen künftigen Nutzen darstellen, der geeignet ist, direkt oder indirekt zu künftigen Netto-Einzahlungsströmen zu führen; außerdem handelt es sich um eine Transaktion, die bereits stattgefunden hat. Sind Suchbohrungen dagegen nicht erfolgreich, entstehen dadurch auch keine Ressourcen, die einen künftigen Nutzenzufluss gewährleisten; insofern ist auch eine Aktivierung diesbezüglich entstandener Aufwendungen zu Zwecken der Jahresabschlussanalyse abzulehnen.

Problematisch ist dagegen aus einer jahresabschlussanalytischen Perspektive die nach US-GAAP alternativ erlaubte Anwendung der *full cost*-Methode, nach der eine Aktivierung unabhängig vom Erfolg der Suchbohrung vorgenommen werden darf.[66] Dies kann nämlich zu einer aus Analystensicht unerwünschten Aktivierung von Aufwendungen führen und zwar falls das untersuchte Unternehmen die Aufwendungen erfolgloser Suchbohrungen aktiviert. Die in 6.2.1

64 Vgl. dazu SFAS 19.31.
65 Vgl. auch SCHILDBACH, T. (2000a), S. 80 f.
66 Vgl. dazu die Ausführungen unter Abschnitt 5.5.2.2.5.

geforderten *asset*-Kriterien liegen dann nicht vor. Falls in einem wesentlichen Umfang Kosten für erfolglose Suchbohrungen aktiviert wurden, sind diese nach SFAS 69.19 separat auszuweisen.

Aufbereitungsmaßnahmen sind nicht notwendig, wenn das analysierte Unternehmen die *successful efforts*-Methode anwendet. Bilanziert ein Unternehmen dagegen nach der *full cost*-Methode, sind zu Zwecken der Jahresabschlussanalyse folgende Korrekturen vorzunehmen:

- Die aktivierten Aufwendungen für erfolglose Suchbohrungen sind aus der Bilanz zu eliminieren. Dadurch nehmen Anlagevermögen und Bilanzsumme ab.
- Die auf die betrachtete Periode entfallenden aktivierten Aufwendungen für Suchbohrungen sind erfolgswirksam zu verbuchen und vermindern somit das *net income*. Die Korrektur hat in Höhe der nach SFAS 69.19 getrennt ausweispflichtigen aktivierten Kosten für erfolgslose Suchbohrungen zu erfolgen, allerdings nur soweit sie der betrachteten Periode zuzurechnen sind.[67]
- In der Originalbilanz aktivierte Aufwendungen für Suchbohrungen, die in früheren Perioden entstanden sind, sind mit den *retained earnings* zu verrechnen.
- Aufgrund der beiden vorangegangenen Korrekturen sinkt das jahresabschlussanalytische Eigenkapital.
- Durch die zu Zwecken der Jahresabschlussanalyse erhöhten Aufwendungen entsteht ein *deferred tax asset* sowie ein latenter Steuerertrag, der wiederum ein höheres jahresabschlussanalytisches Eigenkapital mit sich bringt.
- Abschreibungen der in der Originalbilanz aktivierten Aufwendungen für erfolglose Suchbohrungen sind zu eliminieren. Da die Abschreibungen aber nur insgesamt, d. h. auch bezogen auf aktivierte Aufwendungen für erfolgreiche Suchbohrungen auszuweisen sind,[68] kann der Anteil der auf erfolglose Suchbohrungen entfallenden Abschreibungen nur näherungsweise geschätzt

[67] Die Ermittlung der auf die Periode entfallenden Kosten erfolgt mit Hilfe des Vergleichs der Angabe des Vorjahreszeitraums.
[68] Vgl. SFAS 69.24.

werden. Die Abschreibungen sind um den geschätzten Betrag zu kürzen, wodurch sich das *net income* erhöht.

- Folglich steigt auch das Eigenkapital zu Zwecken der Jahresabschlussanalyse in dieser Höhe an.
- Gleichzeitig ist eine entsprechende *deferred tax liability* zu bilden und ein Steueraufwand zu verbuchen, der zu einem geringeren jahresabschlussanalytischen *net income* und Eigenkapital führt.

Im Rahmen der Vorratsbewertung dürfen unterschiedliche Sammelbewertungsverfahren verwendet werden. Sinnvoll wäre es, bei Unternehmensvergleichen eine Vereinheitlichung herzustellen, bspw. durch die Vorratsbewertung nach der LIFO-Methode[69] bei allen analysierten Unternehmen. Da nach US-amerikanischen Vorschriften lediglich Angaben über Bilanzierungsprinzipien und –methoden bzw. über die Grundlagen der Vorratsbewertung zu erfolgen zu haben,[70] kann der Analyst nicht nachvollziehen, in welcher Höhe die Vorräte eines Unternehmens nach einem anderen als dem angewendeten Verfahren zu bewerten wären. Entsprechend können zu Analysezwecken keine Korrekturen vorgenommen werden. Der Analyst kann sich allerdings ein Bild über die verfolgte Bilanzpolitik machen: Bilanziert das Unternehmen nach der LIFO-Methode, ist das Vorratsvermögen bei steigenden Preisen – und dies dürfte in den meisten Fällen zutreffend sein – unterbewertet; das Unternehmen verfolgt eine eher konservative Bilanzpolitik. Wendet ein Unternehmen dagegen die FIFO-Methode an, kann dies ein Indikator für progressive Bilanzpolitik sein.[71]

Als Nächstes gilt es zu untersuchen, ob Aufbereitungsmaßnahmen aufgrund der Tatsache, dass mehrere Verfahren zur planmäßigen Abschreibung auf Anlagevermögen herangezogen werden können, vonnöten sind. In der US-amerikanischen Rechnungslegung ist, wie unter Abschnitt 5.5.2.2.1 erläutert, jede Methode erlaubt, die der wirtschaftlichen Abnutzung entspricht. Da somit auch

[69] Nicht zu empfehlen ist die Vereinheitlichung auf Basis der *dollar-value* LIFO-Methode, da diese einer periodengerechten Erfolgsermittlung i. d. R. entgegen steht, da sie häufig zur erhöhten Bildung stiller Reserven führt.

[70] Vgl. KPMG (Hrsg.) (1999), S. 49 f.

[71] Vgl. auch BERNSTEIN, L. A./WILD, J. J. (2000), S. 194.

der Zielsetzung der periodengerechten Erfolgsermittlung genüge getan wird, sind keine Korrekturmaßnahmen vorzunehmen.

### 6.3.5 Aufbereitungsmaßnahmen hinsichtlich der Bewertung von Passiva

Auf der Passivseite existieren die folgenden Ermessensspielräume und Wahlrechte im Rahmen der Bewertung von Pensionsverpflichtungen, die bei der Aufbereitung zu beachten sind:

- Der Ermessensspielraum bei den Trendannahmen.
- Der Ermessensspielraum bei Festlegung der *settlement rate.*
- Das Wahlrecht, die *prior service cost* entweder gleichmäßig über die restliche durchschnittliche Beschäftigungsdauer der begünstigten aktiven Arbeitnehmer zu verteilen oder eine andere Methode der Verteilung zu wählen, insofern diese zu einer früheren Aufwandsverrechnung führt.
- Das Wahlrecht bezüglich der Verteilung von *gains or losses* aufgrund von Abweichungen der tatsächlich eingetretenen Entwicklung von den Annahmen, aufgrund von Änderungen der Annahmen oder aus der Differenz von tatsächlichem und erwartetem Ertrag aus dem Planvermögen.
- Das Wahlrecht hinsichtlich der Verteilung einer bei erstmaliger Anwendung von SFAS 87 bestehenden Über- oder Unterdeckung der *projected benefit obligation.*

Durch die aufgeführten Ermessensspielräume und Wahlrechte kann jeweils sowohl die Höhe der *projected benefit obligation* bzw. der *accumulated benefit obligation* als auch die Höhe des erfolgswirksam zu verbuchenden laufenden Nettoversorgungsaufwands beeinflusst werden. In der obigen Reihenfolge der Ermessensspielräume und Wahlrechte wird nun untersucht, inwiefern Aufbereitungsmaßnahmen durchzuführen sind.[72]

---

[72] Hinsichtlich der Aufbereitung von Ermessensspielräumen bei den Trendannahmen und der *settlement rate* werden die Annahmen allerdings nur für die untersuchte Periode angepasst. Auf die Darstellung der theoretisch notwendigen Aufbereitungsmaßnahmen aufgrund angepassten Annahmen, die Vorperioden betreffen, wird verzichtet, da diese in der Praxis aufgrund fehlender Ausweispflichten nicht nachvollzogen werden können.

Die bei der Berechnung der *service cost*[73] unterstellten Trendannahmen haben grundsätzlich die bestmögliche Schätzung widerzuspiegeln.[74] Insbesondere steht aber die Annahme künftiger Gehaltssteigerungsraten im Ermessen des Unternehmens.[75] Um eine Vereinheitlichung von Abschlüssen unterschiedlicher Unternehmen oder Betriebe herbeizuführen, sollte der Analyst die durchschnittliche Steigerungsrate der Gehälter über einen längeren Zeitraum hinweg in der entsprechenden Branche ermitteln. Diese Steigerungsrate ist dann entsprechend bei der Berechnung der *service cost* zugrunde zu legen. Wurde im analysierten Unternehmen eine geringere (höhere) Gehaltssteigerungsrate verwendet, so

- steigen (sinken) durch Anwendung der durchschnittlichen Steigerungsrate die *service cost*, die Bestandteil der *net periodic pension cost* sind. Damit geht ein geringeres (höheres) *net income* einher.
- Folglich sinkt (steigt) das jahresabschlussanalytische Eigenkapital.
- Diesbezüglich entsteht ein *deferred tax asset* (eine *deferred tax liability*) sowie ein latenter Steuerertrag (latenter Steueraufwand), der zu einem erhöhten (verringerten) *net income* und einem gestiegenen (gesunkenen) Eigenkapital führt.
- Da die Differenz aus *net periodic pension cost* und den Zuweisungen zu den *plan assets* Eingang in die Bilanz findet – übersteigen die Nettoversorgungsaufwendungen die Planzuweisungen, findet eine Passivierung unter den *unfunded accrued pension cost* statt, im umgekehrten Fall erfolgt eine Aktivierung von *prepaid pension cost* – führt ein höherer (geringerer) unterstellter künftiger Gehaltsanstieg zu einer höheren (geringeren) Passivierung bzw. geringeren (höheren) Aktivierung.
- Letztendlich schlägt sich die veränderte Annahme ggf. auch in der *additional minimum liability* nieder, denn bei deren Ermittlung wird der marktnahe Wert des Planvermögens zuzüglich der *unfunded accrued pension cost* bzw. abzüglich der *prepaid pension cost* verglichen mit der *accumulated benefit obligation*. Ist die *accumulated benefit obligation* dabei höher als der Vergleichswert, muss in Höhe des Unterschiedsbetrags eine *additional minimum liability* gebildet werden. Insofern kann eine höhere (niedrigere)

---

[73] Vgl. zur Ermittlung der *service cost* die Ausführungen unter Abschnitt 5.5.1.2.6.
[74] Vgl. SFAS 87.43. Vgl. auch AMOROSO, V./WIRTH, P. C. (1999), S. 32.8.
[75] Vgl. dazu auch Ausführungen unter Abschnitt 5.5.1.2.6, insb. Abb. 5.3.

Gehaltssteigerungsrate ggf. zu einer höheren (geringeren) *additional minimum liability* führen.

Daneben finden die Trendannahmen auch Eingang in die Berechnung der *projected benefit obligation*. Diese kann zwar als geeignete Annäherung an die tatsächliche wirtschaftliche Belastung betrachtet werden; allerdings ist sie, wie bereits beschrieben, weder zu passivieren, noch sind sonst diesbezügliche Angaben zu leisten.[76] Entsprechend müssen an dieser Stelle auch keine Aufbereitungsmaßnahmen vorgenommen werden.

Als Nächstes ist der bei Festlegung der *settlement rate* bestehende Ermessensspielraum zu untersuchen. Grundsätzlich ist dabei ein solcher Zinssatz zu verwenden, auf dessen Basis eine effektive Abfindung der Pensionsverpflichtungen oder eine Übertragung derselben auf eine Versicherungsgesellschaft stattfinden könnte.[77] In der Praxis kann dieser Zinssatz aus dem Ertrag hochqualitativer festverzinslicher Wertpapiere abgeleitet werden. Alternativ kann auch eine Abschätzung der *settlement rate* auf Basis des monatlich veröffentlichten Zinssatzes des amerikanischen Pensions-Sicherungs-Vereins vorgenommen werden.[78] Da – wie auch Abb. 5.4 zeigt – in der Praxis eine große Spannweite an Zinssätzen unterstellt wird,[79] und der externe Analyst kaum in der Lage sein wird, die bei der Festlegung der Zinssätze an den Tag gelegte Objektivität zu überprüfen, ist diesbezüglich eine praktikable Vereinheitlichung vorzunehmen. Ganz allgemein kann vorgeschlagen werden, für deutsche Unternehmen den Zinssatz von Bundesanleihen mit mehrjähriger Laufzeit heranzuziehen. Ist dieser Zinssatz höher (niedriger) als die vom analysierten Unternehmen verwendete *settlement rate*,

- erhöhen (verringern) sich die *service cost* und somit auch die *net periodic pension cost*. Daraus resultiert ein geringeres (höheres) *net income* und Eigenkapital.

---

[76] Vgl. die Ausführungen unter Abschnitt 5.5.1.2.6.

[77] Vgl. SFAS 87.44. Vgl. auch RÖßLER, N./KAETHER, F./SCHMANDT, E. M. (1997), S. 1142; KPMG (Hrsg.) (1999), S. 109.

[78] Vgl. SFAS 87.44. Vgl. auch OHLUND, E. G./HAYN, S. (1998), S. 164.

[79] Im Jahr 1999 haben 438 vom AICPA untersuchte Unternehmen, die nach US-amerikanischen Vorschriften bilanzieren, Zinssätze zwischen 4,5 % oder niedriger und 11 % verwendet. Vgl. AICPA (2000), S. 344.

- Auch die als Bestandteil der *net periodic pension cost* zu ermittelnden Zinsaufwendungen, die das Produkt der *settlement rate* und der PBO am Anfang der betrachteten Periode darstellen, steigen (sinken) und führen zu einem niedrigeren (höheren) *net income* und Eigenkapital.
- Aus den beiden vorangegangenen Punkten ergibt sich die Entstehung eines *deferred tax assets* (einer *deferred tax liability*) sowie ein latenter Steuerertrag (latenter Steueraufwand), der zu einem erhöhten (verringerten) *net income* und einem gestiegenen (gesunkenen) Eigenkapital führt.
- Auch die veränderte *settlement rate* hat einen Einfluss auf den Wertansatz in der Bilanz: Da sie die Höhe der *net periodic pension cost* beeinflusst, ergibt sich durch eine höhere (niedrigere) unterstellte *settlement rate* je nach Sachlage eine höhere (niedrigere) Passivierung in Form von *unfunded accrued pension cost* bzw. eine höhere (niedrigere) Aktivierung in Form von *prepaid pension cost*.
- Ein höherer (niedrigerer) Zinssatz wirkt sich zuletzt u. U. auch auf die *additional minimum liability* aus, die dann zu einem geringeren (höheren) Umfang anzusetzen ist.

Auch hinsichtlich des Wahlrechts über die Verteilung der *prior service cost* besteht Aufbereitungsbedarf. An und für sich sind diese Kosten bereits abgelaufenen Perioden zuzurechnen, da sie durch eine nachträgliche Zusage oder Erhöhung einer Altersversorgungszusage für bereits erbrachte Leistungen entstehen. Gemäß dem Prinzip der periodengerechten Erfolgsermittlung sollten sie zu Zwecken der Jahresabschlussanalyse nicht in die *net periodic pension cost* der laufenden Periode eingehen, sondern mit den Rücklagen verrechnet werden. Da die Kosten, wie unter Abschnitt 5.5.2.2.6 dargestellt, nach SFAS 87.24 ff. in unterschiedlicher Höhe in die *net periodic pension cost* eingehen können, je nachdem, wie der Bilanzierende das Wahlrecht ausübt, ist es kaum möglich, Empfehlungen für eine einheitlich Verteilung auszusprechen. Insofern sollten die Kosten im Rahmen der Aufbereitung tatsächlich mit den Rücklagen verrechnet werden. Entsprechend sind

- *prior service cost*, die in die Nettoversorgungsaufwendungen der betrachteten Perioden einbezogen wurden, zu eliminieren. Entsprechend erhöht sich das *net income* und damit das jahresabschlussanalytische Eigenkapital.

- Dadurch entsteht eine *deferred tax liability* und ein latenter Steueraufwand, der zu einem niedrigeren *net income* und einem gesunkenen jahresabschluss-analytischen Eigenkapital führt.
- Diejenigen *prior service cost*, die noch nicht als Aufwand verbucht wurden, sind mit den Rücklagen zu verrechnen. Eine gemäß SFAS 132.5c notwendige Angabepflicht über die noch nicht verteilten *prior service cost* ermöglicht diese Aufbereitungsmaßnahme.

Anders verhält es sich bei der jahresabschlussanalytischen Verteilung von *gains or losses*, die auf Abweichungen der tatsächlich eingetretenen Entwicklung von den Annahmen, auf Änderungen der Annahmen oder auf die Differenz von tatsächlichem und erwartetem Ertrag aus dem Planvermögen zurückzuführen sind. Da diese Sachverhalte am ehesten der Periode ihres Auftretens zuzuordnen sind, sollte bei periodengerechter Erfolgsermittlung entsprechend auch die Aufwands- und Ertragszuteilung erfolgen. *Gains or losses*, die aus früheren Perioden in der Nebenbuchhaltung bestehen und noch nicht verteilt (*amortized*) wurden, sind mit den Rücklagen zu verrechnen. In der betrachteten Periode neu hinzugekommene *gains* erhöhen das *net income*, *losses* dagegen verringern es. Die Ermittlung der tatsächlichen *gains or losses* und der Vergleich dieser mit den bereits verteilten Beträge ist sehr umfangreich und teilweise aufgrund fehlender Ausweisvorschriften nur eingeschränkt durchführbar. Da m. E. der zur Aufbereitung notwendige Aufwand den Nutzen daraus bei weitem überschreitet, sollte an dieser Stelle von jahresabschlussanalytischen Korrekturen abgesehen werden.

Im nächsten Schritt sind Be- und Entlastungen, die zurückzuführen sind auf:[80] Änderungen von versicherungsmathematischen Annahmen, unerwartete Gehaltsentwicklungen, Unterschiede zwischen versicherungsmathematischen Annahmen und tatsächlich eingetretener Entwicklung, unerwartete Gewinne oder Verluste aus den *plan assets* bzw. aus der *liability* sowie eine Korrektur der *settlement rate* zu untersuchen. Nach SFAS 87 sind diese nicht in der Periode, in der sie auftreten, vollständig zu erfassen. Sie sind vielmehr zu kumulieren und bei Überschreiten des unter Abschnitt 5.5.1.2.6 beschriebenen Korridors ist der

[80] Vgl. auch für die folgende Aufzählung SCHILDBACH, T. (1998b), S. 59.

übersteigende Betrag durch die durchschnittliche Restdienstzeit der begünstigten aktiven Arbeitnehmer zu teilen und in dieser Höhe als *gain or loss to the extent recognized*, allerdings erst in der darauffolgenden Periode,[81] zu erfassen.[82] Alternativ darf auch eine andere Verteilungsmethode verwendet werden, wenn dadurch ein mindestens gleich hoher Betrag erfasst wird, wenn sie stetig und sowohl für *gains* als auch für *losses* verwendet wird und die verwendete Methode offen gelegt wird.[83] Somit ist es letztendlich möglich, den bis zu Beginn der betrachteten Periode aufgelaufenen *gain or loss* in dieser Periode in voller Höhe erfolgswirksam zu erfassen; grundsätzlich nicht zulässig ist dagegen eine sofortige erfolgswirksame Erfassung der in der Periode neu entstandenen *gains or losses*.[84] Zu Zwecken der Jahresabschlussanalyse wäre es wiederum angebracht, eine sofortige periodengerechte erfolgswirksame Verbuchung der *gains or losses* vorzunehmen. Da aber wiederum die Ermittlung der tatsächlichen periodengerechten *gains or losses* unverhältnismäßig aufwändig bzw. nicht durchführbar ist, sollten m. E. Aufbereitungen diesbezüglich unterbleiben.

Zuletzt ist im Rahmen der Bilanzierung von Pensionen zu überprüfen, ob aufgrund des Wahlrechts zur Verteilung einer bei erstmaliger Anwendung von SFAS 87 bestehenden Über- oder Unterdeckung der *projected benefit obligation* Aufbereitungsmaßnahmen notwendig werden. Relevant ist dieses Wahlrecht insofern, da auch deutsche Unternehmen, die in Einklang mit den US-amerikanischen Rechnungslegungsvorschriften bilanzieren, SFAS 87 erstmals in Geschäftsjahren, die nach dem 15.12.1988 begannen, einhalten müssen.[85] Stellt ein deutsches Unternehmen in einer späteren Rechnungslegungsperiode erstmalig einen Abschluss nach US-GAAP auf, so ist dabei grundsätzlich die Erstellung einer versicherungsmathematischen Berechnung für das auf den 15.12.1988 folgende Geschäftsjahr notwendig. Falls keine versicherungsmathematischen Daten für diesen Zeitraum verfügbar sind, muss die Berechnung für einen späteren Zeitraum, spätestens jedoch für den Beginn des Geschäftsjahres, für das erstmalig ein Abschluss nach US-amerikanischen Vorschriften aufgestellt wird, durchgeführt werden. Bezüglich des sich dann ergebenden Über-

[81] Vgl. HAYN, S. (1997), S. 434.
[82] Vgl. KIESO, D. E./WEYGANDT, J. J./WARFIELD, T. D. (2001), S. 1134 ff.
[83] Vgl. SFAS 87.33.
[84] Vgl. SCHILDBACH, T. (2000a), S. 193.
[85] Vgl. SFAS 87.76. Vgl. auch KPMG (Hrsg.) (1999), S. 112.

gangssaldos ist zu unterscheiden: Der Anteil, der während der Zeit seit der erstmaligen Anwendung von SFAS 87 und dem Beginn des auf den 15.12.1988 folgenden Rechnungslegungsperiode anfällt, ist erfolgsneutral zu erfassen, d. h. gegen das Eigenkapital zu verbuchen.[86] Das nach SFAS 87.77 bestehende Wahlrecht bezieht sich auf den Rest, der über die durchschnittliche Restdienstzeit der begünstigten aktiven Arbeitnehmer verteilt werden kann oder – falls die durchschnittliche Restdienstzeit dieser fünfzehn Jahre unterschreitet – alternativ über 15 Jahre.

Üblicherweise wird entsprechend in der Praxis eine Verteilung über die durchschnittliche Restdienstzeit der aktiven Arbeitnehmer vorgenommen. Da es weiterhin für den Analysten nicht nachvollziehbar ist – es sei denn, er findet freiwillige Angaben vor – welchen Betrag die Verteilung über 15 Jahre im Vergleich zu einer Verteilung über eine kürzere Restdienstzeit ausmacht, können keine Korrekturen vorgenommen werden. Dies verliert allerdings an Bedeutung, beachtet man, dass das Wahlrecht für Abschlüsse, die für Geschäftsjahre nach 2003 beginnend[87] aufgestellt werden, hinfällig ist.

Bei der Aufbereitung zu Zwecken der Jahresabschlussanalyse ist weiterhin zu überprüfen, wie hinsichtlich des Wahlrechts zur Abzinsung von Rückstellungen für Umweltschutzmaßnahmen zu verfahren ist. Da liabilities grundsätzlich zu ihrem Barwert anzusetzen sind, sollte auch bei diesen Rückstellungen eine Abzinsung erfolgen. Unterstellt man, dass die analysierten Abschlüsse der Unternehmen den Anforderungen der SEC genügen, ist davon auszugehen, dass ein Zinssatz in Einklang mit SAB 92 verwendet wurde, der bei einer Übertragung der Verpflichtung auf einen Dritten herangezogen würde und gleichzeitig nicht über dem Zinssatz für beinahe risikolose Anlagen mit vergleichbaren Laufzeit liegt.[88] Somit sind bezüglich des Zinssatzes keine Korrekturen erforderlich. Hat ein analysiertes Unternehmen keine Abzinsung vorgenommen, sind folgende Korrekturen vorzunehmen:

- Die Rückstellung für Umweltschutzmaßnahmen ist mit einem Zinssatz, der bei einer Übertragung der Verpflichtung auf einen Dritten herangezogen

[86] Vgl. KPMG (Hrsg.) (1999), S. 112.
[87] Dies gilt, wenn das Geschäftsjahr mit dem Kalenderjahr übereinstimmt.
[88] Vgl. dazu die Ausführungen unter Abschnitt 5.5.2.2.6.

würde und nicht über dem Zinssatz für beinahe risikolose Anlagen mit vergleichbaren Laufzeit liegt, abzuzinsen. Anschließend ist sie um die Differenz zwischen dem undiskontierten Wert und dem Barwert zu kürzen. Entsprechend verringert sich das Fremdkapital.

- Der entsprechend zu hoch verbuchte Aufwand ist aufzuteilen: einerseits in einen erfolgswirksamen Teil, der der betrachteten Periode zuzurechnen ist. Dabei ist die Höhe der Rückstellung der Periode zu vergleichen mit derjenigen der Vorperiode. Der auf die Differenz entfallende Abzinsungsbetrag kürzt die Aufwendungen, wodurch wiederum das bereinigte *net income* und folglich das jahresabschlussanalytische Eigenkapital ansteigt. Andererseits erhöht der Restbetrag die *retained earnings* und damit das jahresabschlussanalytische Eigenkapital.
- Der auf die betrachtete Periode entfallende geringere Aufwand führt zum Ansatz einer *deferred tax liability* und zur Verbuchung eines zusätzlichen Steueraufwands, der ein geringeres *net income* und Eigenkapital nach sich zieht.

### 6.3.6 Aufbereitungsmaßnahmen hinsichtlich der Aufwands- und Ertragsbemessung

Auch bezüglich der Aufwands- und Ertragsverrechnung wurden im fünften Kapitel Ermessensspielräume und Wahlrechte identifiziert, die Aufbereitungsmaßnahmen nach sich ziehen. So können reale Aktienoptionen im Rahmen eines kompensatorischen Aktienoptionsprogramms bilanziell nach APB Opinion 25 oder SFAS 123 erfasst werden.[89] Erfolgt die Erfassung nach APB Opinion 25, so bestimmt sich der Aufwand nach dem inneren Wert. Dies entspricht nicht dem aus wirtschaftlicher Sicht angemessenen Wert, da die periodengerechte Erfolgsermittlung gestört wird. Wendet der Bilanzierende dagegen SFAS 123 bei der bilanziellen Erfassung von Aktienoptionsplänen an, so bemisst sich der

[89] Vgl. dazu die Ausführungen unter Abschnitt 5.5.2.2.8.

Gesamtaufwand auf Basis des *fair value*. Diese Vorgehensweise kann eher als periodengerecht bezeichnet werden.

Hat ein Unternehmen die Bilanzierung seiner Aktienoptionen gemäß APB Opinion 25 gewählt, muss es trotzdem die Ausweispflichten des SFAS 123 erfüllen, die die entsprechenden Ausweispflichten nach APB Opinion 25 ersetzen. Es ist dann ein sog. Proforma-Jahresergebnis und u. U. die *earnings per share* auszuweisen, als wäre SFAS 123 bei der Ermittlung des Gesamtaufwands herangezogen worden.[90] Entsprechend einfach gestalten sich die Aufbereitungsmaßnahmen: Denn wurde im analysierten Abschluss nach APB Opinion 25 bilanziert, können die Korrekturen zu Zwecken der Jahresabschlussanalyse folglich einfach aus der Gewinn- und Verlustrechnung abgelesen werden. Weiterhin ergeben sich für die Strukturbilanz keine Aufbereitungsnotwendigkeiten, da lediglich eine Umklassifizierung von den *retained earnings* zum *additional-paid-in capital* stattfindet, d. h. sich eine Änderung innerhalb des Eigenkapitals ergibt.

Im Folgenden ist zu untersuchen, ob hinsichtlich des unter Abschnitt 5.5.1.2.4 festgestellten Ermessensspielraums bei der Bewertung von *deferred tax assets* Aufbereitungsmaßnahmen notwendig sind. Die nach US-GAAP notwendige Untersuchung der *deferred tax assets* auf ihre Werthaltigkeit hin ist auch aus jahresabschlussanalytischer Perspektive eine sinnvolle Vorgehensweise. Wird mit dem Eintritt des Nutzens aus dem *deferred tax asset* mit einer Eintrittswahrscheinlichkeit von über 50 % gerechnet, ist der Ansatz beizubehalten. Da dies auch der Vorgehensweise beim Ansatz von *assets* nach der Definition des *Frameworks* entspricht, sind soweit keine Aufbereitungen notwendig. Eine ggf. vorzunehmende erfolgswirksame Wertberichtigung kann zwischen 0 % und 100 % auf das *deferred tax asset* betragen,[91] je nach Werthaltigkeit des *deferred tax asset*. Da der Analyst zwar die Höhe der Wertberichtigung nachvollziehen kann – sie ist nach SFAS 109.43c angabepflichtig – aber die vom Bilanzierenden vorgenommene Einschätzung der Werthaltigkeit nicht überprüfen kann, hat er auch keine Möglichkeit, einen möglicherweise in Anspruch genommenen Ermessensspielraum zu erkennen und zu eliminieren.

[90] Vgl. SFAS 123.11 i. V. m. SFAS 123.45. Vgl. auch KPMG (Hrsg.) (1999), S. 130.
[91] Vgl. COENENBERG, A. G. (2001), S. 414.

Der in Abschnitt 5.5.1.2.5 dargestellte Ermessensspielraum im Rahmen der Bilanzierung von langfristigen Fertigungsaufträgen erweist sich als für die Jahresabschlussanalyse unüberwindbares Hindernis. Problematisch ist dabei insb., wenn ein Bilanzierender die *completed-contract* Methode anwendet. So kann der Analyst nicht nachvollziehen, ob das bilanzierende Unternehmen berechtigterweise nach der *completed-contract* Methode vorgeht oder ob dadurch lediglich ein entsprechender Erfolgsausweis umgangen werden soll. Daneben ist es nicht ersichtlich, in welcher Höhe ein Gewinn zu verbuchen gewesen wäre, hätte der Bilanzierende anstelle der *completed-contract* Methode die *percentage-of-completion* Methode angewandt. Folglich können keine Vorschläge zur Aufbereitung unterbreitet werden.

Hinsichtlich der Behandlung von Ratenverkäufen mit unsicherem Eingang der Gegenleistung wurde in Abschnitt 5.5.1.2.7 ein Ermessensspielraum bezüglich der dabei anzuwendenden Methode festgestellt. Wird die *installment method* angewendet, erfolgt die Erfassung von Gewinnen aus Ratenverkäufen mit zeitlicher Verzögerung zum Zeitpunkt des Zuflusses der Ratenzahlungen; bei der Bilanzierung nach der *cost recovery method* findet die Gewinnrealisierung erst dann statt, wenn die kumulierten Ratenzahlungen die Kosten, die für das verkaufte Gut entstanden sind, vollständig abdecken.[92] Da allerdings jeweils keine Angaben zu leisten sind, welcher Gewinn bei Anwendung der alternativen Methode realisiert worden wäre, lassen sich keine Vereinheitlichungen für die Jahresabschlussanalyse durchführen.

### 6.3.7 Zusätzliche Aufbereitungsmaßnahmen im Konzern

Im Rahmen der Aufstellung der Handelsbilanz II wurde in Abschnitt 5.5.3.2 ein bilanzpolitischer Spielraum identifiziert. So sind die Einzelabschlüsse ausländischer Konzernunternehmen, die in der jeweiligen Landeswährung vorliegen in die Währung des Mutterunternehmens umzurechnen. Dies hat nach dem Konzept der funktionalen Währung zu geschehen, wobei die Umrechnungsmethode von der Klassifikation des jeweiligen Tochterunternehmens als *foreign entity* oder als *foreign operation* abhängt. Da diese Klassifikation in der Praxis nicht immer eindeutig ist, kann der Bilanzierende durch eine entsprechende

[92] Vgl. dazu die Ausführungen unter Abschnitt 5.5.1.2.

Einstufung über die Umrechnungsmethode bestimmen. Er entscheidet damit über die Höhe der Währungsumrechnungsdifferenzen sowie über deren Erfolgswirksamkeit.

Grundsätzlich ist die Verwendung des Konzepts der funktionalen Währung aus Investorensicht nicht zu beanstanden. Ist es doch zweckmäßig, bei relativ selbstständigen Tochterunternehmen – den *foreign entities* – deren Landeswährung als funktionale Währung heranzuziehen, wodurch die Umrechnung einen reinen transformatorischen Vorgang darstellt sowie bei eher unselbstständig agierenden Tochterunternehmen – den *foreign operations* – die Währung der Mutter als funktionale Währung zu verwenden. Fraglich ist allerdings die erfolgsneutrale Behandlung von Währungsumrechnungsdifferenzen bei *foreign entities*. So sprechen einige Argumente für einen Einbezug der Währungsumrechnungsdifferenzen in das *net income*:[93]

(1) Die Möglichkeit von Wechselkursänderungen ist ein Risiko, das bei Auslandsinvestitionen besteht. Vorteilhafte Effekte stellen *gains* dar, nachteilige *losses*; sie sollten in der Periode ihres Auftretens erfolgswirksam erfasst werden.

(2) Die Erfassung von Währungsumrechnungsdifferenzen ist konsistent mit dem *all-inclusive concept*,[94] das sich in den letzten Jahren in der US-amerikanischen Rechnungslegung immer stärker durchgesetzt hat.

(3) Wechselkursänderungen sind „historische" Tatsachen und in jeder Rechnungslegungsperiode sollten die wirtschaftlichen Vorkommnisse in derselben auch abgebildet werden.

(4) Wechselkurse schwanken; der Ausschluss der sich daraus ergebenden Effekte legt die Vermutung nahe, dass Wechselkurse stabil sind.

Aus jahresabschlussanalytischer Perspektive ist insb. das dritte Argument überzeugend, da – wie bereits unter 6.3.1 erläutert – die periodengerechte Aufwands- und Ertragszurechnung einer sachgerechten Jahresabschlussanalyse dient.

[93] Vgl. für die folgenden Argumente PAHLER, A. J./MORI, J. E. (2000), S. 461.
[94] Zum *all-inclusive concept* vgl. die Ausführungen unter Abschnitt 4.4.1.

Gegen die sofortige erfolgswirksame Verbuchung von Währungsumrechnungsdifferenzen sprechen folgende Argumente:[95]

(1) Wenn sich Wechselkurse wahrscheinlich wieder umkehren, sollte der Effekt zeitlich abgegrenzt werden.

(2) Ständig schwankende Wechselkurse verursachen unnötige Schwankungen des *net income*.

(3) Für viele Auslandsaktivitäten gilt, dass Anpassungen aufgrund der Währungsumrechnung weder auf den betrieblichen Bereich noch auf die *cash flows* der Auslandseinheit einen Einfluss ausüben.

Abgesehen vom zweiten Argument, wiegen die Argumente für eine erfolgsneutrale Verrechnung von Währungsumrechnungsdifferenzen m. E. stärker. Gerade die Tatsache, dass Währungsumrechnungsdifferenzen regelmäßig nicht dem betrieblichen Bereich zuzuordnen sind, allerdings auch nicht unmittelbar mit dem ordentlichen betriebsfremden Ergebnis zusammenhängen und auch keine außerordentlichen Ergebniskomponenten sind, spricht für eine Erfassung außerhalb des *net income*.

Da aus externer Sicht kaum nachvollziehbar ist, inwiefern ein Bilanzierender bei der Klassifikation tatsächlich einen Ermessensspielraum genutzt hat, es aber aus jahresabschlussanalytischer Perspektive zweckmäßig ist, die unterschiedliche Behandlung von *foreign entities* und *foreign operations* beizubehalten, können keine eindeutigen Aussagen zur Aufbereitung getroffen werden. Allerdings ist sowieso nur eine Korrektur der erfolgswirksamen bzw. erfolgsneutralen Erfassung von Währungsumrechnungsdifferenzen möglich, eine Aufbereitung bezüglich der Höhe der Währungsumrechnungsdifferenzen aufgrund fehlender Ausweisvorschriften nicht durchgeführt werden kann. Denn Grundlage für eine solche Aufbereitung sind die Einzelbilanzen der ausländischen Tochterunternehmen, auf die der Analyst i. d. R. keinen Zugriff hat. Daneben müssen bspw. Informationen über die Fristigkeit von Bilanzpositionen sowie über den zeitlichen Anfall von Transaktionen vorliegen. Da all diese Daten nicht vorliegen,

[95] Vgl. für die folgenden Argumente PAHLER, A. J./MORI, J. E. (2000), S. 461 f.

können bezüglich der Höhe der Währungsumrechnungsdifferenzen keine Korrekturen vorgenommen werden. Lediglich die erfolgsneutrale Verbuchung von Währungsumrechnungsdifferenzen rückgängig zu machen bzw. umgekehrt erfolgswirksame Verbuchungen als erfolgsneutral im Rahmen der Aufbereitungsmaßnahmen umzuordnen, ist m. E. nicht sinnvoll, da bereits die Basis nicht korrigiert werden kann. Entsprechend ist an dieser Stelle von Aufbereitungen abzusehen.

Weiterhin gilt es zu untersuchen, ob die in Abschnitt 5.5.3.3.1 beschriebene faktische Einbeziehungsmöglichkeit im Rahmen der Aufbereitungsmaßnahmen zu berücksichtigen ist. Denn Unternehmen verfügen über die Möglichkeit, ein Tochterunternehmen in den Konzernabschluss einzubeziehen, an dem sie weniger als 50 % der Stimmrechte halten, über das sie effektiv aber dennoch „*control*" ausüben können.[96] Gegen die Vornahme von Aufbereitungsmaßnahmen sprechen allerdings drei Tatsachen: Erstens wird von dieser faktischen Einbeziehungsmöglichkeit in der Praxis kaum Gebrauch gemacht,[97] zweitens können SEC-gelistete Unternehmen dieses Wahlrecht nicht in Anspruch nehmen[98] und drittens ist davon auszugehen, dass der *control*-Begriff künftig neu definiert wird und damit das Wahlrecht hinfällig sein wird.[99] Weiterhin könnte der wahlweise Einbezug eines Tochterunternehmens nur unter unrealistischen Bedingungen[100] sowie einem unverhältnismäßig hohen Aufwand rückgängig gemacht werden. Folglich ist an dieser Stelle von Aufbereitungen abzusehen.

Auch im Rahmen der Kapitalkonsolidierung konnten Ermessensspielräume ausgemacht werden.[101] Allerdings stellt sich auch da das Unterfangen, *financial statements* verschiedener Unternehmen hinsichtlich des (neuen) *purchase accounting* auf einen Nenner zu bringen, als unlösbar dar. Dies liegt darin begründet, dass ein Außenstehender weder das angewandte Ermessen bei der Ermittlung des *goodwill* im Rahmen eines Neuerwerbs bzw. bei erstmaliger

---

96 Vgl. NIEHUS, R. J./THYLL, A. (2000), S. 35.
97 Vgl. ebenda.
98 Vgl. Reg. S-X, Rule 3A-02 (a). Vgl. auch KPMG (Hrsg.) (1999), S. 144.
99 Vgl. die Ausführungen unter Abschnitt 5.5.3.1.
100 Der Analyst müsste über eine Vielzahl von Daten verfügen, insb. wäre der Zugriff auf die Einzelbilanz des betroffenen Tochterunternehmens erforderlich.
101 Vgl. die Ausführungen unter Abschnit 5.5.3.3.2.

Anwendung der SFAS 141 und 142 beurteilen kann, noch kann er ausgeübte Willkür im Rahmen des *impairment tests* erkennen. Entsprechend schwierig ist es, Vorschläge für Aufbereitungsmaßnahmen zu generieren. Im Folgenden wird auf die drei wesentlichen Ermessensspielräume eingegangen und erklärt, ob Aufbereitungsmaßnahmen vorgenommen werden sollten oder ob von solchen abzusehen ist.

Unter Abschnitt 5.5.3.3.2 wurde erläutert, dass es im Ermessen des Bilanzierenden liegt, inwieweit er bei einem Unternehmenserwerb bzw. der erstmaligen Anwendung von SFAS 141 und 142 die gebotene Aktivierung sämtlicher immaterieller *assets*, die die in SFAS 141.39 aufgeführten Kriterien erfüllen, vornimmt. Zwar besteht die Verpflichtung, verschiedene Angaben über diese erworbenen immateriellen *assets* zu leisten,[102] daraus lässt sich aber für einen außenstehenden Dritten nicht ableiten, ob der Bilanzierende tatsächlich alle objektiv notwendigen Aktivierungen vorgenommen hat. Aus diesem Grund ist der Analyst auf das Testat des Wirtschaftsprüfers angewiesen, der eine Übereinstimmung des Abschlusses mit US-GAAP nur dann bestätigen kann, wenn auch die Vorschriften der SFAS 141 und 142 korrekt eingehalten werden. Insbesondere bei Unternehmen, die ihre Abschlüsse bei der SEC einreichen, kann m. E. grundsätzlich davon ausgegangen werden, dass auch tatsächlich alle erforderlichen Aktivierungen erfolgen.

Auch das bei der Klassifikation immaterieller *assets* als begrenzt oder unbegrenzt nutzbare *assets* angewandte Ermessen lässt sich nur schwer abschätzen. Allerdings können möglicherweise aufgrund der in SFAS 142.44-45 geforderten Ausweispflichten Rückschlüsse auf das Bilanzierungsverhalten gezogen werden. So ist die gesamte Höhe der begrenzt nutzbaren immateriellen *assets* anzugeben sowie die Höhe der wesentlichen Unterkategorien derselben. Daneben ist die durchschnittlich angenommene Nutzungsdauer der begrenzt nutzbaren immateriellen *assets* im Gesamten sowie für die Unterkategorien anzugeben.[103] Mit Hilfe dieser Angabepflichten kann der Analyst abschätzen, ob der Bilanzierende eher kürzere oder längere Nutzungsdauern unterstellt, indem er bspw. einen

---

[102] Es muss bspw. angegeben werden, in welcher Höhe begrenzt nutzbare immaterielle *assets* erworben wurden und über welche durchschnittliche Nutzungsdauer diese verfügen. Vgl. zu den Ausweisvorschriften SFAS 142.44-46 sowie SFAS 141.52-58.

[103] Vgl. SFAS 142.44a (1) und (3).

Vergleich mit den Nutzungsdauern vergleichbarer immaterieller *assets* bei Vergleichsunternehmen anstellt. Weiterhin besteht eine Ausweispflicht der gesamten Höhe unbegrenzt nutzbarer immaterieller *assets* sowie deren hauptsächlichen Unterkategorien.[104] Hier kann der Analyst wiederum das Verhältnis von unbegrenzt nutzbaren zu begrenzt nutzbaren immateriellen *assets* vergleichen mit dem entsprechenden Verhältnis bei Vergleichsunternehmen. Falls es sich um ähnliche Kategorien immaterieller *assets* handelt, kann er schlussfolgern, ob das Unternehmen vergleichsweise stärker dazu neigt, immaterielle *assets* als unbegrenzt nutzbar einzuordnen, um spätere planmäßige Abschreibungen zu vermeiden oder umgekehrt. Konkrete Aufbereitungsmaßnahmen kann der Analyst allerdings nicht durchführen.

Kaum durchschaubar für den Analysten ist die vom bilanzierenden Unternehmen vorgenommene Aufteilung des *goodwills* auf die einzelnen *reporting units*. Zwar sind im Rahmen der *financial statements* zahlreiche Angaben über den Unternehmenserwerb erforderlich wie z. B. die Hauptgründe für den Erwerb einschließlich der Faktoren, die in erster Linie den Kaufpreis und damit auch den ausgewiesenen *goodwill* bestimmt haben.[105] Da der *goodwill* aber nur als Gesamtbetrag in der Bilanz zu zeigen ist, wird dem Analysten jegliche Möglichkeit genommen, die Verteilung auf die einzelnen *reporting units* nachzuvollziehen. Entsprechend lassen sich auch keine Aufbereitungsmaßnahmen ableiten.

Weiterhin gilt es zu untersuchen, ob aufgrund des Wahlrechts bei der Zwischenergebniseliminierung im Falle von bestehenden Minderheitenanteilen Aufbereitungsmaßnahmen notwendig sind. Denn – wie in Abschnitt 5.5.3.3.3 erläutert – besteht bei *upstream sales*, d. h. bei Lieferungen oder Leistungen vom Tochterunternehmen an das Mutterunternehmen ein Wahlrecht, die Zwischenergebnisse vollständig oder nur in Höhe des Anteils des Mutterunternehmens zu eliminieren.[106] Je nach zugrunde gelegter Theorie ist die völlige oder aber die anteilige Elimination der Zwischenergebnisse vorzuziehen. So resultiert aus dem *parent company concept*[107], nach dem Minderheitsaktionäre als Konzernaußen-

[104] Vgl. SFAS 142.44b.
[105] Vgl. SFAS 142.51.
[106] Vgl. PELLENS, B. (2001), S. 305.
[107] Eine Erläuterung des *parent company concepts* findet sich bei LARSEN, E. J. (2000), S. 248 ff.; PELLENS, B. (2001), S. 281 ff.

stehende gelten, die anteilige Eliminierung der Zwischenerfolge. Betrachtet man den Konzern dagegen unter dem Aspekt des *entity concepts*[108], folgt daraus die vollständige Entfernung der Zwischenerfolge.[109]

Geht man davon aus, dass die erfolgswirtschaftliche Jahresabschlussanalyse aus dem Blickwinkel eines am Mutterunternehmen beteiligten Aktionärs erfolgt, so ist – wie auch aus dem *parent company concept* abgeleitet – die anteilige Eliminierung der Zwischenerfolge zu bevorzugen. Da neben der Unternehmensleitung insb. Investoren und von Investoren beauftragte Personen bzw. Personengruppen erfolgswirtschafliche Analysen anstrengen,[110] sollte auch dem *parent company concept* gefolgt werden; insofern sind grundsätzlich dann jahresabschlussanalytische Aufbereitungsmaßnahmen durchzuführen, wenn in einem Konzernabschluss die im Rahmen von *upstream sales* entstehenden Zwischenergebnisse vollständig eliminiert wurden. Da allerdings keine Ausweispflicht diesbezüglich besteht, in welcher Höhe Zwischenergebnisse bei anteiliger Eliminierung zu entfernen gewesen wären, ist eine Aufbereitung nicht durchführbar. Dies stellt sich jedoch insofern als weniger problematisch heraus, als in der Praxis die Minderheitenanteile fast ausschließlich nach dem *parent company concept* behandelt werden.[111]

Zuletzt ist das auf der Ebene des Konzernabschlusses identifizierte Wahlrecht zu untersuchen. Denn ein bilanzierendes Unternehmen hat grundsätzlich die Wahl, entweder als Stichtag der Erstkonsolidierung den Zeitpunkt des Erwerbs der Anteile am Tochterunternehmen zu wählen oder aus Vereinfachungsgründen den Erstkonsolidierungszeitpunkt auf das Ende der Periode zu legen, in der der Erwerb eingeleitet und abgeschlossen wurde.[112] Da dieses Wahlrecht allerdings in der Literatur nicht unumstritten ist,[113] und der Analyst weiterhin aufgrund

---

[108] Eine Erläuterung des *entity concepts* findet sich bei LARSEN, E. J. (2000), S. 248 ff.; PELLENS, B. (2001), S. 281 ff.

[109] Vgl. COENENBERG, A. G. (2001), S. 647.

[110] Vgl. dazu die Ausführungen unter Abschnitt 2.2.

[111] Vgl. PAHLER, A. J./MORI, J. E. (2000), S. 193.

[112] Vgl. dazu die Ausführungen unter Abschnitt 5.5.3.4.

[113] So geht TRÜTZSCHLER bspw. davon aus, dass ein solches Wahlrecht nicht existiert. Vgl. TRÜTZSCHLER, K. (1999), S. 405.

fehlender Daten[114] keine Möglichkeit hat, diesbezüglich Aufbereitungen vorzunehmen, ist von Korrekturen abzusehen.

## 6.4 Jahresabschlussanalytisches Vermögen, Eigen- und Fremdkapital sowie Periodenergebnis

Die Auswirkungen der unter Abschnitt 6.2 und 6.3 erarbeiteten Aufbereitungsmaßnahmen auf die Ermittlung des jahresabschlussanalytischen Anlage- und Umlaufvermögens, des jahresabschlussanalytischen Eigen- und Fremdkapitals sowie des jahresabschlussanalytischen Periodenergebnisses werden im Folgenden zusammengefasst. Dabei werden lediglich diejenigen Aufbereitungsmaßnahmen dargestellt, die sich aufgrund von Anpassungen in der betrachteten Periode ergeben.

Mit den folgenden beiden Schemata zur Aufbereitung des Anlage- und Umlaufvermögens kann die Aktivseite der Strukturbilanz gebildet werden.

**Jahresabschlussanalytisches Anlagevermögen**

Anlagevermögen aus der Originalbilanz

- Aktivierte Kosten zur Entwicklung von Software zur unternehmensinternen Verwendung.
- Aktivierte Kosten für selbsterstellte identifizierbare immaterielle Anlagewerte.

\+ Differenz zwischen *fair value* und fortgeführten Anschaffungskosten der Wertpapiere der Kategorie *held-to-maturity*.

- Aktivierte Aufwendungen für erfolglose Suchbohrungen im Rahmen der Öl- und Gasförderung.

\+ Aufgrund der Aufbereitungsmaßnahmen zu aktivierende *deferred tax assets,* die als *non-current* zu klassifizieren sind.

Abb. 6.1 Ermittlung des jahresabschlussanalytischen Anlagevermögens (Quelle: eigene Darstellung)

[114] D. h. Information darüber, wie sich der Jahresabschluss bei Einbeziehung zum Zeitpunkt des Erwerbs der Anteile am Tochterunternehmen dargestellt hätte.

| **Jahresabschlussanalytisches Umlaufvermögen** |
| --- |
| Umlaufvermögen aus der Originalbilanz |
| - Aktivierte Kosten zur Entwicklung von Software, die zum Verkauf, zur Vermietung oder zur anderweitigen Überlassung an Dritte bestimmt ist. |
| + Aufgrund der Aufbereitungsmaßnahmen zu aktivierende *deferred tax assets,* die als *current* zu klassifizieren sind. |

Abb. 6.2 Ermittlung des jahresabschlussanalytischen Umlaufvermögens (Quelle: eigene Darstellung)

Die folgenden beiden Aufbereitungsschemata zum Eigen- und Fremdkapital bilden die Grundlage für die Erstellung der Passivseite der Strukturbilanz.

**Jahresabschlussanalytisches Eigenkapital**

In der Originalbilanz ausgewiesenes Eigenkapital

- Ausgleichsposten für Anteile anderer Gesellschafter (soweit im Eigenkapital ausgewiesen).
- Aktivierte Kosten zur Entwicklung von Software, die zum Verkauf, zur Vermietung oder zur anderweitigen Überlassung an Dritte bestimmt ist.
- Aktivierte Kosten zur Entwicklung von Software zur unternehmensinternen Verwendung.
- Passivierung des in den *notes* unter den *loss contingencies* angegebenen Betrags (dadurch verringert sich das *net income* und somit auch das Eigenkapital).

\+ Differenz zwischen höherem *fair value* und den fortgeführten Anschaffungskosten der Wertpapiere der Kategorie *held-to-maturity*.

- In der Original-Gewinn- und Verlustrechnung erfasster Erfolg aus dem Verkauf von Wertpapieren der Kategorie *held-to-maturity.*
- In der Original-Gewinn- und Verlustrechnung erfasster Erfolg aus dem Verkauf von Wertpapieren der Kategorie *available-for-sale.*

+/- Differenz zwischen den ursprünglich ermittelten *service cost* unter Verwendung einer überdurchschnittlichen (unterdurchschnittlichen) Gehaltssteigerungsrate und den mit Hilfe einer angenommenen durchschnittlichen Gehaltssteigerungsrate ermittelten *service cost*.

+/- Differenz zwischen neu mit Hilfe eines möglichst objektivierten Zinssatzes berechnetem Zinsaufwand als Bestandteil der *net periodic pension cost* und dem ursprünglich ausgewiesenen Zinsaufwand unter Verwendung einer vom angenommenen objektivierten Zinssatz abweichenden *settlement rate*.

\+ *Prior service cost*, die in die Nettoversorgungsaufwendungen der betrachteten Periode einbezogen wurden.

\+ Differenz zwischen nicht abgezinster und abgezinster Rückstellung für Umweltschutzmaßnahmen.

+/- Durch die Aufbereitungen entstandener latenter Steuerertrag /-aufwand, der gleichzeitig eigenkapitalwirksam ist.

Abb. 6.3 Ermittlung des jahresabschlussanalytischen Eigenkapitals (Quelle: eigene Darstellung)

**Jahresabschlussanalytisches Fremdkapital**

In der Originalbilanz ausgewiesenes Fremdkapital

- \+ Ausgleichsposten für Anteile anderer Gesellschafter (falls nicht bereits in der Originalbilanz im Fremdkapital ausgewiesen).
- \+ Passivierung des in den *notes* unter den *loss contingencies* angegebenen Betrags.
- +/- Differenz zwischen mit möglichst objektiviertem angenommenem Gehaltsanstieg berechneten *net periodic pension cost* und ursprünglich berechneten *net periodic pension cost* mit einem vergleichsweise höheren (geringeren) angenommenen Gehaltsanstieg. Voraussetzung ist, dass *unfunded accrued pension cost* entstehen bzw. schon in der ursprünglichen Bilanz enthalten sind.
- +/- Differenz zwischen mit möglichst objektiviertem angenommenem Gehaltsanstieg berechneten *net periodic pension cost* und ursprünglich berechneten *net periodic pension cost* mit einem vergleichsweise höheren (geringeren) angenommenen Gehaltsanstieg. Diese Differenz führt – sofern bereits in der Ursprungsbilanz eine *additional minimum liability* existiert – zu einer höheren (geringeren) *additional minimum liability*.
- +/- Differenz zwischen mit möglichst objektiviertem angenommenem Zinssatz berechneten *net periodic pension cost* und ursprünglich berechneten *net periodic pension cost* mit einer vergleichsweise höheren (geringeren) angenommenen *settlement rate*. Voraussetzung ist, dass *unfunded accrued pension cost* entstehen bzw. schon in der ursprünglichen Bilanz enthalten sind.
- +/- Differenz zwischen mit möglichst objektivierter unterstellter *settlement rate* berechneten *net periodic pension cost* und ursprünglich berechneten *net periodic pension cost* mit einer vergleichsweise höheren (geringeren) unterstellten *settlement rate*. Diese Differenz führt – sofern bereits in der Ursprungsbilanz eine *additional minimum liability* existiert – zu einer höheren (geringeren) *additional minimum liability*.
- \+ Verringerung der Rückstellung für Umweltschutzmaßnahmen aufgrund der Abzinsung.
- \+ Aufgrund der Aufbereitungsmaßnahmen zu passivierende *deferred tax liabilities.*

Abb. 6.4 Ermittlung des jahresabschlussanalytischen Fremdkapitals (Quelle: eigene Darstellung)

Nach dem folgenden Schema ist das bereinigte *net income* zu Zwecken der Jahresabschlussanalyse zu ermitteln.

**Jahresabschlussanalytisches *net income***

*Net income* aus der Original-Gewinn- und Verlustrechnung

- Auf die Anteile anderer Gesellschafter entfallendes Ergebnis, falls dieses im Original-Jahresabschluss Bestandteil der Gewinn- und Verlustrechnung ist bzw. der Ausgleichsposten für Anteile anderer Gesellschafter im Eigenkapital ausgewiesen wird.
- Aktivierte Kosten zur Entwicklung von Software, die zum Verkauf, zur Vermietung oder zur anderweitigen Überlassung an Dritte bestimmt ist (die ursprünglich aktivierten Kosten sind den Forschungs- und Entwicklungsaufwendungen innerhalb der *other operating costs and expenses* zuzurechnen).
- Aktivierte Kosten zur Entwicklung von Software zur unternehmensinternen Verwendung.
- Auf die betrachtete Periode entfallende Passivierung der in den *notes* angegebenen *loss contingencies* in Höhe der Bestandsveränderung (erhöht entsprechende Aufwandspositionen).

\+ Effektiver Teil der *fair value*-Änderung eines derivativen Finanzinstruments im Rahmen eines *cash flow hedges*, der ursprünglich im *other comprehensive income* verbucht wurde, zu Aufbereitungszwecken aber im *net income* zu erfassen ist.

\+ Effektiver Teil der *fair value*-Änderung eines derivativen Finanzinstruments im Rahmen eines *foreign currency cash flow hedges*, der ursprünglich im *other comprehensive income* verbucht wurde, zu Aufbereitungszwecken aber im *net income* zu erfassen ist.

\+ Differenz zwischen höherem *fair value* und fortgeführten Anschaffungskosten der Wertpapiere der Kategorie *held-to-maturity*, soweit der betrachteten Periode zuzurechnen.

- In der Original-Gewinn- und Verlustrechnung erfasster Erfolg aus dem Verkauf von Wertpapieren der Kategorie *held-to-maturity.*
- In der Original-Gewinn- und Verlustrechnung erfasster Erfolg aus dem Verkauf von Wertpapieren der Kategorie *available-for-sale.*

+/- *Fair value*-Schwankungen bei Wertpapieren der Kategorie *available-for-sale*, die zuvor im *other comprehensive income* erfasst waren.

+/- Differenz zwischen den ursprünglich ermittelten *service cost* unter Verwendung einer unterdurchschnittlichen (überdurchschnittlichen) Gehaltssteigerungsrate und den mit Hilfe einer angenommenen durchschnittlichen Gehaltssteigerungsrate ermittelten *service cost* (die *service cost* als Bestandteil der *net periodic pension cost* verringern das *net income*).

+/- Differenz zwischen neu berechnetem Zinsaufwand als Bestandteil der *net periodic pension cost* mit Hilfe eines möglichst objektivierten Zinssatzes und dem ursprünglich ausgewiesenen Zinsaufwand unter Verwendung einer vom möglichst objektivierten Zinssatz abweichenden *settlement rate*.

\+ *Prior service cost*, die zu eliminieren sind (da die *prior service cost* Bestandteil der *net periodic pension cost* sind, verringert sich durch ihre Eliminierung das *net income*).

\+ Differenz zwischen neu berechnetem und ursprünglich erfasstem Aufwand für Rückstellungen für Umweltschutzmaßnahmen aufgrund der nachzuholenden Abzinsung von Rückstellungen für Umweltschutzmaßnahmen soweit die Periode betreffend.

- Differenz zwischen Aufwand aus realen Aktienoptionsplänen, der nach SFAS 123 zu erfassen wäre und dem tatsächlich nach APB Opinion 25 verbuchten Aufwand.

+/- Durch die Aufbereitungen entstandener latenter Steuerertrag /-aufwand.

Abb. 6.5 Ermittlung des jahresabschlussanalytischen bzw. bereinigten *Net Income*

(Quelle: eigene Darstellung)

# 7 Auswirkungen der US-amerikanischen Rechnungslegungsgrundsätze auf die erfolgswirtschaftliche Analyse

## 7.1 Ergebnisanalyse

### 7.1.1 Überblick

Zentraler Untersuchungsgegenstand im Rahmen der Ergebnisanalyse[1] ist das *income statement*, da hierin das Ergebnis der Unternehmenstätigkeit sowohl betragsmäßig als auch in seiner Zusammensetzung ausgewiesen wird.[2] Zu beachten ist u. U. ebenso das *statement of comprehensive income*, das, wie unter Abschnitt 4.4.1 erläutert, entweder zusammen mit dem *income statement* als *combined statement of income and comprehensive income* oder als eigenständiges *statement of comprehensive income* oder innerhalb des *statement of changes in equity* dargestellt werden kann. Unabhängig von der Darstellungsweise ist in diesem das *other comprehensive income* enthalten, das zwar in der betrachteten Periode entstanden oder zu verrechnen ist, allerdings nicht erfolgswirksam und somit das *net income* nicht beeinflusst hat.

Ansatzpunkt der Ergebnisanalyse ist im Allgemeinen das *net income*. Drei Argumente schränken jedoch den Einsatz des *net income* als Indikator der Ertragskraft ein:[3]

1. Das *net income* kann durch inflationsbedingte Scheinerfolge in seiner Höhe verzerrt sein: Da in vielen Bereichen der US-amerikanischen Rechnungslegung noch immer das *historical cost principle*[4] anzuwenden ist, ergibt sich bei steigenden Wiederbeschaffungskosten der Produktionsfaktoren eine Vermischung von tatsächlichem Erfolg und inflationsbedingtem Scheinerfolg.[5]

---

1 Häufig findet auch der Begriff „Erfolgsanalyse" anstelle des Begriffs „Ergebnisanalyse" Verwendung. Vgl. bspw. KÜTING, K./WEBER, C.-P. (2001), S. 188.

2 Vgl. ADAMS, C. (1993), S. 137; COENENBERG, A. G. (2001), S. 951.

3 Vgl. auch für die folgende Aufzählung COENENBERG, A. G. (2001), S. 951 ff.

4 Das *historical cost principle* wird unter Abschnitt 3.5.4.3.2 beschrieben.

5 Vgl. bezogen auf das Anschaffungswertprinzip nach HGB auch ADAMS, C. (1993), S. 138; PEEMÖLLER, V. H. (1993), S. 235; REINHART, A. (1998), S. 285.

2. Das *net income* kann durch die Bildung oder Auflösung von stillen Reserven in seiner Höhe verzerrt sein: Geschickte Sachverhaltsgestaltungen sowie die Ausnutzung bilanzpolitischer Wahlrechte und Ermessensspielräume kann zur Bildung stiller Reserven führen. Ist dies geschehen, unterschätzt der Jahresabschlussanalyst die Ertragskraft des Unternehmens. Hat dagegen eine Auflösung stiller Reserven stattgefunden, folgt daraus eine Überschätzung der Ertragskraft.[6]

3. Das *net income* enthält als zusammengefasste Größe keine Aussagekraft über die Struktur des Erfolgs und ist somit ein zu globaler Maßstab.

Um diese Einschränkungen soweit wie möglich aufzuheben, sollte der Analyst drei Analyseschritte durchführen. Zunächst sind inflationsbedingte Scheinerfolge aus dem *net income* zu eliminieren. Die dazu anzuwendenden aufwändigen Verfahren werden in dieser Arbeit allerdings nicht näher beschrieben, da Inflation in den letzten Jahren nur in einigen wenigen Ländern von Bedeutung war;[7] weiterhin ermuntert SFAS 89.1 die nach US-GAAP bilanzierenden Unternehmen, den Einfluss der Inflation innerhalb des *financial reporting* offen zu legen. In einem zweiten Schritt ist der Umfang der durch Jahresabschlusspolitik gelegten stillen Reserven so genau wie möglich abzuschätzen,[8] d. h. eine betragsmäßige Ergebnisanalyse ist notwendig. Zuletzt werden im Rahmen der so genannten strukturellen Ergebnisanalyse einerseits die unterschiedlichen Quellen und Ursachen des Erfolgs, andererseits die Struktur der Aufwendungen und Erträge untersucht.[9]

In den folgenden Ausführungen werden zuerst die Möglichkeiten der betragsmäßigen Analyse beschrieben, bevor die strukturelle Ergebnisanalyse dargestellt wird.

---

[6] Vgl. auch GRÄFER, H. (2001), S. 53.
[7] Vgl. auch COENENBERG, A. G. (2001), S. 951 f.
[8] Vgl. ADAMS, C. (1993), S. 139.
[9] Vgl. COENENBERG, A. G. (2001), S. 976.

### 7.1.2 Betragsmäßige Ergebnisanalyse

#### 7.1.2.1 Überblick

Zielsetzung des Analysten ist es, herauszufinden, inwieweit die im *income statement* dargestellte Entwicklung des *net income* der tatsächlichen wirtschaftlichen Erfolgslage entspricht. Da dem Analysten der Umfang der stillen Reserven per se nicht bekannt ist, muss er eine Validierung des ausgewiesenen *net income* mit Hilfe einer Schätzung der stillen Reserven in ihrer Höhe anstreben.[10] Die Entstehung stiller Reserven resultiert aus einer niedrigeren Bewertung von Aktiva oder einer höheren Bewertung von Passiva, jeweils gemessen an einem Vergleichswert[11].[12] Die betragsmäßige Analyse kann, da es in mehreren Bereichen Überschneidungen gibt, gleichzeitig mit den im sechsten Kapitel beschriebenen Aufbereitungsmaßnahmen vorgenommen werden. Allerdings besteht zwischen beiden Aktionen ein Unterschied. So steht bei der Aufbereitung die Zielsetzung im Vordergrund, verschiedene Unternehmen oder Betriebe miteinander vergleichbar zu machen. Dabei wird zwar auch versucht, soweit wie möglich stille Reserven und Lasten aufzudecken, lässt sich dadurch aber keine Vergleichbarkeit herstellen, wird davon abgesehen. Außerdem erfolgen Aufbereitungen nur dann, wenn bilanzpolitisches Gestaltungspotenzial besteht, stille Reserven können aber auch bspw. zwangsweise – wie nachfolgend erläutert – entstehen. Die Identifizierung stiller Reserven und Lasten ist folglich nur ein nachrangiges Ziel im Rahmen der Aufbereitung. Bei der betragsmäßigen Ergebnisanalyse ist es dagegen das vorrangige Ziel, stille Reserven und Lasten aufzudecken.

Im Rahmen der betragsmäßigen Ergebnisanalyse ist es hilfreich, die stillen Reserven hinsichtlich ihrer Entstehungsursachen zu unterscheiden;[13] dabei können die im Folgenden beschriebenen vier Kategorien ausgemacht werden.

---

[10] Vgl. COENENBERG, A. G. (Hrsg.) (1990b), S. 27; SCHEDLBAUER, H. (1990), S. 136; KÜTING, K. (1998a), S. 908; COENENBERG, A. G. (2001), S. 952.

[11] Als Vergleichswerte können z. B. Wiederbeschaffungs- oder Veräußerungswerte in Betracht kommen. Vgl. KÜTING, K. (1998b), S. 2.

[12] Vgl. KÜTING, K. (1998b), S. 2; KÜTING, K./WEBER, C.-P. (2000), S. 542.

[13] Zur Einteilung der stillen Reserven vgl. SEICHT, G. (1986), S. 283 ff.; SCHEDLBAUER, H. (1990), S. 136 ff.; COENENBERG, A. G. (2001), S. 952 f.

Die sog. Zwangsreserven können nicht vom Bilanzierenden beeinflusst werden.[14] In einem HGB-Abschluss entstehen sie vielmehr zwangsläufig aufgrund der vorgeschriebenen Beachtung des Realisations- und Imparitätsprinzips; so sind Marktwerte, die die Anschaffungs- oder Herstellungskosten übersteigen grundsätzlich nicht ansetzbar und auch niedrigere Marktwerte von Passiva dürfen nicht berücksichtigt werden.[15] Dies gilt allerdings– auch wenn in geringerem Umfang – für Abschlüsse, die nach US-amerikanischen Rechnungslegungsvorschriften erstellt wurden. So greift in vielen Bereich immer noch das *historical cost principle*[16],[17] das einen Ansatz von Aktiva zu Werten über den Anschaffungs- oder Herstellungskosten nicht erlaubt, bzw. einen Wertansatz unterhalb des Betrags, den der Bilanzierende für die Übernahme einer Verpflichtung erhalten hat oder derjenige, der unter der Annahme eines normalen Geschäftsverlaufs zu entrichten ist, verbietet. Konkret gelten die Anschaffungs- oder Herstellungskosten bspw. für das Sachanlagevermögen und für Vorräte als Wertobergrenze. Da keine Ausweispflicht von *fair values* für die Mehrzahl der zu fortgeführten Anschaffungs- oder Herstellungskosten bilanzierten *assets* bzw. der zum Betrag, den der Bilanzierende für die Übernahme einer Verpflichtung erhalten hat oder derjenige, der unter der Annahme eines normalen Geschäftsverlaufs zu entrichten ist, besteht, kann der Analyst aus dem Jahresabschluss keine Aussage bezüglich der in ihnen enthaltenen stillen Reserven treffen.

Allerdings hat die Bewertung zum *fair value* schon vor einigen Jahren Einzug in die US-amerikanische Rechnungslegung gehalten und so sind wie bereits im fünften Kapitel beschrieben, bestimmte Wertpapiere, nämlich *trading securities* und *available-for-sale securities*, zum *fair value* und damit zu ihrem Marktpreis anzusetzen.[18] Wertschwankungen bei *trading securities* sind unmittelbar in der laufenden Berichtsperiode erfolgswirksam zu verbuchen was die Bildung von Zwangsreserven verhindert. Dagegen sind Wertschwankungen von *available-for-sale securities* in der Periode des Entstehens erfolgsneutral dem *other*

---

14 Man bezeichnet sie deshalb auch „nicht beeinflußbare stille Rücklagen". SEICHT, G. (1986), S. 283.

15 Vgl. KÜTING, K./WEBER, C.-P. (2000), S. 543; COENENBERG, A. G. (2001), S. 953.

16 Zum *historical cost principle* vgl. die Ausführungen unter Abschnitt 3.5.4.3.2.

17 Vgl. BERNSTEIN, L. A./WILD, J. J. (2000), S. 77.

18 Vgl. dazu die Ausführungen unter Abschnitt 5.5.1.2.2.

*comprehensive income* zuzuführen. Da jedoch gemäß SFAS 130.14 solche erfolgsneutrale Eigenkapitalveränderungen auszuweisen sind, kann der Analyst das Ausmaß der entsprechenden Zwangsreserven abschätzen. Dies betrifft im Übrigen sämtliche erfolgsneutralen Vorgänge, d. h. neben den nicht realisierten Wertschwankungen bei bestimmten Wertpapieren betrifft es auch *minimum pension liability adjustments*[19] sowie die bei der Fremdwährungsumrechnung erfolgsneutral zu verbuchenden *translation adjustments*[20].

Eine weitere Gruppe von stillen Reserven stellen die Dispositionsrücklagen dar. Sie entstehen durch die entsprechende Ausnutzung der gewährten Ansatz- und Bewertungswahlrechte[21].[22] Ermessensreserven, die im Rahmen der US-GAAP die wichtigste Rolle spielen – das geht auch aus den Ausführungen im fünften Kapitel hervor – resultieren aus Ungenauigkeiten und damit Auslegungsspielräumen bezüglich Bilanzansatz und Bewertung.[23] Zuletzt sind noch die Willkürreserven zu nennen, durch die der Bilanzierende vorsätzlich eine falsche Darstellung der Ertragslage herbeiführt.[24] Dies geschieht entweder durch die zu niedrige Bewertung von Aktiva oder durch eine zu hohe Bewertung von Passiva über den Rahmen der Dispositions- und Ermessensspielräume hinaus. Da sie gegen bestehende Vorschriften verstoßen, dürfen sie nicht in Abschlüssen enthalten sein, die einer Prüfung unterzogen wurden und mit einem uneingeschränkten Testat versehen wurden; entsprechend sind sie bei der Jahresabschlussanalyse auch nicht zu berücksichtigen.[25]

Da die Legung stiller Reserven regelmäßig zu einem zu geringen Ergebnisausweis führt bzw. das Ergebnis durch die Auflösung stiller Reserven zu positiv dargestellt wird, ist es erforderlich, den Umfang der gebildeten und aufgelösten stillen Reserven abzuschätzen und soweit wie möglich aus dem *net income* zu eliminieren.[26] Nachfolgend werden die zur Abschätzung der Dispositions- und

---

19 Vgl. dazu die Ausführungen unter Abschnitt 5.5.1.2.6.

20 Vgl. dazu die Ausführungen unter Abschnitt 5.5.3.2.

21 Die wesentlichen Ansatz- und Bewertungswahlrechte im Rahmen der US-amerikanischen Rechnungslegung sind unter Abschnitt 5.5.2 bzw. 5.5.3 beschrieben.

22 Vgl. SEICHT, G. (1986), S. 284; SCHEDLBAUER, H. (1990), S. 137; HEINHOLD, M. (1998), S. 674; KÜTING, K./WEBER, C.-P. (2000), S. 543; KÜTING, K./WEBER, C.-P. (2001), S. 192.

23 Vgl. KÜTING, K./WEBER, C.-P. (2000), S. 544; COENENBERG, A. G. (2001), S. 953.

24 Vgl. SCHEDLBAUER, H. (1990), S. 137.

25 Vgl. COENENBERG, A. G. (2001), S. 953.

26 Vgl. KÜTING, K./WEBER, C.-P. (2000), S. 544.

Ermessensreserven verwendeten Methoden dargestellt. Dabei gilt es zu beachten, dass die dargestellten Methoden nicht gegeneinander austauschbar sind, sondern zur möglichst genauen Abschätzung der Reserven parallel zum Einsatz kommen sollten.

#### 7.1.2.2 Auswertung der *Notes*

Wesentliche Hinweise darauf, ob und in welchem Umfang ein Abschluss stille Reserven enthält, können die *notes* enthalten. So sollen dort die wesentlichen Bilanzierungs- und Bewertungsmethoden wie bspw. Abschreibungsmethoden, Konsolidierungsmethoden und Methoden der Währungsumrechnung erörtert werden. Außerdem sind Angaben zu einzelnen Positionen der übrigen *financial statements* zu gewähren, daneben können auch freiwillige Angaben Eingang in die *notes* finden.[27] Letztendlich können die Angaben einen Rückschluss auf die vom Bilanzierenden verfolgte Bilanzpolitik ermöglichen. Der Analyst kann dabei zu dem Urteil gelangen, dass der Bilanzierende eine (eher) konservative Bilanzpolitik betreibt, aus der die Bildung stiller Reserven resultiert oder dass eine (eher) progressive Bilanzpolitik verfolgt wird, die zu einer verbesserten Darstellung des ausgewiesenen Ergebnisses führt.[28] Hinweise auf die verfolgte Bilanzpolitik können die in der folgenden Abbildung dargestellten Informationspflichten geben.

---

[27] Ausführungen über die Vorschriften zu Inhalt und Offenlegung in den *notes* befinden sich unter Abschnitt 4.4.6.

[28] Vgl. ADAMS, C. (1993), S. 141.

| | |
|---|---|
| 1 Bilanzierungs-, Bewertungs-, Konsolidierungsmethoden | APB 22.13 |
| speziell Einbeziehung von Zinsen in die Herstellungskosten | SFAS 34.21 |
| speziell Bilanzierung von Aktienoptionsplänen für Mitarbeiter | SFAS 123.45 ff. |
| 2 Methode zur Währungsumrechnung | SFAS 52.30 ff. |
| 3 Änderungen von Bilanzierungs- und Bewertungsmethoden | APB 20.17 |
| 4 Grundlegende Fehler und Änderungen von Schätzungen | APB 20.37, 33 |
| 5 Ereignisse nach dem Stichtag | SFAS 5.11, 1.123 f. |
| 6 Anwendung von Sammelbewertungsverfahren für Vorräte | APB 22.13 |
| 7 Marktwert von *trading* und *available for sale securities* | APB 22.13 |
| 8 Informationen über derivative Finanzinstrumente, insb. Marktwert | SFAS 107.10, 133.33 f. |
| 9 Erfolgsneutrale Veränderungen des Eigenkapitals | SFAS 130 |
| 10 Auswirkungen von Preisänderungen/Inflation (freiwillig) | SFAS 89.3 |
| 11 Aktive latente Steuern auf Verlustvorträge | SFAS 109.43 ff. |

Abb. 7.1: Auswertung der *Notes* im Rahmen der betragsmäßigen Ergebnisanalyse
(in Anlehnung an COENENBERG, A. G. (2001), S. 960).

Da die US-GAAP nur begrenzt Ansatz- und Bewertungswahlrechte gewähren,[29] ist die Ermittlung eines bereinigten Ergebnisses, wie sie im Rahmen der betragsmäßigen Ergebnisanalyse von HGB-Abschlüssen vorgeschlagen wird,[30] „weder notwendig noch möglich."[31] Da die betragsmäßige Ergebnisanalyse allenfalls für Zeitvergleiche und Soll-/Ist-Vergleiche, nicht aber für Betriebsvergleiche geeignet ist,[32] kann auch die Vereinheitlichung zur zwischenbetrieblichen Vergleichbarmachung wie sie im 6. Kapitel dargestellt wurde unterbleiben. Dies gilt allerdings nur solange lediglich eine betragsmäßige Ergebnisanalyse und nicht eine vollständige Analyse der Erfolgslage durchgeführt werden soll.

Insgesamt können die stillen Reserven in ihrer exakten Höhe nicht durch die Angaben in den *notes* ermittelt werden. Dennoch ist eine entsprechende Analyse

[29] Vgl. dazu die Ausführungen unter Abschnitt 5.5.2 und 5.5.3.
[30] Vgl. zur Ermittlung des bereinigten Jahresüberschusses LACHNIT, L. (1987), S. 43; KÜTING, K. (1998b), S. 7; KÜTING, K./WEBER, C.-P. (2000), S. 545 f.; COENENBERG, A. G. (2001), S. 953 ff.; KÜTING, K./WEBER, C.-P. (2001), S. 204 und S. 207.
[31] COENENBERG, A. G. (2001), S. 958.
[32] Denn wie unter Abschnitt 2.4.3 beschrieben, handelt es sich um eine absolute Kennzahl und im Speziellen um eine Bewegungszahl.

nützlich, da sich der Analyst ein Bild über die verfolgte Richtung der Bilanzpolitik durch den Bilanzierenden – konservativ oder progressiv – machen kann.[33]

### 7.1.2.3 Vergleich von Börsen- und Bilanzwert und *Price-(Market)-to-Book Ratio*

Auch nach der Auswertung der *notes* können keine gesicherten Aussagen über die in einem Unternehmen vorhandenen stillen Reserven und damit über die tatsächliche Ertragskraft getroffen werden.[34] Da jedoch i. d. R. börsentäglich eine vergleichsweise objektivierte Bewertung von börsennotierten Unternehmen erfolgt, kann diese absolute Kennzahl „Börsenkurs" zur Abschätzung von stillen Reserven resp. der damit einhergehenden Ertragskraft dienen.[35] Die Verwendung des Börsenkurses im Rahmen der Jahresabschlussanalyse ist allerdings nicht unproblematisch. So existieren einerseits Börsenkurse nur für Aktiengesellschaften und Kommanditgesellschaften auf Aktien, die an einer Börse notiert sind, womit ein Großteil der deutschen Unternehmen von einer entsprechenden Analyse ausgeschlossen ist. Andererseits resultiert der Börsenkurs eines Unternehmens nicht ausschließlich aus einer rein ertragsorientierten Bewertung, sondern ist häufig auf diverse weitere Faktoren zurückzuführen, wie bspw. auf Kapitalerhöhungen, Dividendenausschüttungen, politische und steuerliche Faktoren oder auf Spekulationen.[36] Entsprechend kann die folgende Formel zur Abschätzung stiller Reserven wiederum nur als Nährungslösung betrachtet werden.

Stille Reserven = Anzahl der Aktien * (Börsenkurs – Bilanzkurs)

wobei der Börsenkurs den Preis je Aktie darstellt und der Bilanzkurs sich folgendermaßen ergibt:

---

[33] Vgl. COENENBERG, A. G. (2001), S. 958. Zu einem ähnlichen Ergebnis gelangt auch REINHART im Hinblick auf die Analyse von IAS-Abschlüssen. Vgl. REINHART, A. (1998), S. 292.

[34] Vgl. KÜTING, K./WEBER, C.-P. (2001), S. 211.

[35] Vgl. COENENBERG, A. G. (2001), S. 960 f.

[36] Vgl. KÜTING, K./WEBER, C.-P. (2001), S. 211 f.

$$\text{Bilanzkurs} = \frac{\text{Bilanzielles Eigenkapital}}{\text{Anzahl der Aktien}}$$

Das zur Berechnung benötigte bilanzielle Eigenkapital wird nach der in Kapitel 6 beschriebenen Vorgehensweise berechnet. Kann der Börsenwert als ertragsorientierter Marktwert betrachtet werden,[37] drückt die Differenz zwischen Börsen- und Bilanzkurswert den (originären) Firmenwert des analysierten Unternehmens aus. Dieser spiegelt die vorhandenen stillen Reserven in einem erweiterten Sinne wider, als darin einerseits mit Hilfe bilanzpolitischer Maßnahmen gelegte Ermessensreserven – soweit diese nicht durch die im sechsten Kapitel beschriebenen Aufbereitungsmaßnahmen aufgelöst wurden – und andererseits unvermeidbare Zwangsreserven enthalten sind.[38]

In der angloamerikanischen Literatur zur Jahresabschlussanalyse wird anstelle der beschriebenen Differenz zwischen Börsen- und Bilanzkurswert das sog. *price-to-book ratio* bzw. *market-to-book ratio* herangezogen, das folgendermaßen definiert ist:[39]

$$\text{Price–to–book ratio} = \frac{\text{Market value of equity}}{\text{Book value of equity}}$$

Dabei wird der Preis je Aktie multipliziert mit der Anzahl der Aktien und zum bilanziellen Wert des Eigenkapitals ins Verhältnis gesetzt. Es sollte das in sechsten Kapitel beschriebene bereinigte Eigenkapital verwendet werden. Bei diesem Vergleich von Marktwert und Buchwert handelt es sich nicht um ein ökonomisches Erfolgsmaß, da es Marktwerte zu ausgewiesenen „historischen" Werten aus der Buchhaltung in Beziehung setzt. Insofern kann diese Kennzahl nur als ein erster Schritt der Analyse der langfristigen Erfolgslage aufgefassst werden.[40]

---

[37] D. h. die oben aufgeführten Faktoren spielen im betrachteten Fall keine Rolle. Dies lässt sich nach COENENBERG möglicherweise durch die Verwendung eines gleitenden durchschnittlichen Börsenkurses über einen längeren Zeitraum hinweg anstelle des Einsatzes eines tagesaktuellen Börsenkurses erreichen. Vgl. COENENBERG, A. G. (2001), S. 961.

[38] Vgl. COENENBERG, A. G. (2001), S. 961.

[39] Vgl. GIBSON, C. H. (1995), S. 442; WALSH, C. (1996), S. 182; BERNSTEIN, L. A./WILD, J. J. (2000), S. 353; BREALEY, R. A./MYERS, S. C./MARCUS, A. J. (2001), S. 498; PENMAN, S. H. (2001), S. 30. So auch WAGENHOFER, A. (2000), S. 271.

[40] Vgl. GIBSON, C. H. (1995), S. 442; HELFERT, E. A. (2000), S. 110.

#### 7.1.2.4 Das (*Other*) *Comprehensive Income* als Indikator der Ertragskraft

Im Rahmen der betragsmäßigen Ergebnisanalyse kann der Analyst bei der Untersuchung von US-GAAP-Abschlüssen weiterhin auf das ausweispflichtige (*other*) *comprehensive income*[41] zurückgreifen. Im Vergleich zum *net income* erweist sich das *comprehensive income* als bewertungsunabhängiger, wodurch sich eine willkürfreiere Darstellung des Unternehmensergebnisses ergibt. Außerdem liegt die Vermutung nahe, dass das ausgewiesene *comprehensive income* i. d. R. einer geringeren Volatilität als das *net income* unterliegt.[42] Ob die Ausweispflicht des *other comprehensive income* allerdings die Abschätzung der Ertragskraft und damit die Beurteilung der Preiswürdigkeit von Aktien wesentlich unterstützt, kann nicht pauschal festgestellt werden. So kommen sowohl DHALIWAL/SUBRAMANYAM/ REZEVANT als auch CHENG in empirischen Untersuchungen auf der Basis von US-amerikanischen Daten zu dem Ergebnis, dass das *other comprehensive income* Rückflüsse aus Aktien grundsätzlich nicht besser erklärt als dies das *net income* vermag.[43] Hingegen stellt CHENG bei der Untersuchung von längeren Zeiträumen – nämlich zehn, zwölf und 15 Jahre – einen schwachen Zusammenhang zwischen dem aggregierten *other comprehensive income* und den Aktienrückflüssen fest.[44] Auch O`HANLON/POPE finden in ihrer Untersuchung lediglich sehr schwache Hinweise auf die Wertrelevanz von „*dirty surplus*“-Strömen;[45] in die Untersuchung fließen allerdings nach UK-GAAP erstellte Daten aus Großbritannien ein, weshalb die Übertragung auf US-amerikanische Verhältnisse bzw. auf die US-amerikanische Rechnungslegung nicht möglich ist. Da der US-amerikanische Standard zur Berichterstattung über das *comprehensive income* erst seit dem 15. Dezember 1997 in Kraft ist, bleibt es abzuwarten, zu welchen Ergebnissen empirische Untersuchungen über einen längeren Zeitraum hinsichtlich der Aussagekraft des (*other*) *comprehensive income* gelangen.

In jedem Fall kann das *other comprehensive income* zur Abschätzung stiller Reserven herangezogen werden. Dazu werden im Folgenden zunächst die

---

41 Ausführungen zum *comprehensive income* und dem *other comprehensive income* finden sich unter Abschnitt 4.4.1.
42 Vgl. HOLZER, H. P./ERNST, C. E. (1999), S. 369.
43 Dies gilt nicht für Unternehmen, die der Finanzbranche angehören.
44 Vgl. CHENG, A. (1998); DHALIWAL, D., SUBRAMANYAM, K./TREZEVANT, R. (1999), S. 43-67.
45 Vgl. O`HANLON, J. F./POPE, P. F. (1998), S. 1-36.

einzelnen Positionen des *other comprehensive income* erläutert, bevor jeweils im Anschluss daran die Möglichkeiten zur Abschätzung stiller Reserven verdeutlicht werden.

Bestimmte Ergebnisse aus Fremdwährungsumrechnungen sind innerhalb des *other comprehensive income* auszuweisen. Einerseits kann dies die Abbildung von Geschäftsvorfällen betreffen, die in einer von der Währung des Abschlusses abweichenden Währung abgewickelt wurden. So werden Forderungen und Verbindlichkeiten gegenüber Dritten, die am Bilanzstichtag offen sind, zum Stichtagskurs angesetzt, daraus resultierende unrealisierte Gewinne und Verluste sind grundsätzlich erfolgswirksam zu verbuchen. Handelt es sich allerdings um Fremdwährungsgeschäfte, die der Absicherung einer Beteiligung an einem ausländischen Tochterunternehmen dienen (*economic hedges of a net investment in a foreign entity*)[46] oder dreht es sich um lanfgristige konzerninterne Fremdwährungsgeschäfte (*intercompany foreign currency transactions that are of a long-term-investment nature*),[47] so sind dabei entstehende unrealisierte Gewinne und Verluste erfolgsneutral im *other comprehensive income* auszuweisen.[48]

Andererseits ist ein erfolgsneutraler Ausweis unter dieser ersten Position des *other comprehensive income* bei Umrechnungsdifferenzen erforderlich, die bei der Umrechnung von Abschlüssen solcher Tochterunternehmen entstanden sind, die relativ eigenständig handeln und entsprechend als *foreign entity* zu klassifizieren sind.[49]

Bei einer späteren Realisierung der zunächst erfolgsneutral gebuchten Gewinne und Verluste aus der Fremdwährungsumrechnung ist eine Umgliederung vom *other comprehensive income* ins *net income* vorzunehmen.[50] Daraus resultiert die Erfolgswirksamkeit bei der tatsächlichen Realisierung. Entsprechend kann der Analyst einen unter der Position *translation adjustments* ausgewiesenen

---

[46] Die Bilanzierung solcher Geschäfte erfolgt nach SFAS 133.36-133.42. Vgl. PELLENS, B. (2001), S. 270.

[47] Dies gilt allerdings nur insofern die beiden beteiligten Parteien entweder im Rahmen der Vollkonsolidierung oder mit Hilfe der *equtiy*-Methode in den Konzernabschluss einbezogen werden. Vgl. SFAS 52.20b; PELLENS, B. (2001), S. 270.

[48] Vgl. SFAS 52.20a und 52.20b; PELLENS, B. (2001), S. 270.

[49] Vgl. dazu die Ausführungen unter Abschnitt 5.5.3.2.

[50] Vgl. SFAS 130.18 und 130.19.

Gewinn oder Verlust zur Abschätzung der Ertragskraft bzw. der stillen Reserven und Lasten heranziehen. Dabei ist zu beachten, dass es möglicherweise auch niemals zu einer Realisierung kommen kann und in einem solchen Fall die *translation adjustments* keinen Hinweis auf stille Reserven und Lasten geben.

Unterstellt man gleichbleibende Bedingungen hinsichtlich der Devisenkurse, wird aus einem derzeit erfolgsneutral erfassten Gewinn (Verlust) in künftigen Perioden vermutlich ein positiver (negativer) Ergebnisbeitrag innerhalb des *income statements* resultieren. Allerdings kann in der Realität selten von stabilen Wechselkursen ausgegangen werden, sodass eine solche Schlussfolgerung regelmäßig nicht gezogen werden kann. Da den *financial statements* außerdem nicht zu entnehmen ist, um welche Währungen es sich im Einzelnen handelt, deren Umrechnung zu einem erfolgsneutralen Ergebnisbestandteil geführt hat, kann der Analyst auch keine Prognose der zukünftigen Entwicklung der Devisenkurse vornehmen, um somit einen ausgewiesenen erfolgsneutralen Gewinn (Verlust) als schätzungsweise künftig zu realisierenden Gewinn (Verlust) zu klassifizieren. Außerdem hat der Analyst auch kaum Möglichkeiten abzuschätzen, wann und ob erfolgsneutral erfasste *translation adjustments* erfolgswirksam werden. So ist dem Analysten i. d. R. nicht bekannt, mit welcher Laufzeit Fremdwährungsgeschäfte, die der Absicherung einer Beteiligung an einem ausländischen Tochterunternehmen dienen oder lanfgristige konzerninterne Fremdwährungsgeschäfte ausgestattet sind. Ebenso schwierig ist es, den zeitlichen Anfall der Realisierung von Gewinnen und Verlusten aus Umrechnungsdifferenzen im Rahmen der Fremdwährungsumrechnung bei *foreign entities* vorherzusehen, da dieser erst bei der Veräußerung des Tochterunternehmens entsteht. Folglich stellt die Position *translation adjustments* lediglich einen ganz groben Anhaltspunkt bei der Abschätzung der im Unternehmen befindlichen stillen Reserven und Lasten, die sich möglicherweise auf künftige Ergebnisse niederschlagen werden.

Als weitere Position sind im Rahmen des *other comprehensive income* die in der Periode entstandenen unrealisierten Gewinne und Verluste aus dem Halten bestimmter Wertpapiere auszuweisen. So sind Wertschwankungen bei *available-for-sale securities* in der Periode ihres Entstehens erfolgsneutral dem *other comprehensive income* zuzuführen.[51] In Höhe dieses erfolgsneutral ausgewiesenen Gewinns (Verlusts) besteht eine stille Reserve (Last), die der Analyst aufgrund der Ausweisvorschriften mühelos aus dem Abschluss entnehmen kann. An dieser Stelle zeigt sich die Notwendigkeit des Ausweises der einzelnen Bestandteile des *other comprehensive income* im Rahmen der US-GAAP-Vorschriften als bedeutend für die betragsmäßige Ergebnisanalyse.

Weiterhin kann ein Ausweis der Ergebnisse aus der Anpassung von Altersversorgungsverpflichtungen innerhalb des *other comprehensive income* erforderlich sein. Dies ist dann ggf. der Fall, wenn eine *additional minimum liability* anzusetzen ist.[52] Übersteigt diese nämlich die Summe aus der nicht erfolgswirksam erfassten *prior service cost* und der *initial unrecognized net obligation*,[53] ist in Höhe der festgestellten Differenz ein erfolgsneutraler Ausweis im *other comprehensive income* vorzunehmen.[54] Überlegungen zum Nutzen dieser Position für die betragsmäßige Ergebnisanalyse erübrigen sich allerdings schon insofern, als „der Position ›Excess of Addtitional Pension Liability Over Unrecognized Prior Service Cost‹ in der Bilanzierungspraxis nur eine geringe Bedeutung beigemessen wird, weshalb diese Position nur unmaßgeblich zur Volatiliät des Other Comprehensive Income beitragen dürfte.“[55] Folglich lassen sich aus der Angabe auch keine Aussagen über die stillen Reserven und Lasten treffen.

Zuletzt können sich im Rahmen der Bilanzierung von *cash flow hedges*[56]

[51] Vgl. dazu die Ausführungen unter Abschnitt 5.5.1.2.2.

[52] Zu den Voraussetzungen für den Ansatz einer *additional minimum liability* vgl. die Ausführungen unter Abschnitt 5.5.1.2.6.

[53] Zur Ermittlung und bilanziellen Behandlung der *prior service cost* vgl. die Ausführungen unter Abschnitt 5.5.1.2.6.

[54] Vgl. SFAS 87.37 i. V. m. SFAS 130.31a.

[55] KUHLEWIND, A.-M. (2000), S. 312. Zu diesem Ergebnis kommen auch SCHMIDT und RAO/WALSH in ihren empirischen Untersuchungen. Vgl. RAO, A./WALSH, R. J. (1999), S. 25; SCHMIDT, R. J. (1999), S. 51.

[56] Die folgenden Ausführungen gelten auch für *foreign currency cash flow hedges*.

Ausweispflichten im *other comprehensive income* ergeben.[57] So ist bei einer *fair value*-Änderung des Derivats derjenige Teil der Wertänderung zunächst erfolgsneutral im *other comprehensive income* abzugrenzen, der sich aufgrund des abzusichernden Risikos ergibt und die voraussichtliche Wertänderung des Grundgeschäfts nicht übersteigt, also der sog. effektive Teil. Der innerhalb des *other comprehensive income* angesammelte Betrag ist künftig anteilig in derjenigen Periode erfolgswirksam aufzulösen, in der sich die Wertänderung des gesicherten Grundgeschäfts erfolgswirksam auswirkt.[58] Der im *other comprehensive income* ausgewiesene Gewinn (Verlust) stellt eine stille Reserve (Last) dar. Auch hier erweisen sich die Ausweisvorschriften bzgl. des *other comprehensive income* als nützlich für die betragsmäßige Ergebnisanalyse.

#### 7.1.2.5 *Cash flow* als Indikator der Ertragskraft und Konzept der Qualität des *Net Income*

Der *cash flow* in seinen Ausprägungen operativer *cash flow*, *cash flow* aus Investitions- und Finanzierungstätigkeit[59] sowie *free cash flow* – auf diese bezieht sich die Literatur zur Jahresabschlussanalyse[60] – findet im Rahmen der Jahresabschlussanalyse eher im finanzwirtschaftlichen Bereich Beachtung.[61] Allerdings ist er gekennzeichnet durch zwei Merkmale, die es ermöglichen, ihn auch zu Zwecken der erfolgswirtschaftlichen Analyse, insb. der Ergebnisanalyse, einzusetzen. So ist der *cash flow* im Gegensatz zum *net income* eine finanzwirtschaftlich orientierte und damit eine nahezu bewertungsunabhängige Größe. Folglich soll der in abgelaufenen Perioden beobachtete *cash flow* den Analysten bei der Beurteilung der Entwicklung der tatsächlichen Ertragslage in der Vergangenheit behilflich sein. In dieser Funktion dient der *cash flow* als retrospektiver Erfolgsmaßstab.[62] Da der *cash flow* außerdem einen ausschließ-

[57] Erläuterungen bzgl. der Voraussetungen für *cash flow hedges* sowie für *foreign currency cash flow hedges* und deren bilanzielle Behandlung finden sich unter Abschnitt 5.5.2.2.4.

[58] Vgl. SFAS 133.30. Vgl. auch BARCKOW, A./ROSE, S. (1997), S. 797; RASCH, R. H./WILSON, A. C. (1998), S. 34.

[59] Zur Beschreibung des *statement of cash flow* und damit auch des nach US-GAAP auszuweisenden operativen *cash flow* vgl. die Ausführungen unter Abschnitt 4.4.4.

[60] Vgl. COENENBERG, A. G. (2001), S. 933 ff. sowie S. 967 ff.

[61] Vgl. SCHULT, E. (1999), S. 86.

[62] Vgl. PERRIDON, L./STEINER, M. (1999), S. 543.

lich aus eigener Kraft erzielten finanzwirtschaftlichen Überschuss darstellt,[63] kann seine Entwicklung Aufschluss über die künftige Ertragskraft gewähren.[64]

In seiner retrospektiven Funktion kann der *cash flow* möglicherweise die Entwicklung des tatsächlich erzielten Ergebnisses darstellen, was dem *net income* aufgrund der bei seiner Ermittlung zumeist angewandten bilanzpolitischen Maßnahmen kaum möglich ist. Dies liegt darin begründet, dass der *cash flow* Bestandteile enthält, die als gelegte oder aufgelöste stille Reserven nicht im *net income* zum Ausdruck kommen.[65]

Andererseits ergeben sich auch erhebliche Mängel dabei, den *cash flow* als Erfolgsindikator heranzuziehen. Im Wesentlichen handelt es sich dabei um die folgenden Kritikpunkte:[66]

- Erfolg stellt die Differenz zwischen Ertrag und Aufwand dar, bei der Ermittlung des *cash flows* bleiben aber einige tatsächliche Ertrags- und Aufwandskomponenten unberücksichtigt. So sind die ihrer Höhe nach korrekt bemessenen Abschreibungen und Einstellungen bzw. Auflösungen von Rückstellungen echte Aufwands- bzw. Ertragskomponenten und sollten entsprechend auch den Erfolg belasten bzw. erhöhen.[67]
- Da auch erfolgsneutrale Vorgänge, die zu Zahlungsmittelerhöhungen oder -verringerungen führen in den *cash flow* einfließen, werden Größen berücksichtigt, die lediglich aus finanzanalytischer Perspektive von Interesse sind.
- Problematisch sind Betriebsvergleiche, insb. wenn unterschiedlich kapitalintensive Betriebe/Unternehmen einander gegenübergestellt werden sollen. Hierbei ist es bspw. möglich, dass bei einem Anfall von *cash flows* in gleicher Höhe unterschiedliche Deckungsanforderungen für Anlageausgaben bestehen.[68]

---

63 Vgl. LACHNIT, L. (1987), S. 44; JUESTEN, W./v. VILLIEZ, C. (1992), S. 107 m. w. N.
64 Vgl. COENENBERG, A. G. (2001), S. 967.
65 Vgl. COENENBERG, A. G. (2001), S. 967; KÜTING, K./WEBER, C.-P. (2001), S. 213.
66 Vgl. für die folgende Aufzählung KÜTING, K./WEBER, C.-P. (2001), S. 213 f.
67 Vgl. auch PERRIDON, L./STEINER, M. ( 1999), S. 543 f.
68 Vgl. auch BUSSE VON COLBE, W. (1976), Sp. 250.

Gelingt es mit Hilfe des *cash flows*, sämtliche finanzunwirksamen und gleichzeitig bilanzpolitisch motivierten zahlungsunwirksamen Aufwendungen und Erträge aus dem *net income* zu eliminieren, kann der *cash flow* sehr wohl als Erfolgsindikator fungieren. Da die Fondsabgrenzung[69] nach SFAS 95.7 ff. relativ eng gehalten ist,[70] kann dies der nach US-GAAP auszuweisende operative *cash flow* überwiegend gewährleisten. Problematisch ist dabei wiederum, dass sich kurzfristige Schwankungen des Netto-Umlaufvermögens in voller Höhe auf den operativen *cash flow* auswirken. Entsprechend wird im Rahmen der Ertragsanalyse ein vereinfachter *cash flow*, der auch als Brutto-*cash flow* bezeichnet wird, herangezogen. Den Vorteil, dass es sich dabei um eine periodendurchschnittliche Kennzahl handelt, erkauft sich der Analyst mit dem Nachteil einer nur teilweisen Bereinigung von bilanzpolitisch motivierten Aufwendungen und Erträgen.[71] Der folgenden Abbildung ist die Ermittlung des vereinfachten *cash flows* zu entnehmen.

| | |
|---|---|
| *Net income* | |
| + | Abschreibungen (- Zuschreibungen) auf Anlagevermögen |
| + | Erhöhungen (- Verminderungen) von langfristigen Rückstellungen |
| - | Aktivierte Kosten zur Entwicklung von Software zur unternehmensinternen Verwendung |
| = | *Cash flow* |

Abb. 7.2: Ermittlung des vereinfachten *Cash Flows*
(in Anlehnung an: COENENBERG, A. G. (2001), S. 935)

Diesem vereinfachten *cash flow* ähnelt der im angloamerikanischen Schrifttum zur Finanzanalyse verwendete EBITDA (*earnings before interest, taxes, depreciation and amortization*), der aus einem nach US-GAAP erstellten *income statement* gemäß folgender Abbildung ermittelt werden kann.

69 Vgl. zur Fondabgrenzung die Ausführungen unter Abschnitt 4.4.4.2.

70 Bei weit gefassten Fonds, die auch das Vorratsvermögen einbeziehen, können Schwankungen des Fondsvolumens u. U. auch auf Bewertungseinflüsse zurückgeführt werden. Vgl. BARTRAM, W. (1989), S. 2392.

71 Vgl. COENENBERG, A. G. (2001), S. 968.

| |
|---|
| *Net income* |
| +/- *Extraordinary items* |
| +/- Discontinued operations |
| = *Income from operations* |
| +/- *Minority interest in income of consolidated subsidiaries* |
| +/- *Income taxes* |
| + *Interest expenses* |
| = EBIT *(earnings before interest and taxes)* |
| + *Depreciation* |
| + *Amortization* |
| = EBITDA *(earnings before interest, taxes, depreciation and amortization)* |

Abb. 7.3: Ermittlung des EBITDA
(in Anlehnung an: COENENBERG, A. G. (2001), S. 938 f.)

Zur Schätzung der künftigen Ertragskraft ist es üblich, den sog. betriebsbedingten *cash flow* zu verwenden. Dabei sind entweder die betriebsfremden Aufwendungen und Erträge aus dem operativen *cash flow* zu eliminieren[72] oder der betriebsbedingte *cash flow* ist unmittelbar aus der *operating section* des *income statement* zu ermitteln.[73]

Wählt man den operativen *cash flow* als Ausgangsbasis, muss dieser um Zinszahlungen[74] und um Zahlungsströme, die sich aus außerordentlichen Vorgängen ergeben, bereinigt werden. Die Vorgehensweise bei der Bereinigung um Zinszahlungen hängt von der vorliegenden Darstellungsform des operativen Bereichs im Rahmen des *statement of cash flow* ab. So sind bei der Darstellung nach der direkten Methode die nicht aktivierten Zinszahlungen in einem separaten Posten auszuweisen, die Zinseinzahlungen dürfen dagegen mit den erhaltenen Dividenden zu einem Posten zusammengefasst werden. Wurde der operative *cash flow* dagegen nach der indirekten Methode dargestellt, werden keine Zinszahlungen im operativen Bereich ausgewiesen, vielmehr sind die zahlungsunwirksamen

72 Vgl. PERRIDON, L./STEINER, M. (1999), S. 544.
73 Vgl. REINHART, A. (1998). S. 304 f.
74 Dies ist erforderlich, weil Zinseinzahlungen und nicht aktivierte Zinsauszahlungen stets dem operativen Bereich zuzuordnen sind. Vgl. die Ausführungen unter Abschnitt 4.4.4.4.

Zinsaufwendungen und -erträge dort zu zeigen.[75] Da lediglich die nicht aktivierten Zinszahlungen in den *related disclosures* offen zu legen sind,[76] kann eigentlich nur auf das im *income statement* ausgewiesenen Zinsergebnis zurückgegriffen werden, das allerdings auch zahlungsunwirksame Bestandteile enthalten kann.

Da Zahlungsströme aus außerordentlichen Vorgängen nicht gesondert ausgewiesen werden müssen,[77] kann auch hier nur ein Blick in das *income statement* weiterhelfen, da dort die betriebsfremden Aufwendungen und Erträge – die selten deckungsgleich mit den entsprechenden Zahlungen sein dürften – aus der *non-operating section* zu entnehmen sind. Abschließend kann festgehalten werden, dass der betriebsbedingte *cash flow* ausgehend vom operativen *cash flow* nur näherungsweise ermittelt werden kann, es sei denn, es liegen die notwendigen Angaben auf freiwilliger Basis vor.

Greift man auf das Ergebnis aus der *operating section* des *income statement* zurück, müssen diesem die Abschreibungen auf *non-current assets* und Erhöhungen der *non-current contingent liabilities* bzw. *provisions* hinzugerechnet werden.

Zieht man anschließend von diesem betriebsbedingten *cash flow* die Steuern vom Einkommen und Ertrag, die auf das Ergebnis der gewöhnlichen Geschäftstätigkeit entfallen ab, erhält man den betriebsbedingten *cash flow* nach Steuern.[78]

Die Eignung des *cash flow* als Indikator der Ertragskraft hängt besonders von der Zuverlässigkeit ab, mit der der *cash flow* den Innenfinanzierungsspielraum des betrachteten Unternehmens widerspiegelt. Selbst wenn dies der Fall sein sollte, ist ein Rückschluss auf die Ertragskraft nur möglich, wenn weiterhin davon ausgegangen werden kann, dass die erwirtschafteten finanziellen Mittel nicht nur für Ersatzinvestitionen, Schuldentilgungen und Dividendenaus-

---

75 Vgl. die Ausführungen unter Abschnitt 4.4.4.4.

76 Vgl. SFAS 95.29; KPMG (Hrsg.) (1999), S. 165.

77 Ein freiwilliger Ausweis der Zahlungsströme aus außerordentlichen Vorgängen ist allerdings möglich.

78 Vgl. COENENBERG, A. G. (2001), S. 969.

zahlungen verwendet werden, sondern dass sich der Unternehmensleitung auch künftig erfolgreiche Investitionsprojekte bieten und diese erkannt und realisiert werden.[79]

In der angloamerikanischen Literatur findet sich weiterhin das Konzept der *quality of earnings*[80], in dessen Rahmen der *cash flow* als Erfolgsindikator herangezogen wird. Dieses Konzept knüpft an der Differenz zwischen der Darstellung des Jahresüberschusses und der tatsächlich dahinter stehenden ökonomischen Wirklichkeit an.[81] Die Qualität des Jahresergebnisses ist dabei definiert als das Verhältnis zwischen Rentabilität und der Fähigkeit zur Generierung von Zahlungsmitteln und Zahlungsmitteläquivalenten.[82] *Earnings* von hoher Qualität sind dadurch gekennzeichnet, dass sie sowohl die ökonomischen Vorgänge der Vergangenheit abbilden als auch die künftige Ertragskraft des Unternehmens widerspiegeln.[83] Zur Qualitätsbeurteilung der *earnings* wird im Rahmen des Konzepts der *quality of earnings* versucht, anhand der Abweichung von *net income* und (operativem) *cash flow* die Güte des Jahresergebnisses zu beurteilen.

Unterstützend wirkt dabei, dass der derzeit gültige Standard zur Erstellung der Kapitalflussrechnung gewissermaßen eine Darstellung der Ursachen, die zu unterschiedlichen Werten von Jahresergebnis und *cash flow* innerhalb einer Berichtsperiode eines berichtenden Unternehmens führen, verlangt. So soll eine nach SFAS 95 erstellte Kapitalflussrechnung die Möglichkeit der Abschätzung künftiger *cash flows* bieten sowie die Abschätzung der Ursachen für die unterschiedliche Höhe der Werte des Jahresergebnisses und den damit verbundenen Zahlungsströmen ermöglichen.[84]

Gründe, die zu einer Differenz zwischen Jahresergebnis und *cash flow* führen können, dienen als Kriterien zur Beurteilung der Qualität des Jahresüberschusses

[79] Vgl. JUESTEN, W./v. VILLIEZ, C. (1992), S. 124; PERRIDON, L./STEINER, M. (1999), S. 544; COENENBERG, A. G. (2001), S. 970.
[80] In der Literatur findet sich gleichbedeutend auch die Verwendung des Begriffs „*quality of income*". Vgl. CARSLAW, C. A./MILLS, J. R. (1991), S. 67.
[81] Vgl. CORNELL, D. W./APOSTOLOU, B. (1992), S. 12.
[82] Vgl. GREEN, J. P. (1999), S. 387.
[83] Vgl. CORNELL, D. W./APOSTOLOU, B. (1992), S. 12.
[84] Vgl. SFAS 95.5.

(*quality of net income*).[85] Als Kriterien kommen dabei die folgenden in Frage: angewandte Vorsicht bei der Erfassung der *earnings*, Verhältnis zwischen dem periodisierten Einkommen des Unternehmens und seinem *cash flow*, Grad der Generierung von operativem *cash flow* zur Erhaltung der *assets* und zur Steigerung künftiger *earnings*.[86] Zur Beurteilung der Qualität des Jahresergebnisses wird deshalb der *cash flow* herangezogen, da die Bemessung des *cash flows* verlässlicher und objektiver ist als die Bemessung des *net income* und letzteres abhängig vom Ermessen bzw. der Beurteilung des Bilanzierenden hinsichtlich sachlicher Abgrenzung, Zuordnung und Bewertung ist.

Je nachdem, wie die Darstellung der Kapitalflussrechnung erfolgt, können unterschiedliche Kennzahlen zur Beurteilung der Qualität des Jahresergebnisses ermittelt werden. Die Vorschriften nach US-GAAP[87] lassen sowohl die direkte als auch die indirekte Darstellung des operativen *cash flow* in der Kapitalflussrechnung zu. In der Praxis ist die indirekte Darstellung häufiger vorzufinden. Zunächst werden die Kennzahlen dargestellt, die nur bei einer direkt dargestellten Kapitalflussrechnung ermittelt werden können, bevor im Anschluss die grundsätzlich ermittelbaren Kennzahlen dargestellt werden.

Bei Anwendung der direkten Methode wird der zahlungswirksame Einfluss der Aufwands- und Ertragspositionen des operativen Bereichs gezeigt, sodass eine Wertung der Zahlungsströme in Bezug auf einzelne Positionen der Gewinn- und Verlustrechnung ermöglicht wird, wie z. B. hinsichtlich der (Brutto-)Umsatzerlöse (*gross sales*), der Herstellungskosten des Umsatzes (*cost of goods sold*) oder der Summe der Aufwendungen im operativen Bereich. Eine entsprechende Kennzahl kann bspw. folgendermaßen gebildet werden:[88]

$$\text{Quality of Sales} = \frac{\text{Cash from Sales}}{\text{Sales}}$$

Allerdings wird der externe Analyst auf diese Daten zumeist nicht zurückgreifen können, da lediglich eine indirekte Darstellung des operativen *cash flows* (Ableitung aus Jahresabschluss) vorliegt. Die Qualität des Jahresergebnisses

---

[85] Vgl. CARSLAW, C. A./MILLS, J. R. (1991), S. 67.
[86] Vgl. MIELKE, D. E./GIACOMINO, D. E. (1988), S. 10.
[87] Vgl. SFAS 95.27 und 95.28.
[88] Vgl. auch für nachfolgende Kennzahl: CARSLAW, C. A./MILLS, J. R. (1991), S. 67.

kann dann bspw. auf Basis eines Kennzahlenvergleichs von operativem *cash flow* und operativem Ergebnis beurteilt werden:[89]

$$\text{Quality of income} = \frac{\text{Cash flow from operations}}{\text{Operating income}}$$

Ausgewiesene *earnings* beinhalten vielmals Aufwendungen oder Erträge, die keinen Einfluss auf den *cash flow* der Berichtsperiode ausüben (z. B. Zielverkäufe (*installment sales*) oder Abschreibungen (*depreciations*)). Diese zahlungsunwirksamen Geschäftsvorfälle können bedeutende Unterschiede zwischen *cash flow* und *earnings* erzeugen, die sich im Zeitablauf in Form von abnormalen Ausschlägen in der o. g. Kennzahl niederschlagen.

Alternativ kann die Qualität des Jahresüberschusses auch mit Hilfe der folgenden Kennzahl beurteilt werden:

$$\text{Quality of income} = \frac{\text{Cash flow from operations before interest and tax}}{\text{Income before interest, taxes and depreciation}}$$

In dieser Kennzahl sind bereits wesentliche zahlungsunwirksame Positionen der Gewinn- und Verlustrechnung – Abschreibungen und Veränderungen der Rückstellungen – eliminiert. Deshalb sollte das Resultat dieser Kennzahl eine bessere Annäherung des *cash flows* zum operativen Ergebnis darstellen. Jeder ungewöhnlich hohe Ausschlag sollte Anlass für eine Untersuchung der Ursache hierfür geben.[90]

Insgesamt kann die Nutzung des *cash flow* zur Beurteilung der Erfolgslage und der Ertragskraft nur als hilfsweiser Indikator dienen. Daneben sollten weitere Indikatoren wie bspw. das im folgenden Abschnitt dargestellte Ergebnis nach DVFA/SG herangezogen werden.

#### 7.1.2.6 Ergebnis nach DVFA/SG als Indikator der Ertragskraft

Das von der Methodenkommission der Deutschen Vereinigung für Finanzanalyse und Anlageberatung (DVFA) sowie dem Arbeitskreis „Externe Unternehmungsrechnung" der Schmalenbach-Gesellschaft für Betriebswirtschaft (SG)

[89] Vgl. auch für nachfolgende Kennzahl: CARSLAW, C. A./MILLS, J. R. (1991), S. 67.
[90] Vgl. CARSLAW, C. A./MILLS, J. R. (1991), S. 68.

erarbeitete Konzept zur Ermittlung des Ergebnisses nach DVFA/SG[91] verfolgt die Zielsetzung der Beurteilung der Ertragskraft.[92] Im Vordergrund steht dabei die aus dem Ergebnis nach DVFA/SG abgeleitete Kennzahl Ergebnis je Aktie, die insb. der Abschätzung der Preiswürdigkeit der Aktie dient.[93] In der extern durchgeführten Jahresabschlussanalyse ist das empfohlene Ermittlungsschema nur sehr eingeschränkt anwendbar;[94] es eignet sich eher als Grundlage für die interne Berechnung durch das Unternehmen selbst. Obwohl die Veröffentlichung des Ergebnisses nach DVFA/SG weder handels- noch kapitalmarktrechtlich vorgeschrieben ist, veröffentlichen etliche börsennotierte Unternehmen – auch solche Unternehmen, die nach IAS oder US-GAAP bilanzieren[95] – dieses intern ermittelte Ergebnis auf freiwilliger Basis. Deshalb kann es als zusätzlicher Indikator für die Ertragskraft herangezogen werden.[96] Nachfolgend wird zunächst die Grundkonzeption zur Ermittlung des Ergebnisses erläutert, bevor auf die zu bereinigenden Sondereinflüsse einschließlich des Bereinigungsschemas eingegangen wird.

Da mit dem Ergebnis nach DVFA/SG der wirtschaftliche Erfolg von Gesamtunternehmen festgestellt werden soll, stellt der Konzernabschluss den Ausgangspunkt der Ermittlung dar. Das darin ausgewiesene *net income* ist um den auf Minderheitsgesellschafter entfallenden Gewinn oder Verlust[97] zu reduzieren bzw. zu erhöhen. Da das Ergebnis nach DVFA/SG der Beurteilung der Preiswürdigkeit der Aktie dienen soll, sind tatsächliche und latente Steuern

---

91 Zur historischen Entwicklung des Ergebnisses nach DVFA/SG vgl. KÜTING, K./WEBER, C.-P. (2001), S. 274 f.

92 Vgl. GEMEINSAME ARBEITSGRUPPE DER DVFA UND SCHMALENBACH-GESELLSCHAFT (1998), S. 2537; BUSSE VON COLBE, W. ET AL. (Hrsg.) (2000), S. 3.

93 Vgl. BUSSE VON COLBE, W. ET AL. (Hrsg.) (2000), S. 5.

94 HÜFNER/MÖLLER untersuchten über den Zeitraum von 1980 bis 1993 u. a. die DVFA/SG-Ergebnisse von 206 Unternehmen, die von bis zu fünf Instituten extern ermittelt wurden. Sie stellten dabei fest, dass die jeweils für ein Unternehmen und eine Betrachtungsperiode ermittelten DVFA/SG-Ergebnisse keine einwertigen Größen darstellten. Vgl. HÜFNER, B./MÖLLER, H. P. (1997), S. 1-14.

95 Dieser Tatsache wurde bei der Erstellung des aktuellsten Ermittlungsschemas Rechnung getragen. Vgl. BUSSE VON COLBE, W. ET AL. (Hrsg.) (2000), S. 3.

96 Vgl. COENENBERG, A. G. (2001), S. 970.

97 Die Mindestgliederungsvorschriften für die Gewinn- und Verlustrechnung nach Reg. S-X, Rule 5-03 enthalten die Angabe der *minority interest in income of consolidated subsidiaries*. Vgl. die Ausführungen und insb. Abb. 4.1 unter Abschnitt 4.4.1.

zu berücksichtigen. Das nach US-GAAP auszuweisende *net income* stellt bereits eine solche Nachsteuergröße dar, weshalb sich Korrekturen erübrigen.[98]

Um zu einem objektivierten wirtschaftlichen Ergebnis zu gelangen, das für innerbetriebliche Zeitvergleiche und für zwischenbetriebliche Vergleiche anwendbar ist, ist das *net income* um Sondereinflüsse zu bereinigen. Sachverhalte, die zu solchen Bereinigung führen, lassen sich in zwei Kategorien aufteilen:[99]

- außergewöhnliche Aufwendungen und Erträge,
- dispositionsbedingte Aufwendungen und Erträge, d. h. Erfolgskomponenten, die auf die unterschiedliche Inanspruchnahme von Bilanzierungs- und Bewertungswahlrechten zurückzuführen sind.

Mit diesen Bereinigungen verfolgt die DVFA/SG folglich – zumindest bezogen auf den zweiten genannten Punkt – dieselbe grundsätzliche Zielsetzung wie dies bei der Aufbereitung von Jahresabschlüssen der Fall ist. Allerdings sollen mit dem DVFA/SG-Ergebnis Jahresabschlüsse miteinander vergleichbar gemacht werden, die nach unterschiedlichen Rechnungslegungsregeln, nämlich nach HGB, IAS und US-GAAP erstellt wurden.[100] Dabei wird nicht speziell auf das nach US-GAAP gewährte bilanzpolitische Gestaltungspotenzial abgestellt. Insofern ist es zweckmäßig, die von der DVFA/SG vorgeschlagenen Bereinigungen für solche Jahresabschlussanalysen heranzuziehen, in die nach unterschiedlichen Rechnungslegungssystemen erstellte Abschlüsse einbezogen werden. Die im sechsten Kapitel beschriebenen Aufbereitungsmaßnahmen zielen dagegen auf die Besonderheiten in der US-amerikanischen Rechnungslegung ab und eignen sich daher für den Vergleich von Abschlüssen, die von unterschiedlichen Unternehmen nach US-GAAP erstellt wurden.

Bereinigungen sind nach dem Schema der DVFA/SG nur dann vorzunehmen, wenn sie als wesentlich eingestuft werden. Dies ist dann der Fall, wenn der

[98] Vgl. GEMEINSAME ARBEITSGRUPPE DER DVFA UND SCHMALENBACH-GESELLSCHAFT (1998), S. 2537; BUSSE VON COLBE, W. ET AL. (Hrsg.) (2000), S. 9.

[99] Vgl. auch für die folgende Aufzählung COENENBERG, A. G. (2001), S. 972.

[100] Vgl. BUSSE VON COLBE, W. ET AL. (Hrsg.) (2000), S. 3.

Saldo der Bereinigungen 10 % des Konzernergebnisses übersteigt. Im Einzelnen ist um die folgenden Sondereinflüsse zu bereinigen:[101]

1. Konsolidierungskreis: Der grundsätzlichen Intention folgend, dass die Ergebnisse aller Unternehmen, die unter beherrschendem Einfluss bzw. der Kontrolle der Muttergesellschaft stehen in das DVFA/SG-Ergebnis einfließen sollen, sind bei allen Abweichungen folglich Bereinigungen vorzunehmen. Dies ist bspw. dann der Fall, wenn neu erworbene Tochterunternehmen noch nicht oder zur Veräußerung vorgesehene Tochterunternehmen nicht mehr einbezogen sind.[102]

2. Änderungen der Ansatz- und Bewertungsmethoden: Bereinigungen sind in diesem Fall nur dann vorzunehmen, wenn aus dem Methodenwechsel auch gleichzeitig das Ergebnis beeinflusst wurde.[103] Tritt dies ein, ist die Ergebniswirkung nicht im Betrachtungszeitraum zu berücksichtigen, sondern es ist das DVFA/SG-Ergebnis des Vorjahres entsprechend anzupassen.

3. Erfolgsneutral verbuchte Aufwendungen für die Börseneinführung bzw. für folgende Eigenkapitalerhöhungen: Erstmalige Börseneinführungskosten sowie Kosten für Kapitalerhöhungen wie z. B. Bankprovisionen, Kosten der Finanzmarktkommunikation sowie Beratungs- und Prüfungskosten werden nach US-GAAP ergebnisneutral erfasst, indem sie gegen die entsprechenden Mittelzuflüsse saldiert werden.[104] Dieser Sachverhalt ist zur Ermittlung des Ergebnisses nach DVFA/SG zu bereinigen und erfolgswirksam zu verbuchen.

4. Gewinne und Verluste aus *sale and leaseback*-Transaktionen.

5. Aufwendungen und Erträge aus der Veräußerung von oder der Stilllegung von Geschäftsbereichen und Produktlinien. Dabei sind Stillegungen einzelner Werke oder Ablösungen einzelner Produkte nicht zu berücksichtigen, wenn die Geschäftstätigkeit mit den entsprechenden Produktgruppen fortgesetzt wird.

---

[101] Vgl. auch für die folgende Aufzählung GEMEINSAME ARBEITSGRUPPE DER DVFA UND SCHMALENBACH-GESELLSCHAFT (1998), S. 2538 f.; BUSSE VON COLBE, W. ET AL. (Hrsg.) (2000), S. 27 ff.

[102] Vgl. auch COENENBERG, A. G. (2001), S. 972 f.

[103] Der kumulierte Effekt aus dem Wechsel von Ansatz- und Bewertungsmethoden ist in einem US-GAAP-Abschluss gemäß APB *Opinion* 20.19, 20.22, Fußnote 6 auszuweisen.

[104] Vgl. SPICELAND, J. D./SEPE, J. F./TOMASSINI, L. A. (2000), S. 903 f.

6. Aufwendungen und Erträge aus der Veräußerung oder der Entkonsolidierung von Beteiligungen.

7. Gewinne und Verluste aus dem Abgang wichtiger Grundstücke und Gebäude, sofern diese nicht der gewöhnlichen Geschäftstätigkeit zuzurechnen sind.

8. Aufwendungen aufgrund von außergewöhnlichen Schadensfällen sowie entsprechende Erträge aus Versicherungsleistungen. Ist die Regulierung von Schadensfällen jedoch Gegenstand der gewöhnlichen Geschäftstätigkeit, wie dies bspw. bei Sachversichungsunternehmen der Fall ist, muss eine Bereinigung unterbleiben.

9. Aufwendungen und Erträge, die auf Sanierungsmaßnahmen wie z. B. Gesellschafterzuschüsse zurückzuführen sind.

10. Beteiligungserträge, die aus der Ausschüttung von Rücklagen stammen inkl. der sich daraus ergebenden steuerlichen Entlastungseffekte.

11. Aufwendungen für die Ingangsetzung und Erweiterung des Geschäftsbetriebs, die aktiviert wurden: Da nach US-GAAP sog. *costs of start up activities* gemäß SOP 95-5 nicht aktiviert werden dürfen, ist folglich auch keine Bereinigung erforderlich.

12. Ergebnisauswirkungen von Bilanzansätzen und Bewertungen, die deutlich von der bei börsennotierten Unternehmen angewandten Bilanzierungspraxis abweichen.[105]

13. Ergebnisauswirkungen, die aus Abweichungen von der funktionalen Währungsumrechnungsmethode resultieren. Da die US-GAAP die Anwendung der funktionalen Währungsumrechnungsmethode zwingend vorschreiben,[106] erübrigen sich an dieser Stelle Bereinigungen.

14. Gewinne aus Verschmelzungen unter Berücksichtigung möglicher steuerlicher Belastungen.

---

[105] Abweichungen von der Bilanzierungspraxis börsennotierter Unternehmen kommen in erster Linie im Rahmen von HGB-Abschlüssen vor, bei denen zahlreiche Bilanzierungs- und Bewertungswahlrechte in Anspruch genommen werden können. Ausführungen darüber, welche Bilanzierungs- und Bewertungsgrundsätze tatsächlich als bei börsennotierten Unternehmen üblich gelten, finden sich bei BUSSE VON COLBE, W. ET AL. (Hrsg.) (2000), S. 33 ff.; COENENBERG, A. G. (2001), S. 974 f.; KÜTING, K./WEBER, C.-P. (2001), S. 282 ff.

[106] Vgl. dazu die Ausführungen unter Abschnitt 5.5.3.2.

15. Verluste, die auf Verschmelzungen zurückzuführen sind und gleichzeitig einen Geschäfts- oder Firmenwert darstellen, wiederum unter Berücksichtigung möglicher steuerlicher Belastungen.

Im folgenden Arbeitsschema[107], das zur Ermittlung des Ergebnisses nach DVFA/SG herangezogen wird, werden ausgehend vom Konzernergebnis die oben beschriebenen zu bereinigenden Sondereinflüsse berücksichtigt.

1. Ausgewiesenes Konzernergebnis
2. Anpassungen aufgrund von Änderungen des Konsolidierungskreises
3. = Angepasstes Konzernergebnis
4. Bereinigung von Sondereinflüssen in den Aktiva
5. Bereinigung von Sondereinflüssen in den Passiva
6. Bereinigung von Sondereinflüssen, die nicht eindeutig zuordenbar sind
7. Zusammenfassung der zu berücksichtigenden Bereinigungen
8. = DVFA/SG-Konzernergebnis für das Gesamtunternehmen
9. Ergebnisanteile Dritter
10. DVFA/SG-Ergebnis für Aktionäre der Muttergesellschaft
11. Anzahl der zu berücksichtigenden Aktien
12. Ergebnis nach DVFA/SG je Aktie
13. Adjustiertes Ergebnis nach DVFA/SG je Aktie
14. Voll verwässertes Ergebnis nach DVFA/SG je Aktie

Abb. 7.4 Arbeitsschema zur Ermittlung des Ergebnisses nach DVFA/SG je Aktie
(in Anlehnung an: BUSSE VON COLBE, W. ET AL. (Hrsg.) (2000), S. 69)

Auf die in der Abbildung aufgeführten Größen „je Aktie“ wird im Rahmen der Rentabilitätsanalyse unter Abschnitt 7.2.3.2 eingegangen.

Nachdem die Ermittlung des Ergebnisses nach DVFA/SG beschrieben wurde, gilt es, seine Aussagefähigkeit im Hinblick auf die Ertragskraft einzuschätzen. Einerseits kann wohl unterstellt werden, dass Aufbereitungen des Jahresergeb-

[107] Im unten abgebildeten Arbeitsschema wurden bereits Bereinigungen, die nach US-GAAP nicht erforderlich sind, eliminiert.

nisses zu Zwecken der Aktienanalyse bzw. der Jahresabschlussanalyse unumgänglich sind[108] und insbesondere auch die Verwendung interner Daten sinnvoll ist.[109] Aus dieser Perspektive eignet sich das DVFA/SG-Ergebnis als Indikator der Ertragskraft. Andererseits lässt sich die eingeschränkte Nachprüfbarkeit des durch das bilanzierende Unternehmen selbst ermittelten und veröffentlichten Ergebnisses bemängeln. Dies liegt darin begründet, dass das Ergebnis nach DVFA/SG nicht als Bestandteil der Pflichtprüfung durch den Wirtschaftsprüfer gilt und somit grundsätzlich untestiert veröffentlicht wird.[110] Dieser Nachteil lässt sich allerdings durch die von der DVFA/SG angebotene Prüfung aufwiegen, die allerdings nicht vorgeschrieben ist. Im Rahmen einer solchen Prüfung benennt die DVFA/SG zwei Kapitalmarktexperten, die das vom rechnungslegenden Unternehmen ermittelte Ergebnis nach DVFA/SG auf seine Richtigkeit hin überprüfen oder ggf. selbst das DVFA/SG-Ergebnis mit Hilfe einer Überleitung vom Jahresergebnis berechnen. Das Ergebnis und die Überleitungsrechnung können dann als „Geprüftes DVFA-Ergebnis" veröffentlicht werden. Das Ergebnis wird auch auf den offiziellen DVFA-Seiten der Online-Informationssysteme Bloomberg und Reuters sowie im Internet von der DVFA publiziert.[111]

Dennoch sollte die unkritische Verwendung des Ergebnisses nach DVFA/SG zur Beurteilung der Ertragskraft – selbst wenn es der beschriebenen freiwilligen Überprüfung unterzogen wurde – aus zweierlei Gründen unterbleiben. Zum einen kann eine vergangenheitsorientierte Kennzahl in einem dynamischen Wirtschaftsumfeld stets nur eingeschränkt zu Prognosezwecken und damit als Indikator für die Ertragskraft verwendet werden. Zum anderen stehen dem Bilanzierenden eine Reihe von jahresabschlusspolitischen Gestaltungsmöglichkeiten[112] zur Verfügung, die bei der Ermittlung des DVFA/SG-Ergebnisses nicht berücksichtigt werden.[113] So werden bspw. weder die im Rahmen der Bilanzierung von Altersversorgungsverpflichtungen nach US-GAAP existierenden

---

[108] Vgl. KÜTING, K./WEBER, C.-P. (2001), S. 287.

[109] Vgl. REUTER, E. (1988), S. 300. Dieser bezieht sich dabei zwar auf ausgewiesene Ergebnisse, die auf den Vorschriften des HGB basieren, die Aussage trifft aber m. E. auch auf publizierte Jahresergebnisse zu, die nach international anerkannten Rechnungslegungsvorschriften erstellt wurden.

[110] Vgl. BORN, K. (1999), S. 517.

[111] Vgl. DVFA (2000), S. 22.

[112] Zu den jahresabschlusspolitischen Gestaltungsmöglichkeiten im Rahmen der US-GAAP-Rechnungslegung vgl. die Ausführungen im fünften Kapitel.

[113] Vgl. KÜTING, K./WEBER, C.-P. (2001), S. 288.

Ermessensspielräume noch die dabei gewährten Wahlrechte in die Bereinigungen einbezogen. Folglich erweisen sich die Aufbereitungen, wie sich im sechsten Kapitel erarbeitet wurden, m. E. als zweckmäßiger beim Vergleich von Unternehmen, die nach US-GAAP bilanzieren.

Weiterhin existiert eine Studie von MÖLLER/SCHMIDT, die u. a. die Aussagekraft des DVFA-Ergebnisses untersucht. In die Betrachtung werden dabei nach den Vorschriften des HGB erstellte Einzel- und Konzernabschlüsse aller börsennotierten deutschen Unternehmen mit Ausnahme von Banken und Versicherungen, für die Gewinnschätzungen von mehreren Analysten vorliegen, der Geschäftsjahre 1987 bis 1994 einbezogen.[114] In die empirische Auswertung fließen die von Finanzanalysten berechneten und publizierten Ergebnisse nach DVFA/SG je Aktie sowie veröffentlichte Jahresabschlussgrößen je Aktie verbunden mit Börsendaten ein. Die Aussagekraft wird sowohl auf Basis eines ex post Informationsstands als auch auf der Basis eines ex ante Informationsstands analysiert. Dabei bezieht sich die ex post Analyse auf die Erklärung der Aktienkurse und –renditen nach Veröffentlichung des Jahresabschlusses, während man bei der ex ante Betrachtung vom Informationsstand eines Aktionärs sechs Monate vor dem Geschäftsjahresende ausgeht, d. h. es werden solche Daten berücksichtigt, die ein halbes Jahr vor Geschäftsjahresende in Form von Schätzungen vorliegen. Dabei handelt es sich um die von den Finanzanalysten geschätzten Ergebnisse nach DVFA/SG.[115]

Bei dieser empirischen Untersuchung „konnte gezeigt werden, daß Jahresabschlußdaten und DVFA/SG-Daten sowie deren Konsensus-Schätzwerte derzeit für die Aktienanalyse bedeutsam sind."[116] Einschränkend wird aber auch vor einer künftig abnehmenden relativen Bedeutung des Ergebnisses nach DVFA/SG gewarnt. MÖLLER/SCHMIDT betonen zwar einerseits die zunehmende Fokussierung auf den *shareholder value*, der eine steigende Bedeutung des DVFA/SG-Ergebnisses in der Unternehmensführung mit sich bringt. Aber da durch die Globalisierung der Kapitalmärkte andere Erfolgsmaßstäbe, nämlich solche, die eine internationale Beurteilung von Unternehmen erlauben,

---

[114] Vgl. MÖLLER, H. P./SCHMIDT, F. (1998), S. 492 f.
[115] Vgl. MÖLLER, H. P./SCHMIDT, F. (1998), S. 501.
[116] MÖLLER, H. P./SCHMIDT, F. (1998), S. 502.

an Bedeutung gewinnen, werden diese die Kennzahl Ergebnis nach DVFA/SG vermutlich in den Hintergrund drängen.[117] Einen entscheidenden Schritt, dieser Entwicklung entgegenzuwirken hat die DVFA/SG allerdings mit der Veröffentlichung der neuen Empfehlung zur Ermittlung des Ergebnisses (je Aktie) nach DVFA/SG im Jahr 2000 getan, indem sie ihr Arbeitsschema auch auf nach IAS oder US-GAAP erstellte Jahresabschlüsse ausgeweitet hat.

### 7.1.3 Strukturelle Ergebnisanalyse

#### 7.1.3.1 Überblick

Mit Hilfe der strukturellen Ergebnisanalyse soll einerseits das Periodenergebnis in seine Bestandteile aufgegliedert werden, um damit die Ergebnisanteile auf ihre Ursachen hin zu untersuchen. Eine solche Analyse, die auch als Ergebnisquellenanalyse bezeichnet wird, soll insb. die Beurteilung der Nachhaltigkeit ermöglichen. Andererseits soll die strukturelle Ergebnisanalyse Aufschluss über die Struktur bzw. die Entwicklung der einzelnen Ergebnisbestandteile geben; diese Vorgehensweise bezeichnet man als Analyse der Aufwands- und Ertragsstruktur.[118]

#### 7.1.3.2 Ergebnisquellenanalyse: Die Ergebnisspaltung

##### 7.1.3.2.1 Überblick

Die Ergebnisquellenanalyse kann wiederum in zwei Bereiche unterteilt werden: in die Ergebnisspaltung und in die Ergebnissegmentierung.[119] In dieser Arbeit wird lediglich Erstere behandelt. Dies liegt darin begründet, dass die für eine Ergebnissegmentierung erforderliche Segmentberichterstattung eine disaggregierte Analyse der Ertrags- und Aufwandstruktur[120] sowie der Rentabilität zulässt,[121] d. h. die unter Abschnitt 7.1.3.3 und 7.2 beschriebenen Werkzeuge der Analyse können entsprechend auf Segmentebene zur Anwendung gelangen, eine nochmalige Beschreibung ist deshalb nicht erforderlich. Darüber hinaus handelt es sich bei der Segmentierung von Unternehmen bzw. deren Daten zur

[117] Vgl. MÖLLER, H. P./SCHMIDT, F. (1998), S. 502.
[118] Vgl. COENENBERG, A. G. (2001), S. 976.
[119] Vgl. ebenda.
[120] Vgl. KÜTING, K./WEBER, C.-P. (2001), S. 251.
[121] Vgl. COENENBERG, A. G./MATTNER, G. R. (2000), S. 1830; KÜTING, K./WEBER, C.-P. (2001), S. 251.

Vermögens-, Finanz- und Ertragslage um ein sehr komplexes Thema, das bereits in wissenschaftlichen Arbeiten umfangreich erforscht wurde und wird.[122]

Bei der Ergebnisspaltung wird der Gesamterfolg nach Erfolgsquellen und Leistungsbereichen unterteilt,[123] um dadurch einen bestmöglichen Einblick in die Komponenten des Ergebnisses zu erlangen.[124] Grundsätzlich kann dabei eine Ergebnisspaltung nach folgenden Kriterien erfolgen:[125]

- Regelmäßigkeit/Nachhaltigkeit: Das Ergebnis wird in ein ordentliches, d. h. regelmäßiges bzw. nachhaltig erzielbares Ergebnis und in ein außerordentliches Ergebnis aufgespalten.[126]
- Betriebsbezogenheit: Das Ergebnis wird in betriebliche und außerbetriebliche Komponenten unterteilt.[127]
- Periodenbezogenheit: Eine Abgrenzung zwischen periodischen und aperiodischen Ergebnisbestandteilen wird vollzogen.[128]
- Tätigkeitsbereiche: Das Ergebnis wird nach deutlich voneinander abweichenden betrieblichen Organisationseinheiten unterschieden.[129] Eine Einteilung kann bspw. nach Unternehmensfunktionen wie Beschaffung, Produktion etc. oder nach Leistungsbereichen wie z. B. Divisionen, Geschäftsbereichen oder ähnlichem erfolgen.
- Regionen[130]: Die Unterteilung des Ergebnisses orientiert sich an örtlichen bzw. geographischen Merkmalen, bspw. wird nach Ergebnisbeiträgen in bestimmten Regionen unterschieden.
- Kundengruppen[131]: Die Ergebnisspaltung erfolgt z. B. nach Groß- und Einzelhändlern.

---

122 Vgl. BERNARDS, O. (1994); PEJIC, P. (1997); BENECKE, B. (2000); GEIGER, T. (2001).
123 Vgl. HEINEN, E. (1986), S. 257.
124 Vgl. KÜTING, K./KUHN, U. (1992), S. 122; BUSSE VON COLBE, W. (1995), Sp. 596.
125 Vgl. auch für die folgende Aufzählung KÜTING, K./KUHN, U. (1992), S. 122 f.; KÜTING, K./WEBER, C.-P. (2001), S. 219 f.
126 Vgl. auch LACHNIT, L. (1987), S. 47; ZIOLOWSKI, U. (1990), S. 161; BAETGE, J./THIELE, S. (1995), Sp. 259; LACHNIT, L./AMMAN, H./MÜLLER, S./WULF, I. (1998), S. 2181; ZDROWOMYSLAW, N./KASCH, R./PUCHINGER, T. (1999), S. 85.
127 Vgl. auch LACHNIT, L. (1987), S. 47; ZIOLOWSKI, U. (1990), S. 161; LACHNIT, L./AMMAN, H./MÜLLER, S./WULF, I. (1998), S. 2181.
128 Vgl. auch ZIOLOWSKI, U. (1990), S. 161.
129 Vgl. auch NIEHUS, R. J. (1982), S. 541.
130 Vgl. auch MAYER, L./MAYER, L. (1970), S. 197; BUSSE VON COLBE, W. (1995), Sp. 596.
131 Vgl. auch BUSSE VON COLBE, W. (1995), Sp. 596.

- Ertragsarten: Das Ergebnis kann in Ergebnis aus Umsatz, Beständen und innerbetrieblichen Leistungen unterteilt werden.[132]
- Kalkulationsgrößen: Die Aufteilung des Ergebnisses kann bspw. nach Deckungsbeiträgen, Abweichungen oder Fixkosten vorgenommen werden.[133]
- Zahlungswirksamkeit:[134] Das Ergebnis wird in einen zahlungswirksamen und einen zahlungsunwirksamen Teil zerlegt.
- Inflationsbedingtheit: Bei bestehender Inflation kann zwischen Real- und Preissteigerungsgewinn unterschieden werden. Der Preisssteigerungsgewinn, bei dem es sich um einen sog. Scheingewinn handelt, ist für die Substanzerhaltung des Unternehmens erforderlich. Unter betriebswirtschaftlicher Betrachtung darf deshalb nur der restliche Teil des Ergebnisses in Form von Steuer- und Dividendenzahlungen den Unternehmensbereich verlassen.
- Steuerwirksamkeit: Das Ergebnis wird in steuerwirksame und steuerunwirksame Bestandteile aufgespalten.

Da dem externen Analysten die Daten für eine Analyse nach allen genannten Kriterien i. d. R. nicht vorliegen,[135] beschränkt sich die externe erfolgswirtschaftliche Analyse zumeist auf die ersten drei aufgeführten Kriterien.[136]

Im Vordergrund der Ergebnisspaltung steht folglich die Ermittlung eines Ergebnisses, das unter konstanten Umweltbedingungen das künftige Erfolgspotenzial widerspiegelt. Darunter werden Umsatz- und Finanztransaktionen gefasst, die typischerweise regelmäßig stattfinden und sich aufgrund ihrer erwarteten Nachhaltigkeit zu Prognosezwecken eignen.[137] Es handelt sich dabei einerseits um

---

[132] Vgl. auch SCHNETTLER, A. (1961), S. 210.

[133] Vgl. auch ZIOLOWSKI, U. (1990), S. 161.

[134] Vgl. auch für die folgenden Kriterien HAUSCHILDT, J./GRENZ, T./GEMÜNDEN, H. G. (1985), S. 877; HAUSCHILDT, J. (1990), S. 190; HAUSCHILDT, J. (2000b), S. 36.

[135] Vgl. HAUSCHILDT, J./GRENZ, T./GEMÜNDEN, H. G. (1985), S. 877.

[136] Vgl. LACHNIT, L. (1991), S. 773; BAETGE, J. (1998a), S. 343; KÜTING, K./WEBER, C.-P. (2001), S. 220. HAUSCHILDT/GRENZ/GEMÜNDEN halten weiterhin eine Ergebnisspaltung nach „Zahlungswirksamkeit und Steuerwirksamkeit […] nur im Rahmen des rechtlich Möglichen und auch dann nur unter kühnen Hypothesen [für] möglich." HAUSCHILDT, J./GRENZ, T./GEMÜNDEN, H. G. (1985), S. 877.

[137] Vgl. PERRIDON, L./STEINER, M. (1999), S. 537; GRÄFER, H. (2001), S. 58 f.; KÜTING, K./WEBER, C.-P. (2001), S. 221.

das ordentliche Betriebsergebnis, das „sich aus betriebstypischen Erfolgskomponenten zusammensetzt“[138] und andererseits um das ordentliche Finanzergebnis, das häufig auch als ordentliches betriebsfremdes Ergebnis bezeichnet wird.[139] Von diesen ordentlichen betrieblichen Ergebniskomponenten können außerordentliche Ergebniskomponenten wie bspw. außerplanmäßige Abschreibungen aufgrund von Betriebsstilllegungen, die in einem außerordentlichen Ergebnis saldiert werden, abgegrenzt werden. Die Ermittlung der betrieblichen und betriebsfremden sowie der ordentlichen und außerordentlichen Ergebnisbestandteile zu Zwecken der Jahresabschlussanalyse aus einer US-GAAP-Gewinn- und Verlustrechnung wird im Folgenden beschrieben.

#### 7.1.3.2.2 Das ordentliche Betriebsergebnis

Das ordentliche Betriebsergebnis im betriebswirtschaftlichen Sinne enthält alle regelmäßigen Erfolgsbestandteile, die aus der eigentlichen Betriebstätigkeit resultieren.[140] Da dieses Ergebnis den nachhaltig erzielbaren Erfolg des Unternehmens verkörpert[141] und somit auch in Zukunft mit erhöhter Wahrscheinlichkeit zu erwarten ist,[142] dient es als Anhaltspunkt zur Schätzung des Erfolgspotenzials.[143] Die Ermittlung eines solchen aus betriebswirtschaftlicher Sicht ordentlichen Ergebnisses setzt an der Gewinn- und Verlustrechnung an. Bei der Analyse von US-GAAP-Abschlüssen erscheint zunächst die Tatsache, dass die US-GAAP selbst keine Vorschriften zur Gliederung der Gewinn- und Verlustrechnung enthalten, als problematisch. Lediglich die Trennung des Periodenergebnisses in ein ordentliches und ein außerordentliches Ergebnis ist vorgeschrieben.[144] Bei der SEC registrierte Unternehmen müssen sich allerdings an die in Reg. S-X, Rule 5-03 dargestellte Mindestgliederung halten und so orientieren sich auch viele andere Unternehmen an dieser Gliederung. Diese Mindestgliederung der Gewinn- und Verlustrechnung, die bereits unter Abschnitt 4.4.1 erläutert wurde, spaltet das *net income* bereits in ein ordentliches und ein außerordentliches Ergebnis auf. Das ordentliche Betriebsergebnis kann

---

[138] KÜTING, K./WEBER, C.-P. (2001), S. 221.
[139] Vgl. LACHNIT, L./AMMAN, H./MÜLLER, S./WULF, I. (1998), S. 2181; COENENBERG, A. G. (2001), S. 977; KÜTING, K./WEBER, C.-P. (2001), S. 221.
[140] Vgl. GRÄFER, H. (2001), S. 59.
[141] Vgl. KÜTING, K./KUHN, U. (1992), S. 123; BAETGE, J. (1998a), S. 361 f.
[142] Vgl. GRÄFER, H. (2001), S. 60.
[143] Vgl. KÜTING, K./KUHN, U. (1992), S. 123; GRÄFER, H. (2001), S. 61.
[144] Vgl. APB *Opinion* 30.8 ff.

allerdings nur ansatzweise vom Finanzergebnis abgegrenzt werden.[145] Das ordentliche Betriebsergebnis, d. h. das *income or loss from operations*, das in der *operating section* ermittelt wird, setzt sich dabei aus den Bestandteilen, die in der folgenden Abbildung dargestellt sind, zusammen.[146]

*Net sales and gross revenues (Umsatzerlöse)*

- *Costs of goods sold* (Herstellungskosten des Umsatzes)
- *Other operating costs and expenses* (sonstige betriebsbedingte Aufwendungen)
- *Selling, general and administrative expenses* (Vertriebs- und allgemeine Verwaltungsaufwendungen)
- *Provision for doubtful accounts and notes* (Aufwendungen für zweifelhafte Forderungen)
- *Other general expenses* (sonstige (betriebliche) Gemeinkosten)

= *Income or loss from operations* (ordentliches Betriebsergebnis)

Abb. 7.5: Ausweis des ordentlichen Betriebsergebnisses (in Anlehnung an: Reg. S-X, Rule 5-03)

Unter den *costs of goods sold* befinden sich, neben Personal-, Materialaufwendungen usw. regelmäßig auch Fremdkapitalaufwendungen[147]. Durch diese Handhabung erfolgt eine Vermischung von betrieblichen und finanzwirtschaftlichen Aktivitäten.[148] Aufgrund der Ausweispflicht von in der laufenden Periode erfolgswirksam verbuchten Zinsaufwendungen[149] kann jedoch eine Umgliederung derselben aus der *operating section* heraus in die *non-operating section* hinein erfolgen.

Neben den Zinsaufwendungen für *qualifying assets* enthalten auch die *net periodic pension costs* einen Zinsanteil. Die *net periodic pension cost* wiederum fließen je nach Anfall in die einzelnen Funktionskosten mit ein und verbergen

---

[145] Vgl. die Ausführungen unter Abschnitt 4.4.1.

[146] Eine Erläuterung der Bestandteile ist den Ausführungen unter Abschnitt 4.4.1 zu entnehmen.

[147] Handelt es sich um ein sog. *qualifying asset*, so ist die Aktivierung bzw. die Verrechnung als *costs of goods sold* von Fremdkapitalaufwendungen, die unmittelbar dem Erwerb, der Konstruktion oder der Herstellung zuzurechnen sind, geboten. Ein *qualifying asset* liegt dann vor, wenn dessen Versetzen in einen betriebsbereiten Zustand einen längeren Zeitraum beansprucht. Vgl. KPMG (Hrsg.) (1999), S. 25.

[148] Vgl. PENMAN, S. H. (2001), S. 280.

[149] Vgl. SFAS 34.21.

sich somit regelmäßig in mehreren Posten der *operating section*. Da jedoch auch an dieser Stelle eine Pflicht zum separaten Ausweis des in den *net periodic pension costs* enthaltenen Zinsanteils besteht,[150] kann auch hier eine Umgliederung dieser Zinsaufwendungen in den nicht betrieblichen Bereich vorgenommen werden.

Dabei stellt sich aber die Frage, inwieweit Zinsaufwendungen, die für ein *qualifying asset* anfallen – solche sind zu aktivieren bzw. nach SFAS 34.6 zum Zeitpunkt der dazugehörigen Umsatzrealisierung als *costs of goods sold* zu verrechnen – und der in den *net periodic pension costs* enthaltene Zinsanteil im eigentlichen Sinne nicht doch als betriebsbedingt zu klassifizieren sind, denn „eine rentable gewöhnliche Geschäftstätigkeit [setzt] bei so gut wie allen großen Unternehmen voraus [...], daß Fremdkapital aufgenommen wird.“[151] Beachtet man weiterhin, dass es sich bei dem im folgenden Unterpunkt erläuterten ordentlichen betriebsfremden Ergebnis nicht um ein reines Finanzergebnis handelt, kann eine Umgliederung der Zinsaufwendungen m. E. unterbleiben.

Die nicht in der *operating section* ausgewiesenen *gains and losses* sowie die *other revenues and expenses*, deren Beschreibung unter Abschnitt 4.4.1 zu finden ist, werden zum betriebsfremden Ergebnis gerechnet, d. h. innerhalb der *non-operating section* ausgewiesen; somit ist „das Betriebsergebnis der US-GAAP-GuV [...] zu Recht als ein operatives Ergebnis zu betrachten.“[152] Allerdings können diese *gains and losses* u. a. Gewinne und Verluste aus der Veräußerung von Gegenständen des Sachanlagevermögens enthalten.[153] Diese werden in der Literatur zur Ergebnisspaltung häufig dem ordentlichen Betriebsergebnis zugeordnet,[154] nach der hier beschriebenen Vorgehensweise werden sie dagegen dem ordentlichen betriebsfremden Bereich zugerechnet. Da Verkäufe

---

[150] Vgl. SFAS 87.54b.

[151] BAETGE, J. (1998a), S. 344. Auch BIEG ist der Ansicht, dass „Zinsaufwendungen als Kapitalbeschaffungskosten aufgefasst werden können und somit eng mit der Bereitstellung von Produktionsfaktoren und damit mit der eigentlichen Betriebstätigkeit verbunden sind.“ BIEG, H. (1993b), S. 385.

[152] COENENBERG, A. G. (2001), S. 992.

[153] Vgl. dazu auch die Ausführungen unter Abschnitt 4.4.1.

[154] So rechnet bspw. COENENBERG die sonstigen betrieblichen Aufwendungen und Erträge, die Gewinne und Verluste aus der Veräußerung von Gegenständen des Sachanlagevermögens enthalten können, zumindest soweit sie nicht dem außerordentlichen Bereich angehören, dem ordentlichen Betriebsergebnis zu. Vgl. COENENBERG, A. G. (2001), S. 982.

von Anlagengegenständen m. E. nicht zum primären Tätigkeitsbereich eines Unternehmens gehören, ist die nach US-GAAP vorzunehmende Zurechnung korrekt. Zusammenfassend ergibt sich, dass grundsätzlich weder Positionen aus dem Ergebnis herauszurechnen sind, noch Positionen anderer Sektionen hierher umgegliedert werden müssen; vielmehr entspricht das *income or loss from operations* dem betriebswirtschaftlich geforderten Betriebsergebnis.

Allerdings sind die im sechsten Kapitel erarbeiteten Korrekturen durchzuführen, wodurch das *income or loss from operations* um die folgenden Vorgänge zu erweitern ist:

- Aktivierte Kosten zur Entwicklung von Software, die zum Verkauf, zur Vermietung oder zur anderweitigen Überlassung an Dritte bestimmt ist sowie aktivierte Kosten zur Entwicklung von Software zur unternehmensinternen Verwendung schmälern als Forschungs- und Entwicklungsaufwendungen innerhalb der *other operating costs and expenses* das ordentliche Betriebsergebnis im Rahmen der Aufbereitung.
- Die Differenz zwischen den ursprünglich ermittelten *service cost* unter Verwendung einer unterdurchschnittlichen (überdurchschnittlichen) Gehaltssteigerungsrate und den mit Hilfe einer angenommenen durchschnittlichen Gehaltssteigerungsrate ermittelten *service cost* verringern (erhöhen) das ordentliche Betriebsergebnis.[155]
- Die Differenz zwischen dem neu berechnetem Zinsaufwand als Bestandteil der *net periodic pension cost* mit Hilfe eines möglichst objektivierten Zinssatzes und dem ursprünglich ausgewiesenen Zinsaufwand unter Verwendung einer vom möglichst objektivierten Zinssatz abweichenden *settlement rate* verringert oder erhöht im Zuge der Aufbereitung das ordentliche Betriebsergebnis.[156]
- Das ordentliche Betriebsergebnis ist zu Zwecken der Jahresabschlussanalyse um die eliminierten *prior service cost* zu erhöhen.[157]

[155] Voraussetzung ist allerdings, dass die *service cost* auch tatsächlich dem ordentlichen betrieblichen Bereich zuzuordnen sind. Da diesbezüglich keine Ausweisvorschriften existieren, kann dies der Analyst nicht nachvollziehen. Vereinfachend kann deshalb angenommen werden, dass die *service cost* das ordentliche Betriebsergebnis betreffen.

[156] Auch hier gilt die in der vorigen Fußnote getroffene Aussage.

[157] Auch hier gilt die in Fußnote 155 getroffene Aussage.

- Aufgrund der Differenz zwischen neu berechnetem und ursprünglich erfasstem Aufwand für Rückstellungen für Umweltschutzmaßnahmen aufgrund der nachzuholenden Abzinsung von Rückstellungen für Umweltschutzmaßnahmen ist das ordentliche Betriebsergebnis im Rahmen der Aufbereitungen zu erhöhen.[158]

- Das ordentliche Betriebsergebnis ist um die Differenz zwischen Aufwand aus realen Aktienoptionsplänen, der nach SFAS 123 zu erfassen wäre und dem tatsächlich nach APB *Opinion* 25 verbuchten Aufwand zu erhöhen.[159]

Daneben sind weiterhin Aufbereitungen bezüglich des auf Anteile anderer Gesellschafter entfallenden Ergebnisses notwendig, falls dieses im Original-Jahresabschluss Bestandteil der Gewinn- und Verlustrechnung ist[160] bzw. der Ausgleichsposten für Anteile anderer Gesellschafter im Eigenkapital ausgewiesen wird.[161] Dieser Ergebnisanteil bezieht sich allerdings auf das vollständige *net income*. Deshalb ist der Anteil des *income or loss from operations* am *net income* in der Original-Gewinn- und Verlustrechnung zu berechnen. Der ermittelte Anteil ist auf das auf Anteile anderer Gesellschafter entfallende Ergebnis zu beziehen und der berechnete Betrag ist innerhalb des ordentlichen Betriebsergebnisses zu Aufbereitungszwecken als Aufwand zu verrechnen.

#### 7.1.3.2.3 Das ordentliche betriebsfremde Ergebnis

Das ordentliche betriebsfremde Ergebnis ist bei betriebswirtschaftlicher Betrachtung dadurch gekennzeichnet, dass es zwar aus der Unternehmenstätigkeit resultiert, aber dennoch nicht mit dem eigentlichen Zweck der Unternehmung in Zusammenhang steht.[162] Auch das ordentliche betriebsfremde Ergebnis stellt ein nachhaltig erzielbares Ergebnis dar, außerdem unterliegt es

---

[158] Ob die Aufwendungen für Umweltschutzmaßnahmen und damit auch die diesbezüglichen Aufbereitungsmaßnahmen in voller Höhe dem ordentlichen betrieblichen Bereich angehören, lässt sich regelmäßig ebenfalls nicht klären. Auch hier wird vereinfachend von einem ordentlichen betrieblichen Anfall der Aufwendungen ausgegangen.

[159] Der Aufwand aus realen Aktienoptionsplänen kann ebensowenig zweifelsfrei dem ordentlichen betrieblichen Bereich zugeordnet werden; hier wird allerdings vereinfachend unterstellt, dass dies möglich ist.

[160] D. h. nicht als Aufwand in der *operating section* verrechnet wurde sondern als eigenständiger Posten in der *non-operating* section aufgeführt wurde.

[161] Zur Diskussion des Ausweisortes von Anteilen anderer Gesellschafter zu Zwecken der Jahresabschlussanalyse vgl. Abschnitt 6.2.3.

[162] Vgl. KÜTING, K./KUHN, U. (1992), S. 123; GRÄFER, H. (2001), S. 66.

häufig geringeren Schwankungen als andere Ergebnisbestandteile.[163] Dennoch werden Erfolge in diesem Bereich nicht so hoch eingeschätzt wie Betriebserfolge, da sie durch das Unternehmen kaum gestaltbar sind, sondern vielmehr von externen Variablen wie bspw. der Situation an den Geld- und Kapitalmärkten abhängen.[164] Der Ausweis des ordentlichen betriebsfremden Ergebnisses erfolgt in der US-GAAP-Gewinn- und Verlustrechnung im Anschluss an die Darstellung des *income from operations*. Es ist im *income or loss from continuing operations* enthalten, das neben dem *income from operations* aus den in der folgenden Abbildung dargestellten zusätzlichen Komponenten besteht.[165]

+/- *Gains and losses* (außerhalb der gewöhnlichen betrieblichen Geschäftstätigkeit anfallende Gewinne und Verluste)

+/- *Other revenues and expenses* (sonstige Erträge und Aufwendungen)

+/- *Unusual or infrequent items* (Aufwendungen und Erträge aus Transaktionen, die entweder ungewöhnlich in ihrer Art sind oder unregelmäßig stattfinden)

\- *Income tax expenses* (Ertragsteueraufwendungen)

+/- *Minority interest in income of consolidated subsidiaries* (Anteil der Minderheitsgesellschafter am Ergebnis)

+/- *Equity in earnings of affiliated companies* (Anteil verbundener Unternehmen am Ergebnis)

= Ausgewiesenes ordentliches betriebsfremdes Ergebnis

Abb. 7.6: Ausgewiesenes ordentliches betriebsfremdes Ergebnis (in Anlehnung an: Reg. S-X, Rule 5-03)

Bereits aus der Betrachtung des ersten genannten Ergebnisbestandteils kann geschlossen werden, dass dieses Ergebnis kein Finanzergebnis darstellt. Vielmehr kann es als betriebsfremdes Ergebnis, das neben finanzwirtschaftlichen Bestandteilen weitere Komponenten enthält, bezeichnet werden. Da die ersten drei oben aufgeführten Ergebnisbestandteile in der SEC-Mindestgliederung lediglich zusammengefasst als *non-operating income* und *non-operating expen-*

163 WEHRHEIM bezieht dies insb. auf krisenfeste Unternehmen. Vgl. WEHRHEIM, M. (1997), S. 511. Vgl. auch BAETGE, J. (1998a), S. 377.

164 Vgl. HAUSCHILDT, J. (1990), S. 193; KÜTING, K./KUHN, U. (1992), S. 123.

165 Vgl. zu den einzelnen Positionen die Ausführungen unter Abschnitt 4.4.1.

*ses* dargestellt werden müssen, ist ein reines Finanzergebnis nur mit Hilfe von Korrekturrechnungen ermittelbar.[166]

Als problematisch ist weiterhin die Tatsache zu werten, dass auch unregelmäßig wiederkehrende Geschäftsvorfälle, die allerdings ihrer Art nach nicht ungewöhnlich sind, bzw. Geschäftsvorfälle, die zwar ihrer Art nach ungewöhnlich sind, die aber durchaus regelmäßig wiederkehren können, in das *income or loss from continuing operations* einfließen. So ist es doch gerade das vorrangige Ziel der Ergebnisspaltung, das Ergebnis hinsichtlich seiner Regelmäßigkeit zu zerlegen. Da *unusual or infrequent items* lediglich saldiert mit weiteren Ergebnisbestandteilen auszuweisen sind, ist eine Bereinigung grundsätzlich nicht möglich. Allerdings sind Art und Effekt von wesentlichen *unusual or infrequent items* in den *notes* offen zu legen,[167] sodass in diesem Fall eine Korrektur vorgenommen werden kann. Kommt der Analyst zu dem Schluss, dass der wesentliche ungewöhnliche oder unregelmäßig auftretende Geschäftsvorfall nicht nachhaltig erzielbar sein wird, ist der entsprechende Betrag aus dem ordentlichen betriebsfremden Ergebnis zu eliminieren und dem außerordentlichen Ergebnis hinzuzurechnen.

Enthalten die ausgewiesenen *gains and losses* Aufwendungen aufgrund von *impairment losses on long-lived assets*, d. h. Aufwendungen aufgrund von Wertberichtigungen wegen künftig erwarteten niedrigeren Netto-Zahlungsströmen im Vergleich zum Buchwert, die innerhalb der *operating section* auszuweisen sind,[168] ist es fraglich, ob diese als nachhaltig einzustufen sind. Häufig werden diese Abwertungsverluste aus dem Betriebsergebnis eliminiert, da sie nur einmalig und nicht regelmäßig auftreten.[169] Deshalb sind *impairment losses* aus dem ordentlichen betriebsfremden Ergebnis herauszurechnen und dem außerordentlichen Ergebnis hinzuzufügen.

---

[166] Vgl. KUHLEWIND, A.-M. (2000), S. 294. Auch PENMAN bemängelt die Vermischung der Ergebnisbestandteile aus rein operativen und finanziellen Transaktionen. Vgl. PENMAN, S. H. (2001), S. 279 f.

[167] Vgl. APB *Opinion* 30.26; LACHNIT, L./AMMAN, H./MÜLLER, S./WULF, I. (1998), S. 2181; COENENBERG, A. G. (2001), S. 993.

[168] Vgl. SFAS 144.45.

[169] Vgl. STICKNEY, C. P./BROWN, P. R. (1999), S. 218, Beispiel 8.

+/- *Gains and losses* (außerhalb der gewöhnlichen betrieblichen Geschäftstätigkeit anfallende Gewinne und Verluste)

+/- *Other revenues and expenses* (sonstige Erträge und Aufwendungen)

+/- *Unusual or infrequent items* (Aufwendungen und Erträge aus Transaktionen, die entweder ungewöhnlich in ihrer Art sind oder unregelmäßig stattfinden)

- *Income tax expenses* (Ertragsteueraufwendungen)

+/- *Minority interest in income of consolidated subsidiaries* (Anteil der Minderheitsgesellschafter am Ergebnis)

+/- *Equity in earnings of affiliated companies* (Anteil verbundener Unternehmen am Ergebnis)

+/- *Material unusual or infrequent items* (Wesentliche Aufwendungen und Erträge aus unregelmäßig anfallenden oder ungewöhnlichen Transaktionen) soweit nicht nachhaltig

+ *Impairment losses on long-lived assets* (Abwertungsverluste aus Gegenständen des Anlagevermögens)

= Ordentliches betriebsfremdes Ergebnis

Abb. 7.7: Ermittlung des ordentlichen betriebsfremden Ergebnisses (Quelle: eigene Darstellung)

#### 7.1.3.2.4 Das außerordentliche Ergebnis

Nach dem betriebswirtschaftlichen Ergebnisspaltungskonzept umfasst das außerordentliche Ergebnis diejenigen Ergebnisbestandteile, die einmalig auftreten oder nur äußerst selten vorkommen.[170] Als außerordentliches Ergebnis i. S. v. unregelmäßig auftretenden Ergebnisbestandteilen ist in der US-GAAP-Gewinn- und Verlustrechnung der Saldo folgender Komponenten zu betrachten:[171]

- *Results from discontinued operations*: Besteht Berichtspflicht über einen Geschäftsbereich, der bereits verkauft oder aufgegeben wurde bzw. dessen Verkauf oder Aufgabe künftig erfolgen wird, so ist einerseits das *income or loss from operations* des betreffenden Geschäftsbereichs und andererseits der *gain or loss on disposal* aus dem entsprechenden Geschäftsbereich auszuweisen.
- *Extraordinary items*: Diese Position wird in der US-amerikanischen Rechnungslegung äußerst eng definiert, denn an dieser Stelle werden nur

[170] Vgl. BAETGE, J. (1998a), S. 384.
[171] Vgl. dazu die Nachweise und Ausführungen unter Abschnitt 4.4.1.

Aufwendungen und Erträge ausgewiesen, die sowohl ihrer Eigenart nach ungewöhnlich als auch in ihrem Auftreten selten sind. Sie sind abzüglich der gesondert auszuweisenden Ertragssteuern zu zeigen. Als nicht außergewöhnlich werden explizit bspw. Gewinne oder Verluste aus dem Abgang von Sach- und Finanzanlagevermögen, Wertberichtigungen auf Forderungen oder Vorratsvermögen sowie Effekte aus der Fremdwährungsumrechnung genannt.[172]

- *Cumulative effect of accounting changes*: Darunter fallen erstens *changes in accounting principles*, d. h. der kumulierte Effekt aus Wechseln von Rechnungslegungsmethoden ist offen zu legen. Zweitens betrifft es *changes in accounting estimates*, die entstehen, wenn sich Schätzungen, die im Rahmen der Bewertung erforderlich sind, ändern. *Corrections of errors* sind drittens hierunter zu fassen, ebenso wie viertens *changes in the reporting entity*.[173]

Wie bereits im vorigen Abschnitt beschrieben, sind – in Abhängigkeit von ihrer unterstellten Nachhaltigkeit – in den *notes* ausgewiesene wesentliche *unusual or infrequent items* dem ausgewiesenen außerordentlichen Ergebnis hinzuzufügen. Ebenso sind die *impairment losses on long-lived assets* aus dem ordentlichen betriebsfremden Ergebnis zu eliminieren und in das außerordentliche Ergebnis einzubeziehen. In der folgenden Abbildung ist die Ermittlung des außerordentlichen Ergebnisses dargestellt.

---

[172] Vgl. APB *Opinion* 30.19-30.24; KÜTING, K./WEBER, C.-P. (2001), S. 249.
[173] Vgl. NIKOLAI, L. A./BAZLEY, J. D. (2000), S. 126 f.

+/- *Results from discontinued operations* (Ergebnis aus Geschäftsbereichen, die verkauft oder aufgegeben wurden bzw. deren Verkauf oder Aufgabe künftig erfolgen wird)

+/- *Extraordinary items* (Ergebnis aus Transaktionen, die sowohl ungewöhnlich als auch selten sind)

+/- *Cumulative effect of accounting changes* (Ergebnis aus dem Wechsel von Rechnungslegungsmethoden, aus veränderten Schätzungen im Bereich der Bewertung, aus Fehlerkorrekturen sowie aus Veränderungen in der Berichtseinheit)

+/- *Material unusual or infrequent items* (wesentliche Aufwendungen und Erträge aus unregelmäßig anfallenden oder ungewöhnlichen Transaktionen) soweit nicht nachhaltig

\- *Impairment losses on long-lived assets* (Abwertungsverluste aus Gegenständen des Anlagevermögens)

---

= Außerordentliches Ergebnis

Abb. 7.8: Ermittlung des außerordentlichen Ergebnisses
(Quelle: eigene Darstellung)

Abschließend erfolgt in der nachfolgenden Abbildung die graphische Gegenüberstellung des betriebswirtschaftlichen Ergebnisspaltungskonzepts und der nach US-GAAP verfolgten Ergebnisspaltung.

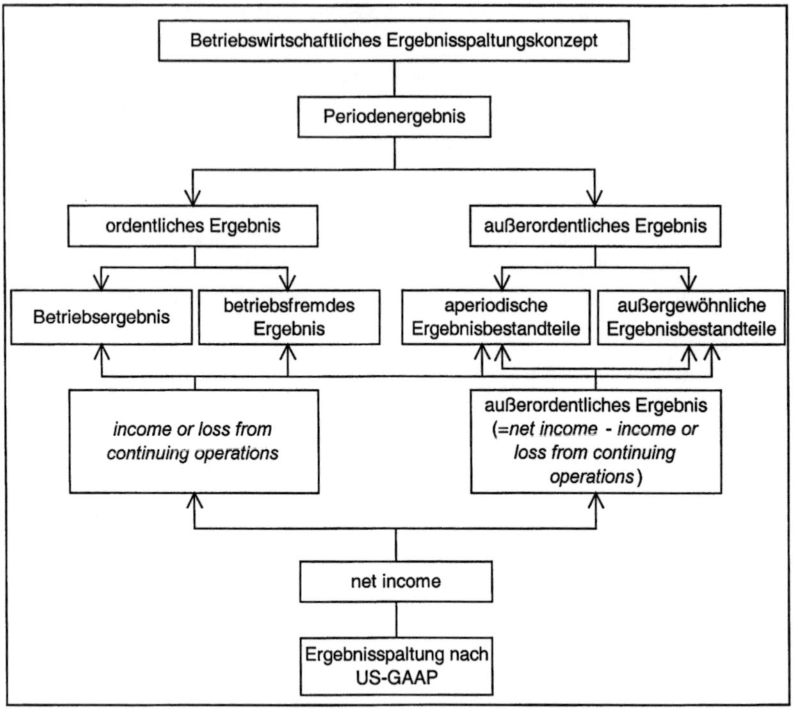


Abb. 7.9: Zusammenhang zwischen betriebswirtschaftlicher Ergebnisspaltung und dem Ergebnisspaltungskonzept nach US-GAAP (in Anlehnung an: COENENBERG, A. G. (2001), S. 980)

### 7.1.3.3 Analyse der Aufwands- und Ertragsstruktur

Im Gegensatz zur Ergebnisquellenanalyse, die die Ergebnisspaltung nach Teilergebnissen zum Ziel hat, soll die Analyse der Aufwands- und Ertragsstruktur Informationen über den anteilsmäßigen Beitrag der Ergebnisquellen am gesamten Ergebnis liefern (= strukturelle Analyse des Gesamtergebnisses) sowie Aussagen über einzelne Ergebnisquellen ermöglichen, wobei der Analyseschwerpunkt auf der Untersuchung des ordentlichen Betriebsergebnisses liegt (= strukturelle Analyse des ordentlichen Betriebsergebnisses).[174] Ziel der Analyse der Aufwands- und Ertragsstruktur ist letztendlich die Abschätzung der

[174] Vgl. KÜTING, K./WEBER, C.-P. (2001), S. 257.

Gründe für die Entwicklung des ordentlichen Betriebsergebnisses. Dieses Ziel versucht man mit Hilfe der Bildung von Struktur- und Quotenkennzahlen zu erreichen.[175]

Um im Rahmen der strukturellen Analyse des Gesamtergebnisses die Anteile der Ergebnisquellen am Gesamterfolg zu messen, werden folgende Kennzahlen verwendet:[176]

- Ordentliches Betriebsergebnis/Gesamtergebnis vor Steuern
- Ordentliches betriebsfremdes Ergebnis/Gesamtergebnis vor Steuern
- Außerordentliches Ergebnis/Gesamtergebnis vor Steuern

Der Anteil des ordentlichen Betriebsergebnisses am Gesamtergebnis vor Steuern ist bei dieser strukturellen Analyse von besonderer Bedeutung, da das ordentliche Betriebsergebnis die künftige Grundlage des Unternehmenserfolgs darstellt.[177]

Bei der Durchführung einer strukturellen Analyse des ordentlichen Betriebsergebnisses werden u. a. Strukturkennzahlen gebildet. Dabei stellt man eine Teilgröße wie bspw. die Vertriebskosten ins Verhältnis zu einer übergeordneten Gesamtgröße, z. B. zum Gesamtaufwand, bezogen auf den gleichen Zeitraum.[178] Bei solchen Strukturkennzahlen handelt es sich immer um Gliederungszahlen,[179] die das relative Gewicht der Teilgröße im Verhältnis zum Ganzen anzeigen.

Steht im Zähler eine Aufwands- oder Ertragsart, die zum Umsatz oder der Gesamtleistung ins Verhältnis gesetzt wird, handelt es sich um eine Quotenkennzahl. Beispielsweise kann der Vertriebsaufwand auf den Umsatz bezogen werden. Quotenkennzahlen lassen sich wiederum den Beziehungszahlen zuordnen, denn diese setzen u. a. verschiedenartige Gesamtheiten, die in einem sachlogischen Zusammenhang stehen (z. B. einer Mittel-Zweck-Relation) zueinander ins Verhältnis. Da zwischen dem Zähler und dem Nenner einer Quotenkenn-

---

175 Vgl. BAETGE, J. (1998a), S. 392 f.

176 Vgl. für die folgende Aufzählung COENENBERG, A. G. (2001), S. 997.

177 Vgl. KÜTING, K./WEBER, C.-P. (2001), S. 258.

178 Vgl. BAETGE, J. (1998a), S. 393.

179 Vgl. dazu die Ausführungen unter Abschnitt 2.4.3.

zahl lediglich eine konstruierte Zuordnung besteht, handelt es sich bei noch detaillierterer Betrachtung um eine Entsprechungszahl.[180]

Für die Analyse des Aufwands spielen sowohl Struktur- als auch Quotenkennzahlen eine Rolle; häufiger gelangen jedoch Quotenkennzahlen zum Einsatz.[181] Aufwandsstrukturkennzahlen zeigen an, wie bedeutsam eine Aufwandsart in Relation zur Summe aller Periodenaufwendungen ist.[182] Bei den gebräuchlicheren Aufwandsquotenkennzahlen, die auch als Intensitätskennzahlen bezeichnet werden, setzt man eine bestimmte Aufwandsart ins Verhältnis zum Umsatz oder zur Gesamtleistung. In der angloamerikanischen Literatur spricht man in diesem Fall von der *operating expense analysis*.[183] Die Verwendung des Umsatzes oder der Gesamtleistung im Nenner einer Aufwandsquotenkennzahl hängt davon ab, welches Gliederungsschema das bilanzierende Unternehmen bei Erstellung der Gewinn- und Verlustrechnung verwendet.[184] Liegt der Gewinn- und Verlustrechnung das Umsatzkostenverfahren zugrunde, kann die Gesamtleistung nicht gebildet werden.[185] Da die Gewinn- und Verlustrechnung nach US-GAAP grundsätzlich nach dem Umsatzkostenverfahren zu erstellen ist,[186] sind die Kennzahlen auf der Basis des Umsatzes zu ermitteln.

Da eine nach dem Umsatzkostenverfahren erstellte Gewinn- und Verlustrechnung nach dem Sekundärprinzip, d. h. nach Tätigkeitsbereichen wie Herstellung, Verwaltung und Vertrieb gegliedert ist, können die ausgewiesenen Aufwendungen der jeweiligen Tätigkeitsbereiche analysiert werden.[187] Im Folgenden werden die hierzu zu bildenden Kennzahlen dargestellt; daneben erfolgt jeweils eine kritische Abwägung, ob eine ermittelte relativ hohe Intensitätskennzahl eher als positiv zu werten ist oder nicht. Dabei werden Arbeitshypothesen gebil-

---

180 Vgl. dazu die Ausführungen unter Abschnitt 2.4.3.
181 Vgl. LEONARDI, H. (1990), S. 168 f.
182 Vgl. BAETGE, J. (1998a), S. 394.
183 Vgl. BERNSTEIN, L. A./WILD, J. J. (2000), S. 292; HELFERT, E. A. (2000), S. 91.
184 Vgl. BAETGE, J. (1998a), S. 394 f.
185 Vgl. ROGLER, S. (1990), S. 185; BOEMLE, M. (1995), S. 71; REHKUGLER, H./PODDIG, T. (1998), S. 204. Bestenfalls kann der Versuch unternommen werden, die Gesamtleistung approximativ zu ermitteln, da bei Anwendung des Umsatzkostenverfahrens die Posten Bestandsveränderungen an fertigen und unfertigen Erzeugnissen sowie andere aktivierte Eigenleistungen, die man zur Ermittlung der Gesamtleistung benötigt, nicht explizit ausgewiesen werden. Vgl. KÜTING, K./WEBER, C.-P. (2001), S. 265.
186 Vgl. dazu die Ausführungen unter Abschnitt 4.4.1.
187 Vgl. BAETGE, J. (1998a), S. 411.

det, die die Aussage enthalten, ob sich erfolgreiche Unternehmen durch eine relativ hohe oder eine relativ niedrige Intensität auszeichnen.[188] Allerdings sind diese Arbeitshypothesen häufig mit Vorsicht zu genießen, da sie nur unter bestimmten Annahmen überhaupt gelten können.

Eine gebräuchliche Kennzahl stellt das Verhältnis von Herstellungskosten des Umsatzes (*cost of goods sold*) zu Umsatzerlösen (*net sales and gross revenues*) dar,[189] die sog. Herstellungsintensität.

$$\text{Herstellungsintensität} = \frac{\text{Herstellungskosten des Umsatzes}}{\text{Umsatzerlöse}} * 100$$

Diese Intensitätskennzahl gibt an, welchen Prozentanteil die Herstellungskosten des Umsatzes an einer Geldeinheit Umsatz ausmachen. Erhöht (verringert) sich dieser Prozentsatz im Zeitablauf, folgt daraus c. p. eine Verschlechterung (Verbesserung) der Erfolgslage.[190] Da im Rahmen der Herstellungskostenbemessung nach US-GAAP nur in einem eingeschränkten Umfang Spielräume bestehen,[191] kann diese Kennzahl bei der Analyse von US-GAAP-Abschlüssen als relativ aussagekräftig bewertet werden.[192] Werden Unternehmen der gleichen Branche und mit gleichen Strukturen miteinander verglichen, so gilt für die Herstellungsintensität und die im Folgenden dargestellten Kennzahlen Vertriebs- und Verwaltungsintensität die Arbeitshypothese, dass bei erfolgreichen Unternehmen die Intensitäten jeweils geringer ausfallen als dies bei weniger erfolgreichen Unternehmen der Fall ist. Diese Hypothese kann in vielen

---

188 Diese Vorgehensweise wählt auch BAETGE, der sich allerdings nicht auf erfolgreiche und weniger erfolgreiche sondern auf gesunde und kranke Unternehmen bezieht. Vgl. BAETGE, J. (1998a), S. 33 ff.

189 Vgl. HELFERT, E. A. (2000), S. 87.

190 Vgl. KÜTING, K./WEBER, C.-P. (2001), S. 267.

191 So besteht bspw. der unter Abschnitt 5.5.1.2.3 beschriebene Ermessensspielraum im Hinblick auf den Einbezug von herstellungsbezogenen Verwaltungskosten in die Herstellungskosten. Daneben beeinflussen auch die in Abschnitt 5.5.1.2.6 beschriebenen Ermessensspielräume und die in Abschnitt 5.5.2.2.6 erläuterten Wahlrechte zur Bilanzierung von Altersversorgungsverpflichtungen die Höhe der Herstellungskosten, soweit die Pensionsaufwendungen in die Herstellungskosten einfließen.

192 Die Verwendung der Herstellungsintensität bei der Analyse von HGB-Abschlüssen wird in der Literatur v. a. wegen der im HGB gewährten Wahlrechte bei der Bemessung der Herstellungskosten oftmals problematisiert. Vgl. beispielsweise BAETGE, J. (1998a), S. 411 f.; COENENBERG, A. G. (2001), S. 1002 ff.; GRÄFER, H. (2001), S. 83; KÜTING, K./WEBER, C.-P. (2001), S. 267.

Fällen nicht aufrecht erhalten werden, da die unterstellte Strukturgleichheit in der Realität nicht vorliegt.[193]

Setzt man die Vertriebsaufwendungen (*selling expenses*) ins Verhältnis zum Umsatz, erhält man die Vertriebsintensität:

$$\text{Vertriebsintensität} = \frac{\text{Vertriebsaufwendungen}}{\text{Umsatz}} * 100$$

Ein Anstieg dieser Kennzahl, die den prozentualen Anteil der Vertriebsaufwendungen je umgesetzter Geldeinheit abbildet, kann bspw. auf verstärkte Marketing- und Vertriebsaktivitäten zurückzuführen sein, die insb. bei Veränderungen des Absatzprogramms oder bei Produktneueinführungen erforderlich sind.[194] Insgesamt ist zu beobachten, dass die Vertriebsintensität von Unternehmen zu Unternehmen und über verschiedene Branchen hinweg stark variiert. So bestehen die Vertriebsaufwendungen bei einigen Firmen fast ausschließlich aus Kommissionen und sind entsprechend in ihrer Höhe äußerst variabel. Bei anderen Firmen wiederum ist der Großteil der Vertriebsaufwendungen fix. Falls der Analyst Zugang zu einer tieferen Aufschlüsselung der Vertriebsaufwendungen hat,[195] kann dies für eine verfeinerte Analyse genutzt werden.[196] Da die Vertriebsaufwendungen zumeist getrennt von den nicht herstellungsbezogenen allgemeinen Verwaltungskosten ausgewiesen werden,[197] kann diese Kennzahl bei der Analyse eines US-GAAP-Abschlusses gebildet werden.

Die Verwaltungsintensität ist folgendermaßen definiert:

$$\text{Verwaltungsintensität} = \frac{\text{allgemeine Verwaltungsaufwendungen}}{\text{Umsatz}} * 100$$

Da sich die Verwaltungsaufwendungen größtenteils aus Löhnen bzw. Gehältern und Mieten zusammensetzen, handelt es sich meistens um Fixkosten.[198] Gelingt eine Senkung der Verwaltungsintensität, so kann vermutet werden, dass im ent-

---

[193] Vgl. BAETGE, J. (1998a), S. 412.
[194] Vgl. REINHART, A. (1998), S. 345; BERNSTEIN, L. A./WILD, J. J. (2000), S. 293 f.
[195] Wie eine solche Aufschlüsselung der Vertriebsaufwendungen in Form eines *schedules*, der in den *notes* veröffentlicht wird, aussehen kann, ist abgebildet bei SPICELAND, J. D./SEPE, J. F./TOMASSINI, L. A. (2000), S. 113.
[196] Vgl. BERNSTEIN, L. A./WILD, J. J. (2000), S. 292.
[197] Vgl. SPICELAND, J. D./SEPE, J. F./TOMASSINI, L. A. (2000), S. 112.
[198] Vgl. BERNSTEIN, L. A./WILD, J. J. (2000), S. 296.

sprechenden Bereich erfolgreiche Rationalisierungsmaßnahmen durchgeführt wurden.[199] Die Berechnung dieser ist aus einem US-GAAP-Abschluss aber nicht immer möglich. So kann sich ein Teil der Verwaltungskosten – nämlich der herstellungsbezogene – in den *costs of goods sold* verbergen. Dieser Bestandteil der Verwaltungskosten ist nicht separat auszuweisen. Die nicht herstellungsbezogenen Verwaltungsaufwendungen werden dagegen zumeist getrennt von anderen Aufwendungen gezeigt.[200] Da Verwaltungskosten aber in der Praxis häufig als nicht mit dem Produktionsprozess zusammenhängende Aufwendungen betrachtet werden,[201] können bei der Ermittlung der Verwaltungsintensität vereinfachend lediglich die separat ausgewiesenen allgemeinen Verwaltungsaufwendungen herangezogen werden.

Die Forschungs- und Entwicklungsintensität kann folgendermaßen ermittelt werden:

$$\text{Forschungs- und Entwicklungsintensität} = \frac{\text{Forschungs- und Entwicklungsaufwendungen}}{\text{Umsatz}} * 100$$

Diese Kennzahl ermöglicht Aussagen über das Forschungsverhalten und damit auch über die Zukunftsbestrebungen des Unternehmens. Allerdings garantiert eine hohe F&E-Intensität nicht automatisch die Ertragskraft eines Unternehmens; vielmehr ist dafür das mit Hilfe der F&E-Aufwendungen geschaffene Innovationspotenzial ausschlaggebend.[202] So kann eine gesunkene F&E-Intensität auf die Vernachlässigung von Innovationen zurückzuführen sein, aber auch das Resultat einer erhöhten F&E-Produktivität darstellen.[203] Folglich ist es nicht einfach, eine Arbeitshypothese darüber zu bilden. Für eine im Vergleich zu weniger erfolgreichen Unternehmen niedrigere F&E-Intensitivität bei erfolgreichen Unternehmen spricht einerseits, dass bei vergleichbaren Forschungsresultaten dasjenige Unternehmen als überlegen zu beurteilen ist, das hierfür niedrigere Aufwendungen verbuchen musste. Andererseits generiert ein Unternehmen i. d. R. umso mehr Innovationspotenzial, je umfangreicher es seine F&E-Aktivitäten gestaltet. Dies gilt allerdings nur bei einer effizienten Arbeits-

199 Vgl. KÜTING, K./WEBER, C.-P. (2001), S. 267.
200 Vgl. SPICELAND, J. D./SEPE, J. F./TOMASSINI, L. A. (2000), S. 112.
201 Vgl. HALLER, A. (1994), S. 314 m. w. N.
202 Vgl. BAETGE, J. (1998a), S. 414.
203 Vgl. COENENBERG, A. G. (2001), S. 1002.

weise des F&E-Bereichs. Dieser Aspekt begründet die Arbeitshypothese, dass erfolgreiche Unternehmen über eine höhere F&E-Intensität verfügen als weniger erfolgreiche.[204]

Liegt dem Analysten eine Gewinn- und Verlustrechnung nach dem Gesamtkostenverfahren vor, können aufwandsartenorientierte Kennzahlen gebildet werden. Da nach US-GAAP aber eine Gewinn- und Verlustrechnung nach dem Umsatzkostenverfahren auszuweisen ist, können diese Kennzahlen nur gebildet werden, wenn entsprechende Anhangsangaben erfolgen. Den Kennzahlen, die aus einer nach dem Gesamtkostenverfahren erstellten Gewinn- und Verlustrechnung gebildet werden, ist gemein, dass in ihrem Nenner die Gesamtleistung steht. Wie bereits erläutert, ist diese weder in einem US-GAAP-Abschluss anzugeben, noch lässt sie sich genau ermitteln. Hilfsweise kann nur der ausgewiesene Umsatz an die Stelle der Gesamtleistung treten.[205] Eine gebräuchliche aufwandsartenorientierte Kennzahl stellt die Materialintensität dar:

$$\text{Materialintensität} = \frac{\text{Materialaufwand}}{\text{Gesamtleistung (bzw. Umsatz)}} * 100$$

Diese Kennzahl enthält Hinweise über die Fertigungstiefe des analysierten Unternehmens. Je höher der Anteil der zugekauften Teile in einem Unternehmen ist, desto höher ist folglich die Materialintensität und desto geringer ist die Fertigungstiefe.[206] Die Aussage bezüglich der Fertigungstiefe trifft allerdings nur zu, wenn es sich um strukturgleiche Unternehmen handelt, die miteinander verglichen werden. Dies liegt daran, dass die betragsmäßige Höhe des Materialaufwands von der Art des hergestellten Produkts, von den Preisentwicklungen auf den Beschaffungs- und Absatzmärkten sowie von der Veränderung der Effizienz im Leistungserstellungsprozess abhängt. Folglich sollte bei einer Untersuchung der Fertigungstiefe stets auch die Wertschöpfungsrechnung[207] berücksichtigt werden.[208] Unter den Annahmen, dass branchen- und strukturgleiche Unternehmen miteinander verglichen werden, gilt die Arbeitshypothese, dass erfolgreiche Unternehmen eine geringere Materialintensität aufweisen als weniger erfolgreiche. Sind die Produktionsergebnisse der analysierten Unter-

---

[204] Vgl. BAETGE, J. (1998a), S. 414.
[205] Vgl. COENENBERG, A. G. (2001), S. 996.
[206] Vgl. COENENBERG, A. G. (2001), S. 997 f.
[207] Unter Abschnitt 2.6.2 wird die Wertschöpfungsrechnung beschrieben.
[208] Vgl. BAETGE, J. (1998a), S. 403.

nehmen sowohl qualitativ als auch quantitativ miteinander vergleichbar, so ist dasjenige Unternehmen als besser zu beurteilen, das einen geringeren Materialaufwand aufweist, da es bspw. tendenziell weniger von seinen Lieferanten abhängt. Allerdings spricht auch Einiges für eine höhere Materialintensität, so können Unternehmen mit einer geringeren Fertigungstiefe verhältnismäßig flexibel auf Absatzschwankungen reagieren. Außerdem werden die aufgeführten Annahmen in der Realität wohl in den seltensten Fällen erfüllt sein bzw. dies wird der Analytiker kaum zu beurteilen vermögen, da er i. d. R. über keinerlei Informationen bezüglich der dem Materialaufwand zugrunde liegenden Mengen und Preisen verfügt.[209]

Problematisch ist weiterhin die Ermittlung der Materialintensität aus einem US-GAAP-Abschluss: Abgesehen von der Problematik der fehlenden Angabe der Gesamtleistung ist auch der Materialaufwand nicht ausweispflichtig.[210] Folglich kann die Materialintensität nur ermittelt werden, wenn der Abschluss freiwillige Angaben über den Materialaufwand enthält.

Eine weitere bedeutende Kennzahl stellt die Personalintensität dar, die folgendermaßen definiert ist:

$$\text{Personalintensität} = \frac{\text{Personalaufwand}}{\text{Gesamtleistung (bzw. Umsatz)}} * 100$$

Unter den Prämissen, dass Unternehmen der gleichen Branche und mit gleicher Struktur miteinander verglichen werden, kann die Arbeitshypothese aufgestellt werden, dass erfolgreiche Unternehmen über eine niedrigere Personalintensität verfügen als weniger erfolgreiche. Denn wenn bestimmte Aufgaben in einer definierten Qualität und innerhalb eines festgelegten Zeitraums auszuführen sind, ist dasjenige Unternehmen als überlegen zu beurteilen, das dafür c. p. die geringeren Personalaufwendungen tätigt.[211] Betrachtet man die Personalintensität parallel zur Kapitalintensität[212], kann dies weiterhin Aufschluss über den Rationalisierungsgrad des Unternehmens geben.[213] Zur weiteren Analyse der

[209] Vgl. BAETGE, J. (1998a), S. 403 f. mit weiteren Überlegungen zum Aussagegehalt der Materialintensität.

[210] Vgl. COENENBERG, A. G. (2001), S. 1000.

[211] Vgl. BAETGE, J. (1998a), S. 398.

[212] Zur Ermittlung der Kapitalintensität vgl. KÜTING, K./WEBER, C.-P. (2001), S. 262.

[213] Vgl. GRÄFER, H. (2001), S. 81.

Personalintensität kann diese in einer modifizierten Form ausgedrückt werden:[214]

$$\text{Personalintensität} = \frac{\text{Personalaufwand}}{\text{durchschn. Beschäftigtenzahl}} * \frac{\text{durchschn. Beschäftigtenzahl}}{\text{Gesamtleistung (bzw. Umsatz)}}$$

$$= \frac{\text{Lohnniveau}}{\text{Produktivität der Belegschaft}}$$

Mit:

$$\text{Lohnniveau} = \frac{\text{Personalaufwand}}{\text{durchschn. Beschäftigtenzahl}}$$

$$\text{Produktivität der Belegschaft} = \frac{\text{Gesamtleistung (bzw. Umsatz)}}{\text{durchschn. Beschäftigtenzahl}}$$

Diese Aufspaltung ermöglicht eine detailliertere Interpretation der Personalintensität, da mit Hilfe dieser Kennzahlen festgestellt werden kann, in welchem Ausmaß eine verbesserte Erfolgslage auf eine gestiegene Produktivität zurückzuführen ist bzw. inwiefern diese durch Lohnniveauveränderungen kompensiert wurde.[215] Ist eine gestiegene Personalintensität durch eine erhöhtes Lohnniveau verursacht, kann untersucht werden, ob dies bspw. auf Änderungen in der Sozialgesetzgebung zurückzuführen ist.[216]

Problematisch ist wiederum die Ermittlung dieser Kennzahlen aus einem US-GAAP-Abschluss: So ist weder der Personalaufwand ausweispflichtig,[217] wodurch die Personalintensität und auch das Lohnniveau nicht ermittelbar sind, noch ist die Beschäftigtenzahl zwingend anzugeben, was weiterhin die Ermittlung der Produktivität verhindert.

Die gleichzeitige Betrachtung der Personal- und der Materialintensität gibt dem Analysten einen Einblick in das im betrachteten Unternehmen herrschende Faktoreinsatzverhältnis, woraus wiederum geschlossen werden kann, wie anfällig das Unternehmen auf Mengen- und Wertänderungen des jeweiligen Produktionsfaktors reagiert. Wesentlich ist dabei insbesondere die Untersuchung, inwieweit die Steigerung einer dieser Intensitäten durch das Absinken

---

[214] Vgl. auch im Folgenden BAETGE, J. (1998a), S. 400; COENENBERG, A. G. (2001), S. 998.
[215] Vgl. REINHART, A. (1998), S. 342 f.
[216] Vgl. HAUSCHILDT, J. (1996), S. 148.
[217] Vgl. COENENBERG, A. G. (2001), S. 1000.

der jeweils anderen Intensität neutralisiert wird. Steigen beide Intensitäten an, deutet dies auf eine strukturelle Verschlechterung der Erfolgslage hin.[218]

## 7.2 Rentabilitätsanalyse

### 7.2.1 Überblick

Die Rentabilität (*profitability*) in ihren verschiedenartigen Ausprägungen nimmt eine bedeutende Stellung in der Jahresabschlussanalyse ein. Sie ist dabei definiert als eine Beziehungszahl, bei der eine Ergebnisgröße zu einer dieses Ergebnis vermutlich maßgeblich bestimmenden Einflussgröße ins Verhältnis gesetzt wird.[219]

Als Einflussgröße wird zum einen das zur Ergebniserzielung eingesetzte Kapital oder Vermögen verwendet.[220] In diesem Fall zeigt die Rentabilität an, in welcher Höhe sich das eingesetzte Kapital oder Vermögen in der betrachteten Periode verzinst hat.[221] Zum anderen kann als Einflussgröße auch der das Ergebnis beeinflussende Umsatz verwendet werden. Letztendlich hängt die „Aussagefähigkeit einer Rentabilitätskennzahl [...] entscheidend davon ab, ob die im Zähler des Quotienten eingesetzte Ergebnisgröße zu der Nennergröße „paßt", d. h. maßgeblich von letzterer beeinflußt wird."[222] In der Literatur wird daraus abgeleitet die Einhaltung des Entsprechungsprinzips gefordert, das besagt, dass sich die zueinander ins Verhältnis gesetzten Größen in zeitlicher und in sachlicher Hinsicht sowie bezogen auf die Wertkategorie entsprechen müssen.[223]

---

[218] Vgl. REINHART, A. (1998), S. 343; COENENBERG, A. G. (2001), S. 997.

[219] Vgl. BARTRAM, W. (1996), S. 394; BAETGE, J./JERSCHENSKY, A. (1997), S. 413 f.; COENENBERG, A. G. (2001), S. 1005; GRÄFER, H. (2001), S. 91.

[220] Vgl. BARTRAM, W. (1996), S. 394; COENENBERG, A. G. (2001), S. 1005.

[221] Vgl. BRAUN, G. (1990), S. 998.

[222] BARTRAM, W. (1996), S. 394.

[223] Vgl. BAETGE, J./JERSCHENSKY, A. (1997), S. 414.

Als Ergebnisgröße kann jeweils das[224]

- *net income* vor oder nach Steuern, ggf. zuzüglich der Fremdkapitalzinsen,
- der ordentliche Betriebserfolg (*income from operations*),
- verschiedene Varianten des *cash flow* sowie
- das Ergebnis nach DVFA/SG[225]

verwendet werden. Außerdem kann bei Vorlage eines US-GAAP-Abschlusses das *comprehensive income* herangezogen werden.

Eine solche relative Analyse des Erfolgs bringt – bspw. gegenüber einer Anlayse, bei der absolute Kennzahlen herangezogen werden – einige Vorteile mit sich. So lassen sich mit Hilfe von Rentabilitätskennzahlen auch Unternehmen unterschiedlicher Betriebsgrößen miteinander vergleichen, daneben können auch Vergleiche mit branchendurchschnittlichen Ergebnissen angestellt werden.[226] Außerdem spricht auch das ökonomische Prinzip, das verlangt, dass ein bestimmtes Ergebnisziel mit minimalem Faktoreinsatz erreicht werden soll, für die Durchführung von Rentabilitätsanalysen. Denn nur eine Untersuchung der Ergebnisse in Relation zum Faktoreinsatz kann Informationen über die Einhaltung des ökonomischen Prinzips gewähren.[227]

Je nach gewählter Einflussgröße kann zwischen Eigenkapitalrentabilität (*return on equity*), Aktienrentabilität (*share price appreciation*), Gesamtkapitalrentabilität (*return on investment* bzw. *return on assets*), betrieblicher Rentabilität des langfristigen Kapitals bzw. des betriebsnotwendigen Vermögens, und Umsatzrentabilität (*profit margin on sales*) unterschieden werden. Die genannten Rentabilitäten werden im Folgenden detailliert beschrieben.

---

[224] Vgl. für die folgende Aufzählung BAETGE, J. (1998a), S. 426.

[225] Die Ermittlung und die Aussagekraft des Ergebnisses nach DVFA/SG als Indikator der Ertragskraft wird unter Abschnitt 7.1.2.6 beschrieben.

[226] Vgl. BAETGE, J. (1998a), S. 423 f.; KÜTING, K./WEBER, C.-P. (2001), S. 291.

[227] Vgl. COENENBERG, A. G. (2001), S. 1005.

### 7.2.2 Eigenkapitalrentabilität (*Return on Equity*)

Das eigentliche Ziel eines erwerbswirtschaftlich orientierten Unternehmens ist die Maximierung der Eigenkapitalrentabilität,[228] wodurch sich die große Bedeutung der Eigenkapitalrentabilität für die Unternehmenseigner erklärt.[229] Diese Kennzahl drückt aus, wie erfolgreich mit dem (bereinigten) bilanziellen Kapital der Unternehmenseigner gewirtschaftet wurde[230] und ist wie folgt definiert:

$$\underset{\text{(return on equity, ROE)}}{\text{Eigenkapitalrentabilität}} = \frac{\underset{\text{(net income or loss)}}{\text{Jahresüberschuss oder –fehlbetrag}}}{\underset{\text{(average total equity)}}{\text{durchschn. Eigenkapital}}} * 100$$

Als zu verwendende Ergebnisgröße wird häufig das Ergebnis vor Abzug von Steuern empfohlen, um eine Beeinflussung der Analyse durch steuerliche Besonderheiten wie Erstattungen, Nachzahlungen oder unterschiedliche Steuersätze im internationalen Kontext usw. zu vermeiden.[231] Weiterhin ist – insbesondere wenn Betriebs- oder Unternehmensvergleiche angestellt werden sollen – die Verwendung des aufbereiteten *net income* sowie des bilanzanalytischen Eigenkapitals nach der im sechsten Kapitel beschriebenen Vorgehensweise empfehlenswert. Daneben ist es üblich, das durchschnittliche Eigenkapital heranzuziehen, unter der Annahme, dass profitable Geschäftsvorfälle das Eigenkapital im Laufe des Jahres aufgebaut haben und dass deshalb das Jahresergebnis in Beziehung zum Durchschnitt dieses Mittelaufbaus gesetzt werden sollte.[232] Bei der Berechnung einer durchschnittlichen Eigenkapitalgröße besteht allerdings häufig Unkenntnis über die Entwicklung des Eigenkapitals innerhalb einer Rechnungslegungsperiode,[233] sodass man behelfsweise eine gleichmäßige zeitliche Änderung des Eigenkapitals annimmt und das arithmetische Mittel des Eigenkapitals am Periodenanfang und am Periodenende ansetzt.[234]

---

[228] Vgl. KÜTING, K./WEBER, C.-P. (2001), S. 300. Vgl. auch ARBEITSKREIS „EXTERNE UNTERNEHMENSRECHNUNG" DER SCHMALENBACH-GESELLSCHAFT (1996), S. 1992.
[229] Vgl. REINHART, A. (1998), S. 349.
[230] Vgl. JANSSEN, F./SCHEREN, M.(1999), S. 612; PALEPU, K. G./HEALY, P. M./BERNARD, V. L. (2000), S. 9-3.
[231] Vgl. BAETGE, J./JERSCHENSKY, A. (1997), S. 415.
[232] Vgl. HELFERT, E. A. (2000), S. 102.
[233] So ist im *statement of retained earnings* lediglich vom Anfangsbestand auf den Endbestand überzuleiten. Vgl. dazu die Ausführungen unter Abschnitt 4.4.5.
[234] Vgl. BAETGE, J./JERSCHENSKY, A. (1997), S. 414. Vgl. auch WOLF, J. (1997), S. 186.

Etwas genauer sind die folgenden beiden in der angloamerikanischen Analyseliteratur aufgeführten Rentabilitätskennziffern definiert:[235]

Return on total equity

$$= \frac{\text{net income before nonreccurring items} - \text{dividends on redeemable preferred stock}}{\text{average total equity}} * 100$$

$$\text{Return on common equity} = \frac{\text{net income before nonreccurring items} - \text{preferred dividends}}{\text{average total equity}} * 100$$

Beiden Größen ist gemein, dass sie im Zähler eine Ergebnisgröße beinhalten, bei der die Einflüsse der nicht wiederkehrenden und gleichzeitig ungewöhnlichen Vorkommnisse, wie bspw. Restrukturierung, eliminiert werden.[236] Die so ermittelte Eigenkapitalrentabilität kann im Vergleich zur anfangs aufgeführten eher als nachhaltig bezeichnet werden. Zur Einhaltung des unter Abschnitt 7.2.1 erläuterten Entsprechungsprinzips werden außerdem im Zähler des *return on total equity* die auf Vorzugsaktien mit beiderseitigem Kündigungsrecht entfallenden Dividenden (*dividends on redeemable preferred stock*) bzw. im Zähler des *return on common equity* die Dividenden auf Vorzugsaktien (*preferred dividends*)[237] abgezogen, da die Ansprüche der Stammaktionäre denen der Vorzugsaktionäre untergeordnet sind.[238] Diese verfeinerte Berechnung ist notwendig, wenn mehrere verschiedene Arten von Aktien wie bspw. Vorzugsaktien unterschiedlicher Ausprägung, ausstehen. Ziel ist es bei diesen Kennzahlen, jeweils ein Ergebnis zu verwenden, das den auf die Stammaktionäre entfallenden Erfolg darstellt.[239]

Allerdings finden sich in der Literatur abweichende Definitionen, insbesondere des *return on common equity*. So beziehen BERNSTEIN/WILD im Zähler anstelle des *net income before nonrecurring* das *net income*, d. h. auch die außerordentlichen Ergebniskomponenten ein:[240]

---

[235] Vgl. auch im Folgenden GIBSON, C. H. (1995), S. 386 f.

[236] Vgl. HELFERT, E. A. (2000), S. 101 f.

[237] Diese sind von SEC-registrierten Unternehmen im *statement of retained earnings* auszuweisen. Vgl. Reg. S-X, Rule 3-04; COENENBERG, A. G. (2001), S. 492.

[238] Vgl. BERNSTEIN, L. A./WILD, J. J. (2000), S. 243.

[239] Vgl. HELFERT, E. A. (2000), S. 103.

[240] Vgl. auch im Folgenden BERNSTEIN, L. A./WILD, J. J. (2000), S. 257 f.

$$\text{Return on common equity} = \frac{\text{net income - preferred dividends}}{\text{average common stock}} * 100$$

Die am weitesten abgegrenzte Ergebnisgröße stellt PENMAN in den Zähler des *return on common equity*: das *comprehensive income*:[241]

$$\text{Return on common equity} = \frac{\text{comprehensive income}}{\text{average common equity}} * 100$$

PENMAN erläutert nicht, weshalb er das *comprehensive income* als Ergebnisgröße ansetzt. Es kann daher nur vermutet werden, dass er dem Entsprechungsprinzip folgend davon ausgeht, dass aus dem investierten Eigenkapital eben nicht nur die erfolgswirksam verbuchten Ergebnisbestandteile resultieren, sondern auch die im *other comprehensive income* erfolgsneutral erfassten Positionen darauf zurückzuführen sind. Aus Investorensicht ist diese Vorgehensweise nachvollziehbar, da somit festgestellt werden kann, welche Verzinsung das von den Anteilseignern eingebrachte Kapital erwirtschaftet. Und da das *other comprehensive income* die Eigenkapitalbasis stärkt und somit praktisch als thesaurierter Gewinn zu betrachten ist, sollte es bei der Berechnung der Verzinsung nicht vernachlässigt werden.

Häufig wird die Eigenkapitalrentabilität auch in Verbindung mit der Eigenkapitalquote betrachtet. Die Eigenkapitalquote ist dabei folgendermaßen definiert:

$$\text{Eigenkapitalquote} = \frac{\text{Eigenkapital}}{\text{Gesamtkapital}} * 100$$

Grundsätzlich gilt dabei die Aussage, dass eine niedrigere Eigenkapitalrentabilität bei einer niedrigeren Eigenkapitalquote schlechter zu bewerten ist als eine identische Eigenkapitalrentabilität bei gleichzeitigem Vorliegen einer hohen Eigenkapitalquote.[242] Denn bei einer hohen Eigenkapitalquote kann die Eigenkapitalrentabilität möglicherweise durch die Substitution von Eigen- durch Fremdkapital erhöht werden.[243] Diesen Effekt bezeichnet man als *leverage*-Effekt bzw. als *leverage*-Chance. Eine solche Steigerung der Eigenkapitalrenta-

---

[241] Vgl. auch im Folgenden PENMAN, S. H. (2001), S. 139 f.
[242] Vgl. BAETGE, J. (1998a), S. 435.
[243] Vgl. BAETGE, J./JERSCHENSKY, A. (1997), S. 415.

bilität ist allerdings nur so lange möglich, wie der Zinssatz für Fremdkapital unter der Gesamtkapitalrentabilität liegt[244] und außerdem auch tatsächlich die Möglichkeit gegeben ist, zusätzliches Fremdkapital aufzunehmen.[245] Umgekehrt besteht diese Hebelwirkung aber auch, nämlich wenn der Fremdkapitalzinssatz über der Gesamtkapitalrentabilität liegt.[246] In diesem Zusammenhang spricht man vom *leverage*-Risiko, das bspw. bei Zinserhöhungen für das Fremdkapital oder durch verschlechterten Geschäftsverlauf auftreten kann.[247] Die Definition des *leverage*-Effekts lautet wie folgt:

$$r_{EK} = r_{GK} + (r_{GK} - i) * FK / EK$$

mit

| | | |
|---|---|---|
| FK | = | Fremdkapital |
| EK | = | Eigenkapital |
| $r_{EK}$ | = | Eigenkapitalrentabilität |
| $r_{GK}$ | = | Gesamtkapitalrentabilität |
| i | = | Fremdkapitalzinssatz |

Bei der Interpretation der Eigenkapitalrentabilität gilt, dass das Eigenkapital grundsätzlich „mindestens eine der Anlage auf dem langfristigen Kapitalmarkt entsprechende Verzinsung des Kapitals“[248] erbringen sollte. Daneben sollte ein zusätzlicher Zuschlag enthalten sein, der den Investor für die Übernahme des Haftungsrisikos entlohnt. Insofern handelt es sich um einen Soll-/Ist-Vergleich, wobei die Soll-Werte von der Zinsentwicklung auf dem langfristigen Kapitalmarkt sowie von der jeweiligen Branche des analysierten Unternehmens abhängen. Außerdem sollten langfristig ausreichend hohe Gewinne zur Wachstumsfinanzierung und der Finanzierung neuer Investitionen vorhanden sein.[249]

Die Veröffentlichung von Statistiken über Eigenkapitalrentabilitäten ist weit verbreitet. Diese Kennzahl wird von Aktienanalysten stets beobachtet und folg-

[244] Vgl. PALEPU, K. G./HEALY, P. M./BERNARD, V. L. (2000), S. 9-14.
[245] Vgl. GRÄFER, H. (2001), S. 95.
[246] Vgl. BAETGE, J. (1998a), S. 436.
[247] Vgl. BORN, K. (1994), S. 375.
[248] GRÄFER, H. (2001), S. 93 (im Original „Anlage auf dem langfristigen Kapitalmarkt“ durch Fettdruck hervorgehoben).
[249] Vgl. GRÄFER, H. (2001), S. 94.

lich ebenso von Managern bzw. der Unternehmensleitung. Da sich die Kennzahl allerdings nur auf das Eigenkapital des Unternehmens bezieht, können Unternehmen mit ganz unterschiedlichen Kapitalstrukturen kaum allein anhand dieser Kennzahl miteinander verglichen werden. Unternehmen, die erfolgreich den beschriebenen *leverage*-Effekt ausnutzen, können dadurch ihr Ergebnis steigern, das dann entsprechend höher ist als bei einem identischen Unternehmen, das kein Fremdkapital einsetzt.[250] Deshalb werden nachfolgend weitere Rentabilitätsgrößen erläutert.

### 7.2.3 Aktienrentabilität

#### 7.2.3.1 Überblick

Im Rahmen der Aktienanalyse werden spezielle Ausprägungen der Eigenkapitalrentabilität ermittelt. Bedeutend sind dabei insb. die *earnings per share* bzw. das Ergebnis je Aktie nach DVFA/SG sowie die Dividende je Aktie, daneben können auch an Marktwerten des Eigenkapitals orientierte Kennzahlen wie das Kurs-Gewinn-Verhältnis, die gesamte Aktienrentabilität, die Dividendenrentabilität sowie der Dividendendeckungsgrad ermittelt werden.

#### 7.2.3.2 *Earnings per Share* und Ergebnis je Aktie nach DVFA/SG

Die Kennziffer *earnings per share* gilt als eine insb. für Investoren wichtige Unterstützung bei der Bewertung aktueller oder potenzieller Investitionen in Unternehmen, deren Anteile in Aktien verbrieft sind und ggf. an einer Börse oder einem vergleichbaren Markt öffentlich gehandelt werden. Sie wird außer zur Beurteilung der Ertragskraft im Rahmen der Jahresabschlussanalyse auch in der fundamentalen Aktienanalyse zur Beurteilung der Preiswürdigkeit einzelner Aktien herangezogen.[251]

Die Angabe der *earnings per share* ist im US-GAAP-Abschluss, wie bereits unter Abschnitt 4.4.2 beschrieben, für Unternehmen, deren Stammaktien oder potenzielle Stammaktien öffentlich gehandelt werden oder die die Ausgabe von solchen Wertpapieren an einer Wertpapierbörse veranlasst haben, vorgeschrieben. Da viele Unternehmen daneben freiwillig das Ergebnis je Aktie nach

---

[250] Vgl. HELFERT, E. A. (2000), S. 103.
[251] Vgl. BENDER, J. (1996), S. 9.

DVFA/SG veröffentlichen, werden nachfolgend beide Konzepte vor dem Hintergrund der erfolgswirtschaftlichen Analyse beleuchtet.

Da Art bzw. Umfang des Ausweises der *earnings per share* abhängig von der Kapitalstruktur des bilanzierenden Unternehmens ist, müssen Unternehmen mit einer einfachen Kapitalstruktur lediglich das unverwässerte Ergebnis je Aktie, die *basic earnings per share* offen legen.[252] Unternehmen mit einer komplexen Kapitalstruktur müssen neben dem unverwässerten Ergebnis auch das verwässerte Ergebnis je Aktie, die *diluted earnings per share* auszuweisen.[253]

Das unverwässerte Ergebnis je Aktie ist dabei folgendermaßen zu ermitteln:[254]

$$\text{Unverwässertes Ergebnis je Aktie} = \frac{\text{Periodenergebnis nach Steuern - Vorzugsdividenden}}{\text{Gewichtete Anzahl ausstehende Stammaktien}}$$

Als Periodenergebnis ist dabei einmal das *net income* und einmal das *income from continuing operations* heranzuziehen; beide Kennzahlen sind in der Gewinn- und Verlustrechnung zu veröffentlichen.[255] Bei der ersteren Kennzahl gelangt das vollständige erfolgswirksam erfasste Periodenergebnis einschließlich der außerordentlichen Ergebnisbestandteile zum Ansatz. Entsprechend sagt die Kennzahl aus, welcher Anteil des kompletten Periodengewinns auf eine Stammaktie entfällt und dient somit der Beurteilung der aktuellen Erfolgslage. Da aber auch – sofern im betrachteten Unternehmen angefallen – Ergebniskomponenten enthalten sind, denen es an Nachhaltigkeit mangelt, ist die Kennzahl zur Abschätzung der Ertragskraft ungeeignet. Strebt ein Analyst die Beurteilung der Ertragskraft an, sollte er der zweiten anzugebenden Kennzahl Beachtung schenken, da hier nur voraussichtlich nachhaltig erzielbare Ergebnisbestandteile in die Berechnung einfließen.

Sind in einem Unternehmen weiterhin Ergebniskomponenten angefallen aufgrund von:

- *discontinued operation*,

---

[252] Die Kriterien für das Vorliegen einer einfachen Kapitalstruktur werden unter Abschnitt 4.4.2 beschrieben.

[253] Vgl. dazu die Ausführungen unter Abschnitt 4.4.2.

[254] Vgl. SFAS 128.8 sowie die Ausführungen unter Abschnitt 4.4.2.

[255] Vgl. SFAS 128.9 und 128.36 sowie die Ausführungen unter Abschnitt 4.4.2.

- *extraordinary item*,
- *cumulative effect of accounting changes*,

müssen die *basic earnings per share* jeweils für diese Größen angegeben werden. Das Unternehmen kann diese Angaben wahlweise innerhalb der *earnings per share*-Rechnung ausweisen oder in den *notes*.[256] Mit Hilfe dieser Kennzahlen hat der Analyst die Möglichkeit zu erkennen, auf welche Ursachen ein etwaiges außerordentliches Ergebnis bezogen auf eine Stammaktie zurückzuführen ist.

Ist ein Unternehmen zum Ausweis der *diluted earnings per share* verpflichtet, sind bei ihrer Berechnung im Nenner sämtliche zukünftig in Stammaktien umwandelbare Wertpapiere einzubeziehen. Dadurch erhält man eine im Vergleich zu den *basic earnings per share* vorsichtiger ermittelte Kennzahl.[257] Im Zähler ist das verwässerte Ergebnis anzusetzen, das neben dem Periodenergebnis sämtliche ergebnismindernden Aufwendungen für potenzielle Stammaktien, die ihrerseits im Nenner berücksichtigt werden, enthält.[258] Als Periodenergebnis ist auch hier wieder jeweils das *net income* und das *income from continuing operations* heranzuziehen.[259] Und falls im Unternehmen Ergebnisse aus einer *discontinued operation*, einem *extraordinary item* oder einem *cumulative effect of accounting changes* angefallen sind, ist der Ausweis der *diluted earnings per share* auf die jeweilige Ergebniskomponente bezogen vorgeschrieben.[260]

Allerdings reicht es nicht aus, im Jahresabschluss lediglich die geforderten *earnings per share*-Varianten auszuweisen. Vielmehr fordern die in SFAS 128.40, 128.41 und 129 enthaltenen Vorschriften umfangreiche Erläuterungen zu den ermittelten Kennzahlen. So sind Art und Anzahl der unterschiedlichen ausgegebenen Wertpapiere anzugeben, wobei auch die besonderen Rechte und Vorzüge, wie etwa Bevorrechtigungen bei Dividenden, bei Anteilen am Liquidationserlös oder den Stimmrechten zu erläutern sind.[261] Weiterhin

---

256 Vgl. SFAS 128.37.
257 Vgl. KUHLEWIND, A.-M. (2000), S. 318 m. w. N.
258 Vgl. HAYN, S./WALDERSEE, G. Graf (2000), S. 242.
259 Vgl. SFAS 128.36 sowie die Ausführungen unter Abschnitt 4.4.2.
260 Vgl. SFAS 128.37.
261 Vgl. SFAS 129.4 und 129.5.

müssen die Berechnungen der einzelnen *earnings per share*-Varianten sowie die Überleitungen insb. zwischen den Zählergrößen nachvollziehbar dargestellt werden.[262] Und auch Angaben über die Anzahl der Stammaktien zu Periodenbeginn sowie deren Veränderungen im Zeitablauf sind erforderlich. Weiterhin besteht eine Angabepflicht über noch nicht in den *diluted earnings per share* berücksichtigte Verwässerungseffekte, die in Zukunft auftreten könnten aufgrund von im Umlauf befindlichen Wertpapieren oder aufgrund von bestehenden Verpflichtungen, Wertpapiere in Umlauf zu setzen.[263]

Insgesamt kann festgestellt werden, dass die nach SFAS 128 und 129 zu ermittelnden und auszuweisenden *earnings per share*-Kennzahlen und Erläuterungen nicht auf die Ermittlung einer aussagekräftigen Ergebnisgröße in den jeweiligen Zählern abstellen, vielmehr scheint das FASB davon auszugehen, dass die im *income statement* abgebildeten Ergebniskomponenten bereits den erforderlichen Aussagegehalt beinhalten. Da die *earnings per share* das „*income available to common stockholders*"[264] umgelegt auf die einzelne Aktie darstellen sollen, ist es verständlich, dass das *other comprehensive income* bei der *earnings per share*-Ermittlung nicht berücksichtigt wird, da dieses grundsätzlich nicht zur Ausschüttung vorgesehen ist, sondern lediglich erfolgsneutral die Eigenkapitalbasis stärkt. Den Schwerpunkt legt das FASB auf die Ermittlung der relevanten Anzahl an Aktien, was an der immer stärkeren Verbreitung von Finanzinstrumenten mit Eigenkapitalcharakter liegt.[265]

Einen anderen Weg geht die DVFA/SG mit ihrem Arbeitsschema zur Berechnung des Ergebnisses je Aktie nach DVFA/SG. Hier soll im Zähler ein objektiviertes wirtschaftliches Ergebnis angesetzt werden, um somit innerbetriebliche Zeitvergleiche sowie zwischenbetriebliche Vergleiche zu ermöglichen. Deshalb ist das im *income statement* abgebildete Ergebnis um Sondereinflüsse zu bereinigen. Die Ermittlung dieses bereinigten Ergebnisses – des Ergebnisses nach DVFA/SG – ist unter Abschnitt 7.1.2.6 beschrieben. Bei der Berechnung der eigentlichen Kennzahl je Aktie ist noch zusätzlich zu beachten, dass die Ergeb-

---

[262] Vgl. SFAS 128.40a.
[263] Vgl. SFAS 128.40c.
[264] SFAS 128.8 (im Original nicht kursiv).
[265] Vgl. PELLENS, B. (2001), S. 351.

nisbestandteile Dritter abzuziehen sind und somit das DVFA/SG-Konzernergebnis für Aktionäre der Muttergesellschaft in den Zähler gelangt.

Auch das Ergebnis je Aktie nach DVFA/SG kann als unverwässerter sowie als verwässerter Wert berechnet werden. Bei der Ermittlung des unverwässerten Ergebnisses je Aktie entspricht die einzubeziehende Aktienanzahl der Zahl der durchschnittlich während der betrachteten Periode ausstehenden dividendenberechtigten Stamm- und Vorzugsaktien. Gesonderte Berechnungen für die einzelnen Aktiengattungen aufgrund unterschiedlicher Dividendenberechtigungen sind dabei nicht vorzunehmen.[266] Das voll verwässerte Ergebnis je Aktie nach DVFA/SG ist immer dann zu berechnen, wenn ein Unternehmen Finanzierungstitel wie bspw. Wandelanleihen oder Optionsschuldverschreibungen ausgegeben hat, die zum Bezug von Aktien berechtigen und den Vermögensanspruch der Aktionäre aufgrund der möglichen Umwandlung in Aktien zu beeinträchtigen vermögen. Die Vorgehensweise bei der Ermittlung des verwässerten Aktienanzahl stimmt weitgehend mit der Berechnung nach SFAS 128 überein.[267] Aufgrund der angepassten Aktienanzahl im Nenner ist auch das im Zähler anzusetzende Ergebnis entsprechend zu korrigieren.[268]

Obwohl zwischen den *earnings per share* nach US-GAAP und dem Ergebnis je Aktie nach DVFA/SG zahlreiche Gemeinsamkeiten bestehen, setzt die DVFA/SG einen anderen Schwerpunkt. In den Vordergrund stellt die DVFA/SG die Berechnung eines einheitlich ermittelten aussagekräftigen Ergebnisses, das als Vergleichsmaßstab dienen kann. Dies ist insb. auf die deutschen Verhältnisse in der Rechnungslegung zurückzuführen. So beurteilen Finanzanalysten den deutschen Jahresabschluss seit vielen Jahre als unzureichend informativ und verwenden ihn folglich nur eingeschränkt als Grundlage ihrer Arbeit.[269] Dieser Umstand ist einer der Hauptfaktoren für die Arbeitsaufnahme der DVFA – inzwischen in Zusammenarbeit mit dem Arbeitskreis „Externe Unternehmensrechnung“ der Schmalenbach-Gesellschaft – zur Erarbeitung eines einheitlichen Ergebnisses nach DVFA/SG. Ein weiteres Argument für die Vereinheitlichung der Ergebnisse ist die Öffnung der deutschen Rechnungslegung für international

[266] Vgl. BUSSE VON COLBE, W. ET AL. (Hrsg.) (2000), S. 55.
[267] Vgl. PELLENS, B. (2001), S. 351.
[268] Vgl. BUSSE VON COLBE, W. ET AL. (Hrsg.) (2000), S. 61.
[269] Vgl. PELLENS, B. (2001), S. 351.

anerkannte Rechnungslegungsnormen, die zu umfangreichen Veränderungen in der Bilanzierungspraxis geführt hat und somit auch zu einer kaum überschaubaren Heterogenität in der Rechnungslegung.[270]

Da die US-amerikanische Rechnungslegung durch andere Faktoren geprägt ist,[271] nämlich insb. durch den starken Kapitalmarkt, werden dort z. T. abweichende Ziele verfolgt. So steht die Ermittlung der relevanten Anzahl an Aktien im Vordergrund.[272] Da die Ermittlung der Aktienzahl nach den Vorgaben der DVFA/SG vergleichbar mit der DVFA/SG-Methode ist, kann diese Schwerpunktsetzung nach US-GAAP allerdings nicht als Vorteil gewertet werden. Vorteilhaft an den US-amerikanischen Vorschriften ist aber die Tatsache, dass die *earnings per share* jeweils bezogen auf das *net income* als auch auf das *income from continuing operations* anzugeben sind und, falls vorhanden, auch bezüglich der Ergebniskomponenten *discontinued operation*, *extraordinary item* und *cumulative effect of accounting changes* veröffentlicht werden müssen. Da die *earnings per share* Bestandteil eines US-GAAP-Abschlusses sind,[273] unterliegen sie der Abschlussprüfung. Im Gegensatz dazu unterliegt das freiwillig publizierte Ergebnis je Aktie nach DVFA/SG nicht einer Pflichtprüfung; von einer sachgemäßen Ermittlung kann nur ausgegangen werden, wenn das Ergebnis auf freiwilliger Basis durch die von der DVFA/SG benannten Kapitalmarktexperten geprüft wurde. Dies ist ein klarer Nachteil dieser Kennzahl. Allerdings spricht für das Ergebnis je Aktie nach DVFA/SG aus theoretischer Sicht,[274] dass es die an eine Kennzahl im Allgemeinen gestellten Anforderungen auf Bereinigung um dispositionsbedingte, außergewöhnliche und außerordentliche Komponenten die DVFA/SG-Empfehlung eher erfüllt. Welches Konzept das praktikablere und zur Preiswürdigkeitsbeurteilung von Aktien geeignetere ist, wird sich in den kommenden Jahren zeigen.

---

[270] Vgl. BUSSE VON COLBE, W. ET AL. (Hrsg.) (2000), S. 3.

[271] Ausführungen diesbezüglich finden sich in Abschnitt 3.2.

[272] Vgl. PELLENS, B. (2001), S. 351.

[273] Dies gilt nur für Unternehmen, deren Stammaktien oder potenzielle Stammaktien öffentlich gehandelt werden oder die die Ausgabe solcher Wertpapiere an einer Wertpapierbörse veranlasst haben.

[274] Empirische Untersuchungen über die tatsächliche Eignung der unterschiedlichen *earnings per share*- bzw. Gewinn je Aktie-Vorgaben nach dem in 1997 verabschiedeten SFAS 128 und der DVFA/SG-Empfehlung aus dem Jahr 2000 konnten nicht ausgemacht werden, weil vermutlich in der Kürze der Zeit noch keine geeignete Datenbasis zusammengetragen werden konnte.

### 7.2.3.3 Kurs-Gewinn-Verhältnis (*Price-to-Earnings Ratio*)

Setzt man den Marktpreis des Eigenkapitals in Relation zum Periodenerfolg, erhält man eine reziproke Rentabilitätskennzahl: das Kurs-Gewinn-Verhältnis bzw. die *price-to-earnings ratio*. Sie zeigt an, zum Wievielfachen des Periodenerfolgs das Eigenkapital des analysierten Unternehmens gehandelt wird.[275] Ihre Definition lautet folgendermaßen:

$$\text{Price-to-earnings ratio} = \frac{\text{Marktwert des Eigenkapitals}}{\text{net income}}$$

oder bezogen auf eine Aktie:

$$\text{Price-to-earnings ratio} = \frac{\text{Preis je Aktie (Börsenkurs)}}{\text{Gewinn je Aktie}}$$

Im Nenner sind – soweit es sich um ein Unternehmen mit einer komplexen Kapitalstruktur[276] handelt – die verwässerten *earnings per share* anzusetzen.[277]

Die *price-to-earnings ratio* stellt bei der Analyse von börsennotierten Unternehmen eine sinnvolle Ergänzung der Eigenkapitalrentabilität dar, da sich die *price-to-earnings ratio* auf das tatsächlich investierte Kapital – den Kaufpreis der Aktie – und nicht auf das buchmäßige Eigenkapital bezieht.[278] Die *price-to-earnings ratio* dient insb. als Maßstab für die Preiswürdigkeit von Aktien. Denn grundsätzlich lässt sich feststellen, dass je höher die *price-to-earnings ratio* ausfällt, desto teurer die entsprechende Aktie und desto geringer die kurzfristige Rendite ist bzw. umso länger die Amortisation des Kaufpreises durch Periodenerfolge dauert. Da in die Größe aber der Börsenkurs einfließt, gilt diese Aussage nur eingeschränkt, da sowohl Spekulationen als auch außerökonomische Faktoren den Börsenkurs beeinflussen können. Weiterhin ist die Bestimmung des vergleichbaren Periodenerfolgs mit Problemen behaftet, da dieser möglicherweise durch Bilanzpolitik beeinflusst ist und daneben evtl. auch Ergebnisbestandteile auf Sondereinflüsse zurückzuführen sind.[279] Folglich sollten die im

---

[275] Vgl. KÜTING, K./WEBER, C.-P. (2001), S. 305.

[276] Zur Abgrenzung zwischen simpler und komplexer Kapitalstruktur vgl. die Ausführungen unter Abschnitt 4.4.2.

[277] Vgl. GIBSON, C. H. (1995), S. 436 f.

[278] Vgl. BAETGE, J. (1998a), S. 464.

[279] Vgl. GRÄFER, H. (2001), S. 116 f.

sechsten Kapitel erarbeiteten Aufbereitungsmaßnahmen durchgeführt werden, darüber hinaus ist das *net income* um die außerordentlichen Ergebniskomponenten zu bereinigen.

Im Rahmen der Beurteilung der Preiswürdigkeit werden häufig branchendurchschnittliche *price-to-earnings ratios* ermittelt, die dannAussagen über die vom untersuchten Unternehmen zu fordernde *price-to-earnings ratio* zulassen. Denn aus der Mulitplikation der Soll-*price-to-earnings ratio*, eben dem Branchendurchschnitt, mit den *earnings per share* des analysierten Unternehmens resultiert ein näherungsweise geschätzter angemessener Preis je Aktie.[280]

Obwohl die Kennzahl auf Vergangenheitsdaten fußt, wird sie häufig von Investoren bestimmt, die sie zur Einschätzung der Zukunftsaussichten nutzen.[281] Allerdings kann neben dieser „historischen“ *price-to-earnings ratio* auch eine zukünftig erwartete *price-to-earnings ratio* ermittelt werden. Dabei werden zum Aktienkurs anstelle der derzeitigen die künftig erwarteten *earnings per share* ins Verhältnis gesetzt.[282] Betrachtet man diese Kennzahlen zusammen mit weiteren Kennzahlen wie z. B. der *price-to-book ratio*[283], der *dividend cover* oder der *dividend per share*,[284] können damit Erkenntnisse über die Wahrscheinlichkeit künftiger Unternehmenserfolge bzw. deren Höhe sowie über die Rentabilität einer Anlage in dieses Unternehmen gewonnen werden.[285] Welche Implikationen sich bspw. aus der Kombination unterschiedlicher Ausprägungen der *price-to-book ratio* und der *price-earnings-ratio* ergeben, ist in Abb. 7.10 dargestellt.

---

[280] Vgl. HARRMANN, A. (1986), S. 105. Dabei wird unterstellt, dass alle Aktien des Unternehmens den gleichen Wert besitzen. In der Praxis kann davon aber nicht immer ausgegangen werden; so ist beim Erwerb von Mehrheitsbeteiligungen davon auszugehen, dass diese Anteile höher bewertet werden als Minderheitsanteile aufgrund der Möglichkeit der Einflussnahme auf die Geschäftspolitik. Vgl. HELBLING, C. (1997), S. 508 ff.; BAETGE, J. (1998a), S. 464.

[281] Vgl. WALSH, C. (1996), S. 170.

[282] Vgl. ELLIS, J./WILLIAMS, D. (1993), S. 288.

[283] Vgl. dazu die Ausführungen unter Abschnitt 7.1.2.3.

[284] Vgl. dazu die Ausführungen unter Abschnitt 7.2.3.4.

[285] Vgl. ELLIS, J./WILLIAMS, D. (1993), S. 287 f.; BIERMAN, H. (1995), S. 56; REINHART, A. (1998), S. 363.

| | Niedrige *price-to-book-ratio* | Hohe *price-to-book-ratio* |
|---|---|---|
| Niedrige *price-to-earnings-ratio* | Ergebnis wird schätzungsweise langsam ansteigen oder sinken im Verhältnis zum derzeitigen Niveau, voraussichtlich begleitet von einer niedrigen Eigenkapitalrentabilität | Ergebnis wird schätzungsweise langsam ansteigen oder sinken im Verhältnis zum derzeitigen Niveau, voraussichtlich begleitet von einer hohen Eigenkapitalrentabilität |
| Hohe *price-to-earnings-ratio* | Ergebnis wird schätzungsweise schnell ansteigen im Verhältnis zum derzeitigen Niveau, voraussichtlich begleitet von einer niedrigen Eigenkapitalrentabilität | Ergebnis wird schätzungsweise schnell ansteigen im Verhältnis zum derzeitigen Niveau, voraussichtlich begleitet von einer hohen Eigenkapitalrentabilität |

Abb. 7.10: Implikationen aus der Kombination unterschiedlicher Ausprägungen der *Price-to-Book Ratio* und der *Price-Earnings-Ratio* (in Anlehnung an: BERNSTEIN, L. A./WILD, J. J. (2000), S. 355)

Setzt man an Stelle des Periodenerfolgs den *cash flow* der Periode ein, erhält man die *price-to-cash-flow ratio*:[286]

$$\text{Price-to-cash-flow ratio} = \frac{\text{Preis je Aktie}}{\text{cash flow je Aktie}}$$

Dabei sollte der operative Netto-*cash flow*[287] verwendet werden,[288] da dieser eine nachhaltigere Größe als bspw. der gesamte *cash flow* darstellt. Die Verwendung des *cash flows* lässt sich insb. durch seine teilweise Immunität gegenüber bilanzpolitischen Maßnahmen begründen.[289]

---

[286] Vgl. SCHELD, G. A./DEMMING, C. (1993), S. 302; COENENBERG, A. G. (2001), S. 1012 f.

[287] Zur Ermittlung der operativen Netto-*cash flows* aus einem US-GAAP-Abschluss vgl. die Ausführungen unter Abschnitt 4.4.4.3.2.

[288] Vgl. bezogen auf die Kennzahl *cash per share* ELLIS, J./WILLIAMS, D. (1993), S. 322.

[289] Vgl. auch die Ausführungen unter Abschnitt 7.1.2.5.

#### 7.2.3.4 Dividende je Aktie (*Dividend per Share*), *Payout Ratio* bzw. Dividendendeckungsgrad (*Dividend Cover*) und Dividendenrentabilität (*Dividend Yield*)

Neben dem Erfolg, der je Aktie in einer bestimmten Periode erzielt wurde, ist für Aktionäre auch der daraus ausgeschüttete Betrag von Interesse. So untersuchen aktuelle und potenzielle Investoren neben der im laufenden Geschäftsjahr ausgeschütteten Dividende auch Trends in der Vergangenheit, darüber hinaus strengen sie Prognosen über künftige Dividendenausschüttungen an. Oft wird dabei auch der Verlauf der Erfolge mit dem Verlauf der Dividenden über einen bestimmten Zeitraum verglichen, um so Rückschlüsse auf die Dividendenpolitik des Managements ziehen zu können. Eine solche Analyse ist insofern bedeutsam, als Unternehmensleitungen selten dazu geneigt sind, die Dividenden zu kürzen, sondern es sich vielmehr zum Ziel setzen, die Dividende im Zeitablauf mindestens konstant zu halten. Allgemein streben Manager einen jährlich leicht ansteigenden Ausschüttungsbetrag an, um dann in einzelnen Perioden einen starken Anstieg der Dividende anzukündigen, der das Vertrauen in die Zukunftsaussichten des Unternehmens stärken soll. In Zeiten niedriger oder negativer Erträge stellt sich dann die Frage, ob die Dividende gekürzt werden soll, oder ob man bereit ist, zur Aufrechterhaltung der Dividendenzahlung die Reserven anzugreifen.[290] Die nachfolgende Abbildung veranschaulicht den Zusammenhang zwischen Periodenerfolg, Gewinn je Aktie und Dividende je Aktie.

[290] Vgl. ELLIS, J./WILLIAMS, D. (1993), S. 295 f. BREALEY/MYERS/MARCUS sprechen dabei auch von Dividendenglättung. Vgl. BREALEY, R. A./MYERS, S. C./MARCUS, A. J. (2001), S. 465.

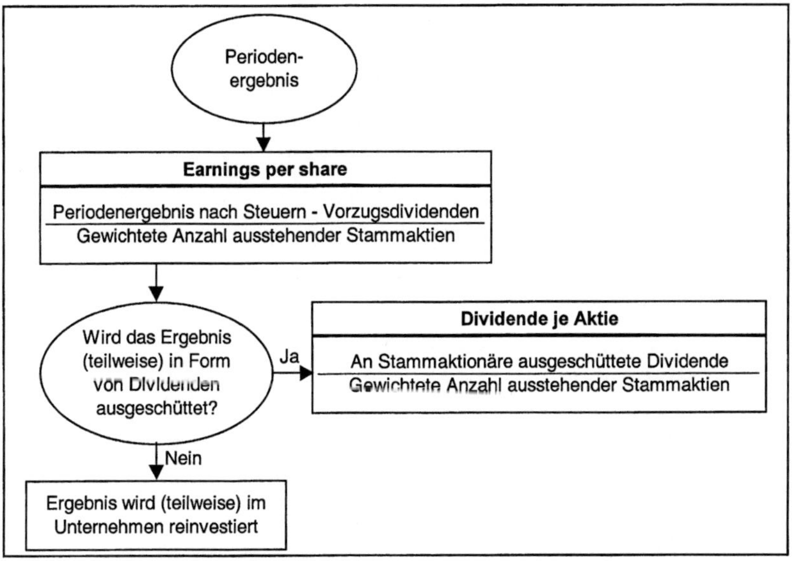


Abb. 7.11: Zusammenhang zwischen Periodenergebnis, Gewinn je Aktie und Dividende je Aktie
(in Anlehnung an ELLIS, J./WILLIAMS, D. (1993), S. 293)

Ein geeignetes Maß zur Beurteilung der Dividendenpolitik ist die Ausschüttungsrate bzw. die *payout ratio*. Diese Kennzahl zeigt an, welcher Anteil der Erträge an die Anteilseigner im Laufe der betrachteten Periode ausgezahlt wurde. Sie ist folgendermaßen definiert:[291]

$$\text{Payout ratio} = \frac{\text{dividend per share}}{\text{earnings per share}}$$

Als Nennergröße sind dabei bei Unternehmen mit komplexer Kapitalstruktur[292] die verwässerten *earnings per share* anzusetzen, bei Unternehmen mit simpler Kapitalstruktur die *basic earnings per share*.[293]

[291] Vgl. auch im Folgenden GIBSON, C. H. (1995), S. 440; HELFERT, E. A. (2000), S. 108.
[292] Zur Abgrenzung zwischen simpler und komplexer Kapitalstruktur vgl. die Ausführungen unter Abschnitt 4.4.2.
[293] Vgl. GIBSON, C. H. (1995), S. 440.

Bei Betrachtung dieser Kennzahl über einen längerer Zeitraum hinweg lassen sich Rückschlüsse auf das Reinvestitions- und Ausschüttungsverhalten des Unternehmens ziehen. Allgemein gilt, dass stark wachsende Unternehmen dazu tendieren, einen relativ geringen Anteil der Erträge auszuschütten, da sie es vorziehen, weiter zu investieren, um profitables Wachstum voranzutreiben. Genau umgekehrt verhält es sich mit stabilen bzw. gemäßigt wachsenden Unternehmen.[294]

Eine Ausnahme der obigen Definition der *payout ratio* findet sich bei PENMAN. Dieser verwendet – wie auch schon bei der Berechnung des *return on common equity*[295] – anstelle des erfolgswirksam erfassten Ergebnisses das *comprehensive income* und stellt folgende Definition auf:[296]

$$\text{Dividend payout} = \frac{\text{dividends}}{\text{comprehensive income}}$$

Da das *comprehensive income* weniger anfällig ist für bilanzpolitische Maßnahmen – es sei denn, man bereitet das *net income* entsprechend jahresabschlussanalytisch auf –, ist diese Vorgehensweise durchaus sinnvoll.

Häufig wird die *payout ratio* in ihrer reziproken Form verwendet, die daraus resultierende Kennzahl wird als Dividenden-Deckungsgrad bzw. *dividend cover* bezeichnet. Sie ist wie folgt definiert:[297]

$$\text{Dividenden-Deckungsgrad} = \frac{\text{earnings per share}}{\text{Dividende je Aktie}}$$

Diese Kennzahl misst den Grad, zu dem die Dividende durch den Periodenerfolg gedeckt ist und wird deshalb in erster Linie zur Schätzung der Wahrscheinlichkeit von Dividendenzahlungen herangezogen. Je höher der errechnete Dividenden-Deckungsgrad, desto sicherer ist die Ausschüttung der Dividende. So besagt

---

[294] Vgl. HELFERT, E. A. (2000), S. 108.
[295] Vgl. die Ausführungen in Abschnitt 7.2.2.
[296] Vgl. auch im Folgenden PENMAN, S. H. (2001), S. 236.
[297] Vgl. im Folgenden COENENBERG, A. G. (2001), S. 1014.

bspw. ein Dividenden-Deckungsgrad von drei, dass erst ab einer Drittelung des Periodenergebnisses die Reserven angegriffen werden müssten.[298]

Die Ausweisvorschriften für börsennotierte Unternehmen erlauben die Ermittlung des Dividenden-Deckungsgrads und der *payout ratio*, da einerseits die im Zähler anzusetzende Größe – die *earnings per share*[299] – und andererseits die im Nenner zu erfassende Größe – die Dividende je Aktie[300] – auszuweisen sind.

Neben der Sicherheit der Dividende ist auch die durch die Dividende zu erzielende Rentabilität einer Aktieninvestition von großer Bedeutung für den Aktionär. Um diese Rentabilität zu messen, ist folgende Kennzahl zu ermitteln:

$$\text{Dividendenrentabilität (dividend yield)} = \frac{\text{Dividende je Aktie}}{\text{Aktienkurs}} * 100$$

Mit dieser Kennzahl wird die effektive Verzinsung des in Aktien investierten Kapitals gemessen; damit ist sie für den Kapitalanleger insb. für Vergleiche mit alternativen Investitionsmöglichkeiten geeignet. Als Aktienkurs setzt der potenzielle Aktionär den aktuellen Börsenkurs an, derjenige Aktionär, der die Aktien bereits hält zieht den Kaufkurs heran, zu dem er seine Anteile erworben hat.[301]

Bei der Interpretation der ermittelten Kennzahlen zur Dividendenpolitik sind grundsätzlich folgende Faktoren zu beachten:[302]

- Wachstumsunternehmen sollten eine niedrige Ausschüttungsrate aufweisen, sie sollten die unternehmensintern erwirtschafteten Ressourcen für Reinvestitionen verwenden. Dadurch können Kosten aufgrund von Kapitalmarktrestriktionen bezüglich der Finanzierung von Wachstumsopportunitäten so gering wie möglich gehalten werden.

298 Vgl. ELLIS, J./WILLIAMS, D. (1993), S. 298; HELFERT, E. A. (2000), S. 108.
299 Ausführungen zu den Ausweisvorschriften der *earnings per share* finden sich unter Abschnitt 4.4.2.
300 Vgl. Reg. S-X, Rule 3-04 sowie die Ausführungen unter Abschnitt 4.4.5.
301 Vgl. KÜTING, K./WEBER, C.-P. (2001), S. 306.
302 Vgl. auch für die folgende Aufzählung PALEPU, K. G./HEALY, P. M./BERNARD, V. L. (2000), S. 16-15.

- Unternehmen, die über hohe und im Zeitablauf stabile operative *cash flows* verfügen und denen sich nur wenige Investitionsmöglichkeiten bieten, sollten relativ hohe Ausschüttungen tätigen, um so den Anreiz von Managern zu reduzieren, den *free cash flow* in unrentable Projekte zu investieren.

Auf perfekten und effizienten Märkten sowie entscheidungsneutraler Besteuerung hat im Übrigen die Dividendenpolitik keinen Einfluss auf den Marktwert des Unternehmens. Dies lässt sich bspw. daran verdeutlichen, dass die Ausgestaltung der Dividendenpolitik aus Sicht des Bilanzierenden lediglich ein Abwägen zwischen Ausschüttung und Rückkauf eigener Aktien darstellt. Da weiterhin die Investoren nicht darauf angewiesen sind, ihre Unternehmensanteile durch die erhaltenen Ausschüttungen (teilweise) in Bargeld umzuwandeln, werden auch sie keine höheren Aktienpreise zahlen für Anteile an Unternehmen, die über eine hohe Ausschüttungsrate verfügen.[303] Da aber einerseits die Märkte in den seltensten Fällen als vollkommen perfekte Märkte einzustufen sind[304] und andererseits die analysierte Dividendenpolitik Rückschlüsse auf das Management bzw. u. U. auch auf die ertragswirtschaftliche Lage zulässt,[305] ist es im Rahmen der Jahresabschlussanalyse sinnvoll, anhand der erläuterten Kennzahlen die Dividendepolitik des analysierten Unternehmens zu erforschen.

### 7.2.3.5 Gesamte Aktienrentabilität (*Total Shareholder Return*)

Neben der zufließenden Dividende erzielt ein Wertpapierinvestor Gewinne oder Verluste aus der Kursänderung seiner Wertpapiere. So setzt sich sein eigentlicher Ertrag aus zwei Bestandteilen zusammen: dem Anstieg (oder der Verringerung) des Aktienkurses und der ausgezahlten Dividenden innerhalb des analysierten Zeitraums. Zur Ermittlung der Größe *total shareholder return*, die diese vollständige Rentabilität des Aktienengagements widerspiegelt, müssen die folgenden Größen bekannt sein:[306]

---

[303] Vgl. BREALEY, R. A./MYERS, S. C./MARCUS, A. J. (2001), S. 466 ff.

[304] Vgl. BREALEY, R. A./MYERS, S. C./MARCUS, A. J. (2001), S. 470 f.

[305] Dazu äußern sich BREALEY/MYERS/MARCUS folgendermaßen: „Because a high-dividend-payout policy will be costly to firms that do not have the cash flow to support it, dividend increases signal a company`s good fortune and its managers` confidence in future cash flow." BREALEY, R. A./MYERS, S. C./MARCUS, A. J. (2001), S. 471.

[306] Vgl. auch für die folgende Aufzählung HELFERT, E. A. (2000), S. 106.

- der Marktpreis der Aktie zu Beginn der Periode, d. h. zum Zeitpunkt der Investitionstätigung,
- die ausbezahlten kumulierten Dividenden im betrachteten Zeitraum
- der Marktpreis am Ende der Betrachtungsperiode, d. h. der tatsächliche oder potenzielle Verkaufskurs.

Die Kennzahl ist dabei wie folgt definiert:

Total shareholder return

$$= \frac{\text{Aktienkurs zu Periodenbeginn} - \text{Aktienkurs zu Periodenende} + \text{Dividende}}{\text{Aktienkurs zu Periodenbeginn}} * 100$$

Diese Kennzahl kann – setzt man die Kenntnis der jeweiligen Aktienkurse voraus – aus einem US-GAAP-Abschluss ermittelt werden, da in diesem die Dividende anzugeben ist. Sie drückt die Rentabilität des investierten Kapitals auf Basis von Marktwerten aus und eignet sich insbesondere zur Beurteilung von abgeschlossenen Investitionsprojekten bzw. als Entscheidungsgrundlage von Verkaufsvorhaben.

### 7.2.4 Gesamtkapitalrentabilität (*Return on Assets* bzw. *Return on Investment*)

Die bisher betrachteten Rentabilitäten – die Eigenkapital- und Aktienrentabilitäten – dienen der Messung der Verzinsung des von Eigentümern eingebrachten Kapitals. Soll ein Vergleich der Ertragskraft verschiedener Unternehmen angestrengt werden, zeigen diese Kennzahlen nicht an, wie wirtschaftlich das Unternehmen mit den insgesamt eingesetzten Mitteln gearbeitet hat. Aus diesem Grund ist es insb. bei Betriebs- und Unternehmensvergleichen sinnvoll, eine Kennzahl heranzuziehen, die unabhängig von der im Unternehmen vorliegenden Finanzierungsstruktur ist. Um eine solche Kennzahl handelt es sich bei der Gesamtkapitalrentabilität.[307] Diese wird im angloamerikanischen Sprachraum als *return on assets* (ROA), *return on total assets* (ROTA) oder als *return on investment* (ROI) bezeichnet.

---

[307] Vgl. BAETGE, J./JERSCHENSKY, A. (1997), S. 415.

Die Gesamtkapitalrentabilität misst die Höhe der Verzinsung des gesamten im Unternehmen eingesetzten Kapitals und spiegelt somit die Unternehmensrentabilität wider.[308] Denn bei ihrer Ermittlung wird auch das dem Fremdkapital zurechenbare Ergebnis berücksichtigt. Dabei handelt es sich um die Fremdkapitalzinsen, die den Ertrag des Fremdkapitals darstellen. Da die Fremdkapitalzinsen als Aufwand das *net income* schmälern, müssen sie folglich bei der Berechnung der Gesamtkapitalrentabilität wieder hinzuaddiert werden.[309] Weiterhin wird die Gesamtkapitalrentabilität häufig vor Abzug von Ertragsteuern berechnet, da diese auch von der Verschuldung abhängen;[310] außerdem wird die Aussagekraft der Kennzahl bei Unternehmensvergleichen nicht durch Steuerbelastungsunterschiede verschiedener Rechtsformen beeinträchtigt.[311] Demnach ist die Gesamtkapitalrentabilität folgendermaßen definiert:

$$\text{Gesamtkapitalrentabilität} = \frac{\text{net income} + \text{Ertragsteuern} + \text{Zinsaufwand}}{\text{durchschn. Gesamtkapital}} * 100$$

Die Nennergröße der Gesamtkapitalrentabilität stellt die Summe des aufbereiteten Eigen- und Fremdkapitals dar.[312] Bei der Ermittlung der Zählergröße ist das aufbereitete *net income* heranzuziehen,[313] die Ertragsteuern der Periode lassen sich aus der Gewinn- und Verlustrechnung ablesen[314]. Schwierig gestaltet sich dagegen die Ermittlung der Zinsaufwendungen. So sind selbst gemäß der Gewinn- und Verlustrechnung-Mindestgliederung der SEC[315] die Zinsaufwendungen und –erträge im Posten *interest and amortization of debt discount and expense* saldiert auszuweisen. Daneben ist zu berücksichtigen, dass auch die *cost of sales* Fremdkapitalzinsen enthalten können, nämlich soweit Fremdkapitalzinsen bei der Herstellung eines *qualifying assets*, das in der betrachteten Periode umgesetzt wurde, angefallen sind. Fand dagegen noch kein Umsatz mit den hergestellten *qualifying assets* statt, so sind die darauf entfallenden Fremdkapitalzinsen in die Vorratsbewertung eingeflossen und somit in der Bilanz akti-

---

308 Vgl. WEHRHEIM, M./SCHMITZ, T. (2001), S. 98.

309 Vgl. LEFFSON, U. (1984), S. 35; BAETGE, J. (1998a), S. 429; REHKUGLER, H./PODDIG, T. (1998), S. 208; ZDROWOMYSLAW, N./KUBA, K. (1998), S. 647.

310 Vgl. COENENBERG, A. G. (2001), S. 1017 f.

311 Vgl. ARBEITSKREIS „EXTERNE UNTERNEHMENSRECHNUNG" DER SCHMALENBACH-GESELLSCHAFT (1996), S. 1992.

312 Zur Aufbereitung des Eigen- und Fremdkapitals vgl. die Ausführungen im sechsten Kapitel.

313 Zur Aufbereitung des *net income* vgl. die Ausführungen im sechsten Kapitel.

314 Vgl. dazu die Ausführungen unter Abschnitt 4.4.1.

315 Vgl. Reg. S-X, Rule 5-03.

viert. Die Ausweisvorschriften des SFAS 34.21a und b erlauben allerdings die Ermittlung beider Größen. Denn falls in einer Periode keine Fremdkapitalzinsen aktiviert wurden, sind die als Aufwand verrechneten Zinsen innerhalb eines *financial statements* oder in den *notes* auszuweisen.[316] Fand dagegen eine teilweise Aktivierung der Fremdkapitalzinsen statt, so muss einerseits der Betrag der aktivierten Zinsen offen gelegt werden und andererseits ist die Höhe der als Aufwand verbuchten Fremdkapitalzinsen anzugeben.[317] Dies kann wiederum wahlweise in einem der *financial statements* oder in den *notes* geschehen. Daneben können auch weitere Positionen der *operating section* Zinsaufwendungen enthalten, nämlich insofern diesen Positionen Anteile der *net periodic pension costs* zuzuordnen sind, die ihrerseits auch einen Zinsanteil umfassen. Auch hier ist die Ermittlung des Zinsanteils ohne Weiteres möglich, besteht doch diesbezüglich nach SFAS 87.54a eine Ausweispflicht.

Interpretiert man die ermittelte Gesamtkapitalrentabilität, ist darauf zu achten, dass diese trotz eines Periodenfehlbetrags größer Null sein kann.[318] In einem solchen Fall hängt die Ertragskraft des Unternehmens davon ab, über welchen Zeitraum die Eigenkapitalgeber eine negative Verzinsung ihres zur Verfügung gestellten Kapitals akzeptieren und ggf. weiteres Kapital einsetzen.[319]

Erweitert man den Zähler und den Nenner der oben definierten Gesamtkapitalrentabilität um die Größe Umsatz, lassen sich weitere Erkenntnisse gewinnen:

$$\text{Gesamtkapitalrentabilität} = \frac{\text{net income} + \text{Ertragsteuern} + \text{Zinsaufwand}}{\text{Umsatz}} * \frac{\text{Umsatz}}{\text{durchschn. Gesamtkapital}}$$

Diese Dekomposition ermöglicht eine weitergehende ursachengerechte Untersuchung der Gesamtkapitalrentabilität. So stellt der linke Multiplikator die Umsatzrentabilität[320] dar, während der rechte Multiplikator den Kapitalumschlag

---

[316] Vgl. SFAS 34.21a.
[317] Vgl. SFAS 34.21b.
[318] Vgl. BAETGE, J./JERSCHENSKY, A. (1997), S. 416; KÜTING, K./WEBER, C.-P. (2001), S. 298.
[319] Vgl. BAETGE, J./JERSCHENSKY, A. (1997), S. 416.
[320] Hier allerdings mit einem von der späteren Definition abweichenden Zähler. Vgl. zur Umsatzrentabilität und zur Diskussion der Zählerbestandteile die Ausführungen unter Abschnitt 7.2.6.

abbildet. Bei einer im Zeitablauf unveränderten Gesamtkapitalrentabilität kann eine sinkende Umsatzrentabilität nur durch einen steigenden Kapitalumschlag kompensiert werden. Eine im Zeitablauf gestiegene Umsatzrentabilität kann zurückzuführen sein auf Kürzungen der Aufwendungen oder auf gestiegene Verkaufspreise; hat sich der Kapitalumschlag erhöht, können Umsatzsteigerungen oder die Verringerung des eingesetzten Kapitals Ursachen hierfür sein.[321] Bei der Interpretation ist darauf zu achten, dass beide Kennzahlen besonders branchenabhängig sind. So müssen Unternehmen, die sich in besonders kapitalintensiven Branchen, wie z. B. die Energieversorgung oder der Anlagenbau, befinden ihren relativ geringen Kapitalumschlag ausgleichen. Unternehmen in nur wenig kapitalintensiven Branchen wie bspw. der Handel können auch mit relativ niedrigen Umsatzrentabilitäten eine hohe Gesamtkapitalrentabilität erzielen, wenn sie einen entsprechend hohen Kapitalumschlag aufweisen.[322] Auf der um die Umsatzrentabilität und den Kapitalumschlag erweiterten Gesamtkapitalrentabilität baut das etablierte DuPont-Kennzahlenschema auf, das auch unter der Bezeichnung *return on investment*-Schema bekannt ist.[323]

Da das in die Ermittlung der Gesamtkapitalrentabilität eingehende Periodenergebnis durch bilanzpolitische Maßnahmen beeinflusst sein kann, wird an dessen Stelle auch der *cash flow* herangezogen.[324] Die entsprechende Kennzahl ist dabei wie folgt definiert:[325]

$$\text{Cash flow-Gesamtkapitalrentabilität} = \frac{\begin{array}{c}\text{cash flow vor}\\ \text{Ertragsteuern}\end{array} - \begin{array}{c}\text{Zinsaus-}\\ \text{zahlungen}\end{array}}{\text{durchschn. Gesamtkapital}} * 100$$

Die Bestandteile dieser Kennzahl können auf der Grundlagen eines US-GAAP-Abschlusses ermittelt werden. Der cash flow ist der Kapitalflussrechnung zu nehmen, in dieser sind auch die Ertragsteuerzahlungen, die dem operativen Bereich zuzuordnen sind, auszuweisen. Wenn der Bilanzierende die direkte Darstellung im operativen Bereich wählt, sind die gezahlten Ertragssteuern als

[321] Vgl. ELLIS, J./WILLIAMS, D. (1993), S. 220 f.
[322] Vgl. REHKUGLER, H./PODDIG, T. (1998), S. 210.
[323] Eine Darstellung des DuPont-Kennzahlenschemas findet sich bei BAETGE, J. (1998a), S. 38 f.; BREALEY, R. A./MYERS, S. C./MARCUS, A. J. (2001), S. 497 f.
[324] Vgl. BAETGE, J./JERSCHENSKY, A. (1997), S. 416.
[325] Vgl. im Folgenden BAETGE, J./JERSCHENSKY, A. (1997), S. 417; REINHART, A. (1998), S. 374.

gesonderter Posten auszuweisen.[326] Erfolgt die Darstellung dagegen nach der indirekten Methode, sind die gezahlten Ertragsteuern in den related disclosures offen zu legen.[327] Bei der Nennergröße ist wiederum die Summe des aufbereiteten Eigen- und Fremdkapitals heranzuziehen.[328]

Eine weitere Variation der Gesamtkapitalrentabilität, die u. a. eine Rolle in der wertorientierten Unternehmensführung spielt, ist der *cash flow-return on investment* (CFROI). Von dieser Kennzahl existiert sowohl eine statische als auch eine dynamische Variante.[329] Obgleich der CFROI für die externe Jahresabschlussanalyse nur dann von praktischer Bedeutung ist, wenn das Unternehmen auf freiwilliger Basis oder innerhalb der Segmentberichterstattung die erforderlichen Daten veröffentlicht – eine Verpflichtung zur Veröffentlichung dieser Kennzahl existiert nach US-GAAP nicht, außerdem ist eine externe Ermittlung aufgrund diverser fehlender Angabepflichten nicht möglich – soll das Konzept beschrieben werden, da börsennotierte Unternehmen in ihren Konzernabschlüssen häufig entsprechende Angaben liefern.[330]

Im Zähler des statischen CFROI ist der vereinfachte, nachhaltige *cash flow*[331] vor Ertragsteuern und Zinsen anzusetzen, die Zählergröße setzt sich zusammen aus dem in der betrachteten Periode gebundenen durchschnittlichen Anlagevermögen und dem Nettoumlaufvermögen, beide Vermögenspositionen bewertet zu historischen Kosten. Entsprechend ergibt sich folgende Definition:[332]

$$\text{Statischer CFROI} = \frac{\text{cash flow vor Ertragsteuern und Zinsen}}{\text{durchschn. Anlage- und Umlaufvermögen zu historischen Werten}} * 100$$

Die genaue Ermittlung der Nennergröße ist für einen externen Analysten regelmäßig nicht möglich, da nach US-GAAP keine Pflicht zur Angabe der historischen Anschaffungs- und Herstellungskosten des Anlage- bzw. Nettoumlaufvermögens besteht. Es können – es sei denn das Unternehmen veröffentlicht

326 Vgl. SFAS 95.27f; SIENER, F. (1998), S. 81; KPMG (Hrsg.) (1999), S. 165.
327 Vgl. SFAS 95.29; HAYN, S./WALDERSEE, G. Graf (2000), S. 252.
328 Zur Aufbereitung des Eigen- und Fremdkapitals vgl. die Ausführungen im sechsten Kapitel.
329 Vgl. COENENBERG, A. G. (2001), S. 1022.
330 Vgl. GRÄFER, H. (2001), S. 104.
331 Zur Ermittlung des vereinfachten, nachhaltigen *cash flow* vgl. die Ausführungen unter Abschnitt 7.1.2.5.
332 Vgl. COENENBERG, A. G. (2001), S. 1022.

freiwillig oder innerhalb der Segmentberichterstattung die notwendigen Daten – lediglich Schätzungen vorgenommen werden.

Der statische CFROI drückt den prozentualen Rückfluss aus den in der betrachteten Periode gebundenen Mitteln aus; sein Kehrwert gibt die durchschnittliche Amortisationsdauer der gebundenen Mittel an.[333]

Grundlage des dynamischen CFROI ist die interne Zinsfußberechnung. In diese Betrachtung fließen die folgenden Faktoren mit ein:[334]

- Wiederbeschaffungswerte des eingesetzten Vermögens,
- *cash flow*,
- Nutzungsdauer der eingesetzten Gegenstände
- Restwert des eingesetzten Vermögens am Ende der Nutzungsdauer.[335]

Zusammengefasst entspricht der dynamische CFROI dem internen Zinsfuß der über die Restnutzungsdauer des eingesetzten Vermögens erwirtschafteten *cash flows*.[336] Die folgende Abbildung veranschaulicht das Grundkonzept.

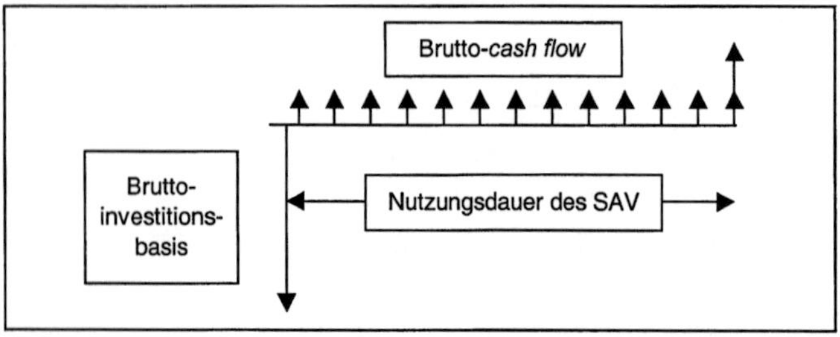


Abb. 7.12: Grundkonzept des dynamischen CFROI
(in Anlehnung an LEWIS, T. G./LEHMANN, S. (1992), S. 9)

Auch zur Ermittlung des dynamischen CFROI wird die Verwendung des vereinfachten *cash flows* empfohlen, allerdings vor Zinsen und nach Ertragsteuern.

[333] Vgl. ebenda.
[334] Vgl. auch im Folgenden LEWIS, T. G./LEHMANN, S. (1992), S. 8.
[335] Vgl. WEHRHEIM, M./SCHMITZ, T. (2001), S. 110.
[336] Vgl. LEWIS, T. G./STELTER, D. (1993), S. 108; KLOOCK, J./COENEN, M. (1996), S. 1102.

Dadurch fließen die tatsächlich zur Verzinsung des investierten Vermögens und zur Reinvestition zur Verfügung stehenden Mittel in die Berechnung ein. Der *cash flow* wird dabei auf der Basis eines Jahresabschlusses ermittelt und über die Nutzungsdauer des abschreibbaren Sachanlagevermögens konstant gehalten.[337]

Die weiterhin zur Berechnung des dynamischen CFROI notwendige Bruttoinvestitionsbasis ist das Resultat einer Verknüpfung bestimmter Aktiv- und Passivposten. Dabei ist sie wie in der folgenden Abbildung dargestellt zu ermitteln.

| | |
|---|---|
| | Buchwert des Sachanlagevermögens |
| + | kumulierte Abschreibungen auf das Sachanlagevermögen |
| = | Anschaffungskosten des Sachanlagevermögens * Inflationierung (dadurch soll eine Annäherung an den Marktwert erreicht werden) |
| + | sonstiges Anlagevermögen |
| + | Umlaufvermögen |
| = | Wiederbeschaffungswert der Aktiva |
| - | nicht verzinsliches Fremdkapital |
| = | Bruttoinvestitionsbasis |

Abb. 7.13: Ermittlung der Bruttoinvestitionsbasis
(Quelle: GRÄFER, H. (2001), S. 106)

Zwei Argumente bekräftigen die Verwendung der Bruttoinvestitionsbasis als relevante Bezugsgröße: Einerseits können die *cash flows* nur bei regelmäßigem Ersatz dieser Aktiva nachhaltig erzielt werden; insofern erfolgt eine Neutralisierung von Verzerrungseffekten, die durch eine *cash out*-Strategie hervorgerufen werden könnten. Andererseits bildet die Bruttoinvestitionsbasis den Eigen- und Fremdkapitalbedarf ab, der verzinslich zu besorgen ist.[338]

---

[337] Vgl. LEWIS, T. G./LEHMANN, S. (1992), S. 10 f.; GRÄFER, H. (2001), S. 106.
[338] Vgl. LEWIS, T. G./LEHMANN, S. (1992), S. 10.

Die Nutzungsdauer errechnet sich aus der Division der historischen Anschaffungs- und Herstellungskosten des Sachanlagevermögens durch die jährliche lineare Abschreibung.

Die folgende Formel stellt den Ausgangspunkt zur Ermittlung des CFROI dar.[339]

$$\text{BIB} = \frac{\text{cash flow}}{(1+i)} + \frac{\text{cash flow}}{(1+i)^2} + \ldots + \frac{\text{cash flow}}{(1+i)^n} + \frac{Y}{(1+i)^n}$$

Dabei stellt BIB die Bruttoinvestitionsbasis und Y den Restwert des Endvermögens dar. Der gesuchte Zinssatz i, der den CFROI darstellt, kann durch Iteration ermittelt werden. Er zeigt an, dass die *cash flows* die investierten Mittel erwirtschaftet haben und darüber hinaus eine Rendite von i erzielt wurde. Zur Beurteilung des ermittelten CFROI ist dieser mit einer Soll-Rendite, nämlich den Kapitalkosten[340] zu vergleichen.[341]

Mit dem CFROI erhält man eine Kennzahl, die weitgehend unabhängig von Abschreibungspolitiken bzw. sonstigen bilanzpolitischen Maßnahmen ist sowie von Finanzierungsstrukturen.[342] „Für einen Unternehmens- oder Branchenvergleich sind Cash-flow-Rentabilitäten […] sehr gut geeignet, da sie von unternehmensindividuellen Faktoren stärker abstrahieren als das Jahresergebnis."[343] Vergleicht man den CFROI mit der herkömmlichen Gesamtkapitalrentabilität, so ist er dieser aufgrund der Berücksichtigung des Alters der Aktiva überlegen.[344]

### 7.2.5 Betriebsrentabilität (*Return on Capital Employed* bzw. *Return on Net Assets*)

Die Betriebsrentabilität, die dem in der angloamerikanischen Analyseliteratur gebräuchlichen *return on capital employed* (RoCE) bzw. dem *return on net assets* (RoNA) entspricht, zeigt die relative Ertragskraft eines Betriebs bzw. eines Unternehmens an, die durch die Verfolgung des eigentlichen Betriebs-

339 Vgl. auch im Folgenden GRÄFER, H. (2001), S. 108.
340 Zur Ermittlung der Kapitalkosten vgl. BALLWIESER, W. (1998), S. 86 ff.
341 Vgl. GRÄFER, H. (2001), S. 108.
342 Vgl. LEWIS, T. G./LEHMANN, S. (1992), S. 1 und 9; REINHART, A. (1998), S. 374.
343 BAETGE, J./JERSCHENSKY, A. (1997), S. 417.
344 Vgl. LEWIS, T. G./LEHMANN, S. (1992), S. 12.

zwecks zu erreichen ist.[345] Dabei wird das ordentliche Betriebsergebnis in Relation zu dem zur Erzielung dieses Ergebnisses erforderlichen Vermögens gesetzt. Die Definition der Kennzahl lautet wie folgt:

$$\text{Betriebsrentabilität} = \frac{\text{ordentliches Betriebsergebnis}}{\text{durchschn. betriebsnotwendiges Vermögen}} * 100$$

Das im Zähler anzusetzende ordentliche Betriebsergebnis wurde unter Abschnitt 7.1.3.2.2 definiert. Die Ermittlung des betriebsnotwendigen Vermögen kann im Rahmen der externen Jahresabschlussanalyse nur auf Basis einer Schätzung erfolgen, da ein US-GAAP-Abschluss keine durchgängigen Informationen darüber enthält, welche Teile des Vermögens der betrieblichen Nutzung dienen und welche nicht.[346] Allerdings ist für die Ermittlung der Position *property, plant and equipment* bestimmt, dass diese lediglich solche Gegenstände enthalten darf, die betriebsnotwendig sind. Der Ausweis nicht betriebsnotwendiger Gegenstände erfolgt dagegen unter den *long-term investments* bzw. den *other assets*.[347] Die näherungsweise Ermittlung des betriebsnotwendigen Vermögens erfolgt nach dem in der folgenden Abbildung dargestellten Schema.

| |
|---|
| *Accounts and notes receivable* |
| + *Inventories* |
| + *Property, plant and equipment* |
| + *Intangible assets* |
| - *accounts and notes payable* |
| = betriebsnotwendiges Vermögen |

Abb. 7.14: Näherungsweise Ermittlung des betriebsnotwendigen Vermögens (in Anlehnung an: COENENBERG, A. G. (2001), S. 1021)

Aufgrund der geschilderten Ungenauigkeiten bei der Bestimmung des betriebsnotwendigen Vermögens wird zur Bestimmung der Betriebsrentabilität auch das

345 Vgl. SCHULT, E. (1999), S. 98; GRÄFER, H. (2001), S. 95.
346 Dies gilt im Übrigen auch für Abschlüsse, die nach IAS bzw. IFRS und nach deutschem Handelsrecht erstellt wurden. Vgl. REINHART, A. (1998), S. 375.
347 Vgl. REIL, V./SEIDEL, U. M. (1999), S. 175.

langfristige Kapital als Nennergröße verwendet. Diese Kennzahl ist folgendermaßen definiert:

$$\text{Betriebsrentabilität} = \frac{\text{ordentliches Betriebsergebnis}}{\text{durchschn. langfristiges Kapital}} * 100$$

Das langfristige Kapital setzt sich dabei zusammen aus dem aufbereiteten Eigenkapital[348] und dem aufbereiteten langfristigen Fremdkapital.[349] Ausgangspunkt der Ermittlung des aufbereiteten langfristigen Fremdkapitals sind die in der Originalbilanz ausgewiesenen *non-current liabilities*. Daneben sind die unter Abschnitt 6.4 in Abb. 6.4 dargestellten Aufbereitungen für das Fremdkapital vorzunehmen, wobei sich nicht immer einwandfrei klären lässt, inwiefern die Aufbereitung dem lang- oder dem kurzfristigen Fremdkapital zuzuordnen ist. Insbesondere bei den *loss contingencies* kann der Analyst die Fristigkeit kaum abschätzen. Es scheint deshalb praktikabel, alle in Abb. 6.4 dargestellten Aufbereitungen vorzunehmen mit Ausnahme der Korrektur um die *loss contingencies*, es sei denn es liegen konkrete Hinweise bezüglich der Fristigkeit der unterschiedlichen zu korrigierenden Posten vor.

### 7.2.6 Umsatzrentabilität (*Return on Sales* bzw. *Profit Margin on Sales*)

Bei den bisher erläuterten Rentabilitäten bestand zwischen Zähler- und Nennergröße immer ein mittelbarer bzw. vermuteter Ursache-Wirkungs-Zusammenhang. So setzt man bei der Ermittlung von Kapitalrentabilitäten beim Kapital an, das dem Unternehmen zur Verfügung gestellt wird; dieses schlägt sich im Nenner der Kennzahl nieder. Weiterhin wird unterstellt, dass das Unternehmen dieses Kapital investiert, um daraus Erfolge zu erzielen; diese wiederum erscheinen im Zähler der Kennzahl. Bei der Umsatzrentabilität besteht dagegen ein direkter Zusammenhang zwischen Zähler und Nenner. Denn der Betriebserfolg, der im Zähler anzusetzen ist, ist Bestandteil der Umsatzerlöse, die die Nennergröße darstellen.[350] Die Umsatzrentabilität, die im angloamerikanischen Sprachgebrauch als *return on sales* bzw. als *profit margin on sales* bezeichnet

[348] Die Ermittlung des aufbereiteten Eigenkapitals wird im sechsten Kapitel dargestellt. Ein diesbezügliches Ermittlungsschema ist in Abb. 6.3 abgebildet.

[349] Die Ermittlung des aufbereiteten Fremdkapitals wird im sechsten Kapitel dargestellt.

[350] Vgl. BAETGE, J./JERSCHENSKY, A. (1997), S. 418.

wird, misst die Effizienz des Unternehmens im Umsatzprozess. Häufig wird die Kennzahl folgendermaßen definiert:

$$\text{Umsatzrentabilität} = \frac{\text{ordentliches Betriebsergebnis}}{\text{Umsatzerlöse}} * 100$$

Das ordentliche Betriebsergebnis ist gemäß den Ausführungen unter Abschnitt 7.1.3.2.2 zu ermitteln, die Umsatzerlöse sind direkt in der Gewinn- und Verlustrechnung unter der Bezeichnung *net sales and gross revenues* ausgewiesen.

Weiterhin kann zwischen Brutto- und Netto-Umsatzrentabilität unterschieden werden, abhängig davon, ob im Zähler das ordentliche Betriebsergebnis vor oder nach Fremdkapitalzinsaufwendungen angesetzt wird.[351] Da das ordentliche Betriebsergebnis nach US-GAAP, d. h. das *income or loss from operations* Fremdkapitalzinsaufwendungen für *qualifying assets* sowie den Zinsanteil der *net periodic pension cost* enthält,[352] sind zwar Zinsaufwendungen, nicht aber sämtliche verrechnete Zinsaufwendungen enthalten. Somit kann diesbezüglich keine eindeutige Aussage getroffen werden. Eliminiert man die genannten Zinsbestandteile innerhalb des ordentlichen Betriebsergebnisses, wie unter 7.1.3.2.2 erläutert, erhält man eine Brutto-Umsatzrendite.

Bei Ermittlung der Umsatzrentabilität nach obiger Definition wird dem Entsprechungsprinzip Rechnung getragen, da der Umsatz zu demjenigen Ergebnis ins Verhältnis gesetzt wird, das regelmäßig aus der Herstellung und der Veräußerung der betrieblichen Leistungen resultiert; folglich steht der Umsatz in einem ursächlichen Zusammenhang zum Ergebnis.[353] Ein Verstoß gegen das Entsprechungsprinzip liegt allerdings vor, wenn anstelle des ordentlichen Betriebsergebnisses das gesamte *net income* ins Verhältnis zum Umsatz gesetzt wird:

$$\text{Umsatzrentabilität} = \frac{\text{net income}}{\text{Umsatzerlöse}} * 100$$

[351] Vgl. SCHIERENBECK, H. (2000), S. 65.
[352] Vgl. dazu die Ausführungen unter Abschnitt 7.1.3.2.2.
[353] Vgl. BARTRAM, W. (1996), S. 395. Vgl. auch GRÄFER, H. (2001), S. 96.

Eine solche Vorgehensweise ist u. U. zur Vereinfachung zweckmäßig,[354] dabei allerdings sehr ungenau, da zwischen dem *net income* und den Umsatzerlösen kein kausaler Zusammenhang besteht. So fließen in das *net income* bspw. auch außerordentliche Ergebniskomponenten ein, die in keinem Zusammenhang mit den Umsatzerlösen stehen.[355] Lediglich in dem äußerst unrealistischen Fall, dass sowohl kein ordentliches betriebsfremdes Ergebnis als auch kein außerordentliche Ergebnis anfällt bzw. beide Ergebnisse zusammengefasst in Relation zum ordentlichen Betriebsergebnis dermaßen gering sind, ist die Verwendung des *net income* angebracht.[356]

Die Umsatzrentabilität misst die Fähigkeit des Managements, sein Geschäft erfolgreich zu betreiben. Allerdings handelt es sich bei der Umsatzrentabilität nicht um eine Kennzahl zur Messung der „Kapitalrentabilität, die die Effizienz des Kapitaleinsatzes [...] misst."[357] Nur wenn man die Umsatzrentabilität mit der Umschlagshäufigkeit des Kapitals bzw. des Vermögens kombiniert, erhält man wieder eine Kapital- bzw. Vermögensrentabilität: die Betriebsrentabilität.[358]

Die Ausprägung der Umsatzrentabilität hängt einerseits von unternehmensexternen Faktoren wie bspw. den Marktbedingungen hinsichtlich Absatzmengen und Preisen und andererseits von unternehmensintern beeinflussbaren Bedingungen, wie bspw. der Höhe der Aufwendungen ab.[359] Entsprechend können Veränderungen der Umsatzrentabilität im Zeitablauf z. B. auf allgemein negative Entwicklungen in der Gesamtwirtschaft oder auch auf schlechte Geschäftsführung zurückzuführen sein.[360] Aussagen diesbezüglich lassen sich möglicherweise nach der Durchführung von Branchen- oder Betriebsvergleichen treffen.[361]

---

[354] Wenn bspw. die Angabe des ordentlichen Betriebsergebnisses fehlt bzw. dieses nicht ermittelbar ist.

[355] Vgl. REHKUGLER, H./PODDIG, T. (1998), S. 206; GRÄFER, H. (2001), S. 96.

[356] Vgl. BARTRAM, W. (1996), S. 397.

[357] GRÄFER, H. (2001), S. 97.

[358] Die Betriebsrentabilität wird in Abschnitt 7.2.5 beschrieben.

[359] Vgl. GRÄFER, H. (2001), S. 97.

[360] Vgl. BAETGE, J. (1998a), S. 459.

[361] Vgl. GRÄFER, H. (2001), S. 97.

# 8 Schlussbetrachtung

Zielsetzung der vorliegenden Arbeit war es festzustellen, inwieweit sich US-GAAP-Abschlüsse zur erfolgswirtschaftlichen Analyse eignen. Dabei wurde untersucht, in welchem Umfang Aufbereitungen notwendig und durchführbar sind und mit welchen Konzepten Aussagen über die Erfolgslage und die Ertragskraft gewonnen werden können.

Die wesentlichen Ergebnisse der Analyse sind in den folgenden Punkten zusammengefasst:

- Grundsätzlich liegt dem Analysten eine umfassende Datenbasis vor. So müssen alle Unternehmen, die ihren Abschluss in Einklang mit den US-GAAP erstellen unabhängig von ihrer Größe neben Bilanz und Gewinn- und Verlustrechnung grundsätzlich auch eine Kapitalflussrechnung veröffentlichen. Daneben sind sie dazu verpflichtet, die Entwicklung der einzelnen Eigenkapitalpositionen der abgelaufenen Periode darzustellen. Dies kann bspw. in einem eigenständigen *statement of changes in equity* erfolgen. Für börsennotierte Unternehmen besteht zusätzlich die Verpflichtung, ihr Ergebnis je Aktie auszuweisen sowie hinsichtlich der diesbezüglichen Berechnung ausführliche Angaben zu machen. Als problematisch erweisen sich allerdings die oftmals unzureichenden oder gar fehlenden Gliederungsvorschriften. Beispielsweise enthalten die US-GAAP weder für die Bilanz noch für die Gewinn- und Verlustrechnung umfassende Gliederungsvorschriften. Die somit gewährte Vielfalt an Ausweismöglichkeiten erschwert eine Jahresabschlussanalyse deutlich. Dieser Mangel wird durch die bestehenden SEC-Vorschriften teilweise gemildert, enthalten diese doch zumindest für Bilanz und Gewinn- und Verlustrechnung Mindestgliederungsvorschriften. Da die SEC-Vorschriften aber nur von SEC-registrierten Unternehmen einzuhalten sind und von anderen Unternehmen nur fallweise beachtet werden, bleibt der Mangel in vielen Fällen bestehen.
- Neben den im Hinblick auf die Jahresabschlussanalyse formalen Unzulänglichkeiten von US-GAAP-Abschlüssen bestehen auch Schwächen in ihrer materiellen Ausgestaltung. So konnte – entgegen der weitverbreiteten Vermutung – ein umfangreiches bilanzpolitisches Gestaltungspotenzial identifiziert werden. Dabei wurden zwar einige faktische und explizite Wahlrechte

aufgedeckt, als zahlreicher erwiesen sich aber die Ermessensspielräume. Soweit die genutzten Spielräume in ihrem Umfang nicht ermittelt werden können, stören sie die Jahresabschlussanalyse erheblich.

- Die von den Bilanzierenden unterschiedlichen Vorgehensweisen bei der Abschlusserstellung aufgrund des gewährten bilanzpolitischen Gestaltungspotenzials können teilweise durch Aufbereitungsmaßnahmen eliminiert werden. Dazu wurden im sechsten Kapitel Aufbereitungsschemata entwickelt. Allerdings erfordern die genannten Aufbereitungen einen beträchtlichen Arbeitsaufwand, sodass sie in der Praxis häufig aufgrund des negativen Kosten-/Nutzen-Verhältnisses unterbleiben werden. Allerdings kann auch ohne die Durchführung umfangreicher Aufbereitungen eine Abschätzung der verfolgten Bilanzpolitik vorgenommen werden, die bei der kennzahlengestützten Jahresabschlussanalyse berücksichtigt werden kann. Als schwerwiegender erweist sich dagegen die Tatsache, dass Aufbereitungen häufig insb. aufgrund von mangelnden Ausweispflichten scheitern und insofern noch nicht einmal die näherungsweise Abschätzung des in Anspruch genommenen Gestaltungspotenzial möglich ist. Insofern sind Jahresabschlussanalysen, die auf entsprechend verzerrten Daten basieren, nur eingeschränkt aussagekräftig.

- Im Rahmen der betragsmäßigen Analyse haben sich die US-amerikanischen Rechnungslegungsvorschriften als eingeschränkt brauchbar erwiesen. So lassen sich durch die Ausweispflichten des *other comprehensive income* und auch in den *notes* einige – bei weitem aber nicht alle – stillen Reserven abschätzen.

- Als vornehmlich analysegerecht kann das Ergebnisspaltungskonzept der US-GAAP bezeichnet werden, allerdings nur dann, wenn die Gewinn- und Verlustrechnung nach dem *multi-step format* erstellt wurde. In diesem Fall lässt sich das ordentliche betriebliche Ergebnis – von Aufbereitungsmaßnahmen abgesehen – ohne weitere Korrekturen aus der Gewinn- und Verlustrechnung ermitteln. Auch die Ermittlung des ordentlichen betriebsfremden sowie des außerordentlichen Ergebnisses gelingt, wenngleich dabei einige Korrekturen vorzunehmen sind. Zu beachten ist dabei allerdings, dass das ordentliche betriebsfremde Ergebnis kein reines Finanzergebnis darstellt.

- Mit größeren Schwierigkeiten ist wiederum die Analyse der Aufwands- und Ertragsstruktur behaftet. Aufgrund der regelmäßigen Anwendung des Umsatzkostenverfahrens und dem Fehlen von zusätzlichen Ausweispflichten bezüglich der Höhe der originären Aufwandsarten können etliche Kennzahlen gar nicht gebildet werden, wie z. B. die Personal- und Materialintensität.
- Als weniger problematisch erweist sich die Durchführung von Rentabilitätsanalysen, abgesehen von der möglicherweise bilanzpolitisch beeinflussten Datenbasis. So lässt sich eine Vielzahl von Rentabilitätskennzahlen ermitteln, die in Kombination miteinander betrachtet, eine Beurteilung der Erfolgslage sowie eine Prognose der Ertragskraft ermöglichen. Positiv aufgefallen sind auch die umfangreichen Offenlegungspflichten zum Ergebnis je Aktie.
- Die Durchführung von Wertschöpfungs- und Break-even Analysen ist auf Basis eines US-GAAP-Abschlusses nicht möglich. Dies liegt an den fehlender Ausweisvorschriften über Material- und Personalaufwand.

Abschließend ist festzuhalten, dass US-GAAP-Abschlüsse unter einigen Einschränkungen zur erfolgswirtschaftlichen Jahresabschlussanalyse geeignet sind. Weitere Ausweisvorschriften, bspw. bezüglich des Materialaufwands und fest vorgegebene Mindestgliederungen für die Jahresabschlussbestandteile würden zu deutlich verbesserten Rahmenbedingungen führen.

**Verzeichnis der Gesetze und Rechnungslegungsnormen**

AICPA (1999a): AICPA Professional Standards, Volume 1, New York 1999.

AICPA (1999b): AICPA Professional Standards, Volume 2, New York 1999.

DRSC (Hrsg.) (2000): Deutsche Rechnungslegungs Standards (DRS), Stuttgart, Loseblattsammlung, Stand Juni 2001.

FASB (2001): Original Pronouncements – Accounting Standards, Vol. I, II und III, New York et al. 2001.

HGB (2001): Handelsgesetzbuch vom 10. Mai 1897 (RGBl. S. 219) mit allen späteren Änderungen einschließlich der Änderung durch das Gesetz zur Anpassung der Formvorschriften des Privatrechts und anderer Vorschriften an den modernen Rechtsgeschäftsverkehr vom 13.7.2001, in: BGBl. I S. 1542.

PUBLG (2000): Gesetz über die Rechnungslegung von bestimmten Unternehmen und Konzernen (Publizitätsgesetz) vom 15. August 1969 (BGBl. I S. 1189; berichtigt I 1970 S. 1113) mit allen späteren Änderungen einschließlich der Änderung durch das Gesetz zur Durchführung der Richtlinie des Rates der Europäischen Union zur Änderung der Bilanz- und der Konzernbilanzrichtlinie hinsichtlich ihres Anwendungsbereichs (90/605/EWG), zur Verbesserung der Offenlegung von Jahresabschlüssen und zur Änderung anderer handelsrechtlicher Bestimmungen (Kapitalgesellschaften- und Co-Richtlinie-Gesetz – KapCoRiLiG) vom 24. Februar 2000, in: BGBl I S. 154.

SEC (Hrsg.) (2000): SEC Guidelines: Rules and Regulations, Boston 2000.

**Verzeichnis der Internetquellen**

FASB (2001): URL: http://www.fasb.org, Stand 30.12.2001.

IASB (2001): Principal news items from earlier in 2001, 23 April 2001, URL: http://www.iasc.org.uk/cmt/0001.asp?s=298492&sc={3E267438-AE00-49F9-9033-8DD72BD3FDC0}&n=3218, Stand 30.12.2001.

JOINT WORKING GROUP (2001): Financial Instruments and Similar Items – Draft Standard, URL: http://www.iasb.org.uk/cmt/0001.asp?s=212301&sc={7C5C61E2-DD90-11D5-BE6E-003048110251}&sd=443199801&n=1000, Section of the Draft Standard, Summary, Draft Standard, S. 1-70, Stand 30.12.2001.

MORRISSEY, J. (2000): Speech by SEC Staff: Corporate Responsibility and the Audit Committee, URL: http://www.sec.gov/news/speech/spch357.htm, Stand 30.12.2001.

O. V. (2001a): EU: Ab 2005 Bilanzen nach IAS, URL: http://wiwo.de/WirtschaftsWoche/Wiwo_CDA/0,1702,10679_72739,00.html, Stand 30.12.2001.

O. V. (2001b): EU-Finanzminister einigen sich auf neue Rechnungslegung IAS, URL: http://www.google.de/search?q=cache:iAy3IJ_dxls:de.biz.yahoo.com/011213/36/2fy77.html+%2Bias+%2Bdeutschland+%2B2005&hl=de, Stand: 30.12.2001.

PANEL ON AUDIT EFFECTIVENESS (2001): Chapter 3 – Earnings Management and Fraud, URL: http://www.pobauditpanel.org/download.html, S. 75-99, Stand 30.12.2001.

PAOLI, N. de/GRASS, D. (2001): Deutschland setzt sich bei IAS durch, URL: http://www.ftd.de/pw/eu/FTDBA8X36VC.html?nv=wn, Stand 30.12.2001.

**Literaturverzeichnis**


**A**

ADAMS, C. (1993): Konzernabschlußanalyse nach neuem Handelsrecht – Möglichkeiten zur externen Konzernabschlußanalyse unter Berücksichtigung der gesetzlichen Wahlrechte und Verfahrensspielräume, Diss., Augsburg 1993.

ADLER, H./DÜRING, W./SCHMALTZ, K. (1995): Rechnungslegung und Prüfung der Unternehmen, in mehreren Teilbänden, bearbeitet von K.-H. Forster, R. Goerdeler, J. Lanfermann, H.-P. Müller, G. Siepe, K. Stolberg, Teilband 1-6, 6. Auflage, Stuttgart 1995 ff.

AICPA (1972): Establishing Financial Accounting Standards, Report of the Study Group on Establishment of Accounting Principles, New York 1972.

AICPA (2000): Accounting Trends & Techniques 2000, 54. Auflage, New York 2000.

ALTENDORFER, C. (1995): Die US-amerikanische Kapitalmarktaufsicht (SEC) – Ein Modell für Österreich?, Wien 1995.

ALTMAN, E. I. (1968): Financial Ratios, Discriminant Analysis and the Prediction of Corporate Bankruptcy, in: JoF 1968, 23. Jg., S. 589-609.

ALVAREZ, M./WOTSCHOFSKY, S. (2000): Zwischenberichterstattung nach Börsenrecht, IAS und US-GAAP: Konzeptionelle Grundlagen mit einer Analyse des Publizitätsverhaltens der DAX100-Unternehmen, Bielefeld 2000.

AMEN, M. (1994): Erstellung von Kapitalflußrechnungen, München 1994.

AMOROSO, V./WIRTH, P. C. (1999): Pension Plans And Other Postretirement And Postemployment Benefits, in: CARMICHAEL, D. R./LILIEN, S. B./MELLMAN, M. (Hrsg.): Accountants` Handbook, Volume Two: Special Industries And Special Topics, 9. Auflage, New York et al. 1999, Kapitel 32.

ANDERS, U./SZCZESNY, A. (1998): Prognose von Insolvenzwahrscheinlichkeiten mit Hilfe logistischer neuronaler Netzwerke, in: zfbf 1998, S. 892-915.

ANDERSON, G. H. (1991): Why U.S. Managers Might Be More Short-run Oriented Than the Japanese, in: Economic Commentary, Federal Reserve Bank of Cleveland, Nov. 1991, S. 1-4.

ANTOINE, H. (1958): Kennzahlen, Rechtzahlen, Planungszahlen, 2. Auflage, Wiesbaden 1958.

ARBEITSKREIS „DAS UNTERNEHMEN IN DER GESELLSCHAFT“ IM BETRIEBSWIRTSCHAFTLICHER AUSSCHUß DES VERBANDES DER CHEMISCHEN INDUSTRIE E. V. (1975): Das Unternehmen in der Gesellschaft, in: DB 1975, S. 161-173.

ARBEITSKREIS „EXTERNE UNTERNEHMENSRECHNUNG“ DER SCHMALENBACH-GESELLSCHAFT (1996): Empfehlungen zur Vereinheitlichung von Kennzahlen in Geschäftsberichten, in: DB 1996, S. 1989-1994.

ARBEITSKREIS „EXTERNE RECHNUNGSLEGUNG“ DER SCHMALEN-BACH GESELLSCHAFT (1997): Bilanzierung von Finanzinstrumenten im Währungs- und Zinsbereich auf der Grundlage des HGB, in: DB 1997, S. 637-642.

ARBEITSKREIS „EXTERNE RECHNUNGSLEGUNG“ DER SCHMALEN-BACH GESELLSCHAFT (Hrsg.) (1999): Vereinbarkeit internationaler Konzernrechnungslegung mit handelsrechtlichen Grundsätzen, 2. Auflage, Düsseldorf 1999.

ARBEITSKREIS „IMMATERIELLE WERTE IM RECHNUNGSWESEN“ DER SCHMALENBACH GESELLSCHAFT FÜR BETRIEBSWIRT-SCHAFT E. V. (2001): Kategorisierung und bilanzielle Erfassung immaterieller Werte, in: DB 2001, S. 989-995.

ARCADY, A. T./STONE, C. (1999): Property, Plant, Equipment, and Depreciation, in: CARMICHAEL, D. R./LILIEN, S. B./MELLMAN, M. (Hrsg.): Accountants` Handbook, Volume One: Financial Accounting and General Topics, 9. Auflage, New York et al. 1999, Kapitel 16.

**B**

BAETGE, J. (1980): Früherkennung negativer Entwicklungen der zu prüfenden Unternehmung mit Hilfe von Kennzahlen, in: WPg 1980, S. 651-665.

BAETGE, J. (1986): Grundsätze ordnungsmäßiger Buchführung, in: DB 1986, Beilage Nr. 26, S. 1-15.

BAETGE, J. (1989): Möglichkeiten der Früherkennung negativer Unternehmensentwicklungen mit Hilfe statistischer Jahresabschlußanalysen, in: zfbf 1989, S. 792-811.

BAETGE, J. (1994): Rating von Unternehmen anhand von Bilanzen, in: WPg 1994, S. 1-10.

BAETGE, J. (1998a): Bilanzanalyse, Düsseldorf 1998.

BAETGE, J. (1998b): Stabilität eines Bilanzbonitätsindikators und seine Einsatzmöglichkeiten im Kreditgeschäft – 1. Teil: Künstliches Neuronales Netz als Grundlage eines solchen Indikators, in: Der Schweizer Treuhänder 1998, S. 605-612.

BAETGE, J. (1998c): Stabilität eines Bilanzbonitätsindikators und seine Einsatzmöglichkeiten im Kreditgeschäft – 2. Teil: Zum praktischen Einsatz in der Bonitätsprüfung, in: Der Schweizer Treuhänder 1998, S. 751-758.

BAETGE, J./ BAETGE, K./KRUSE, A. (1999): Grundlagen moderner Verfahren der Jahresabschlußanalyse, in: DStR 1999, S. 1371-1376.

BAETGE, J./BALLWIESER, W. (1978): Probleme einer rationalen Bilanzpolitik, in: BFuP 1978, S. 511-530.

BAETGE, J./BEERMANN, T. (2000): Vergleichende Bilanzanalyse von Abschlüssen nach IAS/US-GAAP und HGB, in: BB 2000, S. 2088-2094.

BAETGE, J./BEUTER, H./FEIDICKER, M. (1992): Kreditwürdigkeitsprüfung mit Diskriminanzanalyse, in: WPg 1992, S. 749-761.

BAETGE, J./FEIDICKER, M. (1992): Stichwort: Vermögens- und Finanzlage, Prüfung der, in: COENENBERG, A. G./WYSOCKI, K. v. (Hrsg.): Handwörterbuch der Revision, 2. Auflage, Stuttgart 1992, Sp. 2086-2107.

BAETGE, J./HUß, M./NIEHAUS, H.-J. (1986): Die statistische Auswertung von Jahresabschlüssen zur Informationsgewinnung bei der Abschlußprüfung, in: WPg 1986, S. 605-613.

BAETGE, J./JERSCHENSKY, A. (1997): Rentabilitätsanalyse, in: BBK 1997, Fach 19, S. 413-422.

BAETGE, J./KÖSTER, H. (1991): Grundzüge der Bilanzanalyse, in: Betrieb und Wirtschaft 1991, S. 389-397.

BAETGE, J./NIEHAUS, H.-J. (1989): Moderne Verfahren der Jahresabschlußanalyse, in: BAETGE, J. (Hrsg.): Bilanzanalyse und Bilanzpolitik, Düsseldorf 1989, S. 139-174.

BAETGE, J./ROß, H.-P. (2000): Was bedeutet »fair presentation«?, in: BALLWIESER, W. (Hrsg.): US-amerikanische Rechnungslegung – Grundlagen und Vergleiche mit deutschem Recht, Stuttgart 2000, S. 29-47.

BAETGE, J./SCHMEDT, U./HÜLS, D./KRAUSE, C./UTHOFF, C. (1994): Bonitätsbeurteilung von Jahresabschlüssen nach neuem Recht (HGB 1985) mit Künstlichen Neuronalen Netzen auf der Basis von Clusteranalysen, in: DB 1994, S. 337-343.

BAETGE, J./THIELE, S. (1995): Bilanzanalyse, in: GERKE, W./STEINER, M. (Hrsg.): Handwörterbuch des Bank- und Finanzwesens, 2. Auflage, Stuttgart 1995, Sp. 251-262.

BAILEY, L. P. (1999): 1999 Miller GAAS Guide – A comprehensive restatement of Standards for Auditing, Attestation, Compilation and Review, and the Code of Professional Conduct, San Diego et al. 1999.

BAKER, C. R./RAPACCIOLI, D./SOLOMON, M. B. (1995): United States of America – Individual Accounts, in: ORDELHEIDE, D./KPMG (Hrsg.): Transnational Accounting (TRANSACC), Vol. 2, London/New York 1995, S. 2957-3096.

BALLWIESER, W. (1988): Zur Berichterstattung des Abschlussprüfers nach neuem Recht, in: BFuP 1988, S. 313-330.

BALLWIESER, W. (1989): Die Einflüsse des neuen Bilanzrechts auf die Jahresabschlußanalyse, in: BAETGE, J. (Hrsg.): Bilanzanalyse und Bilanzpolitik, Düsseldorf 1989, S. 15-49.

BALLWIESER, W. (1998): Unternehmensbewertung mit Discounted Cash Flow-Verfahren, in: WPg 1998, S. 81-92.

BALLWIESER, W. (1999): HGB-Konzernabschlußbefreiung und privates Rechnungslegunggremium, in: KÜTING, K./LANGENBUCHER, G. (Hrsg.): Internationale Rechnungslegung: Festschrift für Professor Claus-Peter Weber zum 60. Geburtstag, Stuttgart 1999, S. 433-449.

BANDLER, J. (1995): Statement of Choice – Lessons for & from America`s midsize companies, in: Journal of Business Strategy 1995, S. 55-57.

BANSE, K. (1929): Organisation und Methoden der betriebswirtschaftlichen Statistik (Allgemeine betriebswirtschaftliche Statistik), Berlin und Wien 1929.

BARCKOW, A./ROSE, S. (1997): Die Bilanzierung von Derivaten und Hedgestrategien – Konzeption, Anwendungsbereich und Inhalte des zukünftigen US-amerikanischen Standards SFAS 13X, in: WPg 1997, S. 789-801.

BARKLEY, J. R. (1987): Software Struggle: Statement 86 Has Helped Software Designers but Confused Corporate Controllers; in: Financial Executive, March 1987; Vol. 3, Iss. 3; S. 29-31.

BARTRAM, W. (1981): Die Beurteilung der Erfolgslage eines Unternehmens aufgrund einer Bilanzanalyse, in: WISU 1981, S. 228-233.

BARTRAM, W. (1989): Einblick in die Finanzlage eines Unternehmens aufgrund seiner Jahresabschlüsse, in: WPg 1989, S. 2389-2395.

BARTRAM, W. (1996): Die Umsatz-Rentabilität – zentrale Kennzahl zur Unternehmensbeurteilung, in: WPg 1996, S. 393-403.

BASOGLU, B. (1979): An Empirical Study on Smoothing of Reported Annual Corporate Income Through Accounting Treatment, Diss., Ann Arbor und London 1979.

BAUER, S. (1981): Zur Rechtfertigung von Wahlrechten in der Bilanz, in: BB 1981, S. 766-772.

BEAMS, F. A./BROZOVSKY, J. A./SHOULDERS, C. D. (1999): Advanced Accounting, 7. Auflage, Upper Saddle River, New Jersey 1999.

BEAVER, W. H. (1966): Financial Ratios as Prediction of Failure, in: Empirical Research in Accounting: Selected Studies, Ergänzungsheft zu JAR 1966, S. 71-127.

BEHN, B. K./EATON, T. V./WILLIAMS, J. R. (1998): The Determinants of the Deferred Tax Allowance Account Under SFAS No. 109, in: Accounting Horizons Vol. 12, No. 1 1998, S. 63-78.

BEINE, F./PORSTMANN, M. (1998): Überleitung vom HGB-Abschluß zu US-GAAP Statements, in: BB 1998, S. 995-1001.

BENDER, D. E. (1982): Foreign Currency Translation-FAS 52 – Part II, in: The CPA Journal, July 1982, S. 20-26.

BENDER, J. (1996): Grundsatzfragen der Ergebnisbereinigung nach DVFA/SG, Stuttgart 1996.

BENECKE, B. (2000): Internationale Rechnungslegung und management approach, Diss., Wiesbaden 2000.

BERBLINGER, J. (1996): Marktakzeptanz des Rating durch Qualität, in: BÜSCHGEN, H. E./EVERLING, O. (Hrsg.): Handbuch Rating, Wiesbaden 1996, S. 21-110.

BERESFORD, D. R./JOHNSON, L. T./REITHER, C. L. (1996): Reporting comprehensive income could enhance the understandability of financial statements. Is a Second Income Statement Needed?, in: JoA April 1996, S. 69-72.

BERIN, B. N./GERBOTH, D./WHITE, F. I. (1987): Is FAS 87 Workable?, in: Financial Executive Sept./Okt. 1987, S. 18-24.

BERNARDS, O. (1994): Segmentberichterstattung diversifizierter Unternehmen: theoretische und empirische Analyse, Diss., Bergisch Gladbach et al. 1994.

BERNSTEIN, L. A./WILD, J. J. (2000): Analysis of Financial Statements, 5. Auflage, New York et al. 2000.

BIEG, H. (1993a): Ziele der Jahresabschlußpolitik, in: StB 1993, S. 96-103.

BIEG, H. (1993b): Jahresabschlußanalyse (Teil I, II und III), in: StB 1993, S. 378-386, S. 414-421 und S. 454-461.

BIERMAN, H. (1995): Bubbles, Theory, and Market Timing, in: The Journal of Portfolio Management Fall 1995, S. 54-56.

BIFOA-FORSCHUNGSGRUPPE MAWI (1980): Kennzahlenhandbuch der Materialwirtschaft, Köln 1980.

BLASCH, D. M./KELLIHER, J./READ, W. J. (1996): The FASB and the IASC Redeliberate EPS, in: JoA Feb. 1996, S. 43-47.

BLUMENWITZ, D. (1998): Einführung in das anglo-amerikanische Recht – Rechtsquellenlehre, Methode der Rechtsfindung, Arbeiten mit praktischen Rechtsfällen, 6. Auflage, München 1998.

BODE, K.-J./GRABNER, E. R. (1986): Betriebliche Altersversorgung: Neue Rechnungslegungsvorschriften für den US-Jahresabschluß, in: DB 1986, S. 2089-2091.

BÖCKING, H.-J. (1998): Zum Verhältnis von Rechnungslegung und Kapitalmarkt: Vom „financial accounting“ zum „business reporting“, in: Ballwieser, W./Schildbach, T. (Hrsg.): Rechnungslegung und Steuern international, zfbf-Sonderheft 40, Düsseldorf und Frankfurt 1998, S. 17–53.

BOEMLE, M. (1995): Praxis der Jahresabschlussanalyse, Zürich 1995.

BONSE, A./LINNHOFF, U./PELLENS, B. (2000): Jahresabschluß und Jahresabschlußanalyse, in: BUSSE VON COLBE, W. et al. (Hrsg.): Betriebswirtschaft für Führungskräfte Führungskräfte – Eine Einführung in wirtschaftliches Denken und Handeln für Ingenieure, Naturwissenschaftler, Juristen und Geisteswissenschaftler, Stuttgart 2000, S. 243-295.

BORN, K. (1994): Bilanzanalyse international: Deutsche und ausländische Jahresabschlüsse lesen und beurteilen, Stuttgart 1994.

BORN, K. (1999): Rechnungslegung international, Konzernabschlüsse nach IAS, US-GAAP, HGB und EG-Richtlinien, 2. Auflage, Stuttgart 1999.

BOUFFIER, W. (1952): Kennziffern im betrieblichen Rechnungswesen, in: Der österreichische Betriebswirt 1952, S. 26-40.

BRAUN, G. (1990): Rentabilität, in: LÜCK, W. (Hrsg.): Lexikon der Betriebswirtschaft, 4. Auflage, Landsberg am Lech 1990.

BREALEY, R. A./MYERS, S. C./MARCUS, A. J. (2001): Fundamentals of Corporate Finance, 3. Auflage, Boston et al. 2001.

BREKER, N./GEBHARDT, G./PAPE, J. (2000): Das Fair-Value-Projekt für Finanzinstrumente – Stand der Erörterungen der Joint Working Group of Standard Setters im Juli 2000 –, in: WPg 2000, S. 729-744.

BRILOFF, A. J. (1972): Unaccountable Accounting, New York et al. 1972.

BROTTE, J. (1997): US-amerikanische und deutsche Geschäftsberichte – Notwendigkeit, Regulierung und Praxis jahresabschlußergänzender Informationen, Wiesbaden 1997.

BROWN, V. H. (1982): Financial Disclosure, in: BURTON, J. C./PALMER, R. E./KAY, R. S. (Hrsg.): Handbook of Accounting and Auditing, Boston/New York 1982, Kapitel 4.

BRYAN, S. H. (1997): Incremental Information Content of Required Disclosures Contained in Management Discussion an Analysis, in: The Accounting Review, Vol 72 No. 2 April 1997, S. 285-301.

BUCHNER, R. (1981): Grundzüge der Finanzanalyse, München 1981.

BURGER, A./SCHELLBERG, B. (1994): Der Vergleich japanischer und US-amerikanischer mit deutschen Unternehmen anhand von Jahresabschlußkennziffern, in: WPg 1994, S. 406-414.

BURGER, A./SCHELLBERG, B. (1995): Vergleichende internationale Jahresabschlußanalyse, in: DB 1995, S. 2433-2439.

BUSSE VON COLBE, W. (1976): Cash-Flow, in: BÜSCHGEN, H. (Hrsg.): Handwörterbuch der Finanzwirtschaft, Stuttgart 1976, Sp. 241-252.

BUSSE VON COLBE, W. (1995): Finanzanalyse, in: GERKE, W./STEINER, M. (Hrsg.): Handwörterbuch des Bank- und Finanzwesens, 2. Auflage, Stuttgart 1995, Sp. 587-599.

BUSSE VON COLBE, W. (2001): Ist die Bilanzierung des Firmenwerts nach dem Nonamortization-Impairment-Ansatz des SFAS-Entwurfs von 2001 mit § 292a HGB vereinbar?, in: DB 2001, S. 877-882.

BUSSE VON COLBE, W. ET AL. (Hrsg.) (2000): Ergebnis je Aktie nach DVFA/SG, Gemeinsame Empfehlung, 3. Auflage, Stuttgart 2000.

BUSSE VON COLBE, W./ORDELHEIDE, D. (1993): Konzernabschlüsse: Rechnungslegung für Konzerne nach betriebswirtschaftlichen Grundsätzen und gesetzlichen Vorschriften, 6. Auflage, Wiesbaden 1993.

**C**

CARLSON, R./MOONEY, K./SCHWIEGER, B. (1999): More Information On The Income Statement?, in: National Public Accountant Jan./Feb. 1999, Band 44, Iss. 1, S. 50-53.

CARSLAW, C. A./MILLS, J. R. (1991): Developing Ratios For Effective Cash Flow Statement Analysis – Cash flow statement ratios can provide a better picture of a company`s financial strength and profitability., in: JoA, November 1991, S. 63-70.

CHASTEEN, L. G./FLAHERTY, R. E./O`CONNOR, M. C. (1998): Intermediate Accounting, 6. Auflage, Boston et al. 1998.

CHENG, A. (1998): Empirical Validity of All-inclusive Income: An Investigation of Volatility of Aggregated and Disaggregated Income Line Items and Their Explanatory Power for Returns, Working Paper 1998.

CHMIELEWICZ, K. (1972): Integrierte Finanz- und Erfolgsspaltung, Stuttgart 1972.

CHWALLEK, C. (1999): Bewertungsrelevanz veröffentlichter Kapitalflußrechnungen börsennotierter deutscher Unternehmen, Diss., Frankfurt am Main et al. 1999.

CLEMM, H. (1989a): Bilanzpolitik und Ehrlichkeits-(„true and fair view“-) Gebot, in: WPg 1989, S. 357-366.

CLEMM, H. (1989b): Die Jahresabschlußanalyse als Grundlage für die Lageberichtsprüfung und die Berichterstattung des Abschlussprüfers? In: BAETGE, J. (Hrsg.): Bilanzanalyse und Bilanzpolitik – Vorträge und Diskussionen zum neuen Recht, Düsseldorf 1989, S. 53-78.

CLEMM, H. (1998): Bilanzpolitik, in: BUSSE VON COLBE, W./PELLENS, B. (Hrsg.): Lexikon des Rechnungswesens – Handbuch der Bilanzierung und Prüfung, der Erlös-, Finanz-, Investitions- und Kostenrechnung, 4. Auflage, München und Wien 1998, S. 117-120.

COENENBERG, A. G. (1986): Stichwort: Ertragslage, in: LEFFSON, U./RÜCKLE, D./GROßFELD, B. (Hrsg.): Handwörterbuch unbestimmter Rechtsbegriffe im Bilanzrecht des HGB, Köln 1986, S. 155-163.

COENENBERG, A. G. (Hrsg.) (1990a): Vorwort, in: Bilanzanalyse nach neuem Recht, 2. Auflage, Landsberg am Lech 1990, S. 13-14.

COENENBERG, A. G. (Hrsg.) (1990b): Teil A: Konzept der Bilanzanalyse und Probleme aufgrund des neuen Bilanzrechts, in: Bilanzanalyse nach neuem Recht, 2. Auflage, Landsberg am Lech 1990, S. 15-31.

COENENBERG, A. G. (1995): Einheitlichkeit oder Differenzierung von internem und externem Rechnungswesen: Die Anforderungen der internen Steuerung, in: DB 1995, S. 2077-2083.

COENENBERG, A. G. (1999): Kostenrechnung und Kostenanalyse, 4. Auflage, Landsberg am Lech 1999.

COENENBERG, A. G. (2000): Grundlagen der strategischen, operativen und finanzwirtschaftlichen Unternehmenssteuerung, in: BUSSE VON COLBE, W. et al. (Hrsg.): Betriebswirtschaft für Führungskräfte – Eine Einführung in wirtschaftliches Denken und Handeln für Ingenieure, Naturwissenschaftler, Juristen und Geisteswissenschaftler, Stuttgart 2000, S. 3-30.

COENENBERG, A. G. (2001): Jahresabschluß und Jahresabschlußanalyse, 18. Auflage, Landsberg am Lech 2001.

COENENBERG, A. G. (2001a): Kapitalflussrechnung und Segmentberichterstattung als Instrumente der Bilanzanalyse, Teil 1 und Teil 2, in: Der Schweizer Treuhänder 2001, S. 311-320 und S. 593-606.

COENENBERG, A. G. /GÜNTHER, E. (1992): Stichwort: Ertragslage, Prüfung der, in: COENENBERG, A. G./WYSOCKI, K. v. (Hrsg.): Handwörterbuch der Revision, 2. Auflage, Stuttgart 1992, Sp. 476-488.

COENENBERG, A. G./MATTNER, G. R. (2000): Segment- und Wertberichterstattung in der Jahresabschlussanalyse – das Beispiel Siemens, in: BB 2000, S. 1827-1834.

COENENBERG, M. (2000): Internationalisierung der Rechnungslegung und ihre Auswirkung auf die Analyse der Vermögens- und Finanzlage von Kapitalgesellschaften, Diss., Frankfurt 2000.

COLLINGWOOD, H. (2001): The Earnings Game – Everyone Plays, Nobody Wins, in: HBR June 2001, S. 65-74.

CORLEY, R. N./ROBERT, W. J. (1978): Fundamentals of Business Law, 2. Auflage, Englewood Cliffs, New Jersey 1978.

CORLEY, R. N./SHEDD, P. J. (1989): Principles of Business Law, 14. Auflage, Englewood Cliffs, New Jersey 1989.

CORNELL, D. W./APOSTOLOU, B. (1992): Direct Approach to Cash Flows Enhances Credit Analysis, in: Business Credit, April 1992, S. 10-13.

CYERT, R. M./MARCH, J. G. (1963): A behavioral Theory of the Firm, Englewood Cliffs, New Jersey, 1963.

CYERT, R. M./MARCH, J. G. (1995): Eine verhaltenswissenschaftliche Theorie der Unternehmung, 2. Auflage, Stuttgart 1995.

**D**

DANOS, P./IMHOFF, E. A. (1986): Intermediate Accounting, 2. Auflage, New Jersey 1986.

DAVID, R./GRASMANN G. (1966): Einführung in die großen Rechtssysteme der Gegenwart – Rechtsvergleichung, München 1966.

DAVIDSON, S./ANDERSON, G. D. (1987): The Development of Accounting and Auditing Standards, in: JoA May 1987, S. 110-127.

DECHOW, P. M./SKINNER, D. J. (2000): Earnings Management: Reconciling the Views of Accounting Academics, Practitioners, and Regulators, in: Accounting Horizons Vol. 14 No. 2, 2000, S. 235-250.

DEGEORGE, F./PATEL, J./ZECKHAUSER, R. (1999): Earnings Management to Exceed Thresholds, in: The Journal of Business, Jan 1999; S. 1-33.

DEGER, R. (1995): Deutschland versus Weltklasse: Internationale Wettbewerbsfähigkeit und Unternehmenserfolg, Diss., Stuttgart 1995.

DELANEY, P. R./EPSTEIN, B. J./NACH, R./BUDAK, S. W. (2000): Wiley GAAP 2001 – Interpretation and Application of GENERALLY ACCEPTED ACCOUNTING PRINCIPLES, New York et al. 2000.

DELLMANN, K./AMEN, M. (2000): Kapitalfluß- und Finanzierungsrechnung, in: WYSOCKI, K. v./ SCHULZE-OSTERLOH, J.: HdJ, Abt. IV/6, 2. Neuberarb. 2000, Rn. 1-237.

DEMMING, C. (1994): US-amerikanische Rechnungslegung, in: GRÄFER, H./DEMMING C. (Hrsg.): Internationale Rechnungslegung, Stuttgart 1994, S. 229-306.

DHALIWAL, D., SUBRAMANYAM, K./TREZEVANT, R. (1999): Is Comprehensive Income Superior to Net Income as a Measure of Firm Performance?, in: Journal of Accounting and Economics, Vol. 26, S. 43-67.

DOBLER, T. (1998): Kennzahlen für die erfolgreiche Unternehmenssteuerung – Instrumente zur Analyse, Krisenvorbeugung und Unternehmenssicherung, Stuttgart 1998.

DONNELL, J. D./BARNES, A. J./METZGER, M. B. (1980): Law for Business, Homewood, Illinois 1980.

DOPUCH, N./SUNDER, S. (1985): FASB`s Statements on Objectives and Elements of Financial Accounting: A Review, in: ZEFF, S. A./KELLER, T. F. (Hrsg.): Financial Accounting Theory – Issues and Theory, 3. Auflage, New York et al. 1985, S. 97-119.

DUDZINSKY, R. J. (1993): Accounting for Income Taxes, in: The Secured Lender Jan./Feb. 1993, S. 46-50.

DULANEY, W. (2000): Use SOP 98-1 to get most out of technology development. Capitalizing Software and Creating Software and Creating Business Value, in: JoA July 2000, S. 33-35.

DVFA (2000): Jahresbericht 2000, Dreieich 2000.

DYCKMAN, T. R./DAVIS, C. J./DUKES, R. E. (2001): Intermediate Accounting, 5. Auflage, Boston et al. 2001.

**E**

EDWARDS, J. D./MIRANTI, P. JR. (1987): The AICPA: A Professional Institution in a Dynamic Society, in: JoA, May 1987, S. 22-38.

EISOLT, D. (1992): US-amerikanische und deutsche Konzernrechnungslegung – Untersuchung amerikanischer Vorschriften über den Konzernabschluß und systematischer Vergleich mit ausgewählten Vorschriften des HGB, Hamburg 1992.

ELLIS, J./WILLIAMS, D. (1993): Corporate Strategy and Financial Analysis – Managerial, Accounting and Stock Market Perspectives, London 1993.

EMDE, R. (1999): Das Sonderwissen des Aufsichtsratsmitglieds und die Pflicht zur Informationsweitergabe, in: DB 1999, S. 1486-1488.

ERICKSON, N./HERSKOVITS, D. H. (1985): Accounting for Software Costs: Cracking the Code – When to expense, when to capitalize: capturing a point in time, in: JoA Nov. 1985, S. 81-95.

ERNST, C. (1999): Die Grundzüge des Referentenentwurfs zum Kapitalgesellschaften- & Co.-Richtlinie-Gesetz, in: DStR 1999, S. 903-907.

EYMÜLLER, T. (1976): Bilanzanalyse als Informationsinstrument für Entscheidungen, in: BfuP 1976, S. 399-407.

**F**

FASB (1999): Facts about FASB, Norwalk, Connecticut 1999.

FEIDICKER, M. (1992): Kreditwürdigkeitsprüfung – Entwicklung eines Bonitätsindikators, dargestellt am Beispiel von Kreditversicherungsunternehmen, Diss., Düsseldorf 1992.

FISCHER, N./IANNACONI, T. E./KLÖBLE, M./LECHNER, H. W. (2001): United States – Group Accounts, in: ORDELHEIDE, D./KPMG (Hrsg.): Transnational Accounting (TRANSACC), Vol. 3, 2. Auflage, London/New York 2001, S. 2987-3054.

FISCHER, N./IANNACONI, T. E./LECHNER, H. W. (2001): United States – Individual Accounts, in: ORDELHEIDE, D./KPMG (Hrsg.): Transnational Accounting (TRANSACC), Vol. 3, 2. Auflage, London/New York 2001, S. 2851-2986.

FISCHER, P. M./TAYLOR, W. J./CHENG, R. H. (1999): Advanced Accounting, 7. Auflage, Cincinnati 1999.

FITZGERALD, J./CARNALL, W. (1999): What an accountant should know about the SEC – The United States Securities and Exchange Commission, in: Der Schweizer Treuhänder 1999, S. 975-982.

FÖRSCHLE, G./GLAUM, M./MANDLER, U. (1998): Internationale Rechnungslegung und Kapitalaufnahmeerleichterungsgesetz – Meinungswandel bei Führungskräften deutscher Unternehmungen?, in: DB 1998, S. 2281-2288.

FÖRSCHLE, G./HOLLAND, B./KRONER, M. (2001): Internationale Rechnungslegung: US-GAAP, HGB und IAS, 5. Auflage, Heidelberg 2001.

FOSTER, G. (1986): Financial Statement Analysis, 2. Auflage, Englewood Cliffs 1986.

FOX, T. L./RAMSOWER, R. M. (1989): Why FASB 86 Needs Revision. When can technological feasibility be established?, in: JoA June 1989, S. 93-98.

FRANCFORT, A. J./RUDOLPH, B. (1992): Zur Entwicklung der Kapitalstrukturen in Deutschland und in den Vereinigten Staaten von Amerika – Eine vergleichende empirische Untersuchung, in: zfbf 1992, S. 1059-1079.

FRANKENBERG, P. (1993): Jahresabschlüsse im internationalen Vergleich: Analyse US-amerikanischer und deutscher Unternehmen, Wiesbaden 1993.

FREEMAN, R. E. (1984): Strategic Management : A Stakeholder Approach, Boston et al. 1984.

FREIDANK, C.-C. (1982): Zielsetzungen und Instrumente der Bilanzpolitik bei Aktiengesellschaften, in: DB 1982, S. 337-343.

FRICKE, F. (1984): Die Darstellung der Vermögens- und Ertragslage im Bericht über die Abschlußprüfung bei Versicherungsunternehmen, in: WPg 1984, S. 537-544.

FUCHS, M. (1997): Jahresabschlußpolitik und International Accounting Standards, Diss., Wiesbaden 1997.

FÜLBIER, R. U./HONOLD, D./KLAR, A. (2000): Bilanzierung immaterieller Vermögenswerte – Möglichkeiten und Grenzen der Bilanzierung nach US-GAAP und IAS bei Biotechnologieunternehmen, in: RIW 2000, S. 833-844.

**G**

GALLUN, R. A./NICHOLS, L. M. (2000): Care Needed in Reading FASB Statements, in: The Ohio CPA Journal Jan.-March 2000, S. 47-49

GEBHARDT, G. (1999): Kapitalflußrechnungen, in: CASTAN, E. et al. (Hrsg.): Beck`sches Handbuch der Rechnungslegung, Band II, Ergänzungslieferung März 1999, München 1999, C 620.

GEIGER, T. (2001): Shareholder-orientierte Segmentberichterstattung, Diss., München 2001.

GEMEINSAME ARBEITSGRUPPE DER DVFA UND SCHMALENBACH-GESELLSCHAFT (1998): Fortentwicklung des Ergebnisses nach DVFA/SG, in: DB 1998, S. 2537-2542.

GIACOMINO, D. E./MIELKE, D. E. (1988): Using The Statement Of Cashflows To Analyze Corporate Perfomance, in: Management Accounting, May 1988, S. 54-57.

GIBSON, C. H. (1995): Financial Statement Analysis – Using Financial Accounting Information, 6. Auflage, Cincinnati 1995.

GINGELE, R. (1989): Der konsolidierte Abschluß in den Vereinigten Staaten von Amerika: Rechtliche, historische und theoretische Grundlagen unter besonderer Berücksichtigung des Konsolidierungskreises und der Kapitalkonsolidierung, Diss., Frankfurt am Main 1989.

GLAUM, M./MANDLER U. (1997): Rechnungslegung auf globalen Kapitalmärkten: HGB, IAS und US-GAAP, Wiesbaden 1997.

GLIEDER, H. (1999): Geldflußrechnung, Segmentberichterstattung und Gewinn pro Aktie: US-GAAP, IAS und HGB im Vergleich, Diss., Hamburg 1999.

GOEBEL, A. (1995): Die Konzernrechnungslegung nach HGB, IAS und US-GAAP – Eine Synopse wesentlicher Unterschiede und Gemeinsamkeiten –, in: DB 1995, S. 2489–2492.

GÖBEL, S. (1999): Internationalisierung der externen Rechnungslegung von Unternehmen – Probleme des Übergangs von der Rechnungslegung nach HGB auf US-GAAP oder IAS –, in: DB 1999, S. 293-298.

GODWIN, N. H. (1999): Changes in Financial Statement Disclosure Requirements for Pension and Other Postretirement Benefits, in: Journal of Pension Planning and Compliance, Vol. 25, Iss. 2, 1999, S. 70-81.

GORE, P. (1992): The FASB Conceptual Framework Project 1973-1985 – An Analysis, Manchester/New York 1992.

GRÄFER, H. (1992): Annual Report – der US-amerikanische Jahresabschluß: Ein praktischer Leitfaden zum Verständnis und zur Analyse US-amerikanischer Geschäftsberichte, Stuttgart 1992.

GRÄFER, H. (1997): Bilanzanalyse – Mit Aufgaben, Lösungen und einer Fallstudie, 7. Auflage, Berlin 1997.

GRÄFER, H. (2001): Bilanzanalyse – Mit Aufgaben, Lösungen und einer ausführlichen Fallstudie, 8. Auflage, Berlin 2001.

GRAMMER, P. A. (1998): Einführung in die Rechnungslegung nach US-GAAP (Teil I und II), in: INF 1998, S. 310-313 und 339-345.

GRANT, C. T./DEPREE, C. M. JR./GRANT, G. (2000): Help for auditors in evaluating financial statement misstatements. Earnings Management and the Abuse of Materiality, in: JoA September 2000, S. 41-44.

GREEN, J. P. (1999): The Impact of the Quality of Earnings on the Valuation Relevance of Cash Flow Disclosure, in: British Accounting Review 1999, S. 387-413.

GROLL, K.-H. (1994): Berücksichtigung der latenten Steuern bei der Ermittlung des Eigenkapitals und des Fremdkapitals für die Bilanzanalyse, in: DB 1994, S. 488-489.

GROßFELD, B. (1994): Bilanzziele und kulturelles Umfeld, in: WPg 1994, S. 795-803.

**H**

HAHN, O. (1990): Allgemeine Betriebswirtschaftslehre, München/Wien 1990.

HAIN, T. (2000): Restrukturierungsaufwendungen in der Rechnungslegung nach HGB, IAS und U.S. GAAP – Grundsätze für die Rechnungslegung von geplanten Beendigungen und Einschränkungen von Geschäftstätigkeiten in Deutschland im Vergleich zu den Grundsätzen des IASC und zu den Grundsätzen in den U.S.A. –, Diss., Düsseldorf 2000.

HALLER, A. (1988): Das Verhältnis von steuerrechtlicher und »handelsrechtlicher« Rechnungslegung in den USA, in: DBW 1988, S. 723-733.

HALLER, A. (1990a): Financial Accounting Standards Board, in: DBW 1990, S. 265-268.

HALLER, A. (1990b): Die „Generally Accepted Accounting Principles“ – Die Normen der externen Rechnungslegung in den USA, in: zfbf 1990, S. 751–777.

HALLER, A. (1994): Die Grundlagen der Externen Rechnungslegung in den USA, Diss., 4. Auflage, Stuttgart 1994.

HALLER, A. (1998): Wertschöpfungsrechnung, in: DBW 1998, S. 261-265.

HALLER, A. (2000): Wesentliche Ziele und Merkmale US-amerikanischer Rechnungslegung, in: BALLWIESER, W. (Hrsg.): US-amerikanische Rechnungslegung – Grundlagen und Vergleiche mit deutschem Recht, Stuttgart 2000, S. 1-27.

HALLER, A./EIERLE, B. (1998): Ideenfindung und –verarbeitung zur Entwicklung von Rechnungslegungsstandards beim „Financial Accounting Standards Board", in: DB 1998, S. 733-739.

HAMEL, W. (1982): Bilanzierung unter Mitbestimmungs-Einfluß, Stuttgart 1982.

HÄRLE, D. (1961): Finanzierungsregeln und ihre Problematik, Wiesbaden 1961.

HARRISON, K. E./TOMASSINI, L. A. (1989): Judging the probability of a contingent loss: An empirical study, in: Contemporary Accounting Research, Vol. 5 1989, S. 642-648.

HARRMANN, A. (1986): Bilanzanalyse für die Praxis unter Berücksichtigung moderner Kennzahlen und unter Einbeziehung des Bilanzrichtlinien-Gesetzes, 2. Auflage, Herne/Berlin 1986.

HAUEISEN, B. (1990): Steuerliche Gewinnermittlungsvorschriften in den Vereinigten Staaten, in: KRAMER, J.-D. (Hrsg.): Grundzüge des US-amerikanischen Steuerrechts, Stuttgart 1990, S. 175-196.

HAUSCHILDT, J. (1971): Entwicklungslinien der Bilanzanalyse, in: zfbf 1971, S. 335-351.

HAUSCHILDT, J. (1990): III. Erfolgsspaltung: Ermittlungsmöglichkeiten und empirischer Test, in: COENENBERG, A. G. (Hrsg.): Bilanzanalyse nach neuem Recht, 2. Auflage, Landsberg am Lech 1990, S. 189-208.

HAUSCHILDT, J. (1996): Erfolgs-, Finanz- und Bilanzanalyse – Analyse der Vermögens-, Finanz- und Ertragslage von Kapital- und Personengesellschaften, 3. Auflage, Köln 1996.

HAUSCHILDT, J. (2000a): Integrierende Krisendiagnose – 3.1 Vorgehensweise der statistischen Insolvenzdiagnose, in: HAUSCHILDT, J./LEKER, J. (Hrsg.): Krisendiagnose durch Bilanzanalyse, 2. Auflage, Köln 2000, S. 119-143.

HAUSCHILDT, J. (2000b): Differenzierende Krisendiagnose – 2.2 Krisendiagnose durch Erfolgsspaltung, in: HAUSCHILDT, J./LEKER, J. (Hrsg.): Krisendiagnose durch Bilanzanalyse, 2. Auflage, Köln 2000, S. 33-48.

HAUSCHILDT, J./GRENZ, T./GEMÜNDEN, H. G. (1985): Entschlüsselung von Unternehmenskrisen durch Erfolgsspaltung? – Vor und nach dem Bilanzrichtlinie-Gesetz –, in: DB 1985, S. 877-885.

HAUSCHILDT, J./LEKER, J. (1995): Bilanzanalyse unter dem Einfluß modernder Analyse- und Prognoseverfahren, in: BFuP 1995, S. 249-268.

HAY, P. (1995): Einführung in das amerikanische Recht, 4. Auflage, Darmstadt 1995.

HAYN, S. (1996): Die Bilanzierung immaterieller Vermögenswerte im internationalen Vergleich (Teil I und II), in: IStR 1996, S. 354-360 und S. 405-408.

HAYN, S. (1997): Internationale Rechnungslegung: Ursachen, Wirkungen und Lösungsansätze zur Überwindung internationaler Rechnungslegungsdivergenzen, Diss., Stuttgart 1997.

HAYN, S./PILHOFER, J. (1998): Die neuen Rückstellungsregeln des IASC im Vergleich zu den korrespondierenden Regeln der US-GAAP (Teil I und II), in: DStR 1998, S. 1729-1732 und S. 1765-1772.

HAYN, S./WALDERSEE, G. Graf (2000): IAS/US-GAAP/HGB im Vergleich, Synoptische Darstellung für den Einzel- und Konzernabschluss, 2. Auflage, Stuttgart 2000.

HAYN, S./ZÜNDORF, H. (1999): Normierung der Rechnungslegung – Eine kritische Analyse der Anforderungen an das DRSC im internationalen Vergleich, in: KÜTING, K./LANGENBUCHER, G. (Hrsg.): Internationale Rechnungslegung: Festschrift für Professor Claus-Peter Weber zum 60. Geburtstag, Stuttgart 1999, S. 481-506.

HEALY, P. M./WAHLEN, J. M. (1999): A Review of the Earnings Management Literature and Ist Implications for Standard Setting, in: Accounting Horizons Vol. 13 No. 4 Dec. 1999, S. 365-383.

HEINEN, E. (1986): Handelsbilanzen, 12. Auflage, Wiesbaden 1986.

HEINHOLD, M. (1984): Instrumente der unternehmerischen Bilanzpolitik, in: WiSt 1984, S. 449-454.

HEINHOLD, M. (1993): Bilanzpolitik, in: WITTMANN, W. et al. (Hrsg.): Handwörterbuch der Betriebswirtschaft, Bd. 1, 5. Auflage, Stuttgart 1993, Sp. 525-543.

HEINHOLD, M. (1998): Stille Rücklagen, in: BUSSE VON COLBE, W. (Hrsg.): Lexikon des Rechnungswesens. Handbuch der Bilanzierung und Prüfung, der Erlös-, Finanz-, Investitions- und Kostenrechnung, 4. Auflage, München/Wien 1998, S. 674-677.

HEINKE, V. G./STEINER, M. (2000): Rating am europäischen Kapitalmarkt: Aktuelle Entwicklungstendenzen – Teil I, in: Finanz Betrieb 2000, S. 1-8.

HEINTGES, S. (1997): Bilanzkultur und Bilanzpolitik in den USA und in Deutschland: Einflüsse auf die Bilanzpolitik börsennotierter Unternehmen, Diss., 2. Auflage, Marburg 1997.

HELBLING, C. (1997): Bilanz- und Erfolgsanalyse – Lehrbuch und Nachschlagewerk für die Praxis mit besonderer Berücksichtigung der Darstellung im Jahresabschluss- und Revisionsbericht, 10. Auflage, Bern und Stuttgart 1997.

HELFERT, E. A. (2000): Techniques of Financial Analysis – A Guide to Value Creation, 10. Auflage, Boston et al. 2000.

HENDRIKSEN, E. S./BREDA, M. F. (1992): Accounting Theory, 5. Auflage, Chicago et al. 1992.

HERDMAN, R. K./MILAN, T. L./COULSON, E. (2001): SEC Financial Reporting (2nd Edition) – Annual Reports to Shareholders, Form 10-K, Quarterly Financial Reporting, Release No. 19, New York und San Francisco 2001.

HERTING (1970): Zur Vergleichbarkeit der in den Jahresabschlüssen deutscher und amerikanischer Aktiengesellschaften angewandten Bilanzierungs- und Bewertungsmethoden, Diss., Berlin 1970.

HERZOG, P. (1989): Einführung in das Rechtssystem der Vereinigten Staaten, in: SONNEMANN, E. (Hrsg.): Rechnungslegung, Prüfung, Wirtschaftsrecht und Steuern in den USA, Wiesbaden 1989, S. 169-204.

HESSE, K./FRALING, R./FRALING, W. (2000): Wie beurteilt man eine Bilanz?, 20. Auflage, Wiesbaden 2000.

HICKOK, R. S. (1982): New Guidance for Construction Contractors: „A Credit Plus“ – Adhering to GAAP, a new AICPA guide helps the construction industry tell ist financial story to lenders, in: JoA March 1982, S. 44-54.

HINZ, M. (1990): Ziele und Instrumentarium der Steuerbilanzpolitik, in: SteuerStud 1994, S. 369-374.

HINZ, M. (1994): Sachverhaltsgestaltung im Rahmen der Jahresabschlußpolitik, Diss., Düsseldorf 1994.

HIRST, D. E./HOPKINS, P. E. (1998): Comprehensive Income Reporting and Analysts` Valuation Judgments, in: JoAR , Vol. 36, 1998, S. 47-75.

HITZ, J.-M./KUHNER, C. (2000): Erweiterung des US-amerikanischen *conceptual framework* um Grundsätze der Barwertermittlung – Inhalt und Bedeutung des Statement of Financial Accounting Concepts No. 7 –, in: WPg 2000, S. 889-902.

HOFMANN, R. (1977): Bilanzkennzahlen – Industrielle Bilanzanalyse und Bilanzkritik, 4. Auflage, Wiesbaden 1977.

HOLZER, H. P./ERNST, C. E. (1999): (Other) Comprehensive Income und Non-Ownership Movements in Equity – Erfassung und Ausweis des Jahresergebnisses und des Eigenkapitals nach US-GAAP und IAS, in: WPg 1999, S. 353-370.

HOLZER, H. P./JUNG, U. (1990): Der Beitrag von zahlungsstromorientierten Kapitalflußrechnungen (Statement of Cash Flows) zur Beurteilung der Qualität des Jahresergebnisses, in: WPg 1990, S. 281-288.

HOOKS, K. L./MOON, J. E. (1993): A Classifications Scheme to Examine Management Discussion and Analysis Compliance, in: Accounting Horizons Vol. 7 No. 2 June 1993, S. 41-59.

HOWELL, R. A./ALLISON, J. R./HENLEY, N. T. (1987): The Legal Environment of Business, 2. Auflage, New York 1987.

HOYLE, J.B./SCHAEFER, T.F./DOUPNIK, T.S. (2001): Advanced Accounting, 6. Auflage, Boston et al. 2001.

HÜFNER, B./MÖLLER, H. P. (1997): Erfolge börsennotierter Unternehmen aus der Sicht von Finanzanalysten: Zur Verläßlichkeit von DVFA-Ergebnissen und deren Prognosen, in: ZBB 1997, S. 1-14.

**J**

JANSSEN, F./SCHEREN, M.(1999): Internationalisierung der Führungskennziffern? Führungskennzahlen in der deutschen Geschäftsberichterstattung, in: KÜTING, K./LANGENBUCHER, G. (Hrsg.): Internationale Rechnungslegung: Festschrift für Professor Claus-Peter Weber zum 60. Geburtstag, Stuttgart 1999, S. 605-629.

JAKOBY, S./MAIER, J./SCHMECHEL, T. (1999): Internationalisierung der Publizitätspraxis bei Kapitalflußrechnungen – Eine empirische Untersuchung der DAX-Unternehmen für den Zeitraum 1988 bis 1997, in: WPg 1999, S. 225-238.

JENSEN, D. L./COFFMAN, E. N./STEPHENS, R. G./BURNS, T. J. (1994): Advanced Accounting, 3. Auflage, New York et al. 1994.

JOHNSON, L. T./REITHER, C. L./SWIERINGA, R. J. (1995): Toward Reporting Comprehensive Income, in: Accounting Horizons, Vol. 9, No. 4 Dec. 1995, S. 128-137.

JUESTEN, W./v. VILLIEZ, C. (1992): Cash-flow und Unternehmensbeurteilung – Ermöglicht die Cash-flow-Rechnung eine Schnell-Analyse? 6. Auflage, Berlin 1992.

JUNG, W./ISELE, H./GROß, C. (1989): Rechnungslegung in den USA im Vergleich zu den deutschen Rechnungslegungsvorschriften, in: SONNEMANN, E. (Hrsg.): Rechnungslegung, Prüfung, Wirtschaftsrecht und Steuern in den USA, Wiesbaden 1989, S. 53-94.

**K**

KAPPLER, E. (1974): Bilanzanalyse und Bilanzkritik, in: GROCHLA, E./WITTMANN, W. (Hrsg.): Handwörterbuch der Betriebswirtschaft, 4. Auflage, Band 1, Stuttgart 1974, S. 899-910.

KEITZ, I. von (1997): Immaterielle Güter in der internationalen Rechnungslegung – Grundsätze für den Ansatz von immateriellen Gütern in Deutschland im Vergleich zu den Grundsätzen in den USA und nach IASC, Diss., Düsseldorf 1997.

KELLER, M. (1973): Betriebliche Wertschöpfung, Ermittlung an Hand veröffentlichter Jahresabschlüsse, in: DB 1973, S. 289-291.

KERTH, A./WOLF, J. (1993): Bilanzanalyse und Bilanzpolitik, 2. Auflage, München/Wien 1993.

KIESO, D. E./WEYGANDT, J. J./WARFIELD, T. D. (2001): Intermediate Accounting, 10. Auflage, New York et al. 2001.

KINNEY, W. R./NELSON, M. W. (1996): Outcome Information and the „Expectation Gap“: The Case of Loss Contingencies, in: JoAR Vol. 34 No. 2 Autumn 1996, S. 281-299.

KLEIN, G. A. (1999): Unternehmenssteuerung auf Basis der International Accounting Standards, München 1999.

KLEIN, H.-G./PETERS, H. (1987): Die Bewertung von Versorgungsverpflichtungen nach US-amerikanischen handelsrechtlichen Grundsätzen (SFAS 87), in: DB 1987, S. 1797-1804.

KLOOCK, J./COENEN, M. (1996): Cash-Flow-Return on Investment als Rentabilitätskennzahl aus externer Sicht, in: WISU 1996, S. 1101-1107.

KPMG (Hrsg.) (1999): Rechnungslegung nach US-amerikanischen Grundsätzen - Eine Einführung in die US-GAAP und die SEC-Vorschriften, Düsseldorf 1999.

KÖBRICH, M./SCHÖFFEL, H. R. (1999): Bilanzanalyse im Bauunternehmen – von der Bilanzpolitik bis zur Überwachung mit Frühwarnindikatoren (I-IV), in: Betrieb und Wirtschaft 1999, S. 2-9, S. 161-167, S. 364-369 und S. 401-409.

KRÜGER, R. (1983): Der Jahresabschluß aus der Sicht des Aufsichtsrates, In: BAETGE, J. (Hrsg.): Der Jahresabschluß im Widerstreit der Interessen, Düsseldorf 1983, S. 269-296.

KUBIN, K. W. (1989): Die Konzernrechnungslegung in den USA, in: SONNEMANN, E. (Hrsg.): Rechnungslegung, Prüfung, Wirtschaftsrecht und Steuern in den USA, Wiesbaden 1989, S. 95-120.

KUHLEWIND, A.-M. (1997): Grundlagen einer Bilanzrechtstheorie in den USA, Diss., Frankfurt am Main et al. 1996.

KUHLEWIND, A.-M. (2000): Die amerikanische Ergebnisrechnung: Ausweis des Unternehmenserfolgs im Abschluß nach US-GAAP, in: BALLWIESER, W. (Hrsg.): US-amerikanische Rechnungslegung – Grundlagen und Vergleiche mit deutschem Recht, Stuttgart 2000, S. 283-328.

KUHN, U. (1991): Bilanzanalyse mit Hilfe des statistischen Verfahrens der Diskriminanzanalyse, in: DStR 1991, S. 1504-1511.

KUPSCH, P. (2000): Ansatz und Bewertung von Rückstellungen im amerikanischen Jahresabschluß – eine vergleichende Betrachtung aus deutscher Sicht, in: BALLWIESER, W. (Hrsg.): US-amerikanische Rechnungslegung – Grundlagen und Vergleiche mit deutschem Recht, Stuttgart 2000, S. 115-138.

KUßMAUL, H. (1999): Informationen des betrieblichen Rechnungswesens für das Management, in: DStR 1999, S. 1579-1588.

KUßMAUL, H./LUTZ, R. (1993): Instrumente der Bilanzpolitik – Systematisierungsmöglichkeiten und Bewertungskriterien, in: WiSt 1993, S. 399-403.

KÜTING, K. (1986): Betriebswirtschaftliche Steuerberatung: Jahresabschlußanalyse mit Hilfe betriebswirtschaftlicher Kennzahlen, in: DStR 1986, Beihefter zu Heft 15.

KÜTING, K. (1992): Grundlagen der qualitativen Bilanzanalyse (Teil I und II), in: DStR 1992, S. 691-695 und S. 728-733.

KÜTING, K. (1996a): Das Spannungsverhältnis zwischen Bilanzpolitik und Bilanzanalyse – Zur Interdependenz von Jahresabschlußgestaltung und Jahresabschlußbeurteilung –, in: DStR 1996, S. 934-944.

KÜTING, K. (1996b): Grundlagen der Bilanzpolitik, in: BBK 1996, Fach 19, S. 363-386.

KÜTING, K. (1998a): Die Grenzen der externen Erfolgsanalyse und ihre Konsequenzen (Teil I und Teil II), in: DStR 1998, S. 907-912 und S. 948-952.

KÜTING, K. (1998b): Möglichkeiten und Grenzen der betragsmäßigen Erfolgsanalyse, in: WPg 1998, S. 1-10.

KÜTING, K./EIDEL, U. (1996): Problematik der internationalen Bilanzanalyse – Dargestellt am Beispiel eines US-GAAP- und HGB-Abschlusses, in: RIW 1996, S. 836-854.

KÜTING, K./HARTH, H.-J. (1999): Herstellungskosten von Inventories und Self-Constructed Assets nach IAS und US-GAAP (Teil I und II), in: BB 1999, S. 2343-2347 und S. 2393-2399.

KÜTING, K./HAYN, S. (1993): Börseneinführungsmodalitäten in den USA, in: WPg 1993, S. 401-411.

KÜTING, K./KAISER, T. (1994): Bilanzpolitik in der Unternehmenskrise, in: BB 1994, Beilage 2 zu Heft 3, S. 1-18.

KÜTING, K./KUHN, U. (1992): Möglichkeiten und Grenzen der bilanziellen Erfolgsspaltung (Teil I und Teil II), in: DStR 1992, S. 122-127 und S. 154-159.

KÜTING, K./WEBER, C.-P. (1987): Bilanzanalyse und Bilanzpolitik nach neuem Bilanzrecht, Stuttgart 1987.

KÜTING, K./WEBER, C.-P. (2000): Kernbereiche der Unternehmensführung, Teil F: Bilanzanalyse, in: KÜTING, K. (Hrsg): Saarbrücker Handbuch der Betriebswirtschaftlichen Beratung, 2. Auflage, Herne, Berlin 2000.

KÜTING, K./WEBER, C.-P. (2001): Die Bilanzanalyse – Lehrbuch zur Beurteilung von Einzel- und Konzernabschlüssen, 6. Auflage, Stuttgart 2001.

KÜTING, K./WEBER, C.-P./WIRTH, J. (2001): Die neue Goodwillbilanzierung nach SFAS 142 – Ist der Weg frei für eine neue Akquisitionswelle? –, in: KoR 2001, S. 185-198.

**L**

LABUDE, M./WIENKEN, R. (2000): Die Bilanzierung von Derivaten und Sicherungsbeziehungen nach SFAS No. 133, in: WPg 2000, S. 11-22.

LACHNIT, L. (1979): Systemorientierte Jahresabschlußanalyse, Wiesbaden 1979.

LACHNIT, L. (1987): Externe Erfolgsanalyse auf der Grundlage der GuV nach dem Gesamtkostenverfahren, in: BFuP 1987, S. 33-53.

LACHNIT, L. (1991): Erfolgsspaltung auf der Grundlage der GuV nach Gesamt- und Umsatzkostenverfahren, in: WPg 1991, S. 773-783.

LACHNIT, L./AMMANN, H. (1998): Währungsumrechnung als Problem einer tatsachengetreuen Darstellung der wirtschaftlichen Lage im Konzernabschluß, in: WPg 1998, S. 751-765.

LACHNIT, L./AMMAN, H./MÜLLER, S./WULF, I. (1998): Probleme einer international ausgerichteten Jahresabschlussanalyse, in: DB 1998, S. 2177-2184.

LANG, J. (1986): Grundsätze ordnungsmäßiger Buchführung I – Begriff, Bedeutung, Rechtsnatur –, in: LEFFSON, U./RÜCKLE, D./GROßFELD, B. (Hrsg.): Handwörterbuch unbestimmter Rechtsbegriffe im Bilanzrecht des HGB, Köln 1986, S. 221-240.

LARSEN, E. J. (2000): Modern Advanced Accounting, 8. Auflage, Boston et al. 2000.

LEE, T. (1992): Making Cash Flow Statements Useful, in: Accountancy, April 1992, S. 35.

LEFFSON, U. (1984): Bilanzanalyse, 3. Auflage, Stuttgart 1984.

LEONARDI, H. (1990): Externe Erfolgsanalysen auf der Grundlage handelsrechtlicher Jahresabschlüsse – Möglichkeiten und Grenzen des Analyseinstrumentariums im Lichte der Rechnungslegungsvorschriften des Bilanzrichtlinien-Gesetzes von 1985, Diss., Bergisch Gladbach/Köln 1990.

LEV, B. (1974): Financial Statement Analysis – A New Approach, Englewood Cliffs 1974.

LEVITT, A. (1998): Spielen mit Zahlen – „The Numbers Game", in: DB 1998, S. 2544-2547.

LEWIS, T. G./LEHMANN, S. (1992): Überlegene Investitionsentscheidungen durch den CFROI, in: BfuP 1992, S. 1-13.

LEWIS, T. G./STELTER, D. (1993): Mehrwert schaffen mit finanziellen Ressourcen – Total Value Management mehrt systematisch das Vermögen der Aktionäre, in: Harvard Business Manager 4/1993, S. 107-114.

LIPE, M. G. (1998): Discussion of Comprehensive Income Reporting and Analysts` Valuation Judgments, in: JoAR, Vol. 36, S. 77-83.

LITTKEMANN, J./KREHL, H. (2000): Differenzierende Krisendiagnose, in: HAUSCHILDT, J./LEKER, J. (Hrsg.): Krisendiagnose durch Bilanzanalyse, 2. Auflage, Köln 2000, S. 19-32.

LOEWENSTEIN, K. (1959): Verfassungsrecht und Verfassungspraxis der Vereinigten Staaten, Berlin et al. 1959.

LONG, J. (1985): 1985 Blue Sky Law Handbook, 1985.

LORENZ, C. (1960): Betriebswirtschaftsstatistik – Methode und Arbeitspraxis mit Anleitungen zur Aufgabenbearbeitung, Berlin 1960.

LÖW, C. (1973): Der Informationsanspruch des Aktionärs im amerikanischen Recht – Eine Darstellung der Aktionärsinformation in den Rechten der Einzelstaaten und des Bundes mit einem dokumentarischen Anhang über einzelne Verordnungen der Securities and Exchange Commission (SEC), Basel und Stuttgart 1973.

LÜCK, W./HOLZER, H. P. (1976): Financial Accounting Standards Board – Der Versuch einer Weiterentwicklung von Grundsätzen der Rechnungslegung in den USA, in: WPg 1976, S. 292-299.

LUECKE, R. W./MEETING, D. T. (1998): The FASB introduces new rules for comprehensive income. How Companies Report Income, in: JoA May 1998, S. 45-52.

LUDEWIG, R./OLBRICH, T. (1999): Die gesteigerte Verantwortung des Abschlußprüfers nach dem KonTraG – Hilfsmittel zu deren Bewältigung (zur Anwendung eines Bilanz-Rating-Systems bei der Abschlußprüfung), in: WPg 1999, S. 381-388.

LUTZ, R. (2000): Jahresabschlußanalyse bei Einheits- und Konzernunternehmung, Diss., Frankfurt am Main et al. 2000.

**M**

MAINES, L. A./MCDANIEL, L. S. (2000): Effects of Comprehensive-Income Characteristic on Nonprofessional Investors` Judgments: The Role of Financial-Statement Presentation Format, in: The Accounting Review, Band 75, Nr. 2, April 2000, S. 179-207.

MANDLER, U. (1995): Harmonisierung der Rechnungslegung: Bridging the GAAP?, in: ZfB 1995, S. 715-734.

MARETTEK, A. (1976): Ermessensspielräume bei der Bestimmung wichtiger aktienrechtlicher Wertansätze, in: WiSt 1976, S. 515-520.

MARKERT, K. (1987): US-Antitrustrecht 1987 – Stand und Entwicklungstendenzen aus der Sicht eines deutschen Kartellrechtsanwenders, Saarbrücken 1987.

MAYER, A. (1989): Auswirkungen des Bilanzrichtlinien-Gesetzes auf die externe Analyse der Einzelabschlüsse von Kapitalgesellschaften – eine theoretische Untersuchung, Frankfurt am Main 1989.

MAYER, L./MAYER, L. (1970): Bilanz- und Betriebsanalyse, Wiesbaden 1970, 4. Auflage.

MEEK, G. K. (2000): Vereinigte Staaten von Amerika, in: HALLER, A./RAFFOURNIER, B./WALTON, P. (Hrsg.): Unternehmenspublizität im internationalen Wettbewerb, Stuttgart 2000, S. 153-203.

MEINERS, R. E./RINGLEB, A. H. (1985): The Legal Environment of Business, 2. Auflage, St. Paul, Minnesota 1985.

MELLEROWICZ, K. (1978): Unternehmenspolitik, Bank III: Operative Teilpolitiken und Konzernführung, 4. Auflage, Freiburg im Breisgau 1978.

MERKLE, E. (1982): Betriebswirtschaftliche Formeln und deren betriebswirtschaftliche Relevanz, in: WiSt 1982, S. 325-330.

MERKT, H. (1991): US-amerikanisches Gesellschaftsrecht, Heidelberg 1991.

MEYER, C. (1976): Betriebswirtschaftliche Kennzahlen und Kennzahlen-Systeme, Stuttgart 1976.

MEYER, C./SPREITER, F. (1999): Die Rechnungslegung der USA – Konzeptionelle und institutionelle Grundlagen, in: Der Schweizer Treuhänder 1999, S. 509-518.

MIELKE, D. E./GIACOMINO, D. E. (1988): Ratio Analysis Using the New Statement of Cash Flows, in: Corporate Accounting, Winter 1988, S. 10-16.

MILLER, P. W. (1985): The Conceptual Framework: Myths and Realities – Illuminating the road to consensus, in: JoA, Vol. 159 March 1985, S. 62-71.

MILLER, P. W. (1987): The New Pension Accounting (part 1 and 2), in: JoA Jan. and Feb. 1987, S. 98-108 und S. 86-94.

MILLER, P. B. W./REDDING, R. J./BAHNSON, P. R. (1998): The FASB. The People, the Process, and the Politics, 4. Auflage, Boston et al. 1998.

MILLER, G. S./SKINNER, D. J. (1998): Determinants of the Valuation Allowances for Deferred Tax Assets Under SFAS No. 109, in: The Accounting Review, Vol. 73 1998, S. 213-233.

MOEHRLE, S. R./REYNOLDS-MOEHRLE, J. A. (2001): Will FASB`s standards for business combinations cause big changes? Say Good-Bye to Pooling and Goodwill Amortization, in: JoA Sept. 2001, S. 31-38.

MÖLLER, H. P./SCHMIDT, F. (1998): Zur Bedeutung von Jahresabschlüssen und DVFA/SG-Daten für die fundamentale Aktienbewertung, in: MÖLLER, H. P./SCHMIDT, F. (Hrsg.): Rechnungswesen als Instrument für Führungsentscheidungen, Festschrift für Professor Dr. Dr. h. c. Adolf G. Coenenberg zum 60. Geburtstag, Stuttgart 1998, S. 477-504.

MOSICH, A. N./LARSEN, E. J. (1986): Intermediate Accounting, 6. Auflage, New York et al. 1986.

MOST, K. S. (1968): The Great American Accounting Principles Controversy, in: The Accountant, März 1968, S. 377-381.

MOST, K. S./WINTERS, A. L. (1977): Focus on Standard Setting: from Trueblood to the FASB – The decision processes of the FASB are viewed in light of those of the Trueblood committee report, in: JoA, Feb. 1977, S. 67-75.

MOXTER, A. (1986a): Bilanzlehre – Band II: Einführung in das neue Bilanzrecht, 3. Auflage, Wiesbaden 1986.

MOXTER, A. (1986b): Stichwort: Vermögenslage gem. § 264, in: LEFFSON, U./RÜCKLE, D./GROßFELD, B. (Hrsg.): Handwörterbuch unbestimmter Rechtsbegriffe im Bilanzrecht des HGB, Köln 1986, S. 346-351.

MOZES, H. A. (1998): The FASB`s Conceptual Framework and Political Support: The Lesson From Employee Stock Options, in: ABACUS, Vol. 34, No. 2, 1998, S. 141-161.

MÜHLBERGER, M. (2001): Die zweckadäquate Bilanzierung von Minderheitsanteilen im ein- und mehrstufigen Konzern nach HGB, IAS und US-GAAP, in: WPg 2001, S. 1312-1325.

MÜLLER, S./WULF, I. (2001): Jahresabschlusspolitik nach HGB, IAS und US-GAAP, in: BB 2001, S. 2206-2213.

MUNSCHECK, K./BRAUN, M. (1998): Die Berücksichtigung von Pensionsverpflichtungen in Jahresabschlüssen nach US-GAAP, in: WPg 1998, S. 493-502.

MUNTER, P. (1997): Accounting for Internal Use Software – AcSEC issues exposure draft of SOP to fill in the gap in GAAP, in: The CPA Journal Feb. 1997, S. 16-22.

MUNTER, P. (1999): Accounting for Software Development Costs, in: The CPA Journal Feb. 1999, S. 42-45 und S. 71-72.

**N**

NEEDLES, B. E./ANDERSON, H. R./CALDWELL, J. C./MILLS, S. K. (1996): Principles of Accounting, 6. Auflage, Boston 1996.

NEEDLES, B. E./POWERS, M. (1998): Financial Accounting, 6. Auflage, New York/Boston 1998.

NIEHAUS, H.-J. (1987): Früherkennung von Unternehmenskrisen – Die statistische Jahresabschlußanalyse als Instrument der Abschlußprüfung, in: BAETGE, J. (Hrsg.), Düsseldorf 1987.

NIEHUS, R. J. (1982): Rechnungslegung und Prüfung der GmbH nach neuem Recht, Kommentar, 1982.

NIEHUS, R. J./THYLL, A. (2000): Konzernabschluß nach US-GAAP: Grundlagen und Gegenüberstellung mit den deutschen Vorschriften, 2. Auflage, Stuttgart 2000.

NIKOLAI, L. A./BAZLEY, J. D. (2000): Intermediate Accounting, 8. Auflage, Boston 2000.

NOLL, D. J. (1998): Accounting for Internal-Use Software: A reasonable way to report the benefits as assets, in: JoA Sept. 1998, S. 95-98.

NOWAK, P. (1966): Betriebswirtschaftliche Kennzahlen, in: HAX, K./WESSELS, T. (Hrsg.): Handbuch der Wirtschaftswissenschaften, Band 1, 2. Auflage, Köln und Opladen 1966, S. 701-726.

**O**

OESTREICHER, A./PIOTROWSKI-ALLERT, S. (1996): Klassifikation und Beurteilung von Unternehmen mit Hilfe von Selbstorganisierenden Neuronalen Netzen, in: zfbf 1996, S. 335-371.

O`HANLON, J. F./POPE, P. F. (1998): The Value-Relevance of U.K. Dirty Surplus Accounting Flows, Working Paper, Dezember 1998, S. 1-36.

OHLUND, E. G./HAYN, S. (1998): Die Umstellung der Rechnungslegung aus Sicht von Offenlegungs- und Bewertungsvorschriften, in: AUER, K. V. (Hrsg.): Die Umstellung der Rechnungslegung auf IAS/US-GAAP – Erfahrungsberichte, Wien/Frankfurt 1998.

ORDELHEIDE, D. (1988): Kaufmännischer Periodengewinn als ökonomischer Gewinn – zur Unsicherheitsrepräsentation bei der Konzeption von Erfolgsgrößen, in: DOMSCH, M. (Hrsg.): Unternehmungserfolg: Planung – Ermittlung – Kontrolle, Walther Busse von Colbe zum 60. Geburtstag, Wiesbaden 1988, S. 275-302.

ORDELHEIDE, D. (1998): Zur Marktbewertung von Finanzinstrumenten in Deutschland, nach US-GAAP und nach IAS, in: BFuP 1998, S. 604-612.

OSER, P./VATER, H. (2001): Bilanzierung von Stock Options nach US-GAAP und IAS, in: DB 2001, S. 1261-1268.

**P**

PACKMOHR, A. (1984): Bilanzpolitik und Bilanzmanagement: Leitlinien für die optimale Gestaltung des Jahresabschlusses mit Checkliste der bilanzpolitischen Aktivitäten, Köln 1984.

PACTER, P. A. (1985): The Conceptual Framework: Make No Mystique about it, in: ZEFF, S. A./KELLER, T. F. (Hrsg.): Financial Accounting Theory – Issues and Theory, 3. Auflage, New York et al. 1985, S. 84-96.

PAHLER, A. J./MORI, J. E. (2000): Advanced Accounting – Concepts and Practice, 7. Auflage, Fort Worth et al. 2000.

PALEPU, K. G./HEALY, P. M./BERNARD, V. L. (2000): Business Analysis & Valuation : Using Financial Statements, 2. Auflage, Cincinnati 2000.

PAPE, J./FEY, G. (2000): Auch die Europäische Kommission tritt für IAS ein – Alle börsennotierten Unternehmen in der EU sollen bis 2005 auf IAS umstellen, in: FAZ vom 19.6.2000, S. 30.

PEAVEY, D. E./NURNBERG, H. (1993): FASB 109: Auditing Considerations of Deferred Tax Assets – There are no magic formulas for determining the need for a valuation allowance, in: JoA May 1993, S. 77-81.

PEEMÖLLER, V. H. (1993): Bilanzanalyse und Bilanzpolitik: Einführung in die Grundlagen Rechnungslegung, Jahresabschluß, Bilanzierung und Bewertung, Bilanzpolitik, Bilanzanalyse, Analyseinstrumente, Wiesbaden 1993.

PEEMÖLLER, V. H./HÜTTCHE, T. (1993): Unternehmensbewertung und funktionale Bilanzanalyse (Teil I und II), in: DStR 1993, S. 1307-1311 und S. 1344-1348.

PEEMÖLLER, V. H./FISCHER, J. M. (2001): Internationalisierung der externen Rechnungslegung – Problemstellungen im Rahmen der Umstellung von HGB auf IAS oder US-GAAP, in: DSWR 2001, S. 142-147.

PEJIC, P. (1997): Segmentberichterstattung im externen Jahresabschluß : internationale Normierungspraxis und Informationsbedürfnisse der Adressaten, Diss., Wiesbaden 1997.

PELLENS, B. (2001): Internationale Rechnungslegung, 4. Auflage, Stuttgart 2001.

PELLENS, B./CRASSELT, N. (1998): Bilanzierung von Stock Options, in: DB 1998, S. 217-223.

PELLENS, B./FÜLBIER, R. U./GASSEN, J. (1999): Herausforderungen an die Rechnungslegungs- und Publizitätsregulierung, in: KÜTING, K./LANGENBUCHER, G. (Hrsg.): Internationale Rechnungslegung: Festschrift für Professor Claus-Peter Weber zum 60. Geburtstag, Stuttgart 1999, S. 543-558.

PELLENS, B./FÜLBIER, R. U./SELLHORN, T. (2001): Immaterielle Werte in der Rechnungslegung, in: COENENBERG, A. G./POHLE, K. (Hrsg.): Internationale Rechnungslegung – Konsequenzen für Unternehmensführung, Rechnungswesen, Standardsetting, Prüfung und Kapitalmarkt – DBT-Dokumentation 2000, Stuttgart 2001, S. 81-114.

PELLENS, B./SELLHORN, T. (2001a): Neue Goodwill-Bilanzierung nach US-GAAP – Der Impairment-Only Approach des FASB –, in: DB 2001, S. 713-720.

PELLENS, B./SELLHORN, T. (2001b): Goodwill-Bilanzierung nach SFAS 141 und 142 für deutsche Unternehmen, in: DB 2001, S. 1681-1689.

PELLENS, B./SÜRKEN, S. (1997): Rechnungslegungspolitische Spielräume im Rahmen der International Accounting Standards, in: FREIDANK, C.-C. (Hrsg.): Rechnungslegungspolitik – Eine Bestandsaufnahme aus handels- und steuerrechtlicher Sicht, Berlin et al. 1997, S. 195-228.

PENMAN, S. H. (2001): Financial Statement Analysis and Security Valuation, Boston et al. 2001.

PERRIDON, L./STEINER, M. (1999): Finanzwirtschaft der Unternehmung, 10. Auflage, München 1999.

PFEFFER, A. (1995): Publizitätspflichten für derivative Finanzinstrumente nach US-GAAP, in: WPg 1996, S. 411-415.

PFLEGER, G. (1991): Die neue Praxis der Bilanzpolitik – Strategien und Gestaltungsmöglichkeiten im handels- und steuerrechtlichen Jahresabschluß, 4. Auflage, Freiburg 1991.

PILHOFER, J. (2000): Konzeptionelle Grundlagen des neuen DRS 2 zur Kapitalflussrechnung im Vergleich mit den international anerkannten Standards, in: DStR 2000, S. 292-304.

POHMER, D./KROENLEIN, G. (1970): Wertschöpfungsrechnung, betriebliche, in: KOSIOL, E. (Hrsg.): Handwörterbuch des Rechnungswesens, Stuttgart 1970, Sp. 1913-1921.

POINTER, L. G./SCHROEDER, R. G. (1986): An Introduction to the Securities and Exchange Commission, Plano, Texas, 1986.

POSTERT, A./WOLZ, M. (1999): Die Bilanzierung von Pensionsrückstellungen nach HGB und US-GAAP – Ein konzeptioneller Überblick, in: DB 1999, S. 2173-2178.

PRASCH, E. (1989): Die Analyse von Jahresabschlüssen zur Kreditwürdigkeitsprüfung, in: BAETGE, J. (Hrsg.): Bilanzanalyse und Bilanzpolitik, Düsseldorf 1989, S. 105-135.

**R**

RAO, A./WALSH, R. J. (1999): "Impact of "Reporting Comprehensive Income" on Large Multinational Firms, in: Southern Business Review Herbst 1999, S. 22-30.

RAPPAPORT, L. H. (1972): SEC Accounting Practice and Procedure, 3. Auflage, New York 1972.

RASCH, R. H./WILSON, A. C. (1998): Comprehensive Accounting for Derivatives and Hedging Activities, in: The Ohio CPA Journal July-Sept. 1998, S. 34-36.

REHKUGLER, H./PODDIG, T. (1998): Bilanzanalyse, 4. Auflage, München 1998.

REICHMANN, T. (1993): Controlling mit Kennzahlen und Managementberichten – Grundlagen einer systemgestützten Controlling-Konzeption, 4. Auflage, München 1993.

REICHMANN, T. (1997): Controlling: Concepts of Management Control, Controllership, and Ratios, Berlin et al. 1997.

REICHMANN, T./LACHNIT, L. (1976): Planung, Steuerung und Kontrolle mit Hilfe von Kennzahlen, in: zfbf 1976, S. 705-723.

REIL, V./SEIDEL, U. M. (1999): Wesentliche Unterschiede bei der Bilanzierung und Bewertung nach deutschem Handelsrecht und den US-GAAP im Einzelabschluß, in: controller magazin 1999, S. 172-182.

REINHART, A. (1998): Die Auswirkungen der Rechnungslegung nach International Accounting Standards auf die erfolgswirtschaftliche Abschlußanalyse von deutschen Jahresabschlüssen, Diss., Frankfurt am Main 1998.

REINHART, A. (1999): Wertschöpfungs- sowie Break-Even-Analyse für Zwecke der externen erfolgswirtschaftlichen Abschlußanalyse nach IAS, in: DStR 1999, S. 211-216.

REINSTEIN, A./LANDER, G. H. (2000): Reporting Responsibilities for Environmental Remediation Liabilities, in: Southern Business Review Fall 2000, S. 1-12.

REITHER, C. L. (1997): How the FASB Approaches a Standard-Setting Issue, in: Accounting Horizons, Vol. 11 No. 4 Dec. 1997, S. 91-104.

REUTER, E. (1988): Analyse von Weltabschlüssen nach Bilanzrichtlinien-Gesetz, in: ZfB 1988, S. 285-303.

RICHTER, M. (2000): Gewinnrealisierung bei langfristiger Fertigung, in: BALLWIESER, W. (Hrsg.): US-amerikanische Rechnungslegung – Grundlagen und Vergleiche mit deutschem Recht, Stuttgart 2000, S. 139-168.

RIEBELL, C. (1996): Die Praxis der Bilanzauswertung, 6. Auflage, Stuttgart 1996.

RIMERMAN, T. W. (1990): The changing significance of financial statements – Financial statement users are turning to other information sources to meet their needs. How should the profession respond?, in: JoA April 1990, S. 79-83.

ROGLER, S. (1990): Gewinn- und Verlustrechnung nach dem Umsatzkostenverfahren, Diss., Wiesbaden 1990.

ROJAS, R. (1996): Theorie der neuronalen Netze: eine systematische Einführung, Berlin/Heidelberg 1996.

RONEN, J./SADAN, S. (1981): Smoothing Income Numbers: Objecitves, Means and Implications, Reading, Massachusetts, et al. 1981.

ROSENFIELD, P./GILL, F. (1991): Applications in Accounting – A Checklist for Management Discussion and Analysis, in: JoA Dec. 1991, S. 95-99.

RÖSLER, J. (1986): Bilanzanalyse durch Vergleich von projizierten mit realisierten Jahresabschlüssen – Eine empirische Untersuchung über Projektionstechniken in der Bilanzauswertung und ihre Einsatzmöglichkeiten, Kiel 1986.

RÖßLER, N./DOETSCH, P. A./HEGER, H.-J. (1999): Auslagerung von Pensionsverpflichtungen im Rahmen einer Bilanzierung gemäß SFAS bzw. IAS, in: BB 1999, S. 2498-2504.

RÖßLER, N./KAETHER, F./SCHMANDT, E. M. (1997): Rechnungslegung über Pensionsverpflichtungen in Deutschland nach internationalen Standards – Eine vergleichende Darstellung unter besonderer Berücksichtigung des IAS-Neuentwurfs (E 54) und der FAS, in: BB 1997, S. 1141-1148.

RUBIN, S. (1984): The House of GAAP, in: JoA Vol. 157 June 1984, S. 122-129.

RÜCKLE, D. (1986): Stichwort: Finanzlage, in: LEFFSON, U./RÜCKLE, D./GROßFELD, B. (Hrsg.): Handwörterbuch unbestimmter Rechtsbegriffe im Bilanzrecht des HGB, Köln 1986, S. 168-184.

S

SABI (1986): Stellungnahme 3/1986 – Zur Darstellung der Finanzlage i.S.v. § 264 Absatz 2 HGB, in: WPg 1986, S. 670-671.

SAMUELS, J. M./BRAYSHAW, R. E./CRANER, J. M. (1995): Financial Statement Analysis in Europe, London et al. 1995.

SAUTER, D. (1991): Remodeling the House of GAAP, in: JoA Juli 1991, S. 30-37.

SCHÄFFELER, U. (2000): Latente Steuern nach US-GAAP für deutsche Unternehmen, Diss., Frankfurt am Main 2000.

SCHARPF, P./LUZ, G. (2000): Risikomanagement, Bilanzierung und Aufsicht von Finanzderivaten, 2. Auflage, Stuttgart 2000.

SCHEDLBAUER, H. (1990): I. Erfolgsbereinigung um stille Reserven, in: COENENBERG, A. G. (Hrsg.): Bilanzanalyse nach neuem Recht, 2. Auflage, Landsberg am Lech 1990, S. 135-152.

SCHEFFLER, E. (1999): Internationale Rechnungslegung und deutsches Bilanzrecht, in: DStR 1999, S. 1285-1292.

SCHELD, G. A./DEMMING, C. (1993): Fundamentale Aktienanalyse, in: Das Wirtschaftsstudium 1993, S. 298-306.

SCHENK, H. (1939): Die Betriebskennzahlen – Begriff, Ordnung und Bedeutung für die Betriebsbeurteilung, Diss., Leipzig 1939.

SCHERRER, G. (2000): Grundlagen der US-amerikanischen Konzernrechnungslegung, in: BALLWIESER, W. (Hrsg.): US-amerikanische Rechnungslegung – Grundlagen und Vergleiche mit deutschem Recht, Stuttgart 2000, S. 329-378.

SCHIERENBECK, H. (2000): Grundzüge der Betriebswirtschaftslehre, 15. Auflage, München 2000.

SCHILDBACH, T. (1998a): Harmonisierung der Rechnungslegung – ein Phantom, in: BFuP 1998, S. 1-21.

SCHILDBACH, T. (1998b): Rechnungslegung nach US-GAAP – ein Fortschritt für Deutschland?, in: BALLWIESER, W./SCHILDBACH, T. (Hrsg.): Rechnungslegung und Steuern international, zfbf-Sonderheft 40, Düsseldorf und Frankfurt 1998, S. 55–81.

SCHILDBACH, T. (1999a): Rechnungslegung nach US-GAAP: Hoffnung und Wirklichkeit (Teil I und II), in: BB 1999, S. 359-365 und 411-415.

SCHILDBACH, T. (1999b): Pensionsverpflichtungen nach US-GAAP/IAS versus HGB/GoB und die Informationsfunktion des Jahresabschlusses, in: ZfB 1999, S. 957-977.

SCHILDBACH, T. (2000a): US-GAAP: Amerikanische Rechnungslegung und ihre Grundlagen, München 2000.

SCHILDBACH, T. (2000b): Reichweite, Eigenschaften und Legitimation der US-GAAP: Vor überzogenen Erwartungen wird gewarnt!, in: StuB 2000, S. 192-201.

SCHILDBACH, T. (2000c):Ansatz und Bewertung immaterieller Anlagewerte, in: BALLWIESER, W. (Hrsg.): US-amerikanische Rechnungslegung – Grundlagen und Vergleiche mit deutschem Recht, Stuttgart 2000, S. 99-113.

SCHIPPER, K. (1989): Commentary on Earnings Management, in: Accounting Horizons, Vol. 3, Nr. 4 Dec. 1989, S. 91-102.

SCHMIDT, M. (2000): Das Konzept einer kapitalmarktorientierten Rechnungslegung: Legitimation, Ableitung einer Sollvorstellung und Brauchbarkeit nationaler sowie internationaler Regelungen, Bielefeld 2000.

SCHMIDT, R.-B. (1977): Wirtschaftslehre der Unternehmung, Band 1, 2. Auflage, Stuttgart 1977.

SCHMIDT, R. J. (1999): The Impact of Reporting Comprehensive Income, in: The Ohio CPA Journal Januar-März 1999, S. 50-52.

SCHNEIDER, D. (1989): Erste Schritte zu einer Theorie der Bilanzanalyse, in: Die WPg 1989, S. 633-642.

SCHNETTLER, A. (1961): Betriebsvergleich, 3. Auflage, Stuttgart 1961.

SCHÖN, M. (1997): Aktivierung von immateriellen Anlagewerten in den USA im Vergleich zur deutschen Rechnungslegung, Diss., Frankfurt am Main et al. 1997.

SCHÖNBORN, N. (1993): Funktionale Währungsumrechnung im Konzernabschluß – Kritik des SFAS No. 52 und Entwicklung einer zahlungsorientierten Methode der Währungsumrechnung, Idstein 1993.

SCHREIBER, U. (2000): Die Bedeutung der US-amerikanischen Rechnungslegung für die Besteuerung von Gewinnen und Ausschüttungen, in: BALLWIESER, W. (Hrsg.): US-amerikanische Rechnungslegung – Grundlagen und Vergleiche mit deutschem Recht, Stuttgart 2000, S. 49-98.

SCHULT, E. (1999): Bilanzanalyse, 10. Auflage, Hamburg 1999.

SCHULZE ZUR WIESCH, D. W. (1981): Bilanzpolitik durch Sachverhaltsgestaltung – Tendenzen und Grenzen, in: IDW (Hrsg.): 50 Jahre Wirtschaftsprüferberuf – Bericht über die Jubiläumsfachtagung vom 21. bis 23. Oktober 1981 in Berlin, Düsseldorf 1981, S. 61-70.

SEELIGER, R./KAATZ, S. (1998): Konversion und Internationalisierung des Rechnungswesens in Deutschland, in: krp 1998, S. 125-132.

SEICHT, G. (1986): Stille Rücklagen I – allgemein, in: LEFFSON, U./RÜCKLE, D./GROßFELD, B. (Hrsg.): Handwörterbuch unbestimmter Rechtsbegriffe im Bilanzrecht des HGB, Köln 1986, S. 281-286.

SELCHERT, F. W. (1993): Zur Generalnorm für offenlegungspflichtige Unternehmen, in: BB 1993, S. 753-761.

SELCHERT, F. W. (1995): § 252, in: KÜTING, K./WEBER, C.-P. (Hrsg.): Handbuch der Rechnungslegung, Kommentar zur Bilanzierung und Prüfung, Bd. 1a, 4. Auflage 1995, S. 819-875.

SELCHERT, F. W. (1996): Windowdressing – Grenzbereich der Jahresabschlußgestaltung, in: DB 1996, S. 1933-1940.

SELCHERT, F. W. (1999): Die MD&A – ein Vorbild für den Lagebericht?, in: KÜTING, K./LANGENBUCHER, G. (Hrsg.): Internationale Rechnungslegung: Festschrift für Professor Claus-Peter Weber zum 60. Geburtstag, Stuttgart 1999, S. 219-237.

SELCHERT, F. W./ERHARDT, M. (1998): Internationale Rechnungslegung: Der Jahresabschluß nach HGB, IAS und US GAAP, München 1998.

SERFLING, K./MARX, M. (1991): Die Bedeutung der Richtlinie SFAS No. 95 für die Praxis der Kapitalflußrechnung – Eine Analyse vor dem Hintergrund der Verlautbarung HFA 1/1978 –, in: WPg 1991, S. 345-350.

SIEBEN, G. (1987): Die „wirtschaftliche Lage" des Arbeitgebers – ein zentraler Begriff der betrieblichen Altersversorgung aus betriebswirtschaftlicher Sicht, in: zfbf 1987, S. 923-940.

SIEBEN, G./BARION, H.-J./MALTRY, H. (1991): Bilanzpolitik, in: CHMIELEWICZ, K./SCHWEITZER, M (Hrsg.): Handwörterbuch des Rechnungswesens, 3. Auflage, Stuttgart 1992, Sp. 229-239.

SIEBEN, G./COENENBERG, M. (1997): Grundlagen der Bilanzpolitik ( Teil I und II), in: WISU 1997, S. 1043-1047 und S. 1143-1147.

SIEBERT, H. (1996): Grundlagen der US-amerikanischen Rechnungslegung – Ziele und Inhalte der Verlautbarungen der SEC und des FASB sowie ihre Unterschiede zum deutschen Bilanzrecht, Köln 1996.

SIEGEL, T. (1986): Stichwort: Wahlrecht, in: LEFFSON, U./RÜCKLE, D./GROßFELD, B. (Hrsg.): Handwörterbuch unbestimmter Rechtsbegriffe im Bilanzrecht des HGB, Köln 1986, S. 417-427.

SIENER, F. (1998): Abschnitt B: Kapitalflußrechnungen von Industrieunternehmen, in: WYSOCKI, K. v. (Hrsg.): Kapitalflußrechnung, Stuttgart 1998, S. 35-98.

SKOUSEN, K. F. (1991): An Introduction to the SEC, 5. Auflage, Cincinnati et al. 1991.

SMITH, G. R. J./FREEMAN, R. J. (1996): The Statement of Cash Flows: The Direct vs. Indirect Method Debate Continues, in: Government Finance Review, Febru-ary 1996, S. 17-21.

SONNEMANN, E. (Hrsg.) (1989): Institutionelle und konzeptionelle Grundlagen der externen Rechnungslegung in den USA, in: Rechnungslegung, Prüfung, Wirtschaftsrecht und Steuern in den USA, Wiesbaden 1989, S. 17-52.

SPICELAND, J. D./SEPE, J. F./TOMASSINI, L. A. (2000): Intermediate Accounting, 2. Auflage, Boston et al. 2000.

STAEHLE, W. H. (1969): Kennzahlen und Kennzahlensysteme als Mittel der Organisation und Führung von Unternehmen, Wiesbaden 1969.

STAUBER, J./KETTERLE, T. (2001): Goodwill-Bilanzierung nach US GAAP, in: Der Schweizer Treuhänder 2001, S. 955-966.

STECKEL, R./KLAUSNER, R. (1997): Ansatz und Bewertung von derivativen Finanzinstrumenten nach US-GAAP, in: WPg 1997, S. 391-395.

STEIN, H.-G. (1993): Ziele und Maßnahmen der Konzernbilanzpolitik, in: zfbf 1993, S. 973-993.

STEINER, M./TEBROKE, H.-J./WALLMEIER, M. (1995): Konzepte der Rechnungslegung für Finanzderivate, in: WPg 1995, S. 533-544.

STEVENS, M. G. (1996): New Accounting for Environmental Liabilities, in: The Practical Accountant Dec. 1996, S. 47-51.

STICKNEY, C. P./BROWN, P. R. (1999): Financial Reporting and Statement Analysis – A Strategic Perspective, 4. Auflage, Fort Worth et al. 1999.

STICKNEY, C. P./WEIL, R. L. (2000): Financial Accounting – An Introduction to Concepts, Methods, and Uses, 9. Auflage, Fort Worth et al. 2000.

STROBEL, W. (1999): Die Reform der Bilanzpflichten für Kapitalgesellschaften & Co., in: GmbHR 1999, S. 583-588.

STROBL, E. (1994): Matching Principle und detusches Bilanzrecht, in: BALLWIESER, W./BÖCKING, H.-J./DRUKARCZYK, J./SCHMIDT, R. H. (Hrsg.): Bilanzrecht und Kapitalmarkt, Festschrift zum 65. Geburtstag von Adolf Moxter, Düsseldorf 1994, S. 407-432.

SÜRKEN, S. (1999): Abgrenzung der wirtschaftlichen Einheit nach US-GAAP : Neuere Entwicklungen und Vergleich mit den deutschen Vorschriften, Diss., Frankfurt am Main et al. 1999.

**T**

THIELE, K. (1999): Stille Reserven in der Rechnungslegung – Vergleich von HGB, US-GAAP und IAS, Wiesbaden 1999.

THOMPSON, J. H. (1997): A New EPS: Seeking Greater International Comparability of Accounting Standards, in: National Public Accountant November 1997, S. 33-45.

THOMS-MEYER, D. (1996): Grundsätze ordnungsmäßiger Bilanzierung für Pensionsrückstellungen unter Berücksichtigung von SFAS 87 und SFAS 106, Diss., Münster 1996.

TROUT, K. R./TANNER, M. M./NICHOLAS, L. (1993): On Track with Direct Cash Flow – Chicago Central engineers its financial goals, in: Management Accounting, July 1993, S. 23-27.

TRÜTZSCHLER, K. (1999): Behandlung von Firmenwerten nach HGB und US-GAAP, in: KÜTING, K./LANGENBUCHER, G. (Hrsg.): Internationale Rechnungslegung – Festschrift für Professor Claus-Peter Weber zum 60. Geburtstag, Stuttgart 1999, S. 391-414.

**U**

UPTON, W. S./SCOTT, D. K. (1988): What you should know about the EITF – The task force deliberates and resolves a number of perplexing issues encountered by practitioners serving small business clients, in: JoA Juli 1988, S. 56-62.

**V**

VAN HULLE, K. (1995): „True and Fair View" im Sinne der 4. Richtlinie, in: FÖRSCHLE, G./KAISER, K./MOXTER, A. (Hrsg.): Rechenschaftslegung im Wandel – Festschrift für Wolfgang Dieter Budde, München 1995, S. 313-326.

VAN RIPER, R. (1994): Setting standards for financial reporting – FASB and the struggle for control of a critical process, Westport, Conneticut, et al. 1994.

VIEL, J. (1958): Betriebs- und Unternehmensanalyse, 2. Auflage, Köln und Opladen 1958.

VISVANATHAN, G. (1998): Deferred Tax Valuation Allowances and Earnings Management, in: The Journal of Financial Statement Analysis Summer 1998, S. 6-15.

VOGLER, G./MATTES, H. (1976): Theorie und Praxis der Bilanzanalyse – Interne und externe Bilanzanalyse als Informationsmittel und Instrument modernen Managements, 2. Auflage, Berlin 1976.

**W**

WAGENHOFER, A. (1999): International Accounting Standards: Bilanzierung und Bewertung, Auswirkungen auf den Jahresabschluß, 2. Auflage, Wien 1999.

WAGENHOFER, A. (2000): Bilanzierung und Bilanzanalyse: eine Einführung für Manager, 6. Auflage, Wien 2000.

WALDERSEE, G. Graf (1999): Bilanzierung von Finanzderivaten nach HGB, IAS und US-GAAP, in: KÜTING, K./LANGENBUCHER, G. (Hrsg.): Internationale Rechnungslegung – Festschrift für Professor Claus-Peter Weber zum 60. Geburtstag, Stuttgart 1999, S. 239-264.

WALSH, C. (1996): Key Management Ratios – How to analyze, compare and control the figures that drive company value, London 1996.

WANGEMANN, B. (1997): Die Berücksichtigung ungewisser Verpflichtungen innerhalb der US-amerikanischen Rechnungslegung, in: WPg 1997, S. 194-200.

WASCHBUSCH, G. (1993): Die Ziele der handelsrechtlichen Jahresabschlusspolitik, in: WiSt 1993, S. 235-239.

WATRIN, C. (2001): Sieben Thesen zur künftigen Regulierung der Rechnungslegung, in: DB 2001, S. 933-938.

WEBER, C.-P. (1990): Rechnungslegung und Handelsbilanzen in den USA, in: KRAMER, J.-D. (Hrsg.): Grundzüge des US-amerikanischen Steuerrechts, Stuttgart 1990, S. 147-173.

WEHRHEIM, M. (1997): Die Erfolgsspaltung als Krisenindikator, in: DStR 1997, S. 508-513.

WEHRHEIM, M./SCHMITZ, T. (2001): Jahresabschlußanalyse, Berlin et al. 2001.

WEILAND, H. (1996): Die Wertschöpfungsrechnung als Informationsinstrument kleinerer und mittlerer Unternehmen – Teil I und Teil II , in: INF 1996, S. 54-58 und S. 87-92.

WEISE, I. (1999): GoB-konforme Abbildung von reserveauflösenden Sachverhaltsgestaltungen im Jahresabschluß – Ein Beitrag zur Objektivierung der deutschen Rechnungslegung, Diss., Hamburg 1999.

WENK, R. (1997): Bilanzierung bei langfristiger Fertigung nach deutschem Handelsrecht unter Berücksichtigung US-amerikanischer Rechnungslegungsgrundsätze, Diss., Frankfurt am Main 1997.

WERNER, U. (1990): Die Berücksichtigung nichtnumerischer Daten im Rahmen der Bilanzanalyse, in: WPg 1990, S. 369-376.

WESNER, P. (1984): Bilanzierungsgrundsätze im Wertpapierrecht der U.S.A., Wiesbaden 1984.

WIECHMANN, J. (1999): Der Jahres- und Konzernabschluß der GmbH & Co. KG, in: WPg 1999, S. 916-926.

WIEMANN, H.-U. (1987): Unternehmenspublizität nach amerikanischem Kapitalmarktrecht – Entwicklungsstand und Vergleich zur deutschen Lösung, Baden-Baden 1987.

WILLIAMS, J. R. (2001): 2001 Miller GAAP Guide – Restatement and Analysis of Current FASB Standards, San Diego et al. 2001.

WILSON, A. C./WATERS, G. (1998): Reporting Comprehensive Income, in: National Public Accountant Jan./Feb. 1998, Band 43, Iss. 1, S. 43-46.

WILSON, A. C./WATERS, G./BRYAN, B. J. (1998): The Decision on Derivatives – FASB Statement no. 133 establishes comprehensive accounting requirements., in: JoA Nov. 1998, S. 24-29.

WINKLER, W. (1923): Die statistischen Verhältniszahlen – Eine methodologische Untersuchung, Leipzig und Wien 1923.

WISHON, K. (1986): Plugging the Gaps in GAAP: The FASB`s Emerging Issues Task Force – From financial instruments to taxes to pensions, the group covers the territory, in: JoA Juni 1986, S. 96-105.

WISSENBACH, H. (1967): Betriebliche Kennzahlen und ihre Bedeutung im Rahmen der Unternehmerentscheidung – Bildung, Auswertung und Verwendungsmöglichkeiten von Betriebskennzahlen in der unternehmerischen Praxis, Berlin 1967.

WÖHE, G. (1997): Bilanzierung und Bilanzpolitik, 9. Auflage, München 1997.

WÖHE, G. (1999): Die Entwicklung der Rechnungslegungsvorschriften der Kapitalgesellschaften im 20. Jahrhundert, in: KÜTING, K./LANGENBUCHER, G. (Hrsg.): Internationale Rechnungslegung: Festschrift für Professor Claus-Peter Weber zum 60. Geburtstag, Stuttgart 1999, S. 65-90.

WOLF, J. (1997): Grundwissen Bilanz und Bilanzanalyse – Bilanzen lesen und verstehen – Gewinn- und Verlustrechnung – Analyse und Vergleich von Konkurrenz, Kunden und Lieferanten – Die Eröffnungsbilanz – Bilanzpolitische Entscheidungen vor und nach dem Stichtag, München 1997.

WOLK, H. I./FRANCIS, J. R./TEARNEY, M. G. (1992): Accounting Theory – A Conceptual Approach, 3. Auflage, Cincinnati (Ohio) 1992.

WOLZ, M. (2000): Die Bilanzierung von Pensionsverpflichtungen nach HGB versus US-GAAP/IAS – Ist die deutsche Rechnungslegung besser als ihr Ruf?, in: ZfB 2000, S. 1371-1390.

WÜSTEMANN, J. (1996): US-GAAP: Modell für das deutsche Bilanzrecht?, in: WPg 1996, S. 421-431.

WÜSTEMANN, J. (1999): Generally Accepted Accounting Principles – Zur Bedeutung und Systembildung der Rechnungslegungsregeln der USA, Diss., Berlin 1999.

WYSOCKI, K. v. (Hrsg.) (1998): Abschnitt A: Grundlagen, nationale und internationale Stellungnahmen zur Kapitalflußrechnung, in: Kapitalflußrechnung, Stuttgart 1998, S. 1-33.

WYSOCKI, K. v. (2000): Die Kapitalflussrechnung nach SFAS No. 95 im Vergleich mit IAS 7, SG/HFA 1/95 und DRS 2, in: BALLWIESER, W. (Hrsg.): US-amerikanische Rechnungslegung – Grundlagen und Vergleiche mit deutschem Recht, Stuttgart 2000, S. 407-446.

Z

ZAß, M. (1997): Amerikanische und deutsche Bilanzierungskultur – Ein Wechsel wäre mehr als ein technischer Vorgang, in: Der Langfristige Kredit 1997, S. 190-193.

ZDROWOMYSLAW, N./KASCH, R./PUCHINGER, T. (1999): Grundzüge der Jahresabschlußanalyse (II), in: Betrieb und Wirtschaft 1999, S. 81-87.

ZDROWOMYSLAW, N./KUBA, K. (1998): Rentabilität in Theorie und Praxis, in: Betrieb und Wirtschaft 1998, S. 641-650.

ZEFF, S. A. (1978): The Rise of „Economic Consequences" – The impact of accounting reports on decision making may be the most challenging accounting issue of the 1970s, in: JoA, Dezember 1978, S. 56-63.

ZIEGLER, H. (1994): Neuorientierung des internen Rechnungswesens für das Unternehmens-Controlling im Hause Siemens, in: zfbf 1994, S. 174-188.

ZIOLOWSKI, U. (1990): II. Erfolgsspaltung: Aussagefähigkeit und Grenzen, in: COENENBERG, A. G. (Hrsg.): Bilanzanalyse nach neuem Recht, 2. Auflage, Landsberg am Lech 1990, S. 153-188.

ZWEIGERT, K./KÖTZ, H. (1971): Einführung in die Rechtsvergleichung auf dem Gebiete des Privatrechts, Band I: Grundlagen, Tübingen 1971.

ZWEIGERT, K./KÖTZ, H. (1998): An Introduction to Comparative Law, 3. Auflage, New York 1998.

Die Autorin

Angelika Brecht, geboren 1970 in Heidelberg, studierte nach ihrer kaufmännischen Ausbildung von 1992 bis 1998 Betriebswirtschaftslehre an der Universität Mannheim und der Ludwig-Maximilians-Universität München mit dem Abschluss zur Diplom-Kauffrau. Von April 1998 bis Februar 2002 wissenschaftliche Mitarbeiterin am Lehrstuhl für Wirtschaftsprüfung und Controlling von Prof. Dr. Dr. h. c. A. G. Coenenberg (Universität Augsburg). Promotion zum Dr. rer. pol. im Februar 2002, seit März 2002 Mitarbeiterin eines großen Medienunternehmens.